모든 사람이 나에게 복음
❷

모든 사람이 나에게 복음 ❷

발행일	2022년 4월 11일

지은이	이제민		
펴낸이	손형국		
펴낸곳	(주)북랩		
편집인	선일영	편집	정두철, 배진용, 김현아, 박준, 장하영
디자인	이현수, 김민하, 허지혜, 안유경, 최성경	제작	박기성, 황동현, 구성우, 권태련
마케팅	김회란, 박진관		
출판등록	2004. 12. 1(제2012-000051호)		
주소	서울특별시 금천구 가산디지털 1로 168, 우림라이온스밸리 B동 B113~114호, C동 B101호		
홈페이지	www.book.co.kr		
전화번호	(02)2026-5777	팩스	(02)2026-5747

ISBN	979-11-6836-172-0 04230 (종이책)	979-11-6836-173-7 05230 (전자책)
	979-11-6836-047-1 04230 (세트)	

(주)북랩 성공출판의 파트너

북랩 홈페이지와 패밀리 사이트에서 다양한 출판 솔루션을 만나 보세요!

홈페이지 book.co.kr   •   **블로그** blog.naver.com/essaybook   •   **출판문의** book@book.co.kr

작가 연락처 문의 ▸ ask.book.co.kr

작가 연락처는 개인정보이므로 북랩에서 알려드릴 수 없습니다.

마르코 복음 묵상

모든 사람이 나에게 복음

❷

그들은 아무에게도 말하지 않았다

이제민 지음

 북랩

목차

제3장 십자가의 죽음을 향하여

1권 목차

다. 하느님의 왕국은 손에 닿을 만큼 가까이에 있다

라. 생각을 바꾸어라. 그리고 복음을 믿어라

마. 예수님이 복음

바. 사람이 복음

사. 가난한 이들이 복음

아. 다른 복음

제2장 복음의 실천: 모든 이 안에 천국이

4. 부르심과 따름

　　가. 갈릴래아 호숫가를 지나가시다가

　　나. 보시고 부르시다

　　다. 따라라

　　라. 사람 낚는 어부

5. 사람들에게 다가가시어 일으키시다

　　가. 사람들은 그분의 가르침에 놀랐다

　　나. 열병이 든 부인에게 다가가시어 손을 잡아 일으키시니

　　다. 병든 이들과 마귀 들린 이들을 예수님께 데려오다

　　라. 그곳에도 복음을 선포해야 한다

　　마. 나병 환자에게 손을 내밀어 대시니

　　　　치유의 기적 / 하고자 하시면, 하고자 하니 /
　　　　누구에게든 아무 말도 하지 않도록 조심하여라

　　바. 중풍 병자에게 일어나라 하시니

　　　　너는 죄를 용서받았다 / 용서와 치유: 일어나라 / 믿음을 보시고

　　사. 의인이 아니라 죄인을 부르러 왔다

아. 왜 단식하지 않습니까?

자. 안식일이 사람을 위하여 생긴 것이다

차. 손이 오그라든 사람에게 "손을 뻗어라" 하시니

카. 예수님의 거리 두기

6. 예수님께서 열둘을 세우시고 그들을 사도라 이름하시다

    가. 파견하시기 위하여 부르시다

    나. 그분께서 원하시는 사람

    다. 그들을 당신과 함께 지내게 하시려고

    라. 복음을 선포하고 마귀들을 쫓아내는 권한

    마. 미친 예수님과 베엘제불

    바. 누가 내 어머니고 내 형제들이냐?
        우리가 그리스도의 어머니요 하느님의 어머니다

7. 보고 또 보아도 알아보지 못하고 듣고 또 들어도 깨닫지 못하고

    가. 씨 뿌리는 사람의 비유

    나. 등불의 비유

    다. 새겨들어라

    라. 하느님 나라의 비유
        천국은 저절로 자라는 씨앗과 같다 / 천국은 겨자씨다

    마. 이분이 누구시기에 바람과 호수까지 복종하는가?

    바. "더러운 영아, 그 사람에게서 나가라" 하시니

    사. 야이로의 딸과 하혈하는 여인
        하혈하는 여인이 그분의 옷에 손을 대었다 /
        "탈리타 쿰! 그러자 죽은 소녀가 일어서서 걸어 다녔다 /
        믿기만 하여라, 믿는 대로 되리라?

    아. 예언자는 고향에서 존경을 받지 못한다
        저런 지혜를 어디서 받았을까? / 아무런 기적도 일으키실 수 없었다 /
        고향과 고향 사람과 예언자

마르코 복음 8장

학자들은 마르코 복음서를 1부와 2부로 나눕니다
그 전환점에 베드로의 고백이 있습니다
그런데 전환적 의미를 주는 이 고백이
새로운 장으로 시작하지 않고 8장 중간쯤에 배치되어 있습니다
장 절을 나누어 번호를 매긴 학자들이
이 사건이 주는 전환적 의미를 의식하지 못했을 수도 있습니다
하지만 8장에는
고백을 위하여 기본적으로 갖추어야 할 전제조건,
고백을 위한 가장 기초적인 자세가 바탕에 깔려 있습니다
깨닫다, 듣다, 보다 등의 술어와 함께
예수가 그리스도라는 고백의 진실이 드러납니다
"사람들이 나를 누구라고 하느냐?"
"너희는 나를 누구라고 하느냐?"라는 스승의 질문에
베드로가 "스승님은 그리스도이십니다."라고
옳게 고백하였으면서도
그분한테서 심한 꾸지람을 들었다면
깨달음에서 나온 고백이 아니었기 때문입니다
고백하면서도 그는 그리스도를 몰랐던 것입니다
예수님께서는
사람의 아들이 하느님의 아들 그리스도시라는 것을
깨닫게 하시려고 이 질문을 던지신 것입니다
보고 듣고 깨닫는 것이 고백의 장소입니다.
사람의 아들을 보는 자가 그분을 본다고 할 수 있고
그분이 누구신지 아는 자가
인생의 목적지에 이르게 될 것입니다
세인의 괄시로 서러운 인생을 살아가던 눈먼 이가
예수님의 손길을 느끼며 똑똑하게 보게 되었다면
그는 제자들에 앞서 그분을 알아본 것입니다
예루살렘에 도착하시게 되면 그분은
수석 사제들과 율법학자들에게 배척을 받아
죽임을 당하시게 되고
두려움에 싸인 제자들은 그분을 버리고 모두 달아날 것입니다
깨달음의 경지에 이르러
아무에게도 말하지 않는 영성에 도달할 때
그분의 죽음의 신비를 깨닫고
부활한 몸으로 인생을 살게 될 것입니다

예수 그리스도를 믿는다는 고백이 진실일 것입니다

제3장

십자가의 죽음을 향하여

예수님도 인생이 있습니다

그리스도인은
하느님의 아들 예수님께서 동정 마리아께 잉태되어 사람으로 나시고
세례자 요한한테서 세례를 받으시고
광야에서 유혹을 받으시고
본시오 빌라도 통치 아래서 십자가에 못 박혀 돌아가시고
묻히신 지 사흗날에 죽은 이들 가운데서 부활하시고
사십일 후에 승천하시어 천주 성부 오른편에 앉으셨다고 믿습니다
하느님의 아들로서의 삶神生이
그분의 인생人生을 통하여 나타납니다
그분은 하느님의 아들로서 사람의 아들이시고
사람의 아들로서 하느님의 아들이십니다
그분께서 제자들을 부르신 것은
당신과 함께 지내게 하시면서
당신의 삶을 배우고 익혀 그들 또한
하느님의 아들딸로 살게 하시기 위해서입니다
그리스도인은 그리스도의 삶을 사는 사람입니다

11.
사람의 아들의 신비

예수님께서 제자들과 함께 카이사리아 필리피 근처 마을을 향하여 길을 떠나셨다. 그리고 길에서 제자들에게, "사람들이 나를 누구라고 하느냐?" 하고 물으셨다. 제자들이 대답하였다. "세례자 요한이라고 합니다. 그러나 어떤 이들은 엘리야라 하고, 또 어떤 이들은 예언자 가운데 한 분이라고 합니다." 예수님께서 다시, "그러면 너희는 나를 누구라고 하느냐?" 하고 물으시자, 베드로가 "스승님은 그리스도이십니다." 하고 대답하였다. 그러자 예수님께서는 제자들에게, 당신에 관하여 아무에게도 말하지 말라고 엄중히 이르셨다.

예수님께서는 그 뒤에, 사람의 아들이 반드시 많은 고난을 겪으시고 원로들과 수석 사제들과 율법 학자들에게 배척을 받아 죽임을 당하셨다가 사흘 만에 다시 살아나셔야 한다는 것을 제자들에게 가르치기 시작하셨다. 예수님께서는 이 말씀을 명백히 하셨다. 그러자 베드로가 예수님을 꼭 붙들고 반박하기 시작하였다. 그러나 예수님께서는 돌아서서 제자들을 보신 다음 베드로에게, "사탄아, 내게서 물러가라. 너는 하느님의 일은 생각하지 않고 사람의 일만 생각하는구나." 하며 꾸짖으셨다(마르 8,27-33).

가. 그러면 너희는 나를 누구라고 하느냐?

1

예수님께서 제자들과 함께 예루살렘으로 올라가시는 길입니다. 카이사리아 필리피 근처 마을을 향하여 가시면서 제자들에게, "사람들이 나를 누구라고 하느냐?" 하고 질문하십니다. 이어서 "그러면 너희는 나를 누구라고 하느냐?"(마르 8,27-29) 하고 그들은 어떻게 생각하는지 물으십니다. 베드로가 "스승님은 그리스도이십니다." 하고 대답합니다.[1]

예수님은 마땅히 이런 대답을 들으실 줄 아시면서도 질문을 던지셨습니다. 의도가 무엇일까요? 당신이 하느님의 아들이라는 것을 확인시키기 위해서일까요? 아니면 당신은 하느님의 아들이고 우리는 사람의 아들이라고 선언하며 차별화하기 위해서일까요? "나는 세상을 구원하러 위로부터 전권을 받아서 온 하느님의 아들이다. 나 하느님의 아들을 믿으면 너희 사람의 자식들은 구원받을 것이고 그렇지 못하면 구원을 받지 못할 것이다." 이런 말씀을 하고 싶어서일까요?

아닙니다. 사람들 앞에서 당신이 높으신 하느님의 아들이라는 것을 내세워 당신을 신격화deificatio하기 위해서 그런 질문을 하신 것이 아닙니다. 고대 왕들은 하느님이 아닌 것(재물, 황소)을 하느님이듯 숭배하며 섬겼고(우상숭배) 백성들은 왕을 하느님이듯 숭배하며 떠받들었

---

[1] 마태오는 "스승님은 살아 계신 하느님의 아드님 그리스도이십니다."(마태 16,16), 루카는 "하느님의 그리스도이십니다."(루카 9,20) 하고 대답한 것으로 전합니다.

습니다. 예수님이 하느님의 아들이신 것은 당신을 신격화하는 것이 아닙니다.[2] 그분은 왕이 아닙니다. 그분은 당신에게 하느님의 아들이라고 고백하게 하시면서 당신이 사람의 아들이심을 확고하게 드러내십니다.

고대의 왕들이 자칭 신성한 존재로 인간 위에 군림하고자 하였다면 그분은 "자신을 비우시어 종의 모습을 취하시고 사람들과 같이" 되셨으며 "당신 자신을 낮추시어 죽음에 이르기까지, 십자가 죽음에 이르기까지 순종하셨습니다."(필립 2,7-8) 그분은 이 종의 모습, 사람의 모습에서 하느님의 아들을 보여 주고자 하셨습니다. 하느님의 아들이 사람이 되셨다는 것을, 하느님께서 사람의 아들이신 당신을 "드높이 올리시고 모든 이름 위에 뛰어난 이름"(필립 2,9)을 주셨다는 것을 알게 하고자 하셨습니다.

제자들은 질문하시는 스승님의 의도를 간파하지 못했습니다. 이는 그분께서 베드로의 고백을 들으신 뒤 당신을 사람의 아들이라고 자처하시며 그리스도(하느님의 아들)를 풀이하시자 베드로가 보인 반응에서 드러납니다. 그들에게 그분은 하느님의 아들이시기에 사람의 아들이 아니었습니다.

2

예수님께서 제자들에게 질문하시며 하느님의 아들이신 당신을 사

---

2) 그분은 성자로서 성부가 아닙니다. 삼위일체 하느님 이야기의 원리입니다.

람의 아들이라 자처하신 것은 사람의 아들딸인 그들(우리) 또한 하느님의 아들딸이라는 것을 알게 하시어 하느님의 아들딸로 살게 하시려는 것입니다.[3] 예수님은 "너희는 나를 누구라고 하느냐?"라는 질문을 던지시면서 "너희는 너희 자신을 누구라고 하느냐?", "나를 하느님의 아들이라고 믿고 고백하는 너희는 너희 사람의 아들딸들을 하느님의 아들딸이라고 생각해 본 적이 있느냐?"라고 물으시는 것입니다. 예수님께서는 그들도 모두 하느님의 아들딸로 인생을 살아가고 있다는 것을 알게 하시려고 질문을 던지신 것입니다. '사람의 아들'이 누군지, 그 사람의 아들이 '하느님의 아들'이심을 아는가에 따라 우리는 우리 자신이 누군지 안다고 할 수 있습니다. 사람의 아들이신 예수님을 아는가에 따라 우리는 우리 자신이 누군지 안다고 할 수 있습니다.

그분은 "사람의 아들이 하느님의 아들이요 하느님의 아들이 사람의 아들"이라고 하시면서 "하느님의 아들은 하늘 높은 데서 아래로 내려다보는 자, 사람의 아들 위에 군림하는 자가 아니다."라는 것을 깨닫게 하십니다. 그분은 지극히 높으신 분이지만 자신을 낮추고 낮추어 가장 낮은 인간의 모습으로 당신 자신을 보여 주시며 비천한 사람의 아들에게서 하느님의 아들을 보게 하십니다. 자신을 낮추고 비우며 아래로 내려오시어 사람의 아들이 되신 하느님의 아들이신 그분께서 말씀하십니다. "누구든지 자신을 높이는 이는 낮아지고 자신을 낮추

---

3) 마르코는 마태오 복음과는 달리 예수님께서 사람의 아들을 누구라고 하느냐 하고 묻지 않고 나를 누구라고 하느냐 하고 물으시고 나서 하느님의 아들을 풀이하시면서 당신을 사람의 아들이라고 자처하신 것으로 서술합니다. 이로써 사람의 아들이 하느님의 아들이라는 것을 더 강하게 표현하고 있습니다.

는 이는 높아질 것이다."(마태 23,12) 사람의 아들에게서 하느님을 보는 자가 인생을 완성하고 그렇지 못한 자는 인생을 헤매게 될 것입니다.

"너희는 나를 누구라고 하느냐?"라고 질문하시는 그분께서 말씀하십니다. "너희가 나를 하느님의 아들이라고 하면서 내가 사람의 아들인 것을 부정한다면, 다른 사람의 아들들에 대해 고자세로 임한다면, 너희는 나를 모르는 것이다. 나를 안다면 자기를 낮추고 남을 높이고 그를 섬겨야 한다. 하느님의 아들은 고자세로 인간을 아래로 내려다보시는 분이 아니다.", "너희가 너희를 하느님의 아들이라고 하면서 남을 섬기지 못한다면 너희는 나를 모르고 너희 자신도 모르는 것이다." 자기를 높이는 자, 교만한 자는 사람의 아들이 하느님의 아들이라는 것을, 하느님의 아들이 사람의 아들이라는 것을 부정하는 것입니다. 그는 자기 신원대로 살지 못합니다. 하느님의 아들로 살지 못하기에 사람의 아들로 살지 못합니다.

3

제자들은 그분의 입에서 나온 "사람의 아들"이라는 말을 새겨듣지 못했습니다. 그들은 '사람의 아들'을 '하느님의 아들'의 다른 이름쯤으로 흘려들었습니다. 그분은 당신을 '사람의 아들'이라 하시는데, 그들에게 그분은 사람이 아닌 하느님이었습니다. 왜 그분께서 자신을 '사람의 아들'이라고 하시는지, 왜 하느님의 말씀이 사람이 되셨는지, 왜 하느님이 구유에 태어나셨는지, 왜 하느님의 아들이 십자가의 길을 가야 하셨는지, 그런 것은 관심이 없었던 것입니다. 그들은 그분께서 가장 사람다운 모습으로 죽음 앞에 서셨을 때 모두 겁에 질려 그분을 버리고 달아났습니다. 그들은 예수님께 하느님의 아들이라 고백하면서 그분에게서 사람의 아들은 보지 못했습니다.

예수님은 '사람'의 삶을 통하여 당신이 하느님의 아들이라는 것을 보여 주고자 하십니다. 인생을 사는 사람의 아들이 하느님의 삶을 사는 존재라는 것을 인식시키고자 하십니다. 하느님의 말씀이 '사람'이 되셨다고 할 때 '사람'은 글자 그대로 우리와 똑같은 사람입니다. 그분은 '사람이 아닌 신이 되신 존재'가 아닙니다. 제자들은 그분에게서 그분의 인생을 보아야 했습니다.

<h1 style="text-align:center">4</h1>

예수님은 언제부터 사람의 아들이신 당신이 하느님의 아들이라고 의식意識하셨을까요? 이는 오래 묵은 신학의 주제입니다. 마구간에서 나시어 구유에 누워 있으면서, 어릴 때 부모의 손을 잡고 성전에 가시면서, 또래 아이들과 허물없이 어울려 지내면서 그분은 당신이 사람의 아들이 아닌 하늘에서 내려온 하느님의 삶神生을 사는 특별한 존재라고 의식하셨을까요? 아닐 것입니다. 당신이 하느님의 아들이라는 인식은 당신의 인생 성장 과정에서 점차 형성된 것입니다. 특별히 요한에게서 세례를 받으실 때 사람의 아들이신 당신이 하느님의 아들이심을 강하게 체험하며, 만물이 생기기 전부터(콜로 1,16-17) 신성을 지닌 존재였음을 체험하셨습니다. 그분에게서 사람의 아들의 삶人生을 지우면 하느님 아들의 삶神生은 공허한 것이 됩니다. 인생이 없는 신

생 이야기는 무의미합니다.

예수님께서 "나를 본 사람은 곧 아버지를 뵌 것이다."(요한 14,9)라고 하신 말씀도 당신의 원초적인 인생 체험에서 나온 것입니다. 예수님은 하느님께서 세상을 창조하시면서 당신의 전부를 그 안에 전달하셨다는 것을 당신의 인간 존재로 아셨습니다. 당신을 하느님의 전부가 전달된 존재, 그렇게 당신을 하느님의 아들로 체험하셨습니다. 그렇기에 그분은 당신을 보는 것이 하느님을 보는 것이라며 하느님과 같이 말씀하시고 또 하느님과 같이 행동하셨습니다. 사람의 아들로서 하느님의 경지에 드신 것입니다.

사람들은 그분께서 하느님만이 하실 수 있는 용서를 하시고 하느님만이 일으킬 수 있는 기적을 행하시는 것을 보고 그 권위에 놀랐는데, 그 권위는 신생神生을 사신 인간 예수님에게서 흘러나오는 것이었습니다. 그분은 당신 안에서 말씀으로 세상을 창조하시고 구원하시는 하느님의 일을 보셨습니다. 그분은 당신 안에서 말씀하시는 하느님의 음성을 당신의 목소리를 통하여 들려주시고, 당신 안에서 세상을 창조하시고 구원하시는 하느님의 일을 당신의 일을 통하여 세상에 보여 주십니다(요한 14,9-12; 콜로 1,16-17). 돌아가시기 전 고통의 잔을 멀리 치워 달라고 하느님께 빌고, 십자가에 달려서는 어찌하여 저를 버리셨습니까 하고 하느님을 원망하듯 부르짖으신 것은 하느님의 아들이신 그분의 삶(인생)을 엿보게 하는 단면입니다. 사람들은 그분의 인생에서 하느님의 아들(신생)을 보았습니다. "참으로 이 사람은 하느님의 아드님이셨다."(마르 15,39)

5

예수님께서 당신만이 아니라 모든 인간을 하느님의 아들딸로 받아들이신 것은 당신의 인생 체험에 근거한 것입니다. 그분은 모든 인간이 하느님의 자녀로 살면서 서로를 하느님의 자녀로 대하며 살기를 바라셨습니다. 모든 인간의 살肉이 보이지 않는 하느님, 숨어 계시는 하느님의 숨을 쉬고 있다는 것을 믿고, 서로 사랑하며 살기를 바라신 것입니다. 인간은 70년 80년, 길어야 100년 수를 누리고 사라져 버리는 허무한 존재가 아닙니다. 인간은 고통을 안겨 주는 사람들이 내 주변을 에워싸고 있다 하더라도 그 때문에 미워하지 않고 하느님의 눈으로 바라보며 그들의 인생에서 신적인 면을 보며 세상을 살 수 있는 존재입니다. 인간은 자기 인생으로 하느님의 삶을 살아야 하고 서로 그런 삶을 살도록 섬겨야 합니다. 인생(사람의 아들의 삶)을 지나쳐서는 신생(하느님 아들의 삶)을 살 수 없습니다. 하느님 아들의 삶을 살지 않고서는 참으로 인생을 산다고 할 수 없습니다.

6

그런데 왜 하필이면 황제의 도시 카이사리아 필리피 근처에서 이 질문을 던지신 것일까요?[4] 기원전 63년 팔레스티나를 정복한 로마 황제 아우구스투스는 기원전 37년 이두매아 사람 헤로데를 유다 왕

---

4) 루카는 예수님께서 혼자 기도를 하시다가 함께 있는 제자들에게 이 질문을 던지신 것으로 설정합니다(루카 9,18 참조). 그 장소가 어딘지는 언급하지 않습니다.

으로 세우고(기원전 4~5년까지 통치. 이때 예수님 탄생), 기원전 20년경 헤르몬 산의 남쪽 지역을 헤로데에게 선물로 주었는데, 헤로데는 감사와 충성의 표시로 이곳에 신전을 세워 황제에게 바쳤습니다. 헤로데 왕이 죽은 후 그의 아들 헤로데 필리포스는 당시 파네아스라 불리던 이곳을 확장하여 영주령의 수도로 삼고 황제에 대한 충성의 표시로[5] 카이사리아라 이름하였습니다. 지중해 연안의 카이사리아와 구별하기 위해 자신의 이름을 넣어 카이사리아 필리피라 하였습니다.[6] 벳사이다가 바리사이와 헤로데의 누룩을 상기시킨다면 카이사리아 필리피는 황제의 힘을 상기시키는 도시입니다. 로마인에게 세상에 평화를 가져다주는 이는 황제였습니다(팍스 로마나).

예수님께서 이 도시를 지나시면서 제자들에게 당신이 누구인지 물으시고 그들의 입을 통해 당신이 그리스도이심을 고백하게 하신다면, 황제의 힘을 정면으로 부정하시는 것입니다. 이는 예수님께서 복음, 에유앙겔리온을 선포하실 때 이미 예견된 것입니다.[7] 세상에 참 평화를 가져다주실 분, 세상을 구원하실 분은 당신에게 사형선고를 내리는 로마의 황제가 아니라 당신입니다. 당신이 그리스도이시기 때문입니다. 세상의 평화는 세상의 힘을 내려놓은 그리스도만이 줄 수 있습니다. 힘의 상징인 황제의 눈으로 볼 때 예수님은 별 볼 일 없는 사람입니다.

---

5) 헤로데 왕 사후 로마는 팔레스티나를 그의 세 아들에게 나누어 주었는데 아르켈라오스는 팔레스틴의 남쪽 부분을, 필립보는 동동쪽을, 안티파스는 갈릴래아와 페레아 지방을 다스리게 되었습니다. 이들은 로마 황제에게 왕으로 인준을 받으려고 충성을 다했습니다.

6) 정양모·이영헌, 『이스라엘 성지─어제와 오늘』, 생활성서사(2010), 224-225 참조.

7) 마르 1,1 에유앙겔리온 참조.

빌라도가 예수님에게서 아무런 죄목도 얻지 못했으면서도 군중을 만족시키려고 십자가에 못 박으라고 내준 것은 군중의 눈치 때문이기도 했지만, 예수님을 별다른 능력이 없는 그저 그런 사람으로 보았기 때문입니다. 인간의 힘이 지배하는 황제의 도시에서 그 힘의 희생자가 되실 당신이 그리스도라는 것을 선포하시고자 의도적으로 이곳에서 이런 질문을 던지신 것입니다. 예루살렘으로 올라간다는 것은 죽음을 향하여 간다는 것을 의미합니다. 이 길 위에서 이 질문을 던지신다면 당신이 온 생을 걸고 선포하신 복음이 십자가 죽음에서 완성된다는 것을 알리는 것입니다.

7

예수님께서 카이사리아 근처를 향하여 가시는 길 위에서 던지신 질문에 어떻게 답하는가에 따라 그들의(우리의) 삶의 양상은 두 갈래로 갈라질 것입니다. 그리스도를 아는 삶과 알지 못하는 삶, 십자가를 받아들인 삶과 받아들이지 못한 삶, 복음을 깨친 삶과 깨치지 못한 삶, 기원전 사람과 기원후 사람으로 갈라질 것입니다.[8]

예수님은 당신 제자들이 당신과 함께하면서도 아직 당신을 모르고, 당신을 보면서도 아직 그리스도를 보지 못하고, 당신께 고백하면

---

8) 연대적으로는 예수님의 탄생이 구약과 신약을 가르는 분기점이지만 내용상으로는 그리스도를 아는가 모르는가, 그분의 복음을 받아들이는가 그렇지 못한가, 하는 것이 그 분기점입니다. 세례를 받아 예수님을 안다고 자부한다 해도, 예수님은 그리스도이시라고 고백한다 해도, 그분처럼 구유에 태어나지 못하고 그분처럼 자기 몸을 십자가에 달리게 하지 못하고, 그분처럼 그리스도의 삶을 살지 못한다면, 그는 구약의 인간입니다. 베드로는 주님이 그리스도라고 고백하였지만 무엇을 고백하는지 몰랐기에 아직은 구약의 인간에 머물러 있습니다.

서도 고백한 바를 아직 깨닫지 못하고 있다는 것을 아십니다.

그리스도가 누구냐는 질문으로 시작한 제2부에는 세 번에 걸친 수난 예고가 나오며, 수난 예고 전후에는 예외 없이 눈먼 이와 벙어리를 고쳐 주시는 이야기가 나옵니다.[9] 그분이 누구신지 알기 위하여, 그분의 죽음과 부활을 깨닫기 위하여 우리는 보면서도 보지 못하고 들으면서도 듣지 못하는 우리의 눈과 귀를 치유하도록 해야 합니다. 그리스도가 누구냐 하는 질문은 우리 인생을 깨달음으로 안내하는 원초적 질문입니다.

마르코는 사람들이 그리스도를 알아 기원후 사람이 되기를 희망하며 복음서를 썼다고 할 수 있습니다. 복음서를 다 읽었다고 해도 "너희는 나를 누구라고 하느냐?"라는 예수님의 질문에 옳게 답하지 못한다면 복음서를 다시 읽어야 합니다. 급할 필요는 없습니다. 인생은 하루아침에 깨닫게 되는 것이 아닙니다. 제자들도 예수님께서 세상을 떠나신 후에야 질문하시는 그분의 의도를 서서히 알게 되었습니다. 보지 못하던 눈먼 이가 처음에는 희미하게 보다가 점점 똑똑하게 보게 된 것처럼 천천히 그리스도의 언어를 익히며 그리스도를 만난 것입니다.[10]

---

9) 첫 번째 수난 예고(8,31)에 이어 눈먼 이의 치유(8,22-26), 두 번째 수난 예고(9,30-32)에 이어 벙어리 치유(9,14-29), 세 번째 수난 예고(10,33-34)에 이어 눈먼 바르톨로메오의 치유(10,46-52) 이야기입니다. 마르코는 1부를 마무리 지으며 벳사이다의 눈먼 이를 등장시켰습니다. 보면서도 보지 못하고 들으면서도 듣지 못하는 사람들을 보고 듣고 깨닫게 하려는 것이었습니다. 보는 자만이 예수님이 그리스도라고 고백할 수 있을 것입니다. 예수님을 만나면서 자기 자신과 사람들과 세상을 만나게 될 것입니다.

10) "우리가 지금은 거울에 비친 모습처럼 어렴풋이 보지만 그때에는 얼굴과 얼굴을 마주 볼 것입니다. 내가 지금은 부분적으로 알지만, 그때에는 하느님께서 나를 온전히 아시듯 나도 온전히 알게 될 것입니다."(1코린 13,12)

나. 베드로의 고백과 그 한계:
하느님의 아들이 하느님의 아들이시다

1

우리는 예수님께서 "사람들이 나를 누구라고 하느냐?", "그러면 너희는 나를 누구라고 하느냐?"라고 두 차례에 걸쳐 질문하신 것에 주목할 필요가 있습니다. 두 질문 다 예수님이 누구냐 하는 질문입니다. '사람들이' 당신을 누구라고 생각하는지 물으신 것은 당신이 세상 사람들 눈에 어떻게 비치고 있는지 궁금해서 던지신 것이 아닙니다. "사람들이 나를 누구라 하느냐?"라는 처음 질문에서 '사람들'이란 바리사이, 율법 학자, 사제, 정치인을 포함한 모든 사람입니다. 우리는 다양한 사람들이 다양한 형태로 이 질문을 던진 것을 알고 있습니다. 카파르나움의 회당에서 더러운 영이 들린 사람이 "당신은 하느님의 거룩하신 분이십니다." 하고 소리 지르고(마르 1,24), 게라사인들의 지방에서 더러운 영이 들린 사람이 "지극히 높으신 하느님의 아들 예수님"(마르 5,7) 하고 큰 소리로 외친 것은 "예수님은 누구인가?" 하는 질문에 대한 그들의 답입니다. 요한의 목을 벤 헤로데가(마르 6,14-16), 귀먹고 말 더듬는 이가(마르 7,37), 눈먼 이가(마르 8,23), 그리고 이들이 듣고 말하고 보게 된 것을 목격한 이들도 예수님이 누구이신가 묻습니다. 모든 사람이 알게 모르게 그분에 관해 질문을 던집니다.

2

예수님은 '사람들'이 당신을 어떻게 생각하는지 아시면서도 이 질문을 던지셨습니다. 그렇다면 이 질문은 의도적입니다. 그분의 질문 의도는 "그러면 너희는" 하고 제자들을 향하여 던지신 질문에서 분명해집니다. '사람들'이 보기에 나를 안다고 생각하는 '너희들은' 나를 누구라고 생각하느냐 하고 물으신 것입니다. 여기서도 예수님은 그들이 "그리스도이십니다."라고 답변할 줄 아시면서도 이 질문을 던지셨습니다. 예수님의 두 번에 걸친 질문은 결국 "너희는 그리스도가 누군지 아느냐?"라고 물으신 것입니다. "예수님이 누구신가?"라는 질문은 그리스도가 누군지 모르고서는 답할 수 없다는 것입니다.

"그러면" 하고 묻는 스승의 질문에 베드로가 "스승님은 그리스도이십니다." 하고 '사람들'이 내놓는 답과 다른 답을 내놓습니다.[11] 그런데 자신 있게 고백한 베드로에게 돌아온 주님의 반응은 뜻밖에도 사탄이라는 꾸지람이었습니다. 예언자라는 답변이 그리스도로 바뀌었을 뿐 그리스도를 모르기는 '사람들'과 매한가지라는 것입니다. 그의 입에서 나온 그리스도는 "하느님의 일은 생각하지 않고 사람의 일만 생각"하는 이의 입에서 나온 사람의 생각이 빚은 그리스도, '그리스도 아닌 그리스도'라는 것입니다. 당신이 그리스도이신 것은 베드로가 생각하는 그런 식의 그리스도가 아니라는 것입니다.

---

11) 마태오에 의하면 예수님께서 그리스도를 풀이하시기 전에 베드로의 이 대답에 "시몬 바르요나야, 너는 행복하다! 살과 피가 아니라 하늘에 계신 내 아버지께서 그것을 너에게 알려 주셨기 때문이다."(마태 16,17) 하고 칭찬하며 베드로 위에 교회를 세우시겠다고 말씀하십니다(마태 16,18-19).

베드로는 그리스도χριστός라는 그리스어가 히브리말로는 '메시아'이며, 메시아는 '기름 부음 받은 자'를 뜻한다는 정도는 알았을 것입니다. 구약시대에 예언자, 사제, 왕들은 머리에 기름 부음을 받는 의식을 통하여 즉위했다는 것을 알았을 것입니다. 그러나 그 그리스도가 다른 이를 위하여 자신의 목숨을 내놓는 존재, 사람들에게 배척을 받아 죽임을 당하는 '사람의 아들'이라는 것은 알지 못했습니다. 베드로에게는 그런 사람의 아들이 영원한 생명을 보장하는(마르 10,28-30; 마태 19,27-30) 그리스도일 리가 없었던 것입니다. 스승님은 그리스도라고 고백하는 그의 머리에 사람의 아들은 없고 그리스도만 있었습니다. 그는 사람의 아들을 몰라 그리스도를 몰랐고, 그리스도를 몰라 예수님을 몰랐습니다.

3

베드로에게 "그리스도"라는 답변을 들으신 뒤 예수님께서 당신을 사람의 아들이라고 자칭하시며 그리스도를 풀이하십니다.[12] 그분은 "하느님의 아들이 누구냐?", "그리스도가 누군지 아느냐?"라고 묻고 그리스도를 풀이하신 것이 아니라 "사람의 아들이 누구냐?"라고 묻고 당신을 사람의 아들이라고 자처하시며 그리스도를 풀이하신 것입니다. 사람의 아들을 알아야 그리스도를 알 수 있다는 것을 강하게 드러내신 것입니다. "너희는 나를 아느냐?"라는 질문은 "사람의 아들이

---

12) 마태오 복음서는 처음부터 예수님께서 당신을 사람의 아들로 자칭하시며 "사람의 아들을 누구라고들 하느냐?"라고 질문을 던지십니다(마태 16,13).

그리스도라는 것을 아느냐?"라는 질문이기도 합니다.

예수님은 당신이 누구인지 아느냐는 질문을 던지시며 "너희는 그리스도를 아느냐?" 하는 질문을 던지셨고, 당신을 사람의 아들이라고 자처하시면서 "너희는 사람의 아들이 그리스도임을 아느냐?", "사람의 아들인 내가 그리스도라는 것을 아느냐?" 하고 물으신 것입니다. 예수님이 누구신지 알기 위해서는 그리스도를 알아야 하고, 그리스도가 누군지 알기 위해서는 사람의 아들이 어떤 존재인지 알아야 합니다. 사람의 아들을 모르면 그리스도를 모르고 그리스도를 모르면 예수님을 모릅니다. 예수님이 사람의 아들이라는 것을 받아들이지 않는다면 예수님이 하느님의 아들이라는 고백은 진실한 것이 못 됩니다.

예수님께서 당신을 사람의 아들이라 자처하시며 그리스도를 설명하시는데 베드로는 그 말뜻을 알아듣지 못합니다. 그에게 그리스도는 십자가에 못 박혀서는 안 되는 그리스도, 고통을 모르는 힘 있는 그리스도, 십자가에 못이 박힌 자를 뛰어내리게 하는 기적을 일으키는 전능한 그리스도이셔야 했기 때문입니다. 그리스도께서 사람들의 손에 넘겨져 온갖 모욕 속에 죽임을 당한다는 것은 그에게 상상할 수도, 받아들일 수도 없는 일이었습니다. 세파에 시달리며 고생하는 인류를 구원해 주실 구세주께서 십자가에 달려 죽는다는 것은 용납할 수 없는 일이었습니다.

"스승님은 그리스도이십니다."라는 그의 고백은 "하느님의 아들은 하느님의 아들이십니다."라는 동의어를 반복하는 고백과 다르지 않습니다. 예수님께서 듣고 싶으셨던 답은 "사람의 아들이신 당신이 하느

님의 아들이십니다."라는 것이었습니다. 당신이 하느님의 아들이신 것
은 사람의 아들이기 때문입니다. 그런데 베드로는 이 신비를 깨칠 단
계에 아직 이르지 못하였습니다. 그는 그리스도가 다른 이를 위하여
목숨을 내놓는 존재라는 사실을 아직 몰랐습니다.

4

"스승님은 그리스도이십니다."라는 고백은 남을 위하여 고통을 받
을 준비가 된 사람의 입에서 나올 때 진실합니다. 그 고백은 그리스
도처럼 다른 사람을 위하여 자기를 희생 제물로 내놓을 때 완성됩니
다. 예수님이 그리스도이시라고 고백하는 자는 그분처럼 십자가를 질
수 있어야 합니다. 베드로의 고백이 옳았음에도 진실일 수 없었던 것
은 십자가를 질 준비가 되어 있지 않았기 때문입니다. 고통을 받아들
이는 일이 두려울 뿐 아니라 스승께서 고통받으시는 것도 참을 수 없
었던 것입니다. 과연 그는 스승께서 붙잡혀 조롱당하시고 사형선고를
받으시는 것을 보자 달아나고 맙니다.

달아났다는 것은 '사람의 아들'의 실존을 거부했다는 말입니다. 사
람의 자식을 하느님의 자녀로 만나지 못했다는 말이기도 합니다. 사
람의 아들이 당하는 고통에서 세상을 너무도 사랑하셔서 당신 아들
을 보내신 아버지 하느님의 사랑을 느낀다면 있을 수 없는 일입니다.
우리는 언제 사람의 아들이 당하는 고통을 깨달을 수 있을까요? 언
제 사람의 아들이 당하는 고통에 귀를 기울일 수 있을까요? 자신을
하느님의 자녀로 인식하는 일과 사람의 아들의 고통에 동참하는 일

은 동시적으로 일어나는 일입니다.

놀랍게도 예수님을 십자가에 못 박은 백인대장이 십자가에 매달려 숨을 거두시는 그분을 보고 "이 사람은 참으로 하느님의 아들이셨다." (마르 15,39) 하고 고백합니다. 이방인 백인대장이 이런 고백을 하게 된 것은, 예수님께서 처참하게 십자가형을 받고 숨을 거두시는 모습을 보면서 "이 사람은 누구인가?" 하는 질문을 자신에게 던질 수 있었기 때문일 것입니다.

5

사람의 아들이 그리스도인 것은 암기하여 알 수 있는 상식이 아닙니다. "스승님은 그리스도이십니다."라는 고백이 자기 실존의 내면에서 우러나오는 것이 아니라면, 그 고백은 우리 인생에 아무 도움도 안 될 것입니다. "너희는 나를 누구라고 하느냐?"라는 예수님의 물음에는 "너희는 너희를 누구라고 생각하느냐?" 하는 물음이 감추어 있습니다. 이 질문은 우리 자신이 누구인지 아느냐 하는 물음이기도 합니다. 베드로는 주님을 따라다니면서도 그런 질문을 자신에게 던져 본 적이 없었기에 그 어떤 사람보다 주님을 가장 잘 안다고 자신했음에도 불구하고 그의 고백은 그의 내면을 건드리지 못한 고백이 되고 말았던 것입니다.

예수님이 그리스도이시라는 고백은 "너희는 나를 누구라고 하느냐?", "주님은 누구십니까?"라는 질문을 내면에서 던진 자만이 옳게 고백할 수 있습니다.[13] 자기 자신이 누구인지 알고자 하는 사람이라면 반드시 물어야 할 물음입니다. 남이 그려놓은 그림에 따른 고백으로는 예수님이 누구신지, 그분이 왜 그리스도이신지, 하느님의 나라가 가까이 왔다는 것이 어째서 복음인지 깨달을 수 없습니다. 참 인간으로 살기 위해서는 반드시 자신에게 물어야 할 물음입니다.

예수님께서 "너희는 나, 사람의 아들을 누구라고 하느냐?"라고 물으시면서 "그리스도이십니다."라는 답을 들으신 뒤 당신을 사람의 아들이라 자처하시며 그리스도를 풀이하셨다면, "나 사람의 아들이 하느님의 아들 그리스도이듯 너희 인간의 자녀들도 하느님의 자녀로서 그리스도다. 너희는 그것을 알고 있느냐?"라고 물으시는 것입니다. 우리가 예수님이 하느님의 아들이라고 고백하는 것은 우리도 그분처럼 날 때부터 아니 그 이전 천지창조 때부터 하느님의 예정 안에 있었음을 고백하는 것입니다.

6

예수님께서 우리에게 이를 깨치게 하시려고, 우리가 그런 삶을 살게 하시려고, 하느님을 아버지라 부르도록 하셨습니다. 우리가 하느님을 아버지라 부른다면 우리는 하느님의 자녀입니다. 우리가 하느님의 자녀인 것은 우리의 노력이나 공로로 인한 것이 아닙니다. 예수님

---

13) 베드로와 달리 바오로 사도는 아이러니하게도 그리스도를 믿는 사람이라면 남자든 여자든 가리지 않고 결박하여 예루살렘으로 끌고 가기 위하여 다마스쿠스로 가는 길에 "그러면 너희는 나를 누구라고 하느냐?"라는 질문을 "주님은 누구십니까?"라는 질문으로 바꾸어 자신에게 던집니다. "주님, 주님은 누구십니까?" 그리고 주님의 답변을 들습니다. "나는 네가 박해하는 예수다."(사도 9,5)

께서 하느님의 아들이신 것이 당신의 공로나 선행 또는 기도를 통해서가 아닌 것과 같습니다. 사람의 아들 예수님은 창조 이전부터 하느님의 아들로서 존재하셨습니다. 우리는 그렇게 처음부터 하느님의 자녀로 살도록 예정되었습니다. 아우구스티누스는 '성인들에 대한 예정'에서 말합니다. "신자는 은총을 통하여 신앙의 시초부터 그리스도인이 되고 인간 예수는 같은 은총을 통하여 태어날 때부터 그리스도가 되셨습니다. 사람을 그리스도인으로 태어나게 하는 그 같은 성령으로 말미암아 그리스도는 태어나셨습니다."(아우구스티누스)

예수님께서 이 질문을 던지신 이유는 모든 인간의 아들을 하느님의 자녀로 대할 수 있을 때 인간을 알고 하느님을 안다고 말할 수 있다는 것을 깨우쳐 주시기 위해서입니다. 그것이 하느님의 나라 복음의 근본이기 때문입니다. 예수님께서 던지신 질문은 신론과 그리스도론 그리고 인간론의 기초입니다. 교회 역사에서 펼쳐지는 그리스도 논쟁은 여기서부터 출발합니다. 이 논쟁이 베드로의 고백에서 이미 드러났고, 예수님과 유다인의 논쟁에 끈질기게 나타납니다. 유다인들이 예수님께서 당신을 하느님의 아들이라고 하셨다고 하여 신성모독죄로 고발한 것은 그들 자신이 하느님의 자녀라는 사실을 부정하는 것이며, 하느님과 인간에 대한 그들의 무지를 그대로 드러내는 것입니다(요한 10,33-36).

7

우리가 사람의 아들이신 예수님을 하느님의 아들이라고 고백하면서도 그 고백을 우리의 것으로 만들지 못하는 것은 예수님 이야기를 남의 이야기로만 받아들이기 때문입니다. 예수님은 당신을 사람의 아들이라고 하시면서 당신의 이야기가 우리 모두의 이야기가 되기를 바라시는데 정작 우리는 예수님의 이야기를 '그분의 이야기'로만 알아듣고 우리 자신의 이야기로 받아들이지 못합니다. 예수님이 하느님의 아들이라고 고백하면서도 하느님의 아들로 살지 못하고, 다른 인간(사람의 아들)을 하느님(하느님의 아들)으로 대하지 못합니다.

사람은 하느님의 모습으로 창조되었고 하느님께서 사람이 되시어 사람들 가운데 계시다고 고백하면서도 사람은 하느님의 자식일 수 없는 인간일 뿐이고, 하느님의 아들은 인간의 자식일 수 없는 신이라는 사고에 젖어 신앙합니다. 그리스도에 대해서, 예수님에 대해서, 예수 그리스도에 대해서 안다고 자만하지만, 십자가에 못 박힌 그리스도가 아니라 십자가를 없애 주는 그리스도, '다른' 그리스도를 믿는 것입니다. 우리는 하느님이 어떻게 십자가에 달릴 수 있는가 하고 질문할 것이 아니라 십자가에 달리신 저 비참한 사람의 아들에게서 인간에 대한 하느님의 무한한 사랑을 읽을 수 있어야 합니다.

많은 사람이 돈과 권력과 명예와 행복을 얻기 위해 구세주 그리스도를 찾습니다. 그들에게 부자 되게 해 달라는 기도가 당연한 것이 됩니다. 그리스도로 사는 것은 우리 인생에 주어진 과제입니다. 과제라는 것은 그리스도로 살기가 쉽지 않다는 것을 말합니다. 베드로처럼 그리스도를 오해할 수도 있고 예수님께서 경고하신 것처럼 거짓 그리스도를 붙들고 있을 수도 있습니다. 예수님께서 말씀하십니다. "많은 사람이 내 이름으로 와서, '내가 그리스도다.' 하면서 많은 이를 속일 것이다."(마르 13,6) "그때에 누가 너희에게 '보아라, 그리스도께서 여기 계시다!', 또는 '보아라, 저기 계시다!' 하더라도 믿지 마라."(마르 13,21) "거짓 그리스도들과 거짓 예언자들이 나타나, 할 수만 있으면 선택된 이들까지 속이려고 표징과 이적들을 일으킬 것이다."(마르 13,22)

다. 우리는 어떤 언어로 신앙을 고백합니까?

1

우리는 어떤 언어로 신앙을 고백합니까? 어떤 언어로 예수님이 그리스도라고, 예수님이 부활하셨다고, 우리 또한 부활하게 되리라고 고백합니까?[14] 어떤 언어로 이웃을 만나고, 어떤 언어로 행복과 평화와 영생을 찾고 있습니까? 예수님께서 "그러면 너희는 나를 누구라고 하느냐?"라고 제자들에게 하신 질문을 오늘 우리에게 하신다면, 어떻게 대답하겠습니까? 베드로처럼 "예수님은 그리스도이십니다." 하고 고백하지 않겠습니까? 그런데 베드로는 그렇게 고백했다가 주님으로

---

14) 우리는 사도신경에 따라 예수 그리스도께서 성령으로 인하여 동정 마리아에게 잉태되어 나시고 본시오 빌라도 통치 아래서 고난을 받으시고 십자가에서 못 박혀 돌아가시고 묻히셨으며 저승에 가시어 사흗 날에 죽은 이들 가운데서 부활하시고 하늘에 올라 전능하신 천주 성부 오른편에 앉으셨으며 그리로부 터 산 이와 죽은 이를 심판하러 오시리라 믿는다고 고백합니다. 성령을 믿으며 죄의 용서와 육신의 부활을 믿으며 영원한 삶을 믿는다고 고백합니다. 고백은 그렇게 하면서도 내 언어와 내 생각에 갇혀 건성으로 고백하는 것은 아닙니까?

부터 혼이 났습니다. "너는 하느님의 일은 생각하지 않고 사람의 일만 생각하는구나."(마르 8,33)라는 호된 질책을 들었습니다. 우리는 그 꾸지람을 피해 갈 수 있을까요?

고백하면서 우리는 구유에 누운 아기와 한마음이 되어 본 적이 있습니까? 십자가에서 사투를 벌이시는 그분의 고통과 하나 되어 본 적이 있습니까? 그분의 부활을 노래하면서 부활의 기쁨을 내 온몸으로 느껴 본 적이 있습니까? 예수님을 우리가 짊어진 고통을 없애 주시는 분, 남들보다 편안한 삶을 보장해 주시는 분, 높은 자리와 명예와 성공을 안겨 주실 분이라서 믿는다고 고백하는 것은 아닙니까? 그 때문에 예수님을 따르는 것은 아닙니까?

베드로는 나중에 예수님께서 돌아가신 후에야 자기의 무지를 깨닫고 눈물을 흘리며 사랑을 고백했는데 우리는 무지를 인정하지 못하여 흘릴 눈물조차 없는 것은 아닙니까? 이천 년 전에 인류에게 다가오시어 하느님의 나라를 선포하시고, 어부와 세리를 제자로 부르시고, 병자를 낫게 하시고, 고아와 과부, 죄인과 약자를 위로하시고, 마지막에 십자가에서 비참하게 생을 마감하신 예수님과는 다른 나만의 예수님상을 그리며 믿고 있는 것은 아닙니까? 그분께서 행하신 치유에만 관심이 있고, '병을 고치시는 그분의 마음'엔 관심이 없는 것은 아닙니까? 성체를 손에 받아들고 "아멘" 하고 응답하는 것은 "그렇다! 내 손바닥에 놓인 이 조그만 빵은 그리스도의 몸이시다."라고 고백하는 것입니다. 남을 살리기 위하여 자기 존재를 쪼개신 분, 그분의 뒤를 따르기 위해 성체를 받아 모시는 것입니다. 그런데 우리는 사도 바오로가 지적하였듯이 다른 예수님을 받아 모시는 것은 아닙니까? 다른 그리스도, 다른 복음을 전파하면서 우리의 신앙이 특출하다고 자랑하는 것은 아닙니까(2코린 11,3-5 참조)?

2

사람의 아들이 하느님의 아들이라는 것은 신비입니다. 십자가의 죽음에 영원한 생명이 감추어 있다는 것은 신비입니다. 벗을 위하여 목숨을 내어놓는 것이 목숨을 얻는 길이라는 것은 신비입니다. 하느님의 나라가 우리 가까이에 와 있다는 것은 신비입니다. 영원한 행복을 약속하는 하느님의 나라가 우리 손이 닿는 곳에 있다는 것은 신비입니다. 거룩하고 영원하고 신적인 것이 유한하고 속된 이 세상 안에, 모든 인간과 사물 안에 감추어 있다는 것은 신비입니다. 유한한 세상이 우주 만물을 창조하신 무한한 하느님의 전부를 체험하게 한다는 것은 신비입니다. 가난한 이에게 다가가 손을 내미는 것이 인생의 기쁨을 얻는 시작이라는 것은 신비입니다. 이보다 더 신비로운 일이 어디 또 있겠습니까? 이 신비를 어떤 인간의 말로 적절하게 고백할 수 있겠습니까?

3

예수님은 당신의 인간 존재로 그리스도가 어떤 존재인지 보여 주시며 우리가 그리스도로 살게 하십니다. 예수님께서 세례를 받으실 때 하느님께서 직접 예수님이 누구신지 밝히십니다. "너는 내가 사랑하는 아들, 내 마음에 드는 아들이다."(마르 1,11) 예수님은 당신을 하느님의 아들로 체험하셨습니다.

예수님은 이 체험을 "때가 찼다. 하느님의 나라가 가까이 왔다."라는 복음에 담아 세상에 선포하시면서 만나는 모든 사람이 하느님의 아들이라고 선포하셨습니다. 그분은 세상 모든 사람을 하느님의 복음으로, 하느님을 느끼게 해 주는 하느님의 아들로 만나셨습니다. 세상 모든 사람이 서로 복음으로 받아들이며 살기를 바라셨습니다. 그런데 사람들은 그분을 복음으로 알아보지 못했습니다. 자기 자신은 물론이고 일상에서 만나는 사람들을 하느님의 복음으로 인식하지 못하고, 하느님의 자녀로 만나지 못했습니다. 자신과 이웃이 누군지 몰랐습니다.

그분처럼 남을 위하여 자신을 내놓을 때 인간은 자기 정체성을 알게 되고, 서로를 하느님의 아들딸로 받아들이게 될 것입니다. 우리가 예수님은 그리스도이시라고 고백하는 이유입니다. 그분께서 "너희는 내가 누구라고 하느냐?" 하고 물으신 이유입니다. 그리스도라는 고백을 끌어내시어 그리스도로 살게 하시려고 그리 물으신 것입니다. "너희는 내가 그리스도라고 고백하였느냐? 그렇다. 사람의 아들인 나는 그리스도다. 너희가 나에게 그리스도라고 고백하였다면 사람의 아들인 너희도 나처럼 그리스도다. 너희도 나처럼 그리스도의 삶을 살아야 한다. 반드시 많은 고난을 겪고 원로들과 수석 사제들과 율법 학자들에게 배척을 받아 죽임을 당하는 삶을 살아야 한다. 그러면 하느님께서 사흘 만에 너희를 일으키시어 부활의 삶을 살게 하실 것이다. 부활의 경지에 들게 하실 것이다. 영원한 생명을 얻을 것이다." 그분처럼 그리스도가 되는 것입니다.

4

하느님의 아들 그리스도가 누구인가 하는 물음은 일상에서 만나는 사람들을 복음으로 만나고 또 복음으로 만나게 하는 자만이 옳게 답할 수 있습니다. 베드로가 예수님께 그리스도이시라고 고백하면서도 그리스도가 누구신지 몰랐다면 사람의 아들의 비참한 모습에서 복음을 볼 수 없었기 때문입니다. 그는 예수님이 그리스도이시라고 고백하면서도 예수님을 알아보지 못했습니다.

그리스도의 죽음을 어떻게 받아들이는가에 따라 복음화의 삶을 살 수도 있고 그렇지 않을 수도 있습니다. 복음의 삶을 사는 자는 그리스도로 삽니다. 바오로 사도가 말한 것처럼 그분과 함께 십자가에 못 박히고 죽어 묻힌 삶을 삽니다(로마 6,3-6). 그리스도로 사는 자는 만나는 모든 사람을 복음으로 대합니다. 그는 예수님의 언어로 말합니다.

복음은 우리의 언어를 정화합니다. 예수님은 복음을 선포하시면서 우리의 언어를 정화하십니다. 그분께서 복음을 선포하시면서 "회개하라."라고 하신다면 우리가 사용하는 편협하고 비뚤어진 언어습관과 교만한 사고에 머물러서는 그리스도를 알 수 없다고, 그리스도의 삶을 살 수 없다고, 복음의 삶을 살 수 없다고, 인생을 기쁘게 살 수 없다고, 말씀하시는 것입니다. 그분께서 "복음을 믿어라." 하신다면 우리의 제한된 사고와 불완전한 언어가 빚은 관념에서 벗어나 그 속을 들여다보며 그 안에 이미 와 있는 하느님의 나라를 보라는 말씀입니다. 그분은 하느님의 나라를 선포하시면서 끊임없이 언어의 성찰을 요구하십니다. 복음에 바탕을 두지 않은 언어는 인간을 무지의 세계에 빠뜨립니다. 그런 언어는 폭력의 언어가 되어 인간을 해치고 타락시킵니다.

온갖 모욕을 받으시며 남을 위하여 당신 목숨을 내놓으신 그분의 삶은 하느님의 일로서 인간의 상상을 초월합니다. 3년이나 그분을 따라다니며 동고동락했던 제자들이 그분께서 사람들 손에 넘겨지자 그분을 버리고 모두 달아났던 것은 복음을 선포하시고 그리스도를 풀이하시는 그분의 언어를 익히지 못하고 자기만의 언어로 그분을 알려고 했기 때문입니다. 사람의 아들이 그리스도이신 것은, 그리고 그리스도는 반드시 사람의 아들이 당하는 고난을 받고 십자가에서 죽어야 한다는 것은, 예수님의 언어로만 깨달을 수 있습니다.

그분의 언어를 깨칠 때 우리는 그리스도만이 언어를 타락하게 만드는 인간의 사고를 씻을 수 있다는 것을 알게 될 것입니다. 그분의 언어만이 언어의 고향을 찾아 줄 수 있습니다. 그분의 언어를 찾아 그분의 언어로 고백하기 위해서는 우리는 사고를 바꾸어야 하고 자기 언어를 죽일 수 있어야 합니다. 예수님께서 그리스도를 풀이해 주시기 전에 제자들에게 엄중히 침묵을 요구하신 것은 인간의 언어를 침묵시키고 당신의 언어로 이야기하도록 하시기 위해서입니다.

칼 라너는 우리가 '하느님'을 믿는다면 인간의 어떤 체험이 하느님을 믿도록 하였는지, 인간의 어떤 체험이 하느님께 믿음을 고백하게 하였는지 신학적으로 성찰해야 한다고 말합니다. 우리가 믿는 신앙고백문은 어느 날 갑자기 하늘에서 뚝 떨어진 것이 아닙니다. 하느님에 대한 근원적인 성찰이 없는 믿음은 맹신이나 광신에 빠지게 합니다. 예수님께서 "사람들이 나를 누구라고 하느냐?"라고 질문하시고 이어서 "그러면 너희는 나를 누구라고 하느냐?"라고 재차 물으셨다면 삶의 원천으로 안내하는 언어로 고백하기를 바라셨기 때문입니다. 그 고백이 우리를 삶의 원천으로 안내하지 못한다면 그것은 죽은 고백입니다.

유감스럽게도 대부분 그리스도인은 믿음을 고백하면서도 인간의 원초적인 체험에 이르지 못합니다. 자기의 사고에 갇혀서 신앙하기 때문입니다. 자기가 고백하는 언어에 대한 근원적인 성찰도 숙고도 없이 하느님께서 자기가 사고하는 방식으로 존재하시고, 예수님께서도 자기가 상상하는 식으로 그리스도이시고 부활하시고, 또 그런 식으로 우리 자신도 장차 부활하게 되리라고 믿는 것입니다.

그분의 가르침은 우리가 생각하는 것보다 훨씬 심오합니다. 교회의 수많은 학자와 성인들의 신앙고백은 지금 우리가 생각하는 정도를 훨씬 능가합니다. 우리는 그것을 깨쳐야 합니다. 그리스도의 가르침을 자기의 편협하고 왜곡된 사고에 한정시키려는 교만과 오만에서 벗어나야 합니다. 그리스도의 무한한 신비 속으로 침잠할 수 있도록 자신을 내버려 두어야 합니다. 인류의 원초적인 체험에 도달하기 위해 우리는 때 묻은 언어를 정화해야 합니다. 자기의 언어를 깨트리지 않고서는 하느님의 아들 그리스도로 살 수 없고 부활의 삶을 살 수 없으며 복음의 삶을 살 수 없습니다.[15]

라. 아무에게도 말하지 말라

1

우리는 예수님께서 그리스도를 풀이하시기 전에 당신에 관하여 아무에게도 말하지 말라고 엄중히 이르신 것을 주목해야 합니다. 그리스도가 누구신지 밝히신 다음 "아무에게도 말하지 말라."라고 분부하신 것이 아니라 풀이하시기 전에 침묵을 분부하신 것입니다.[16] 언뜻 당신이 그리스도이신 것은 비밀이니까 아무에게도 말하지 말고 비밀을 지키라고 명령하신 것처럼 들립니다. 실제로 예수님의 말씀은 그

---

15) 언어의 한계에 대해서 마르티니는 이렇게 말합니다. "주님, 우리의 언어는 항상 빈약하고 정확하지 못하여 당신을 표현하는데 근사치에도 미치지 못합니다. 당신만이 '말씀'이시며, 그렇기에 우리는 당신께 우리 각자를 위한 '말씀'이 되어 주십사 간청 드립니다. (…) 당신께서는 아버지의 투명한 현존이며, 광채이며, 반사광입니다. 당신의 죽음, 부활의 모습을 관상함으로써 우리가 아버지를 볼 수 있게 해 주시고 당신의 말씀을 경청함으로써 아버지의 말씀을 알아들을 수 있게 하소서. 왜냐하면 당신은 그분 안에 인간이 기대하는 모든 것의 마지막이며 궁극적인 '말씀'이시기 때문입니다."(마르티니, 55)

16) 예수님은 베드로의 고백 이외에도 나병 환자와 귀먹고 말 더듬는 이를 고쳐 주시고는 아무한테 말하지 말라고 하십니다(마르 1,44; 마르 7 36; 루카 8 56). 그런가 하면 예루살렘에 입성하시고(마르 11,1-11) 성전을 정화하시는(마르 11,15-19) 행위를 통해 메시아의 위엄을 보여 주시면서도 드러나지 않게 조심스럽게 행동하셨습니다.

런 인상을 주기에 충분합니다.[17] 그런데 아무에게도 말하지 말아야 할 것이라면 질문은 왜 하셨고, 그리스도는 왜 풀이해 주고자 하신 것일까요?

그리스도를 풀이하시기 전에 아무에게 말하지 말라고 침묵을 요구하신 것은 사람의 아들이 하느님의 아들이고(이로써 하느님의 아들이 사람의 아들이고) 부활의 삶이 십자가 죽음에서 드러난다는 신비는 그 어떤 인간의 언어로도 적절히 설명할 수 없기 때문입니다.

수난과 부활은 인간의 언어와 상상을 초월하는 사건입니다. 온갖 억측을 자아내는 인간의 입에서 나오는 언어를 잠재우는 자, 침묵의 경지에 드는 자만이 복음의 신비, 그리스도의 신비, 인간의 신비를 깨달을 수 있습니다. 예수님께서 침묵을 분부하신 것은 당신이 메시아라는 사실을 당신이 부활하실 때까지 숨기고 감추기 위해서가 아니라 불완전한 인간의 언어로는 그리스도를 깨달을 수 없기 때문입니다. 그리스도의 수난과 부활은 아무에게도 말하지 않는 마음으로만 깨달을 수 있고, 깨달은 자만이 진실로 고백할 수 있기 때문입니다. 자기의 언어를 잠재우고 그분께서 당신에 관하여 하신 말씀에 귀를 기울이는 사람만이 그분의 죽음과 부활을 깨달을 수 있을 것입니다.

---

17) "당신에 관하여 아무에게도 말하지 말라."(마르 8,30) "당신이 그리스도라는 것을 아무에게도 말하지 말라."(마태 16,20) "그것을 아무에게도 말하지 말라."(루카 9,21) 예수님은 높은 산에서 당신의 영광스러운 모습을 보여 주시고 내려오실 때도 제자들에게 같은 명령을 하셨습니다. "사람의 아들이 죽은 이들 가운데에서 다시 살아날 때까지, 지금 본 것을 아무에게도 말하지 말라."(마르 9,9) 그분은 나병 환자를 고쳐 주시고 나서(마르 1,44) 야이로의 딸을 살려 주시고 나서(마르 5,43) 귀먹고 말 더듬는 이를 고쳐 주시고 나서(마르 7,36) 아무에게도 말하지 말라고 분부하십니다.

2

예수님께서 침묵을 분부하신 것은 그리스도의 신비의 경지로 그들을 안내하여 신비로운 존재로 세상을 살아가게 하시기 위해서입니다. 자기의 언어와 사고로 이 신비를 밝히려들 때 인간은 자기 언어와 사고의 감옥에 갇히어 그리스도를 만날 수 없을 것입니다. 자신과 이웃을 그리스도로 만날 수 없을 것입니다. 그리스도는 모든 언어를 침묵시킵니다. 그리스도를 만나기 위해서는 '자기의 생각과 말'을 먼저 침묵시켜야 합니다. 침묵 속에서만 그분의 삶과 죽음을 깨달을 수 있습니다. 침묵을 명령하시는 예수님의 언어에 침묵이 흐릅니다. 그분의 침묵을 익힌 자만이 그리스도를 만나 그분과 하나가 될 것입니다. 자기 언어를 침묵시키는 날 우리는 우리가 고백한 바를 깨닫게 될 것이며, 그리스도의 삶을 엄숙하게 받아들이게 될 것입니다.

반대로 이야기할 수도 있습니다. 사람의 아들이 그리스도이시라는 것을 깨닫는 순간, 인간의 말문은 저절로 닫히게 될 것입니다. 이 침묵은 마르코 복음서 전체에 흐르는 근본 분위기입니다. 마르코는 침묵 속에서 자기의 언어를 절제하면서 복음서를 썼을 것입니다.

3

그런데 아무에게도 말하지 말라고 분부하시며 당신은 계속 말씀하십니다. 복음을 선포하시면서, 병자를 치유하시면서, 바리사이와 논쟁하시면서, 계속 하느님의 나라에 관하여 말씀하십니다. 예수님께서 아무에게도 말하지 말라고 이르시며 계속 말씀하신다면 그분은 인간의 언어로 복음을 선포하시는 것이 아닙니다. 인간의 언어로 하느님의 말씀을 전하시는 것입니다. 복음을 선포하시고 병자를 치유하시는 그분의 음성은 침묵에서 나온 하느님의 음성입니다.[18] 그분은 당신의 말씀에서 하느님의 말씀을 듣도록 "들을 귀 있는 자는 들어라." 하시며 인간의 언어를 침묵시키십니다. 인간의 언어를 죽인 자만이 그분의 인간 언어에서 하느님의 말씀을 들을 수 있을 것입니다. 그분의 말씀은 그분의 침묵에서 나온 것이며 사람들을 침묵시키는 힘을 가지고 있습니다.

침묵하는 자가 배고픈 이의 허기진 목소리와 병자들의 신음에서 하느님의 음성을 듣고, 구유에 누운 아기의 울음소리와 십자가에 달린 이의 절규에서 하느님의 음성을 들을 수 있을 것입니다. 그 사람이 남을 위하여 자기 목숨을 내놓을 수 있을 것입니다. 그분께서 "누구든지 내 뒤를 따르려면 자신을 버리고 제 십자가를 지고 나를 따라야 한다."라고 하신다면, 십자가는 오로지 자기 말을 침묵시키며 남을 듣는 자만이 진정 질 수 있다는 것을 시사합니다.

"아무에게도 말하지 말라."라는 분부는 말로써 말을 침묵시키는 명령입니다. 자기의 언어를 침묵시키지 못할 때는 설사 입을 다물고 아무 말을 하지 않는다고 하더라도 그의 마음은 빈 깡통처럼 요란한 소

---

18) 그분은 빵을 많게 하여 군중을 배불리 먹이신 후, 많은 병자를 낫게 하신 후, 홀로 한적한 곳으로 가시어 침묵 속에 기도하시며 하느님의 음성을 듣습니다. 그리고 산에서 내려오시어 침묵 속에서 들은 하느님의 음성을 무리에게 전하십니다. 그분께서 한적한 곳으로 가신 것이나 아무한테도 말하지 말라고 이르신 것은 같은 맥락입니다. 선포하시고 치유하시고 논쟁하시는 그분의 말씀은 그분의 침묵에서 나오는 것입니다.

리로 가득할 것입니다.[19]

그리스도께서 온갖 모욕 속에 돌아가시고 사흗날에 다시 일어나시리라는 것은 큰 소리로 고백한다고 깨닫게 되는 것이 아닙니다. 베드로가 아무에게도 말하지 말라는 주님의 말씀을 마음으로 듣고, 입이 아니라 마음으로 고백하였다면, 그분의 마지막 길에 그분을 배신하는 일은 없었을 것입니다. 베드로는 그분의 죽음으로부터 도망친 곳에서 침묵에 빠지면서 비로소 예수님의 그리스도 설명을 내면에서 되새기게 됩니다. "나는 예수다. 네가 배신한 그리스도다." 그분께서 온갖 수모와 모욕을 받으시며 아무 말씀도 하지 않으시고 돌아가신 후에야 그는 깨닫게 됩니다. 그리고 그분께 사랑을 고백하게 됩니다. 예수님은 침묵을 명령하시면서 그런 날이 그에게 오기를 기다려 주신 것입니다.

4

우리는 예수님께서 당신에 관하여 던지신 "나는 누구인가?", "사람들이 나를 누구라 하는가?"라는 질문을 우리 자신에게도 던지며 성

---

19) 자기의 언어를 침묵시킨 분으로 바오로 사도를 들 수 있습니다. 그는 그리스도를 알게 되면서 십자가에 못 박히신 예수님이 그리스도이시라는 것은 뛰어난 말솜씨나 알량한 지식이나 지혜가 많다고 밝힐 수 있는 것이 아니라는 것을 압니다. 오히려 이 신비 앞에 자기의 약함을 고백하며 두렵고 또 무척 떨렸다고 고백합니다. "나는 여러분에게 갔을 때에, 뛰어난 말이나 지혜로 하느님의 신비를 선포하려고 가지 않았습니다. 나는 여러분 가운데에 있으면서 예수 그리스도 곧 십자가에 못 박히신 분 외에는 아무것도 생각하지 않기로 결심하였습니다. 나의 말과 나의 복음 선포는 지혜롭고 설득력 있는 언변으로 이루어진 것이 아니라, 성령의 힘을 드러내는 것으로 이루어졌습니다."(1코린 2,1-2,4)

찰할 수 있어야 합니다.[20] 고정관념으로 굳어진 자기의 언어와 사고로 이 신비를 밝히려 들면 들수록 인간은 더욱 깊은 관념의 수렁에 빠져 그리스도를 만날 수 없을 것이며[21], 자기 자신도 이웃도 만날 수 없을 것입니다.

예수님께서 침묵을 분부하신 것은 그리스도의 신비의 경지로 우리를 안내하여 신비로운 존재로 세상을 살아가게 하시려는 것입니다. 침묵을 익힌 자만이 우리와 똑같은 사람의 아들이신 그분께서 하느님의 아들 그리스도이심을 깨닫게 될 것입니다. 예수님을 가까이 따라다니면서 누구보다 예수님 마음을 잘 알 것 같은 제자들이지만 그리스도를 알아보는데 무뎠던 것은 자기 생각의 틀에 갇혀 있었기 때문입니다. 자기 말만 늘어놓는 무딘 언어로는 '하느님의 비밀'을 깨달을 수 없습니다.

베드로가 옳게 고백하면서도 그리스도를 깨닫지 못했던 것은 그의 고백이 침묵에서 흘러나온 것이 아니었기 때문입니다. 그분께서 그리스도를 풀이해 주시자 흥분하여 스승께 반박했다가 사탄이라는 꾸지람을 들었던 것은 그의 고백이 침묵이 아닌 자기 생각에서 나온 것이었기 때문입니다. 사탄은 먼 옛날 하와에게 접근하여 달콤한 말로 꾀어 사과를 먹게 한 존재입니다. 하와와 아담은 뱀과 이야기하느라 침

---

20) 예수님께서 우리에게 "예수는 그리스도다. 이를 믿어라." 하지 않으시고 "예수는 누구냐? 그리스도는 누구냐? 왜 예수가 그리스도인 줄 아느냐?"라는 질문을 던지며 우리 인생으로 답하고 우리 인생으로 받아들이게 하십니다. 그분은 무조건 믿으라 하지 않으시고("나는 그리스도다. 이를 믿어라.", "나는 부활이다. 이를 믿어라.", "하느님은 삼위일체이시다. 이를 믿어라." 하지 않으시고), 질문하시면서 우리가 믿는 바를 성찰하고 깨닫게 해 주십니다. 그분은 질문하시면서 사물의 원천으로 우리를 안내하시고 거기서 성찰하며 살게 하십니다. "누가 내 어머니고 내 형제들이냐?"(마르 3,3), "너희에게 빵이 몇 개나 있느냐?"(마르 8,5), "무엇이 보이느냐?"(마르 8,23). "이 초상과 글자가 누구의 것이냐?"(마르 12,16), "어찌하여 율법 학자들은 메시아가 다윗의 자손이라고 말하느냐?"(마르 12,35)

21) 인간은 자기 언어로 빚은 그리스도, 자기 생각이 빚은 하느님을 믿으면서 우상 숭배자가 될 수도 있습니다. 우상 숭배자는 결국 자기의 말과 생각을 믿는 자입니다.

묵하지 못했습니다. 사람의 아들이 하느님의 아들 그리스도라는 신비를 깨닫고자 한다면 '아무에게도 말하지 않는' 덕을 쌓아야 합니다. 그때 그리스도는 다른 사람을 위하여 고난을 받으시고 죽으셔야 한다는 신비를 깨닫고 그분처럼 그리스도 인생을 살게 될 것입니다.

5

예수님은 베드로의 고백을 들으시기 전에 행복을 보장하는 하느님의 나라가 우리 손이 닿는 곳에 와 있다고 복음을 선포하셨습니다. 하느님의 나라는 우리가 일상에서 만나는 사람들(가난한 사람들, 고통받는 사람들, 나병 환자, 중풍 병자, 고아, 과부, 세리, 죄인, 창녀, 이방인)에게 손을 내밀며 다가갈 때 체험할 수 있다는 것입니다. 사람들은 하느님의 나라가 우리 손이 닿는 곳에 와 있다는 신비를 잘 깨닫지 못합니다. 저마다 자기만의 언어로 그들을 만나려고 하기 때문입니다.

천국의 영원한 행복이 비천한 인간의 삶 안에 감추어 있고, 그렇기에 일상의 삶에서 체험할 수 있다는 신비를 어찌 제한된 인간의 언어로 알아들을 수 있겠습니까. 불사불멸의 영원하신 하느님의 생명이 사멸하고 마는 유한한 인간의 몸 안에 감추어 있고, 그렇기에 연약한 육체를 가진 인간이 영원한 생명을 누리게 된다는 신비를 어떤 인간의 언어로 알아들을 수 있겠습니까. 하느님께서 더럽고 지저분한 구유에 탄생하시고 십자가에 달려 절규하신다는 신비를, 전능하신 하느님께서 세상을 너무나 사랑하신 나머지 당신의 외아들을 십자가에 내놓으셨다는 신비를 어찌 인간의 머리로 알아들을 수 있겠습니까.

십자가가 세상을 구원한다는 신비를 그 어떤 인간의 언어로 설명할 수 있겠습니까.[22]

영원한 행복, 영원한 생명, 영원한 사랑을 인간의 말로 설명하려다가 자기 언어에 갇히고, 상대를 내 언어의 감옥에 가둔 채 사랑한다고 말하며 미워하는 사람을 얼마나 많이 봅니까? 어쩌면 우리 사회의 심각한 문제는 매사를 말로써 해결하려 드는 것인지도 모릅니다. 말로써 사랑하고 말로써 용서하고 말로써 사랑의 고백을 요구하고 말로써 용서를 빌라고 요구합니다. 언어에 독이 오르고 독이 오른 언어로 서로 상처를 주고받습니다. 사랑한다면 먼저 자기의 언어를 죽이고 침묵으로 말하는 법을 익혀야 합니다. 사랑은 말로써 전달되는 것이 아닙니다.[23] 아집에 물든 언어를 잠재울 때 우리는 사랑의 신비, 하느님 나라의 신비에 한 발짝 다가설 수 있을 것입니다. 내 마음 안에서 그리고 이웃의 마음 안에서 천국을 보게 될 것입니다.

예수님께서 아무에게도 말하지 말라고 거듭 분부하십니다. 힘의 논리에서 나오는 자기의 언어를 침묵시키라고, 생과 사를 갈라놓는 불완전한 언어로, 그릇된 철학으로 사람들을 교란하며 천국 문을 잠가 버리지 말라고, 자기도 들어가지 않으면서 들어가려는 다른 사람까지 못 들어가게 방해하는 짓은 하지 말라고, 촉구하십니다.

침묵 속에서 우리는 그분께서 복음, 곧 인생을 기쁘게 사는 비결을

---

22) 사랑의 이 신비 앞에 "하느님 왜 그리하셨습니까? 왜 그런 방식으로 우리를 사랑하십니까? 다른 방도가 있지 않습니까?" 하고 묻는 사람이 있다면 "그렇게 질문하는 너는 누구냐?" 하고 되묻고 싶지 않습니까?

23) 우리는 드라마나 영화에서 사랑하는 연인이 오랜 이별 후에 다시 만나서 "말하지 마. 말 안 해도 다 알아." 하며 상대의 말을 잠재우는 장면을 접합니다. 어미가 자식에게 하는 마지막 사랑의 고백도 "그래 다 알아. 아무 말도 하지 마."입니다.

선포하시면서 왜 하필이면 하느님의 나라를 제일 먼저 입에 올리셨는지, 하느님의 나라를 이야기하시면서 왜 '손이 닿는 곳에 있다.'라는 술어를 사용하셨는지를 깨닫게 됩니다. 이 술어는 우리를 '시작'의 고요로 안내합니다. 이 술어와 함께 우리는 그분께서 복음을 선포하시면서 왜 생각을 바꾸라 하셨는지, 왜 믿으라 하셨는지, 우리가 믿어야 할 것이 무엇인지 알게 됩니다. 침묵 없이는 우리 곁에 가까이 다가와 있는 하느님의 나라를 느낄 수 없습니다.

6

마르코는 예수님께서 "아무에게도 말하지 말라."(마르 8,30)라고 분부만 하신 것이 아니라 당신께서도 "아무에게도 말씀하지 않으셨다."(마르 15,5)라고 전합니다. 그분은 실지로 아무 말씀도 하지 않는 모습으로 죽음을 맞이하셨습니다. 수석 사제들이 여러 가지로 예수님을 고소할 때도, 무고한 사형선고를 받으실 때도 그분은 아무 말씀 하지 않으셨습니다. 대사제가 "당신이 찬양받으실 분의 아들 메시아요?" 하고 물어도 예수님께서는 입을 다무신 채 아무 대답도 하지 않으셨으며(마르 14,61), 빌라도가 "당신은 아무 대답도 하지 않소?" 하고 예수님의 입을 열려고 했을 때도 묵묵히 입을 다물고 계셨습니다. 빌라도는 그 침묵을 이상하게 여겼다(마르 15,4-5)고 복음사가는 전합니다.

그분의 침묵은 십자가 죽음에까지 이어집니다. 그분은 침묵 속에서 십자가를 지고 침묵 속에서 죽음을 맞이하셨습니다. 마르코는 그분께서 사형선고를 받으시고 십자가에 달리실 때까지 그분의 입에서 한

마디 말씀도 들려주지 않습니다. 이로써 마르코는 그분께서 "아무에게도 말하지 말라."라고 하신 당신의 명령에 스스로 충실하게 순종하신 모습을 보여 줍니다.

마르코는 그분께서 숨을 거두시기 바로 전에 "저의 하느님, 저의 하느님, 어찌하여 저를 버리셨습니까?" 하고 큰소리로 부르짖으셨다고 전하는데 시편 22편을 기도하시며 돌아가신 것입니다. 침묵하는 자만이 "어찌하여 저를 버리셨습니까?"라고 절규하시는 그분 목소리 뒤에 감추어진 그분의 마음을 들을 수 있을 것입니다. 그분은 당신이 그리스도이시라는 것을 입이 아니라 침묵하시는 당신의 몸으로 보여 주십니다. 그분께서 지키신 침묵의 경지에 잠길 수 있을 때 그분께서 선포하신 복음의 숨은 뜻과 그분 수난과 부활의 비밀을 알 수 있을 것입니다.

7

마르코는 제자들의 부활 체험 이야기를 전하면서 독자들을 깊은 침묵 속에 잠기게 합니다. 마르코는 그분의 부활을 체험한 여자들의 이야기를 들려주면서도 그들의 음성은 물론 그분의 음성을 들려주지 않습니다. 만약에 우리가 부활(다시 살아남)을 체험했다면 그 놀라운 체험을 아무에게도 말하지 않고 가만히 있을 수 있겠습니까? 온 사람들한테 나의 부활 체험을 알리고, 인정받고, 함께 기쁨을 나누고자 하지 않겠습니까? 그런데 마르코 복음에서는 이런 들뜬 분위기를 찾아볼 수 없습니다. 부활하신 예수님께서도 말씀이 없으시고 그분의 부활을 체험한 여자들은 두려워서 덜덜 떨 뿐 무덤에서 달아나 아무 말도 하지 못합니다.

우리는 여자들의 덜덜 떠는 모습에서 그들이 예수님의 침묵에 도달했음을 감지할 수 있습니다. 그들은 그분께서 명하신 침묵의 경지에서 그분을 만나고, 새 생명을 만나고, 만물의 시작(아르케)을 만납니다. 어찌 두렵지 않을 수 있겠습니까? 어찌 떨지 않을 수 있겠습니까? 침묵하는 자만이 그분처럼 말하며 그분처럼 부활의 삶을 살 수 있습니다.[24] 마르코는 여자들의 침묵을 통해 우리에게 이렇게 웅변하는 것 같습니다. "자신의 언어를 침묵시키는 자만이 그분께서 돌아가신 십자가와 무덤의 경지에 이를 수 있다. 침묵하는 자만이 그분의 부활을 체험할 수 있다!"

마르코는 "아무에게도 말하지 말라.", "아무에게도 말하지 않으셨다.", "그들은 두려워 아무 말도 하지 않았다."라는 분위기로 독자를 안내하며 조용히 자기의 복음서를 마무리합니다.[25] 하느님의 나라가 우리 손이 닿는 곳에 와 있다는 복음이 그분의 침묵에서 나온 것임을 알게 된 마르코는 침묵 속에서 돌아가신 그분의 모습과 그분께서 묻히신 무덤의 침묵에 압도당하여, 기대했던 죽음을 이기는 영웅적인 이야기 없이 침묵의 여운 속으로 독자를 안내하며 주님의 십자가에 나타난 생명의 비밀(신비)을 전합니다.

마르코 복음의 밑바닥에 흐르는 이 침묵은 예수님의 침묵에서 나

---

24) 언제 우리는 무덤가의 저 여자들처럼 "두려워 아무에게도 말하지"(마르 16,8) 않고 입을 다물 수 있을까요? 언제 무덤에 묻힌 사람의 아들을 하느님의 아들 그리스도로 체험할 수 있을까요? 언제 우리를 침묵으로 안내하시는 그분의 음성을 들을 수 있을까요? 언제 우리는 그분의 말씀이 우리를 침묵으로 안내하고 있다는 것을 깨달을 수 있을까요?

25) 마르코 복음 16장 9절부터는 후대에 덧붙여진 것입니다.

온 것이고 예수님의 침묵은 하느님의 침묵에서 나온 것입니다. 자기의 말을 침묵시키는 자만이 십자가에 달리신 그분의 몸에서 부활하신 분을 만나고, 그분께서 선포하신 복음을 깨닫게 될 것입니다. 사람의 아들이 그리스도라는 것을 깨닫기 위하여, 십자가의 죽음이 생명의 복음이라는 것을 깨닫기 위하여, 우리는 아무에게도 말하지 않는 법을 몸에 익혀야 합니다. 아무 말도 하지 않는 경지에 들 때(마르 16,8) 우리는 그분께서 선포하신 복음의 신비를 깨닫고 그분을 복음으로 만나고 또 온 세상을 복음으로 만날 수 있을 것입니다. 사람의 아들이신 그분이 살아 계신 하느님의 아들 그리스도라고 고백하며 이 '신비로 자신을 안내(뮈스타고기아μυσταγωγία)'하게 될 것입니다.

마. 사람의 아들의 신비:
   사람의 아들이 하느님의 아들이시다

1

1세기도 더 전에 독일의 신학자 브레데는 예수님께서 수난과 부활을 예고하시면서 침묵을 요구하신 것을 '메시아의 비밀'이라는 주제로 다루었습니다.[26] 당신이 메시아(그리스도)라는 것이 지금은 비밀이지

---

26) William Wrede, 『Das Missiasgeheimnis in den Evangelien—Zugleich ein Beitrag zum Ver-staendnis des Markusevagelliums』, Goettingen, 1963(초판 1901) 참조.

만 일정 기간이 지난 언젠가는 그 비밀이 밝혀질 것이니 그동안 침묵을 지키라는 뜻으로, 즉 지금은 그 비밀이 밝혀질 때가 아니라는 뜻으로 오해를 불러일으켰습니다. 어떤 학자는 예수님께서 당신의 입으로 당신이 메시아라고 발설하지 않으신 것도 당신이 메시아라는 비밀을 '그때까지' 숨기기 위해서라는 견해까지 내놓았습니다. 예수님은 당신이 메시아라는 것을 '그때까지' 들키지 않으시려고 자신을 숨기며 사신 것일까요? 그래서 기회 있을 때마다 '그때까지' 비밀을 지키라고 침묵을 요구하신 것일까요? 메시아적 행보를 보이면서도 당신이 메시아라는 것을 알려서는 안 될 이유가 있었을까요? 그 비밀을 '지금 당장' 알아서 안 될 이유가 무엇입니까?

예수님이 메시아라는 것은 비밀이어서 남들이 알면 안 되니 너희들만 알고 있으라는 뜻으로 알아듣는다면, 그 때문에 아무에게 말하지 말라고 하신 것으로 알아듣는다면, 우리는 그리스도의 신비를 오해하는 것입니다. 나를 누구라고 하느냐 하고 물으시는 예수님의 의도를 지나치는 것입니다. 예수님이 하느님의 아들 그리스도이시고 그리스도가 고난을 받으셔야 한다는 것이 숨겨야 할 비밀스러운 일이라면 처음부터 사람의 아들이 누구냐고 물으실 필요도 없었을 것입니다. 예수님께서는 당신이 그리스도이시라는 것을 온 세상 모든 사람이 알기를 바라십니다. 제자들은 예수님이 그리스도이시라는 사실을 세상에 널리 전파해야 합니다. 예수님께서 친히 "너희는 온 세상에 가서 모든 피조물에게 복음을 선포하여라."(마르 16,15) 하고 명령하셨습니다.

2

아무에게도 말하지 말라고 분부하신 데에는 또 다른 뜻이 내포되어 있습니다. 여기서 비밀이라는 단어를 신비라는 뜻으로 알아들으면 이해하는 데 도움이 될 것입니다. '메시아의 신비'로 말입니다. 신비는 인간의 언어로 밝혀질 수 있는 것이 아닙니다. 예수님께서 침묵을 요구하시고 나서 "사람의 아들이 반드시 많은 고난을 겪으시고 원로들과 수석 사제들과 율법 학자들에게 배척을 받아 죽임을 당하셨다가 사흘 만에 다시 살아나셔야 한다."(마르 8,31) 하고 말씀하신다면 그리스도 존재는 인간의 말로 설명할 수 없을뿐더러 인간의 어떤 언어로도 알아들을 수 없다는 것을 시사합니다. 사람의 아들이 하느님의 아들이라는 신비를, 그리스도가 고난을 받아야 한다는 신비를 어떤 인간의 언어로 적절하게 설명할 수 있겠습니까? 그래서 복음사가는 "제자들은 그 말씀을 알아듣지 못하였을 뿐만 아니라 그분께 묻는 것도 두려워하였다."(마르 9,32)라고 전합니다. 루카는 여기에 "그 뜻이 감추어져 있어서 이해하지 못하였던 것이다."(루카 9,45)라고 덧붙입니다.

사람의 아들이 메시아(그리스도), 하느님의 아들이라는 것은 신비입니다. 하느님의 말씀이 살肉(사람)이 되셨다는 것은 신비입니다. 구유에 태어난 불쌍한 아기, 인간의 아들이 하느님의 아들이라는 것, 온갖 모욕 속에서 십자가에서 돌아가신 저 비참한 인간의 아들이 메시아, 그리스도, 하느님의 아들이라는 것은 신비입니다. 썩어 사라지는 유한한 인간이 하느님의 영원한 생명을 지닌 하느님의 자녀라는 것은 신비입니다. 거기에 인생의 비밀이 감추어 있습니다. 인간은 이 신비를 향하여 살아야 합니다.

예수님께서 그리스도를 설명하시면서 주어로 '사람의 아들'을 사용하셨다면 신비를 말씀하고 계시는 것입니다. "그리스도인 내가" 고난을 받고 배척을 받아 죽임을 당할 것이라고 말씀하신 것이 아니라 "사람의 아들인 내가" 고난을 받고 배척을 받아 죽임을 당할 것이라고 말씀하신 것입니다. 당신을 하느님의 아들로 고백하게 하고 당신 자신을 사람의 아들이라 자처하시며 하느님의 아들을 풀이하신 것은 그리스도가 사람의 아들이라는 것을 아는 자만이 그리스도가 누구이며 예수님이 누구이신지 알고, 사람의 아들이 하느님의 아들 그리스도이시고, 하느님의 아들 그리스도가 사람의 아들이라는 것을 알 수 있기 때문입니다. 예수님께서 당신의 인간 존재로 그리스도가 어떤 존재인지, 인간이 누구인지 그 신비를 알려 주십니다. 하느님의 아들 그리스도는 사람의 아들로 인간에게 다가오십니다.

3

사람의 아들이 하느님의 아들 그리스도라는 것은 신비입니다. 이 신비를 전통적으로 '그리스도의 신비'로 표현하지만, '사람의 아들의 신비'로 표현할 수 있을 것입니다. '그리스도의 신비'라 하는 것은 하느님의 아들 그리스도가 사람의 아들을 통해서 밝혀지기 때문이고, '사람의 아들의 신비'라 하는 것은 사람의 아들이 하느님의 아들 그리스도를 보여 주기 때문입니다. 그리스도를 만나기 위해서는 '반드시' 사람의 아들을 만나야 하고(그리스도의 신비) 사람의 아들을 만나는 사람이 그리스도를 만날 수 있을 것입니다(사람의 아들의 신비). 이는 역으로 그리스도를 알고자 한다면 반드시 사람의 아들을 알아야 한다는 말이 됩니다. 예수님이 '기름 부음을 받은 자' 그리스도이신 것은 '사람의 아들'이기 때문입니다. 베드로는 예수님의 "나"(마르 8,27)에서 '사람의 아들'을 보지 못했던 것입니다.

'사람의 아들'이라는 표현은 묵시문학에 등장하는데, 특히 다니엘서에서 하느님한테서 통치권을 받아 종말에 세상을 심판하러 내려올 초월적 존재이며 종말론적 심판관으로 묘사됩니다. "내가 이렇게 밤의 환시 속에서 앞을 보고 있는데 사람의 아들 같은 이가 하늘의 구름을 타고 나타나 연로하신 분께 가자 그분 앞으로 인도되었다. 그에게 통치권과 영광과 나라가 주어져 모든 민족들과 나라들, 언어가 다른 모든 사람들이 그를 섬기게 되었다. 그의 통치는 영원한 통치로서 사라지지 않고 그의 나라는 멸망하지 않는다."(다니 7,13-14; 다니 8,17)

예수님께서 당신 자신을 사람의 아들이라 자처하십니다. 그분은 사람의 아들로서 지상에서 죄를 용서하는 권한을 수행하셨고(마르 2,10), 또 안식일의 주인이라고 공표하셨고(마르 2,28) 수난을 받으시고 많은 고난 후에 죽었다가 다시 살아나실 것이라고(마르 8,31), 그리고 아버지의 영광에 싸여 거룩한 천사들과 함께 큰 권능과 영광을 떨치며 구름을 타고 오실 것이라고 예고하셨습니다(마르 8,38; 13,26; 14,62). 초대교회에서는 그분을 이미 부활하여 하늘에 계시고 장차 세상을 심판하러 재림하실 사람의 아들로 묘사하였습니다.

'사람의 아들' 표현에 신학적 의미를 잔뜩 부여하여 그분에게서 사람을 지우고 신적 의미만을 부각한다면 그분께서 당신을 사람의 아들이라고 자처하신 일을 괜한 일로 만드는 것이 될 것입니다. '사람의 아들'이라는 표현 대신 다른 칭호를 사용하실 수도 있었을 것입니다. 그분께서 당신을 사람의 아들이라고 자처하신 것을 우리는 글자 그대로 알아들어야 하는 것입니다. 거기에 그분의 진심이 담겨 있습니다.

예수님께서 당신을 사람의 아들이라고 자처하셨다면 당신 외의 사람들은 사람에 지나지 않지만, 당신은 신성을 지닌 사람의 아들이며, 그런 존재로서 하느님의 아들 그리스도라는 것을 주장하시기 위해서가 아닙니다. 예수님께서 당신을 사람의 아들이라 자처하신다면 "나는 너희 사람의 자식과 똑같은 사람의 자식이다." 하고 말씀하시는 것입니다. 하느님이 사람이 되셨다면 우리 나약한 인간과 다른 어떤 사람이 아니라 우리와 똑같은 사람이 되신 것입니다. 여기에 근거하여 그분은 모든 사람이 당신처럼 하느님의 아들 그리스도라고 선언하시는 것입니다. 그분은 하느님을 아버지라 부르시며 모든 사람이 당신처럼 하느님을 아버지라고 부르게 하셨습니다(마태 6,9). 하느님을 아버지라 부른다면 그는 하느님의 자녀입니다. 사람의 아들이 하느님을 아버지라 부르는 신적인 존재입니다. 예수님께서 당신이 누구라고 생각하느냐고 물으신다면 사람의 아들인 당신이 하느님의 아들이듯 모든 사람이 하느님의 아들로 보이느냐고 묻는 것입니다.

4

예수님은 당신을 사람의 아들이라 자처하시며 가장 비참한 인간의 모습을 보여 주십니다. 그 비참한 모습을 외면하고는 그리스도를 안다고 할 수 없기 때문입니다. 사람의 아들이 하느님의 아들 그리스도라는 것이 진심이라는 것을 보여 주시는 것입니다. 아무 말 없이 매질하는 자들에게 등을 맡기고, 수염을 잡아 뜯는 자들에게 뺨을 내맡기고 모욕과 수모를 받지 않으려고 얼굴을 가리지도 않는(이사 50,6 참조) 이 비참한 사람의 아들을 외면하고서는 그리스도를 안다고 할 수 없습니다. 예수님의 '나'에서 '사람의 아들'을 보지 못한 베드로는 결국 자기 생각에 걸려 넘어집니다. 예수님의 '나'가 그리스도라는 것은 받아들일 수 있었지만, 사람의 아들이 그리스도라는 신비는 받아들이지 못했던 것입니다.

　예수님이 그리스도이신 것은 '사람의 아들'로서 '반드시' 많은 고난을 겪으시고 원로들과 수석 사제들과 율법 학자들에게 배척을 받아 죽임을 당하셨다가 사흘 만에 다시 살아나실 분(마르 8,31)이기 때문입니다. 고난받는 종의 인생을 사신 예수님의 모습은 이사야가 말하는 '주님의 종'의 모습입니다. 그 얼굴은 남이 뱉은 욕설과 침이 덕지덕지 붙은 추한 얼굴, 남에게 보이기 창피한 얼굴입니다. 하지만 "주 하느님께서 나를 도와주시니 나는 수치를 당하지 않는다. 그러기에 나는 내 얼굴을 차돌처럼 만든다. 나는 부끄러운 일을 당하지 않을 것임을 안다."(이사 50,7) 하고 노래하는 얼굴입니다. 그 얼굴은 다른 사람을 위하여 자기를 버리고 제 십자가를 진 일그러진 얼굴, 예수님 때문에 또 복음 때문에 자기 목숨을 잃은 '사람의 아들'의 얼굴(마르 8,34-35)입니다. 이 얼굴을 어찌 사람의 언어로 이해할 수 있겠습니까? 내 소리를 죽일 때 묵묵히 죽음을 받아들이신 그분과 하나가 될 것입니다.

5

그분은 사람들 가운데서 사람의 아들로 세상에 태어나셨고, 그렇게 여느 사람과 다르지 않게 생로병사의 굴레에서 고통받으시다가 고통 속에서 돌아가셨습니다. 예수님은 당신을 '사람의 아들'이라고 자처하시면서 우리에게 질문하십니다. "너희는 온갖 모욕과 수치를 당하며 고통받은 이 인간의 마음을 들여다본 적이 있는가? 그 얼굴을 보면서 너희 창자가 찢어지는 듯한 아픔을 느껴 본 적이 있는가? 가족을 부양하기 위하여 온갖 수치를 감수하며 자기를 사 가기를 바라며 저녁때까지 희망을 버리지 않고 길모퉁이에 서 있는 가장家長의 안타까운 마음(마태 20,1-15)과 하나 되어 본 적이 있는가?"

사람의 아들의 마음을 아는 자만이, 고통받는 이들의 고통에 창자가 끊어지는 아픔을 함께 느끼는 자만이 그리스도를 안다고 할 수 있습니다. 사람의 아들을 모르는 자, 고통받는 이들의 마음을 느끼지 못하는 자는 그리스도를 모르는 자입니다. 거꾸로도 말할 수 있습니다. 자기가 하느님의 아들딸이라는 것을 아는 자만이 그리스도를 알 수 있습니다(요한 6,46).

예수님께서 당신을 사람의 아들이라고 하시면서 가장 비참한 인간의 모습을 그려 보이시는 이유입니다. "사람의 아들은 반드시 많은 고난을 받고 원로들과 대사제들과 율법 학자들에게 버림을 받아 그들의 손에 죽었다가 사흘 만에 다시 살아나셔야 한다."(마르 8,31) "사람의 아들은 대사제들과 율법 학자들의 손에 넘어가 사형선고를 받고 다시 이방인의 손에 넘어갈 것이다. 그러면 그들은 사람의 아들을 조롱하고 침 뱉고 채찍질하고 마침내 죽일 것이다. 그러나 사람의 아들은 사흘 만에 다시 살아날 것이다."(마르 10,33-34) 예수님은 사람들로부터 사람대접은커녕 온갖 수모와 모욕을 당하는 이 인간이 하느님의 아들이라고 선언하시는 것입니다. 비천한 구유에서 사람의 아들로 태어나신 그분은 십자가에서 비참하게 죽게 될 것입니다. 그보다 더 처절한 인간의 모습을 상상이나 할 수 있을까요? 이 비참한 사람의 아들이 하느님의 아들입니다. 인간 가운데 가장 나약한 인간의 아들로 태어나신 예수님, 가장 처참하게 십자가에 못 박혀 고통 속에 돌아가신 인간 예수님을 외면하는 자는 하느님의 아들 그리스도를 안다고 할 수 없습니다.

사람들이 자기 자신은 물론이고 다른 사람의 자식을 그리스도로 알아보지 못하는 것은 그리스도에 대한 오해 때문인데, 그리스도가 고통을 당하신다는 것을 받아들이기가 그만큼 어렵기 때문입니다. 예수님은 사람들이 당신을 하느님의 아들로 높이 기려 주기를 바라시는 것이 아니라 고통받는 당신의 모습을 제시하시며 가장 비참한 인간을 들여다보는 사람만이 그리스도가 누군지 안다고 말씀하시는 것입니다. 가장 버림받은 비참한 모습에서 우리가 그리스도를 만나기를 바라시는 것입니다. 그분은 다른 사람을 위하여 고통받는 사람의 아들이 하느님의 아들이라는 신비로 우리를 안내하십니다.

6

　예수님의 가장 인간다운 모습은 십자가상에서 숨을 거두시기 바로 전에 "왜 저를 버리셨습니까?"(마르 15,34) 하고 아버지를 부르며 큰소리로 외치신 모습에서 가장 잘 드러납니다. 그 외침은 하느님의 아들이라면, 사람의 아들이 아닌 하느님의 아들이라면 부르짖을 수 없는 소리입니다. 그분의 절규는 말합니다. "그렇다. 나의 부르짖음은 너희가 믿고 싶은 하느님의 아들에게는 어울리지 않는다. 나는 너희가 생각하는 그런 그리스도가 아니다. 나의 이 부르짖음은 사람의 아들이 하느님의 아들이기 때문에, 하느님의 아들이 사람의 아들이기 때문에 터져 나오는 비명이다." 이로써 예수님은 하느님의 아들에 대한 잘못된 인식을 바꾸어 놓으셨습니다. "하느님께서 사람이 되셨다. 십자가에 처형된 저 몸에서 부활의 빛이 발한다." 어찌 생각을 바꾸지 않고 받아들일 수 있겠습니까? 어찌 생각을 바꾸지 않고 상상이나 할 수 있겠습니까? 인간의 모든 상상을 벗어나는 일이 사람의 아들 예수님한테 일어난 것입니다.

　예수님이 하느님의 아들이며 그리스도이심을 믿어 고백하는 것은 그분이 사람의 아들이기 때문입니다. 예수님께서는 지금 당신께서 걸으시는 인간의 길이 하느님의 길이라고 강조하십니다. 하느님의 아들이 사람의 아들로서 인간의 길을 가십니다. 그 길이 하느님의 길입니다. 그분께서 함께하신 사람들에게서 하느님의 아들딸을 보는 사람이 그분과 함께 길을 갈 수 있습니다.[27] 고통받는 인류와 함께하심이 그분의 신성과 절대성을 이야기하는 기준입니다.

7

우리는 예수님께서 그리스도는 "반드시 많은 고난을 겪으시고 원로들과 수석 사제들과 율법 학자들에게 배척을 받아 죽임"을 당해야 한다고 하신 말씀을 새겨들어야 합니다.[28] 당신의 죽음을 예고하실 때도 '반드시'라는 단어가 나옵니다. 제자들이 예수님께 "율법 학자들은 어째서 엘리야가 (반드시) 먼저 와야 한다고 말합니까?"(마르 9,11) 하고 물어봅니다.

그리스도께서 고난을 받고 죽임을 당하셔야 한다는 말에 베드로가 받은 충격은 '반드시'라는 말에서 절정에 이릅니다. '반드시'는 피해갈 수 없다는 것을 뜻합니다. 남을 위하여 목숨을 잃을 수는 있지만 '반드시' 그래야 한다는 말에 충격을 받은 것입니다. 부와 명예와 권력과 영생을 보장해 주시리라 믿으며 따랐던 그분이 반드시 배척을 받다가 처참하게 죽으셔야 한다는 것은 꿈에서도 상상하고 싶지 않은 일이었던 것입니다.

---

27) 마태오 복음에 나오는 최후의 심판 이야기가 이를 이해하는 데 도움이 될 것입니다(25,31-46). 형제 중에 가장 보잘것없는 사람 하나에게 해 준 것이 바로 주님께 해 드린 것입니다. 굶주린 이에게 먹을 것을 주고 목마른 이에게 마실 물을 주고, 나그네를 따뜻하게 맞아들이고 감옥에 갇힌 이를 찾아 준 사람이 하느님을 만나게 될 것입니다.

28) '반드시'는 그리스어로 '데이δεῖ'인데 '반드시 …(해)야 한다', '마땅히 …(해)야 한다'라는 뜻입니다. 200주년 성서는 '마땅히'로 옮겼습니다. "인자는 마땅히 많은 고난을 겪고 원로들과 대제관들과 율사들에게 버림을 받아 죽임을 당했다가 사흘 후에 다시 살아나야 한다." 사람의 아들이 고난을 겪고 버림을 받고 죽는 일이 '꼭 필요하다'라는 뜻에서일 것입니다. 영어로는 주로 'must'로 번역되었습니다.

'반드시' 죽어야 한다는 것은 '반드시' 살아난다는 생각까지를 죽이는 것입니다. 죽은 다음 다시 살아난다는 생각이 남아 있는 한 '반드시' 죽을 수 없습니다. 예수님께서 십자가에 못 박혀 돌아가실 때, 이 고통의 시간이 지나면 '반드시' 다시 살아나리라는 생각을 조금이라도 하셨다면 그분은 가짜로 십자가를 지신 것이고, 가짜로 고통을 당하신 것이고, 가짜로 죽은 것이고, 당신을 따르라는 말씀은 위선의 말이 될 것입니다.[29] 이는 사람의 자식들을 속이는 것입니다. '반드시'는 '반드시'입니다. '꼭'입니다.

예수님께서 운명하시기 직전 "저의 하느님, 저의 하느님, 어찌하여 저를 버리셨습니까?"(마르 15,34) 하고 하느님을 부르며 부르짖으신 것은 다시 살아난다는 희망이 완전히 꺾인 절망의 상태에서 나온 절규입니다. 그 순간만 지나고 나면 고통은 사라지고, 새 생명을 얻어 영원히 행복한 세상을 맞게 되리라는 믿음이나 희망은 전혀 찾아볼 수 없습니다. 그분은 "조금만 참자. 사흘만 참자. 아버지께서 나를 부활시키실 것이다."라며 고통을 참아 받으신 것이 아닙니다. 그런 희망 때문에 처절한 몸부림 대신 이를 악물고 그 시간이 어서 빨리 지나가기를 바라셨다면 십자가를 지고 당신을 따르라는 말씀(마르 8,34)은 속임수요 그분의 십자가는 사기일 것입니다. 그분은 극한의 상황에도 아버지의 함께하심을 믿으며 고통에 자신을 내맡기셨습니다. 당신이 달리신 십자가에 아버지 하느님께서 함께 달려 계심을 믿으셨기에 당신 몸을 하느님께 내맡길 수 있었습니다. 그분의 절규는 빛이 보이지

---

29) 가현설Docetism의 함정입니다.

않는 절망의 십자가에도 함께 계시는 아버지께 대한 믿음에서 나온 것입니다. 그분은 당신이 하신 말씀을 당신의 십자가 죽음으로 보여 주셨습니다.

'반드시' 고난을 겪고 죽어야 한다는 것은 십자가의 고통은 지나가 버리는 것, 피하거나 극복할 수 있는 것이 아니라는 것을 말합니다. 예수님은 저주의 시간이 지나가기를 바라며 고통과 죽음에 당신을 맡기신 것이 아닙니다. 어느 정도 고난의 시간이 흐르고 난 다음 그 상황을 회상할 수 있는 현재의 시점이란 없습니다. 십자가의 죽음을 과거의 사건으로 만들려는 마음으로는 온전히 죽을 수 없습니다.

'반드시'에는 더 이상 인간의 힘이 작용할 수 없는, 인간이 어떻게 할 수 없는 상태를 말합니다. 십자가에 못이 박힌 그분은 '반드시' 죽어야 했습니다. 그 어떤 대가도 보상도 바람 없이 큰 소리를 지르시고 그분은 숨을 거두셨습니다(마르 15,37). 그분의 부활은 반드시 죽음에 대한 대가로 주어지는 삶이 아닙니다. 대가를 바라는 마음으로는 자신을 완전히 죽음에 내던질 수 없고, 그렇기에 영원한 생명을 체험할 수 없습니다.

반드시 십자가를 져야 한다는 것은 십자가의 죽음이 없이는 부활이 있을 수 없을 뿐만 아니라 완전히 자신을 십자가 죽음에 맡김으로써 하느님의 영역으로 들어간다는 것을 말합니다. 죽은 사람을 일으키는 것은 하느님의 일입니다. '반드시'는 하느님의 이 일에 자신을 온전히 맡기는 것입니다. 예수님은 이 '반드시'를 실행하시기 위해 예루살렘으로 올라가십니다.

부활을 믿는 그리스도인의 삶의 양상은 죽음으로 내모는 절체절명의 상황 뒤에 고통을 모르는 무감각의 세계가 있기나 한 듯 그 순간이 지나가기를 바라며 고통을 참고 견디는 데 있지 않고 그 고통의 상황에 아버지의 이름을 부르며 자신을 맡기는 데 있습니다. 고통이 사라진 곳에 영광의 삶이 펼쳐지기를 바라거나, 비우면 채워 주신다고 믿는 것은 그리스도인의 삶의 양상이 아닙니다.

그리스도인은 부활의 삶을 살기 위해서는 '반드시' 십자가의 길을 걸어야 한다는 것을 압니다(마르 8,35). 다른 길은 있을 수 없습니다. 부활의 삶은 완전하게 자신을 죽음에 내맡기지 않고서는 도달할 수 없는 경지입니다. 사람들은 죽지 않고 부활의 삶을 사는 길을 모색하지만 그런 길은 없습니다. 반드시 살아나리라는 믿음으로 자신을 죽음에 내맡기지만 바로 그 때문에 자신을 완전히 죽음에 맡기지 못합니다. '반드시' 고난을 겪고 죽어야 한다는 예수님의 말씀은 그런 틈을 허용하지 않습니다.

많은 그리스도인은 이 '반드시'를 진지하게 받아들이지 못합니다. 비우되 하느님께서 채워 주시리라는 계산 아래 비웁니다. 그러나 비운다는 것은 하느님께서 채워 주신다는 계산까지를 비우는 것입니다. 보상을 바라는 마음이 조금이라도 작용한다면, 그것은 비우는 것이 아닙니다. 천국 간다는 생각도, 부활하리라는 생각도 비워야 합니다. 천국과 부활은 보상으로 주어지는 것이 아니라 자신을 온전히 비울 때 들게 되는 경지이기 때문입니다. 하느님 앞에서 우리가 할 수 있는 일은 자신을 비우는 일 말고 다른 일은 있을 수 없습니다. 예수님은 제자들에게 당신의 '반드시 죽음'을 예고하시면서 보상을 바라는 제자들의 마음이 비워지기를 바라십니다. "그런 생각은 반드시 비위야 한다. 보상을 바라는 마음으로는 너희 손에 닿을 듯 가까이 와 있는 천국의 경지를 맛볼 수 없다.” 영원한 생명은 우리의 힘으로 얻을 수 있는 것이나, 내가 쌓은 공로나 선행의 대가로 얻는 것이 아니라 하느님에 대한 믿음을 통하여 주어지는 경지입니다.

그리스도를 따르는 것은 반드시 죽기 위해서입니다. 따름에 보상을 바란다면 죽음을 받아들이지 못한다는 말이 됩니다. 십자가를 지면서도 보상을 바란다면 그가 지고 있는 십자가는 십자가가 아니라 짐일 뿐입니다. 부활의 삶은 십자가를 진 보상으로 주어지는 것이 아닙니다. 베드로는 스승님은 그리스도이시라고 고백하면서도 예수님의 '반드시'를 받아들일 준비가 되어 있지 않았습니다. 예수님은 힘의 논리는 반드시 극복되어야 한다고 말씀하시는데 그는 힘의 논리에 근거하여 고백했습니다. 그런 그였기에 예수님께서 십자가에서 힘없이 돌아가시자 무서워서 달아났던 것은 당연한 일입니다.

8

그리스도는 나의 고통을 없애는 힘을 가진 존재로서 그 힘으로 세상에 평화를 가져다주시는 분이 아닙니다. 그분은 힘없이 십자가에서 돌아가신 분입니다. 그리스도인은 그 힘없음에서 세상의 구원을 보고 평화를 찾은 사람입니다. 그런데 우리는 십자가에서 힘없이 돌아가신 그리스도를 선포한다고 하면서 저 유다인들처럼 표징을 요구하고, 저 그리스인들처럼 지혜를 찾는 것은 아닙니까? 그리스도의 십자가가 유다인에게서처럼 우리에게도 걸림돌이고 다른 민족에게서처럼 우리에게도 어리석음은 아닙니까(1코린 1,23)? 힘이 세상에 평화를 가져다준다고 생각하는 것은 아닙니까? 구원은 인간의 힘으로 얻어지는 것이 아닙니다. 반드시 십자가를 통해서 주어집니다. 예수님은 "내가 주는 평화는 세상이 주는 평화와 같지 않다."(요한 14,27)라고 말씀하십니다. 세상을 구원하실 분이 "반드시 많은 고난을 겪으시고 원로들과 수석 사제들과 율법 학자들에게 배척을 받아 죽임을 당하셔야 한다."(마르 8,31)라는 것은 생각을 바꾸지 않고서는 받아들일 수 없습니다. "내 생각은 너희 생각과 같지 않고 너희 길은 내 길과 같지 않다. 주님의 말씀이다. 하늘이 땅 위에 드높이 있듯이 내 길은 너희 길 위에, 내 생각은 너희 생각 위에 드높이 있다."(이사 55,8-9)

예수님은 '반드시'의 삶을 구체적으로 제시하십니다. "누구든지 내 뒤를 따르려면 자신을 버리고 제 십자가를 지고 나를 따라야 한다."(마르 8,34) 두 번째 수난 예고를 하신 후에는 "누구든지 첫째가 되려면, 모든 이의 꼴찌가 되고 모든 이의 종이 되어야 한다."(마르 9,35) 하시고, 가장 작은 이 하나를 받아들이는 것이 당신을 받아들이는 것이라 하십니다. 세 번째 수난 예고 후에도 출세를 지향하는 제자들에게 같은 말씀으로 가르치십니다. "너희 가운데에서 높은 사람이 되려는 이는 너희를 섬기는 사람이 되어야 한다."(마르 10,43)

예수님은 자신을 낮추고 내려놓고 섬기는 사람만이 하늘 나라를 차지할 것이라 하십니다. 자신을 사라지게 하는 곳, 다른 사람을 위하여 자기 자신을 희생 제물로 내어놓는 곳에 부활의 생명이 주어지고, 거기서 사람들은 하느님을 만나게 됩니다. 제자들은 예수님의 말씀을 소화하지 못하고 여전히 "누가 가장 큰 사람이냐 하는 문제로 길에서 논쟁"(마르 9,43)합니다. 그들이 고백을 깨닫기까지는 아직 갈 길이 멉니다. 예수님은 '반드시'라는 말로써 십자가를 피해 갈 수 없게 하십니다.

<h1 style="text-align:center">9</h1>

우리는 하느님께서 우리를 고통에서 구해 주시리라 믿으며 십자가에 달리신 그분의 이름을 부릅니다. 교회 종탑마다 십자가를 높이 세우고 가정마다 십자가를 모시고 몸에 십자가를 그리는 것은 내 인생에 지워진 십자가가 무거우니 가볍게 해 달라고 빌기 위해서가 아니라 아무리 십자가가 무거워도 피하지 말게 해 달라고 빌기 위해서입니다. 십자가에 달리신 그분은 고통받는 인류에게 "이 고통의 터널을 빠져나오면 광명의 세계가 펼쳐질 터이니 참아라." 하고 말씀하지 않으십니다. 그런데 우리는 고통에 빠진 사람에게 조금만 참고 견디며 기도하라고 위로합니다. 이런 위로의 말을 누가 탓할 수 있겠습니까마는 십자가 아래서 바치는 기도는 생로병사 모든 순간을, 행도 불행도 모두를 '반드시' 받아들이기 위한 것입니다. 십자가의 고통은 '반드시' 일어나야 하는 사건입니다. '반드시'는 자기를 완전히 하느님께 맡기는 행위입니다. "하느님께서 알아서 하십시오."[30]

마르코는 예수님께서 이 말씀을 명백히 하셨다고 말합니다. '명백

---

30) 자식에 대한 부모의 사랑이 '반드시'를 이해하는 데 도움을 줄 수 있을 것입니다. 부모는 자식을 위하여 온갖 고통을 받아들입니다. 어떤 수모도 참아 받고 죽음까지 불사합니다. 자식이 자기의 고통을 알아주거나 보상을 바라서가 아닙니다. 자식은 사랑과 생명 이면에 감추어진 부모의 '반드시 고통'을 모를 수 있습니다. '반드시'의 고통, 함께하는 고통이 사랑을 낳고 생명을 낳습니다. 이 사랑이 부정된다면 인류는 영원한 죽음을 헤매게 될 것입니다.

히'의 그리스어는 '파르레시아παρρησία'인데 '솔직', '숨김없음', '대담'이라는 뜻입니다. 노골적으로, 내어놓고, 명백히 가르치시니 명백히 받아들여야 합니다.

바. 충격받은 베드로

1

그리스도가 '반드시' 죽임을 당하셔야 한다는 말씀에 베드로가 큰 충격에 빠집니다. 그리스도가 사람의 아들이라는 것도 충격이지만 그리스도이신 그분이 사람의 아들이 당하는 비참한 운명을 맞이하셔야 한다는 말씀은 더 큰 충격이었을 것입니다. 희망을 걸고 따랐던 하느님의 아들 그리스도께서 인간이나 당하는 모욕을 받으며 고통 속에 처참하게 죽으셔야 한다니, 그리스도께서 그렇게 어느 '사람처럼' 맥없는 존재라고 하니 받아들이기가 어려웠던 것입니다.

베드로에게 그분은 하느님의 아들 그리스도로서 사람과 달라야 했습니다. 그리스도가 사람이나 당할 수 있는 모욕과 고난을 받다가 죽는다는 것은 그로서는 상상할 수 없는 일이었습니다. 그가 그분을 따라나섰던 것은 그분은 사람이 아닌 하느님의 아들 그리스도이셨기 때문입니다. 인류가 기다리던 구세주 그리스도이시라고 확신하면서 그분께서 자신의 출세도 보장해 주시고, 이름도 떨치게 해 주시리라 믿었던 것입니다. 그의 이런 기대는 예루살렘에 가까이 이르러서 노골적으로 주님께 던진 질문에 잘 묻어납니다. "보시다시피 저희는 모든 것을 버리고 스승님을 따랐습니다."(마르 10,28) 마태오는 베드로의 이 말을 보충 설명합니다. "그러니 저희는 무엇을 받겠습니까?"(마태 19,27) 베드로는 마땅한 보상을 바라며 그분을 따랐던 것입니다.

그런데 배척을 받아 죽으셔야 한다니 그의 충격은 이만저만이 아니었던 것입니다. 수난 예고에 이어지는 "사흘 만에 다시 살아나셔야 한다."라는 그분 목소리는 들리지 않고, 고난 배척 죽음이라는 낱말만이 귓가를 맴돕니다. 그분을 따랐던 이상이 완전히 깨어지는 순간입니다. 그는 예수님을 꼭 붙들고 반박했습니다. "그럴 수 없습니다. 저를 부르신 스승님, 제가 따라나선 스승님은 그런 무력한 분일 수 없습니다. 제가 스승님은 그리스도이시라고 고백한 것은 그런 뜻에서가 아닙니다."

베드로가 당황하여 주님께 반박하는 상황을 마르티니 추기경은 베드로의 입장에서 이렇게 서술합니다. "베드로는 어쩌면 다음과 같은 절망을 느꼈을지 모른다. 어째서 이런 일이 있을 수 있는가? 나는 나의 모든 전업을 버렸고, 그물을 버림으로써 당신의 부르심을 즉시 받아들였고 당신의 일을 성취하는 데 협력하기 위해, 당신의 왕국을 건설하는 것을 돕기 위해 당신을 따랐다. 당신 역시 말씀하시길 제(반석) 위에 교회를 건설하기를 원하지 않았는가? 우리들은 깊은 우정으로 함께 생활하지 않았는가? 그런데 이제 와서 갑작스럽게 당신께서 사람들에게 거부당하고, 버림을 받고, 배반당하며, 죽임을 당하게 된다고 저에게 말씀하시니 이것이 어찌된 일인가?"(58-59) 베드로는 예수님의 그리스도 해석에서 자기가 지금껏 알고 있던 그리스도에 대해 심각한 질문을 던지게 된 것입니다. "내가 지금껏 알던 그리스도는 누구인가?" 마르티니는 말합니다. "베드로 사도는 비틀거리고 있다. 그는 앞으로 계속 나아가야 하며 굳세어야 한다는 것을 느끼고 있지만, 어떠한 방법으로 그것을 대처해야 할지 알 수가 없다. 그는 예수님께 충실하려고 노력하고 있지만 예수님께서는 그에게 제안했던 계획들과 생활에 분명하게 역행하는 방향으로 처신하고 있다."(61) "그런 일이 있기 전까지 베드로 사도의 삶은 대체로 평온했으며 그의 길을 잘 가고 있었다. 예수님과 함께하는 삶도 어떤 큰 문제를 야기시키지 않았다. 그러나 지금 그는 자기가 분열되는 것을 체험하며 스승에 대한 그의 사랑이 정화되어야 함을 알아차렸다."(62)

요한 복음사가는 이야기합니다. "이 일이 일어난 뒤로, 제자들 가운데에서 많은 사람이 되돌아가고 더 이상 예수님과 함께 다니지 않았다. 그래서 예수님께서는 열두 제자에게, '너희도 떠나고 싶으냐?' 하고 물으셨다. 그러자 시몬 베드로가 예수님께 대답하였다. '주님, 저희가 누구에게 가겠습니까? 주님께는 영원한 생명의 말씀이 있습니다. 스승님께서 하느님의 거룩하신 분이라고 저희는 믿어 왔고 또 그렇게 알고 있습니다.'"(요한 6,66-69)

요한 복음의 이 이야기는 예수님께서 빵을 많게 하시어 많은 사람을 먹이신 뒤에 이어지는 이야기입니다. 그들은 생명의 빵을 먹고도 여전히 예수님을 이해하지 못하고 있습니다.

예수님은 제자들이 받을 충격을 아시면서도 그리스도가 누구냐 하는 질문을 하신 것입니다. 그리스도의 수난과 부활은 충격 없이는 받아들일 수 없습니다. 그들을 그리스도의 십자가 운명으로, 그리스도의 신비로 안내하기 위해서입니다. 그분은 줄곧 십자가를 이야기하면서 그들을 데리고 예루살렘에 올라가고 계시는 것입니다. 사람들에게 붙잡혀 고난을 받고 죽임을 당하시는 것을 보여 주시려고. 죽음의 상황에서도 하느님의 다스림을 체험하는 자만이 진짜 복음의 인간으로 태어날 수 있다는 것을 깨우쳐 주시려고.

2

예수님께서 충격에 빠진 베드로를 향하여 "사탄아!" 하고 꾸짖으시며 그를 더한 절망에 빠지게 하십니다. 사탄은 그리스도를 반대하고 하느님의 일을 방해하는 존재입니다.[31] 하느님과 인간을 이간질하며 불신을 조장하는 자입니다. 자기 사고에 갇혀 자기 말만 하며 그리스도로부터 떨어져 나가게 하는 자입니다. 그리스도가 남을 위하여 자기 목숨을 내놓는 분이라면, 사탄은 자기만을 위하여 살도록 하면서 자기의 이익을 위해 남을 희생시키는 세력입니다. "사탄아, 내게서 물러가라."라는 이 말씀은 예수님께서 광야에서 유혹받으셨을 때 유혹하는 자에게 하신 말씀입니다(마태 4,10). 예수님 눈에 베드로가 그런 존재로 보인 것인가요? 아무리 그가 당신의 그리스도 설명을 깨닫지 못했기로서니 어떻게 3년이나 동고동락하며 당신을 따라다닌 제자에게, 그것도 아무 망설임도 없이 생업까지 내려놓고 당신을 따라나선

---

31) 사탄에 대하여, 1장 13절 참조.

제자에게 사탄이라는 무시무시한 말씀을 하실 수 있을까요? 당황하는 그를 다독이며 자상하게 이해시켜야 하는 것 아닙니까? 그리스도께서 사람들에게 죽임을 당하셔야 한다는 것도 충격인데 그것을 깨닫지 못했다고 사탄이라고까지 몰아붙이시니 너무 매몰찬 것 아닙니까? 주님은 베드로와 우리를 동시에 당황하게 하십니다.

3

예수님께서 당신께 고백하는 베드로에게 사탄이라 하신다면 그리스도는 그가 고백하면서 머릿속에 담고 있는 그런 식의 그리스도가 아니라는 것을 강하게 알리는 것입니다. 베드로는 "스승님은 그리스도이십니다." 하고 고백하지만 자기가 지금 무슨 말을 하는지 모릅니다. 그리스도가 '기름 부음을 받은 자'라는 것은 알고 있지만, 그 앎이 그를 깨달음으로 이끌지는 못합니다. 예수님께서 "하느님의 일은 생각하지 않고 사람의 일만 생각하는"(마르 8,33) 일에 갇혀 무슨 말을 하는지도 모르고 고백하는 그를 질타하신 것입니다. 다른 사람(의 삶)을 위하여 자기의 전부를, 목숨까지를 내놓는 것은 말로만 되는 일이 아닙니다. 베드로의 고백은 자기 인생으로 얻은 답이 아니었습니다. 들어서 머리에 입력된 내용을 기계적으로 고백했을 뿐입니다. 예수님의 십자가 삶은 부와 권력과 명예를 좇는 세속적인 사고로는 상상할 수 없는 일입니다. 자기의 말과 생각을 죽일 때, 아집과 집착에서 벗어날 때 그리스도가 누군지 알게 될 것이고 예수님이 누군지 알게 될 것입니다. 베드로는 아직 침묵에서 나온 고백을 하지 못하고 있습니다.

4

예수님께서 사람의 일만 생각하는 베드로를 사탄이라고 꾸짖으신 것은 무슨 말을 하는지 모르고 고백하는 그의 마음 깊은 곳에 그리스도가 살아 있음을 보셨다는 말도 됩니다. 예수님께서 그를 꾸짖으셨다면 감추어 있는 그 불씨를 살려 그 바탕에서 살게 하시려는 것입니다. 예수님은 베드로가 그리스도로 살기를 바라십니다. 다른 이를 위하여 자신을 희생 제물로 내놓으며 살기를 바라십니다. 베드로의 마음속 깊은 곳에 감추어 있는 그리스도와 하나 되는 마음을 교회 전통은 '신앙의 감각sensus fidei'이라고 부릅니다.

인간은 자기의 일만 생각하는 것 같지만 그 마음속 깊은 곳에는—자신도 모르게—하느님의 일을 생각하고 거기로부터 살고자 하는 마음을 지니고 있습니다. 예수님께서는 그를 사탄이라고 꾸짖으시며 그를 그의 내면으로 안내하십니다. 베드로가 지금은 '사람의 일'만 생각하느라 하느님의 일을 깨치지 못하지만, 차츰 고백의 핵심으로 다가서며 그리스도의 삶을 살게 될 것입니다. 그리스도의 고난을 하느님의 일로 깨달으며 자기를 죽이는 그리스도의 길을 걷게 될 것입니다. 꾸짖으시는 그분의 마음에서 제자들을 끝까지 믿고 사랑하시는 그분의 진심을 느낍니다. 예수님께서는 돌아가시기 몇 시간 전에 제자들도 당신과 같은 운명을 맞이하게 될 것을 예고하시면서 말씀하십니다. "사람들이 너희를 끌어다가 법정에 넘길 때, 무슨 말을 할까 미리 걱정하지 마라. 그저 그때에 너희에게 일러 주시는 대로 말하여라. 사실 말하는 이는 너희가 아니라 성령이시다."(마르 13,11)

마르코는 반복되는 고백과 배신을 통하여 베드로가 어떻게 변화하는지 보여 줍니다. 그는 당신을 따르라는 예수님의 부르심에 즉시 응답하여 모든 것을 내려놓고 제자가 되었지만, 그분에 대한 올바른 인식은 그의 일생을 통하여 서서히 진행됩니다. 자기가 따르는 인간의 아들 예수님이 하느님께서 보내신 하느님의 아들이시며, 하느님의 '그리스도'이시라는 것을 깨닫기까지는 일생이 걸릴 것입니다. 그는 그리스도가 누군지 더 알아야 합니다. 그런 날이 올 것입니다. 고백과 배신을 거듭하면서 침묵을 배우고, 그러면서 스승에게 마음으로 사랑을 고백하게 될 것입니다. 훗날 베드로가 부활하신 주님께 사랑을 고백하는 장면은 "스승님은 그리스도이십니다." 하고 자신 있게 고백할 때와는 대조적입니다. 세 번째 사랑을 고백할 때는 거의 울상이 되다시피 합니다. 주님은 그런 베드로의 모습을 늙어 허리띠를 맬 힘도 없는 존재로 비유하십니다(요한 21,15-19). 마르코가 자기의 스승 베드로의 약점을 여과 없이 전하는 것도 그에게서 그리스도에 대한 진심을 보았고 나아가 우리의 인생을 보았기 때문일 것입니다. 베드로의 사랑 고백은 바로 우리의 고백이어야 합니다.

5

우리는 베드로의 고백 이야기를 하면서 내가 베드로 입장이었다면 예수님께 사탄이라는 꾸지람을 듣지 않고 고백하였을 것처럼 생각하는 교만을 범합니다(어쩌면 대부분 그리스도인이). 그동안 우리는 배울 만큼 배워서 베드로가 옳게 고백했음에도 불구하고 주님한테서 "사탄"이라는 꾸지람을 들은 사실을 알고 있기에 나는 그와 같은 무지에서 나온 고백을 하지 않을 수 있을 것처럼 생각합니다. 사실은 이런 사고가 더 위험합니다. 베드로는 예수님의 그리스도 풀이에 충격을 받았지만, 우리는 충격조차 받지 않습니다. 마르코 복음사가는 이런 우리에게 베드로의 이야기를 들려주면서 이렇게 충고하는 것 같습니다. "그리스도를 안다고 떠벌리지 마십시오. 진리를 깨달았다고 자만하지 마십시오. 베드로가 그랬습니다. 그 누구보다 그리스도를 잘 안다고 자신했지만 결국은 몰랐습니다. 여러분은 베드로보다 낫다고 생각합니까? 베드로하고는 다르다고 생각합니까?"

예수님께서 베드로를 사탄이라 하시며 "내게서 물러가라." 하신다면 베드로가 우리를 대신하여 꾸중을 들은 것입니다. 성미 급한 베드로가 우리를 대신하여 예수님께 신앙을 고백하였고, 우리를 대신하여 예수님께 '사탄'이라는 비판을 들은 것입니다. 베드로는 이천 년 전에 살았던 한 유다인이기만 한 것이 아니라 21세기를 사는 우리 모두입니다. 우리도 "예수님은 그리스도"라고 고백하면서 베드로처럼 나의 일(사람의 일)에 둘러싸여 하느님의 일을 보지 못하고 삽니다. 나만의 힐링, 나만의 웰빙을 위하여 사느라 주변 사람들을 돌보지 못합니다. 이웃을 그리스도로 만나지 못할뿐더러 그들을 위하여 고난을 겪고 목숨을 바치고 싶은 마음도 없습니다. 하지만 언젠가 우리가 고백하는 바를 깨닫게 된다면, 그때 우리는 그리스도가 되어 천국을 체험하고 부활의 삶을 살게 될 것입니다. 완전하고 거룩한 삶을 살게 될 것입니다.

베드로의 고백이 있은 지 약 30년 후 바오로는 코린토 공동체 신자들에게 편지를 써 보냅니다. 다음 구절은 그리스도를 깨달은 바오로의 마음을 잘 표현해 주고 있습니다. "우리는 보물을 질그릇 속에 지니고 있습니다. 그 엄청난 힘은 하느님의 것으로, 우리에게서 나오는 힘이 아님을 보여 주시려는 것입니다. 우리는 온갖 환난을 겪어도 억눌리지 않고, 난관에 부딪혀도 절망하지 않으며, 박해를 받아도 버림받지 않고, 맞아 쓰러져도 멸망하지 않습니다. 우리는 언제나 예수님의 죽음을 몸에 짊어지고 다닙니다. 우리 몸에서 예수님의 생명도 드러나게 하려는 것입니다. 우리는 살아 있으면서도 늘 예수님 때문에 죽음에 넘겨집니다. 우리의 죽을 육신에서 예수님의 생명도 드러나게 하려는 것입니다. 그리하여 우리에게서는 죽음이 약동하고 여러분에게서는 생명이 약동합니다."(2코린 4,7-12)

바오로의 고백은 우리의 믿음을 반성하게 합니다. 예수님이 주님이심을 믿는다면, 하느님의 나라가 가까이 왔다는 복음을 믿는다면, 말로만 믿는다고 고백할 것이 아니라 십자가 인생을 살아야 합니다. 고해苦海와 같은 세상을 하느님의 나라에서 살듯 살아야 합니다. 가난한 이를 외면하지 말아야 합니다. 고통받는 이들의 아픔에 동참하고 그들에게 베풀어야 합니다.

6

예수님은 침묵을 분부하시며 더할 수 없는 역경 속에서도 하느님의 다스림에 자신을 맡기게 하십니다. 극한 상황에 처한 이웃이나 친지에게, 절망에 빠진 남에게 "참고 기다려 보아라, 고통에도 의미가 있다."라면서 좋은 말로 위로하기는 쉽지만, 막상 내가 그와 같은 처지에 놓이게 되면 상황은 달라집니다. 여태까지 온갖 찬사를 드리던 사랑의 하느님이 원망의 대상이 되고, 하느님의 부재를 느끼며 냉담해지기도 합니다. 사람들이 인식하는 천국의 행복이란 인생의 고통을 피한 어떤 곳에서 펼쳐지는 안락한 상태입니다. 그것이 충족되지 않을 때 지옥을 느낍니다.

예수님은 이런 사람들이 모여 살아가는 현실 한복판에서 복음을 선포하셨습니다. 인간들이 맞닥뜨리는 온갖 일들, 좋은 일만이 아니라 억울하고 무고한 죽음이나 처절한 절망의 상황 가운데에도 당신의 전부를 전달하신 하느님께서 우리와 함께 계시다는 믿음을 심어 주고자 하셨습니다. 죽음의 십자가에도 하느님께서 우리와 함께 계십니다. 예수님은 스스로 이 믿음 위에서 십자가 죽음을 맞이하셨습니다. 우리는 그분께서 우리를 위하여 십자가에서 돌아가셨다고 고백하면서도 내 어깨를 짓누르는 십자가를 견디지 못합니다. 십자가를 지는 것은 우리 인생의 목표가 되지 못합니다. 예수님은 이런 사고를 사탄의 짓이라고 나무라시며 수정하여 주십니다.

현대를 살아가는 그리스도인의 문제점은 참을성을 잃어 간다는 것입니다. 십자가 인생을 잘 받아들이지 못하는 것입니다. 그리스도를 믿는다고, 그분께서 우리를 구원하시기 위하여 십자가에서 돌아가셨다고 고백하면서 나의 십자가를 그분께 떠맡기려 합니다. 그분께서 십자가를 지셨으니 우리는 십자가를 질 필요가 없게 되었다고 생각한다면, 그리스도를 우리가 서로를 위하여 대신 십자가를 지지 않아도 되는 삶을 살도록 해 주신 존재로 생각한다면, 그렇게 고통당하는 사람들에게서 하느님의 아들 그리스도를 보지 못한다면, 십자가를 선포해야 할 그리스도교가 물질문명에 물들어 십자가를 상징으로 만들고 자기 말만 하는 이기적이고 배타적인 집단이 된다면, 세상 어디에서도 구원을 기대할 수 없게 될 것입니다. 세상이 희망을 잃게 될 것입니다.

성경에서 우리가 듣기 거북한 말들을 모두 빼어 버린다면 성경에 남을 유의미한 말은 하나도 없을 것입니다. 마르코가 복음서를 쓴 궁극적 이유는 구유에 태어나 십자가에서 처형되신 예수님이 그리스도라는 것을 밝혀 모든 사람이 그분처럼 살게 하려는 데에 있습니다. 십자가 인생을 사는 사람들에게서 그리스도를 보게 하려는 것입니다. 주님이 그리스도이시라고 고백하면서 그분의 죽음 앞에서 도망쳤던 베드로는 뒤늦게 이를 깨닫고 십자가로 돌아옵니다. 그사이에 긴 침묵의 시간이 흘러가기만 한 것이 아니라 베드로 자신이 깊은 침묵 속으로 빠져들었습니다. 그는 침묵에 잠기면서 이 신비를 깨닫고 거기에 몸을 바치게 됩니다. 그리스도는 우리가 서로를 위하여 죽지 않는 이기적인 삶을 살게 하시려고 십자가의 죽음을 선택하신 것이 아닙니다. 우리가 그분의 십자가를 따른다면 우리의 인생에 지워진 십자가를 그분께 떠맡기고 십자가에서 해방되어 편안히 살기 위해서가 아닙니다. 그리스도인에게 십자가는 피할 수 없는 도전입니다. 십자가를 지지 않는 그리스도인은 그리스도인이라 할 수 없습니다.

사. 자신을 버려라

예수님께서 제자들과 함께 군중을 가까이 부르시고 그들에게 말씀하셨다. "누구든지 내 뒤를 따르려면 자신을 버리고 제 십자가를 지고 나를 따라야 한다. 정녕 자기 목숨을 구하려는 사람은 목숨을 잃을 것이고, 나와 복음 때문에 목숨을 잃는 사람은 목숨을 구할 것이다. 사람이 온 세상을 얻고도 제 목숨을 잃으면 무슨 소용이 있느냐? 사람이 제 목숨을 무엇과 바꿀 수 있겠느냐? 절개 없고 죄 많은 이 세대에서 누구든지 나와 내 말을 부끄럽게 여기면, 사람의 아들도 아버지의 영광에 싸여 거룩한 천사들과 함께 올 때에 그를 부끄럽게 여길 것이다."

예수님께서 또 그들에게 말씀하셨다. "내가 진실로 너희에게 말한다. 여기에 서 있는 사람들 가운데에는 죽기 전에 하느님의 나라가 권능을 떨치며 오는 것을 볼 사람들이 더러 있다."(마르 8,34-9,1)

1

그리스도는 반드시 고난을 겪고 죽게 될 것이라며 침묵을 명하시는 예수님께서 예루살렘이 가까워지면서 자신을 버리고 제 십자가를 지고 당신을 따라야 한다고 강조하십니다. 제자들에게만이 아니라 제자들과 함께 군중을 가까이 부르시어 이 말씀을 하십니다. 당신과 복음 때문에 목숨을 잃는 것이 온 세상을 얻는 것이라고 하시는 강한 어조에서 그분의 간절한 마음이 느껴집니다.

"누구든지 내 뒤를 따르려면"이라는 이 말씀은 예수님께서 처음 제자들을 부르시던 일을 생각나게 합니다. 그때 예수님은 호수에서 고기잡이하던 어부들에게 "나를 따라오너라." 하시며 그들을 부르셨습니다. 그러자 그들은 그물과 가족을 버리고 그분을 따랐고, 예수님께서는 그들에게 "사람 낚는 어부가 되게 하겠다." 하고 이르셨습니다(마르 1,16-20). 그런데 이제 당신을 따르려면 "자신을 버리고 제 십자가를 져야 한다."(8,34)라고 하시며 당신이 겪게 될 고난과 배척과 수치스러운 십자가 죽음으로 모든 이를 초대하십니다.

베드로가 처음 그물을 버리고 그분을 따르기로 했을 때 자신을 버리고 십자가를 져야 한다는 것을 알았을까요? 그런 운명에 처하게 될 것을 알았어도 그분을 따라나섰을까요? 모든 것을 버리고 그분을 따라나섰다고 하지만 그분을 따르는 것이 자신을 버리고 십자가를 지고 목숨을 잃기 위해서라는 것을 감히 상상이나 했을까요?

"누구든지 내 뒤를 따르려면 자신을 버리고 제 십자가를 지고 나를 따라야 한다."라고 하신 말씀은 당신께서 장차 사람들 손에 넘겨져 온갖 모욕과 고난을 받으시고 죽게 되시리라 하신 말씀만큼이나 제자들(우리들)을 당황하게 합니다. 그들(우리들)이 모든 것을 버리고 그분을 따라나섰던 데는 더 많은 것을 얻고자 하는 마음이, 그것도 영원한 생명을 얻고자 하는 마음이 크게 작용했을진대 목숨을 버려야 한다니 이 무슨 황당한 말씀입니까? 자신을 버리고 제 십자가를 지고 따르라는 말씀은 자기중심적인 삶에서 벗어나 이타적인 존재로 변화해야 한다는 말씀입니다. 예수님께서 당신이 누구신지 물으며 '그리스도'라는 답변을 유도하신 것은 우리가 자신을 버리고 십자가를 진 삶을 살도록 하시기 위해서였습니다.

2

자신을 버린다는 것은 자기 부정, 자기 비움, 자기를 죽이는 것입니다. 많은 그리스도인이 '버리는 것'을 얻기 위한 수단으로 생각합니다. 비우면 하느님께서 더 많은 것으로 채워 주실 것이라고 말합니다. 하지만 그런 마음으로는 자기 인생에 버림을 일으킬 수 없습니다. 버리는 마음에 얻을 생각이 조금이라도 들어 있다면 '버림'은 일어나지 않습니다. 비우면 채워 주실 것이라는 생각까지 비워야 합니다, 그분은 다른 곳에서 "너희가 거저 받았으니 거저 주어라."(마태 10,8) 하고 말씀하십니다.

우리말로 '버리다'로 번역된 그리스어 '아파르네오마이ἀπαρνέομαι'는 '부인하다', '거절하다', '모른다고 하다'라는 뜻입니다. 신문 받으시는 예수님을 멀찍이 떨어져 지켜보고 있는 베드로에게 대사제의 하녀 하나가 "당신도 저 나자렛 사람 예수와 함께 있던 사람이지요?" 하고 말을 걸자 베드로는 당황하여 부인합니다(마르 14,68). 여기서 '부인하다'는 '아르네오마이ἀρνέομαι'인데 '아파르네오마이'는 '아르네오마이'에 '아포ἀπό'라는 접두어가 붙은 것으로 '완강히 부인하다'라는 뜻입니다. 예수님은 당신을 따르려거든 자신(자신의 존재)을 완강히 부정하라 하십니다. 그리스도를 따르는 데 가장 방해가 되는 것이 자기 자신이라는 것입니다. 자신의 이익을 위하여 그리스도를 따르는 것은 자기 자신의 노예가 되게 하는 것입니다. 채우기 위해 자신을 비우는 것은 욕망의 노예가 되게 하는 것입니다. 바라는 것을 채우거나 성취하겠다는 마음으로는 그리스도를 따른다고 할 수 없으며, 그런 마음이 나오는 자기 자신을 부정해야 합니다. 자신을 부정하는 것은 십자가를 지는 행위입니다.

3

십자가를 진다는 것은 자신을 완전히 내려놓고 버리고 비운다는 것을 말합니다. 목숨을 내놓는 것을 의미합니다. 그분은 "정녕 자기 목숨을 구하려는 사람은 목숨을 잃을 것이고, 나와 복음 때문에 목숨을 잃는 사람은 목숨을 구할 것이다."(마르 8,34-35) 하고 말씀하십니다. 그리스도의 삶은 자기를 비우고 자기를 죽이는 일을 통해서, 다른 사람을 위하여 목숨을 내놓는 일을 통해서 완성되는 삶입니다. 목숨은 프쉬케ψυχή입니다. 숨, 목숨, 생명입니다.

예수님은 목숨을 잃는 것에 대해 말씀하시면서 "나와 복음 때문에"라는 근거를 대십니다. '예수님과 복음 때문에 목숨을 잃는다.'라는 말은 '예수님과 복음을 위하여 목숨을 내놓는다.', '복음을 위하여 생명을 바친다.'라는 뜻인데, 예수님과 복음이 생명의 바탕, 생명의 근원이기 때문입니다. 왕이나 나라에 대한 충성으로 목숨을 내놓는 것과는 다릅니다.

예수님처럼 되기 위해서는 예수님처럼 목숨을 내놓아야 합니다. 복음화하는 것과 목숨을 내놓는 것은 같은 말의 반복입니다. 자신을 복음화하기 위해서는 자신을 부정하고(버리고) 목숨을 잃어야 하고 그렇게 목숨을 잃은 자가 복음화한 존재입니다. 내가 예수님을 믿는다고 고백하면서도 복음화가 되지 못했다면 나를 버리지 못하고 십자가를 지지 못하기 때문입니다. 그리스도의 삶을 살지 못하기 때문입니다. 그리스도가 되지 못하기 때문입니다. "사람이 온 세상을 얻고도 제 목숨을 잃으면 무슨 소용이 있느냐?"라는 말씀은 온 세상을 얻었다 해도 그리스도가 되지 못한다면 아무 소용이 없다는 의미입니다. 복음이 되는 것, 그리스도가 되는 것, 다른 사람을 위하여 죽는 것이 우리 인생의 목표입니다. 버리지 않고서는, 소유와 출세가 목표가 되어서는 인생의 완성에 이를 수 없습니다.[32]

예수님께서는 우리가 복음이 되기를 원하시며 당신처럼 각자 자기의 십자가를 지고 죽음의 골고타를 향하여 올라가기를 바라십니다. "이 십자가만 없다면 잘 살 수 있을 텐데, 행복할 텐데." 하고 생각하는 우리에게 "그렇지 않다. 그 십자가 때문에 너희는 행복하다. 그 때문에 너희가 빛이 난다." 하고 말씀하십니다.[33] 하느님의 생명과 사랑은 인간의 힘으로 쟁취할 수 있는 것이 아니라는 것을 십자가가 말해 줍니다. 하느님의 평화는 인간의 힘으로 이룩할 수 있는 것이 아닙니다. 하느님의 나라는 인간의 힘으로 건설할 수 있는 나라가 아닙니다. 힘을 비운 자만이, 돈과 힘과 명예에 대한 욕심을 비운 자만이,

---

32) 루카 복음은 이런 자를 어리석은 자라 부릅니다. "'어리석은 자야, 오늘 밤에 네 목숨을 되찾아 갈 것이다. 그러면 네가 마련해 둔 것은 누구 차지가 되겠느냐?' 자신을 위해서는 재화를 모으면서 하느님 앞에서는 부유하지 못한 사람이 바로 이러하다."(루카 12,20-21) 바오로는 말합니다. "우리는 이 세상에 아무것도 가지고 오지 않았으며 이 세상에서 아무것도 가지고 갈 수 없습니다. 먹을 것과 입을 것이 있으면, 우리는 그것으로 만족합시다. 부자가 되기를 바라는 자들은, 사람들을 파멸과 멸망에 빠뜨리는 유혹과 올가미와 어리석고 해로운 갖가지 욕망에 떨어집니다. 사실 돈을 사랑하는 것이 모든 악의 뿌리입니다. 돈을 따라다니다가 믿음에서 멀어져 방황하고 많은 아픔을 겪은 사람들이 있습니다."(1티모 6,7-10)

33) 사실 예수님의 이 말씀은 우리가 일상에서 늘 실행하고 있는 것입니다. 부모가 자식을 위하여 자신을 버리고 목숨을 아끼지 않는 것은 사랑입니다. 십자가는 자식을 사랑으로, 기쁨으로 받아들이게 하는 장소입니다. 십자가는 목숨을 빼앗아가는 형틀이 아니라 생명의 원천입니다. 자식은 자기가 그 원천에서 태어났다는 것을 알 때 그의 인생은 남을 위하여 목숨을 바치는 삶으로 변화될 수 있을 것입니다. 십자가를 지고 말씀하시는 그분은 다른 곳에서 "고생하며 무거운 짐을 진 너희는 모두 나에게 오너라."(마태 11,28) 하고 말씀하십니다.

자기를 죽음으로 낮춘 자만이 이 사랑을, 이 평화를, 이 나라를 세상에 드러낼 수 있습니다.

4

예루살렘으로 올라가시는 그분의 모습에 깊은 침묵이 흐릅니다. 큰소리로 고백하며 의기양양한 제자들이 조성한 분위기와 대조를 이룹니다. 그들이 생업을 포기하고 그리스도를 따라 지금 예루살렘으로 올라가는 이유는 예루살렘에 입성하기만 하면 큰 영광이 그들을 기다리고 있으리라는 기대 때문입니다. 예수님은 당신 존재를 없애시려고 올라가시는데 제자들은 자기 존재를 영광으로 채우기 위해서 올라갑니다. 그런 제자들이기에 스승의 십자가 이야기는 충격을 넘어 온 존재가 송두리째 무너지는 느낌이었을 것입니다. 허탈과 실망? 예수님은 그들의 이런 마음을 '부끄러움'으로 표현하십니다. 당신의 말을 부끄럽게 여기는 사람은 당신께서도 그를 부끄럽게 여기실 것입니다.

부끄러움을 말씀하시는 그분은 모든 인간의 마음속 깊은 곳에는 남을 위해 자기를 희생하고 자기 존재를 사라지게 할 마음이 숨겨져 있다는 것을 아십니다. 모든 인간은 그 마음을 실현할 가능성을 안고 살아갑니다. 남을 미워하고 저주하다가도 돌아서면 후회한다는 것이 이를 뒷받침해 줍니다. 사람의 아들 예수님이 하느님의 아들 그리스도이시라고 고백하는 그리스도인은 자신을 위하여 살지 않고 남을 위하여 십자가에서 죽기까지 당신의 목숨을 내어놓는 곳에 세상의 평화가 있다는 것을 믿는 사람입니다.

십자가를 진 모습으로 그리스도를 세상에 드러내는 날, 우리는 새 하늘 새 땅에서 새 인간으로 새 삶을 살게 될 것입니다. 이 목적에 도달하게 하시려고 예수님께서 우리를 데리고 예루살렘으로 올라가십니다. 그 길에서 십자가를 내려놓지 말라고 당부하십니다. 십자가를 향하여 있는 자신을 발견할 수 있을 때, 세상에 그리스도의 빛, 하느님의 영광, 평화의 빛을 비출 수 있을 것입니다. 우리 모두의 마음에는 십자가의 그리스도가 잉태되어 있습니다. 이 그리스도의 생명을 느끼기 위하여 자기 말을 침묵시키며 내면에 귀를 기울일 수 있어야 합니다.

천국을 세속적인 욕망이 채워진 곳으로, 예수님을 자기의 욕망을 채워 주시는 분으로 믿는 것은 인간의 이기적인 사고의 산물입니다. 예수님은 이런 사람들의 세상을 '절개 없고 죄 많은 세대'(마르 8,38)라 부르십니다. 오로지 자기의 이익을 위하여 사는 자, 자기의 이익을 위하여 신앙하고, 자기의 이익을 위하여 기도하며, 자기의 이기적인 욕망을 채우기 위하여 천국을 그리워하면서 천국과 하느님과 예수님을 자기의 세속적인 욕망을 채워 주는 도구로 여기는 자는 하느님의 영광을 체험할 수 없을 것입니다.

영광은 그리스어로 독사δόξα입니다. 광채, 영광, 위엄입니다. 영광의 빛은 십자가에서 흘러나옵니다. 예수님과 그분의 복음 때문에 목숨을 잃는 사람이 발하는 빛입니다. 이어지는 변모 사화(마르 9,2-14)에 직접 이 빛을 보게 됩니다. 예수님의 얼굴을 영광스럽게 빛나게 한 빛의 발원지는 십자가였습니다. 다른 사람을 살리기 위하여 자기의 몸을 죽음에 내놓은 십자가에서 영광의 빛이 흘러나와 온 세상을 밝게 비춥니다.

5

예수님께서 또 그들에게 말씀하십니다. "죽기 전에 하느님의 나라가 권능을 떨치며 오는 것을 볼 사람들이 더러 있다." 부활이라는 단어를 사용하지는 않으셨지만, 부활에 대한 사고를 엿볼 수 있습니다. 하느님의 영광, 하느님의 영원한 생명은 자기의 목숨을 버린 자, 복음이 된 자가 누릴 수 있는 경지입니다. 부활의 삶은 예수님이 그리스도이시라고 고백하면서 예수님을 따랐다는 이유로 저절로 주어지는 편안한 삶이 아닙니다. 그것은 자기의 목숨을 내놓는 자만이 체험할 수 있는 경지입니다.

목숨은 살아 있는 동안에만 내놓을 수 있습니다. 부활의 삶은 죽은 후가 아니라 죽기 전에 살아야 합니다. 죽기 전에 부활의 삶을 살아야 합니다. 예수님은 '진실로(아멘)'라는 어법을 사용하시면서 죽기 전에 그런 삶을 사는 사람, 즉 죽기 전에 자기 목숨을 내놓는 사람, 죽기 전에 하느님의 나라가 권능을 떨치며 오는 것을 볼 사람들이 많지는 않지만, 더러 있다고 말씀하십니다. 이어지는 이야기(9,2-10)에서 제자들은 예수님의 영광스러운 얼굴, 부활의 얼굴, 남을 위해 죽은 자의 얼굴을 체험하게 될 것입니다.

죽기 전에 하느님의 권능을 체험하는 자가 더러 있을 것이라는 말씀은 우리에게 많은 위로와 희망을 줍니다. 예루살렘으로 올라오시면서 그분은 자주 "아직도 깨닫지 못하느냐?" 하시며 보면서도 보지 못하고 들으면서도 듣지 못하는 제자들을 한탄하셨습니다. 그런 그들이지만 저 벳사이다의 눈먼 이처럼 점점 그리스도를 알아보게 될 것입니다. 버림과 포기를 그들의 몸으로 세상에 보이게 될 것입니다. 지금 당장은 아니지만, 복음을 받아들여 천국의 경지에서 살게 될 사람이 있을 것입니다. 이것이 예수님의 희망입니다. 이 때문에 예수님은 복음을 선포하십니다.

12.
그분의 모습이 변하셨다

엿새 뒤에 예수님께서 베드로와 야고보와 요한만 따로 데리고 높은 산에 오르셨다. 그리고 그들 앞에서 모습이 변하셨다. 그분의 옷은 이 세상 어떤 마전장이도 그토록 하얗게 할 수 없을 만큼 새하얗게 빛났다. 그때에 엘리야가 모세와 함께 그들 앞에 나타나 예수님과 이야기를 나누었다. 그러자 베드로가 나서서 예수님께 말하였다. "스승님, 저희가 여기에서 지내면 좋겠습니다. 저희가 초막 셋을 지어 하나는 스승님께, 하나는 모세께, 또 하나는 엘리야께 드리겠습니다." 사실 베드로는 무슨 말을 해야 할지 몰랐던 것이다. 제자들이 모두 겁에 질려 있었기 때문이다. 그때에 구름이 일어 그들을 덮더니 그 구름 속에서, "이는 내가 사랑하는 아들이니 너희는 그의 말을 들어라." 하는 소리가 났다. 그 순간 그들이 둘러보자 더이상 아무도 보이지 않고 예수님만 그들 곁에 계셨다. 그들이 산에서 내려올 때에 예수님께서는 그들에게, 사람의 아들이 죽은 이들 가운데에서 다시 살아날 때까지, 지금 본 것을 아무에게도 말하지 말라고 분부하셨다. 그들은 이 말씀을 지켰다. 그러나 죽은 이들 가운데에서 다시 살아난다는 것이 무슨 뜻인지를 저희끼리 서로 물어보았다.

제자들이 예수님께 "율법 학자들은 어째서 엘리야가 먼저 와야 한다고 말합니까?" 하고 물었다. 그러자 예수님께서 그들에게 말씀하셨다. "과연 엘리야가 먼저 와서 모든 것을 바로잡는다. 그런데 사람의 아들이 많은 고난과 멸시를 받으리라고 성경에 기록되어 있는 것은 무슨 까닭이겠느냐? 사실 내가 너희에게 말하는데, 엘리야에 관하여 성경에 기록된 대로 그가 이미 왔지만 사람들은 그를 제멋대로 다루었다."(마르 9,2-13)

가. 엿새 뒤

1

　예수님의 변모 이야기(마르 9,2-13)는 베드로의 고백과 예수님의 수난 예고(마르 8,27-33)에 바로 이어집니다. 두 이야기의 전개 방식이 거의 비슷합니다. 카이사리아 필리피 근처 마을에서 베드로에게 그리스도라고 고백하도록 하시고는 아무한테도 말하지 말라며 침묵을 분부하셨고, 이제 높은 산에 오르시어서 세 명의 제자에게 그리스도의 영광스러운 얼굴을 보여 주신 다음 또 아무한테도 말하지 말라고 분부하십니다. 그때 베드로는 그리스도라고 고백하면서도 그리스도를 몰랐고 지금 제자들은 그리스도를 보면서도 그리스도를 몰라뵙니다. 그때는 사람의 아들에게 고백할 줄 몰라서 그리스도를 몰랐고 지금은 사람의 아들을 볼 눈이 없어 그리스도를 몰라뵙니다. 예수님은 그런 그들을 상대로 당신을 사람의 아들이라고 자처하시면서 그리스도를 재차 풀이해 주십니다. 사건의 순서와 표현 양식이 약간 다르지만 두 이야기에서 자기의 언어를 침묵시키는 자만이 사람의 아들에게서 하느님의 아들 그리스도를 볼 수 있다는 마르코 복음의 핵심 흐름을 만나게 됩니다.

2

예수님은 제자 중 세 명만 따로 데리고 높은 산에 오르시어 당신의 영광을 보여 주십니다.[34] 예수님께서 세 제자를 데리고 높은 산에 오르신 날을 마르코는 "엿새 뒤"라고 하고 루카는 "여드레쯤 되었을 때"라고 합니다. 날짜가 다르게 기술된 것은 복음사가들이 자기가 보는 관점에 따라 숫자가 주는 상징성을 기술하였기 때문입니다.[35]

엿새는 하느님께서 세상을 창조하신 날들이며 이렛날은 하느님께서 세상을 창조하신 후 안식을 취하신 날입니다. 복음사가는 예수님의 이야기를 창조의 순간으로 끌어 올립니다. 하느님께서는 엿새 동안 세상을 창조하시고 이렛날에 하시던 일을 다 이루셨습니다. 그리고 당신이 쉬시는 날에 복을 내리시고 거룩하게 하셨습니다. 하느님의 쉬심에서 거룩함이 빛납니다(창세 2,1-3a).

이렛날에 예수님의 얼굴이 거룩하게 빛납니다. 그 빛은 창조의 완성에서 발하는 빛으로 십자가로부터 발하는 빛이며, 창조를 비추는

---

34) 마르코 복음에는 예수님께서 세 명의 제자만을 데리고 행동하신 것이 세 번 나오는데(5,37; 9,2; 14,3), 학자들은 세 명의 제자들이 초기 교회에서 차지하고 있는 비중 때문이라고 봅니다.

35) "마태오와 마르코는 예수님께서 이 말씀(마르 9,1)을 하신 날과 산에서 기억에 남을 환시를 보여 주신 날을 뺀 나머지 날수만 따져서 '엿새 뒤'라고 하였고, 반면 루카는 양쪽 끝, 곧 첫날과 마지막 날도 포함시켜 '여드레쯤'(루카 9,28)이라고 하였다."(아우구스티누스, 오든 183)

빛이며, 십자가를 비추는 빛입니다. 이로써 그분의 죽음을 가능하게 한 십자가 사건이 창조를 완성한다는 것이 시사되고 있습니다. 십자가를 지신 그분의 모습은 안식일에 쉬시는 하느님의 영광스러운 모습입니다. 흔히 생각하듯이 시차적으로 십자가의 고통과 죽음이 있고, 그다음 그분의 얼굴에서 빛이 나는 일이 이어진 것이 아니라 이미 십자가의 고통과 죽음 가운데서 그분 얼굴이 빛납니다. 그분의 빛나는 얼굴은 고통과 죽음에서 발산하는 빛입니다. 복음 때문에 목숨을 잃은 자의 얼굴에서 하느님의 영광이 드러납니다.

오리게네스는 복음사가가 이렛날이라 하지 않고 "엿새 뒤"라고 표현한 것에 유념합니다. 하느님의 창조는 완전하지만, 안식일의 주님이신 하느님은 창조를 넘어서신 분입니다. 하느님은 "세상 모든 것, 곧 '엿새'에 속하는 모든 것을 뛰어넘는 분이시다. 영원하신 이분은 눈에 보이는 한시적인 사물뿐 아니라, 눈에 보이지 않는 영원한 것도 보신다. 예수님께 이끌려 높은 산으로 가서 그분의 변모를 볼 자격이 있다고 여겨지고 싶은 사람은 '엿새'를 넘어서라. 그러면 그는 더 이상 눈에 보이는 것을 바라보지 않고, '세상도 또 세상 안에 있는 것들도' (1요한 2,15 참조) 더는 사랑하지 않는다."[36] 사랑하는 아들의 모습, 사랑의 모습. 이 변한 모습은 인간의 가장 원초적인 모습입니다. 세상을 창조하신 하느님의 영광이 빛나는 모습입니다.

---

36) 오리게네스, 오든 182-183.

나. 높은 산에서

1

예수님은 특별히 중요한 일을 하시기 전에 산으로 가셨는데, 당신께서 원하시는 이들을 가까이 부르실 때도 산에 오르셨습니다(마르 3,13). 당신의 변화된 모습을 보여 주신 "높은 산"이 정확히 어딘지 알 수 없지만, 교회 전통은 갈릴래아 중심부에 있는 다볼산으로 추정합니다. 하늘을 향하여 솟은 높은 산은 하늘과 땅이 만나는 곳입니다. 하느님께서 현존하시는 곳, 하느님을 가까이 만나는 곳, 하느님과의 계약이 이루어지는 곳입니다. 아브라함이 아들을 하느님께 바치려고 향한 곳이 산이고, 모세는 산에서 십계명을 받았으며(탈출 24,12-13.15-18) 하느님은 산에서 엘리야에게 당신의 모습을 드러내셨습니다(1열왕 19,9). 예수님은 지금 제자들과 예루살렘으로 '올라가시는' 중입니다. 그곳에서 사람들 손에 넘겨져 고난을 받으시고 십자가에 달려 죽임을 당하시게 될 것입니다.

2

높은 산에 오르신 예수님의 얼굴이 영광스럽게 변합니다. 사람의 아들 예수님의 얼굴에서 하느님의 빛이 발합니다. 마르코는 제자들 앞에서 그분의 모습이 변하셨다고 하면서 "그분의 옷은 이 세상 어떤 마전장이도 그토록 하얗게 할 수 없을 만큼 새하얗게 빛났다."(마르

9,3)라고 보도합니다. 루카는 "그 얼굴 모습이 달라지고 의복은 하얗게 번쩍였다."(루카 9,29) 하고, 마태오는 "그분의 얼굴은 해처럼 빛나고 그분의 옷은 빛처럼 하얘졌다."(마태 17,2) 하고 생생하게 보도합니다. 그분 얼굴과 옷이 빛났다는 것은 그분의 온 존재가 빛났다는 것을 말합니다.

예수님의 얼굴을 해처럼 빛나게 하고 그분께서 입은 옷을 빛처럼 하얗게 하고, 제자들을 모두 겁에 질리게 만든 저 빛의 발원지는 어디일까요? 무엇이 그분의 얼굴을 그토록 거룩하게 빛나게 한 것일까요? 세례 때는 성령께서 비둘기처럼 예수님께 내려왔지만, 변모 때는 빛이 예수님 위로 쏟아집니다. 예수님이니까, 그분은 본래 하느님의 아들이니까 당연하게 빛나는 것으로 생각한다면 우리는 빛도 그리스도도 옳게 이해하는 것이 아닙니다.

예수님의 변모 사건은 사람들이 당신을 몰라보는 것이 답답해서 일단 제자들에게 먼저 당신의 본 모습을 보여 주신 깜짝 이벤트가 아닙니다. 만약 그런 의도였다면 더 많은 제자를 데리고 산에 오르시거나 아예 산에 오르실 필요도 없이 산 아래 더 많은 군중 앞에서 당신의 변화된 모습을 보여 주실 수도 있었을 것입니다. 그분은 그리스도께서 받으시게 될 고난을 예고만 하신 것이 아니라 그 모습을 미리 보여 주십니다. 빛나는 모습은 십자가에 오르신 당신의 모습입니다. 그분은 십자가에서 죽은 자의 몸에서 발산하는 빛을 보여 주십니다. 그분의 몸을 발가벗긴 피 묻은 옷에서 빛나는 빛을 보여 주십니다.

변모 사건은 하느님 계시의 중심 사건입니다. 그분을 하얗게 빛나게 한 빛은 당신을 낮추어 종의 모습을 취하여 사람과 같이 되신 몸

(필립 2,6-7 참조)에서 분출하는 빛입니다. 자신을 낮춘 인간 예수님의 얼굴에서 하느님의 빛이 발합니다. 그 빛이 흘러나온 곳은 사람들에게 배척받아 십자가에서 죽임을 당하시게 될 인간의 아들입니다. 이 모습을 보여 주시려고 예수님은 제자들을 데리고 산에 오르신 것입니다.

세상의 어떤 마전장이라도 그토록 하얗게 할 수 없을 만큼 새하얗게 빛나는 옷을 입은 그분의 모습은 남을 위해 죽은 자의 거룩한 모습입니다. 그분의 얼굴에서 발하는 빛은 자기의 목숨을 내놓는 십자가에서 퍼져 나오는 거룩한 빛입니다. 인간 예수님의 얼굴에서 빛나는 하느님의 얼굴입니다. 예수님은 지금 당신의 인간 모습으로 하느님 얼굴을 보여 주십니다. 하느님의 빛을 내는 예수님의 몸이 인간 본연의 모습입니다. 십자가 없는 행복을 꿈꾸는 베드로와 제자들은 아직 이 빛의 원천을 모릅니다. 그분은 사람의 아들 안에 감추어 있는 자기를 비운 하느님의 마음을 보여 주시며 모든 사람 안에 살아 계신 하느님의 자기 비움과 사랑을 느끼게 해 주고자 하시지만, 제자들은 보면서도 보지 못합니다. 그들은 아직 사람의 아들이 왜 하느님의 아들인지 그 근본을 깨닫지 못하고 있습니다.

그들이 본 빛나는 그분의 모습은 산 아래서 병자들과 가난한 사람들, 상처 입은 사람들, 힘없고 불쌍한 사람들과 함께하시는 그분의 모습입니다. 갖가지 질병과 고통에 시달리는 산 아래의 사람들은 그분의 손길에서 생명과 부활을 맛보았지만, 제자들은 빛나는 주님의 얼굴을 보면서도 무엇이 그분의 얼굴을 그렇게 빛나게 하는지 알지 못합니다. 제자들이 그들 변두리 인생보다 주님의 복음을 알아보는

데 무딥니다.

<h2 style="text-align:center">3</h2>

그런 제자들 앞에 엘리야가 모세와 함께 나타나 예수님과 이야기를 나눕니다. 베드로가 황홀경에 빠져 "스승님, 저희가 여기에서 지내면 좋겠습니다." 하고 말합니다. 그리고 초막 세 개를 지어 스승님과 모세와 엘리야에게 바치겠다고 말합니다. 초막은 별장이 아닙니다. 초막은 이집트 땅에서 벗어난 이스라엘 백성이 시나이 사막에서 천막생활을 할 때 그들과 함께하시며 보호해 주신 하느님께 감사 제사를 드린 곳입니다. 초막은 영원한 거처(루카 16,9), 하느님의 가까움을 느끼게 하는 곳입니다.

모세와 엘리야가 나타나 예수님과 이야기를 나눈다는 것은 예수님은 완성된 율법을 선포하시는 새로운 모세로서 율법과 예언이 그리스도께 종속됨을 암시합니다. 이들은 그리스도께서 율법서나 예언서들을 폐지하고자 오신 것이 아니라 오히려 완성하러 오셨다는 것을, 옛 예언을 실현하기 위해 오셨다는 것을 증언하며, 예수님을 반대하는 율법 학자들의 거짓과 위선을 헛되게 하고 십자가의 걸림돌을 제거할 것입니다.

복음사가는 베드로가 무슨 말을 해야 할지 몰라서 이렇게 말했다고 합니다. 황홀경에 빠지면서도 그 빛의 발원지를 모르는 것입니다. 빛을 보면서 그 근원을 보지 못하는 것입니다. 높은 산에 오르기 전에 그리스도의 고통과 죽음에 대한 예고를 듣고 몹시 충격을 받았던 사실(마르 8,31-33)마저 까맣게 잊은 듯합니다. 그분의 얼굴을 지금 빛나게 하는 것이 십자가라는 것을 모르고 있습니다.[37] 하지만 베드로가 예수님께서 모세와 엘리야와 함께 이야기 나누는 것을 보며 초막을 떠올렸다는 것은 사람의 아들에게서 하느님의 아들을 볼 수 있는 가능성을 가지고 산에 올랐다는 말도 됩니다. 아직 그분의 죽음을 이해하지 못하지만, 그분 몸에서 발산하여 세상으로 퍼져 나가는 빛을 보게 될 것입니다. 이를 보게 하시려고 예수님께서 제자들을 데리고 높은 산에 오르신 것입니다. 예루살렘으로 올라가시는 길에 일어난 일입니다.

4

모세와 엘리야 다음에 하느님 자신이 구름 속에서 등장하십니다. 사막지대에서 구름은 지친 사람들에게 그늘을 만들어 주고 목마른 사람에게 비를 내려 주는 고마운 존재입니다. 이런 구름은 고대 이스라엘인에게 신 현현을 알리는 종교적 상징이었습니다. 주님께서 시나이산에서 모세에게 나타나셨을 때 구름이 하느님의 영광과 함께 산에 머물러 있었고(탈출 24,15), 성막을 세웠을 때 구름이 감싸며 하느님의 영광이 그 안을 채웠습니다. 모세가 장막에 들어갈 때 구름이 내려와 머물고 하느님께서 모세와 말씀을 나누셨습니다(탈출 33,9-11).

---

37) 루카는 예수님께서 모세와 엘리야와 함께 당신께서 예루살렘에서 이루실 일, 곧 세상을 떠나실 일을 말하고 있을 때, 베드로와 그 동료들은 잠에 빠졌다고 서술합니다. 그러다가 깨어나서 예수님의 영광을 보았다고 전합니다(루카 9,31-32). 베드로가 예수님이 그리스도라고 고백하면서도 몰랐다는 것과 같은 맥락에서 알아들을 수 있을 것입니다. 모르는 것이 잠자는 것으로 표현됩니다.

옛날 시나이산에서처럼 높은 산에서 하느님께서 구름[38] 속에서 말씀하십니다. "이는 내가 사랑하는 아들이니 너희는 그의 말을 들어라."(마르 9,7) 예수님께서 요르단강에서 세례를 받으실 때도 들려왔던 소리입니다. 세례 때 그 소리를 들은 사람은 예수님 혼자였습니다. 그때 예수님께서 혼자 들으신 소리를 지금 그분의 제자들이 듣습니다. 이로써 복음사가는 사람의 아들이 하느님의 아들이심은 예수님 혼자만이 아니라 모든 사람이 들어야 하는 가장 원초적인 음성이라는 것을 말해 줍니다. 예수님이 하느님의 아들이심을 받아들이는 자가 일상에서 만나는 모든 사람을 하느님의 아들딸로 받아들일 수 있을 것입니다.

5

마태오에 의하면 하늘에서 들려오는 소리를 들은 제자들이 얼굴을 땅에 대고 엎드린 채 몹시 두려워하였다고 전합니다. 하느님의 소리는 소위 하느님을 체험했다고 주장하는 사람들만이 듣는 것이 아닙니다. 하느님은 모든 사람의 마음 안에서 늘 말씀하십니다. 들려오는 소리에 귀를 기울이지 않아 듣지 못할 뿐입니다. 제자들은 들으면서도 듣지 못하고 겁에 질려 있습니다. 그런 그들에게 "너희는 그의 말을 들어라."(마르 9,7)라는 하느님의 음성이 들려옵니다. 그리고 산에서 내려올 때에 예수님께서는 당신의 수난을 예고하시던 때를 상기시키

---

38) 장차 부활하신 그리스도께서 다시 오실 때에도 구름을 타고 오실 것입니다. "사람들은 사람의 아들이 구름을 타고 권능을 떨치면서 영광에 싸여 오는 것을 보게 될 것이다."(마르 13,26)

듯 제자들에게 "사람의 아들이 죽은 이들 가운데에서 다시 살아날 때까지, 지금 본 것을 아무에게도 말하지 말라." 하고 함구령을 내리십니다(마르 9,9).

제자들은 예수님의 빛나는 모습도 보았고, 하늘에서 들려오는 "이는 내가 사랑하는 아들"이라는 음성도 들었지만, 왜 '이 사람'이 하느님의 사랑 받는 아들인지는 아직 모릅니다. 하느님의 아들이 사람의 아들로 우리 가운데 오셨다는 진리를 깨닫지 못합니다. '이 사람'이 저 산 아래서 행하신 일을 보지 못합니다. 산 아래서 복음을 선포하시며 많은 가난한 이와 병자들에게 다가가 손을 내밀어 그들을 낫게 하시고 위안을 주신 '이 사람', 그 때문에 많은 이로부터 시기와 질투를 받는가 하면 오해를 받고 급기야는 죽음의 위협을 받게 된 이 '사람의 아들'이 하느님께서 사랑하시는 아들이라는 것을 깨닫지 못합니다. 자기들과 함께 산에 오르신 이 '사람의 아들'이 하느님께서 사랑하시는 아들입니다. 그런데 그들은 사람의 아들로서의 그분의 삶은 괄호 속에 넣어 생략해 버립니다. 그들은 예수님을 따르면서도 사고는 율법 학자들과 크게 다르지 않습니다.

그분의 복음을 깨닫지 못하고 그분의 복음적 삶을 들여다보지 못하고 있다는 점에서 산 위로 예수님을 따라갔던 제자들도 산 아래서 예수님을 죽이려고 기회를 엿보는 사람들과 다를 바가 없습니다. 제자들은 구름 속에서 들려오는 소리를 듣지만 '그분'의 가르침과 삶을 느끼기보다 두려움에 떱니다. 언제 그들은 두려움을 떨치고 그분의 복음 안으로 들어가 그분의 복음과 그분의 일생을 깨달을 수 있을까요.

6

높은 산에서 엘리야가 모세와 함께 그들 앞에 나타나 예수님과 나눈 이야기의 내용을 루카는 "예수님께서 예루살렘에서 이루실 일, 곧 세상을 떠나실 일"(루카 9,31)이라고 전합니다. 여기서 우리말로 '이루다'로 번역된 그리스어 '플레로오πληρόω'는 '완성하다'라는 뜻입니다. 예수님은 "세상을 떠나실 일", 곧 당신의 죽음을 당신 인생의 완성으로 보고 있는 것입니다. 그분에게 십자가의 죽음은 곧 인생의 완성입니다. 예수님은 당신의 변모를 통해 인생을 완성하게 되는 이 진리를 장엄하게 예고하십니다. 죽음이 두려운 제자들이 어찌 이 진리를 깨달을 수 있겠습니까. "여기에서 지내면 좋겠습니다."라는 베드로의 흥분된 말에서 죽음을 향한 삶을 엿볼 수 없습니다. 제자들은 그분의 죽음을 보고 나서야 이 진리를 깨닫게 될 것입니다. 그러나 아직은 아닙니다. 그들은 "죽은 이들 가운데에서 다시 살아난다는 것이 무슨 뜻인지" 아직 더 물어야 합니다.

7

제자들이 높은 산에 올라 예수님의 영광스러운 얼굴을 보았다는 것은 다른 한편 천국과 부활을 그리워하는 우리 인생들의 꿈이 무조건 잘못된 것이 아님을 시사합니다. 우리는 천국을 그리워해야 합니다. 천국을 바라보며 살아야 합니다. 부와 명예와 권력과 인기로 점철된 현실을 벗어나 천국의 행복을 향하여 살아야 합니다. 제자들은 지금 잠시나마 산 아래의 현실을 벗어나 산 위에서 천국을 체험하고 있습니다. "스승님, 저희가 여기에서 지내면 좋겠습니다. 저희가 초막 셋을 지어 하나는 스승님께, 하나는 모세께, 하나는 엘리아께 드리겠습니다." 하며 영원히 산 위에 머물고 싶어 합니다. 우리도 제자들이 체험한 황홀경을 우리의 일상에서 문득문득 체험합니다. 아침노을이나 저녁노을을 바라볼 때. "저 수풀 속 산길을 홀로 가며 아름다운 새소리 들을 때, 산 위에서 웅장한 경치 볼 때, 냇가에서 미풍에 접할 때."(가톨릭 성가 2번 2절)

하느님의 빛이 인간을 비추며 인간의 얼굴에서 하느님의 얼굴이 빛납니다. "하느님의 빛이 모든 것을 밝히고 채우며 변모시킵니다."[39] 하느님의 빛이 비치자 온 세상이 신비스럽게 빛납니다. "신비는 하느님의 현존을 받아들이고, 세상의 보이지 않는 모든 존재들과 힘들이 서로 통교할 수 있다는 것을 받아들이는 안목으로 세상을 바라볼 때 성립한다. 신비는 날마다 수백만 번씩 발생하는 것으로서, 사람들이 기도할 때, 기도가 받아들여짐을 믿을 때, 자신의 삶에서 인도되고 보호받으며 위로받고 있다는 사실을 알 때 발생한다."[40]

다. 하느님의 얼굴

---

39) 베르거 105.
40) 베르거 102.

1

제자들은 눈이 부실 정도로 거룩하게 빛나는 스승의 모습에서 두려움을 느낍니다. 지금까지 보지 못했던 빛남에 겁을 먹습니다. 죽은 이들 가운데에서 다시 살아난다는 말씀이 무슨 뜻인지 깨닫지 못해 두려움에 빠져듭니다(9,10). 그분의 빛나는 모습 이면에 하느님의 고통이 감추어져 있다는 진실을 알지 못하기에, 그 빛이 그분의 고통과 죽음에서 흘러나오는 생명의 빛임을 깨닫지 못하기에, 그들의 두려움은 극대화됩니다. 사람의 아들이신 그분의 얼굴이 하느님의 얼굴로 빛나고, 하느님의 얼굴이 온갖 모욕을 받으며 죽음에 넘겨지는 고난받는 사람의 얼굴로 드러난다는 사실을 깨닫지 못하기에 엄습하는 두려움입니다.

이로써 그분의 고통받는 인간 얼굴에서 하느님의 얼굴을 보는 것은 그들 인생의 과제가 됩니다. 베드로가 예수님은 하느님의 아들이라고 고백하면서 그분을 몰라뵌 것은 인간에게서 하느님의 얼굴을 보는 눈을 가지지 못했기 때문입니다. 예수님께 하느님의 아들이라고 고백하면서 그분이 인간의 아들이심을 간과한 것입니다.

예수님께서 당신 본래의 빛나는 모습을 보여 주신다면 우리의 얼굴이, 우리 이웃의 얼굴이 하느님을 비추는 거울임을 깨닫게 하시기 위해서입니다. 우리는 우리의 이 못난 얼굴로 하느님의 거룩한 얼굴을 세상에 보여 주어야 하고 우리가 일상에서 만나는 이웃의 얼굴에서 하느님의 거룩한 얼굴을 보아야 합니다. 그분의 빛나는 얼굴은 우리 안에 감추어 있는, 우리가 세상에 보여야 하는 우리 본연의 모습입니다. 예수님의 빛나는 얼굴은 우리가 세상 모든 얼굴에서 보아야 할 하느님의 얼굴입니다.

2

예수님의 빛나는 얼굴에서 가까이 와 있는 하느님의 나라를 느낍니다. 그분은 하느님의 나라가 가까이 왔다고 선포하시면서 이 세상이 비록 고통과 죽음이 지배하는 것처럼 보여도 그 이면에는 하느님의 영광된 나라가 와 있다고 선포하셨습니다. 그분은 당신의 빛나는 얼굴을 보여 주시며 앞으로 당신에게 일어날 일을 미리 보여 주실 뿐 아니라 고통을 피하여서는 복음을 깨달을 수 없음을 깨우쳐 주십니다. 세상이 아무리 고통스럽다고 해도, 아무리 죽음이 두렵다고 해도, 그 안에는 영원히 빛나는 하느님의 생명이 스며들어 있다고 선포하십니다. 그분은 이렇게 당신 제자들에게 당신의 본래 모습을 보여 주시며 말씀하십니다. "나를 보라. 하느님이 보이지 않느냐? 하느님의 소리가 들리지 않느냐? 온갖 모욕을 받을 고난의 내 얼굴에 하느님의 영광스러운 얼굴이 보이지 않느냐? 피로 물든 내 옷이 하얗게 빛나지 않느냐?", "너희도 나처럼 너희의 빛난 모습을 남들에게 보이도록 하여라. 그리고 세상 사람들에게서 그 얼굴을 보도록 하여라."

3

예수님의 빛나는 얼굴은 제자들을 십자가로 초대하시는 얼굴입니다. 죽음의 고통에 직면하여서도 그 안에 감추어져 있는 하느님의 생명을 느끼도록 하십시오. 인생에 주어진 십자가가 무겁다고 해도 무조건 피하려고 애쓰지 마십시오. 모든 인간이 하느님을 비추는 거울입니다. 하느님은 그렇게 모든 이 안에 당신의 전부를 전달하시며 그 안에 현존하십니다. 죄인, 세리, 창녀 안에도, 못난 나 안에도, 나에게 상처를 주는 저 못된 사람 안에도, 다시는 보고 싶지 않은 저 원수 같은 사람 안에도 하느님의 빛나는 얼굴이 감추어져 있습니다. 그 안에서 하느님의 빛나는 얼굴을 보십시오. 예수님의 얼굴은 세상의 죄를 없애시는 얼굴이며, 우리를 위하여 십자가에서 온갖 고난을 겪으시고 돌아가신 사랑의 얼굴이요 부활의 얼굴입니다. 완성에 도달한 얼굴이요 순수한 얼굴이며 천국의 얼굴입니다.

그분은 당신이 하느님의 아들이심을 증명하시려고 산에 올라 빛나는 모습을 보여 주신 것이 아닙니다. 우리를 변화시키시려고, 당신처럼 하느님의 모습으로 살게 하시려고 산에 올라 당신의 거룩한 얼굴, 우리 본연의 얼굴, 미래 우리의 얼굴을 보여 주신 것입니다. 생사 문제에 파묻히지 말고 가끔은 산에 올라 하늘을 바라보십시오. 구름 속으로부터 "너는 내가 사랑하는 아들이다." 하는 소리를 들을 수 있을 때, 일상에서 만나는 모든 사람을, 이웃이나 원수까지를 하느님의 사랑하는 아들딸로 대할 수 있을 것입니다.

그분의 빛나는 얼굴은 우리 인생이 도달해야 할 목표입니다. "여러분을 부르신 분께서 거룩하신 것처럼 여러분도 모든 행실에서 거룩한 사람이 되십시오."(1베드 1,15) 우리의 얼굴은 거룩하게 빛나야 합니다. 그분의 얼굴에서 발하는 빛은 고통과 멸시와 십자가를 하느님의 선물로 받아들이는 사람의 얼굴에서 발하는 빛입니다. 빛나는 얼굴을 우리들의 어머니의 얼굴에서도 봅니다. 고생으로 주름진 어머니의 얼굴, 자식을 위하여 모든 것을 희생하며 참아 온 어머니의 얼굴은 자식에게 세상에서 가장 빛나는 얼굴입니다. 세상의 그 무엇으로도 그처럼 빛나게 할 수는 없습니다. 우리가 예수님을 따른다면 우리도 그분처럼 말하고 그분처럼 행동하고 그분처럼 마음을 쓰기 위해서입니다. 그분처럼 말하고 행동하고 마음을 쓸 때 우리의 얼굴은 그분의 얼굴처럼 거룩하게 빛나게 될 것입니다. 예수님은 십자가로 하느님의 마음에 부응하며 사셨습니다. 그것이 그분 얼굴을 빛나게 변화시켰습니다.

4

교회가 예수님의 거룩한 변모를 축일로 지내는 것은 우리의 얼굴도 예수님처럼 변할 수 있다는 희망을 줍니다. 우리의 얼굴은 남이 접근하기 두려운 얼굴로 변할 수도 있고 포근하게 정감이 가는 얼굴로 변할 수도 있습니다. 고생한 얼굴이면서도 거룩하게 변한 얼굴이 있고, 고생을 모르는 얼굴에 화장을 짙게 하였어도 징그러운 얼굴로 변해 갈 수도 있습니다. 한恨이 사무쳐 초라한 얼굴이지만 사랑으로 승화한 얼굴로 변할 수도 있고, 복수심으로 가득 찬 독기 어린 얼굴로 굳어 갈 수도 있습니다. 시메온은 가난한 여인이 데리고 온 아기를 두 팔에 받아 안고 하느님을 찬미하며 말합니다. "만민 앞에 마련하신 주의 구원을 이미 내 눈으로 보았나이다."(루가 2,31.30 성무일도) 그는 아기의 얼굴에서 하느님의 얼굴을 보면서 자기 인생이 완성되는 것을 느낍니다.

라. 예수님께서 산 아래로 내려오신 이유

1

우리는 생로병사가 펼쳐지는 산 아래 세상에서 온갖 희로애락을 맛보면서 살아갑니다. 때로는 불행한 일 때문에 이 세상을 떠나고 싶은 심정으로 살아가기도 합니다. 고통이 심할수록 하느님의 현존에 의심을 두거나 하느님을 부정하는 현상도 생겨납니다. 예수님은 이런 우리에게 산 아래 현실에 감추어 있는 행복을 찾게 해 주셨습니다. 행복의 나라는 우리가 일상을 살아가는 세상 안에, 그리고 그 안에서 만나는 사람들의 마음 안에 있으니 믿으라고 가르치셨습니다(마르 1,15). 세상과 인간을 복음으로 대하라고 선포하셨습니다. 자기 존재로 다른 사람에게 하느님을 느끼게 해 주고, 다른 사람에게서 하느님의 존재를 느끼라는 것입니다.

세상 일에 파묻혀 사는 사람들에게 그분의 외침은 잘 들리지 않습니다. 제자들도 예외가 아니어서 하느님을 사랑한다면서 부와 명예와 권력에 혹해서 서로들 안에 와 계시는 하느님을 알아보지 못했습니다. 하느님께서 세상을 다스리신다는 복음을 깨치지 못하고 하느님께서 자기를 다스리도록 놔두지 못했습니다. 예수님은 제자들을 높은 산으로 데리고 올라가셔서 산 아래 사람들의 마음 안으로 들어갈 마음을 일으키십니다. 내면으로 깊이 들어가게 하시려고, 보지 못하는 눈을 열어 주시려고, 듣지 못하는 귀를 열어 주시려고, 그분은 그들을 데리고 높은 산에 오르십니다. 산 아래서 들은 복음을 스스로 머리에 떠올리며 느끼게 하시고, 우리가 추구하는 하느님의 나라가 저들 안에 와 있음을 느끼게 해 주십니다. 산 위의 거룩함이 산 아래 사람들의 마음 안에 작은 씨앗처럼 이미 뿌려져 있다는 사실을, 그리고 자라고 있다는 진실을 '보게' 해 주십니다.

보아라. 산 아래 마을을! 그리고 그 안에 사는 사람들을! 너희가 시기 질투하고 헐뜯고 못 살겠다 아우성치고 미워한 세상이다. 아름답지 아니한가. 다 용서할 수 있을 것 같고 사랑할 수 있을 것 같지 아니한가. 온갖 미움과 좌절을 넘어 그 안에 숨겨진, 저 아래 있을 때는 느껴 보지 못한 아름다움과 신비스러움이 느껴오지 않는가. 그래, 저 산 아래에 산 위에서 보는 아름다움과 신비로움이 감추어져 있다. 하느님의 나라는 저 아래에 이미 와 있다!

2

산에 오르면 산 아래가 멀리 내려다보입니다. 집들과 길만 보이는 것이 아니라 그 안에서 살아가는 사람들의 생활 양상도 함께 보입니다. 그들 안에 계시는 하느님이 보입니다. 그들 안에 들어가지 못해 하느님을 만나지 못한 자기 자신도 보입니다. 산 위에 오르면 산 아래서 느끼지 못한 고생하는 자들의 마음이 보입니다. 산에 오르면 어지간히 미운 사람들도 용서하고 품어 줄 수 있을 것 같은 너그러운 마음이 생깁니다. 하느님처럼 자비로워집니다. 산은 우리에게 자비심을 선사합니다. 하느님과 같은 마음이 생기게 합니다. 그런데 세상을 보며 감탄하면서도 그 안에서 그들과 함께하시는 하느님은 보지 못합니다. 아이러니입니다.[41]

산 위는 산 아래의 소리를 하느님처럼 듣게 합니다. 산에 오르면 산 아래서 듣지 못하던 소리도 들려오고 사랑하고 미워하고 시기하고 질투하는 인간들, 괴롭다고 신음하는 인생들의 마음도 들려오는 듯합니다. 일상에 파묻혀 들으면서도 듣지 못한 소리에 귀를 기울이게 합니다. 그 옛날 모세는 시나이산에서 이스라엘이 이집트에서 고생하며 신음하는 소리를 들었습니다. 제자들은 스승의 얼굴에 나타난 빛남의 원천을 아직 깨닫지 못한 채 산 위에 머물고 싶어 합니다. 천막을 짓고 머물렀으면 좋겠다고 말합니다.

그분은 무슨 말을 하는지도 모르고 말하는 제자들에게 함구령을 내리시고 산에서 내려오십니다. "내려가자. 저 산 아래로 내려가자." 제자들은 방금 본 하느님의 영광을 영원히 간직하기 위하여 하느님께서 강생하신 것처럼 산 아래로 내려가야 합니다. 그분께서 제자들을 데리고 높은 산에 오르신 것은 산 위에 머물고 싶어 하는 인생들을 다시 산 아래로 데려가시기 위해서입니다. 산 아래로 깊이, 현실의 삶

---

41) 루카는 이런 상황을 이렇게 표현합니다. "베드로와 그 동료들은 잠에 빠졌다가 깨어나 예수님의 영광을 보고, 그분과 함께 서 있는 두 사람도 보았다."(루카 9,32). 그들은 비몽사몽 중에 그리스도를 체험한 것입니다. 비몽사몽 중에 하늘에서 들려오는 소리를 들은 것입니다.

안으로 더욱 깊이 들어가게 하시기 위해서입니다. 제자들이 방금 체험한 산 위의 영광은 산 아래 세상에 감추어져 있습니다. 영광의 삶을 살기 위하여 산 아래로 내려가야 합니다. 산 아래의 삶 속으로 깊이 파고 들어갈수록 그 영광이 더욱 빛날 것입니다. 이 진리를 깨닫게 하시려고 그분은 제자들과 함께 산에 오르셨고, 다시 산 아래로 내려오십니다. 산 아래의 십자가만이 부활의 빛을 발하게 할 수 있다는 것을 깨닫게 하시려고 그분은 산에 오르셨고 다시 산 아래로 내려오십니다. 십자가를 벗어던지고 싶어 하늘만 바라보는 사람들의 시선을 다시 십자가로 향하게 하시려고, 영원한 부활의 삶은 저 산 위가 아니라 산 아래 일상에서 만나는 사람들 안에서 성취된다는 것을 알게 하시려고, 산 아래에 천지창조 때부터 스며 있는 영생과 부활의 삶이 있음을 보여 주시려고, 그분은 제자들을 데리고 높은 산에 오르셨고 다시 산 아래로 내려오십니다.

예수님은 제자들이 부활의 삶을 살게 하시려고 그들을 산 위로 데리고 올라가시고, 다시 고통과 죽음이 지배하는 산 아래로 내려오십니다. 그들은 산 위에서 본 빛나는 얼굴을 찾아 산 아래 사는 사람들의 마음 안으로 들어가게 될 것입니다. 왜 예수님께서 죄인과 세리와 창녀 등 사람들이 꺼리며 밀어내는 자들과 한 식탁에 앉으셨는지, 왜 그분이 저 인생들을 위하여 십자가를 지셨는지 깨닫게 될 것입니다. 아직은 아니지만 "반드시 십자가에서 죽어야 한다."라는 주님의 말씀을 깨닫는 날이 오게 될 것입니다. 부활의 영광은 십자가에서 흘러나오는 빛입니다. 그 빛은 남을 위하여 자신을 죽이는 데서 나옵니다.

많은 사람이 부활의 삶을 먼 산에 걸려 있는 무지개처럼 황홀한 삶으로 상상하지만, 무지갯빛에 도취하여 거기만을 바라보거나 거기 머물러서는 부활의 영광을 맛볼 수 없습니다. 부활의 삶에 도달하기 위해서는 산 아래 사람들의 마음 안으로 들어가야 합니다. 부활하신 그분의 영광스러운 얼굴은 십자가의 얼굴에서 다시 만나게 될 것입니다.

3

산 아래로 내려가야 하는 것은 예수님의 명령입니다. 아우구스티누스가 이를 적절히 표현합니다. "베드로, 이런 행복은(산 위의 행복) 죽은 다음에나 그대에게 주어질 것이다. [그러나] 지금은 주님께서 그대에게 이렇게 말씀하신다. '저 아래로 내려가서, 고생하고, 섬기고, 멸시받다가 십자가에 못 박히시오.' 생명이신 분이 죽임을 당하기 위하여 내려오셨고, 빵이신 분이 배고픔을 느끼기 위해서 내려오셨으며, 생명이신 분이 긴 여정의 피로를 느끼고자 내려오셨고, 샘이신 분이 목마름을 느끼기 위하여 내려오시지 않았는가? 그대 자신의 이익을 찾지 마라. 그대, 사랑을 지녀라. 그리고 진리를 선포하라. 그러면 마침내 평화가 깃든 영원에 이르게 될 것이다."[42]

예수님께서 산에서 내려오시는 장면은 모세가 시나이산에서 증언판을 들고 빛나는 얼굴로 백성에게로 내려오던 장면을 연상시킵니다(탈출 34,29). 예수님께서 높은 산 위 구름 속에서 들은 "이는 내 사랑하는 아들"이라는 음성은 일찍이 모세가 호렙산에서 들은 하느님의

---

42) 아우구스티누스, 설교집, 오든 186에서 재인용.

음성을 상기시킵니다. 그때 하느님께서 모세에게 소명을 주시며 말씀하셨습니다. "나는 이집트에 있는 내 백성이 겪는 고난을 똑똑히 보았고, 작업 감독들 때문에 울부짖는 그들의 소리를 들었다. 정녕 나는 그들의 고통을 알고 있다."(탈출 3,7) 그러니 너는 내려가서 그들의 마음 안으로 들어가라는 명령입니다.

십자가에서 돌아가신 예수님의 이야기는 우리 모두의 이야기이어야 합니다. 하느님은 예수님만이 아니라 우리 모든 인간을 구유로 보내시고 십자가에서 죽게 하십니다. 우리 인생의 목표는 그분께서 이르신 십자가에 이르는 것이며 거기에 도달했을 때 빛이 되어 온 세상을 비추게 될 것입니다.

4

산 아래서 그분은 사람들에게 붙잡혀 고난을 받으시고 십자가에 못 박혀 돌아가셨습니다. 부활하신 그분을 만나기 위하여 산 아래서 만나는 사람들의 마음 안으로 들어가야 합니다. 미운 사람, 슬퍼하며 우는 사람, 고통받는 사람, 나의 손과 발과 가슴에 못을 박는 사람의 마음 안으로 들어가야 합니다. 나를 저주하는 사람을 위하여 기도하고, 그들을 위해 나의 온몸을 쪼개어 내놓을 수 있어야 합니다.

부활의 삶은 고통과 아픔과 실망을 주는 이 세상에서의 삶이 끝난 다음에 펼쳐지는 것이 아니라 지금 우리가 만나는 사람들의 마음 안에 감추어져 있습니다. 주님처럼 원수와 죄인 가리지 않고 모든 이에게 다가가서 그들에게 손을 내밀어 그들이 내 온몸에서 그리스도를 느끼게 하고 그렇게 그들에게서 그리스도를 느낄 때, 나의 얼굴은 그분처럼 빛날 것입니다. 고해苦海와 같은 세상 안에서 천지창조 때부터 주어진 하느님의 생명을 느끼고 하느님의 복음을 들을 수 있을 때, 우리는 주님처럼 부활하게 될 것입니다.

부활의 삶을 살고 싶다면, 우리가 부르는 부활의 노래가 진심에서 나온 것이라면, 우리는 산 아래로 내려와 십자가가 널려 있는 세상을 들여다보아야 합니다. 이웃이 신음하는 소리를 들어야 합니다. 우리가 먹는 빵을 나누어야 합니다(성목요일). 우리 몸속에 흐르는 피를 나누어야 합니다(성금요일). 죽음의 고요를 묵상해야 합니다(성토요일). 그래야 부활의 삶을 살 수 있을 것입니다.

부활의 삶을 살기 원한다면 이웃의 마음 안으로 들어가는 일을 늦추지 말아야 합니다. '지금' 내게 상처를 주고 괴롭히는 이들의 마음 안으로 들어가야 합니다. '지금' 나를 슬프게 하고 고통을 주는 이들의 마음 안으로 들어가야 합니다. 어떤 이는 예수님을 믿는 일이 우선이라고 하면서 가정이나 이웃 돌보기를 소홀히 합니다. 종교를, 예수님의 복음을 현실 도피용으로 이용합니다. 천국을, 부활의 삶을 먼 미래로 미루기 때문입니다.

부활의 삶을 죽음 이후로 미루지 마십시오. 죽음 이후의 시간은 어차피 체험하지 못할 미지의 영역입니다. 부활은 우리가 영원히 체험할 수 없는 사건이 아니라 살아 있는 동안에 우리 몸에 일어나야 하는 일입니다. 부활의 삶을 살게 될 곳은 허황한 꿈의 나라가 아닙니다. 지금 여기 고통의 세상에서 부활을 체험하도록 해야 합니다. 지금 여기서 부활을 체험하지 못하는 사람은 영원히 부활을 체험하지 못할 것입니다. 부활의 삶은, 영생은, 영원한 행복은, 이미 우리의 삶 안에 씨앗으로 뿌려져 있습니다. 산 아래 사는 사람들의 마음 안으로 들어가십시오. 그분이 그들의 마음 안으로 들어가신 것처럼. 그분이 그들에게 다가가서서 손을 내밀고 그들의 몸에 손을 대시며 치유해 주신 것처럼.

우리가 지금 그분을 믿으며 희생 극기하고 자선하는 것은 죽고 난 다음 다시 살아나서 영원한 행복을 보장받기 위하여 드는 보험이 아닙니다. 우리가 지금 희생 극기하는 것은 그분의 십자가 죽음에 동참하는 것이며 이 삶을 통해서 부활의 삶을 살기 위해서입니다. 희생하고 선행을 베푸는데도 지금 행복하지 못하다면 자신을 온전히 희생하지 못하기 때문입니다. 지금 다른 사람의 마음 안으로 들어가지 못하기 때문이며, 지금 다른 사람을 위하여 자기 몸을 십자가에 못 박지 못하기 때문입니다. 나누고 내어 주는 마음이 있는 곳에 참 생명의 가치와 행복이 자라납니다. 이런 마음 없이는 죽어 다시 태어난다 해도 행복을 맛볼 수 없을 것입니다. 우리의 삶이 평화롭지 못하고 온통 불평불만으로 가득하다면 서로를 위해 희생하는 마음이 없기 때문입니다. 서로 돕고 일으켜 세우는 자비심이 사라져가기 때문입니다. 함께 살아가야 하는 공동체 의식을 잃어 가기 때문입니다.

예수님께서 제자들을 데리고 높은 산에 오르신 것은 산 위를 향한 우리들의 시선을 다시 산 아래로, 산 아래 사는 사람들의 마음 안으로 끌어내리기 위해서입니다. 영생 영복과 부활의 삶은 산 위에 걸려 있지 않습니다. 산 아래를 등한시한 채 산 위만을 바라보거나 산 위에만 머물러서는 영생을 누릴 수 없습니다. 부활의 삶을 살 수 없습니다. 예수님은 행복을 손이 닿지 아니하는 먼 곳에서 찾는 우리를 변화시키시려 다시 산 아래로 내려오십니다. '지금 여기' 산 아래서 매 순간 부활의 삶을 살도록 하시기 위해서 오늘도 십자가에 매달리십니다. '지금'의 때를 놓치고서는 영원히 부활의 삶을 살 수 없습니다.

마. 아무에게도 말하지 말라

1

산에서 내려오실 때 예수님께서 제자들에게 당신이 죽은 이들 가운데에서 다시 살아나실 때까지 지금 본 것을 아무에게도 말하지 말라고 분부하신 것은 일차적으로 그들의 무지의 입을 닫으려는 의도도 있지만, 제대로 보고 듣기 위해서는 제대로 보고 듣고 말하지 못하는 눈과 귀와 입을 닫을 필요가 있기 때문입니다.[43] 그들은 아직 하느님께서 사람이 되시어 인간 세상에 들어오셨고, 십자가에 처형당하신 처참한 얼굴이 하느님의 얼굴이라는 것을 볼 준비가 되어 있지 않습니다. 산에서 본 주님의 얼굴과 그들이 들은 하느님의 음성을 소화해 낼 저력이 없습니다. 그들의 마음에는 여전히 높은 자리를 탐하는 욕심과 자기 말과 생각으로 가득합니다.

---

43)   마르 8,27-33 참조.

제자들은 카이사리아 필리피 근처 마을에서 베드로가 들었던 심한 꾸지람을 기억해서인지 감히 스승께 묻지 못하고 저희끼리 서로 물어봅니다. 언제 그들은 그분의 복음을 깨달을 수 있을까요. 언제 그들은 산 아래에서 십자가 삶을 살 수 있을까요. 언제 그들은 부활의 삶과 영생을 이승의 삶이 끝난 이후로 미루지 않고 이승의 현실 안에서 찾을 수 있을까요. 언제 그들은 그 무지의 입을 다물 수 있을까요?

2

그분께서 아무에게도 말하지 말라 하신 것은 십자가에서 맥없이 숨지신 사람의 아들이 하느님의 아들이라는 것을 깨칠 가능성을 그들이 가지고 있다는 것을 시사합니다. 그들이 서로 물었다는 것은 산 위에서 체험한 천국은 처음부터 산 아래의 현실 안에 스며들어 있음을 희미하게나마 인식하고 있다는 것을 암시합니다. 산 위에만 머물러서는 하느님의 나라를 체험할 수 없다는 것을, 천국은 산 아래를 떠난 저 산 위나 저 산 너머에 걸려 있는 나라가 아니라는 것을, 참 행복을 주는 나라는 산 아래의 일상에서 만나는 사람들의 마음 안으로 들어갈 때 체험할 수 있다는 것을, 지금은 온몸으로 깨닫지 못했지만, 지금은 서로 죽은 이들 가운데에서 다시 살아난다는 것이 무슨 뜻인지 묻고 있지만, 언젠가 그 말뜻을 알아듣는 날이 올 것입니다. 훗날 베드로는 고백합니다.

"그분은 정녕 하느님 아버지에게서 영예와 영광을 받으셨습니다. 존귀한 영광의 하느님에게서, '이는 내 아들, 내가 사랑하는 이, 내 마음에 드는 이다.' 하는 소리가 그분께 들려왔을 때의 일입니다. 우리도 그 거룩한 산에 그분과 함께 있으면서, 하늘에서 들려온 그 소리를 들었습니다. 이로써 우리에게는 예언자들의 말씀이 더욱 확실해졌습니다. 여러분의 마음속에서 날이 밝아 오고 샛별이 떠오를 때까지, 어둠 속에서 비치는 불빛을 바라보듯이 그 말씀에 주의를 기울이는 것이 좋습니다."(2베드 1,17-19)

예수님은 놓치지 않고 그들의 이 마음을 비집고 들어가서서 그들을 그리스도 존재로 안내하십니다. 그분의 그 영광스럽고 사랑스러운 태초의 모습은 앞으로 우리가 우리의 존재로 이루어야 할 모습입니다. 그 모습은 우리가 그분의 고통에 동참할 때 얻을 수 있습니다. 그분은 우리를 당신의 고통으로 초대하십니다. 구름 속에서 들려온 하느님의 음성은 자기의 소리를 죽이고 침묵에 빠져든 자만이 알아들을 수 있습니다. 아무에게도 말하지 않는 경지에 이르게 될 때 그들은 스승처럼 높음과 낮음, 가난과 부의 굴레에서 벗어나 자유의 몸이 될 것입니다. 하느님의 음성은 머리가 아니라 온몸으로, 온 인생으로만 알아들을 수 있습니다. 자기의 인생을 팔 때 들을 수 있습니다. 요한 복음에서 베드로는 주님의 부활을 체험하면서 드디어 이 음성의 뜻을 온몸으로 알아듣고 사랑을 고백하게 됩니다(요한 21,15-19).

마르코가 "그들은 이 말씀을 지켰다."라고 서술한 것을 보면 제자들은 적어도 예수님께서 분부하신 침묵의 경지에 들려고 애를 썼다는 것을 알 수 있습니다. 예수님께서 돌아가실 때까지 그들이 침묵하였다는 것은 예수님께서 죽으시고 부활하실 때까지 그들이 깨닫지 못하였다는 것을 암시하지만, 예수님께서 돌아가시고 나서야 비로소 그

들은 그리스도의 의미를 깨달았고 그리스도인이 될 수 있었다는 것
을 말해 줍니다.

13.
예수님께서 벙어리 영이 든 아이의
손을 잡아 일으키시니

그들이 다른 제자들에게 가서 보니, 그 제자들이 군중에게 둘러싸여 율법 학
자들과 논쟁하고 있었다. 마침 군중이 모두 예수님을 보고는 몹시 놀라며 달려
와 인사하였다. 예수님께서 그들에게 "저들과 무슨 논쟁을 하느냐?" 하고 물으
시자, 군중 가운데 한 사람이 대답하였다. "스승님, 벙어리 영이 들린 제 아들을
스승님께 데리고 왔습니다. 어디에서건 그 영이 아이를 사로잡기만 하면 거꾸러
뜨립니다. 그러면 아이는 거품을 흘리고 이를 갈며 몸이 뻣뻣해집니다. 그래서
스승님의 제자들에게 저 영을 쫓아내 달라고 하였지만, 그들은 쫓아내지 못하였
습니다." 그러자 예수님께서, "아, 믿음이 없는 세대야! 내가 언제까지 너희 곁에
있어야 하느냐? 내가 언제까지 너희를 참아 주어야 한다는 말이냐? 아이를 내
게 데려오너라." 하고 그들에게 이르셨다. 그래서 사람들이 아이를 예수님께 데
려왔다. 그 영은 예수님을 보자 곧바로 아이를 뒤흔들어 댔다. 아이는 땅에 쓰러
져 거품을 흘리며 뒹굴었다. 예수님께서 그 아버지에게, "아이가 이렇게 된 지
얼마나 되었느냐?" 하고 물으시자 그가 대답하였다. "어릴 적부터입니다. 저 영
이 자주 아이를 죽이려고 불 속으로도, 물속으로도 내던졌습니다. 이제 하실 수
있으면 저희를 가엾이 여겨 도와주십시오." 예수님께서 그에게 "하실 수 있으면'

이 무슨 말이냐? 믿는 이에게는 모든 것이 가능하다." 하고 말씀하시자, 아이 아버지가 곧바로, "저는 믿습니다. 믿음이 없는 저를 도와주십시오." 하고 외쳤다. 예수님께서는 군중이 떼를 지어 달려드는 것을 보시고 더러운 영을 꾸짖으며 말씀하셨다. "벙어리, 귀머거리 영아, 내가 너에게 명령한다. 그 아이에게서 나가라. 그리고 다시는 그에게 들어가지 마라." 그러자 그 영이 소리를 지르며 아이를 마구 뒤흔들어 놓고 나가니, 아이는 죽은 것처럼 되었다. 그래서 사람들이 모두 "아이가 죽었구나." 하였다. 그러나 예수님께서 아이의 손을 잡아 일으키시니 아이가 일어났다. 그 뒤에 예수님께서 집에 들어가셨을 때에 제자들이 그분께 따로, "어째서 저희는 그 영을 쫓아내지 못하였습니까?" 하고 물었다. 예수님께서는 이렇게 대답하셨다. "그러한 것은 기도가 아니면 다른 어떤 방법으로도 나가게 할 수 없다."(마르 9,14-29)

가. 믿는 이에게는 모든 것이 가능하다

1

마르코 복음에는 여러 논쟁이 다양한 이야기로 소개되고 있습니다. 예수님과 율법 학자들 간의 논쟁(2장, 7장, 12장), 그분의 제자들과 율법 학자들 간의 논쟁(9,14-29), 제자들 간의 논쟁(9,30-37) 등입니다. 마르코는 예수님께서 제자들과 함께 산에서 내려오셨을 때, 다른 제자들이 군중에게 둘러싸여 율법 학자들과 논쟁하고 있었다고 전합니

다. 다른 제자들이란 예수님과 함께 산에 오른 베드로 야고보 요한
을 제외한 제자들입니다.

마르코는 이 이야기를 그들이 산에서 내려올 때에 예수님께서 제자
들에게 침묵을 당부하신 일의 연장선에서 묵상하게 합니다. 예수님께
서 제자들에게 산 위에서 보고 들은 것을 아무에게도 말하지 말라고
당부하신 것은 보면서도 보지 못하고 들으면서도 듣지 못하는 그들의
상태를 지적하신 것입니다. 힘의 논리로는 그분의 죽음과 부활의 신
비를 깨달을 수 없습니다. 산 아래 다른 제자들은 여전히 힘의 바탕
에서 율법 학자들과 논쟁을 벌이고 있습니다. 침묵하는 언어가 아니
라 침묵시켜야 할 언어로 서로 논쟁하는 것입니다.

2

군중이 산에서 내려오시는 예수님을 보자 달려간 것으로 보아 제
자들이 궁지에 몰리고 있었음을 짐작할 수 있습니다. 예수님께서 그
들에게 "저들과 무슨 논쟁을 하느냐?" 하고 물으시자 군중 가운데 아
이의 아버지로 보이는 한 사람이 대답합니다. "제 아들이 벙어리 영이
들어 고통을 당하고 있어 스승님께 데리고 왔지만 스승님이 안 계셔
서 스승님의 제자들에게 영을 쫓아내 달라고 하였는데, 그들은 쫓아
내지 못하였습니다." 그래서 율법 학자들과 제자들 사이에 논쟁이 벌
어졌다는 것입니다.

그들의 논쟁은 늘 시비를 따지는 데서 발단합니다. 단식하면 한다
고 안 하면 안 한다고, 노래 부르면 부른다고 안 부르면 안 부른다고,

피리를 불면 분다고 안 불면 안 분다고 시비합니다(마르 2,18; 2,24). 그들은 시비하기 위해 논쟁합니다(마르 8,11). 시비에 막혀 본질을 놓칩니다. 예수님께서 논쟁하기 좋아하는 그들에게 "안식일에 좋은 일을 하는 것이 합당하냐? 남을 해치는 일을 하는 것이 합당하냐? 목숨을 구하는 것이 합당하냐? 죽이는 것이 합당하냐?"(마르 3,4) 하고 물으신 적도 있습니다. 그들은 벙어리 영이 들려 고생하는 아이의 마음이나 그 아이를 예수님께 데리고 온 아이 아버지의 애타는 심정 따위는 안중에도 없습니다. 그들의 관심은 오로지 "병을 고치느냐, 못 고치느냐? 제자들은 왜 벙어리 영을 쫓아내지 못하느냐?" 하는 것에만 쏠려 있습니다. 논쟁이 아이를 살리기라도 하는 듯 아픈 아이와 그 아버지는 제쳐 놓고 논쟁을 합니다.

자기의 생각을 침묵시키고 힘을 내려놓을 때 벙어리 영이 들어 괴로워하는 아이와 그 아버지가 보일 것입니다. 그들의 신음이 들릴 것입니다. 논쟁하는 말을 침묵시키는 사람만이 아이를 고쳐 줄 수 있습니다. 제자들이 아이를 고쳐 주지 못한 것은 "하느님의 일은 생각하지 않고 사람의 일만 생각하는"(마르 8,33) 인간의 언어로 더러운 영을 쫓아내고자 하였기 때문입니다. 그런 면에서 그들도 더러운 영의 영향권을 벗어나지 못하고 있습니다.[44] 벙어리 영이 들린 자들이 벙어리 영이 든 아이를 사이에 두고 논쟁을 벌인 격입니다. 더러운 영은 논쟁으로 물리칠 수 있는 것이 아닙니다.

---

44) 예수님은 그런 자에게 "사탄아, 내게서 물러가라."(마르 8,33) 하고 말씀하십니다.

3

한창 논쟁이 벌어지고 있는 마당에 예수님께서 오시자 사람들의 관심은 예수님은 벙어리 영을 쫓아내실 수 있을까 하는 것으로 옮겨갑니다. 그들의 관심은 역시 병의 치유에 쏠립니다. 제자들은 더러운 영을 쫓아내지 못하였는데 저분은 쫓아낼 수 있을까? 제자들도 자기들이 일으키지 못한 기적을 스승께서 일으키시어 자기들 체면도 세워 주시고, 율법 학자와 벌인 논쟁에서도 승리자가 되어 "우리는 이렇게 훌륭한 스승을 모시고 다니는 사람이다." 하고 으스대고 싶었을지 모릅니다. 사람들은 저마다 그분께서 어떻게 아이 병을 낫게 하시는지 호기심을 가지고 지켜봅니다.

예수님께서 그런 그들을 향하여 "아, 믿음이 없는 세대야! 내가 언제까지 너희 곁에 있어야 하느냐? 내가 언제까지 너희를 참아 주어야 한다는 말이냐?"(9,19)라고 개탄하시며 그들의 논쟁이 믿음에 근거하고 있지 않음을 꾸짖으십니다. 예수님께서 "믿음이 없는 세대야!"라고 꾸짖으신다면, 예수님은 그런 기적을 행하시는 초능력자가 아니며 믿음은 그런 것이 아니라는 것을 분명히 하시는 것입니다.

4

예수님께서 앓는 아이를 데려오게 하십니다. "아이를 내게 데려오너라." 하고 이르신 것은 그들을 이렇게 꾸짖어 나무라시는 것처럼 들립니다. "너희 눈에는 이 아이가 어떻게 보이느냐? 이 아이의 고통은 보이지 않느냐? 이 아이를 데리고 온 아버지의 애끓는 심정은 보이지 않느냐? 벙어리 영이 들린 아이가 거꾸러지고 거품을 흘리고 이를 갈며 몸이 뻣뻣해지는 모습이 안쓰럽지도 않느냐? 그런 아이와 그 아버지 앞에서 어떻게 누구는 고치는데 누구는 고치지 못하는가 하면서 논쟁할 수 있느냐? 그게 그리도 중요하냐?" 그들의 논쟁에는 아픈 아이에 대한 연민도 없고, 하느님에 대한 믿음도 없습니다. 오로지 인간의 말과 생각만 작용하고 있습니다.

예수님은 논쟁하는 그들을 믿음으로 안내하십니다. 믿음을 얻을 때 논쟁을 멈추며 아이가 보이고, 아이 안에서 아이와 함께 고통받으시는 하느님이 보일 것입니다. 예수님께 무릎을 꿇고 "하실 수 있으면 저희를 가엾이 여겨 도와주십시오." 하고 청하는 아이의 아버지가 보일 것입니다. "'하실 수 있으면'이 무슨 말이냐? 믿는 이에게는 모든 것이 가능하다." 하시는 예수님의 말씀이 들릴 것입니다. "믿습니다. 믿음이 없는 저를 도와주십시오." 하고 외치는 아이 아버지의 믿음을 보게 될 것입니다.

믿음은 복음에 근거합니다. 예수님께서 "복음을 믿어라." 하신다면 믿음은 하느님께서 손이 닿을 만큼 가까이 와 계신다는 것을 받아들이는 것입니다(마르 1,15). 양식도 없고 물도 없고, 보잘것없는 양식이 진저리가 나는 사막에서도(민수 21,5), 아프고 괴롭고 남이 나를 미워하고 저주하는 상황에서도, 병이 낫지 않아 지속되는 고통 속에서도 하느님께서 함께 계심을 믿는 것입니다. 수렁에 빠진 듯 희망이 보이지 않을 때면 심신이 약해질 수 있습니다. 하느님께서 나를 버리셨다는 생각이 들며 하느님을 원망할 수도 있습니다. 하느님에 대한 믿음이 있다면 이런 상황에서 하느님을 잃지 않게 해 달라고 청할 것입니다. 우리가 우선으로 해야 할 것은 하느님께서 가까이 계신다는 것을 믿는 것이며, 하느님의 다스리심에 대한 믿음이 약해지지 않게 해 달라고 청하는 것입니다.

믿음이 없는 세대는 모든 것을 인간의 말과 인간의 힘으로 해결하려고 합니다. 어쩌면 아이의 아버지도 처음에는 이런 힘의 논리에 따라 더러운 영을 쫓아내 달라고 제자들에게 부탁했고, 제자들도 이 논리에 따라 더러운 영을 쫓아내려고 시도했을지 모릅니다. 믿음이 없는 그들이 아이를 고쳐 줄 수 없었던 것은 당연한 일입니다. 예수님께서는 그들이 믿음의 바탕에서 논쟁하지 못하였을뿐더러, 믿음의 바탕에서 병자를 대하지 못한 것을 한탄하십니다. 병은 인간의 힘이 아니라 믿음의 바탕에서만 고칠 수 있습니다.

5

예수님께서 그들에게 믿음이 없는 것을 한탄하시면서 벙어리 영이 들린 아이를 데려오게 하시자 사람들이 아이를 데리고 옵니다. 아이의 아버지도 함께 옵니다. 더러운 영이 예수님을 보자 아이를 뒤흔들고, 아이는 땅에 쓰러져 거품을 흘리며 뒹굽니다. 예수님을 보자 아이를 뒤흔든 것으로 보아 더러운 영은 아이가 예수님을 만나는 것을 방해하는 세력입니다. "아이가 이렇게 된 지 얼마나 되었느냐?"라는 예수님의 물음에 아이 아버지가 "어릴 적부터입니다."라고 대답합니다. 어릴 적부터라고 대답한 것으로 보아 아이는 태어날 때부터 말

못 하고 귀먹은 것이 아닙니다.[45] 언제부터 어쩌다가 벙어리 귀머거리 영이 들렸는지 우리는 모릅니다. 그러나 어느 시점에 더러운 영이 아이에게 작용하여 말을 하지도 듣지도 못하게 가로막은 것은 확실합니다. 그것은 남의 말은 듣지 않고 자기 말만 하는 아집에 사로잡힌 어른들일 수도 있습니다. 어른들의 말과 힘이 아이를 주눅 들게 하여 듣지도 말하지도 못하는 삶을 살게 했는지도 모릅니다. 아이를 말하지도 듣지도 못하게 만든 어른들과 그들이 사는 환경이 정도의 차이는 있어도—자신도 모르게—아이에게 더러운 영일 수 있습니다.

6

아이 아버지가 아이의 사정을 이야기하면서 "하실 수 있으면 저희를 가엾이 여겨 도와주십시오." 하고 청합니다. 아이 아버지는 이 말을 하면서 어쩌면 "제가 잘못했습니다. 제가 아이를 이렇게 만들었습니다." 하고 자책했을지도 모릅니다. 자책하는 아이 아버지의 귀에 "'하실 수 있으면'이 무슨 말이냐? 믿는 이에게는 모든 것이 가능하다."라는 예수님의 말씀이 들려 옵니다. 순간 아이 아버지는 정신이 번뜩했을 것입니다. 아이의 아버지는 세상의 힘의 논리에 따라 믿음 없이 예수님께 아이의 병을 고쳐 주십사고 청하려고 왔던 것입니다. 예수님께 큰 소리로 믿음을 고백하기만 하면 그 믿음을 보시고 아이를 고쳐 주시리라 기대하면서 말입니다. 그러나 그는 "하실 수 있으

---

45) 바르티매오(마르 10,46-52) 참조.

면'이 무슨 말이냐?"라는 그분의 말씀을 듣는 순간, 그 말씀이 "내가 못 하는 일이 있다는 말이냐? 그런 일은 없다. 나는 무엇이든 다 할 수 있다. 난 능력이 있는 사람이야. 난 하느님의 아들이란 말이야. 나만 믿어." 라는 뜻으로 하신 말씀이 아니라는 것을 금방 알아챕니다.

조금 전에 예수님께서 "믿음이 없는 세대야." 하고 한탄하셨을 때 그는 눈치챘습니다. 그분은 당신께서 원하시는 일은 뭐든지 다 하실 수 있는, 그래서 당신이 원하시면 어떠한 병이든 다 고칠 수 있는 초능력을 가지신 분이 아니라는 것을 말입니다. 제자들은 그런 능력이 없어 마귀를 쫓아내지 못한 것이 아니라는 것을 말입니다. 그들은 믿음이 약했던 것입니다. 하느님은 모든 것 안에 계십니다. 고통과 가난과 병중에도 계십니다. 지금까지 늘 그와 그의 병든 아이와 우리 가까이 우리와 함께 계셨습니다.

7

믿음의 눈으로 보니 세상에 일어난 모든 일은 가능하기에 일어난 일들입니다. 세상에 불가능한 일이 일어나는 법은 없습니다. 불가능한 일이 일어난다는 것은 말 그대로 불가능한 일입니다. 우리가 기적이라고 일컫는 것도 사실은 가능한 일이기에 일어나는 것입니다. 사람들은 불치의 병이 치유되었다고 놀라지만 불가능한 일이 일어난 것은 아닙니다. 하느님의 창조 질서 안에서 가능한 일이 일어난 것입니다. 모든 것은 창조주 하느님 안에서 일어나는 일이기 때문입니다. 하느님 안에 모든 것이 가능하다는 것은 하느님에 대한 믿음을 통해서 깨달을 수 있습니다. 모든 것을 하느님의 다스림에 맡길 때 하느님을 느낄 수 있을 것이고, 하느님을 느낄 때 다시 일어설 수 있을 것입니다. 기적은 모든 것을 창조하신 하느님의 눈으로 바라보도록 합니다. 하느님의 눈으로 세상을 바라볼 때 기적 같은 창조의 세계가 눈 앞에 펼쳐질 것입니다. 십자가의 성 요한은 말합니다. "기적에 너무 신경 쓰지 마십시오. 기적을 너무 기대하지도 마십시오. 기적을 거부하지도 마십시오. 기적은 그냥 가끔 일어납니다.", "기적은 그냥 일어나며 그 이유는 오직, 그리고 온전히 하느님만이 아십니다."[46]

우리가 바라던 일이 이루어지지 않는 것은 이루어지리라는 믿음이 없어서가 아닙니다. 세상의 수많은 병자가 고통받는 것은 그들에게 아프지 않게 되리라는 믿음이 없어서가 아닙니다. 인류의 역사가 시작된 이래 태어난 사람치고 죽지 않은 사람은 아무도 없습니다. 모두 죽었고 앞으로 모두 죽을 것인데 죽지 않으리라는 믿음이 없어서 그런 것이 아닙니다. 사람이 아프고, 죽고, 실패하고, 고통당하고, 가난하고, 불행한 것은 그렇게 되지 않으리라는 믿음이 없거나 믿음이 약해서가 아닙니다.

중요한 것은 믿음의 눈으로 세상을 바라보는 것입니다. 예수님 이후 수많은 성인이 믿음 속에서 고통을 받아들이고, 믿음 속에서 죽음을 받아들였습니다. 믿음 속에서 실패와 고난을 받아들였습니다. 성공이 아니라 실패, 첫째만이 아니라 둘째와 꼴찌에서도 하느님을 보는 사람은 복이 있습니다. 하늘 나라는 성공한 사람, 능력 있는 사

---

46) 윌리엄스, 75.

람들만이 차지할 수 있는 나라가 아닙니다. 믿는 이가 들어가는 나라입니다. 예수님은 모든 것을 인간의 힘으로 해결하려는 인간중심을 벗어나 하느님의 다스림을 받아들이는 믿음의 차원으로 우리를 안내하십니다. 아이의 아버지는 금방 깨달았습니다. 그리고 자신을 이 믿음에 맡기며 고백합니다. "저는 믿습니다. 믿음이 없는 저를 도와주십시오." 아이 아버지의 청은 앞으로 보게 될, 예리코의 눈먼 거지 바르티매오의 이야기와도 비슷한 맥락입니다(마르 10,46-52 참조).

8

우리는 여기서 아이의 아버지가 "'하실 수 있으면'이 무슨 말이냐?"라는 예수님의 말씀을 듣자 곧바로 아이를 대신하여 믿음을 고백하였다는 사실을 눈여겨볼 필요가 있습니다. 예수님은 아이가 아니라 아이 아버지의 믿음을 보시고 아이를 고쳐 주십니다. 아이의 병은 아이 아버지를 포함하여 믿음이 없는 세대가 자아낸 것인 만큼 이 세대가 믿음을 고백하는 일을 통하여 고칠 수 있음을 보여 주십니다. 아이가 벙어리 영이 들린 데에는 아버지의 책임도 있습니다. 제자들이 더러운 영을 쫓아낼 수 없었던 것은 비록 예수님의 이름을 빌리긴 하였어도 자기 힘으로 더러운 영을 쫓아내느라고 믿음을 발할 수 없었기 때문입니다.

아이의 아버지는 예수님의 말씀을 듣자마자 자기에게 믿음이 없었음을 깨닫고 "믿음이 없는 저를 도와주십시오." 하고 도움을 청합니다. 병에서 해방되는 기적을 바랐던 아이 아버지의 입에서 믿음이라는 말이 나옵니다. "하실 수 있으면" 하고 청하는 자에서 "저는 믿습니다."라는 믿음을 고백하는 인간으로 변화됩니다. 믿음도 자기의 힘으로 되는 것이 아님을 알게 된 것입니다. 하느님의 왕국이 우리 손이 닿는 곳에 와 있다는 믿음을 어떻게 자기 힘으로 터득할 수 있겠습니까. 고통과 악령과 죽음이 다스리는 듯한 세상에서 하느님의 다스리심을 어찌 예수님의 도움 없이 믿을 수 있겠습니까. 믿음은 인간의 힘이나 지식에 의존하여 믿는다고 큰소리로 고백한다고 얻어지는 것이 아닙니다. 예수님은 기적을 바라는 그들을 믿음으로 이끄십니다. 믿도록 도와주십니다. 이렇게 해서 이야기의 중심은 병에서 기적으로, 기적에서 믿음으로 옮겨갑니다. 아이의 아버지는 자기 자신과 아이를 완전히 예수님께 맡기게 됩니다. 하느님에 대한 믿음은 자기(인간)의 힘을 내려놓는 데서 출발합니다. 아이의 아버지가 "믿습니다."라고 고백한다면 자신을 내려놓고 자기의 존재를 예수님께 완전히 맡기는 것입니다.

9

비슷한 이야기를 마태오 복음이 전합니다. 예수님께서 카파르나움에 들어가셨을 때에 한 백인대장이 예수님께 다가와서 병들어 몹시 괴로워하고 있는 자기 종을 고쳐달라고 도움을 청합니다. 예수님께서 가서 고쳐 주겠다고 하시자 백인대장은 만류하며 말합니다. "주님, 저는 주님을 제 지붕 아래로 모실 자격이 없습니다. 그저 한 말씀만 해 주십시오. 그러면 제 종이 나을 것입니다."(마태 8,8) 여기서 "그저 한 말씀만 해 주십시오."라는 말은 "하실 수 있으면"이라는 말보다 더 강한 믿음의 표현입니다. 인간도 상전이 시키는 대로 가라 하면 가고 오라 하면 오는데 하느님의 말씀에 대해서야 무슨 말을 더 할 수 있겠느냐는 것입니다. 백인대장은 지금 생사를 관장하시는 그분의 전능을 찬양하고 감사하는 마음으로 그분께 모든 것을 맡겨 드리고 있습니다. 그렇게 자기 종의 생명을 하느님께 맡깁니다. 예수님을 만나면서 하느님의 말씀을 그 근본에서 깨달았던 것입니다. 하느님의 전능에 대한 그의 믿음에 예수님께서 감탄하시며 따라오는 사람들에게 말씀하십니다. "이스라엘의 어떤 사람에게서도 이런 믿음을 본 일이 없다."(마태 8,10)

하느님께서 내게 생명을 주시니 태어나고, 생명을 거두시니 죽고, 아픔을 주시니 아프고, 치유를 주시니 건강해집니다. 우리는 죽은 사람을 살리기도 하시고, 건강한 사람을 병들게도 하시고, 부서진 마음을 싸매 주기도 하시는 자유자재하신 하느님의 전능에 자신을 맡길 수 있어야 합니다. 아프고, 괴롭고, 힘든 일이 내게 일어날 때 그분의 전능에 감탄하며 감사할 수 있어야 합니다. 죽을 때 태어나던 날처럼 기뻐하고, 아플 때 건강할 때처럼 감사하고, 불행할 때 행복할 때처럼 즐거워하며 "전능하신 하느님 아버지, 언제 어디서나 당신을 찬미함이 마땅하고 옳은 일이로소이다." 하고 마음을 발할 수 있어야 합니다. "짙은 어둠을 아침으로 바꾸시는 이, 낮을 밤처럼 어둡게 하시며 바닷물을 불러 올려 땅에 쏟으시는 이, 그의 이름 야훼"(아모 5,8 공동번역), 전능하신 그분께 모든 것을 맡길 수 있어야 합니다.

나. 손을 잡아 일으키시니

1

아이 아버지의 믿음을 보신 예수님께서 벙어리 영을 꾸짖으시며 아이에게서 나가라고 명령하시고 아이의 손을 잡아 일으키십니다. 마르코는 더러운 영이 든 아이, 말하지도 듣지도 못하는 아이의 상태를 죽음으로, 그리고 치유된 상태를 부활의 삶으로 설명하고 있습니다. "저 영이 자주 아이를 죽이려고 불 속으로도, 물속으로도 내던졌습니다."라고 아이 아버지가 말하듯이 아이는 어릴 적부터 죽은 삶을 살았습니다. "아이가 죽었구나."(9,26) 하는 사람들의 말이 이 상태를 더 극적으로 설명해 줍니다.

예수님께서 벙어리 영에게 아이에게서 나가라 하시며 다시는 아이에게 들어가지 말라고 명령하시고, 아이의 손을 잡아 일으키시니 아이가 일어납니다. 말을 하지 못하던 아이의 말문이 트이고 듣지 못하던 아이가 다시 듣게 되면서 '죽음'에서 '일어납니다.'[47]

예수님의 일으켜 세우시는 마음, 살리시는 마음이 예수님의 손을 통해 아이에게 전달됩니다. 더러운 영이 아이를 죽음으로 몰며 고통스럽게 했다면 예수님은 아이의 고통을 당신의 고통으로 만드시며 아

---

47) '일어나다'(에게이렌ἐγείρειν)에 대해서 마르 1,31; 2,1-12; 12,18-27, 16,9 참조. 그리스도인의 '일어난 삶'에 대해 바오로 사도는 말합니다. "여러분은 세례 때에 그리스도와 함께 묻혔고, 그리스도를 죽은 이들 가운데에서 일으키신 하느님의 능력에 대한 믿음으로 그리스도 안에서 그분과 함께 되살아났습니다. 여러분은 잘못을 저지르고 육의 할례를 받지 않아 죽었지만, 하느님께서는 여러분을 그분과 함께 다시 살리셨습니다. 그분께서는 우리의 모든 잘못을 용서해 주셨습니다."(콜로 2,12-13) 여기서 '되살아났습니다.'의 그리스어는 '에게이렌'입니다. '일어났습니다.'로 번역할 수 있을 것입니다.

이를 일으켜 세워 살게 하십니다. 아이는 자기와 함께 고통을 당하시는 예수님의 사랑과 자비를 느끼며 일어나게 됩니다.

아이의 '일어남'에는 그분의 삶과 장차 제자들의 삶이 예시되어 있습니다. 예수님은 예루살렘을 향하여 가시면서 줄곧 당신의 죽음과 부활에 대해 말씀하십니다. 아이를 고쳐 주신 이 이야기 다음에 그분의 죽음과 부활에 대한 두 번째 예고가 이어집니다(9,30-32). 그분은 죽었다가 다시 '일어날' 것입니다.

2

제자들이 기적을 바라는 마음을 내려놓고, 하느님에 대한 믿음으로 아이에게 다가갈 수 있었다면, 고통받는 아이와 하나 될 수 있었다면, 아이를 일으켜 세우며 아이 아버지에게 큰 위로를 줄 수 있었을 것입니다. 그러나 제자들은 그러지 못했습니다. 병을 고치는 데에만 집중하다 보니 자기들의 미약한 힘에 당황했을 것이고, 이것이 율법 학자들에게 논쟁의 빌미를 제공하게 되었을 것입니다. 아이의 마음속으로 들어가기 위해서는 자기 힘을 내려놓아야 합니다. 비우고 또 비워야 합니다. 힘에 의존한 제자들은 아직 그 경지에 이르지 못했습니다. 이런 면에서 오늘날 우리 교회를 반성하게 됩니다. 공공연하게 치유의 기적을 이야기하면서 자기 힘을 과시하려고 하는 이들이 많습니다.

다. 기도가 아니면

1

논쟁이 끝난 후 제자들이 예수님께 따로 질문합니다. "어째서 저희는 그 영을 쫓아내지 못하였습니까?", "어째서 저희는 아이가 '일어난 삶'을 살게 하지 못하였습니까?" 예수님께서 "그러한 것은 기도가 아니면 다른 어떤 방법으로도 나가게 할 수 없다." 하고 말씀하십니다. 마르코는 이렇게 그들의 논쟁을 믿음(마르 9,19-27)에 이어 기도(마르 9,28-29) 이야기로 마무리합니다.[48]

예수님께서 기도 이야기를 하시는 것은 제자들에게 더러운 영을 쫓아내 달라고 비는 정성이 부족했다고 지적하시는 것이 아닙니다. 치유의 기도는 병을 낫게 해 달라고 매달리는 것을 넘어 항상 우리와 함께 계시는 주 하느님에 대한 믿음을 구하는 기도입니다. 몸이 불편할 때는 하느님에 대한 믿음이 흔들리기에 기도가 더 필요한 것입니다. 제자들이 기도 없이 병자를 대했다는 것은 하느님에 대한 믿음 없이 그를 대했다는 말도 됩니다. 예수님은 기도하는 마음으로 아이에게 다가가시어 아이에게 손을 얹으셨고, 아이는 그분의 손길을 느끼며 하느님에 대한 믿음을 얻어 일어설 수 있게 됩니다.

---

48) 같은 이야기를 전하는 마태오 복음은 이 이야기를 믿음으로 마무리합니다. 제자들이 예수님께 "어찌하여 저희는 그 마귀를 쫓아내지 못하였습니까?" 하고 묻자 예수님께서는 "너희의 믿음이 약한 탓이다." 하고 대답하십니다(마태 17,19-20). 그러면서 "너희가 겨자씨 한 알만 한 믿음이라도 있으면, 이 산더러 '여기서 저기로 옮겨 가라.' 하더라도 그대로 옮겨 갈 것이다. 너희가 못 할 일은 하나도 없을 것이다."(마태 17,20) 하고 말씀하십니다. 학자들은 "그런 것은 기도와 단식이 아니면 나가지 않는다."(마태 17,21)라는 대목은 후대에 삽입한 것으로 봅니다.

제자들은 믿음이 부족하여 제대로 기도할 수 없었습니다. 기도 없이 모든 것을 자기 힘으로 해결하려 하였습니다. 예수님께서 그런 그들에게 말씀하시는 것입니다. "너희는 벙어리 영을 쫓아내는 일을 너희의 힘으로 해결하려고 하였다. 너희의 힘을 믿고 그 아이에게 다가갔다. 그것은 인간의 힘으로 되는 것이 아니다. 하느님의 믿음 안에서 일어나는 일이다. 기도 없이는 믿는다고 할 수 없다. 기도 외는 다른 어떤 방법도 없다."라고 말입니다.

2

우리는 기도를 하느님과의 대화라고 말합니다. 하느님의 음성을 듣고 하느님과 하나가 되기 위하여 기도합니다. 생로병사 희로애락이 펼쳐지는 다사다난한 세상에서 하느님의 생명으로 산다는 것을 알고 하느님처럼 살기 위하여 기도합니다. 고통을 없애려는 마음에만 집착한다면, 하느님을 고통을 없애 주시는 분, 내 소원을 들어주시는 분으로만 인식한다면, 하느님의 현존과 생명을 느끼지 못할 것입니다.

하느님과의 대화는 자기의 소원을 관철하고자 자기의 생각과 바람을 늘어놓는 말잔치가 아닙니다.[49] "주 우리 하느님은 한 분이신 주님

---

49) 기도를 대화라고 하면서 기도하는 마음에 청해서 얻을 것으로 가득하고, 하느님을 그런 청을 들어주시는 분으로 생각한다면, 우리는 기도를 잘못 생각하는 것입니다. 대화는 일방적일 수 없습니다. 일방적인 기도는 바라는 바를 얻거나 얻지 못하게 되면 하느님을 필요 없는 존재로 만들어 버릴 것입니다. 하느님께서 자리하실 곳이 없으니 우리는 그분과 하나가 되지 못합니다. 기도는 하느님이 내 마음에 자리하기를 바라며 하느님의 뜻이 이루어지게 해 달라고 자기를 비우는 것입니다. 내 생각 내 소원이 이루어지기를 바라기 전에 하느님의 뜻을 물으며 내 소원 내 뜻을 하느님의 뜻에 맡기는 것이 우선입니다. 믿는 대로 이루어지리라 믿는다면 하느님의 뜻이 이루어지기를 믿는 것입니다. "아버지, 하실 수만 있으시면 이 잔이 저를 비켜 가게 해 주십시오. 그러나 제가 원하는 대로 하지 마시고 아버지께서 원하시는 대로 하십시오."(마태 26,39) 예수님께서 십자가에서 돌아가시기 전 절체절명의 순간에 바치신 기도입니다. "아버지께서 원하시는 일이라면 저는 이 잔을 마시겠습니다." 이것이 기도입니다. 고통이 그분께서 원하신 것이라면 피해 갈 수 없습니다.

이시다."(신명 6,4)라는 믿음 위에 내 인생을 쌓기 위하여, 이 믿음을 얻기 위하여 우리는 기도합니다. 하느님에 대한 믿음 없이는 치유의 삶을 살 수 없습니다. 기도하는 마음만이 기적을 일으키고 모든 것에서 하느님의 가까움을 체험할 수 있습니다. 하느님에 대한 믿음, 믿음을 위한 기도가 있는 곳에서는 모든 것이 가능합니다.[50]

제자들이 아이에게서 더러운 영을 내쫓아 내지 못한 것은 가까이 와 계신 하느님과 하나 되는 기도를 바치지 않았기 때문입니다. 믿음의 바탕에서 아이를 대하지 못했기 때문입니다. 그들은 병의 고통 속에 현존하시는 하느님을 믿고, 이 믿음 속에서 아이를 위해 기도해야 했습니다. 그들은 아직 믿음이 약합니다.

"믿음이 없는 저를 도와주십시오." 하는 아이 아버지의 청은 그 자체로 기도입니다. 기도가 예수님을 만나게 합니다. 예수님은 아이 아버지의 기도를 들어주십니다. 하느님의 현존과 자비를 느끼게 하십니다. 제자들이 마귀를 쫓아내지 못한 것은 능력의 문제가 아니라 믿음이 약하고 기도도 하지 않았기 때문입니다. 예수님은 기도하는 마음으로 아이를 대하신 것입니다.

3

우리는 '기도의 힘'에 대해서 이야기합니다. 하느님께 청하고 또 청하며 줄곧 졸라 대면 하느님께서 그 정성을 봐서라도 들어주실 것(루

---

50) 마태오는 우리가 "못할 일이 하나도 없을 것"(마태 17,20)이라고 말합니다.

카 11,8.13)이라는 뜻에서 기도의 힘을 이해하려 듭니다. 그렇게 우리는 자기 힘을 믿고 모든 것을 자기 힘으로 해결하려고 대들고, 능력 중심으로 사람을 만나고 능력에 따라 사람을 평가하고 편을 가르고, 사랑도 힘으로 하고 신앙도 힘으로 하려고 합니다. 힘으로 하느님을 만나려 하고, 기도마저 힘으로 하려고 합니다. 아플 때 고통에 처했을 때 앞길이 막막할 때 더욱 그러합니다. 우리는 힘을 얻기 위해서 기도합니다. 그러다 보니 힘과 능력이 우리의 삶을 좌지우지합니다. 자신도 모르는 사이 힘과 능력의 노예가 되어 버립니다. 치유는 사라지고 힘과 성과만 남습니다. 치유되었지만 치유된 삶은 없습니다.

말 못 하던 입이 열리고, 듣지 못하던 귀가 뚫리고, 보지 못하던 눈이 보게 되는 신비를 어찌 인간의 힘으로 깨달을 수 있겠습니까. 용서하지 못할 인간에게 다가가 손을 내밀며 용서하고, 가까이하고 싶지 않은 인간에게 사랑으로 다가가 자비를 베푸는 기적이 어찌 인간의 의지로 가능하겠습니까. 사실은 힘을 내려놓기 위해서 우리는 믿고 기도합니다.

힘을 비울 때 우리는 하느님처럼 존재를 비울 수 있고 하느님을 만날 수 있고 사랑할 수 있습니다. 힘을 비운 사람만이 치유와 용서를 느낄 수 있고 하느님처럼 자비로울 수 있습니다. 기도는 힘을 비우는 것입니다. 자기 자신을 전달하시는 하느님 현존을 믿는다면 힘을 내려놓아야 합니다. 이 경지에 이를 때 인간의 능력은 아무것도 아닌 것이 됩니다. 하느님 나라의 신비(비밀)는 기도하는 마음으로만 접근할 수 있습니다. 자신을 비우며 인간에게 다가오시는 하느님을 믿고 하느님과 하나 되게 해 달라는 기도만이 하느님 나라의 신비에 도달하는 기적이 자기 몸에 일어나게 할 수 있습니다. 그 사람만이 어떤 상황에서도 하느님께서 함께하신다는 것을 확신하며 살 것입니다. 기도란 하느님의 함께하심을 느끼게 하는 것입니다.

아이의 아버지는 그런 기도의 힘을 믿고 아이를 예수님께 데려왔을 것입니다. 그렇기에 억지로 떼를 쓰지 않고 자기의 힘을 내려놓고 "믿음이 없는 저를 도와주십시오." 하고 청합니다. 제자들은 아직 이 경지에 이르지 못했습니다. 그들은 자신들의 말과 능력에 매달려 율법학자들과 논쟁합니다. 자신들의 약한 믿음이 아이를 더욱 말하지 못하는 벙어리로 만들고 있다는 사실을 알아채지 못합니다. 그들은 벙어리 영이 들린 아이가 다시 말을 할 수 있도록 믿음으로, 기도하는 마음으로 대했어야 합니다. 일찍이 아우구스티누스 성인은 "우리는 믿기 위해 기도하고 기도하기 위해 믿는다."라고 했습니다. 믿음은 기도하는 마음으로 고백하는 것입니다. 기도는 논쟁하는 말을 침묵시키는 것입니다.

진정한 기도는 자기의 언어를 침묵시킬 때 가능합니다. 기도는 어디에나 계시는 하느님의 현존을 느끼며 살게 해 달라고 마음을 발하는 것이며, 세상 모든 일이 하느님 안에서 일어난다는 것을 받아들이게 하는 일입니다. 기도하는 자는 모든 것 안에서 하느님의 음성을 듣습니다. 기도하는 사람은 남을 듣습니다. 악령 들린 사람처럼 물불가리지 않고 죽기 살기로 자기주장만을 내세우는 사람은 기도하지 못하여 하느님의 나라가 가까이 왔다는 복음을 마음으로 받아들이지 못할 뿐 아니라 듣지 못하여 남의 병을 고쳐 줄 수 없습니다.

예수님은 더러운 영을 꾸짖으시기 전에 침묵 속에서 먼저 아이를 위해 기도하셨을 것입니다. 아이 아버지가 "하실 수 있으면" 하면서 맡긴 아이를 예수님께서도 "아버지께서 원하시는 일이라면" 하시며 아이의 운명을 하느님께 맡기셨습니다. 맡기는 삶을 살 때 생의 의미를 새롭게 발견할 수 있습니다. 비록 병이 낫지 않는다고 해도, 여전히 고통 중에 있게 된다고 해도 하느님께 대한 믿음으로 새 삶을 살수 있습니다. 예수님께서 아이의 손을 잡아 일으키시니 아이가 일어났습니다.

4

예수님께서 아이에게서 벙어리 영을 쫓아내셨다면, 아이를 복음으로 대하셨다는 말도 됩니다. 예수님은 복음을 선포하셨을 뿐만 아니라 사람들을 하느님의 현존과 다스림을 느끼게 해 주는 '복음'으로 만나셨습니다. 벙어리든 귀머거리든 절름거리는 사람이든 그분에게는 모든 이가 존재 자체로 복음이었습니다. 사람들이 병든 사람, 가난한 사람, 힘없는 사람, 나와 생각이 다른 사람을 무시하고 소외시키며 손 밖으로 밀어내는 것은 그들을 '복음'으로 보지 못하기 때문입니다. 기도하는 자는 모든 이를 복음으로 대합니다.

그분은 복음을 선포하시면서 우리가 기도하는 인간이 되고, 우리를 통해 세상이 복음화되기를 바라셨습니다. 서로를 '복음'으로 보지 못하는 우리의 눈을 열어 주시고, '복음'으로 듣지 못하는 우리의 눈과 귀를 열어 주시어 서로를 '복음'으로 만나기를 바라셨습니다. 그런데 사람들은 눈먼 이가 다시 보고, 벙어리가 다시 말하고, 귀머거리가 다시 듣는 것을 보면서도 그들을 복음으로 대하지 못하고 자기 자신을 복음으로 인식하지 못합니다. 보고 싶은 것만을 보고, 듣고 싶은 것만을 듣고, 자기 하고 싶은 말만 하며 논쟁을 일삼습니다. 논쟁하는 자에게 사람이 복음으로 보일 리 없습니다.

5

예수님께서 벙어리 영이 든 아이를 치유해 주시고 나서 그곳을 떠나 갈릴래아를 가로질러 가십니다(마르 9,30). 치유된 아이가 이후에 어떻게 되었는지 더 이상의 보도는 없습니다. 다른 치유 이야기를 통해서 듣고 말하게 된 아이는 복음을 전하는 자로 변하여 예수님을 선포하며 다녔을 것이라는 상상을 해 봅니다.

그러나 아이를 지켜본 사람들은 여전히 자신을 복음으로 안내하지 못하여 믿지 못하고, 믿음이 없기에 기도하지 못하고, 기도하지 못하기에 시달리던 벙어리 영에서 치유되어 삶의 기쁨을 되찾은 아이를 보지 못합니다. 기쁨을 찾은 아이를 보면서도 보지 못하고 그가 말하는 것을 들으면서도 듣지 못하여 아이와 함께 기뻐하지도 못합니다. 오히려 예수님께서 하신 일을 시빗거리로 삼습니다. 안식일에 병을 고쳐 주시는지 지켜보고 있다가 손이 오그라든 사람을 고쳐 주신 예수님을 안식일을 어긴 죄인으로 몰아 없애려고 합니다. 남의 고통에 무감각한 그들 자신이 더 심각한 병을 앓고 있다는 사실을 그들은 모릅니다.

병에서 치유되기 위하여, 병든 입으로 벌이는 논쟁에서 벗어나기 위하여, 하느님의 나라에 대한 믿음을 먼저 구해야 합니다. 복음을 깨치도록 해야 합니다. 논쟁을 일삼는 자기만의 언어를 죽이고 세상의 속을 들여다보는 법을 배워야 합니다. 그들을 위하여 기도해야 합니다. 기도하지 못하는 것이 병입니다. 자기를 위하여 기도하면서도 남을 위하여 기도하지 못하는 것이 병입니다. 사람의 마음을 들여다보지 못하는 것이 병입니다. 불우한 이웃의 소리를 듣지 못하는 것이 사실은 더 큰 병입니다. 닫힌 마음으로 사는 것이 그 어떤 병보다 인생을 끔찍하게 만드는 무서운 병입니다. 바오로 사도의 다음 편지가 병든 우리에게 도움을 줍니다.

"나는 무엇보다도 먼저 모든 사람을 위하여 간청과 기도와 전구와 감사를 드리라고 권고합니다. 임금들과 높은 지위에 있는 모든 사람을 위해서도 기도하여, 우리가 아주 신심 깊고 품위 있게, 평온하고 조용한 생활을 할 수 있도록 하십시오. 그렇게 하는 것이 우리의 구원자이신 하느님께서 좋아하시고 마음에 들어 하시는 일입니다. 하느님께서는 모든 사람이 구원을 받고 진리를 깨닫게 되기를 원하십니다."(1티모 2,1-4)

14.
두 번째 수난 예고
― 그분은 당신이 알려지는 것을
원치 않으셨다, 왜?

그들이 그곳을 떠나 갈릴래아를 가로질러 갔는데, 예수님께서는 누구에게도 알려지는 것을 원하지 않으셨다. 그분께서 "사람의 아들은 사람들의 손에 넘겨져 그들 손에 죽을 것이다. 그러나 그는 죽임을 당하였다가 사흘 만에 다시 살아날 것이다." 하시면서, 제자들을 가르치고 계셨기 때문이다. 그러나 제자들은 그 말씀을 알아듣지 못하였을 뿐만 아니라 그분께 묻는 것도 두려워하였다.

그들은 카파르나움에 이르렀다. 예수님께서는 집 안에 계실 때에 제자들에게, "너희는 길에서 무슨 일로 논쟁하였느냐?" 하고 물으셨다. 그러나 그들은 입을 열지 않았다. 누가 가장 큰사람이냐 하는 문제로 길에서 논쟁하였기 때문이다. 예수님께서는 자리에 앉으셔서 열두 제자를 불러 말씀하셨다. "누구든지 첫째가 되려면, 모든 이의 꼴찌가 되고 모든 이의 종이 되어야 한다." 그러고 나서 어린이 하나를 데려다가 그들 가운데에 세우신 다음, 그를 껴안으시며 그들에게 이르셨다. "누구든지 이런 어린이 하나를 내 이름으로 받아들이면 나를 받아들이는 것이다. 그리고 나를 받아들이는 사람은 나를 받아들이는 것이 아니라 나를 보내신 분을 받아들이는 것이다."(마르 9,30-37)

가. 그분께 묻는 것도 두려워하였다

1

예수님께서 당신의 수난과 부활에 대해 두 번째로 예고하십니다. 그런데 예고를 하시면서 예수님은 누구에게도 알려지는 것을 원하지 않으셨습니다(마르 9,30). 왜 원치 않으셨을까요? 당신의 죽음과 부활은 온 세상 모든 피조물에게 선포되어야 하고(마르 16,15) 그렇기에 당신의 존재를 세상에 더 알리도록 해야 하는 것이 아닙니까? 그런데 왜 알려지는 것을 원하지 않으셨을까요? 죽음이 두려워서인가요? 복음사가는 당신의 죽음과 부활을 제자들에게 가르치시기 위해서라고 말합니다. 그들은 스승의 수난과 부활 예고를 들으면서도 알아듣지 못합니다. 눈에 보이는 성공을 좇아 그분을 따르는 그들의 귀에 그분의 수난 이야기가 들리지 않습니다. 그들은 목숨을 잃을 준비가 되어 있지 않습니다.

예수님께서 그런 제자들을 깨닫게 하시려고 '특별' 교육을 하십니다. 당신의 죽음이 어째서 복음인지 깨닫게 하시려고 높은 산에 오르시기 전에 예고하셨던 것(8,31)을 반복하시다시피 가르치십니다. "사람의 아들은 사람들의 손에 넘겨져 그들 손에 죽을 것이다. 그러나 그는 죽임을 당하였다가 사흘 만에 다시 살아날 것이다."(마르 9,31) 사람의 일만 생각하며 자신의 언어를 버리지 못하는 한, 이 가르침을 깨달을 수 없을 것입니다. 어쩌면 예수님께는 그런 제자들을 가르치는 일이 바리사이와 논쟁하는 일보다 더 힘드셨을지 모릅니다.

언제 제자들은 그분의 가르침을 깨달을 수 있을까요? 언제 그들은 그분의 죽음과 하나 될 수 있을까요? 언제 그들은 남을 위하여 자기 목숨을 내놓는 삶을 살 수 있을까요? 그분을 따른다고 하면서 그분과는 반대의 길을 걷고 싶어 하는 제자들입니다. 그분 이름을 두고 높은 자리를 흥정하는 제자들입니다. 그런 제자들을 따로 가르치며 사명을 일깨우시는 예수님의 모습에서 끝까지 제자들을 믿고 받아들이는 깊은 사랑을 느낍니다. 긴 가르침이 있고 난 뒤, 그들은 "떠나가서 곳곳에 복음을 선포"하게 될 것입니다(마르 16,20).

2

깨닫지 못한 그들의 마음이 묻는 것도 두려워하는 마음으로 나타납니다. 처음 수난 예고를 들었을 때 베드로는 그런 일은 있을 수 없다며 반박했습니다(마르 8,32). 그분의 빛나는 모습을 보고서는 "저희가 여기에서 지내면 좋겠습니다." 하고 말했지만 무슨 말을 해야 할지 몰랐고, 모두 겁에 질려 있었습니다. 그런데 이번에 두 번째 수난 예고를 듣는 제자들은 "그 말씀을 알아듣지 못하였을 뿐만 아니라 그분께 묻는 것도 두려워"(마르 9,32) 합니다. 높은 산에서 주님의 변모를 체험하고 내려올 때 "죽은 이들 가운데에서 다시 살아난다는 것이 무슨 뜻인지를 저희끼리 서로 물어"(마르 9,10)보았던 그들입니다.

제자들이 두려워 묻지 못한 까닭은 주님의 말씀을 알아듣지 못하였기 때문이고, 그들이 알아듣지 못한 까닭은 그들의 관심사가 주님의 관심사와는 달랐기 때문입니다. 그분은 "사람의 아들은 이제 사람들의 손에 넘겨져 죽임을 당하였다가 사흘 만에 다시 살아날 것이다.”라고 말씀하시면서 당신의 고난과 죽음을 통하여 하느님 나라의 복음을 느끼게 해 주고자 하시지만, 그들의 관심은 다른 곳에 있습니다. 그들의 머리에는 누가 높은 자리에 앉을 것이냐 하는 생각으로만 가득 차 있습니다. “무슨 일로 논쟁하였느냐?”라고 묻는 그분께 그들이 입을 열지 못한 것은 당연합니다. 그들에게 구세주는 아무런 고통 없이 안락하고 높은 자리를 보장해 주실 분입니다. 만약 그들이 “죽임을 당하였다가 사흘 만에 다시 살아날 것이다.”라는 말씀의 핵심을 간파했더라면, 나아가 그분과 함께 지금 어디로 가고 있는지 깨달았더라면, 결코 길에서 누가 가장 큰 사람이냐 하는 서열 문제로 논쟁하는 일은 없었을 것입니다.

3

길에서 논쟁한 일로 입을 열지 못하는 그들에게 그분께서 말씀하십니다. “누구든지 첫째가 되려면, 모든 이의 꼴찌가 되고 모든 이의 종이 되어야 한다.”(35절) 종이 되어야 당신의 가르침을 깨달을 수 있다고 하십니다. 그리고 어린이 하나를 껴안으시며 “누구든지 이런 어린이 하나를 내 이름으로 받아들이면 나를 받아들이는 것이다. 그리고 나를 받아들이는 사람은 나를 받아들이는 것이 아니라 나를 보내신 분을 받아들이는 것이다.”라고 말씀하십니다. 예수님께서 어린이를 주제로 내세우신 것은 어린이의 순수한 경지에 들어선 사람만이 당신의 복음을 깨달을 수 있기 때문입니다.

복음의 삶을 살기 위해서는 종이 되고 어린이가 되어야 합니다. 종이 되지 않고 어린이가 되지 않고서는 남을 위해 십자가를 진다는 것은 거의 불가능합니다. 십자가가 구원을 방해하는 것이 아니라 십자가에 구원이 달려 있습니다. 제자들은(그리스도인들은) 십자가를 껴안지 않고도 사랑하는 방법은 없을까, 고통을 외면하고도 하느님께 나의 사랑을 증명해 보일 수는 없을까, 하고 잔머리를 굴리지만, 복음은 머리로 깨치는 것이 아닙니다. 십자가는 머리로 짊어지는 것이 아닙니다. 부활은 머리로 죽고 다시 살아나는 것이 아닙니다.

나. 꼴찌를 위한 논쟁

1

그들은 지금 갈릴래아를 가로질러 예루살렘으로 올라가는 중입니다. 카파르나움에 이르렀을 때, 예수님께서 제자들에게 "너희는 길에서 무슨 일로 논쟁하였느냐?"(마르 9,33) 하고 물으십니다. 이 질문은 예수님께서 영광스러운 변모 후 산에서 내려오셨을 때 다른 제자들이 군중에게 둘러싸여 율법 학자들과 논쟁하고 있는 것을 보시고 "저들과 무슨 논쟁을 하느냐?"(마르 9,16) 하고 던지신 질문과 같은 맥락입니다. 그때 그들은 율법 학자와 바리사이와 논쟁을 벌였지만, 이번에는 자기들끼리 논쟁을 합니다. 논쟁하는 모습이 "회당에서는 높은 자리를, 잔치 때에는 윗자리를" 즐기는 당시 유대교의 종교적인 사고를 대변하는 율법 학자들과 다르지 않습니다(마르 12,39). 그런 그들이니 스스럼없이 예수님께 "스승님께서 영광을 받으실 때에 저희를 하나는 스승님 오른쪽에, 하나는 왼쪽에 앉게 해 주십시오."(마르 10,37)하고 청합니다.

제자들은 지금 예루살렘으로 올라가는 길 위에서 논쟁을 펼치고 있습니다. 예루살렘으로 올라가고 있다는 것은 십자가를 향하여 가고 있다는 말인데, 그 길 위에서 논쟁을 벌이고 있습니다. 그것도 누가 가장 큰 사람이냐 하는 문제로 말입니다. 그들은 스승과 함께 길을 가지만 어디로 가고 있는지 모르는 것입니다. 왜 예루살렘으로 올라가고 있는지 까마득히 모르는 것입니다. 예수님은 그들의 마음을 아시면서도[51] 길에서 무슨 일로 논쟁했는지 물으십니다. 들으면서도 듣지 못하고, 고백하면서도 무엇을 고백하는지 모르는 그들의 마음을 깨우쳐 그들이 지금 어디를 가고 있는지 일깨워 주시기 위해서입니다.

스승의 질문에 제자들은 당황하여 아무 말도 하지 못합니다. 스승께서 방금 사람들의 손에 넘겨져 고난을 받으시고 죽임을 당하셨다가 사흘 만에 다시 살아나셔야 한다고 하신 말씀을 들었기에 그들의 논쟁이 그분의 가르침과는 상반된다는 것 정도는 느낄 수는 있었기 때문입니다. 스승은 당신의 죽음을 이야기하시는데 그들은 누가 가장 큰사람이냐 하는 문제로 논쟁하고 있습니다.

---

51) 예수님께서 사람의 마음을 꿰뚫어 보시며 질문하신 예는 성경 여러 군데서 나옵니다. 마르코 복음 2장 8절에서는 대놓고 질문하십니다. "너희는 어찌하여 마음속으로 의아하게 생각하느냐?" 요한 복음에서도 "예수님께서는 사람 속에 들어 있는 것까지 알고 계셨다."(2,25)라고 전합니다.

2

　예수님께서 자리에 앉으셔서 제자들을 불러 말씀하십니다. 길을 걸어가면서 말하는 것과 자리에 앉아서 말하는 것은 차이가 있습니다. 서서 설교하는 이에게는 자기의 주관을 군중에게 심으려는 의지가 강하게 나타나는 데 반해 앉아서 가르치는 이에게는 자기 내면의 소리를 들려주고자 하는 차분한 모습을 보게 됩니다. 스승이 제자들에게 특히 중요한 일을 가르칠 때는 앉는 자세를 취합니다. 제자들은 길을 가면서 선 상태에서 논쟁을 벌였습니다. 이제 예수님께서 그들을 자리에 앉게 하십니다. 그리고 당신도 자리를 잡고 앉으셔서 가르치십니다. 앉아서 가르치시는 그분의 입에서 꼴찌와 종 그리고 어린이 이야기가 흘러나옵니다.

　"누구든지 첫째가 되려면, 모든 이의 꼴찌가 되고 모든 이의 종이 되어야 한다."(9,35) 여기서 꼴찌란 등수를 매겨 맨 마지막을 일컫는 말이 아닙니다. 꼴찌는 모든 이들의 관심 밖에서 천대받는 나약한 이들이기도 합니다. 그들과 하나 될 때 그들 안에 계시는 하느님을 느끼게 될 것입니다. 그리고 그 몸으로 하느님과 그리스도를 세상에 보여 줄 수 있을 것입니다. 종이 된다는 것은 자기를 부정하는 것입니다. 그 전에 예수님은 당신을 따르려거든 자신을 부정하라고 요구하셨습니다. 실제로 그분은 그렇게 사셨습니다. "그분께서는 하느님의 모습을 지니셨지만 하느님과 같음을 당연한 것으로 여기지 않으시고 오히려 당신 자신을 비우시어 종의 모습을 취하시고 사람들과 같이 되셨습니다. 이렇게 어느 사람처럼 나타나 당신 자신을 낮추시어 죽

음에 이르기까지, 십자가 죽음에 이르기까지 순종하셨습니다."(필리 2,6-8)

종과 꼴찌에 관한 이야기는 앉은 자세로 들어야 합니다. 종은 듣는 존재입니다. 그는 주인 앞에 꼿꼿하게 서서 자기의 주관적인 주장을 내세우지 않습니다. 그는 주인에게 무조건 복종하고 무조건 받아들입니다. 종은 주인의 소리를 내면으로부터 듣는 존재입니다. "주 하느님께서 내 귀를 열어 주시니 나는 거역하지도 않고 뒤로 물러서지도 않았다. 나는 매질하는 자들에게 내 등을, 수염을 잡아 뜯는 자들에게 내 뺨을 내맡겼고 모욕과 수모를 받지 않으려고 내 얼굴을 가리지도 않았다."(이사 50,5-6: 주님의 종의 셋째 노래) 이 종의 모습은 바로 예수님의 모습이었습니다.

"단 한 번만이라도 자신을 버리고 예수님의 이 요청을 받아들인다면 예수님의 이 '지나친' 요구가 복음이라는 것, 우리를 기쁘게 한다는 사실을 경험할 수 있다. 소유가 마음의 더 큰 평화를 보장해 주는 것은 분명 아니다. 그보다도 그리스도인은 우리 모두를 위해 자신을 내어 준 분을 따름이라는 길을 성숙한 자세로 어느 정도 가고 났을 때 자기 자신과 깊이 하나됨 가운데서 스스로를 발견한다. 철저하게 이타적인 사랑의 행위를 하고 나면—이는 그분의 은혜를 받아들임으로써 가능한 바—마음은 평안을 찾는다. 자기의 이익만을 생각하는 그런 이기적인 행위 이후에 마음이 평화로울 수 있겠는가?"[52]

---

52) 부어스, 92-93.

3

꿀찌를 위한 논쟁에 이어 어린이 이야기(마르 9,33-37)가 나옵니다. 이 단락은 메시아의 비밀과 같은 큰 맥락에서 이해할 수 있습니다. 우리는 예수님께서 사람들이 당신을 누구라 하느냐 질문하시며 당신은 하느님의 아들 그리스도이시라는 답변을 유도하신 뒤 그 사실을 "아무에게도 말하지 말라."라고 분부하시고 나서 그리스도를 풀이해 주신 내용도 보았으며, 그 풀이는 당신만이 아니라 모든 이를 겨냥하신 것이라는 것도 보았습니다. 모든 이가 하느님의 아들 그리스도라는 것을 알고 그렇게 대하는 것은 그분의 제자로서 깨달아야 할 과제입니다.

그러나 제자들은 이 풀이를 예수님의 이야기로도 그들 자신의 이야기로도 알아듣지 못했습니다. 그들은 예수님을 사람의 아들로 만나지 못하여 그분이 그리스도이신 것을 몰랐고, 서로를 사람의 아들로 만나지 못하여 서로에게서 하느님의 아들임을 보지 못했습니다. 그런 그들이니 길에서 누가 가장 큰 사람이냐 하는 문제로 논쟁하는 것이 놀랍지도 않습니다. 그들은 여전히 높은 것만을 추구합니다. 높은 것을 추구하면서 높은 자리에 앉게 되는 꿈을 꾸는 그들에게는 비참한 사람을 하느님의 자녀로 볼 눈이 없습니다. 아직 자신을 사람의 아들과 동일시하지 못합니다.

예수님께서는 그들 가운데 어린이 하나를 데려다가 세우십니다. 그리고 말씀하십니다. "자, 보아라! 이 어린이를! 어떻게 보이느냐?", "누구든지 이런 어린이 하나를 내 이름으로 받아들이면 나를 받아들이는 것이다. 그리고 나를 받아들이는 사람은 나를 받아들이는 것이 아니라 나를 보내신 분을 받아들이는 것이다."(마르 9,37) 루카는 예수님의 이 말씀에 "너희 가운데에서 가장 작은 사람이야말로 가장 큰 사람이다."(루카 9,48)라는 말을 첨가합니다.

여기서 어린이는 그냥 순진하고 귀엽기만 한 존재가 아닙니다. 가장 보잘것없고 대우받지 못하는 사회적 약자를 대변하기도 합니다. 어린이는 가장 비참한 얼굴을 한 나약한 사람의 아들의 또 다른 모습입니다. 예수님께서 하신 말씀 중 '어린이' 대신 '사람의 아들'을 대입하여 읽어 보십시오. "누구든지 사람의 아들을 내 이름으로 받아들이면 하느님의 아들을 받아들이는 것이다. 그리고 하느님의 아들을 받아들이는 사람은 하느님의 아들을 사람의 아들로 세상에 보내신 분을 받아들이는 것이다." 그리고 그 자리에 '가장 가련하고 버림받은 인간'을 대입하여 읽어 보십시오. "누구든지 가장 가련하고 버림받은 인간을 내 이름으로 받아들이면 하느님의 아들을 받아들이는 것이다." 그분께서 "나를 본 사람은 곧 아버지를 뵌 것이다."(요한 14,9)라고 말씀하신다면 사람의 아들을 보는 사람이 예수님을 보는 것이요 하느님 아버지를 보는 것입니다.

어린이처럼 되어야 한다는 것은 인간의 가장 원초적인 순수 상태로 돌아가야 한다는 요구입니다. 어른들은 어린이를 힘없고 무지하고 보잘것없는 존재로 대하지만 어른들도 한때는 모두 어린이였습니다. 어린이는 우리의 본래 모습을 간직하고 있습니다. 그런데 긴 인생길을 걸어가는 동안 점점 어린이의 순수에서 멀어지고 세상일에 대한 논쟁으로 자신을 채우면서 본연의 모습에서도 멀어집니다. 남을 위한 죽음이라든지 희생이라든지 순수한 사랑은 사라지고 욕심이 자기를 덮어 버립니다.

4

예수님께서 어린이 하나를 불러 그들 가운데 세우신 다음, 그를 껴안으신 모습에서 사람들의 손에 넘겨져 그들 손에 죽임을 당하셔야 한다고 예고하시는 그분의 마음이 느껴집니다. 어린이를 껴안으신 모습은 당신께서 하신 말씀을 풀이하시는 행위입니다. 제자들은 아직 어린아이를 껴안을 줄 모릅니다. 가난한 이와 연약한 이를 껴안을 줄 모릅니다. 높은 자리에만 관심이 있기 때문입니다(마르 9,33). 어린이가 작고 보잘것없다고 업신여기거나, 가난하고 힘없는 자를 무시하며 손 밖으로 밀어내는 마음으로는 십자가의 경지에 이르지 못합니다. 고관대작이나 부자, 소위 잘나고 출세한 사람들을 껴안으려 하지 말고 어린아이에게로 눈을 돌리십시오. 아무 힘도 없이 연약하고 순수한 어린이를 껴안은 그분의 모습은 세상 사람들이 도달해야 할 원초적인 상태입니다. 부와 권력과 명예를 자기만을 위해 쌓는 일을 포기할 때 가능할 것입니다.

어린이만이 예수님의 품에 안길 수 있고 어린이만이 새롭게 태어날 수 있습니다. 어린이의 순진한 모습은 바로 복음화한 모습입니다. 마태오는 예수님께서 "어린이 하나를 내 이름으로 받아들이면 나를 받아들이는 것"이라고 말씀하시기 바로 전에 "너희가 회개하여 어린이처럼 되지 않으면, 결코 하늘 나라에 들어가지 못한다. 그러므로 누구든지 이 어린이처럼 자신을 낮추는 이가 하늘 나라에서 가장 큰 사람이다."(18,3-4)라고 하신 말씀을 첨가합니다. 어린이만이 하느님 나라를 차지할 수 있다는 것입니다.

예수님께서 천국은 어린이만이 들어갈 수 있다고 말씀하신다면 어린이를 깨달은 존재의 본보기로 보시는 것입니다. 어른이 볼 때 어린이는 진리를 깨달을 능력이 없습니다. 그들이 진리를 고백한다면 깨달음에 의한 것이라기보다 누군가를 통해서 들은 바를 입력 저장 출력의 도식에 따라 고백하는 정도밖에 안 될 것입니다. 그런 어린이들이 모든 이에 앞서 하늘 나라를 차지할 것이라니 우리에게 아예 깨닫기를 포기하라는 말씀처럼 들리기도 합니다. 천국은 '묻지 마' 식으로 믿음을 고백해야 들어갈 수 있는 나라라는 오해를 일으키기도 합니다.

예수님께서 하느님의 나라는 어린이와 같은 사람들의 것이라고 하시는 것은, 즉 어린이처럼 되지 않으면 하느님의 나라에 들어갈 수 없다고 하시는 것은, 하느님의 나라는 사색으로 이르게 되는 경지가 아니라는 것을 말해 줍니다. 진리(복음)는 머리로 깨닫는 것이 아닙니다. 어른들은 깨달음을 얻기 위해 머리를 굴리며 이론적으로 파고들며 공부하지만, 어린이에게는 그런 것이 없습니다. 어린이는 '깨달음'이라는 단어 자체도 모르고 머리 굴림도 없어 그들 마음 안에 이미 와 있는 하느님의 나라를 순수하게 받아들입니다. 그리고 그것을 그들 존재로 느끼게 해 줍니다.

깨달음은 오염된 언어를 벗어 버리는 데서 시작합니다. 어린이는 어른의 언어를 모릅니다. 어린이가 되어야 하느님의 나라에 들어간다는 것은 얄팍하게 머리 굴리는 어른의 지식으로는 그 나라에 들어갈 수 없다는 것을 시사합니다. 어린이는 설령 어른이 시키는 대로 맹목적으로 신앙을 고백한다 해도 그 마음속 깊은 곳에는 아직 오염되지 않은 신앙의 느낌을 간직하고 있기에 그들은 하느님의 나라에서 살고 있는 것입니다. 예수님은 지금 순수한 어린이의 그 마음에서 그들을 만나시며 그 마음을 안아 주십니다. 그들의 순수한 신앙의 느낌을 제자들에게 들려주시는 것입니다. 깨달음은 머리로 이루는 것이 아닙니다.[53]

다. 막지 마라

요한이 예수님께 말하였다. "스승님, 어떤 사람이 스승님의 이름으로 마귀를 쫓아내는 것을 저희가 보았습니다. 그런데 그가 저희를 따르는 사람이 아니므로, 저희는 그가 그런 일을 못 하게 막아 보려고 하였습니다." 그러자 예수님께서 이르셨다. "막지 마라. 내 이름으로 기적을 일으키고 나서, 바로 나를 나쁘게 말할 수 있는 사람은 없다. 우리를 반대하지 않는 이는 우리를 지지하는 사람이다."

"내가 진실로 너희에게 말한다. 너희가 그리스도의 사람이기 때문에 너희에게 마실 물 한 잔이라도 주는 이는, 자기가 받을 상을 결코 잃지 않을 것이다."(마르 9,38-41)

---

53) 나보다 신학이 약한 나의 어머니가, 하느님의 나라에 대한 지식이 나보다 부족한 어머니가 나보다 먼저 하느님 나라에 들어가 있다고 나는 믿습니다. 당신은 지금 부활의 삶을 살고 있다는 것을 모르지만 내가 살지 못하는 부활의 삶을 어머니는 살고 있다고 나는 믿습니다.

1

어떤 사람이 마귀를 쫓아내는 것을 보고 요한이 흥분합니다. 그가 예수님을 따르는 자가 아니었기 때문입니다. 그가 누구든 마귀를 쫓아내었다는 것은 좋은 일입니다. 그런데 제자들은 그가 한 일은 보지 않고, 그가 자기네 그룹에 속하지 않은 사람이라는 것을 문제 삼습니다. 비록 예수님의 이름으로 좋은 일을 했을지라도 그가 '자기 편'이 아니기에 눈엣가시로 보인 것입니다. 예수님은 그런 눈을 가진 제자들을 나무라십니다. "막지 마라. 내 이름으로 기적을 일으키고 나서, 바로 나를 나쁘게 말할 수 있는 사람은 없다."(마르 9,39) 편견이나 선입견으로 사람을 평가하지 말고 그가 한 일만 보라는 것입니다. "우리를 반대하지 않는 이는 우리를 지지하는 사람이다."(마르 9,40)[54]

예수님은 사람들을 당신을 '따르는 사람'과 '따르지 않는 사람'을 차별하여 대하는 것을 경계하십니다. 예수님께서 제자들을 부르신 이유는(그들이 예수님을 따르는 이유는) 편견 없이 사람들을 만나고, 차별 없이 세상을 사랑하며 살도록 하시기 위해서입니다. 그리스도인이 예수님을 따르는 이유는 신앙인과 비신앙인, '내 편'과 '네 편', '지지자'와 '반대자'를 갈라 세우며 대립하는 일체를 뛰어넘어 모든 이들 안에서

---

54) 38절의 '저희'는 '우리'로 번역되어야 할 것입니다. 우리말로 '저희'(38절)와 '우리'(40절)로 번역된 그리스어는 '헤메이스ἡμεῖς'로 같은 단어입니다. 그런데 우리말 '저희'와 '우리'는 같은 말이 아닙니다. '저희'는 예수님을 제외한 제자들을 일컫는 말이고 '우리'는 예수님을 포함한 예수님의 일행을 일컫는 말입니다. 제자들이 어떤 사람이 예수님의 이름으로 마귀를 쫓아내는 것을 막았다는 것은 그가 그리스도를 따르는 사람이 아니었기 때문입니다. '따르다'의 객어가 제자가 아닌 예수님이라는 것을 볼 때도(예수님을 따르다: 마르 2,15; 5,24; 8,34; 15,41) 38절은 '저희'가 아니라 '우리'(영어로는 둘 다 'us')로 번역하는 것이 전체 맥락을 이해하는 데에 더 합당할 것입니다. "저희(= 제자들)를 따르는 사람이 아니므로"가 아니라 "우리를 따르는 사람이 아니므로"로. 루카는 이 대목을 아예 처음부터 "그가 저희와 함께 스승님을 따르는 사람이 아니므로"(루카 9,49)라고 분명하게 말합니다. 이 경우 '저희'는 맞는 말입니다.

하느님의 생명을 느끼며 살기 위해서입니다.

2

우리는 일의 결과보다 누가 그 일을 했는가에 따라 평가를 달리할 때가 많습니다. 좋아하는 사람이 한 일이라면 결과가 다소 나쁘더라도 옹호하며 참아 주지만, 싫어하는 사람이 한 일이라면 잘된 일도 평가 절하하며 무시하려 드는 경향이 있습니다. 좋아하는 사람이 성당에서 홀로 기도하면 예쁘게 보이지만 미워하는 사람이 기도하면 색안경을 끼고 바라봅니다. 예수님은 이런 인간의 마음을 꾸짖으십니다. 그 사람이 그리스도를 따르는 사람인지 아닌지는 예수님께서 판단하실 일입니다. 어떤 사람이 스승님의 이름으로 마귀를 쫓아내는 것을 '보고' 막는 것은 눈먼 이가 눈먼 이를 흉보며 나무라는 꼴입니다. 제자들은 보면서도 보지 못하고 들으면서도 듣지 못하는 자신들의 눈과 귀를 여는 법부터 익혀야 할 것입니다.

3

"막지 말라."라고 하신 말씀은 내 눈에 그의 신앙이 못마땅하게 보여도, 설령 그가 자기 욕심을 채우기 위해 당신 이름을 팔아먹으며 신앙한다고 해도, 당신 이름으로 나를 저주한다고 해도, 당신 이름으로 막아서는 안 된다고 하시는 말씀처럼 들립니다. 그러나 이 말씀이 근원적으로 의미하는 바는 막는 일은 우리가 아니라 예수님께서 하실 일이라는 것입니다. 막기 전에 내가 예수님의 이름을 옳게 부르고 있는지, 예수님에 대한 나의 믿음이 올바른지부터 성찰하는 것이 우선이 되어야 한다는 것입니다. 나도 깨치지 못한 복음을 남이 따르지 않는다고 탓할 수는 없지 않습니까. 자기 자신도 복음의 눈으로 살지 못하면서 다른 사람이 복음의 눈으로 세상을 바라보지 못한다고 비난할 수는 없지 않습니까. 제자들은 아직 '막을' 경지에 이르지 못했습니다.

"막지 마라. 내 이름으로 기적을 일으키고 나서, 바로 나를 나쁘게 말할 사람은 없다. 우리를 반대하지 않는 사람은 우리를 지지하는 사람이다." 이 세상 모든 그리스도인이 그리스도의 이름에 걸맞은 삶을 살고 있다고 장담하기는 어렵지만, 적어도 그리스도인이라는 이름을 가진 이상 가끔은 그리스도의 복음에 대해 숙고하고 묵상하며 그분의 뜻을 따르려는 마음을 발하며 살 것입니다. 탐욕스럽게 돈과 물질의 노예가 되어 산다 해도, 자기 자랑을 일삼으며 이기적인 삶을 산다 해도, 때때로 예수님 이름을 함부로 부르는 사람이라 해도 그들의 마음 깊은 곳에는 하느님 이름을 부르고 그분 뜻을 따라 살려는 마음이 간직되어 있을 것입니다. 자기 마음 안으로 들어가는 일이 쉽지 않다는 것이 문제일 따름입니다.

4

우리는 서로에게서 그 마음을 보도록 해야 합니다. 그런 믿음, 그런 여유, 그런 너그러움으로 서로를 대하도록 해야 합니다. 돈과 명예와 자기 자랑의 늪에 빠져 자기 자신도 미처 발견하지 못할 정도로 깊이 감추어져 있는 그 마음을 발견하도록 서로 도와야 합니다. 예수님과 하나 된 사람만이 그 일을 할 수 있을 것입니다. 예수님께서 제자들을 데리고 다니신다면 당신의 이 마음을 느끼게 해 주시기 위해서일 것입니다. "막지 마라."라는 말씀에서 사람들의 겉모양만을 보지 않으시는 그분의 따뜻한 마음을 느낍니다. 그리고 인간을 믿어 주시는 사랑을 느낍니다.

예수님께서 제자들에게 "막지 마라."라고 하신 말씀은 오늘 우리 교회의 지도자들에게 하시는 말씀이기도 합니다. 성직자가 말 한마디로 교회를 찾은 신자들에게 큰 상처를 주는 경우도 많이 봅니다. 신자들의 마음속 깊은 곳에 감추어 있는 그들 자신도 미처 느끼지 못하는 하느님을 추구하는 마음을 들여다보지 못하기 때문입니다.

5

"너희가 그리스도의 사람이기 때문에 너희에게 마실 물 한 잔이라도 주는 이는, 자기가 받을 상을 결코 잃지 않을 것이다." 마태오는 이 말씀을 예수님께서 제자들을 파견하시면서 하신 말씀으로 전하는데 "그리스도의 사람" 대신 "이 작은 이들"이라고 표현합니다(마태 10,42)[55] "예수님의 추종자들이 비록 인간적으로 볼 때 못난이들(작은

---

55) 마태오는 최후의 심판 이야기를 전하면서도 비슷한 이야기를 합니다. 굶주린 이에게 빵 한 조각, 목마른 이에게 물 한 잔이라도 건네고, 헐벗은 이에게 입을 것을 주고, 나그네를 따뜻이 맞이하고, 병든 이, 감옥에 갇힌 이를 돌보아 준 사람이 그리스도에게 베푼 자라고 말합니다(마태 25,31-45).

이들)이지만, 고귀한 소명을 받은 사람들(제자들)이므로 그들에게 조그마한 선심(물 한 잔)을 베풀어도 하느님께서는 반드시 보상해 주실 것이라는 말씀이다."(정양모)

그리스도의 사람은 예수님의 제자들이면서 세상 모든 사람입니다. 세상 모든 사람이 그리스도를 체험하게 해 주는 존재입니다. 그리스도의 제자는 신앙인과 비신앙인 그리스도인과 비그리스도인, 지지자와 반대자의 경계를 넘어 사람들에게 마실 물 한 잔이라도 주는 사람입니다.

라. 스캔들을 일으키다

"나를 믿는 이 작은 이들 가운데 하나라도 죄짓게 하는 자는, 연자매를 목에 걸고 바다에 던져지는 편이 오히려 낫다. 네 손이 너를 죄짓게 하거든 그것을 잘라 버려라. 두 손을 가지고 지옥에, 그 꺼지지 않는 불에 들어가는 것보다, 불구자로 생명에 들어가는 편이 낫다. 네 발이 너를 죄짓게 하거든 그것을 잘라 버려라. 두 발을 가지고 지옥에 던져지는 것보다, 절름발이로 생명에 들어가는 편이 낫다. 또 네 눈이 너를 죄짓게 하거든 그것을 빼 던져 버려라. 두 눈을 가지고 지옥에 던져지는 것보다, 외눈박이로 하느님 나라에 들어가는 편이 낫다. 지옥에서는 그들을 파먹는 구더기도 죽지 않고 불도 꺼지지 않는다."(마르 9,42-49)

1

예수님께서 복음을 선포하시면서, 또 제자들을 파견하시면서 "종이 되어라.", "어린이가 되어라.", "십자가를 져라.", "막지 마라." 하시더니 이제는 당신을 믿는 작은 이들 가운데 하나라도 죄짓게 하는 손과 발이라면 "잘라 버려라." 그런 눈이라면 "빼 던져 버려라." 하십니다. 말씀이 과격하여 소름이 돋을 정도로 무섭고 공포마저 느껴집니다. 행복을 선언하시는 분의 입에서 나온 말씀이라고는 도저히 믿기지 않을 정도로 거칩니다.

이 이야기의 초점은 손과 발을 자르고 눈을 빼는 데에 있지 않고 생명에 들어가는 데에 있습니다. 나의 손과 발, 나의 눈은 영원한 생명을 얻기 위한 것이어야 한다는 것입니다. 예수님은 영원한 생명의 경지에 이르는 것이 우리 인생의 목표라고 말씀하고 계시는 것입니다. 예수님은 우리에게 질문을 던지십니다. 여러분의 손과 발, 여러분의 눈은 어디를 향하고 있습니까? 소금이 짠맛을 잃으면 다시 짜게 할 수 없듯이 손과 발과 눈과 귀가 영원한 생명을 향하여 있지 못하다면, 그보다 더 불행한 몸은 없을 것입니다. 여기서 '나를 믿는 이 작은 이들'이란 그리스도를 믿는 사람들입니다. 예수님께서 제자들에게 "너희는 나를 누구라고 하느냐?", 그리고 부활하시고 나서 베드로에게 "나를 사랑하느냐?" 물으신 그 '나', 사람들한테 붙잡혀 갖은 모욕과 고난을 받다가 신성 모독죄로 사형선고를 받고 죽은 '나'입니다. 그들에게 물 한 잔이라도 주는 이는 상을 받을 것입니다.

2

"잘라 버려라.", "빼 던져 버려라."라는 말씀은 자기가 받을 상(마르 9,41)을 방해하는 요소를 치워 버려야 한다는 말씀으로 알아들을 수 있습니다. 복음을 선포해야 하는 제자들의 자세입니다. 하느님께서 좋게 지으신 세상이라 사람들은 그 안에서 좋게, 서로를 위하고 사랑하며 복음적으로 살 수 있을 것 같은데, 또 그래야 할 것 같은데, 기대와는 달리 좋게 지어진 세상에서 사람들은 서로 미워하고 다투고 상처를 주며 살아갑니다. 자기의 이익을 위해서라면 하느님까지 이용하며 비정한 이리 떼들처럼 돌변하는 세상입니다. 이런 세상에서 예수님은 그리스도 중심으로 살라고 말씀하십니다. '그리스도 중심'이란 십자가를 지고 그분을 따르는 삶, 그분 때문에 또 그분의 복음 때문에 제 목숨을 잃는 삶(마르 8,35)을 사는 것입니다. '그리스도 중심'의 삶을 방해하는 것을 잘라 내어야 한다는 것은 당신의 복음을 선포해야 하는 제자들과 그리스도인의 삶을 위한 지침이라고 할 수 있습니다.

3

세상에 죄짓지 않은 손과 발과 눈이 어디 있겠습니까? 예수님의 입에서 나온 말씀이기에 손과 발을 잘라 버리고 눈을 빼 던져 버리라는 말씀을 죄를 짓지 말라는 것을 강조하기 위한 수사라고 아무리 좋게 해석하여 알아듣는다고 해도 그런 식의 과격한 말씀은 도가 지나친 것이 아닌가요?

본문은 크게 "예수님과 제자들 사이를 이간하지 말라는 경고"(42절)와 죄를 단호히 물리치라는 상징어로 구성되어 있습니다(정양모 참조). '죄를 짓다.'로 번역된 우리말은 너무 죄의식을 심어 줍니다. 이 단어의 그리스어는 '스칸달리조$\sigma\kappa\alpha\nu\delta\alpha\lambda\iota\zeta\omega$'입니다. '스캔들을 일으키다', '걸림돌이 되다', '장애가 되다'라는 뜻입니다. 200주년 성서는 이 단어를 '걸려 넘어지다'로 번역하였습니다. "나를 믿는 이 작은 이들 가운데 하나라도 걸려 넘어지게 하는 사람은 그 목에 나귀가 돌리는 연자매를 매단 채 바다에 던져지는 편이 오히려 그를 위해 더 낫습니다."

스캔들은 혼자 일으킬 수 없습니다. 내가 스캔들을 일으킨다는 것은 남에게 걸림돌이 되어 남을 넘어지게 하는 것입니다. 예수님은 이 단어를 사용하심으로써 남을 넘어지게 하는 사람을 탓하십니다. 스캔들을 일으키는 사람은 대개 자기는 빠져나갈 구멍을 만들어 놓고 남을 걸려 넘어지게 만듭니다. 자기 손은 더럽히지 않고 남의 손을 더럽히게 합니다. 자기 칼은 깨끗하게 놔두고 남이 칼을 써서 사람을 해치게 하는 자는 자기도 천국에 들어가지 못하면서 남도 들어가지 못하도록 덫을 놓는 자와 같습니다. 예수님은 이런 위선을 경고하십니다.

잘라 버리라는 것은 그런 이기적인 마음을 없애라는 것입니다. 그리스도인은 자기 혼자 잘 살고, 혼자 행복하고, 혼자 평화를 누리기 위해 그리스도를 따르는 사람이 아니라, 남이 잘되고, 남과 더불어 세상이 평화롭기를 비는 존재입니다. 십자가는 남을 위하여 자기의 목숨을 내놓는 것입니다. 믿지 않는 이들에게는 십자가가 스캔들이지만 예수님께는 십자가를 거부하는 이들이 스캔들입니다. 예수님은 십자가로 나가기 위해 스캔들을 제거하십니다.

예수님께서는 하느님의 나라가 우리 손이 닿는 곳에 와 있다는 복음을 선포하시면서 온갖 핑계를 대며 남을 밀어내는 사람들의 습성을 고쳐 주고자 하십니다. 하느님께서는 공정하시다고, 모든 사람을 똑같이 사랑하시는 분이라고 고백하면서도 남이 나보다 많은 것을 누리며 사는 모습을 보면 속이 상합니다. 하느님의 공평을 의심하며 원망과 분노를 느끼기도 합니다. 믿음이 우리를 이기적이고 배타적으로 살게 한다면 그것은 모순입니다. 예수님은 이런 믿음을 잘라 버리라고 말씀하십니다. 손과 발이 닿지 아니하는 곳이 없도록 하라는 말씀입니다. 밀어내는 손과 발, 그런 눈으로는 하느님을 믿는다고 할 수 없습니다.

4

우리의 손은 나만을 위해 긁어모으는 손이 될 수도 있고 남을 위해 가진 것을 나누는 손이 될 수도 있습니다. 우리의 발은 나만을 위해 움직이는 발이 될 수도 있고 가진 것을 나누기 위해 없는 사람을 찾아가는 발이 될 수도 있습니다. 눈은 나만의 이익을 위해 혈안이 될 수도 있고 나누기 위해 가난한 이들을 바라보는 자비의 눈이 될 수도 있습니다.

우리는 누구에게 손을 내밀고 있습니까? 손이 있어 우리는 남에게 내밀며 다가갈 수 있습니다. 손은 아픈 사람에게 다가가 어루만지고,

넘어진 사람에게 다가가 일으켜 세우고, 가진 것을 나누게 합니다. 그런데 우리의 손은 어떠합니까? 보기 싫은 사람을 다가오지 못하게 막고, 가진 것을 움켜쥐는 데만 사용하는 것은 아닙니까? 손이 걸림돌이 되어 하느님께 가까이 다가가려는 사람을 막고 있는 것은 아닙니까? 그런 우리에게 예수님께서 말씀하십니다. "네 손이 걸림돌이거든 그것을 잘라 버려라." 사람들이 그리스도의 사람으로 보일 것입니다.

우리의 발은 누구를 향하여 가고 있습니까? 발이 있어 우리는 남에게 다가갈 수 있습니다. 발은 가난한 이에게 기쁜 소식을 전하고, 아픈 이에게 위로를 주고, 억압받는 이에게 해방을 선사하러 다가가게 합니다. 그런데 우리의 발은 어떠합니까? 가난하고 힘없는 사람들을 피해 가고, 죄인과 세리들이 다가서지 못하도록 달아나는 것은 아닙니까? 발이 걸림돌이 되어 하느님께 이르는 길을 방해하는 것은 아닙니까? 그런 우리에게 예수님께서 말씀하십니다. "네 발이 걸림돌이거든 그것을 잘라 버려라." 사람들이 그리스도의 사람으로 보일 것입니다.

눈이 있어 우리는 세상을 볼 수 있습니다. 우리는 무엇을 봅니까? 어떤 눈으로 세상을 바라봅니까? 보고 싶은 것만을 보면서 정작 보아야 할 것에는 눈을 감아 버리는 것은 아닙니까? 예수님께서 자주 너희는 보지만 보지 못한다고 말씀하십니다. 사람의 겉모양만을 보고 속은 보지 못한다는 것입니다. 그러면서 전부를 본 것처럼 착각한다는 것입니다. 우리는 누추한 구유에 누운 아기에게서 하느님을 봅니까? 십자가에 달리신 예수님에게서 하느님의 아들을 봅니까? 예수님께서 말씀하십니다. 그리스도의 사람을 보지 못하는 눈은 빼 던져 버려라. "네 눈이 걸림돌이거든 그것을 빼 던져 버려라." 사람들이 그리스도의 사람으로 보일 것입니다.

귀가 있어 우리는 세상 소리를 듣습니다. 우리는 무엇을 듣고 있습니까? 자기가 듣고 싶은 것만 듣는 것은 아닙니까? 우리는 귀에 들리는 소리만이 아니라 그 소리가 흘러나온 원천을 듣도록 해야 합니다. 말하는 이의 마음 깊은 곳에서 우러나는 원음을 듣도록 해야 합니다. 그리스도의 사람으로 살고 싶다면 듣지 못하는 귀는 잘라 버려야 합니다. 입은 먹고 말하기 위해 있습니다. 그것도 남을 살리기 위해 먹고 말하기 위해 있습니다. 우리는 무엇을 먹고 무엇을 말합니까? 그리스도의 사람으로 살고 싶다면 단식하지 못하고 침묵하지 못하는 입은 다물어야 합니다.

5

그리스도의 사람에 둘러싸여 살면서도 그리스도를 보지 못할 때가 많습니다. 남은 아랑곳하지 않고 자기 보고 싶은 것만을 보고, 듣고 싶은 것만을 듣고, 자기 손발이 가는 대로 마음 내키는 대로 사는 것을 자유라고 생각하며[56] 개념과 상상의 장벽에 가로막혀 자기도 그리스도를 만나지 못하고 남도 만나지 못하게 걸림돌을 놓으며 다른 사람의 행복을 막아서기도 합니다.

예수님께서 걸림돌을 없애라고 하시는 것은 단순한 도덕적 요구 이

---

56) 종교의 자유, 신앙의 자유를 외치면서 그리스도를 자기가 자유롭게 선택할 수 있는 물건처럼 생각하며 그리스도와 하나 되는 것을 방해하기도 합니다.

상입니다. 그분께서 손과 발을 잘라 버리고 눈을 빼어 버리라고 하신다면, 그런 막는 마음, 자기중심적인 사고로는 세상을 행복하게 살 수 없다고 말씀하시는 것입니다. 우리가 완덕으로 나아가길 바라는 그분의 마음이 담긴 명령(마르 9,42-48)으로 위협이 아니라 기쁜 소식을 위한 것입니다. 보면서도 보지 못하고 만지면서도 느끼지 못하는 우리의 손과 발, 눈과 귀는 치료해야 합니다. 예수님은 지금 방해물을 제거하는 대수술을 이야기하십니다.

완덕으로 나아가는 데 욕망과 집착이 걸림돌(스캔들)로 작용합니다. "집착은 마음속에 열망을 일으키는 욕망의 눈에 의하여 그리고 자기 것으로 만들기 위하여 뻗치고 소유하려는 움켜쥔 손, 놓기를 거부하는 손에 의하여 생겨난다. 이러한 욕망의 눈을 빼 버려야 하고, 움켜쥔 손은 잘라 버려야 한다. 그래야 사랑이 생겨날 수 있다. 사방으로 돋아난 의족 같은 손들이 있다면, 당신은 더 이상 아무것도 붙잡을 수 없다. 욕망의 눈을 뽑아 버린 빈 눈구멍으로 당신은 문득 이전에 결코 상상조차 할 수 없었던 실재를 민감하게 경험한다."[57]

6

나를 걸려 넘어지게 하는 손과 발과 눈이라면 잘라 버리고 빼어 버려야 한다는 가르침은 소유와 나눔 사이에서 우리를 근본적으로 고민하게 합니다. 나눔은 자기희생을 요구합니다. 자기만을 위해 재물

---

57) 안소니 드 멜로, 『깨달음 그리고 화해와 조화의 비전』, 참사람되어(2007), 38.

을 모으고 소유하려는 마음이 죄입니다. 예수님께서 이 이야기를 시작하시면서 "너희가 그리스도의 사람이기 때문에 너희에게 마실 물 한 잔이라도 주는 이는, 자기가 받을 상을 결코 잃지 않을 것이다."라고 말씀하셨습니다. 물 한 잔은 아무것도 아닐 수 있습니다. 하지만 물 한 잔을 주는 마음에는 그 사람의 온 실존이 표현됩니다. 나눌 때 그의 존재가 더욱 빛납니다. 나누지 못하고 쌓아 둘 때 그의 인생은 좀이 쏠고 녹처럼 망가집니다. 예수님은 그렇게 나누지 못하는 손과 발은 잘라 버리고 그런 눈은 빼 던져 버리라고 혹독하게 말씀하십니다. 재물의 노예가 되어서는 행복하게 살 수 없기 때문입니다.

야고보서에서 부의 노예가 된 자들에게 닥쳐올 재난을 경고하는 것도 이런 차원에서 알아들을 수 있습니다. 마지막 때에도 재물을 쌓기만 한 부자, 곡식을 벤 일꾼들에게 곡식을 나누어 주지 않고 가로챈 품삯으로 "사치와 쾌락을" 누린 부자들이 쌓기만 한 그 재물이 결과적으로 무슨 소용이겠습니까. "그대들의 재물은 썩었고 그대들의 옷은 좀먹었습니다. 그대들의 금과 은은 녹슬었으며, 그 녹이 그대들을 고발하는 증거가 되고 불처럼 그대들의 살을 삼켜 버릴 것입니다."(야고 5,2-3) 매일 입는 옷은 좀먹지 않습니다. 소유하기 위해 장롱 속에 쌓아둔 옷이 좀을 먹습니다. 사용하는 금과 은은 녹슬지 않습니다. 소유하기 위해 장롱 속에 쌓아둔 금과 은이 녹이 습니다. 이 녹들이 우리의 존재를 삭아 들게 합니다. 옷을 입을 때 우리는 잠시나마 어떤 옷을 입을까 고민합니다. 옷을 고른다는 것은 남에게 자기 존재를 보이기 위한 것입니다. 내 몸에 걸치고 있는 옷도 결국은 내 품위만을 드러내는 것이 아니라 남을 위하여 존재하는 것입니다.

마. 소금은 좋은 것이다

"모두 불 소금에 절여질 것이다. 소금은 좋은 것이다. 그러나 소금이 짠맛을 잃으면 무엇으로 그 맛을 내겠느냐? 너희는 마음에 소금을 간직하고 서로 평화롭게 지내라."(마르 9,49-50)

1

손과 발을 찍어 버리고 눈을 빼어 버리라는 혹독한 말씀에 이어 나오는 소금에 대한 비유는 '잘라 버리라'라는 말씀의 결론처럼 들립니다. "소금은 좋은 것이다. 너희는 마음에 소금을 간직하고 서로 평화롭게 지내라."(마르 9,50) 제구실을 하지 못하는 손과 발은 찍어 잘라 버려야 하듯이 제맛을 내지 못하는 소금은 내버려야 합니다.

소금에 대한 마르코와 마태오의 보도에는 차이가 있습니다. 마태오 복음에는 예수님께서 "너희는 세상의 소금이다." 하고 말씀하시지만, 마르코 복음에는 "소금은 좋은 것이다." 하고 말씀하시며 소금이 짠맛을 잃으면 그 무엇으로도 맛을 낼 수 없다고 말씀하신 것으로 전합니다. 마태오 복음에는 소금이 제 맛을 잃으면 "아무 쓸모가 없으니 밖에 버려져 사람들에게 짓밟힐 따름이다."(마태 5,13) 하고 말씀하십니다. 자기만을 위하여 신앙하는 자, 다른 사람을 위하여 조금도 자기 존재를 녹이지 못하는 그리스도인은 밖에 버려져 사람들의 발에 짓밟히는 소금과 다를 바 없다는 것입니다.

마르코 복음에는 "소금은 좋은 것"이라는 말씀에 덧붙여 "너희는 마음에 소금을 간직하고 서로 평화롭게 지내라."라고 하시며 우리가 세상에 소금의 역할을 할 것을 당부하십니다. "너희는 본래 다른 이들이 맛있게 인생을 살도록 너희 자신을 녹이며 사라지게 하는 고결한 심성을 지니고 태어났다. 너희는 본래 녹지 않으려는 유혹을 이기도록, 남에게 걸림돌이 되지 않도록 창조되었다. 불구의 몸이 되는 한이 있어도 그릇된 길을 가는 손과 발을 잘라 버리고, 외눈박이가 되는 한이 있어도 죄짓게 하는 눈을 빼 던져 버릴 수 있는 존재로 창조되었다. 그렇게 너희는 모든 이에게 다가가 서로 헌신할 수 있는 존재로 창조되었다. 세상 모든 이가 다 너희에게 그리스도를 느끼게 해 주는 그리스도의 사람이며 너희도 그들에게 그리스도의 사람이다. 너희는 그렇게 평화의 인간으로 창조되었다."

예수님께서 우리를 소금이라고 하신다면, 우리는 본래 다른 사람을 위하여 세상 속으로 녹아들 수 있는 존재로, 세상의 평화를 위하여 우리 자신을 녹여 없앨 수 있는 귀하고 소중한 존재로 지어졌다는 것을 알려 주실 뿐만 아니라, 그런 존재로 인정해 주시는 것입니다. "너희는 세상의 소금이다."라는 말씀은 손발을 잘라 버리고 눈을 빼 버리라는 말씀보다 우리의 존재를 더 근원적으로 받아들이게 합니다. 잘라 내는 것은 몸의 한 부분이지만 소금은 존재 전부를 녹이기 때문입니다.

소금은 짜기만 한 것이 아니라 짠맛을 녹이면서 음식에 맛을 더해 줍니다. 소금은 남이 썩지 않도록, 남이 제맛을 내도록 자신을 녹입니다. 소금은 자신을 위하여 있지 않습니다. 우리는 소금처럼 자신을 녹이면서 세상을 맛나게 하는 존재입니다. 어찌 손을 자기만을 위해 사용하고, 어찌 발을 자기가 가고 싶은 곳만을 가고, 어찌 눈을 자기가 보고 싶은 것만을 보게 하겠습니까. 내가 만지고 걷고 보는 것은 모두 귀한 손과 발과 눈이 온몸을 위해 하는 일입니다. 그분은 스스로 "세상의 소금"이 되시어 자신을 녹여 십자가에서 없애 버리신 존재이십니다. 당신의 맛을 주장하지 않으시고 세상에 녹아 들어가 자기를 없애신 그 마음이 세상을 변화시키고 구원합니다.

2

예수님은 우리를 세상의 소금으로 보십니다. 우리는 본래 자기 자신만을 위하여 사는 존재가 아니라 다른 사람을 위하여 자신을 녹이며 사라질 수 있는 마음을 간직한 존재들로 보십니다. 예수님은 하느님께서 천지창조 때부터 당신 자신을 모든 사람에게 선사하셨다는 것을 믿으십니다. 인간이라면 누구나 하느님의 마음을 지니고 있기에 서로에게서 이 마음을 느낄 수 있고 또 자기의 몸으로 다른 사람에게 이 마음을 느끼게 하며 자신을 선사할 수 있다는 것을 믿으십니다.

예수님은 "소금은 좋은 것이다." 하시면서 하느님께서 세상을 창조하시고 나서 보시니 좋았다고 하신 그 마음으로 모든 피조물을 바라보게 하십니다. 자기 자신만을 위하여 재산을 모으고 권력을 탐하고 영예와 지식을 쌓으며 오직 자기만을 위한 삶을 살아가고 있는 우리에게 예수님께서 "너희는 소금이다." 하신다면, "너희는 본래 이기적인 존재가 아니야. 너희는 근본적으로 다른 사람을 위하여 자신을 녹이며 사라질 수 있는 소금 같은 고결한 심성을 지니고 태어난 존재야." 하시며 우리 마음속에 깊이 간직된 원초적인 감성을 일깨워 주시고, 우리의 신원을 알게 해 주시는 것입니다.

겉으로 보기엔 나만을 위해 사는 욕심쟁이처럼 보여도 본질은 그렇지 않다는 것을 일깨우시는 것입니다. 겉보기엔 자기만을 위하여 부와 권력과 명예를 모으며 사는 이기적인 존재로 보일지라도 그것이 우리의 전부가 아니라는 것입니다. 겉으로는 자기보다 못한 사람을 무시하며 괴롭히고 자기보다 잘난 사람에게 아부하며 비굴하게 구는 편협한 존재로 비칠지라도, 시기 질투와 욕심으로 가득 찬 속물로 비칠지라도, 그 마음속 깊은 곳에는 자신도 모르게 하느님의 나라를 그리워하며 하느님의 마음으로 살고자 하는 순수한 마음을 간직하고 있음을 깨우치고자 하신 것입니다. 서로 미워하고 상처 주며 아옹다옹하는 것이 인간의 전부가 아니며 또 그럴 수 없다는 것입니다.

인간은 본래 자기를 희생하고 나누면서 살도록 창조되었습니다. 이를 깨닫지 못하고 저마다 제맛만을 내려고 하고 제맛을 녹이려 하지 않는 것은 인간의 본성을 거역하는 것이고 인간 공멸의 길을 걷는 것입니다. 서로가 서로를 위하여 자신을 녹이며 사라지는 곳에 사랑이 있고 인류의 평화가 있습니다. 신앙인은 자기의 존재를 세상(남) 안으로 녹여 들어감으로써 자기를 찾고, 나아가 세상에 평화를 선사하는 존재입니다. 녹지 않는 소금을 만들어 내는 신심으론 현실을 변화시킬 수도 미래를 열 수도 없습니다. "영혼의 인도자는 설교를 준비할 때 신중하게 말할 수 있도록 온갖 주의를 다 기울여야 한다. 제대로 묵상하지 않은 말에 끌려다닐 경우, 청중의 마음은 오류로 상처 입게 될 것이다. 짐짓 지혜로운 척하다가 어리석게도 일치의 유대를 끊어 버리지나 말라. 그래서 진리이신 분께서 말씀하신다. '너희는 마음에 소금을 간직하고 서로 평화롭게 지내라.' 소금은 말씀의 지혜를 뜻한다."[58]

3

세상이 교회에 바라는 것은 빛과 소금이라는 상표를 붙인 성채나 녹을 줄 모르는 교의가 아니라 자신을 녹이며 사람을 살리는 숭고한 사랑의 가르침입니다. 우리는 세상을 밝히는 빛으로 살고 있습니까? 자신을 녹이는 소금으로 살고 있습니까? 포장은 소금인데 내용은 녹지 않는 소금은 아닙니까? 그리스도교 신앙을 가졌다는 이유만으로 자신을 세상의 빛이요 소금이라고 외치는 것은 아닌지, 남에게로, 세상 속으로 녹아들 생각은 하지 않고 소금의 성질만을 나열하며 자기의 맛을 유일한 기준이라고 자랑하는 것은 아닌지 끊임없는 성찰이 필요합니다. 녹아 사라지며 남을 살려야 할 자신을 녹지 않는 완고한 에고로 무장한다면 그보다 더 불행한 일은 없을 것입니다.

바. 완고한 마음에 대한 경고

---

58) 대 그레고리우스, 오든 202.

예수님께서 그곳을 떠나 유다 지방과 요르단 건너편으로 가셨다. 그러자 군중이 다시 그분께 모여들었다. 그래서 예수님께서는 늘 하시던 대로 다시 그들을 가르치셨다. 그런데 바리사이들이 와서 예수님을 시험하려고, "남편이 아내를 버려도 됩니까?" 하고 물었다. 예수님께서 그들에게 "모세는 너희에게 어떻게 하라고 명령하였느냐?" 하고 되물으시니, 그들이 "'이혼장을 써 주고 아내를 버리는 것'을 모세는 허락하였습니다." 하고 대답하였다. 그러자 예수님께서 이르셨다. "너희 마음이 완고하기 때문에 모세가 그런 계명을 기록하여 너희에게 남긴 것이다. 창조 때부터 '하느님께서는 사람들을 남자와 여자로 만드셨다.' '그러므로 남자는 아버지와 어머니를 떠나 아내와 결합하여, 둘이 한 몸이 될 것이다.' 따라서 그들은 이제 둘이 아니라 한 몸이다. 하느님께서 맺어 주신 것을 사람이 갈라놓아서는 안 된다."

집에 들어갔을 때에 제자들이 그 일에 관하여 다시 묻자, 예수님께서 그들에게 말씀하셨다. "누구든지 아내를 버리고 다른 여자와 혼인하면, 그 아내를 두고 간음하는 것이다. 또한 아내가 남편을 버리고 다른 남자와 혼인하여도 간음하는 것이다."(마르 10,1-12)

1

이 이야기는 예수님께서 유다 지방과 요르단 건너편으로 가시어 늘 하시던 대로 다시 그들을 가르치셨다는 말로 시작합니다. '늘 하시던 대로'라는 마르코의 해설이 암시하듯 복음 선포는 그분의 일상입니다. 예수님께서 늘 하시던 대로 '복음'에 대해 가르치고 계실 때 바리사이들이 와서 이혼에 관해 질문합니다.

여기서 눈여겨볼 것은 바리사이들이 '와서' 예수님께 "남편이 아내를 버려도 됩니까?" 하고 물었다는 것입니다. 그들은 이 물음을 던지기 위해 예수님께 왔습니다. 이혼 이야기를 꺼내지만 그들의 속셈은 오로지 예수님을 시험하려는 데에 있습니다. 실질적인 이혼이나 혼인에는 관심이 없습니다.

시험하기 위해서 질문하는 그들의 마음은 단식과 안식일 등의 물음에서도 그대로 드러납니다(마르 2,18-22; 23-28 참조). 단식을 한다 안한다, 안식일에 일을 했다 안 했다, 하고 따지는 그들의 마음에는 단식의 의미도 안식일의 의미도 없습니다. 그들이 한 일은 법이 시키는 대로 그냥 한 끼 굶고 일을 안 한 것뿐입니다. 예수님은 그런 사람을 두고 장터에 앉아서 "우리가 피리를 불어 주어도 너희는 춤추지 않고 우리가 곡을 하여도 너희는 가슴을 치지 않았다."라고 투덜거리는 아이들과 같다고 말씀하신 바 있습니다(마태 11,17). "요한이 와서 먹지도 않고 마시지도 않자, '저자는 마귀가 들렸다.' 하고 말한다. 그런데 사람의 아들이 와서 먹고 마시자, '보라, 저자는 먹보요 술꾼이며 세리와 죄인들의 친구다.' 하고 말한다."(마태 11,18-19)

그들은 이런 순수하지 못한 마음으로 예수님께 접근하여 "남편이 아내를 버려도 됩니까?" 하고 묻습니다. 그들이 정말 혼인의 의미를 알고자 했다면, 부부들이 진정 사랑하며 살기를 바란다면 이런 따위의 질문을 던지지 못할 것입니다. 이혼 이야기는 이혼의 가능성을 정당화하기 위한 것이 아니라 혼인의 의미를 깨치기 위한 것이어야 합니다. 그들의 관심이 정말 혼인에 있고 그들의 질문이 순수하다면 "아내가 남편을 버려도 됩니까?"라는 반대의 질문도 던질 수 있어야 했습니다. "누구든지 아내를 버리고 다른 여자와 혼인하면, 그 아내를 두고 간음하는 것이다. 또한 아내가 남편을 버리고 다른 남자와 혼인하여도 간음하는 것이다."

2

그들의 불순한 마음을 모르실 리 없는 예수님께서 그들에게 "모세는 뭐라고 하였느냐?"라고 되물으십니다. 그들이 모세는 이혼장을 써 주고 아내를 버리는 것을 허락하였다고 대답하자 예수님께서 모세가 그렇게 말한 것은 그들 마음이 완고하기 때문이라고 하시면서 하느님께서 창조 때부터 남자와 여자로 만들어 한 몸이 되게 하셨으니 "하느님께서 맺어 주신 것을 사람이 갈라놓아서는 안 된다." 하고 하느님의 뜻을 전해 주십니다. 그들은 이혼해도 되느냐 안 되느냐 하고 겉으로 드러난 현상에 관심을 두고 질문하지만, 예수님은 그들을 인간의 원상原狀으로 안내하여 창조주 하느님의 뜻을 스스로 묻도록 하십니다.

하느님께서 당신이 지으신 아담이 홀로 있는 것을 보시고 "사람이 혼자 있는 것이 좋지 않으니, 그에게 알맞은 협력자를 만들어 주겠다."(창세 2,18) 하고 말씀하셨습니다. 하느님께서 이렇게 말씀하신 것은 당신 자신이 "함께하시는 분"이시기 때문입니다. 하느님은 당신 자신을 전달하시는 분이십니다. 세상을 너무나 사랑하시어 당신의 외아들을 보내시어 희생시키시는 분이십니다. 하느님은 인간을 '함께하는 존재'로 지으셨습니다. 아담이 하와를 보고 "내 뼈에서 나온 뼈요 내 살에서 나온 살이로구나!" 하고 외친 것은 자기와 "함께하는 존재"를 발견하면서 자신을 발견한 자의 외침이라 할 수 있습니다. 하와는 자기 존재로 아담이 '함께하는 존재'라는 것을 알려 주고, 아담은 하와를 자기와 함께하는 존재를 만나며 자기 자신을 '함께하는 자'로 알게 됩니다. 그가 "내 뼈에서 나온 뼈요 내 살에서 나온 살"이라고 기뻐 소리친 것은 자신을 발견한 기쁨, 자신을 '함께하는 존재'로 알게 된 기쁨이라 할 수 있습니다.

인간이 자신과 상대를 '함께하는 존재'로 만나지 못할 때 자기의 존재를 상실한다는 말도 됩니다. 이는 사과를 따 먹고 나서 아담과 하와가 서로에게 잘못을 미룬 데서 금방 드러납니다. 하느님께서 "내가 너에게 따 먹지 말라고 명령한 그 나무 열매를 네가 따 먹었느냐?"라고 물으시자 아담은 "당신께서 저와 함께 살라고 주신 여자가 그 나무 열매를 저에게 주기에 제가 먹었습니다."(창세 3,11-12)라고 핑계를 댑니다. 아담은 하와가 자기와 함께하는 존재라는 것을 부정하면서 자기가 함께하는 존재라는 것을 부정한 것입니다.

하느님은 처음부터 인간을 함께하는 존재로 지으셨습니다. 함께하는 것은 인간의 본질입니다. 인간은 외적으로만 관계를 맺는 존재가 아닙니다. 부부는 그렇게 내적으로 하나가 된 자들입니다. 부부는 서로에게서 자기의 모습을 볼 수 있어야 합니다. 하느님께서 맺어 주신 '함께함'을 깨는 것은 자기 존재를 부정하는 일입니다. 이혼과 간음은 '함께함'을 거부하는 행위입니다. 함께하시는 하느님을 거부하는 것이고 자기가 함께하는 존재라는 것을 거부하는 것으로 인간으로 살기를 거부하는 것입니다. 바리사이들은 이혼을 이야기하고 예수님은 인간의 본질을 이야기하십니다.

3

　예수님은 바리사이들의 완고한 마음을 꾸짖으시면서 말씀하십니다. "너희 마음이 완고하기 때문에 모세가 그런 계명을 기록하여 너희에게 남긴 것이다. 창조 때부터 '하느님께서는 사람들을 남자와 여자로 만드셨다.' '그러므로 남자는 아버지와 어머니를 떠나 아내와 결합하여, 둘이 한 몸이 될 것이다.' 따라서 그들은 이제 둘이 아니라 한 몸이다. 하느님께서 맺어 주신 것을 사람이 갈라놓아서는 안 된다."

　예수님께서 모세(율법과 관습)를 들먹이며 하느님의 뜻을 자기 방식으로 이해하는 마음이 완고한 사람들에게 하느님의 원초적인 뜻을 상기시키십니다. 창세기 1장 27절에 따라 남자와 여자는 동등한 협력자 관계를 맺고 있고, 창세기 2장 24절에 따라 남자는 아버지와 어머니를 떠나 아내와 결합하여 둘이 한 몸이 된다는 것을 분명히 하십니다. 하느님께서 맺어 주신 남자와 여자의 이런 일체 관계를 사람이 갈라놓을 수 없습니다.

4

　그런데 그들은 모세가 이혼장을 써 주고 아내를 버리는 것을 허락하였으니 하느님께서도 허락하신 것처럼 생각합니다. 예수님은 그것이 하느님의 뜻을 대신할 수 없다고 단호하게 말씀하십니다. 예수님은 하느님 나라의 복음을 선포하시면서 줄곧 서로가 서로에게서 자기의 모습을 보도록 하셨습니다. 바리사이들이 인간의 관습과 전통을 들어 이혼을 이야기하는 것으로 보아 그들은 복음을 깨닫지 못하고 있습니다.

게다가 바리사이들이 예수님께 던진 질문에는 아내를 버려야 할 정당한 이유가 제시되어 있지 않습니다. 모세의 율법은 그 이유를 정확히 제시하고 있습니다. "어떤 남자가 여자를 맞아들여 혼인하였는데, 그 여자에게서 추한 것이 드러나 눈에 들지 않을 경우, 이혼 증서를 써서 손에 쥐어 주고 자기 집에서 내보낼 수 있다."(신명 24,1) 바리사이들은 신명기를 인용하나 "그 여자에게서 추한 것이 드러나 눈에 들지 않을 경우"라는 이유를 생략하고 자기 위주의 질문을 던진 것입니다. 그것이 그들의 속셈입니다.

예수님은 그들이 율법을 인용하면서 마치 자기 자신에게 증서를 써 줄 정당한 권한이 있는 것처럼 말하는 그들의 완고함을 경고하십니다. 혼인에 대하여 하느님께서 본래 원하신 것을 보지 못하는 그들의 완고함을 경고하신 것입니다.

상대가 자기 맘에 든다 안 든다 따지는 눈으로 바라볼 때 상대를 판단하고 심판하고 미워하고 원망하고 저주하는 마음이 생기게 되고 (야고 5,9) 이혼에 관한 이야기가 저절로 나오게 됩니다. 이혼은 복음의 눈으로 보는 것을 거부하는 행위입니다. 마음이 완고하니 서로가 상대의 마음 안으로 들어가지 못합니다. 모든 이들 안에 하느님의 나라가 와 있음을 보기 위해서는 완고한 마음을 풀어야 합니다. 관습과 전통이 때로는 걸림돌로 작용합니다.

5

이 이야기에서 우리는 인간의 완고한 마음을 치유하시려는 예수님의 지극한 마음을 보게 됩니다. 이혼은 하지 않았지만 사랑 없이 완고한 마음으로 결혼 생활을 유지한다고 그것을 율법을 지키며 사는 것이라고 할 수는 없습니다. 이 삶 또한 이혼으로 입는 상처 못지않은 상처를 남기기 때문입니다. 예수님께서 둘이 '한' 몸이 될 것이라고, 이제 둘이 아니라 '한' 몸이라고 하신 것은 '둘'의 개성을 죽인 '하나'를 강조하신 것이 아닙니다. 예수님은 동시에 '둘'도 강조하십니다. '둘'이 한 몸이 되는 것입니다. '하나'는 '둘'을 없앰으로써 이루어지는 것이 아니라 '둘'을 존중하고 인정하는 데서 가능합니다. 완고한 마음은 '둘'을 부정하고, 상대를 인정하지도 존중하지도 않는 마음입니다. 그런 마음으로는 '하나'가 될 수 없고 서로 사랑한다고 할 수 없습니다. 아내를 버리거나 남편을 버리는 것은 서로를 인정하지 못하기 때문입니다. '이혼한다, 안 한다'에 앞서 서로 존중하는 마음과 다양성을 인정하는 마음을 배우도록 해야 합니다. 그것이 참다운 부부입니다. 부부의 일치는 남편 쪽으로의 일치나 아내 쪽으로의 일치가 아닙니다.

예수님 당시 이혼은 가능했습니다. 그 가능성은 남자 편에서 일방적으로 결정하는 것이었습니다. 여성은 피해의 대상이었습니다. 여성에게 불리한 혼인 제도를 예수님께서 바로 잡아 주신 것도 주목할 만하지만, 무엇보다도 혼인에 관한 인간의 가르침을 넘어 남자와 여자의 관계를 창조의 순간까지 거슬러 올라가서 말씀하시는 데서 예수님의 정신을 느낄 수 있습니다. 예수님은 하느님께서 태초에 세워 주신 질서를 인간이 자의적으로 해석하고 이용하면서 파괴한 것을 당신의 말씀과 행동으로 복구하십니다.

바리사이의 질문에 대한 예수님의 답변에서 파괴된 질서가 새로 세워짐을 느낍니다. 예수님은 이혼할 수 있는가 없는가 하는 물음을 남자와 여자가 한 몸이 되는 창조의 첫 순간에서 조명하여 혼인 자체를 이해시켜 주십니다. 혼인은 (인간들이 맺는) 계약을 넘어 창조적인 일입니다. 인간이 맺는 계약에는 인간의 완고한 마음과 이기적인 마음이 작용하기 마련이지만 창조적인 일에는 이런 마음이 작용할 수 없을 뿐만 아니라 헌신과 신뢰와 사랑이 그 근원이기 때문입니다. 사랑은 창조적입니다. 사랑은 계약 이상입니다. 사랑이 혼인의 바탕입니다.

당시 바리사이들이 혼인을 인간중심으로 이해한 것 못지않게 오늘날 혼인도 인간중심입니다. 예수님께서 새롭게 인식시켜 주신 혼인을 오늘날 사람들에게도 하느님께서 창조 첫 순간에 맺어 주신 사건으로 이해시킬 수 있을까요? 우리의 존재를 창조의 첫 순간에서부터 이해하는 것은 인류의 과제입니다. 신뢰와 사랑은 창조의 첫 순간으로 거슬러 올라갈 때 더욱 무르익을 것입니다. 상대의 살과 뼈를 자기의 살과 뼈로 느끼는 데서 모든 이기심을 물리친 참사랑이 이루어집니다.

사. 하느님의 나라는
어린이들과 같은 사람들의 것이다

사람들이 어린이들을 예수님께 데리고 와서 그들을 쓰다듬어 달라고 하였다. 그러자 제자들이 사람들을 꾸짖었다. 예수님께서는 그것을 보시고 언짢아하시며 제자들에게 이르셨다. "어린이들이 나에게 오는 것을 막지 말고 그냥 놓아두어라. 사실 하느님의 나라는 이 어린이들과 같은 사람들의 것이다. 내가 진실로 너희에게 말한다. 어린이와 같이 하느님의 나라를 받아들이지 않는 자는 결코 그곳에 들어가지 못한다." 그러고 나서 어린이들을 끌어안으시고 그들에게 손을 얹어 축복해 주셨다(마르 10,13-16).

1

이 이야기는 우리에게 원초적인 순수한 삶이 어떤 것인지를 알게 해 줍니다.[59] 사람들이 어린이들을 예수님께 데리고 와서 쓰다듬어 달라고 하자 제자들이 이를 막으며 예수님을 성가시게 하지 말라고 사람들을 꾸짖습니다. 이를 보신 예수님께서 언짢아하시며 "어린이들이 나에게 오는 것을 막지 말라."라고 하십니다. 제자들이 예수님께 다가가는 어린이들을 막았다는 것은 자기 자신이 어린이가 되는 길을 막은 것입니다.

---

59)   마르 9,36-37과 함께 묵상.

어린이가 되는 것을 피하는 것은 하느님의 나라를 피하는 것과 다르지 않습니다. 우리가 이미 와 있는 하느님의 나라를 체험하지 못한다면 순수한 어린이의 마음을 잃었기 때문입니다. 그리스도를 만나기 위해서는 어린아이의 마음을 가져야 합니다. 하느님의 나라는 질문을 잘 던지는 성숙한 어른이 아니라 천진난만하게 질문하는 순수한 어린이가 차지하게 될 것입니다. 어른이 되면 판단이 성숙해진다고 하지만, 어린이의 순수성을 잃을 수 있습니다. 예수님께서 말씀하십니다. "누구든지 어린이와 같이 순진한 마음으로 하느님의 나라를 받아들이지 않으면 결코 거기 들어가지 못한다."

2

세상에는 인간의 언어로 표현할 수 없는 차원이 있습니다. 사랑은 언어의 논쟁을 벗어나는 신성한 영역입니다. 어머니의 사랑을 이론적으로 다 알고 나서 어머니를 사랑하는 사람은 없습니다. 어린이는 사랑을 논리적으로 표현하는 데는 미숙하지만, 그 누구보다도 어버이의 사랑을 잘 느끼고 전달하며 자기의 존재로 그 사랑을 금방 느끼게 합니다. 사랑을 인간의 언어로 정의 내릴 줄 아는 어른이 되어 가면서 사랑에 상처를 입기도 하고 크고 작은 오해를 주고받기도 하고 어버이의 사랑에서 멀어지는 일도 발생합니다.

예수님은 모든 인간이 원천에서 멀어지려는 마음에서 돌아서 순수하고 영적인 존재로 거듭나기를 바라십니다. 베드로 1서 저자가 조언하는 것을 마음에 새길 필요가 있습니다. "사랑하는 여러분, 갓난아이처럼 영적이고 순수한 젖을 갈망하십시오. 그러면 그것으로 자라나 구원을 얻을 것입니다."(1 베드 2,2) 갓난아이처럼 영적이고 순수한 젖에 대한 갈망이 우리를 인생의 목표인 하느님의 나라에 도달하게 할 것입니다. 태어난 사람은 누구나 어른으로 성장합니다. 몸집만 커지는 것이 아니라 머리가 굵어지고 경험도 풍부해집니다. 그러면서 세속의 때가 묻고 아집도 생겨납니다. 욕심이 늘어나고 미움과 원망이 쌓이고 사악한 생각에 빠져들기도 합니다. 어린이의 순수에서 점점 멀어지는 것입니다.

어른이 되고도 유아적 사고에 젖어 있는 미숙한 사람들도 많지만 순진한 척 어린이의 언어로 자기를 위장하는 사람도 많습니다. 짐짓 겸손한 척하면서 그 마음속에는 위선과 교만이 가득한 사람도 있고, 자기의 잘남이나 경건함을 인정해 주지 않는 사람에게는 선하지 못한 어른도 많습니다. 하느님의 나라는 어린이처럼 순수한 사람의 것입니다. 선악을 따지고, 계산하는 마음으로는 하느님을 만날 수 없습니다. 인간의 언어로 하느님에 대한 신심을 강조하다 보면 자기 자신도 모르게 광신자가 되거나 맹신자가 되어 하느님 아닌 하느님을 이야기하게 됩니다. 하느님을 믿는다고 하지만 믿음의 중심에 자기 아집이 자리합니다. "어린이와 같이 하느님의 나라를 받아들이지 않는 자는 결코 그곳에 들어가지 못한다."(마르 10,15)라고 하신 예수님의 말씀은 이런 어른들의 마음에 경종을 울리는 것입니다. 올바른 믿음은 어린이의 느낌을 되찾는 것입니다.

3

어린이를 어른들에게 걱정이나 끼치는 나약한 존재로 여기는 경우는 옛날만이 아니라 오늘날도 흔한 일입니다. "지혜로운 아들은 아비의 기쁨이요, 어리석은 아들은 어미의 근심이다."(잠언 10,1 공동번역) 또 "아이는 매를 맞고 꾸지람을 들어야 지혜를 얻고 내버려 두면 어미에게 욕을 돌린다."(잠언 29,15 공동번역) "어린이들은 율법을 지킬 수 없기 때문에 종교적인 면에서 아주 하찮은 지위를 차지할 뿐이다. 그런데 예수님이 이런 어린이들을 제일 높은 자리에 앉혀 주고, 곧바로 (…) 하느님 나라에 들어가도록 해 주는 것이다."[60]

어린이에 대한 예수님의 말씀은 사회로부터 소외된 가난한 이, 병든 이, 죄인과 이방인에게로 확장됩니다. 사람들은 이들이 예수님께 다가가는 것을 막았을 뿐 아니라 자기가 하느님께 나아가는 길을 방해하는 걸림돌로 여겼습니다. 나이를 먹고도 어린이의 순수성으로 자기 존재를 드러내고, 기력이 달릴 만큼 연륜을 쌓고도 그런 영적인 힘을 잃지 않게 해 달라고 빌 때 우리 인생이 풍성해질 것입니다.

내가 바치는 여러 기도가 진실하기 위해서는 기도하는 마음 그 근본에 어린이와 같은 순진무구한 마음이 깔려 있어야 할 것입니다. 그렇지 못한 기도는 우리를 타락시킬 것입니다. 그런데 우리 사회는 어린이의 순수함으로는 세상을 살 수 없을 뿐만 아니라 그런 순수성이 오히려 비웃음을 받습니다. "저 사람 착하다.", "저 사람 순진하다."라

---

60) 뒤켄, 227.

는 말은 "저 사람은 세상 살아가는 능력이 모자란다.", "저 사람은 참 바보 같다."라는 말처럼 들립니다. 어린이의 순수한 마음을 잃어 가는 것입니다. 어린이를 품에 안고 그 위에 손을 얹어 축복해 줄 수 있는 사람이 원초적인 삶의 고향에 이를 것입니다.

4

예수님은 하느님을 아버지라 부르셨습니다. 최후의 만찬을 끝내고, 겟세마니 동산에 가서서 죽음에 대한 공포와 번민에 휩싸여 기도하실 때에는 철부지 어린이처럼 하느님을 "아빠! 아버지!"라고 부르셨습니다(마르 14,36). 자신을 하느님의 아기로 여겼음을 말합니다. 그분은 태어날 때만 아기셨던 것이 아니라 어른이 되시어 십자가에 못 박혀 돌아가실 때까지 하느님을 아빠라고 부르는 아기였습니다. 그분은 하느님 앞에서 영원한 어린이였습니다. 하느님을 아빠라고 부를 수 있었기에 그분께서는 "아버지와 나는 하나다."(요한 10,30) 하고 말씀하실 수 있었습니다. 아기같이 되어야 아버지와 하나 될 수 있습니다. 아기와 같으신 그분 안에 아버지와 아들이, 하느님과 인간이 하나였습니다. 이런 일치의 원초적인 체험에서 그분은 하느님의 나라가 가까이 왔다는 복음을 선포하실 수 있었습니다. 하느님을 아빠라고 부를 수 있는 어린이만이 하늘과 땅, 이웃과 원수를 하나 되게 하는 하느님의 나라를 체험할 수 있을 것입니다. 하느님의 나라는 어린이와 같이 되지 않고서는 들어갈 수 없는 경지입니다.

15.
영원한 생명을 받으려면
무엇을 해야 합니까?

예수님께서 길을 떠나시는데 어떤 사람이 달려와 그분 앞에 무릎을 꿇고, "선하신 스승님, 제가 영원한 생명을 받으려면 무엇을 해야 합니까?" 하고 물었다. 그러자 예수님께서 그에게 이르셨다. "어찌하여 나를 선하다고 하느냐? 하느님 한 분 외에는 아무도 선하지 않다. 너는 계명들을 알고 있지 않느냐? '살인해서는 안 된다. 간음해서는 안 된다. 도둑질해서는 안 된다. 거짓 증언을 해서는 안 된다. 횡령해서는 안 된다. 아버지와 어머니를 공경하여라.'" 그가 예수님께 "스승님, 그런 것들은 제가 어려서부터 다 지켜 왔습니다." 하고 대답하였다. 예수님께서는 그를 사랑스럽게 바라보시며 이르셨다. "너에게 부족한 것이 하나 있다. 가서 가진 것을 팔아 가난한 이들에게 주어라. 그러면 네가 하늘에서 보물을 차지하게 될 것이다. 그리고 와서 나를 따라라." 그러나 그는 이 말씀 때문에 울상이 되어 슬퍼하며 떠나갔다. 그가 많은 재물을 가지고 있었기 때문이다.

예수님께서 주위를 둘러보시며 제자들에게 말씀하셨다. "재물을 많이 가진 자들이 하느님 나라에 들어가기는 참으로 어렵다!" 제자들은 그분의 말씀에 놀랐다. 그러나 예수님께서는 그들에게 거듭 말씀하셨다. "얘들아, 하느님 나라에 들어가기는 참으로 어렵다! 부자가 하느님 나라에 들어가는 것보다 낙타가 바늘귀로 빠져나가는 것이 더 쉽다." 그러자 제자들이 더욱 놀라서, "그러면 누가 구원받을 수 있는가?" 하고 서로 말하였다. 예수님께서는 그들을 바라보며 이르셨다. "사람에게는 불가능하지만 하느님께는 그렇지 않다. 하느님께는 모든 것이 가능하다."(마르 10,17-27)

가. 영원한 생명을 받으려면

1

마르코가 '어떤 이'로 소개하는 이 사람을 마태오는 '젊은이'(마태 10,20), 루카는 '어떤 권력가'(루카 18,18)로 소개합니다. 세 인물을 하나로 묶어 "재물을 많이 가진 어떤 젊은 권력가", "젊어서 출세한 권력가"로 상상해 봅니다. 복음사가는 젊어서 재물과 권력을 얻은 권력가를 등장시켜 영생에 관한 질문을 던지며 이에 대한 예수님의 답변을 들려줍니다. 그가 예수님께 달려와 무릎을 꿇고 "영원한 생명을 받으려면 무엇을 해야 합니까?" 하고 다급하게 묻는 모습에서 젊은이의 마음이 그대로 전달됩니다. 그의 질문은 이렇게 고백하는 것 같습니다. "저는 행복하게 살고 싶습니다. 그래서 재물을 많이 모았습니다. 그런데 행복하지 않습니다. 어떻게 해야 합니까?" 그의 질문에서 분명한 것은 그가 영생을 죽은 다음 얻는 것으로 생각하고 있지 않다는 것입니다. 그는 지금 영원한 생명을 살고 싶은 것입니다. 예수님께서도 죽은 다음 저승에 되살아나서 영원히 살려면 어떻게 해야 하는지,

그 길을 알려 주시는 것이 아닙니다. 젊은이는 자기가 가지고 있는 부를 잃지 않고 영원히 사는 방법을 묻고, 예수님은 부를 가난한 이에게 나누어 줄 때 영생을 얻을 수 있다고 말씀하십니다. 나누지 못하는 부로서는 영생을 누릴 수 없다고 말씀하시는 것입니다.

2

어떤 사람이 예수님께 달려와 "영원한 생명을 받으려면 무엇을 해야 합니까?" 하고 물었다는 것은 지금 영원한 생명을 살고 싶은데 그러지 못하고 있다는 것을 시사합니다. 그는 죽은 다음 되살아나 영원한 생명을 받으려면 어떻게 해야 하는지 묻고 예수님께서는 죽은 다음 되살아나서 영원히 살려면 어떻게 해야 하는지, 그 방법을 알려 주시는 것이 아닙니다. 젊은이가 던진 질문은 죽을 인간이 영원히 살 수 있는가, 하는 물음도 됩니다. 물론 젊은이가 그런 생각을 하면서 질문을 던진 것은 아니겠지만, 예수님은 그의 질문을 그 차원으로 끌어올려 답을 주십니다.

예수님께 생명은 영원한 것입니다. 신적입니다. 모든 인간은 죽습니다. 아무리 죽지 않으려고 애를 써도 태어난 사람은 죽기 마련입니다. 생멸은 태어난 인생이 필연적으로 겪어야 하는 가장 원초적 사건입니다. 사멸하고 말 인간이지만, 인간은 하느님의 영원한 생명을 받아서 태어나 하느님의 숨을 쉬는 존재, 영원한 생명을 가지고 사는 존재입니다. 이 생명은 재물로 가꿀 수 있는 것이 아닙니다. 그분께서 선포하신 복음의 핵심 내용입니다. 그분의 복음은 현실적입니다.

예수님께서 "때가 찼다. 하느님의 나라가 가까이 왔다."(마르 1,15)라고 복음을 선포하셨다면, 태어나고 죽고 울고 웃고 하는 모든 시간이 하느님의 영원성을 알려 준다고 선포하신 것입니다. 세상에 존재하는 모든 것이 예외 없이 우리에게 하느님의 현존을 느끼게 해 준다고, 영원한 하느님의 나라는 이 세상을 떠나서는 체험할 수 없다고 선포하신 것입니다. 모든 시간이 우리에게 하느님의 영원성을 노래하고 우리 눈에 보이는 모든 것이 우리에게 하느님의 영원한 생명을 알려 줍니다. 생로병사가 펼쳐지는 우리의 삶 안에 영원한 생명이 감추어 있습니다. 사실 우리는 예수님께서 가르쳐 주신 복음을 모른다고 해도 시공을 초월한 영원한 사랑을 나누며 삽니다. 살아 있는 동안만 사랑하자는 말은 안 통합니다.

사멸하고 말 인간이 하느님의 숨을 쉬며 산다는 것은 신비입니다. 인생의 과제는 어떻게 죽지 않고 영원히 사는가, 또는 죽더라도 어떻게 다시 살아나 영원한 생명을 누릴 수 있는가 하는 데에 있지 않고 썩어 없어질 육체를 지니고 사는 인생이 처음부터 영원한 하느님의 생명을 받아 살고 있다는 것을 깨닫는 것입니다. 이를 깨닫지 못하고 영생을 이야기할 때 우리는 마치 내가 하느님의 생명을 가지고 있지 않은 때가 있기나 한 것처럼 잘못 생각하며 인생을 그르칠 수 있습니다.

3

하느님 나라의 복음에 근거하여 볼 때 "영생을 받으려면 무엇을 해야 합니까?"라는 젊은이의 물음에 대해서 대부분 그리스도인은 '죽은 다음'을 가장 먼저 떠올릴 것입니다. 그들에게 영생은 죽은 다음에 되살아나서 얻는 생명입니다. 산 사람에게 영원한 안식을 빈다는 것은 있을 수 없는 일입니다. 그렇게 빈다고 말했다가는 빈축을 피하지 못할 것입니다. 이런 반응은 맞는 말이면서 틀린 말입니다. 맞는다는 것은 영생은 죽어야 얻는 것이기 때문이고, 틀렸다는 것은 죽어야 영생을 얻을 수 있다는 것을 이승의 생이 끝난 다음, 생물학적인 목숨이 끝난 다음으로 미루어 놓고 생각하는 것입니다. 이런 사고로는 영생을 누릴 수도, 천국의 행복을 맛볼 수도 없습니다. 인간은 살아 있으면서도 죽은 삶을 살 수 있습니다. 어쩌면 대부분 인간이 죽음의 골짜기를 헤매고 있습니다.

죽은 다음 영생을 얻는다는 것은 목숨을 바친 자가 영생을 얻을 수 있다는 것을 말합니다. 그분은 다른 곳에서 "친구들을 위하여 목숨을 내놓는 것보다 더 큰 사랑은 없다."(요한 15,13) 하고 말씀하십니다. 목숨은 내가 소유할 수 있는 나의 것이 아니라 하느님에게서 받은 하느님의 것입니다. 그저 받았으니 그저 내놓아야 하는 것입니다. 그 일은 죽은 다음으로 미룰 수 없습니다. 영생은 살아 있는 동안 친구를 위하여 자기의 목숨을 바치는 삶을 사는 자가 누릴 수 있는 경지입니다. 자기 목숨을 바치지 않고서는 결코 맛볼 수 없는 것입니다. 이런 의미에서 영생은 죽은 다음 얻는 것이라는 말은 맞는 말입니다. 영생을 얻으려면 죽기 전에 죽어야 합니다. 목숨 내놓는 일을 죽은 다음으로 미룰 생각을 하지 말아야 합니다. 그 출발점이 가진 것을 처분하는 것입니다. 하느님 나라의 보물을 발견한 사람은 가진 것을 다 팔아야 합니다(마태 13,44-46). 자신을 처분하는 마음 없이는 가진 것을 팔 수 없을 것입니다.

마태오는 "영생을 얻으려면"이라는 말 대신 "완전한 사람이 되려거든" 하고 조건을 답니다(마태 19,21). 영생을 얻으려는 것은 완전한 사람이 되기 위해서입니다. 영생을 얻는 것은 하늘에 계신 아버지께서 완전하신 것처럼 완전한 사람이 되는 것입니다(마태 5,48). 하느님께서 완전하시다는 것은 우리를 위하여 당신의 전부를, 당신의 생명을, 당신의 외아들까지를 내어 주신 데서 볼 수 있습니다. 완전한 사람이 되기 위해서는 하느님처럼 목숨을 내놓아야 합니다. 죽기 전에 목숨을 내놓는 자가 완전에 이를 수 있습니다. 지금 가진 것을 팔아 가난한 이들에게 나누어 주는 일이 그 시작점입니다. 예수님께서 가진 것을 팔아 가난한 이에게 나누어 주라고 하시는, 그 가난한 이는 살아 있는 동안에만 만날 수 있습니다. 천국의 행복은 삶이 끝난 죽은 인생에 보너스로 주어지는 것이 아닙니다.

4

예수님과 젊은이의 대화를 통해서 행복하지 못한 이유로 세 가지를 유추해 볼 수 있습니다. 첫째, 젊은이는 예수님을 "선하신 선생님" 하고 부릅니다. 마태오는 "영원한 생명을 받으려면 무엇을 해야 합니까?"(마르 10,17)라는 말에 "무슨 선한 일을 해야 합니까?"라는 말을 덧붙여 질문합니다(마태 19,16). 영생을 얻기 위해서는 선행을 해야 한다는 선지식이 깔려 있고 자기는 선행을 했다는 것을 은근히 내세웁니다. 자기의 선행을 자랑하는 마음으로는 영생을 얻을 수 없습니다.

예수님은 당신을 그렇게 부르는 그에게 "하느님 한 분 외에는 아무도 선하지 않다."라고 하시며 그의 생각에 제동을 거십니다. 시리아인 에프렘이 이 상황을 적절히 서술합니다. 부자 청년은 "세상 사람들이 영예로운 직함으로 다른 이들을 기분 좋게 만들 듯, 주님께 무슨 호의라도 베푸는 양 그리 부른다. 그러나 주님께서는 인간이 준 '선하다'는 호칭을 거절하신다. 당신의 선하심은 본성과 낳음을 통하여 아버지에게서 받은 것이지, 그저 이름만 달고 있는 것이 아님을 깨우쳐 주시기 위해서였다. '선하신 분은 한 분뿐이시다'라는 말로 끝맺지 않으시고 '하느님'이라고 덧붙이신 까닭은, 아버지께서 선하시듯이 아드님도 선하시다는 사실을 알려 주시려는 것이었다."[61] 이 젊은이는 아직 하느님의 선하심을 모릅니다. 그가 하느님의 선하심이라는 바탕에서 예수님을 선하신 스승님이라고 불렀다면 그의 부름은 진실한 것이 되겠지만 그는 그 경지에 이르지 못했습니다. 그는 아직 영생을 살 준비가 되어 있지 않습니다.

하지만 그의 질문에 그 자신도 인식하지 못한 영생을 사는 핵심이 감추어 있습니다. 영생을 얻으려면 먼저 하느님의 선하신 경지에 들어야 하는 것입니다. "어찌하여 나를 선하다고 하느냐?"라는 예수님의 질문에는 "너는 왜 나를 인간의 언어로 선하다고 하느냐?"(오리게네스)라는 물음과 함께 그를 선의 원천으로 안내하여 그 바탕에서 살게 하시려는 뜻이 담겨 있습니다. 영생은 선의 바탕에서만 가능합니다.

---

61) 시리아인 에프렘, 오든 208.

5

예수님은 하느님만이 선하신 분이라며 계명들을 지키라고 말씀하십니다. 영원한 생명을 얻지 못한 둘째 이유로 계명을 이야기하십니다. 예수님께서 인간이 지켜야 할 계명들을 말씀하시자 젊은이는 "그런 것들은 제가 어려서부터 다 지켜 왔습니다." 하고 대답합니다. 율법이 시키는 대로 도둑질하지 않았고, 거짓 증언을 하지 않았고, 부모를 공경하였고, 간음하지 않았고, 살인하지 않았고, 안식일도 잘 지켰고, 단식도 잘했고, 십일조도 잘 바쳤고, 어김없이 계명을 다 지켰는데도 지금 행복하지 않다고 그는 말하는 것입니다. 마태오는 여기에 "아직도 무엇이 부족합니까?"(마태 19,20)라는 질문을 덧붙입니다. 계명을 다 지키며 살아왔는데도 뭔가 부족함을 느끼고 있다는 말입니다.

"너는 계명들을 알고 있지 않느냐?"라는 물음은 계명을 잘 지키는 것만으로는 영생을 얻기에 부족하다는 것을 역설하기 위한 질문으로 받아들여도 될 것입니다. "그래, 계명을 다 지키니 행복하더냐?"라고 묻는 것입니다. 답은 젊은이 자신이 잘 알 것입니다. 젊은이는 계명을 다 지켰는데도 행복하지 않습니다. 계명을 잘 지켰는데도 영생을 느끼지 못한다면 그 지킴에 문제가 있는 것입니다. 무슨 문제일까요? 예수님께서 셋째 이유를 대십니다.

나. 가서 가진 것을 팔아 가난한 이들에게 주어라

1

　예수님께서 어려서부터 계명을 잘 지키며 살았다는 그를 사랑스럽게 바라보시며 "너에게 부족한 것이 하나 있다. 가서 가진 것을 팔아 가난한 이들에게 주어라. 그러면 네가 하늘에서 보물을 차지하게 될 것이다." 하고 말씀하십니다. 마태오는 젊은이가 계명을 다 지켜왔다고 말하면서 "아직도 무엇이 부족합니까?"라고 물어 예수님께서 이 말씀을 하시도록 합니다. 예수님의 답은 간단합니다. 영생을 얻는 방법은 선행하고 계명을 잘 지키는 일에 앞서 "가진 것을 팔아 가난한 이들에게" 주는 것입니다.

　"재물이 천국의 행복과 기쁨, 영생을 보장하지 못한다. 오히려 영생을 방해한다. 재물에 마음을 두고 끌려다니는 한, 행복은 멀리 달아난다. 재물을 나누지 못하고 오로지 자기에게만 모으려는 한, 행복을 맛보지 못할 것이다. 부와 권력과 명예에 대한 미련과 집착을 버릴 때, 행복은 슬며시 너에게 다가와 있을 것이다. 가진 것을 팔아서 가난한 이에게 나누어 주어 보아라. 영생을 누리는 너 자신을 발견하게 될 것이다. 영생을 얻는 길은 이 길밖에 다른 길은 없다." 그가 지금 영생을 누리지 못하는 것은 가진 것을 팔아 가난한 이들에게 주지 못하기 때문이라는 것입니다. 영생은 계명을 잘 지켰다고 인생에 부수적으로 주어지는 보상이 아닙니다. 자신을 파는 행위 없이는 영생을 얻을 수 없습니다.

이로써 예수님은 재물을 나누는 행위와 영생을 얻는 것을 동시적인 사건이라고 말씀하십니다. "가진 것을 팔아 가난한 이들에게 주어라. 그러면 네가 하늘에서 보물을 차지하게 될 것이다."라는 말씀은 가진 것을 나누어 주는 순간 영생을 얻는다는 뜻입니다. 가진 것을 팔아 가난한 이에게 주는데도 영생을 느끼지 못한다면 주면서 받을 것을 생각하기 때문입니다. 받을 것을 생각하는 마음으로는 주는 것에 내 온 존재를 실을 수 없어 영생을 얻지 못합니다. 젊은이는 이 말씀을 듣고 슬퍼하며 떠나갑니다. 많은 재물을 가지고 있었기 때문이라고 하지만 더 정확하게는 재물을 팔 수 없었기 때문입니다. 그는 재물을 나눌 수 없어 영생을 포기합니다.

2

율법에 따라 남을 속이지 않고 정직하게 돈을 벌어 남부럽지 않은 존재가 되었는데 행복하지 않다면 가난한 이들과 나누지 못하기 때문입니다. 고통받는 이들과 연대하는 마음이 없기 때문입니다. 영생에 이르는 유일한 길은 가진 것을 팔아 가난한 이들에게 나누어 주고 고통받는 이들과 함께하는 것입니다. 불의한 결박을 풀어주고 멍에 줄을 끌러 주는 이, 억압받는 이들을 석방하고, 먹을 것을 굶주린 이에게 나눠 주고, 떠돌며 고생하는 사람을 에 맞아 들이고 헐벗은 사람을 입혀 주며 제 골육을 모르는 체하지 않는 이에게 영생의 빛이 새벽 동이 트듯 터져 나올 것입니다.(이사 58,6-8 참조)

루카 복음에 나오는 부자가 "자주색 옷과 고운 아마포 옷을 입고 날마다 즐겁고 호화롭게" 사는데도 행복할 수가 없었다면 가진 것을 나누지 못했기 때문입니다(루카 16,19-31 참조). 그가 행복할 수 있는 단 한 가지 방법은 라자로라는 가난한 이가 자기 식탁에서 떨어지는 부스러기라도 주워 먹게 놔둘 것이 아니라 자기가 먹는 음식을 자기 식탁에서 그와 함께 나누는 것이었습니다. 그런데 그는 종기투성이 거지를 보면서도 부를 나눌 생각이 없었습니다. 자비심이 없었던 것입니다. 가진 것을 팔아 가난한 이에게 나누어 주는 마음만이 하늘에서 보물을 차지하게 될 것입니다.

우리는 사랑하는 사람에게는 모든 것을 주고 싶어 합니다. 주고 또 주고 아무리 주어도 아깝지 않고 더 줄 것이 없나 살피게 됩니다. 나눔이 가족의 좁은 테두리 안에 머물지 않고 가난한 이, 아픈 이, 고통받는 이, 사회의 변두리로 밀린 이들에게로 확장될 때 행복의 경지에 든 자신을 발견하게 될 것입니다. 모르는 사람을 위하여 하나밖에 없는 목숨까지 내놓을 수 있을 때 그는 행복 자체가 되어 있을 것입니다.

영생 영복을 원한다면 재산을 나눌 수 있는 지혜, 자기 자신을 희생 제물로 내놓을 수 있는 지혜를 달라고 기도해야 할 것입니다. 값을 헤아릴 수 없는 보석도 지혜와 견줄 수 없고, 온 세상의 금도 은도 지혜 앞에서 아무것도 아닙니다. 행복하기 위해서 인간은 지혜로워야 합니다. 지혜에 비하면 재산이 아무것도 아님을 깨달아야 합니다. 온 세상의 금도 지혜와 마주하면 한 줌의 모래이고, 은도 지혜 앞에서는 진흙이나 진배없습니다.

미모보다 지혜를 더 사랑하고 빛보다 지혜를 더 선호해야 합니다.

건강이나 미모나 인기도 인간의 행복을 보장하지 못합니다(지혜 7,7-14). 우리는 이런 것들이 인생을 행복하게 해 주지 못한다는 것을 인류 역사와 경험을 통해서 알고 있습니다. 그런데도 우리는 이 교훈을 마음에 새기지 못하고 권력과 부와 명예와 인기에 집착하며 불행한 삶을 자초합니다. 재물과 명예와 권력과 인기를 탐하면서 행복을 얻으려고 하지만 탐욕은 영생에 이르는 길을 방해합니다. 젊은이는 눈에 보이는 부를 포기할 수 없었습니다. 마르코는 그는 울상이 되어 슬퍼하며 떠나갔다고 전합니다.

부자는 재물을 많이 소유한 사람을 가리키는 말을 넘어 '더 가지려고 하는 자'입니다. 더 가지려는 것에 집착하여 가진 것을 나누지 못하는 자입니다. 영생은 보이기식 선행이 아니라 나눔을 통해 이르게 됩니다. 나눔이 없는 선행은 순수한 선행이 아닙니다.

3

나누는 것은 포기하는 것입니다. 되돌려 받을 생각까지를 포기하는 것입니다. 채우기 위해 비우는 것은 불순합니다. 조건 없이 주고 거저 비울 때 행복의 경지에 도달하게 될 것입니다. 루카 복음에서 예수님은 "네가 점심이나 저녁 식사를 베풀 때, 네 친구나 형제나 친척이나 부유한 이웃을 부르지 마라. 그러면 그들도 다시 너를 초대하여 네가 보답을 받게 된다. 네가 잔치를 베풀 때에는 오히려 가난한 이들, 장애인들, 다리 저는 이들, 눈먼 이들을 초대하여라. 그들이 너에게 보답할 수 없기 때문에 너는 행복할 것이다."(루카 14,12-14)라고 말씀하십니다.

인생은 나눔, 자기 포기, 자기희생을 통하여 완성됩니다. 예수님께서 십자가에서 "이제 다 이루었다." 하시고 숨을 거두신 모습은 자기희생을 통해 인생의 완성에 도달하신 모습입니다. 다 이루었다는 말씀은 더는 이룰 것도 더는 바랄 것도 없다는 것을 말합니다.

부를 포기하라는 예수님의 말씀은 소유로부터 자유로워야 한다는 말씀입니다. 어느 날 미사의 본기도는 이렇습니다. "거룩한 지혜의 빛으로 지상의 것과 천상의 것을 분별하고, 하느님 나라를 위하여 가난하고 자유롭게 살게 하소서." 교회는 사람들에게 부의 포기를 가르칩니다. 교회가 헌금을 요구한다면 부의 포기를 통해 부로부터 자유로운 자가 되게 하려는 것입니다. 돈을 번다면 소유하기 위해서가 아니라 나누기 위해서이며, 친구를 만든다면 이용하기 위해서가 아니라 주기 위해서입니다. 그렇게 부에서 자유로운 자가 되게 하는 것입니다.

교회가 가난과 나눔을 강조하면서 애써 모은 재산을 가난한 사람에게 나누어 주라고 하는 것은[62] 게으른 사람을 더 나태하게 만들고 정당한 나의 피땀을 무력화하는 말처럼 들리기도 합니다. "일하기 싫어하는 자는 먹지도 말라."(테살 3,10) 하는 바오로의 말을 무색하게 만드는 말처럼도 들리기도 합니다. 그러나 우리가 자신을 위하여 애써 모은 재화에는 필연적으로 다른 사람의 땀과 눈물이 섞여 있다는

---

62) 교회의 지도자들은 신자들에게서 거둔 헌금을 가난한 이웃에게 나누어 주어야 합니다. 그들이 신자들에게 부를 포기하게 하여 모은 돈을 나누지 않고 어마어마한 성전을 짓는 데 쏟아붓거나 축적할 때는 위선의 집단이 될 것입니다.

것을 잊지 말아야 할 것입니다.

자기만을 위해 모으고 쌓고 끌어들이는 일에는 자기 자신도 모르게 착취가 따르고, 다른 사람에 대한 무시와 자신에 대한 오만이 자리하게 됩니다. 애써 모은 돈이지만 나누어 보십시오. 마음이 자유로워지며 다른 세계가 눈앞에 열릴 것입니다. "재물에 둘러싸여 있더라도 그 마법에서 돌아서서 욕망을 절제하고 자제하며 하느님을 찾고 하느님을 호흡하고 하느님과 더불어 걸어갈 수 있다면, 이런 사람은 계명에 순종하면서 자유롭고 억눌리지 않으며, 재물이 끼치는 병도 해도 입지 않는다."[63]

어떤 사람들은 헌금은 하지 않고 대신 기도로 하느님을 흠숭한다고 말합니다. 예수님은 가난한 사람들을 위해 기도하라고 하지 않으시고 그들을 위해 가진 것을 내놓으라고 하십니다. 가진 것을 팔아서 남긴 이익금 일부를 가난한 사람들에게 주라 하지 않으시고 가진 것을 팔아 나누어 주라고 하십니다.

우리가 그리스도인이 된 것은 가진 것을 나누기 위해서입니다. 지구상 인구의 절반가량이 굶어 죽어 가는 상황에서 베르거는 말합니다. "우리가 돈지갑을 열지 않으면 어떤 믿음도 우리를 구원할 수 없다…. 우리가 돈지갑을 여는 순간 마음도 즉시 뒤따른다. 그것이 주님께서 본디 원하시는 바이다."(185) "우리가 고상하고 높은 수준의 영적인 관계에 대해서만 논할 수는 없는 일이다. 먼저 주어야 한다."(186) "우리가 돈지갑을 열 때 비로소 거룩해진다."(186)

---

63) 알렉산드리아의 클레멘스, 오든 215.

다. 울상이 되어 떠나갔다

1

가진 것은 많지만 나눌 수 없었던 젊은이는 예수님의 말씀에 울상이 되어 슬퍼하며 떠나갑니다. 그가 바라던 답을 얻지 못한 것입니다. 그가 예수님 앞에 무릎을 꿇고 영원한 생명을 얻기 위해 무엇을 해야 하는지 질문한 것은 재물을 잃지 않고 영생을 누리고 싶었기 때문입니다. 그는 재물과 권력이 인생을 행복하게 해 주지 못한다는 것을 경험으로 알고 있으면서도 가진 것을 팔라는 예수님의 말씀을 받아들이지 못합니다. 영생은 가진 것을 팔아 나누어 주는 삶에 주어지는 것이고, 계명은 이를 위해 있다는 예수님의 말씀을 받아들이지 못합니다. "인간은 재산을 지니기만 하면 그것을 무절제하게 사랑하는 경향이 있다. 그래서 부자는 신앙을 지니기가 무척 어렵다."(아우구스티누스) 영생은 부에 집착해서 얻을 수 있는 것이 아닙니다. 그런데 젊은이는 가진 것에 집착하며 재물을 섬기기까지 합니다.

그는 부를 포기할 수 없어 영생을 포기하기로 합니다. 그리고 '그분 따르기'를 포기합니다. 아우구스티누스가 적절하게 설명합니다. "그는 슬퍼하며 떠나갔고 그분을 따라가지 않았다. 선하신 스승님을 찾아가서는 학자처럼 질문을 하고 스승을 경멸했다. 그는 자기 욕심에 묶인 채 슬퍼하며 떠나갔다. 자기 탐욕의 무거운 짐을 어깨에 짊어진 채 슬퍼하며 떠났다."[64]

예수님 말씀을 따르기가 어려운 것은 가진 것을 포기하기도 쉽지 않지만 버림에 대한 보상을 포기할 수 없기 때문입니다. 돌아가는 그의 모습을 보시고 예수님께서 주위를 둘러보시며 제자들에게 말씀하십니다. "재물을 많이 가진 자들이 하느님 나라에 들어가기는 참으로 어렵다!" 다른 곳에서는 이렇게 말씀하십니다. "너희는 좁은 문으로 들어가라. 멸망으로 이끄는 문은 넓고 길도 널찍하여 그리로 들어가는 자들이 많다. 생명으로 이끄는 문은 얼마나 좁고 또 그 길은 얼마나 비좁은지, 그리로 찾아드는 이들이 적다."(마태 7,13-14)

제자들이 그 말씀을 듣고 놀라자 더 지독한 말씀을 하십니다. "부자가 하느님 나라에 들어가는 것보다 낙타가 바늘귀로 빠져나가는 것이 더 쉽다."(마르 10,25) 제자들이 더욱더 놀라서 "그러면 누가 구원받을 수 있겠는가?" 하고 서로 말하는 것은 어쩌면 당연한 반응입니다. 그만큼 재물의 유혹에서 벗어나기가 쉽지 않은 것입니다. 하느님의 경지에 이른 자만이 재물에서 자유롭고 재물에서 자유로운 사람만이 하느님의 경지에서 살게 될 것입니다. 이 경지에 이른 사람만이 기쁨의 경지에서 복락을 누릴 수 있을 것입니다.

2

예수님께서 당황한 제자들을 바라보며 이르십니다. "사람에게는 불

---

64) 오든 213.

가능하지만, 하느님께는 그렇지 않다. 하느님께는 모든 것이 가능하다."(마르 10.27). 하느님께는 모든 것이 가능하다는 것은 하느님께는 소유 개념이 없기 때문입니다. 하느님은 자신을 다 내어 주신 분이십니다. 대가 없이 자신을 비우시고, 무상으로 당신 자신을 내어 주신 분, 사랑하는 아들까지 아끼지 않고 내놓으신 분이십니다. 그렇기에 우리도 하느님처럼 남을 위하여 자기 생명을 내어놓을 수 있고, 하느님의 생명을 누릴 수 있고, 하느님처럼 완전한 존재로 새롭게 태어날 수 있다고, 예수님은 우리를 하느님의 경지로 초대하십니다. 하느님께서 우리 안에 살아 계시기 때문입니다.

자신을 버리라고 가르치는 일은 행복을 찾아서 모여 온 사람들에게 선포해야 할 종교의 사명입니다. 예수님은 보이는 사물에서 보이지 않는 하느님의 마음을 보고, 들려오는 소리에서 들리지 않는 하느님의 음성을 들으라고 하십니다. 들리지 않는 소리를 듣는 귀와 보이지 않는 것을 보는 눈을 가질 때 다가오는 즐거움이 바로 행복의 원천이라고 가르치십니다. 행복은 소유할 수 있는 것이 아니라 인간이 들 수 있는 경지입니다.

3

재물에 목숨을 걸며 오로지 모으고 쌓고 지키려는 욕구만으로는 자유로운 삶을 살 수 없습니다. 하느님의 통치를 선포하신 예수님은 불의하게 축적한 부에 대해 비판적이셨습니다. 베르거는 예수님의 이 입장을 다음과 같이 정리합니다. "너희가 가진 돈은 늘 불의에서 오는 것이다. 그 돈에는 불의가 달라붙어 있다. 어디선가 누군가는 늘 착취당하고 이자를 내고 적은 임금을 받지만, 다른 누군가는 큰돈을 벌어들인다. 이런 일은 비일비재하며 앞으로도 달라지기 어렵다."(181)

부에 자신의 모든 것을 건 사람은 움켜쥔 것을 지키느라 다른 사람에게 상처를 주기도 합니다. 남에게 상처를 주는 사람이 행복할 수 없다는 것은 본인이 더 잘 알 것입니다. 돈에 집착하는 한 구원에서 제외될 수밖에 없습니다. 부자인 채로 천국에 가는 것이 낙타가 바늘구멍을 빠져나가기보다 어려운 것은 그가 짊어진 돈주머니가 너무 크기 때문입니다. 예수님께서 부자는 아예 하느님의 나라에 들어가는 것이 불가능하다고 말씀하신 것이 아닙니다. 부자는 하느님의 계명을 지킬 수 없는 존재로 처음부터 구원에서 제외된 존재라고 선포하시는 것이 아닙니다. 그분은 재물 자체를 죄악시하지 않으십니다. 그분의 친구 중에는 부자들도 많습니다. 그분은 부자들의 식사 초대에도 기꺼이 응하셨습니다. 재물 자체는 악도 아니고 선도 아닙니다. 오히려 여기에 더 큰 기회가 주어집니다.

가난한 자만이 천국에 들어갈 수 있다는 말씀은 부의 포기가 불가능한 일이 아니라는 것을 깨닫게 해 줍니다. 여기서 우리는 "가난한 자는 행복하다. 부자는 불행하다."라고 선포하시는 예수님의 마음을 이해하게 됩니다. 천국에 있는 자는 더는 부자가 아닙니다. 천국에는 아예 부자가 없습니다. 천국은 이 세상에서 누리지 못한 부와 명예를 반대급부로 얻어 누리겠다는 식의 '부자적' 발상으로는 들어갈 수 없는 곳이기 때문입니다.

재물에서 자유롭지 못한 사람은 천국을 체험할 수 없습니다. 젊은

이의 물음에 대한 예수님의 답변은 분명합니다. 집착보다 포기, 소유보다 나눔입니다. 그렇게 포기하고 나누는 자만이 영생의 삶을 살 수 있다는 것입니다. 바늘귀를 통과한 이런 부자는 그 어떤 사람보다도 거룩합니다.

예수님의 말씀을 듣고 제자들이 놀랐다는 것은(26절) 그들이 포기하고 나누는 삶을 살지 못하고 있었다는 것을 시사합니다. 부 자체가 영생에 방해되는 것은 아니지만, 부가 영생을 보장하지 못한다는 것은 분명합니다. 부를 포기하지 못하고 나누지 못하는 마음이 영생을 방해합니다. 젊은이는 부를 포기하는 대신 천국을 포기합니다.

4

예수님은 부자를 거슬러 가난한 자에게만 복음을 선포하신 것이 아닙니다. 부자에게도 복음을 선포하셨습니다. 그분은 부자와 소위 안다는 지식층 율법 학자와 바리사이들도 행복하기를 바라십니다. 그러므로 그분은 이들의 식사 초대에도 기꺼이 응하시고 그들과 토론도 하셨습니다. 그분이 가난한 자와 함께하시는 곳에는 힘 있는 자들과 가진 자들도 늘 함께 있었습니다. 만일 그분이 그들을 멀리하셨다면 하느님의 나라가 가까이 왔다는 복음을 스스로 부정하는 자가당착에 빠지게 됩니다. 예수님께서 부자들을 만나신 것은 그들을 단죄하시기 위해서가 아닙니다. 오히려 부의 가치를 일깨우시며 가진 것을 가난한 이들과 나누게 하시기 위해서입니다. 예수님은 울상이 되어 돌아가는 부자 청년을 애틋한 마음으로 바라보셨을 것입니다.

"나 때문에, 또 복음 때문에"(29절) 모든 것을 포기한다는 것은 포기와 나눔이 복음의 근본이요 원리임을 말합니다. 여기서 복음은 말할 필요 없이 "하느님의 나라가 가까이 왔다."라는 것입니다. 우리 안에 현존하시는 하느님을 세상에 나타내 보이기 위해서는 우리를 둘러싼 명예와 권력과 부와 인기와 성공의 표피를 깰 수 있어야 합니다. 우리를 명예와 권력과 부와 인기와 성공, 학연과 지연과 혈연으로 두껍게 포장해서는 우리 안에 현존하시는 하느님을 남에게 보일 수 없을 것입니다. 영생을 체험할 수 없을 것입니다. 하느님께서 세상을 창조하시면서 당신의 전부를 전달하셨다는 것을 안다면 우리는 사물을 내 욕심대로 다루지 못할 것입니다. 속을 들여다보지 못하고 사물의 껍데기에 집착할 때 인간의 마음에 욕심이 입니다. 사물을 있는 그대로 대하지 못합니다. 만족할 수 없고, 그렇기에 행복할 수 없습니다. 재물이 행복을 보장해 주지 못합니다.

라. 가진 것을 팔아 가난한 이들에게 주는 용기

1

예수님께서 "가서 가진 것을 팔아 가난한 이들에게 주어라." 하시고는 "와서 나를 따라라."(마르 10,21) 하십니다. 부자 되게 해 달라고, 하는 일마다 잘되게 해 달라고 기도하는 것에 익숙하고, 주는 것만큼 받는다는 공식에 익숙한 현대인에게 "가진 것을 팔아 가난한 이들에게 나누어 주어라." 하고 말하는 데는 용기가 필요합니다. "그리고 와서 (제 십자가를 지고) 그분을 따르라." 하고 말하는 데는 더 큰 용기가 필요합니다. 아무리 나눔이 하늘에 보물을 쌓는 비결이라 해도, 주면 줄수록 더 많은 것을 받게 되리라는 기대를 숨기지 않는 현대인에게 이 말은 부담스럽습니다. 나누기 위해서는 용기가 필요합니다. 나누지 못하고 움켜쥐는 한, 후회하는 인생을 살아가지 않을 수 없을 것입니다. 누구나 크든 작든 자기가 가진 가장 소중한 것을 사랑하는 사람이나 모르는 사람에게 주고 난 뒤 뿌듯하게 차오르던 희열을 맛본 경험이 있을 것입니다.

계명은 잘 지키지만 얼음장처럼 차갑게 느껴지는 사람이 있습니다. 그런가 하면 계명을 무시하고 아무렇게나 사는 것처럼 보이지만 따스하게 생명을 느끼게 해 주는 사람도 있습니다. 의무감으로 지키는 계명만으로는 영원한 생명을 느낄 수 없습니다. 생명은 촛불과 같습니다. 초는 세상의 빛을 자기에게로 끌어모아 빛을 발하는 것이 아니라 자기의 몸을 태워 빛을 냅니다. 사랑은 세상의 이목을 자기 몸에 집중시킴으로써가 아니라 남을 위하여 자기를 내어줌으로써 사랑을 느끼게 해 줍니다. 어머니가 자식에게 생명이요 사랑인 것은 조건 없이 내어 주는 희생 때문입니다. 사막이 죽음인 것은 생명을 주지 못하기 때문입니다. 오아시스가 생명인 것은 생명을 주기 때문입니다. 생명을 얻으려거든 남이 자기에게서 생명을 느끼도록 해 주어야 합니다. 그러기 위해서는 자기를 촛불처럼 태우고 소금처럼 녹이고 빵처럼 먹히어 사라지게 해야 합니다. 인간은 생명을 얻는 존재가 아니라 그 자체로 생명입니다. 예수님처럼 "나는 생명이다." 하고 말하며 살 수 있는 존재입니다.

2

　가져야 베풀 수 있을 것 같지만 가질수록 베푸는 마음이 줄어듭니다. 가난한 자만이 베풀 수 있습니다. 인생의 역설입니다. 이 역설 때문에 가난의 의미도 달라집니다. 아무것도 가지지 않았다고 가난한 것이 아니라 나누는 자가 가난한 자입니다. 베풀기 위해 가난한 자가 되어야 합니다. 즐거운 마음으로 베풀 수 있어야 합니다藥施. 놀랍게도 다산 정약용은 이 진리를 깨달은 것 같습니다. 정약용은 『목민심서』에서 가난과 절약 그리고 베풂에 대해서 자기의 경험을 들려줍니다. "내가 귀양살이를 하면서 늘 수령들을 살펴 보았는데, 나를 가련히 여기고 나의 빈한한 삶을 도우려 한 자는 그 의복이 아주 검소하였다. 그러나 화려한 의복에 기름기 흐르는 얼굴을 한 자는 즐겨 놀고 음탕한 생활을 일삼을 뿐 나를 돌아보지 않았다. 절약할 수 있는 자는 남는 것이 있으니 남에게 은혜를 베풀 수 있지만, 절약할 줄 모르는 자는 모자라니 남에게 은혜를 베풀 수 없다. 남용을 하고서 어떻게 그 친척들에게까지 은혜를 베풀 수 있겠는가. 그러니 절약이야말로 낙시藥施의 근본인 것이다." 가난한 자만이 남에게 베풀고 자비로울 수 있습니다. 남이 알아주거나 말거나 묵묵히 자비를 베풀고 이를 즐기는 자만이 천국을 즐길 수 있습니다. 영생은 이런 즐김으로 채워진 삶입니다. 베풂을 즐기는 자만이 영생을 맛볼 수 있습니다.

3

　예수님께 와서 영생에 관하여 묻는 '어떤 사람'은 우리 모두입니다. 그와 함께 질문을 던져 봅니다. 영원한 생명을 얻기 위하여 나는 무엇을 하고 있는가? 우리는 부, 명예, 권력 등에 집착하는 마음이 영생에 방해가 된다는 것을 모르지 않습니다. 그런데도 우리는 소유(재물)와 권력과 명예 등에 대한 탐욕을 버리지 못하고 나누지 못하고 집착합니다. 부와 명예와 권력의 껍데기에 홀려 나누어 주는 지혜를 멀리하고, 하느님의 나라를 지나쳐 버립니다. 진정 행복하게 살고 싶다면 사물의 마음을 읽을 수 있어야 합니다. 그 안에 숨어 있는 하느님의 나라를 볼 수 있어야 합니다. 그 사람만이 행복의 길을 걸을 수 있습니다.

　행복을 돈으로 사려고 애쓸 것이 아니라 행복을 선사하는 사람이 되어야 할 것입니다. 행복은 얻음에서 오는 것이 아니라 주는 가운데 젖어 드는 경지입니다. 우리가 행복을 얻기 위해 성전을 찾는 것은 성전은 '주는 곳', '바치는 곳'이기 때문입니다. 성전은 당신 자신을 우리 인류에게 완전히 내어 주신 분을 만나는 곳입니다. 당신을 완전히 내놓으신 분과 하나 되기 위하여 우리는 성전을 찾습니다. 성전은 얻기 위해 기도하는 집이 아니라 주기 위해 기도하는 집입니다. 주는 인간으로 태어나게 해 달라고 기도하는 집입니다. 받기 위해서 주는 것은 주는 것이 아닙니다. 채우기 위해 비우는 것은 비우는 것이 아닙니다. 자기를 비워서 가난이 되는 것은 부자 되기 위해서가 아닙니다. 그저 받은 것이기에 그저 나누는 것입니다.

4

영생은 이승을 떠나 저승에서 가서 누리는 삶이 아닙니다. 예수님께서는 가진 것을 팔아 가난한 이들에게 주면 죽고 나서 되살아나 영생을 얻게 될 것이라고 말씀하지 않으십니다. 가진 것은 살아 있는 동안에만 나눌 수 있습니다. 살아 있는 동안 가진 것을 나누지 못한 자는 죽었다가 되살아나 천국에 가 있다고 해도 나누지 못하여 영생을 누리지 못할 것입니다.

하느님의 나라가 가까이 왔다는 복음을 믿는 신앙인은 가진 것을 팔아 나누는 순간 영생을 얻는다는 것을 믿는 사람입니다. 다른 이를 위하여 자기의 존재를 십자가에 내놓을 때, 바로 그 순간 부활의 경지에 든다는 것을 믿는 사람입니다. 영생과 부활을 죽음 후 먼 미래로 미루지 마십시오. 영생과 부활의 삶은 살아 있는 동안 나에게서 시작합니다. 부활과 관련하여 우리가 죽음을 이야기한다면 살아 있는 동안 남을 위하여 자기의 목숨을 내놓는 죽은 삶을 살아야 하기 때문입니다.

마. 저희는 모든 것을 버리고

그때에 베드로가 나서서 예수님께 말하였다. "보시다시피 저희는 모든 것을 버리고 스승님을 따랐습니다." 예수님께서 말씀하셨다. "내가 진실로 너희에게 말한다. 누구든지 나 때문에, 또 복음 때문에 집이나 형제나 자매, 어머니나 아버지, 자녀나 토지를 버린 사람은 현세에서 박해도 받겠지만 집과 형제와 자매와 어머니와 자녀와 토지를 백 배나 받을 것이고, 내세에서는 영원한 생명을 받을 것이다. 그런데 첫째가 꼴찌 되고 꼴찌가 첫째 되는 이들이 많을 것이다."(마르 10,28-31)

1

이 이야기는 어떤 사람이 영원한 생명을 얻는 길을 물었지만 만족한 답을 얻지 못하고 울상이 되어 슬퍼하며 떠나갔다는(10,23-27) 이야기에 이어지는 이야기입니다. 베드로는 울상이 되어 슬퍼하며 떠난 질문자와는 달리 "보시다시피 저희는 모든 것을 버리고 스승님을 따랐습니다." 하고 말합니다. 마태오는 이 말에 이어 "그러니 저희는 무엇을 받겠습니까?"(마태 19,27)라고 그 대가가 무엇인지 묻는 말을 첨가합니다.

우리는 이 대목을 '어떤 사람'은 나누지 못하여 예수님을 떠났는데, 제자들은 다 버리고 예수님을 따랐다는 식으로 이해해서는 안 될 것입니다. 예수님은 그런 식으로 제자와 제자 아닌 사람을 구분하지 않으십니다. 제자들도 어떤 사람처럼 버리지 못하기는 매한가지입니다. 그분을 따라다니면서도 그들의 머리에는 따름에 대한 보상으로 가득합니다. 보상을 바란다는 것은 '따름'에 온 존재를 싣지 못하고 있다는 것을 말합니다. 그들은 아직 다 버리지 못하고 있습니다. 보상을 바라는 그들의 마음에 슬퍼하며 돌아가는 젊은이의 모습이 그대로 겹쳐 보입니다. 겉은 따르는 것처럼 보이지만 속은 아직 아닙니다. 영생은 내 온 존재로 그분을 따르는 순간 얻게 될 것입니다. 버리고 나누고 따르는 것은 하나의 행위로 나타납니다.

2

마르코 복음에 의하면 예수님께서 복음을 선포하시고 나서(1,15) 제일 먼저 하신 일은 어부를 제자로 부르신 일이었습니다(1,16-20). 그분은 그들에게서 무엇을 보셨기에 따라오라 하셨고, 그들은 그분에게서 무엇을 보았기에 하던 일을 멈추고 아무 말 없이 그분을 따라나섰을까요? 그들이 예루살렘 입성을 며칠 남겨 두지 않고 그분을 따른 대가로 무엇을 받게 될지 묻습니다. 모든 것을 버리고 따랐다지만 속셈이 따로 있었던 것인가요? 보상을 바라면서 따른 것을 자신을 버리고 따랐다고 할 수 있을까요?

그런 상황에서 예수님께서 그들에게 말씀하십니다. "누구든지 나 때문에, 또 복음 때문에 집이나 형제나 자매, 어머니나 아버지, 자녀나 토지를 버린 사람은 현세에서 박해도 받겠지만 집과 형제와 자매와 어머니와 자녀와 토지를 백 배나 받을 것이고, 내세에서는 영원한 생명을 받을 것이다." 마태오 복음에는 제자들의 질문에 대한 주님의 답변도 들려줍니다. "사람의 아들이 영광스러운 자기 옥좌에 앉게 되는 새 세상이 오면, 나를 따른 너희도 열두 옥좌에 앉아 이스라엘의 열두 지파를 심판할 것이다."(마태 19,28) 예수님은 그들에게 백 배의 보상을 약속하시고 또 영생을 약속하십니다. 이 답변이 제자들에게 만족을 주었을까요?

이 말씀은 당신을 선택하든지 "집이나 형제나 자매, 어머니나 아버지, 자녀나 토지"를 선택하든지 양자택일하라는 말씀처럼 들려 혼란스럽습니다. 이 혼란은 예수님을 선택하면 "현세에서 박해도 받겠지만 집과 형제와 자매와 어머니와 자녀와 토지를 백 배나 받을 것"이라는 말씀에서 더욱 가중됩니다. 루카 복음에서는 아내까지 포함됩니다. 설마 현세에서 아내를 버리면 내세에서 백 명의 아내를 거느리게 된다는 말씀은 아니겠지요.

3

예수님의 이 말씀에서 핵심은 "나 때문에, 또 복음 때문에"라는 말에 있습니다. 예수님 때문에, 또 복음 때문에, 집이나 형제나 자매, 어머니나 아버지, 자녀나 토지를 버리는 것입니다. 이들을 버리되 그 버림이 예수님과 복음 때문이어야 합니다. 그렇지 않은 버림은 버리는 것이 아니며, 그렇기에 백 배의 보상을 받더라도 기쁨을 얻지 못할 것입니다. 제자들이 "저희는 모든 것을 버리고 스승님을 따랐습니다." 하고 말하는 것은 그들이 예수님 때문에, 또 복음 때문에 버린 것이 아니라는 것을 말해 줍니다. 그들은 주님을 따라다니면서도 다 버리지 못하고 있습니다. 예수님 때문에 버린다는 것은 받을 것을 생각하지 않고 버리는 것입니다. 어떤 대가도 바라지 않고 자기 목숨까지를 바치는 것입니다. 성경은 언제나 즐거운 얼굴을 하고 제물을 바치라고 말합니다. 집회서는 말합니다. "그분에게 뇌물을 바치지 마라. 받

아 주지 않으신다."(집회 35,14)

예수님께서는 '백 배'라는 상상도 할 수 없는 숫자를 이야기하심으로써 소유뿐 아니라 보상까지를 포기해야 한다는 것을 강조하십니다. "집이나 형제나 자매, 어머니나 아버지, 자녀나 토지" 그리고 아내는 보상의 대상일 수 없습니다. "이들이 내 어머니고 내 형제들이다. 하느님의 뜻을 실행하는 사람이 바로 내 형제요 누이요 어머니다."(마르 3,34-35)라는 말씀은 소유에 대한 집착에서 벗어난 사람만이 할 수 있는 말입니다.

제자들은 "모든 것을 버리고 스승님을 따랐습니다." 하고 말하지만, 그 말 뒤에는 무언가 받기를 바라는 마음이 감추어져 있습니다. 버린 것에 대한 대가를 바라는 것입니다. 대가를 바라는 그 마음에 소유욕이 작용하고 집, 형제자매, 어머니, 아버지, 자녀, 토지에 대한 애착이 작용합니다. 버리라는 것은 소유욕과 애착을 버리라는 것입니다. 우리는 부모 형제자매를 집착의 대상으로 대할 때가 많습니다. 그들을 사랑한다고 하지만 사실은 그들에 대한 자기의 집착을 사랑하는 것입니다.[65]

주님을 따르기 위해서는 모든 것을 버려야 하는데 모든 것을 버렸다는 것은 가난의 경지에 들어섰다는 것을 말합니다. 베드로는 아직 버리지 못하고 있습니다. 가난에 부가 채워지기를 바라는 마음을 넘어 보상을 바라는 마음까지를 비울 때, 그리하여 가난의 경지에 들어

---

65) 명례의 복자 신석복 마르코(1828-1866년)는 붙잡혀 대구 감영으로 끌려갈 때 자기를 풀어 달라고 돈을 싸 들고 뒤따라온 형제에게 "나를 위해 한 푼도 포졸들에게 주지 말라."라고 말했습니다. 돈의 집착을 벗어나 처자식을 사랑한 그의 애틋한 마음을 읽을 수 있습니다.

섰을 때 주님을 따른다고 할 수 있을 것입니다. 많은 그리스도인이 천국과 영생을 믿음의 대가로 생각하고, 부활을 죽음의 대가로 착각합니다. 순교자들이 천국과 영생의 대가를 바라고 목숨을 버린 것처럼 생각합니다. 오해입니다. 순교자들은 어떤 대가를 바라고 목숨을 내놓은 것이 아닙니다.

4

'버리다'의 그리스어는 '아피에미ἀφίημι'입니다. '가게 하다', '풀어 주다', '영을 떠나가게 하다'(마태 27,50), '자유롭게 하다', '놓아두다', '버리다', '포기하다' 등의 뜻입니다. "누구든지 내 뒤를 따르려면 자신을 버리고 제 십자가를 지고 나를 따라야 한다."(마르 8,34절)라고 하신 말씀에서 '버리다ἀπαρνέομαι'는 자기 부정을 통한 자유를 강조합니다. 집이나 형제나 자매, 어머니나 아버지, 자녀나 토지에서 인간은 자유로워야 합니다. 이들(이것들)은 인간을 묶어 두기 위해서가 아니라 자유롭게 하기 위해 있습니다. 이들(이것들)은 소유물 이상의 의미를 지닙니다. 보상으로 덧칠할 '것'이 아닙니다.

버림과 이를 통한 자유의 근본은 예수님과 복음입니다. 복음의 바탕에서만 버리는 것이 가능하며 자유의 삶이 보장됩니다. 복음 때문에 집이나 형제나 자매, 어머니나 아버지, 자녀나 토지를 버린다는 것은 이 모든 것 안에 계시는 하느님에 대한 믿음과 복음의 눈으로 바라보며 이들(이것들)을 대한다는 말입니다. 세상의 눈으로는 이들(이것들)을 마치 자기의 소유물인 양 대하며 자기에게 돌아올 이익을 바라며 대하겠지만 복음의 바탕에서는 이들(이것들)을 하느님께서 현존하시는 집으로 대하게 됩니다. 이들을 소유할 수 있는 물건처럼, 내 마음대로 이용할 수 있는 물건처럼 대하는 마음으로는 진정 사랑할 수 없습니다. 사랑하는 사람은 소유하려 들지 않습니다. 자유롭지 않은 사람은 영생을 얻을 수 없습니다. 욕망에는 끝이 없어서 백 배를 받으면 이백 배를, 이백 배를 받으면 삼백 배를 원하게 될 것입니다. 베드로의 잘못은 여기에 있습니다.[66]

마태오가 "보시다시피 저희는 모든 것을 버리고 스승님을 따랐습니다."라는 말에 이어 "그러니 저희는 무엇을 받겠습니까?"라는 말을 첨가한 것은 베드로의 버리지 못한 마음을 여실히 보여 줍니다. 베드로가 모든 것을 버리고 스승님을 따른 이유는 받기 위해서였습니다. 베드로는 버리면서도 받을 것을 생각하지만 예수님은 버리면서 버린다는 생각까지 버리기를 요구하십니다. '백 배'나 받을 것이라는 예수님의 말씀은 '더 많은 것'을 부정하는 말씀으로 알아들을 수 있습니다. 그분에게 첫째와 꼴찌는 의미가 없습니다. 주는 만큼 받는다거나 받는 것만큼 준다는 식의 계산하는 마음(give and take의 정신)을 버린 자가 영생을 누릴 것입니다.

5

버리는 것은 소유에 대한 욕심을 비우는 것이며 궁극에는 자신을

---

66) 많은 종교가 이런 잘못을 범하고 있습니다. 그들은 버리면 버린 만큼 더 얻는다고 가르칩니다. 하느님께서 채워 주실 것이라며 버리라고 가르칩니다. 그러고는 버린 것을 모읍니다. 그렇게 그들의 머리에는 채우는 것으로 가득합니다. 그렇게 종교는 타락합니다.

비우는 것입니다. 자신을 비우는 것은 자신을 사라지게 하는 것입니다. 자신을 버리고 비우고 사라진 곳에 사랑이 남습니다. 내가 사라진 곳에서 남이 사랑을 느낀다면 나는 그에게 사랑 자체입니다. 나는 사랑으로 변형되어 그에게 남습니다. 그분께서 최후의 만찬을 하시며 빵을 들고 "받아 먹어라. 이는 내 몸이다." 하며 내어 주신 빵은 그분의 몸, 다른 사람을 위하여 '버리는 몸'입니다. 버리는 몸으로 우리의 몸 안에 들어오셔서 빵처럼 소화되어 사라지십니다. 사라지신 그곳에 우리의 생명이 새롭게 피어납니다. 우리가 그 빵을 먹는다면 버리는 몸이 우리를 살린다는 것을 믿기 때문입니다. 세상의 모든 것들, "집이나 형제나 자매, 어머니나 아버지, 자녀나 토지" 등을 버리는 것은 자신을 버리는 것입니다.

우리는 버림과 사라짐에 대한 두려움을 가지고 살아갑니다. 내가 사라진다면 나는 더 이상 사랑도 생명도 느끼지 못하게 되는 것이 아닌가? 내가 남에게 사랑이고 생명이라 하더라도 내가 사라져 그 사랑, 그 생명을 느끼지 못한다면 그것이 내게 무슨 소용인가? 내가 사라지고 없는데 내세에 영원한 생명을 얻는다는 믿음이 내게 무슨 희망인가? 이리하여 우리는 사라짐에 대해 불안을 느끼며 끊임없이 사라짐에 대한 보상을 바라게 됩니다. 천국의 삶도 그런 보상으로 생각합니다. 사라짐에 대한 집착을 버릴 때 우리의 몸은 진정 남과 세상을 살리는 몸으로 변화할 것입니다. 버리고 떠나는 가운데 인간은 어떤 상황에도 현존하시는 하느님을 체험하게 됩니다. 남에게 부활의

삶을 살게 하는 존재로 다가가게 될 것입니다.[67]

바. 내가 마시는 잔을 마실 수 있느냐?

그들이 예루살렘으로 올라가는 길이었다. 예수님께서는 제자들 앞에 서서 가고 계셨다. 그들은 놀라워하고 또 뒤따르는 이들은 두려워하였다. 예수님께서 다시 열두 제자를 데리고 가시며, 당신께 닥칠 일들을 그들에게 말씀하기 시작하셨다. "보다시피 우리는 예루살렘으로 올라가고 있다. 거기에서 사람의 아들은 수석 사제들과 율법 학자들에게 넘겨질 것이다. 그러면 그들은 사람의 아들에게 사형을 선고하고 그를 다른 민족 사람들에게 넘겨 조롱하고 침 뱉고 채찍질하고 나서 죽이게 할 것이다. 그러나 사람의 아들은 사흘 만에 다시 살아날 것이다."

제베대오의 두 아들 야고보와 요한이 예수님께 다가와, "스승님, 저희가 스승님께 청하는 대로 저희에게 해 주시기를 바랍니다." 하고 말하였다. 예수님께서 그들에게 "내가 너희에게 무엇을 해 주기를 바라느냐?" 하고 물으시자, 그들이 "스승님께서 영광을 받으실 때에 저희를 하나는 스승님 오른쪽에, 하나는 왼쪽

---

67) 버리다(포기하다)와 관련하여 에크하르트 말 몇 마디를 인용합니다. "하느님을 위하여 우리가 포기하거나 버린 것은 무엇이든, 심지어 우리가 포기한 것이 우리가 그토록 바라던 위로든, 우리가 할 수 있는 모든 일을 다 해 얻으려 했던 황홀경이든 영성이든, 만일 우리가 그것에 완전히 사로잡혀 있고, 만일 그것이 오로지 선이기만 하다면, 무엇보다 만일 하느님께서 그것을 주실 것 같지 않은 상황 속에서도 그것을 기뻐하고 하느님을 위해 그것을 포기한다면, 그만큼 우리는 그것을 실제로 소유하게 될 것이다."(에크하르트, 48) "하느님을 위해 기꺼이 포기하고 자신의 안락에 대해서는 깊이 생각하지 않는다면, 그런 사람은 백 배의 상을 도로 받게 되는 것이다. (…) 하느님을 위해 버리기로 맹세한 것은 영적이든 물질적인 것이든 하느님 안에서 다시 찾을 것이기 때문이다."(에크하르트, 48.49) "하느님의 벗들은 위로받지 못하는 법이 없다는 사실을 기억하라. 하느님께서 원하시는 것이라면 무엇이든 그들에게는 그것이 가장 큰 위안이 되는 것이다. 그것이 위로든 위로가 아니든."(에크하르트, 49)

에 앉게 해 주십시오." 하고 대답하였다. 예수님께서 그들에게 "너희는 너희가 무엇을 청하는지 알지도 못한다. 내가 마시는 잔을 너희가 마실 수 있으며, 내가 받는 세례를 너희가 받을 수 있느냐?" 하고 물으셨다. 그들이 "할 수 있습니다." 하고 대답하자, 예수님께서 그들에게 말씀하셨다. "내가 마시는 잔을 너희도 마시고, 내가 받는 세례를 너희도 받을 것이다. 그러나 내 오른쪽이나 왼쪽에 앉는 것은 내가 허락할 일이 아니라, 정해진 이들에게 돌아가는 것이다." 다른 열 제자가 이 말을 듣고 야고보와 요한을 불쾌하게 여기기 시작하였다. 예수님께서는 그들을 가까이 불러 이르셨다. "너희도 알다시피 다른 민족들의 통치자라는 자들은 백성 위에 군림하고, 고관들은 백성에게 세도를 부린다. 그러나 너희는 그래서는 안 된다. 너희 가운데에서 높은 사람이 되려는 이는 너희를 섬기는 사람이 되어야 한다. 또한 너희 가운데에서 첫째가 되려는 이는 모든 이의 종이 되어야 한다. 사실 사람의 아들은 섬김을 받으러 온 것이 아니라 섬기러 왔고, 또 많은 이들의 몸값으로 자기 목숨을 바치러 왔다."(마르 10,32-45)

1

₩예수님 일행이 예루살렘으로 올라가는 길에서 일어난 일입니다. 예수님께서 앞장서 가시고 제자들이 그 뒤를 따라갑니다. '예루살렘으로 올라가는 길'이란 겐네사렛 호수(해저 200미터)보다 높은 곳에 있는 예루살렘(해발 760미터)으로 향하는 길이라는 지리적인 설명이 아닙니다. 예루살렘은 당신께서 최후를 맞이하실 곳이며, 당신 인생길의 최종 목적지입니다. 예수님은 지금 뚜렷한 목적의식을 가지고 예루살렘으로 올라가시는 중입니다. 그런 그분의 뒤를 따라가는 제자

들은 두려움에 싸여 있습니다. 사람의 아들이 반드시 많은 고난을 받으시고 사람들에게 배척을 받아 죽임을 당하셔야 한다고 하신 말씀 때문일 것입니다.

예수님께서 두려워하는 그들의 마음은 아랑곳 않으시고 예루살렘이 눈앞에 가까워지자 다시 제자들에게 당신께 닥칠 일들을 말씀하십니다. "보다시피 우리는 예루살렘으로 올라가고 있다. 거기에서 사람의 아들은 수석 사제들과 율법 학자들에게 넘겨질 것이다. 그러면 그들은 사람의 아들에게 사형을 선고하고, 그를 다른 민족 사람들에게 넘겨 조롱하고 침 뱉고 채찍질하고 나서 죽이게 할 것이다. 그러나 사람의 아들은 사흘 만에 다시 살아날 것이다." 마태오는 그들이 예수님을 "십자가에 못 박게 할 것"(마태 20,19)이라고 구체적으로 서술합니다. 벌써 세 번째입니다. 죽음을 반기기라도 하시듯 예수님의 발걸음이 너무도 당당하여 제자들은 그 길이 십자가를 향한 길이라는 것을 실감하지 못합니다. 왜 스승께서 그런 말씀을 하시는지 깨치지 못하는 한 그들의 두려움은 계속될 것입니다.

그들의 무지가 두려움을 덮어 버립니다. 스승을 모시고 예루살렘으로 올라가고 있다는 사실에 고무된 그들은 예루살렘이 가까워질수록 수난을 예고하시는 스승의 음성은 영광에 대한 그들의 욕망에 묻혀 버리고 맙니다. 세상에 평화를 가져다주실 분이 십자가에 죽임을 당하신다는 것은 그들에게 상상할 수 없는 일입니다. 그들은 권위 있고 덕망 높은 유명 인사를 모시고 예루살렘으로 올라가고 있다는 환상에 젖어 있습니다. 그들이 예수님께 청하는 마음에 그대로 드러납니다.

2

수난에 대한 말씀의 여운이 채 가시기도 전에 제베대오의 두 아들이 예수님께 다가와 "스승님, 저희가 스승님께 청하는 대로 저희에게 해 주시기를 바랍니다." 하고 청합니다. 두 제자는 '천둥의 아들들'이라 불리는 혈기 왕성한 사람들입니다. 예수님 일행이 예루살렘으로 올라가는 길에 사마리아의 한 마을이 그분 일행을 맞아들이지 않자, "주님, 저희가 하늘에서 불을 불러내려 저들을 불살라 버리기를 원하십니까?"(루카 9,54) 하고 말했던 사람들입니다. 그들은 지금 권세와 출세와 영광에 대한 생각으로 가득합니다. 마르코는 앞서 부자 청년(10,17-22)과 베드로(마르 10,28-31) 이야기를 통해 그들이 영생에 도달하지 못하는 까닭을 서술했습니다. 예수님께서는 당신의 죽음에 대해 말씀하시는데 그들의 머리는 끊임없이 소유와 높은 자리, 권세와 출세와 영광에 대한 생각으로 가득합니다. 그분을 따라가면서도 그분의 길을 역행합니다. 스승과 함께 길을 가면서도 어디로 가는지 모릅니다.

예수님께서 그런 그들에게 "내가 너희에게 무엇을 해 주기를 바라느냐?" 하고 물으십니다. 그들은 그분의 마음을 감지하지 못한 채 자기들의 욕망을 늘어놓습니다. "스승님께서 영광을 받으실 때에 저희를 하나는 스승님 오른쪽에, 하나는 왼쪽에 앉게 해 주십시오." 영광만을 생각하는 그들에게 '고난의 잔'을 마시기 위하여 예루살렘으로 올라가시는 스승의 마음은 보이지 않습니다. '영광'이라는 단어에 홀려 자기들이 무엇을 청하고 있는지 모릅니다.

예수님께서 "너희는 너희가 무엇을 청하는지 알지도 못한다."라고 말씀하시며 "내가 마시는 잔을 너희가 마실 수 있으며, 내가 받는 세례를 너희가 받을 수 있느냐?"라고 물으십니다. 최후의 만찬 때 그분께서 "받아 마셔라. 너희와 많은 이를 위하여 흘릴 피다." 하고 말씀하실 것입니다. 예수님은 당신이 흘리실 피를 흘릴 수 있느냐, 십자가에 피의 세례를 받을 수 있느냐, 하고 물으시는 것입니다. "나처럼 죽을 수 있느냐? 나처럼 너희 몸을 쪼갤 수 있느냐?"라고 물으시는 것입니다. 질문하시는 스승의 마음을 조금이라도 알아챘다면 "스승님께서 마시는 잔을 저희도 마시게 하여 주십시오, 스승님께서 받으시는 세례를 저희도 받게 하여 주십시오."라고 청해야 했을 것입니다. 그런데 그들은 그분께서 말씀하시는 잔이 무엇인지 알지 못하면서도 "할 수 있습니다." 하고 대답합니다.

그 잔은 하느님의 오른편이나 왼편에서 누리게 될 영광만을 바라는 사람들(마르 10,17), 그렇게 자신만의 행복과 구원을 전부로 여기는 사람들로서는 마실 수 없는 잔입니다. 소유나 편견, 모든 집착을 떠난 사람만이 마실 수 있는 잔입니다. 그 잔을 마시는 것은 모든 이의 고통에 동참하는 것입니다. 예수님은 당신의 고난과 죽음을 예고하시면서 그 죽음으로 그들을 초대하시는 것입니다.

예수님은 '고난의 잔', '죽음의 세례'에 대해서 말씀하시는데 그들은 고난과 죽음이라는 말은 여과 없이 흘려보내고 '영광'이라는 환상에 젖어 있습니다. 그들이 스승께서 사람의 손에 넘겨지고 많은 모욕과 고통을 당하시다가 십자가에 못 박혀 죽게 되리라는 것을 알았어도

"예, 할 수 있습니다." 하고 대답했을까요?[68] 그런 줄 알았어도 예루살렘을 향한 그분의 길을 따라갔을까요? 스승은 죽음의 잔을 이야기하시는데 그들은 영광의 관을 생각합니다.

그분의 죽음은 제자들이 갈망하는 영광에 대한 환상을 뿌리째 흔들 것입니다. 그분께서 십자가에서 맞이하실 무기력한 죽음은 하느님의 전능하신 힘에 대한 그들의 환상을 여지없이 깨뜨릴 것입니다. 예수님은 이전에 당신을 찾아와서 질문하는 젊은이를 '사랑스럽게 바라보셨듯이'(마르 10,21) 확신에 차서 대답하는 제자들을 따뜻한 눈길로 바라보십니다. 그들이 그분의 눈길을 조금이라도 느꼈더라면, 그분께서 고난의 잔을 마실 때 그분 곁을 떠나는 일은 없었을 것입니다.

예수님은 그들이 이 잔으로부터 도망칠 것을 아십니다. 그런데도 그분께서는 "내가 마시는 잔을 너희도 마시고, 내가 받는 세례를 너희도 받을 것이다."라고 하시며 그들에 대한 신뢰를 거두지 않으십니다. 그들(우리들) 마음속 깊은 곳에 잔을 마시고자 하는 마음이 감추어져 있음을 보시고 그 마음을 일깨우시기 위해서입니다. 그들에 대한 이 신뢰가 당신께서 붙잡히시자 달아났던 제자들을 다시 당신의 십자가 아래로 모여들게 하고, 다른 이를 위하여 자신을 희생하는 존재로 새로 탄생하게 합니다. 지금 당장은 아니지만, 언젠가 그들이 당신과 같은 운명을 맞이하게 될 것이라는 희망을 불어넣어 주신 것입니다. 그분의 죽음은 그들을 무지와 환상에서 구할 것입니다. 그렇게

---

68) 이 질문은 그들보다 이천 년 후에 살아가고 있는 우리에게도 던져집니다. 우리는 교리를 통하여 그분께서 말씀하신 고난의 잔이 무엇인지 압니다. 안다고 하면서 부활의 영광이라는 말에 귀가 솔깃하여 고난을 잊는 것은 아닙니까? 남을 섬기기 위해 자기를 죽이는 죽음은 빼고 그들처럼 섬김을 받는 영광만을 생각하는 것은 아닙니까? 그분의 오른쪽에 앉는 상상에 젖어 있는 것은 아닙니까?

예수님은 끝까지 인내하는 마음으로 그들을 대하십니다. "그래. 언젠가 너희는 나의 마음을 깨닫는 날이 올 것이다. 내가 마시는 잔을 마시고 다른 사람을 위하여 목숨을 내놓는 날이 올 것이다. 너희도 나처럼 기꺼이 죽음으로 영광스럽게 될 것이다." 그분은 어떤 경우에도 꺼져가는 불씨를 꺼버리지 않으십니다. 오히려 이 불씨를 살리기 위해 기꺼이 당신 목숨을 불쏘시개로 태우십니다.

3

'영광'은 히브리어로 '카보드kabod'인데 '무게'를 뜻합니다. 무게 있는 것이 중요하고, 가치가 있습니다. 영광은 인간이 감당할 수 없는 초월의 빛, 지존, 위엄을 뜻하는 말로서(탈출 16,7; 24,16; 레위 9,6) 하느님의 현존을 나타내는 말입니다. 이 표현들은 인간이 감당할 수 없는 무게를 지닌 것들입니다.[69]

예수님의 영광은 고난을 통해 드러납니다. 고난이 가장 무거운, 가장 가치 있는 것입니다. 영광을 이야기하는 제배대오의 두 아들에게서 고난이라는 말은 괄호 속에 숨어 버립니다. 스승은 고난에 참여하는 자만이 천국의 영광에 들 수 있다고 말씀하시는데 꿈에 부푼 그들은 그분의 고난에 참여할 마음의 준비가 되어 있지 않습니다. 실제로 그분께서 붙잡히시고 십자가에 달리시자 그들은 혼비백산 도망치고 맙니다. 그들은 스승의 복음을 깨닫지 못하고 있을 뿐만 아니라

---

69) 박병규, 222 참조.

잘못 생각하고 있습니다. 예수님께서 이런 그들을 당신의 고난으로 안내하십니다. 스승의 영광에 참여하기 위해서는 스승이 마실 '잔'을 마시고, 스승이 받을 '세례'를 받아야 합니다. 그것이 가장 무겁고 가장 가치 있는 일입니다.

예수님은 당신 어깨에 지워진 고난의 십자가를 끝까지 지고 가십니다. 십자가는 무겁지만 거기에 세상을 구원하고자 하시는 아버지의 사랑이, 인간을 구원하고자 당신의 아들을 십자가에 내놓으신 아버지의 뜻이 감추어져 있습니다. 고난의 십자가가 아버지의 영광을 드러냅니다. 영광은 사람들에게 넘겨져 조롱당하고 침 뱉음과 채찍질과 가시관을 쓰고 맞이하는 죽음을 통해서 드러나며 인간에 대한 아버지의 사랑이 얼마나 위대한지 보여 줍니다. 십자가를 내려놓은 사람은 하느님의 영광을 드러내지 못합니다.

제배대오의 두 아들(야고보와 요한)의 말을 듣고 불쾌하게 여기기 시작한 다른 제자들도 예수님의 복음을 깨닫지 못하기는 매한가지입니다. 예수님께서는 그런 그들을 가까이 불러 말씀하십니다. "다른 민족들의 통치자라는 자들은 백성 위에 군림하고, 고관들은 백성에게 세도를 부린다. 그러나 너희는 그래서는 안 된다. 너희 가운데에서 높은 사람이 되려는 이는 너희를 섬기는 사람이 되어야 한다. 또한 너희 가운데에서 첫째가 되려는 이는 모든 이의 종이 되어야 한다."(마르 42,44)

"다른 민족들의 통치자라는 자들은 백성 위에 군림하고, 고관들은 백성에게 세도" 부리는 것을 청하지만 십자가를 향하여 가는 제자들은 그래서는 안 됩니다. 그들은 높은 자리가 아니라 섬기는 사람이 되어야 합니다. 섬기는 사람이 되게 해 달라고 청해야 합니다. 주님께서도 "섬김을 받으러 온 것이 아니라 섬기러 왔고, 또 많은 이들의 몸값으로 자기 목숨을 바치러" 왔다고 말씀하시고 실제로 그러한 삶을 사셨습니다. 그것은 하느님께서 바라신 일이었습니다. 이사야는 하느님의 이 뜻에 대해 말합니다. "그를 으스러뜨리고자 하신 것은 주님의 뜻이었고 그분께서 그를 병고에 시달리게 하셨다. 그가 자신을 속죄 제물로 내놓으셨다."(이사 53,10-11) 하느님은 우리에게 다른 이를 위하여 목숨을 내놓으라고 말씀만 하신 것이 아니라 우리를 위하여 당신의 외아들까지를 내어주신 분이십니다. 우리가 "주님의 뜻대로 이루어지소서."라고 주님의 기도를 바친다면 우리를 위하여 당신의 생명을 내놓으신 주님의 뜻대로 살게 해달라고 청하는 것입니다. 남을 위하여 자신을 내놓는 삶이 주님의 뜻입니다.

영광의 빛은 백성 위에 군림하며 세도를 부리는 통치자나 고관이 아니라 우러러볼 만한 풍채도 위엄도 없고, 달리 기대할 만한 힘도 없는 분에게서 흘러나오는 빛입니다. 이사야서의 고통받는 종(이사 53,1-4)처럼 학대받고 천대받으면서도 모든 것을 묵묵히 참아 받으며 남을 영광스럽게 만든 얼굴에서 빛나는 광채입니다. 그 빛은 십자가에 처형되신 분의 얼굴에서 흘러나오는 빛, 하느님의 광채입니다. 그 빛은 섬기는 사람에게서 저절로 풍겨 나오고(43절) 예수님처럼 "섬김을 받으러 온 것이 아니라 섬기러 왔고[70], 또 많은 이들의 몸값으로 자기 목숨을 바치러 온" 사람의 아들(45절)에게서 빛나는 광채입니다.

---

70) 섬기러 왔다는 말씀은 루카 복음에서는 최후의 만찬 때 나오고, 요한 복음서에서는 "제일 큰 사람은 시중드는 사람"이라고 제자들의 발을 씻겨 주실 때 나옵니다. 여기서 '섬김을 받으러'와 '섬기러'의 동사는 '섬기다διακονέω'입니다. 이 동사의 명사 디아코노스διάκονος는 봉사자, 섬기는 사람, 종(마르 10,43.44)입니다.

4

그런데 제자들은 지금 예수님께 첫째가 되게 해 달라고, 모든 이 위에 서는 자가 되게 해 달라고 청하고 있습니다. 청해야 할 것은 청하지 않고 청하지 말아야 할 것을 청하고 있다는 사실을 그들은 모릅니다. 섬기는 자는 다른 이를 위하여 자기의 몸을 몸값으로 치릅니다.[71] 섬기는 일, 자기의 힘을 포기하는 일은 아무나 할 수 있는 일이 아닙니다. 돈과 힘과 지식을 자랑하고, 강한 자의식으로 무장한 현대인으로서는 다른 사람을 위해 몸을 굽힌다는 것은 자존심이 허락하지 않는 일입니다. 높은 사람이 되어 사람 위에 군림하고, 다른 사람을 낮추보며 세도를 부리는 것에 익숙한 사람들은 더욱 그렇게 하지 못합니다. 자신을 종처럼 낮추며 섬기는 사람만이 그렇게 할 수 있습니다.

섬기는 자는 '나는 봉사한다.'라는 의식조차 일으켜서는 안 됩니다. 나는 높은 신분인데도 이렇게 몸을 굽혀 길거리에 떨어진 종이를 줍는다거나, 나처럼 고귀한 사람이 저 보잘것없는 사람을 위해 희생한다는 식의 의식을 갖는다거나 그런 행위를 남이 느끼도록 어설픈 동작을 보일 때, 그 행위는 이미 봉사가 아닙니다. '봉사한다.'라는 생각을 가지는 순간 봉사의 순수성은 희석됩니다. 남에게 도움을 베풀 때

---

71) 교회는 자기에게 주어진 봉사를 하느님께서 주신 '힘'과 자기의 힘을 동일시하는 환상에 젖지는 않았는지 반성해야 할 것입니다. 복음을 전해야 할 교회가 세상 통치자와 다르지 않았던 역사를 아쉬워하며 부어스는 말합니다. "그 후 교회사의 반전 과정, 호화로운 삼중관을 쓴 교황들, 귀족 이상 가는 높은 지위를 누리던 주교들 등을 생각할 때 슬퍼지지 않을 수 없다. 그러나 지배자 중심으로 일관된 이러한 교회사 안에서 수없이 많은 성인들, 이름 없는 무수한 성인들이 세상에 알려진 교회사와는 다른 숨겨진 교회사를 살아 냈다는 사실이 우리를 위로해 준다. 십자가에 달리시고 높이 올림을 받으신 분께서 바로 이 다른 교회사를 영원히 지켜보아 주실 것이다."(부어스, 157-158.)

도 마찬가지입니다. 예수님께서 말씀하십니다. "자선을 베풀 때에는 오른손이 하는 일을 왼손이 모르게 하여라."(마태 6,3) 봉사는 인간이 행할 수 있는 가장 자연스러운 사랑의 행위입니다. 가장 자연스럽게 사는 사람이 가장 자연스럽게 봉사할 수 있습니다. 인생은 섬김을 받는 것이 아니라 섬기는 일을 통해 완성됩니다.

예수님은 실제로 종의 모습으로 오시어 가난한 이들, 앓는 이들, 소외되고 힘없는 변두리 인생들과 함께하시며 그들을 위해 사셨습니다. 예수님은 이들이 마치 당신의 주인이기라도 하듯이 그들을 섬기셨습니다. 눈먼 이를 고쳐 주시면서 "내가 너에게 무엇을 해 주기를 바라느냐?"(마르 10,51) 하고 물으시는 것은 "주님, 제가 여기 있습니다. 당신을 위해 무엇을 해야 합니까? 명령만 하십시오." 하고 종이 주인에게 하는 말과 다르지 않습니다. 그분은 섬기는 마음으로 눈먼 이를 고쳐 주십니다. 그분은 종이 주인을 대하듯 사람들을 주인으로 대하셨고, 드디어는 종이 주인을 위하여 목숨을 내놓듯 사람들을 위하여 목숨을 내놓으셨습니다. 그분은 자신을 종처럼 낮추는 이가 높아질 거라 하시는데 이는 높아지기 위해 자신을 낮추라는 말씀이 아닙니다. 인간이 최종적으로 할 수 있는 일은 모든 것을 하느님께 맡기고 자신을 낮추고 비우는 것이며, 이 일을 하고 나서 "해야 할 일을 하였을 뿐입니다."(루카 17,10) 하고 말하는 것입니다.

5

다른 사람을 위하여 목숨을 내놓는 것은 인생의 마지막에 오는 사건이 아닙니다. 그것은 일생을 통해 일어나야 하는 일입니다. 살아 있는 동안 목숨을 내놓는 삶을 살아야 합니다. 예수님은 살아 게시는 동안 벗을 위하여 목숨을 내놓은 삶을 사셨습니다. 순교는 인생의 마지막에 오는 사건이 아니며 살아 있는 동안 일어나는 일입니다. 부활도 인생이 끝나고 나서 찾아오는 것이 아니라 살아 있는 동안 지금 여기서 일어나야 하는 일입니다. 목숨을 내놓는 삶은 엄밀히 말해 새로운 삶의 예술입니다. 자기 혼자만 잘살게 해 달라고 기도할 것이 아니라 다른 이를 위하여 목숨을 바치게 해 달라고, 많은 이들의 몸값으로 자기 목숨을 바치게 해 달라고 기도해야 합니다.

그분께서 말씀하십니다. 나는 "많은 이들의 몸값으로 자기 목숨을 바치러 왔다."(마르 10,45) '몸값'이라는 말에 인간을 섬기는 그분의 마음이 그대로 드러납니다.[72] 예수 그리스도는 "당신 자신을 모든 사람의 몸값으로 내어 주신 분이십니다."(1티모 2,6) "그리스도께서는 우리를 위하여 당신 자신을 내어 주시어, 우리를 모든 불의에서 해방하시고 또 깨끗하게 하시어, 선행에 열성을 기울이는 당신 소유의 백성이 되게 하셨습니다."(티토 2,14)

그분께서 마시는 잔을 마시기 위하여, 그분처럼 섬기는 삶을 살기 위하여 자신을 몸값으로 내놓을 수 있어야 합니다. 다른 이의 행복과 구원을 위해 자신을 몸값으로 내어 주어야 합니다. 바오로 사도는 티모테오에게 쓴 편지에서 말합니다. "하느님의 힘에 의지하여 복음을

---

72) 몸값(그리스어 '뤼트론λύτρον')은 노예나 포로를 해방 또는 석방해서 양민으로 만들고자 지불하는 값입니다. 속량이라고도 합니다(정양모). 뤼트론λύτρον: 몸값, 뤼트로오λυτρόω: 속량하다. 구속하다(루카 24,21; 티토 2,14), 뤼트로시스λύτρωσι: 속량, 구속, 해방 (루카 1,68; 2,38; 히브 9,12), 뤼트로테스λυτρωτής: 구속자, 구원자, 해방자(사도 7,35)

위한 고난에 동참하십시오. (…) 그리스도께서는 (…) 복음으로 생명과 불멸을 환히 보여 주셨습니다."(2티모 1,8.10) "그리스도 예수님의 훌륭한 군사답게 고난에 동참하십시오."(2티모 2,3) "나는 이 고난을 겪고 있지만 부끄러워하지 않습니다. 나는 내가 누구를 믿는지 잘 알고 있으며, 또 내가 맡은 것을 그분께서 그날까지 지켜 주실 수 있다고 확신합니다."(2티모 1,12)

16.
다시 볼 수 있게 해 주십시오

그들은 예리코에 들어갔다. 예수님께서 제자들과 많은 군중과 더불어 예리코를 떠나실 때에, 티매오의 아들 바르티매오라는 눈먼 거지가 길가에 앉아 있다가, 나자렛 사람 예수님이라는 소리를 듣고, "다윗의 자손 예수님, 저에게 자비를 베풀어 주십시오." 하고 외치기 시작하였다. 그래서 많은 이가 그에게 잠자코 있으라고 꾸짖었지만, 그는 더욱 큰 소리로 "다윗의 자손이시여, 저에게 자비를 베풀어 주십시오." 하고 외쳤다. 예수님께서 걸음을 멈추시고, "그를 불러오너라." 하셨다. 사람들이 그를 부르며, "용기를 내어 일어나게. 예수님께서 당신을 부르시네." 하고 말하였다. 그는 겉옷을 벗어 던지고 벌떡 일어나 예수님께 갔다. 예수님께서 "내가 너에게 무엇을 해 주기를 바라느냐?" 하고 물으시자, 그 눈먼 이가 "스승님, 제가 다시 볼 수 있게 해 주십시오." 하였다. 예수님께서 그에게 "가거라. 네 믿음이 너를 구원하였다." 하고 이르시니, 그가 곧 다시 보게 되었다. 그리고 그는 예수님을 따라 길을 나섰다(마르 10,46-52).

가. 자비를 베풀어 주십시오

1

마르코에 의하면 에리코에서 눈먼 거지 바르티매오를 고쳐 주신 이 야기는 예수님께서 마지막으로 행하신 기적 이야기입니다. 이 이야기는 세 차례에 걸친 예수님의 수난 예고와 제자들의 몰이해 다음에 이어집니다. 스승을 모시고 다니면서도 스승을 알아보지 못한 제자들과 길거리에 앉아 있다가 예수님이라는 소리를 듣고 그분을 알아본 눈먼 거지가 대조를 이룹니다. 제자들은 예루살렘에 도착하면 스승께서 수석 사제들과 율법 학자들에게 넘겨져 사형선고를 받으시고 조롱과 채찍질을 당하시고 십자가에 못 박혀 죽임을 당하시게 되리라는 예고를 거듭 들으면서 예루살렘 턱밑까지 올라왔는데도 그들의 머리에는 예루살렘에 입성하면 모든 것을 버리고 스승님을 따른 (10,28-37) 대가가 무엇일까 하는 생각으로 가득합니다.

이런 상황에서 바르티매오라는 눈먼 거지가 길가에 앉아 있다가, 나자렛 사람 예수님이 지나가신다는 소리를 듣고서 그분의 이름을 부르며 자비를 베풀어 달라고 외칩니다(10,51). 루카는 그분의 자비를 입고 다시 보게 된 그가 "하느님을 찬양하며 예수님을 따랐다. 군중도 모두 그것을 보고 하느님께 찬미를 드렸다."(루카 18,43)라는 말로 제자들과 대조적인 자세를 명료하게 보여 줍니다. 줄곧 예수님을 모시고 예루살렘으로 올라가고 있는 제자들보다 길가에 앉아 있던 눈먼 거지가 예수님의 복음을 먼저 깨닫고, 그분을 따라 길을 나선 것입니다.[73) 이로써 이 치유 이야기는 본다는 우리에게 "너는 보는가, 무엇을 보는가? 너는 듣는가, 무엇을 듣는가?" 하고 성찰하게 합니다. 보면서도 보지 못하고 들으면서도 듣지 못하는 병을 앓는 이들을 위한 이야기입니다.

2

치유 과정의 전개 방식이 다른 치유 기적의 이야기와는 차이를 보이는 것도 주목할 점입니다. 대개는 병자의 병에 대하여 먼저 기술한 다음 병자가 예수님께 도움을 청하면 예수님께서 병을 고쳐 주시고, 그 치유를 증명하는 것으로 이야기가 전개되지만, 눈먼 거지 바르티매오의 경우 그런 과정이 생략되어 있습니다. 이 이야기는 다른 기적 사화에서처럼 눈먼 이를 고쳐 주셨다는 사건을 넘어[74) 그 자체로 복음의 핵심을 찌르는 내용을 담고 있습니다. 자비와 '보는 것'이 이 이야기의 핵심 주제입니다. 보는 자만이 이제 곧 예루살렘에서 사람의 아들에게 일어날 일, 곧 십자가와 부활의 신비를 깨닫게 될 것입니다.

눈먼 이를 고쳐 주신 장소가 예리코라는 것도 눈여겨볼 대목입니

---

73) 눈먼 거지와 제자들의 대조되는 행위는 벳사이다에서 눈먼 이를 보게 하신 이야기(마르 8,22-26)에서도 나타납니다. 두 이야기 다 예루살렘을 향하여 가시는 중에(한번은 그 출발점에서 한번은 입성 바로 전에) 배치되어 있다는 데서 복음사가의 의도를 읽을 수 있습니다. 그는 예루살렘에서 일어날 일(그분의 수난과 죽음과 부활)로 독자를 안내하고자 하는데, 눈먼 이는 그분을 알아보고 소위 본다는 그분의 제자들, "스승님은 그리스도십니다."라고 고백하며 그분을 따르는 제자들은 아직 그분을 잘 모릅니다. 사람의 아들이 반드시 많은 고난을 겪으시고 죽음을 당하셨다가 사흘 만에 다시 살아나셔야 한다는 예고를 들으면서도 깨닫지 못합니다. 예수님의 수난과 부활이 일어나는 예루살렘에 도달하기 위해서는 보는 눈을 가져야 합니다. 볼 눈이 없으면 그분(의 고난과 죽음)을 보아도 보지 못할 것입니다. 예루살렘에 있어도 예루살렘에 있는 것이 아닙니다. 천국에 있어도 천국에 있는 것이 아닙니다. 고백해도 고백하는 것이 아닙니다. 부활의 삶을 살 수 없습니다.

74) 눈먼 이가 보게 되었다든지 불치의 병이 나았다든지 하는 예는 성경 밖 세상에도, 우리나라에도 흔하게 있는 일입니다. 예수님은 그런 치유자가 아닙니다.

다. 예리코는 예수님께서 예루살렘으로 가시는 길에 마지막으로 들린 도시입니다. 예리코는 요르단강 서쪽 사해 근처 해저 250미터의 저지대에 있는 도시로 여기서부터 해발 760미터 지점에 자리하고 있는 예루살렘까지는 험난한 사막이 펼쳐진 오르막길입니다. 예수님은 이 길을 무대로 강도들을 만난 어떤 사람을 돌보아 준 착한 사마리아인의 비유를 들려주기도 하셨습니다(루카 10,30-37). 예수님은 당신이 붙잡혀 죽임을 당하시게 될 예루살렘 입성을 앞두고 그 가까이에 와 계십니다. 마르코는 예수님께서 예리코에 들어가셨다고 언급만 할 뿐 그 도시에 들어가셔서 무엇을 하셨는지 언급함 없이 예리코를 떠나실 때 이야기를 보도합니다.[75] 이로써 그들이 예루살렘을 향하고 있다는 것을 에둘러 강조하고 있는데, 이는 마르코가 의도한 바이기도 합니다. 예루살렘에서 일어나게 될 일은 볼 눈이 있는 자만이 볼 수 있다는 것을 은근히 암시합니다.

3

복음사가는 바르티매오를 단순히 앞을 못 보는 사람일 뿐 아니라 빌어먹어야 살 수 있는 거지로 소개합니다. '눈먼 거지'라는 말에는 눈이 먼 사람은 아무것도 볼 수 없을 뿐만 아니라 아무것도 할 수 없어 빌어먹어야 하는 무능한 존재라는 뜻이 복합적으로 표현되어 있습니다. 아우구스티누스는 바르티매오가 티매오의 아들이라는 점을

---

[75] 루카는 예수님께서 예리코에 가까이 이르셨을 때 눈먼 이가 길가에 앉아 구걸하고 있다가 예수님이 지나가신다는 소리를 듣고 자비를 베풀어 달라고 소리를 질렀다고 기술합니다(루카 18,35).

감안하여 그는 큰 영화를 누리던 사람이었지만 몰락하여 눈이 먼 채 주저앉아 구걸까지 해야 하는 신세가 되었다고 봅니다.[76] 아우구스티누스의 견해에 따라 추정해 보면 금수저로 태어나서 누리게 된 부귀영화가 그의 눈을 멀게 한 것입니다. 가진 것 많은 그가 가진 것 없는 가난한 이들을 업신여기며 흥청망청 거드름 피우며 살다가 거지가 된 것입니다. 예리코 성벽 아래 앉아 구걸하며 그는 자기가 한때 가난하다고 멸시했던 이들로부터 죄인 취급 받으며 자기의 과거를 후회하고 있었을지 모릅니다. 그는 보면서 보지 못하고 세상을 살았던 것입니다.

길가에 앉아 구걸하고 있는 그의 귀에 군중의 웅성거림 속에 예수님께서 지나가신다는 소리가 들려옵니다. 나자렛 사람 예수님이라는 소리를 듣자, 그는 소리 나는 쪽을 향하여 "다윗의 자손 예수님, 저에게 자비를 베풀어 주십시오."(47절) 하고 외칩니다. "나자렛 사람 예수님"이라는 소리를 듣고 "다윗의 자손 예수님" 하고 부릅니다.

예수님의 이름을 듣는 순간 그의 마음에는 어쩌면 밧세바와 정을 통한 뒤 통회하는 다윗의 마음이 떠올랐을지도 모릅니다. "하느님 자비하시니 나를 불쌍히 여기소서. 애련함이 크오시니 내 죄를 없이 하소서. 내 잘못을 말끔히 씻어 주시고 내 허물을 깨끗이 없애 주소서." (시편 51,3-4 성무일도)

이분이야말로 자기의 죄스러운 처지를 이해하고 함께해 주실 분, 그리스도라고 확신하며 그분을 부르며 자비를 베풀어 달라고 청합니

---

76) 오든 222. 정양모 신부는 마르코가 아람어를 모르는 이방계 독자들을 위해 바르티매오를 '티매오의 아들'로 번역해 놓았다고 봅니다.

다. 자비를 청하는 것은 함께 아파해 달라고 청하는 것입니다. 어미가 태중의 아기에게 가지는 느낌[77]을 그는 받고 싶어 하는 것입니다. 그는 보게 해 달라거나, 거지의 신세를 벗어나게 해 달라고 청하지 않고 잘못 살아온 인생에 자비를 베풀어 달라고 청합니다. 그가 예수님의 이름을 듣고 자비를 청한다면 그에게 예수님은 자기가 당하는 고통을 당신 자신의 고통으로 여기며 함께 아파해 주실 분으로 믿었기 때문일 것입니다.

나. 발걸음을 멈추다

1

사람들은 그가 외치는 소리를 참지 못하고 잠자코 있으라고 꾸짖습니다. 그는 지금 무시를 당하고 있습니다. 그럴수록 그는 더 큰 소리로 외칩니다. "다윗의 자손이시여, 저에게 자비를 베풀어 주십시오." (48절)

많은 이들이 그에게 잠자코 있으라고 꾸짖은 것은 예수님과 함께 가는 그들의 길을 방해하지 말라는 것입니다. 눈먼 거지의 외침을 자기들이 주님을 따르는 데 방해되는 성가신 소음으로 생각하는 것입

---

77) 자비를 뜻하는 히브리어 '르하밈'은 '레헴'(자궁)에서 파생했습니다.

니다.

그들은 왜 그분이 지금 여기를 지나시는지, 왜 여기를 통과하여 에루살렘을 향하여 가고 계시는지 모릅니다. 그들은 예수님께서 자비를 갈구하는 가난하고 불쌍한 사람들을 위하여 오셨다는 사실을 알지 못합니다. 예수님을 에워쌌으면서도 예수님이 누군지 모르고, 예수님과 함께 길을 가면서도 그분의 길을 모릅니다. 그분께서 수많은 기적을 일으키시는 것을 보았고, 그분이 메시아라고 고백하면서도 그분이 누구인지 모릅니다.[78] 그분을 모르기에 그분께서 복음으로 만나신 눈먼 이를 복음으로 대하지 못합니다. 자비를 베풀어 달라고 외치는 그의 마음을 듣지 못합니다. 당연히 그의 몸에서 발하는 복음의 빛을 보지 못합니다.

잠자코 있으라는 주변의 꾸짖음이 클수록 그의 목소리도 커지고, 목소리가 커지는 만큼 그분에 대한 믿음도 커집니다. 그는 지금 그분께 대한 믿음을 외치고 있습니다. 장차 예수님께서 예루살렘 입성하실 때 호산나를 외치게 될 저 유다인들이나 제자들의 외침과는 다른 외침입니다.[79]

---

78) 눈먼 이에게 잠자코 있으라고 꾸짖는 이들은 오늘날 성직자, 법조인, 정치인, 선생, 학자일 수도 있습니다. 우리가 예수님을 알고 있는지 모르고 있는지 그 여부는 우리가 주변의 가난한 사람들을 어떻게 대하는가 하는 것이 말해 줄 것입니다. 아무런 배경도 힘도 없는 사람들, 버림받고 소외된 사람들, 내 마음에 들지 않는 형제자매들에게 차가운 눈길을 보내며 경원하거나 외면하거나 적대시하는 한, 우리는 예수님을 안다고 할 수 없습니다.

79) 그가 외치는 장면은 예수님께서 예루살렘에 입성하실 때 "호산나! 주님의 이름으로 오시는 분은 복 되시어라."(11,9)하고 외치는 군중의 소리와 대조를 이룹니다. 군중은 예루살렘에 입성하시는 예수님을 뒤따라가며 "주님의 이름으로 오시는 분" 하고 큰 소리로 고백하지만, 그들의 고백은 곧 "십자가에 못 박으시오."라는 외침으로 돌변합니다. 우쭐하던 제자들은 다 도망칩니다.

2

예수님께서 소리 지르지 말라고 꾸짖는 군중의 소리에 섞여 들려오는 그의 목소리를 들으시고 걸음을 멈추십니다. 예수님 귀에 들려온 눈먼 이의 소리는 "나는 이집트에 있는 내 백성이 겪는 고난을 똑똑히 보았고, 작업 감독들 때문에 울부짖는 그들의 소리를 들었다. 정녕 나는 그들의 고통을 알고 있다."(탈출 3,7)라고 하시며 하느님께서 귀 기울여 들으시던 소리입니다. 예수님께서는 하느님께서 귀 기울여 들으시던 그 소리를 들으신 것입니다. 예수님께서 걸음을 멈추시고 그를 데려오라고 분부하십니다. 그분이 걸음을 멈추셨다는 것은 그에게 귀를 기울이셨다는 뜻입니다. 걸음을 멈춘 그 모습은 그와 함께 하는 자, 그와 함께 가는 자의 모습입니다. 그분의 멈춘 걸음에서 그분의 자비로운 마음을 만납니다.

그분의 멈춘 걸음은 우리에게 "자비를 간청하는 저 소리가 들리지 않느냐? 그 소리를 듣고도 걸음을 멈추지 않느냐?"라고 묻게 합니다. 저 소리는 하느님께서 들으시는 소리입니다. 저 소리를 지나쳐서는 하느님의 음성을 들을 수 없습니다. 내 주변의 가난한 이, 고통받는 이가 부르짖는 소리는 하느님께서 들으시는 소리, 예수님께서 걸음을 멈추고 들으시는 소리입니다. 가던 길을 멈추고 들어야 할 소리입니다.

군중이 그 앞에 발걸음을 멈출 수 없었던 것은 그의 아픔을 자기의 아픔으로 받아들이지 못하였기 때문입니다. 오히려 그들은 자비를 베풀어 달라고 외치는 그에게 조용히 하라며 꾸짖었습니다. 바르티매오가 주님께 자비를 베풀어 달라고 청할 수 있었던 것은 주님의 이름에서 자기와 함께하시는 그분의 자비를 느꼈기 때문입니다. 사람들은 자비의 인간으로 태어나고 싶어 부르짖는 그의 마음을 듣지 못합니다.

예수님께서 걸음을 멈추시자 그분과 함께 가던 이들도 모두 멈추어 섭니다. 그에게 잠자코 있으라고 꾸짖던 사람들도 걸음을 멈춥니다. 누구도 감히 할 수 없었던 일을 눈먼 거지가 한 것입니다. 그분의 걸음을 멈추게 한 그가 그분을 자비로 만납니다.

<h1 style="text-align:center">3</h1>

예수님께서 그를 불러오라 하시자 사람들이 바르티매오를 데리러 갑니다. 잠자코 있으라고 꾸짖던 사람들이 "용기를 내어 일어나게. 예수님께서 당신을 부르시네." 하며 용기를 북돋아 줍니다. '일어나게(에게이레ἔγειρε)![80] 예수님께서 중풍 병자에 하신 말씀(마르 2,9)이 그들을 통해 그에게 전해집니다. 바르티매오는 그분께서 자기를 부르신다는 소리에 겉옷을 벗어 던지고 벌떡 일어나 예수님께 달려갑니다. 겉옷을 벗어 던졌다는 것은 몸에 걸치고 있던 지금까지의 삶을 벗어던졌다는 것을 상징적으로 말해 줍니다.

그는 지금까지 인생을 살아오면서 걸쳤던 수많은 옷을 벗어던집니다. 그의 눈을 멀게 한 부귀영화와 성공과 영광의 옷, 권세와 허세와 허영과 위선과 교만의 옷, 자기 존재를 드러내기 위해 걸치고자 했던

---

80) '일어나다'에 대해서 마르 1,29-31; 2,1-12; 16,9 참조.

욕심의 옷을 벗어던집니다. 남의 아픔과 슬픔, 괴로움과 고민 따위는 쳐다보지도 않았던 차가운 마음의 옷을 벗어 던집니다. 옷을 벗어 버리는 행위와 벌떡 일어나 달려가는 행위가 하나가 됩니다. 보지 못하던 눈을 뜨게 되는 순간입니다. 예수님을 만나면서 그는 현상을 떠나 속을 들여다보는 인간으로 새로 태어납니다. 걸치고 있는 옷을 벗는다는 것은 알몸을 드러내는 일입니다. 하느님은 인간을 알몸으로 창조하셨습니다. 그는 예수님을 만나면서 겉옷을 벗어 던지고 창조의 순간으로 돌아가게 됩니다.

가끔은 가던 걸음을 멈추고 주변의 소리에 귀를 기울여 봅니다. 내 길을 가로막는다고 생각되는 이웃의 소리에 귀를 기울여 봅니다. 들려오는 소리 이면에서 들려오는 인간의 마음을 읽도록 해 봅니다. 하느님께서 부르시며 우리의 걸음을 멈추게 하십니다. 그 목소리는 교회를 없애 버리려고 남자든 여자든 찾아다니던 바오로의 발걸음을 멈추게 하셨고, 성문을 빠져나가려는 베드로의 발길을 멈추게 하시어 주님의 눈길을 느끼게 하셨습니다. 이웃의 소리에 귀 기울일 때, 그 소리 듣고 가던 걸음을 멈추어 설 때,[81] 우리는 하느님의 음성을 우리의 내면에서 들을 수 있을 것입니다. 그분의 품에 안겨 있는 우리를 발견할 것입니다. 인생의 목표에 도달한 자신을 보게 될 것입니다.

---

81) 사제와 레위인은 강도를 만나 초주검이 된 사람의 신음을 듣지 않으려고 그를 피해서 자기 길을 계속 가고 그들이 무시하던 사마리아 사람이 가던 걸음을 멈추어 그에게 자비로운 사람이 됩니다(루카 10,29-37).

다. 내가 너에게 무엇을 해 주기를 바라느냐?

1

예수님께서 부르신다는 소리에 벌떡 일어나 달려온 눈먼 거지에게 예수님은 "나를 부른 이유가 무엇이냐?" 하고 물으시는 것이 아니라 "내가 너에게 무엇을 해 주기를 바라느냐?" 하고 물으십니다. 그의 요구 사항을 묻기 전에 내가 해 줄 수 있는 것이 무엇인지 물으시는 그분에게서 가난하고 힘없는 사람에게 조심스럽게 섬기는 마음으로 다가가시는 자상함을 느낍니다. 우리는 일방적으로 하느님께 청하고 하느님은 무조건 우리의 청을 들어주셔야 하는 분이라는 도식에 젖을 때가 많습니다. 그러나 예수님은 당신이 눈먼 이에게 무엇을 어떻게 해 주면 좋겠는지 물어보십니다. 그가 당신을 향하여 외칠 때 이미 그가 당신께 바라는 것이 무엇인지 아셨음에도 그에게 물어보십니다. 귀를 기울여 당신을 부르는 이의 마음을 만나고자 하십니다. 그분의 물음에서 그분의 자비와 사랑을 느낍니다. 그분은 질문을 하며 인류에게 다가오십니다.

우리는 어떻게 질문하며 사람들에게 다가갑니까? 어떻게 사람들의 마음에 귀를 기울입니까? 그들이 원하는 것이 무엇인지 묻기보다 내가 원하는 것을 일방적으로 심어 주려고 하지는 않습니까? 내가 너에게 무엇을 해 줄 수 있을까 묻기보다 네가 청하면 내가 들어줄게, 하는 식의 고자세로 사람들을 대하지는 않습니까? 나는 베풀고 주는 자인데 상대는 받고 받아 내기 위해서 청하는 하찮은 존재로 대하는 것은 아닙니까? 복음도 일방적으로 남에게 심어 주겠다는 자세로 전하는 것은 아닙니까? 그러면서 '나'의 생각을 복음이라는 포장지에 싸서 선포하는 것은 아닙니까?

"내가 무엇을 해 주기를 바라는가?" 하고 물을 수 있을 때 우리는 사람들 안에 감추어 있는 믿음을 볼 수 있을 것이고, 그들이 믿음으로 하느님을 찾고 있었다는 사실을 알게 될 것입니다.[82] 눈먼 거지는 "내가 너에게 무엇을 해 주기를 바라느냐?"라는 예수님의 목소리를 듣는 순간 '자기가 바라는 것'을 넘어 '자기에게 해 주고자 하시는 그분의 마음', 자기의 아픔에 '함께하시는 마음'을 느낍니다.

2

"무엇을 해 주기를 바라느냐?"라는 질문은 조금 전 제자들에게도 던지신 질문입니다. 그때 그들은 스승님께서 영광을 받으실 때 하나는 스승님의 오른쪽에, 하나는 왼쪽에 앉게 해 달라고 청했습니다. 그런 그들에게 예수님은 "너희는 너희가 무엇을 청하는지 알지도 못한다."라고 말씀하셨습니다(35-38절). 바르티매오는 "스승님, 제가 다시 볼 수 있게 해 주십시오."라고 청합니다. 그는 조금 전까지 "다윗의 자손 예수님" 하고 부르던 그분을 "스승님" 하고 고쳐 부릅니다. '다시' 보게 해 달라고 애원했다는 것은 보던 눈이 도중에 멀게 되었다는 것을 암시합니다. 세상을 살아가면서 눈이 멀게 된 것입니다. 무엇

---

82) 사제가 본당으로 처음 부임할 때 "제가 이 본당에서 무엇을 해 주기를 바라십니까?" 하는 질문을 던질 수 있다면!

이 그의 눈을 멀게 하고 더구나 거지가 되게 했을까요? 그는 다시 보고 싶어 합니다.

과거에 그가 본 것은 무엇이었으며 다시 보고 싶은 것은 무엇일까요? 그는 단순히 세상 만물을 다시 보게 해 달라고 청하는 것이 아닙니다. 보다가 보지 못하게 된, 예전에 보던 그것을 다시 보게 해 달라고 청하는 것이 아닙니다. 다시 금수저로 살게 해 달라고 청하는 것이 아닙니다. 그는 지난날을 후회하며 외치고 있는 것입니다. "스승님, 지금까지 저는 욕망에 눈이 멀어 보면서도 보지 못하고 살았습니다. 보고 싶은 것만 보며 사느라 정작 보아야 할 것을 보지 못하는 눈으로 살았습니다. 제 눈을 열어 다시 사물의 마음을 보게 해 주십시오." 그는 다시 보고 싶은 것입니다. 새로운 눈으로 세상을 보고 싶은 것입니다.

'다시' 보게 해 달라는 바르티매오의 청은 루카 복음에 나오는 되찾은 아들의 비유(루카 15,11-32)를 떠올리게 합니다. 작은아들은 아버지로부터 자기 몫의 재산을 챙겨 먼 고장으로 떠나가서 방종한 생활을 하며 재산을 다 탕진한 후에야 재산에 눈멀고 향락에 빠져 지낼 때 보지 못했던 아버지를 다시 생각하게 됩니다. 그리고 아버지께 돌아갑니다. 바르티매오는 작은아들처럼 그렇게 보지 못한 자신을 후회하며 다시 보는 눈을 얻게 해 달라고 청합니다. 재산을 다 탕진하고 거지가 되어서야 비로소 자기가 보지 못하고 살았다는 것을 깨닫게 된 것입니다. 그는 예수님의 눈으로 다시 보고 예수님의 마음으로 다시 살게 해 달라고 청하는 것입니다.

다시 보게 해 달라는 그의 청에는 자기를 당신의 제자로 받아 달라는 뜻이 숨겨져 있는 것입니다. 그는 지금까지 보지 못하던 세상과 사물과 인간(의 마음)을 예수님의 눈으로 보고 싶은 것입니다. 온 세상에서 자비를 느끼고 또 느끼게 하는 자비의 인간이 되고 싶은 것입니다.

예수님께서 그의 청을 들어주시니 그가 다시 보게 됩니다. 부富가 눈을 멀게 했다면 주님의 자비가 그를 눈뜨게 합니다. 지금까지 무지 속에서 부귀영화를 쫓느라 눈먼 세상을 살았지만 이제 예수님을 만나면서 무지의 눈이 열리며 새 세상을 살아가게 됩니다.

3

오래된 성경에는 "스승님, 제가 다시 볼 수 있게 해 주십시오."라는 말에 '당신을'이라는 말을 첨가하여 "스승님, 제가 당신을 다시 볼 수 있게 해 주십시오."라고 되어 있습니다. 그는 예수님을 보게 해 달라고 청하고 다시 보게 된 눈으로 그를 다시 보게 하신 예수님을 봅니다. 예수님께서 당신을 보여 주시면서 그의 내면의 눈, 영적인 눈을 뜨게 하십니다. 세상일로 그리고 무지로 먼 그의 눈을 열어 영적인 눈으로 세상을 옳게 보게 하십니다. 그는 이제 예수님을 통하여 예수님의 눈으로 세상을 보게 될 것입니다. 그분의 눈으로 세상을 바라보며 자비로운 존재로 살아가게 될 것입니다. 그분을 통하여 복음을 깨닫고 빛 속에서 세상을 살아가게 될 것입니다.

다시 보게 된 그는 자비로운 눈으로 모든 사람과 사물에서 주님의 함께하심과 자비를 보게 될 것입니다. 저 사람 눈이 멀었다, 중풍 병자다, 더러운 영이 들었다 하는 현상이 아니라, 저 사람 죄인이다, 용서받지 못할 사람이다, 착하다 악하다 하는 겉모습이 아니라, 저 사람 죽었다 살았다 하는 편견이 아니라, 빈과 부, 선과 악, 성과 속, 생과 사의 현상 안에 살아 계신 하느님의 생명을 보게 될 것입니다. 현상만을 보고 현상의 소리만 듣는 것이 아니라 그 안에 현존하시는 주님을 보게 될 것입니다.

그는 주님은 가난 속에도, 빌어먹는 신세에도 계신다는 것을 새롭게 체험하게 됩니다. 부와 가난, 행과 불행, 건강과 병, 장수와 단명, 생과 사, 모든 상황이 주님의 현존을 알린다는 것을, 주님은 이 모든 경계를 넘어 가까이 계신다는 것을 알게 됩니다. 주님께서 벌하시어 가난하고 불행하고 단명하고 죽는 것이 아닙니다. 주님의 현존을 깨닫는 순간 예수님께서 왜 그렇게 자주 보면서도 보지 못하고 들으면서도 듣지 못한다고 말씀하셨는지 그 이유를 깨닫게 됩니다. 주님께서 늘 나와 함께 계셨다는 것을 체험하는 순간 보고 듣는 모든 것이 새로운 지평을 열어 줄 것입니다.

4

우리는 보면서도 보지 못하고 들으면서도 듣지 못할 때가 많습니다. 우리를 치장하고 있는 겉옷 때문에, 우리가 앉아 있는 자리 때문에 눈을 뜨고도 보지 못하는 것입니다. 눈먼 거지 바르티매오는 이제 겉옷을 벗어 던지고 사물의 내면을 바라보는 눈을 얻었습니다. 본다는 것은 사물의 속마음까지를 보는 것입니다. 예수님께서 제자들에게 "너희는 아직도 깨닫지 못하느냐?"(마르 8,21) 하고 한탄하신 것은 그들이 당신을 보지 못하여 사물의 마음을 보지 못하기 때문입니다. 보지 못하여 그들 마음에 자비와 사랑이 없음을 안타깝게 여기신 것입니다. 그분의 눈으로 세상을 보기 위해서는 눈을 떠야 하고 눈을 뜨기 위해서는 겉만을 보는 눈을 감고 내면을 들여다보아야 합니다. 보고 듣기 위해서는 우리 몸에 걸친 겉옷을 벗어 버려야 하고 그 자리에서 일어서야 합니다.

라. 가거라

1

"볼 수 있게 해 주십시오."라는 눈먼 이의 청에 대한 예수님의 답변은 뜻밖에도 "보라."가 아니라 "가거라."입니다. 그전에 벳사이다에서 눈먼 이를 고쳐 주시고 나서도 그를 집으로 보내시면서 "저 마을로는 들어가지 마라."(마르 8,26) 하고 말씀하셨습니다. 그 마을은 마음이 굳어 있는 이들의 도시, 자기의 욕심을 채우려는 이들의 도시(마태 11,21)이기 때문입니다. 그 안에서 사람들은 방향 감각을 잃고 헤매며 행복을 놓칩니다.

이제 예리코에서 바르티매오를 보게 하신 예수님께서 그에게 "가거라." 하고 말씀하십니다. 다시 보게 된 그는 예수님을 따라 길을 가게 됩니다. "가거라."라는 말씀에는 지금의 상태에서 벗어나 새로운 삶으로 들어가는 것이 암시되어 있습니다. 더는 자기 자신에 집착하지 않고 다른 사람을 향하는 삶을 살도록 하라는 말이 암시되어 있습니다. 자기만을 향하여 사는 사람은 눈먼 사람이나 다름없습니다.

"가거라!"는 예수님께서 중풍 병자를 낫게 하시고 나서 하신 말씀이기도 합니다. "일어나 들것을 들고 집으로 돌아가거라."(마르 2,11) 중풍 병자는 그때 자기를 구속하던 율법과 사람들의 따가운 시선에서 벗어나 모든 이가 보는 가운데 '일어나[83] 새 삶으로 걸어갑니다(마르 2,1-12). 예수님께서 바로티매오에게 '가거라'하고 이르신다면, 직접 '일어나라' 하고 말씀하지는 않으셨지만,[84] 그가 '일어나' 새로운 삶으로 걸어가게 하신 것입니다. 보는 삶을 살게 하신 것입니다.

2

"가거라."라는 명령은 다시 보게 된 바르티매오만이 아니라 당신과 함께 길을 가고 있는 사람들을 의식하며 하신 말씀이기도 합니다. 우리에게 들으라고 하신 말씀입니다. "가거라!" 하신 예수님의 말씀을 들으며 우리는 얼마나 자기중심에서 벗어나 다른 사람에게로 마음을 열며 살아가고 있는지 묻게 됩니다. 병이 주는 고통은 크지만, 그 고통은 나 중심으로 산 죄로 인해 더욱 가중됩니다. 이를 깨달을 때 우

---

83) '일어나다'(에게이렌ἐγείρειν)에 대해서 마르 1,31; 2,1-12; 12,18-27, 16,9 참조.
84) 주님은 사람들을 시켜 '일어나라'라는 말을 전하여 그가 당신께 달려오게 하셨습니다. "용기를 내어 일어나게(에게이레). 예수님께서 당신을 부르시네."(49절)

리는 예수님께서 수없이 많은 병자를 고쳐 주신 것은 그들이 육체적으로 앓는 병보다 더 크게 앓고 있는 마음의 병을 고쳐 주신 것임을 동시에 깨닫게 될 것입니다. 예수님은 고통을 통해 인생을 깨우쳐 주십니다.

3

우리는 여기서 예수님께서 그의 눈을 뜨게 하시며 "네 믿음이 너를 구원하였다."라고 하신 말씀에 주목하게 됩니다. 그는 그분께 믿음을 고백하는 말 한마디 없이 "저에게 자비를 베풀어 주십시오." 하고 청했을 뿐인데, 그분께서는 그의 청에서 믿음을 보셨습니다. 그의 청이 믿음에서 나온 것이라는 것을, 당신에 대한 믿음, 복음에 대한 믿음, 하느님에 대한 믿음에서 나온 것이라는 것을 알아보셨습니다. 눈먼 바르티매오가 다시 볼 수 있게 된 것은 그의 믿음 때문입니다. 그의 믿음이 나자렛 사람 예수님이라는 소리를 듣고 자비를 베풀어 달라고 큰 소리로 외치게 한 것입니다. 그분이 지나가신다는 소리를 처음 듣는 순간, 그는 그분께서 자기의 눈을 뜨게 해 주시리라는 믿음을 넘어 그분은 자기의 온갖 고통과 설움에 함께하시며 함께 아파하시는 분이라는 것을 믿게 됩니다.

그가 자비를 베풀어 달라고 소리친 것은 자기와 함께 계시는 자비로운 하느님께 대한 믿음의 발로였습니다. 그는 예수님께서 자기 눈을 멀게 했던 장벽들을 헐어 내고 자기 자신을 발견하게 하며 새롭게 세상을 보게 하시는 분임을 직감적으로 깨달았던 것입니다. 그분처럼 세상을 새로이 보는 것이 그의 소원입니다. "내가 너에게 무엇을 해 주기를 바라느냐?"라는 질문에 "다시 볼 수 있게 해 주십시오."라고 청한 것은 이 믿음 때문입니다. 보고 듣는 기적이 내 몸에 일어나게 하려면 복음에 대한 믿음이 우선입니다.

예수님은 "자비를 베풀어 주십시오."라는 그의 외침에서 믿음을 보십니다. 하느님의 왕국이 우리 손이 닿는 곳에 있다는 믿음이 기적을 일으키게 합니다. 바르티매오도 그분 목소리를 듣는 순간 단순히 '보게 되는 기적'을 넘어 '복음을 믿는 존재로 변화하는 기적'이 자기 몸에 일어난 것을 체험하게 됩니다. 일어나 세상을 다시 보게 됩니다. 다시 보게 된다고 해도 믿음을 얻지 못한다면 그 봄이 인생에 무슨 도움이 되겠습니까. 보고, 듣고, 말하고, 걷고, 깨끗해졌다 해도 믿음으로 이어지지 못한 기적은 잠시의 호기심으로 세인들의 입에 오르내리다가 사라지고 말 것입니다. 육체의 치유보다 더 중요한 것은 믿음의 눈을 얻는 것입니다. 믿음의 눈을 얻을 때 세상이 새롭게 보일 것입니다.

마르코가 예수님께서 고향 마을 사람들이 믿지 않는 것에 놀라셨고, 그곳에서는 몇몇 병자들만 고쳐 주셨을 뿐 아무런 기적도 일으키실 수 없었다(마르 6.5)고 보도하는 것도 이런 뜻에서 알아들을 수 있습니다. 바르티매오는 지금 온몸으로 믿음을 고백하고 있습니다. 잠자코 있으라고 꾸짖는 주변의 소리에도 아랑곳하지 않고 예수님을 향하여 더욱 큰 소리로 외치는 그에게서 그분을 향한 믿음을 봅니다. 예수님은 그의 끈질기고 열정적인 모습에서 이기적이고 독선적인 사람이나 고통과 죽음을 두려워하는 마음에서는 나올 수 없는 믿음을 보십니다. 자기의 눈멂을 받아들이고, 절망과 좌절 속에서도 희망을 잃지 않는 마음에서만 나오는 믿음을 보십니다. 그 믿음이 예수님에게 전달된 것입니다.

<h1 style="text-align:center">4</h1>

예수님께서 눈먼 이에게 "네 믿음이 너를…" 하고 말씀하신다면 예수님은 그가 믿음을 고백하기 전에 그의 믿음을 받아들이신 것입니다. 예수님은 그동안 당신께 믿음을 고백하는 이들의 소리를 수도 없이 들으셨습니다. 베드로도 당신께 고백하였고, 유다 이스카리옷도 고백했을 것입니다. 이제 바르티매오의 고백에서 진심을 만납니다. "주님, 지금껏 저는 사물의 겉만을 보며 살았습니다. 저에게 당신의 이름은 저의 겉을 아름답게 꾸미고, 부유하게 하고, 치유하기 위해 부르는 이름이었습니다. 저는 당신께서 모든 피조물의 마음속에, 고통과 가난 속에도 계심을 보지 못했습니다. 하지만 이제 저는 깨달았습니다. 당신은 제 마음 안에, 그리고 제가 보는 세상 안에 계시는 분이라는 것을 믿습니다. 보게 하여 주십시오. 당신을!"

믿음으로 다시 보게 된 그는 어떤 고난과 악조건 속에서도 하느님의 자비를 느끼며 살게 될 것입니다. 하느님의 자비를 느끼면서 자비의 인간으로 태어날 것입니다. 보면서도 보지 못하는 차원을 벗어나 다시 보게 된 바르티매오는 이제 사람들의 마음 안으로 가게 될 것입니다. 남들의 아픔을 자기의 아픔으로 삼는 자비의 인간으로 새로 나게 될 것입니다. 십자가를 지신 그분의 모습에서 자비의 극치를 보며,

자기 또한 십자가를 향한 삶을 살아가게 될 것입니다. 십자가는 자기를 버리고 남을 위하는 삶이 이루어지는 곳입니다. 믿음을 얻은 사람은 남을 위하여 자기를 죽이고 희생합니다. 사물의 속을 들여다보는 사람은 자기가 바라보는 사람과 운명을 같이 합니다. 바르티매오는 다시 보게 된 기쁨에만 머물지 않고 예수님을 따라 길을 나섭니다. 그분과 함께 십자가의 길을 걸어갑니다. 그분의 희생하는 삶을 보면서 희생하는 존재로 거듭나게 됩니다. 보게 되니까 본대로 남을 위하여 희생하는 존재로 바뀌게 됩니다.

5

바르티매오가 그분을 부르는 호칭이 "다윗의 자손"에서 "스승님"으로 바뀐 데서 그의 변화된 모습을 봅니다. 그에게 예수님은 인생의 스승입니다. 그는 예수님의 제자로 새롭게 태어났습니다. 그분처럼 남을 위하여 자기를 희생하는 존재, 다른 사람과 함께 아파하고 함께 슬퍼하는 존재, 자비로운 존재로 거듭난 그는 그분을 따라 예루살렘으로 올라갑니다. 그분처럼 남을 위해서, 세상을 위해서, 목숨을 내놓는 사람이 되기 위해서. 우리가 그리스도인이 된 것은 그분의 제자가 되기 위해서입니다. 세상 모든 사람이 자기 자신을 그분의 제자로 느낀다면 세상은 얼마나 평화로울까요. "너희는 온 세상에 가서 모든 피조물에게 복음을 선포하여라."(마르 16,15) "가서 모든 민족들을 제자로 삼아라."(마태 28,19) 그분의 염원입니다.

마. 예수님을 따라 길을 나서다

1

"그리고 그는 예수님을 따라 길을 나섰다." 루카는 그가 하느님을 찬양하며 예수님을 따랐다고 전합니다(루카 18,43). 예수님은 그의 소리를 들으시고 걸음을 멈추셨고, 그는 자기 소리를 들으시고 걸음을 멈추신 그분의 목소리를 듣고 새로운 눈을 얻습니다. 일어나 하느님을 찬양하며 그분의 뒤를 따라갑니다. 멈추어 서신 그분의 발걸음이 그에게 하느님을 찬양하는 노래를 부르게 합니다. 우리는 그가 어디까지 그분을 따라갔는지 모릅니다. 마르코는 그의 생애를 더는 보도하지 않습니다.

그분을 가까이 모시고 따라다니던 제자들은 무지 속에서 그분과 함께 예루살렘에 입성하지만(마르 11,1-10), 길가에 앉아 있다가 예수님이라는 소리를 듣고 자비를 베풀어 달라고 외친 눈먼 거지가 제자들에 앞서 그들이 걸어야 할 길을 따라갑니다.[85]

앞을 볼 수 없어 제자들처럼 예수님을 따라다닐 수 없었던 거지가 그분을 먼저 알아보게 되었다는 것은 제자들을 부끄럽게 합니다. 제자들의 이 부끄러운 여정은 십자가 아래서 절정에 이르게 될 것입니다. 그분께 그리스도이시라고 고백하며 인생의 목적지인 예루살렘에

---

85) 헤르만 헨드릭스 참조. 벳사이다의 눈먼 이 이야기(마르 8,22-26)부터 에리코의 눈먼 거지 바르티매오 이야기(10,46-52)까지를 한 장절로 보는 성서학자들도 있습니다. 이들은 이 부분을 마르코 복음의 중심 장절로 간주하며, 제자 됨에 대한 가장 핵심 부분으로 결론짓기도 합니다.

까지 따라온 그들이지만, 그분께서 붙잡히시자 겁이 나서 모두 그분을 버리고 달아났습니다. 그분의 십자가형을 집행한 백인대장이 그분께서 숨을 거두시는 모습을 보고 "참으로 이 사람은 하느님의 아드님이셨다." 하고 고백합니다. "스승님은 그리스도이십니다." 하고 고백했던 베드로는 몸을 숨기고. 예수님을 처형한 이방인 백인대장이 그분께 신앙을 고백했으니 이보다 더한 인생의 역설이 어디에 또 있겠습니까?

마르코는 제자들이 예수님을 보면서도 알아보지 못한 근본 이유를 예루살렘에 올라가는 동안 여러 차례 암시했습니다. 하느님의 일은 생각하지 않고 사람의 일만 생각하고, 하느님의 다스림에 자신을 맡기지 못하고, 누가 가장 큰 사람이냐 하는 문제로 논쟁하면서 군림하고, 세도 부리는 자리를 탐하고, 자기만 잘 되기를 바라는 이기적인 신앙이 그들의 눈을 가린 것입니다.

2

바르티매오의 외침은 그분을 따른다는 우리 그리스도인들이 외치는 소리가 되어야 할 것입니다. 오늘날 예수님이 오셔서 복음을 선포하신다면 그때 종교 지도자들과 논쟁하셨듯이 현대의 종교 지도자들(사제, 주교, 목사 교사)과도 논쟁하셔야 하지 않을까요? 당신의 이름으로 복음을 선포한다고 하지만, 여전히, 아니 어쩌면 그때보다 더 율법과 교의와 전통(벳사이다의 눈먼 이), 물질과 명예와 권력(바르티매오)의 노예가 된 종교 지도자들을 보시면서 "눈먼 이가 눈먼 이를 인도

하면 둘 다 구덩이에 빠질 것"(마태 15,14)이라고 걱정하지 않으실까요? 세상에 복음을 선포하기 위해서는 명색이 그리스도인인 우리가 먼저 복음을 깨달아야 하고, 복음을 강론하는 사제가 먼저 복음의 내용을 깨쳐야 합니다. "다윗의 자손 예수님, 저에게 자비를 베풀어 주십시오." 하고 외치는 이들 앞에 걸음을 멈출 수 있어야 합니다. 귀를 기울여 그들의 소리를 들을 수 있어야 합니다. "스승님, 제가 다시 볼 수 있게 해 주십시오."라는 바르티매오의 외침은 복음의 삶을 살기 위해 우리에게 외치는, 그래서 우리가 마음에 새겨야 하는 세상의 외침입니다.

언제 우리는 바르티매오처럼 눈을 뜨게 될까요? 언제 입술이 아닌 마음으로 "다윗의 자손 예수님!" 하고 그분을 부르고, 언제 마음을 다해 "자비를 베풀어 주십시오." 하고 청하게 될까요? 언제 가진 것을 팔아 가난한 이에게 나누어 주며 언제 다른 사람을 위하여 목숨을 내놓을 수 있을까요? 언제 십자가에서 그분의 사랑과 하느님의 영광을 보게 될까요? 제자들은 주님께서 많은 고난을 받으시고 십자가에서 처참하게 돌아가시기까지 끝내 그분을 알아보지 못했습니다. 우리는 어떻습니까? 알아봅니까?

3

마르코는 예리코에서 눈먼 이를 보게 하신 이 기적 사화를 예수님께서 마지막으로 일으키신 기적으로 소개합니다. 그분께서 죽음을 맞이하시게 될 예루살렘 입성을 눈앞에 두고 이 이야기를 들려주는 복음사가의 의도를 읽게 됩니다. 그분의 십자가 죽음을 바라보는 우리의 눈을 열어 주고자 한 것입니다. 길가에 앉아 있다가 예수님께서 지나가신다는 소리를 듣고 "다윗의 자손 예수님, 저에게 자비를 베풀어 주십시오." 하고 외치며 다시 볼 수 있게 해 달라고 청하는 거지가 예수님의 감동을 샀다는 사실을 우리는 마음에 새겨야 할 것입니다. 예수님께서는 그의 존재 깊숙이 감추어 있는 믿음을 보시고 그 믿음으로 세상을 보게 해 주셨습니다. 다시 보게 된 눈으로만 그분께서 가시는 길을 따라 예루살렘에 입성할 수 있을 것입니다. 그분처럼 십자가 죽음을 맞이할 수 있을 것입니다.

제4장

예루살렘에서

사람들은 그분의 현존에서 하느님의 나라를 보고

그분의 십자가 죽음에서 그들을 살리는 기적을 보아야 합니다

마르코 복음 11장부터 13장에서는

예수님께서 예루살렘에 입성하신 후 사흘간의 행적이 기록되어 있습니다

직접 하느님의 나라에 관하여 가르치시거나

치유의 기적을 일으키지 않으십니다

낮에는 예루살렘의 성전에서 활동하시고

저녁이 되면 베타니아로 돌아가 머무셨습니다

첫날 예수님께서는 영광스럽게 예루살렘에 입성하십니다

둘째 날 성전에서 상인들과 환전상을 쫓아내어 성전을 정화하시고

셋째 날 성전에서 종교 지도자들과 논쟁하시며

성전 파괴와 이스라엘의 파멸을 예언하십니다

사회와 종교 지도자들로부터 모함을 받으며

죽임을 당하지 않을 수 없는 상황으로 몰리십니다

17.
예루살렘에서의 첫 삼일

가. 예루살렘 입성

그들이 예루살렘 곧 올리브 산 근처 벳파게와 베타니아에 가까이 이르렀을 때, 예수님께서 제자 둘을 보내며 말씀하셨다. "너희 맞은쪽 동네로 가거라. 그 곳에 들어가면 아직 아무도 탄 적이 없는 어린 나귀 한 마리가 매여 있는 것을 곧 보게 될 것이다. 그것을 풀어 끌고 오너라. 누가 너희에게 '왜 그러는 거요?' 하거든, '주님께서 필요하셔서 그러는데 곧 이리로 돌려보내신답니다.' 하고 대답 하여라." 그들이 가서 보니, 과연 어린 나귀 한 마리가 바깥 길 쪽으로 난 문 곁 에 매여 있었다. 그래서 제자들이 그것을 푸는데, 거기에 서 있던 이들 가운데 몇 사람이, "왜 그 어린 나귀를 푸는 거요?" 하고 물었다. 제자들이 예수님께서 일러 주신 대로 말하였더니 그들이 막지 않았다. 제자들은 그 어린 나귀를 예수 님께 끌고 와서 그 위에 자기들의 겉옷을 얹어 놓았다. 예수님께서 그 위에 올라 앉으시자, 많은 이가 자기들의 겉옷을 길에 깔았다. 또 어떤 이들은 들에서 잎이 많은 나뭇가지를 꺾어다가 깔았다. 그리고 앞서 가는 이들과 뒤따라가는 이들이 외쳤다. "'호산나! 주님의 이름으로 오시는 분은 복되시어라.' 다가오는 우리 조 상 다윗의 나라는 복되어라. 지극히 높은 곳에 호산나!" 이윽고 예수님께서 예루

살렘에 이르러 성전에 들어가셨다. 그리고 그곳의 모든 것을 둘러보신 다음, 날

이 이미 저물었으므로 열두 제자와 함께 베타니아로 나가셨다(마르 11,1-11).

1

11장 1-11절은 예수님 일행이 예루살렘에 도착한 첫날에 있었던 일입니다. 예수님께서 복음을 선포하기 시작하신 갈릴래아를 떠나 드디어 예루살렘에 도착하셨습니다. 갈릴래아가 사람들로부터 천대받는 이민족의 땅이라면 예루살렘은 거룩한 성전이 있는 선망의 장소입니다. 예루살렘은 '평화의 도시'라는 뜻입니다.[86] 예수님께서 "아름다운 돌과 자원 예물로 꾸며"진(루카 21,5) 성전이 우뚝 서 있는 예루살렘에 입성하신 것입니다.

예수님은 예루살렘에 가까워지자 정성을 다해 입성을 준비하셨습니다. "아직 아무도 탄 적이 없는 어린 나귀"를 타고 예루살렘에 입성하기로 하신 것입니다. "아무도 탄 적이 없는 어린 나귀"는 즈카르야서에 기록된 말씀으로 복음사가는 예수님의 예루살렘 입성을 메시아 예언의 실현으로 보고 있습니다. "딸 시온아, 한껏 기뻐하여라. 딸 예

---

86) 예루살렘에는 기원전 약 3000년 이래 사람들이 살았던 것으로 추정합니다. '예루'는 도시, 마을을 뜻하고 '살렘'은 평화를 뜻합니다. 예루살렘은 평화의 도시, 평화의 마을을 뜻합니다. 기원전 2100년경 멜키체덱 왕이 다스릴 때 수도였는데 처음에는 '살렘'으로 불렸습니다. "살렘 임금 멜키체덱도 빵과 포도주를 가지고 나왔다. 그는 지극히 높으신 하느님의 사제였다."(창세 14,18) 예루살렘이 이스라엘의 중요한 도시가 된 것은 기원전 약 1000년경 다윗 왕이 '시온의 성'이라 불리던 도시를 정복하여 수도로 삼고 계약의 궤를 이곳으로 모신 이후였습니다. 그 후 유다인은 이 도시를 '다윗의 성'이라 불렀고(2사무 5,7), 이스라엘의 종교, 정치, 문화, 사회 등 모든 분야의 중심지가 되었습니다. 다윗이 죽은 후 그의 아들 솔로몬 왕은 도시에 왕궁과 신전 및 성전을 새로 건설하고 계약의 궤를 성전에 모셨습니다(1열왕 6-8장). 기원전 6세기에 바빌론 유배에서 돌아온 유다인들이 예루살렘에 새로운 성전을 짓기 시작하여(에즈 3,8-13) 온갖 어려움을 무릅쓰고(에즈 4,1-24) 새 성전을 준공하여 봉헌하고(에즈 6,13-18), 헤로데 때 46년이나 걸려 다시 성전을 세웠습니다(요한 2,20).

루살렘아, 환성을 올려라. 보라, 너의 임금님이 너에게 오신다. 그분은 의로우시며 승리하시는 분이시다. 그분은 겸손하시어 나귀를, 어린 나귀를 타고 오신다."(즈카 9,9)

세상에 평화를 가져다주실 메시아는 백마를 타고 위풍당당한 모습으로 오신 것이 아니라 가난한 아기의 모습으로 오셨고, 다시 보잘것 없는 나귀를 타고 오시는 겸손한 분이십니다. 세상의 평화는 힘이 아니라 힘을 비우고 겸손하게 자신을 낮추는 섬김을 통해 이루어집니다. 나귀를 타고 오시는 그분이 "에프라임에서 병거를, 예루살렘에서 군마를 없애시고 전쟁에서 쓰는 활을 꺾으시어 민족들에게 평화를 선포"(즈카 9,10)하게 될 것입니다. 병거와 인간의 힘을 다 비운 상태에서 인간은 비로소 평화를 맛보게 될 것입니다. 평화의 나라는 인간의 힘이 다스리는 나라가 아닙니다. 어린 나귀를 타고 오시는 그분은 호화로운 궁전이 아니라 자신을 완전히 낮추어 구유에 태어나시고 십자가 죽음에 이르기까지 순종하시는 분입니다. 그렇기에 메시아입니다.

2

예수님께서 예루살렘에 입성하시자 많은 사람이 예수님 가시는 길에 자기들의 겉옷과 나뭇가지를 꺾어다가 깔아놓고 "호산나! 주님의 이름으로 오시는 분은 복되시어라. 다가오는 우리 조상 다윗의 나라는 복되어라. 지극히 높은 곳에 호산나!"라고 외치며 그분을 환영합니다. 호산나는 "(하느님) 구원하소서."라는 뜻으로 시편 118장 25-26

절(아, 주님, 구원을 베푸소서. 아, 주님, 번영을 베푸소서. 주님의 이름으로 오는 이는 복되어라)에서 빌려온 말로 메시아를 환호하는 환성입니다.[87]

복음서는 예수님께서 입성하실 때 나뭇가지를 흔들며 열렬히 환영한 예루살렘 사람들이 불과 며칠 만에 마음이 돌변하여 그분을 십자가에 못 박으라고 소리친 것 같은 인상을 줍니다. 한 입으로 두 소리를 지른 것인가요? 사람이 변해도 그렇게 급작스럽게 변할 수 있을까요? 성서학자들은 예수님의 마지막 행적을 살펴보면서 온 예루살렘 주민들이 그분을 반겼다고 보기는 어렵다고 봅니다.

요한은 "유다인들이 두려워 그분에 관하여 드러내 놓고 말하는 사람은 없었다."라고 기록하기도 합니다. 예수님께서 빵을 많게 하실 때까지만 해도 수많은 사람이 그분을 따랐습니다. 빵의 기적을 일으키실 때 그 자리에 있었던 사람은 장정만 5천 명이었다고 하니 남녀 합치면 이 수치를 훨씬 넘었을 것입니다.[88] 그런데 예수님께서 당신 자신을 "하늘에서 내려온 살아 있는 빵"(요한 6,51)이라고 말씀하시자 사람들은 떨어져 나가기 시작합니다. 제자들까지 그분과 함께 다니기를 꺼릴 정도였습니다(요한 6,66).

예수님께서 당신 자신에 관하여 말씀하시면 하실수록 사람들은 그분을 경계하고 율법을 어기는 자라는 비판과 함께 적대감을 드러냈습니다. 사람들이 그분의 말씀과 행적에 관심을 보인 것은 사실이지만 온 예루살렘 사람들이 열렬히 예수님을 환영했다고 보기는 어려

---

87) 아우구스티누스는 "히브리어를 아는 사람들이 말하는 바와 같이 '호산나'는 애원하는 소리인데, 무슨 특정한 의미를 담고 있다기보다는 느낌을 표현하는 단어이다. 고통스러울 때는 '어휴!'라고 하고, 기쁠 때는 '와!'라고 하는 라틴어 감탄사와 같은 것이다."라고 풀이합니다(오든 226.).

88) 당시 예루살렘의 인구가 2만에서 2만 5,000명쯤 되었다는 점을 감안하면 이 숫자는 상징적인 의미를 더 지닌다고 보아야 할 것입니다.

운 것입니다. 만일 예수님을 환영하는 무리가 많았다면 로마군대가 가만있지 않았을 것입니다.

정양모 신부는 "예수님께서 예루살렘으로 들어가실 때 제자들을 비롯하여 동행한 순례자들 몇 사람은 스승이 곧 메시아 왕국을 세우리라고 믿고 제법 흥분했던 것 같다."라고 말하면서 "입성 후에 아무런 일도 일어나지 않았다. 또한 입성할 때의 시위사건이 예수님의 재판 과정에서 전연 거론되지 않은 사실로 미루어 보더라도 그것은 측근들의 소규모 시위였지 예루살렘 시민들이나 거기 모인 순례자들의 대대적인 시위가 아니었으리라 생각된다. 그런데 그리스도인들은 예수님을 메시아로 확신한 나머지 그와 같이 소박했던 입성 사실을 마치 예수님 메시아의 어마어마한 행차였던 것처럼 상상하기에 이르렀고 아울러 입성사화를 점점 화려하게 엮어 갔다."라고 해설합니다.

마태오와 마르코는 수많은 군중이 자기들의 겉옷을 벗어 길에 깔거나 많은 나뭇가지를 꺾어다가 길에 깔아놓고 앞서거니 뒤서거니 하면서 그분을 환영했다고 하고(마태 21,8-9; 마르 11,8-9) 루카는 제자들의 무리가 큰 소리로 하느님을 찬미하기 시작하였다고 전하며(루카 19,37) 요한은 "축제를 지내러 온 많은 군중이 예수님께서 예루살렘에 오신다는 말을 듣고서 종려나무 가지를 들고 그분을 맞으러"(요한 12,12-13) 나왔다고 전하지만, 예수님을 환영한 무리는 우리가 생각하는 것처럼 그렇게 큰 무리는 아니었던 것 같습니다. 우리가 추측할 수 있는 것은 며칠 후 빌라도 앞에서 "십자가에 못 박으시오."라고 소리친 사람들이 예수님을 환영한 사람과 동일한 사람들이 아닐 수 있다는 것입니다. 율법 학자들을 비롯한 예루살렘 사람이 예수님을 죽이라고 소리를 지르는 동안 호산나를 외치던 사람들은 겁이 나서 숨거나 입을 다물어 버렸다고 보는 것이 더 옳을 것입니다.

뒤켄은 예루살렘 입성의 일화에는 갈릴래아인들이 주역을 맡았고 (요한에 의하면 라자로의 친구들, 베타니아 사람들도 있었다), 예수님께서 사형선고를 받고 십자가형에 처해질 때는 예루살렘 사람들과 로마인들이 주역을 맡았다고 주장합니다. 그리고 장 푸랑스아 식스를 인용하여 "예수님은 자신이 직접 이끄는 순례자들의 행렬 틈에 끼어 있었을 뿐이고, 성전 앞에 도착하자 제관이 그 행렬의 선두주자를 대표로 축복해 주었다."라고 말합니다.[89]

3

문제는, 요한 복음에 따르면 예수님을 환호하는 사람들이 종려나무 가지를 들고 "호산나! 주님의 이름으로 오시는 분은 복되시어라." 라는 말에 이어 "이스라엘의 임금님은 복되시어라." 하고 소리쳤다는 것입니다. 유다인들에게 종려나무는 정치적 의미를 지닌 것이어서 이 나뭇가지를 흔들며 소리를 지른다면 지배자를 내쫓고 새로운 왕권을 보고자 하는 염원이 담겨 있는 것입니다. 예수님께서 나귀를 타고 입성하셨다는 것이 이를 뒷받침해 줍니다. 나귀는 말에 비해 겸손하지만 높이 평가를 받는 짐승이기 때문입니다. "딸 시온에게 말하여라. 보라, 너의 임금님이 너에게 오신다. 그분은 겸손하시어 암나귀를, 짐

---

89) 뒤켄, 257-258.

264   모든 사람이 나에게 복음 ❷

바리 짐승의 새끼, 어린 나귀를 타고 오신다."(마태 21,5)

그분은 '호산나' 외치는 군중의 환호 소리에서 십자가에 못 박으라는 군중의 소리를 함께 들으셨을 것입니다. 어쩌면 두려움과 공포 속에서 군중의 환호 소리를 들으셨고, 그런 마음으로 제자들과 마지막 식사를 하셨고, 그런 마음으로 겟세마니에서 기도하셨고, 그런 마음으로 재판을 받으셨고, 드디어는 그런 상황 속에서 십자가에서 몸부림치다가 돌아가셨을 것입니다. 고통 속에서 그분은 하느님의 현존을 받아들이며 죽음에 자신을 맡기셨습니다. 고통받는 인간의 아들이 하느님의 아들입니다.

마르코는 날이 저물어 베타니아로 나가시기 전에 성전의 모든 것을 둘러보셨다고 전합니다. 호기심으로 성전 주변을 둘러보신 것은 아닐 것입니다. '둘러-보다'의 그리스어는 '페리-블레포περι-βλέπω'인데 '페리'는 '주위', '주변', '둘레'라는 뜻입니다. 그분의 눈 앞에 펼쳐진 성전 주변의 풍경은 어떠했을까요? 기도하는 사람만이 아니라 자신의 이익을 위해 분주하게 성전을 드나드는 장사치들을 보는 심정은 어떠하셨을까요? 그분께서 목격하신 성전 밖보다 더 세속적인 성전 풍경은 다음날 일어나게 될 성전 정화와 무관하지 않습니다.

나. 성전 정화

이튿날 그들이 베타니아에서 나올 때에 예수님께서는 시장하셨다. 마침 잎이 무성한 무화과나무를 멀리서 보시고, 혹시 그 나무에 무엇이 달렸을까 하여 가까이 가 보셨지만, 잎사귀밖에는 아무것도 보이지 않았다. 무화과 철이 아니었기 때문이다. 예수님께서는 그 나무를 향하여 이르셨다. "이제부터 영원히 어느 누구도 너에게서 열매를 따 먹는 일이 없을 것이다." 제자들도 이 말씀을 들었다.

그들은 예루살렘으로 갔다. 예수님께서는 성전에 들어가시어, 그곳에서 사고팔고 하는 자들을 쫓아내기 시작하셨다. 환전상들의 탁자와 비둘기 장수들의 의자도 둘러 엎으셨다. 또한 아무도 성전을 가로질러 물건을 나르지 못하게 하셨다. 그리고 그들을 가르치시며 이렇게 말씀하셨다. "'나의 집은 모든 민족들을 위한 기도의 집이라 불릴 것이다.'라고 기록되어 있지 않으냐? 그런데 너희는 이곳을 '강도들의 소굴'로 만들어 버렸다." 수석 사제들과 율법 학자들은 이 말씀을 듣고 그분을 없앨 방법을 찾았다. 군중이 모두 그분의 가르침에 감탄하는 것을 보고 그분을 두려워하였던 것이다. 날이 저물자 예수님과 제자들은 성 밖으로 나갔다(마르 11,12-19).

사고팔고 하는 자들을 쫓아내시고

1

예루살렘에 입성하신 첫날, 성전의 모든 것을 둘러보신 다음 제자들과 함께 베타니아로 가시어 묵으시고(마르 11,11) 이튿날 다시 예루살렘으로 가십니다. 가시는 도중 무화과나무를 저주하시는 일이 일어납니다(마르 11,12-14). 그리고 또 그다음 날 그 무화과나무가 뿌리째 말라 있는 것을 제자들이 발견합니다(마르 11,20-26). 마르코는 무화과나무 이적 사화 사이에 성전 정화에 관한 기록을 끼워 넣었는데(마르 11,15-19), 성전 정화도 믿음과 관련되어 있기 때문일 것입니다. 저주받은 무화과나무가 불신앙의 이스라엘에 대한 징벌이라면 성전 정화는 믿음 없이 예배가 행해지는 예루살렘 성전을 정화하는 행위입니다. 두 이야기에서 믿음과 기도가 이야기됩니다.

2

성전 뜰이 돈벌이에 열중하는 사람들로 북적입니다. 예수님께서 분노하시어 환전상들의 탁자와 비둘기 장수들의 의자를 둘러 엎으시고, 아무도 성전을 가로질러 물건을 나르지 못하도록 하시고, 그들을 쫓아내기 시작하십니다. 요한 복음은 "끈으로 채찍을 만드시어 양과 소와 함께 그들을 모두 성전에서 쫓아내셨다."(요한 2,15)라고 과격하게 표현합니다. 고군분투하시는 그분의 돌출 행위로 상인들이 아무 대책 없이 당합니다.

뒤켄은 예수님께서 예루살렘에 입성하셨을 때 우리가 상상하는 것만큼 큰 무리의 환영을 받으면서 입성하신 것이 아니었듯이 성전 정화도 우리가 상상하는 것만큼 그리 큰 소동은 아니었으리라고 봅니다. "성전 사건은 예수님의 뒤꽁무니를 그림자처럼 따라다니던 제관 계급의 끄나풀들을 제외하고는 대부분의 사람이 눈치채지 못한 제한된 사건이었던 것 같다. 그래서 우두머리들이 이것은 시작일 뿐, 이 소란이 커지기 전에 마무리를 지어야 하며, 그래서 예수님을 죽일 수

밖에 없다는 결론을 내리게 된다. 더 이상 지체할 수 없었다."[90]

큰 소동이 일어났든 아니든 복음사가의 관심은 예수님께서 성전에서 장사하는 이들을 보시고 분노하셨다는 사실입니다. 예수님의 분노는 "불의에 대응하기 위한 원천일 수 있으며, 악인들에게 도전하고 세상의 악에 맞서도록 준비시키는 열정"(화이트헤드, 189)으로서 정의와 사랑을 느끼게 하는 분노일 수 있습니다. 잘 다스려 억제해야 할 감정이 아니라 정의와 자비로 초대하는 분노이며, 사회를 변화시키는 에너지입니다(화이트헤드, 188 참조).

요한 복음은 성전 정화 때 예수님께서 "당신 집에 대한 열정이 저를 불태우고 당신을 모욕하는 자들의 모욕이 제 위로 떨어졌기 때문입니다."(시편 69,10)라는 시편을 떠올린 것으로 서술합니다. 하느님의 집에 대한 열정이 그분을 분노하시게 했다는 것입니다.

루카 복음은 예수님께서 성전을 정화하시기 전에 예루살렘 도성을 보고 우셨다고 전합니다. "오늘 너도 평화를 가져다주는 것이 무엇인지 알았더라면 ……! 그러나 지금 네 눈에는 그것이 감추어져 있다." (루카 19,41-42) 성전이 무엇이기에, 그들이 성전을 어떻게 대하였기에 예수님은 그렇게 분노하시고 울기까지 하신 것일까요? 성전의 그리스어는 히에론ἱερόν입니다. 성스러운 것, 거룩한 것, 거룩한 장소, 성전, 성당을 뜻합니다. 세상을 창조하시고 나서 보시니 좋았다고 하신 하느님의 거룩한 마음을 느끼는 곳입니다. 에크하르트는 성전을 "하느님 자신의 형상을 따 창조된 인간의 영혼"(에크하르트 261)이라고 하였

---

90) 뒤켄, 267.

습니다. 하느님께서 인간을 당신 모습을 닮은 존재로 창조하시고(창세 1,26) 그 안에 계십니다. 성전은 깨끗해야 합니다.

그런데 깨끗하고 조용해야 할 거룩한 곳에 물건을 사고파는 사람들이 판을 칩니다. 사고파는 일에 몰두하는 그들에게 하느님이 보이지 않습니다.

3

예수님은 사람들이 성전을 악용하고 있음을 경고하십니다. 장사꾼은 물건을 팔아 이익을 남기는 사람들입니다. 성전 둘레에 진을 치고 있는 장사꾼과 환전상은 상당한 이익을 유다 기관에 헌납하기에 나름대로는 합법적인 영업을 합니다. 성전에서는 황제의 얼굴이 새겨진 부정한 화폐를 사용할 수 없기에 순례자들은 멀리 떨어진 이방인의 뜰 어귀에서 성전 화폐로 환전해야 했고, 그렇게 환전한 성전 화폐만을 자신들의 속죄 제물로 제관에게 바쳐야 했는데, 이 돈들은 대부분 제관의 주머니로 들어갑니다. 직접 관여하지 않지만 실제로 성전의 장사를 통제하는 사람은 제관들입니다. 봉헌물로 바칠 소금, 향수, 빵도 그들이 독점하고 있습니다.[91]

예수님께서는 환전상들의 탁자만이 아니라 비둘기 장수들의 의자도 둘러 엎으셨습니다. 비둘기는 소나 양이나 염소를 살 수 없는 가난한 사람들이 바치는, 말하자면 '빈자의 제물'입니다(정양모). 예수님

---

91) 뒤켄 261-262 참조.

께서 이들의 의자도 둘러 엎으셨다면, 그들에게 장사를 허락하며 자신들의 손에는 때 하나 묻히지 않고 거룩하게 앉아서 자기 주머니를 불리는 제관들의 더럽혀진 마음을 뒤집어엎으신 것입니다.

예수님께서 성전을 가로질러 물건을 나르지 못하도록 하신 데서 그들이 성전을 어떻게 대해 왔는지 짐작할 수 있습니다. 그들 눈에는 하느님이 안 보이고 사고파는 물건만 보입니다. 그들에게 소중한 것은 하느님이 아니라 물건이고 자기 주머니입니다. 예수님은 이런 일로 분노하십니다. "썩 물러들 가라! 성전을 더럽혀서는 안 된다. 이 장사에서 손을 떼어라! 속임수인 줄 알면서도 열렬한 신앙심 때문에 당하기만 하는 백성들을 더 이상 속이지 말아라!"[92]

예수님은 성전을 정화하시면서 성전의 귀족층으로 자리매김한 위선자들의 속셈을 비판하신 것이지 율법과 예언자를 반대하신 것이 아닙니다. 오히려 썩을 대로 썩어 '법'이 되어 버린 나쁜 관행을 몰아내심으로써 성전이 오용되는 것을 막으신 것입니다.[93] 이로써 예수님은 성전이 종교계 권위자들의 권한에 속하지 않는다는 것을 선포하신 것이고, 이로 인해 그들의 공분을 샀습니다. 수석 사제들과 율법학자들은 사람들이 그분의 가르침에 감탄하는 것을 보고 그분을 두려워하면서도 그분을 없앨 방도를 모색합니다(마르 11,18).

요한복음에 따르면 예수님은 사람만 쫓아내신 것이 아니라 채찍을 만드시어 양과 소도 쫓아 내셨습니다(요한 2,15). 예수님께서 성전을 정화하시면서 몰아낸 사람들은 단순 장사치가 아닙니다. 예수님은 이

---

92) 위의 책, 262.
93) 라칭거 2, 28 참조.

들을 이용하여 돈을 모으는 배후를 정화하고자 하신 것입니다. 예수님 보시기에 실제 성전을 모독한 자들은 바로 이런 자들, 성전을 이용하여 돈을 모으는 자들입니다. 이들은 나중에 예수님께 성전모독 죄를 씌워 법정에 고발한 자들입니다. 그래서인지 요한에 따르면 예수님께서 비둘기 장사처럼 단순 장사치에게는 순하게 대하십니다. 마르코가 예수님께서 환전상들의 탁자와 비둘기 장수들의 의자도 둘러엎으셨다고 한 것에 비해 요한은 환전상들의 탁자들은 엎어 버리고 비둘기를 파는 자들에게는 "이것들을 여기에서 치워라. 내 아버지의 집을 장사하는 집으로 만들지 마라."(2,16) 하고 너그럽게 타이르시는 모습을 보입니다.

에크하르트는 예수님의 이 말씀을 "모든 것이 해로운 것은 아니다. 다만 어떤 점에서 방해가 될 뿐이다."라는 말로 알아듣습니다. "방해되는 것, 곧 이방인들과 그들의 소유물이 성전에서 제거되어야 한다. 그때 성전의 모습은 아름답게 되며 하느님이 지으신 만물 가운데 그 무엇보다 깨끗하고 순수하게 빛날 것이다."(에크하르트 265)

에크하르트는 "이것들을 여기에서 치워라."라는 예수님의 말씀을 듣고 사람들이 그것들을 다 챙겨서 나간 뒤 예수님 홀로 남은 성전 광장을 상상하며 말합니다. "그곳에는 예수님을 제외한 아무도 남지 않았고, 혼자 남게 되자 예수님께서는 영혼이라는 성전에서 말씀하기 시작하셨다. 만일 영혼의 성전에서 예수님 외의 다른 누군가가 이야기를 하고 있었다면 예수님께서는 마치 자신이 존재하지 않는 양 침묵을 지키고 계셨을 것이다."라고 묵상합니다(에크하르트 266). 성전은 깨끗하고 조용해야 합니다. 예수님께서 장사꾼을 내쫓으셨다면 눈에 보이는 성전 마당만 정화하신 것이 아니라 사람의 마음을 정화하신 것입니다.

기도의 집

1

예수님께서 "나의 집은 기도의 집이 될 것이다."라고 하시며 분노하셨다면 단순히 성전 밖에서 보신 풍경 때문이 아닙니다. 뜰의 광경이 그대로 성전 안에서 기도하는 사람들의 모습 때문이기도 한 것입니다. 사람들은 장사하듯이 하느님께 기도합니다. 장사는 이익을 추구하며 주거니 받거니 거래하는 것입니다. 사람들은 하느님과도 거래하듯 기도합니다.

장사꾼들도 처음엔 물건을 사고팔 목적으로 성전을 찾은 것은 아니었을 것입니다. 그들도 순수한 마음으로 기도하기 위해 성전을 찾았을 것이고, 그런 마음으로 안식일을 지키고 단식하고 자선하며 종교 행위에 동참해 왔을 것입니다. 물건을 팔아 이익금이 생기면 가난한 이를 위하여 내놓겠다며 더 많이 벌게 해 달라고 기도하였을 것입니다. 그러다가 주님과 거래하려 들게 되었고, 거래하면서 욕심이 자라나 하느님을 뒷전으로 밀어내었을 것입니다. 하느님이 뒷전에 밀렸는데 가난한 사람, 고통받는 사람이 제대로 보이겠습니까?

하느님은 거래하지 않으십니다. 너희가 나에게 이렇게 하면 이렇게 해 주고 저렇게 하면 저렇게 해 주겠다는 식으로 거래하지 않으십니다. 하느님은 우리가 어떻게 기도하는가에 따라 들어주시거나 모르는 척하시는 분이 아니십니다. 하느님은 우리를 지으시며 당신의 영과 생명을 전달하신 분이십니다. 조건 없이 당신의 전부를 전달하신 분이십니다. 당신에게 잘하든 잘못하든, 당신을 원망하든 떠나든 거부하든 하느님은 계산하지 않으시고 우리와 함께하시며 당신의 전부를 내어주십니다. 기도란 이런 하느님의 마음을 얻기 위한 것입니다. 거래하는 마음을 없이해 달라고, 계산하지 않고 모두에게 마음을 주며 세상을 살아가게 해 달라고, 하느님의 마음으로 살게 해 달라고 비는 것이 기도입니다.

그런데 성전 밖에서부터 거래하면서 성전 안으로 들어온 그들은(우리는) 성전을 그들의 이익을 위한 거래처로, 심지어는 '강도들의 소굴'로 만듭니다. 거래하다 보면 이익을 남기려고 남을 속이고 남의 것을 빼앗는 일도 생깁니다. 예수님께서 분노하신 이유입니다. 성전은 '기도의 집'입니다. 자신을 희생 제물로 바치게 해 달라고 비는 집입니다. 성전 정화 이야기를 익히 알고 현대를 살아가는 우리는 그분의 분노를 피해 갈 수 있을까요? 우리 자신이 더 잘 알 것입니다.

2

예수님께서 성전에서 사고팔고 하는 자들과 환전상의 탁자와 의자를 둘러 엎으시고 쫓아내신 것은 그곳이 하느님의 집이기 때문입니다. 하느님의 집은 사고팔고 장사하고 돈놀이하는 곳이 아닙니다. 예수님은 성전 정화를 통하여 성전은 가르치고 기도하는 집이어야 한다고, 이 집에서 바치는 기도는 개인의 욕심이 아니라 모든 민족의 번영과 행복을 위한 것이어야 한다고 강하게 표현하십니다.

하느님의 성전은 이사야서에서 "나는 그들에게 결코 끊어지지 않을 영원한 이름을 주리라. 주님을 섬기고 주님의 이름을 사랑하며 주님의 종이 되려고 주님을 따르는 이방인들, 안식일을 지켜 더럽히지 않고 나의 계약을 준수하는 모든 이들. 나는 그들을 나의 거룩한 산으로 인도하고 나에게 기도하는 집에서 그들을 기쁘게 하리라. 그들의 번제물과 희생 제물들은 나의 제단 위에서 기꺼이 받아들여지리니 나의 집은 모든 민족들을 위한 기도의 집이라 불리리라."(이사 56,5-7)라고 말씀하신 대로 기도하는 집이어야 하고, 모든 민족을 향해 열려 있어야 합니다.

3

교황(베네딕토 16세)이 되시기 전 라칭거는 말합니다. "미래에는 모든 백성이 하느님의 집에서 주님을 한 분이신 하느님으로 경배할 것이다. 성전 안에는 이방인을 위한 커다란 뜰이 있는데, 바로 여기서 이 이야기가 펼쳐진다. 이곳은 한 분이신 하느님께 기도드리기 위해 온 세상을 초대하는 열린 공간이다…. (예수님께는) 모든 이가 당신의 하느님 안에서 한 분이신 온 세상 공통의 하느님을 알아볼 수 있도록 이스라엘을 개방하는 보편적인 경향이 있다."[94]

베르거에 의하면 예수님께서 과격한 행동을 보이신 장소는 이방인들의 앞뜰입니다. 환전상들은 이곳에서 로마 동전을 성전에서 사용하는 돈으로 바꾸어 주고 제물로 바칠 짐승도 팔았습니다. 예수님께서 이 뜰을 뒤엎으신 것은 이 뜰은 이방인들도 하느님을 흠숭하는 장소이어야 하기 때문입니다. 베르거는 이를 계기로 그리스도교가 이방인들에게도 용이하게 전파되어 나갔을 것으로 추정합니다. 성전 정화 사건에서 구원의 대상이 이방인으로까지 확대된 변화를 알아차릴 수 있다는 것입니다. 이방인들의 앞뜰에 대한 정화를 새로운 시대가 도래하는 상징으로 본 것입니다[95].

마르코가 성전 정화를 통해 성전이 모든 민족을 위한 집임을 강조하면서 이스라엘을 비판한 것에 비해 마태오는 성전 정화에 이어 눈먼 이들과 절름거리는 이들을 고쳐 주신 이야기를 전하면서 예수님께서 일으키신 기적들을 보고 불쾌하게 여기는 수석 사제들과 율법 학자들에게 성전은 바로 이들 힘없는 이들의 입에서 찬양이 나오게 하는 집임을 강조합니다(마태 21,14-16). 요한은 성전 정화를 당신이 하느님의 아들이심을 증명하는 사건으로 봅니다(요한 2,14-17). "아버지의 집에서 일어나는 일은 아들과 무관할 수 없다. 아버지의 집에 대한 열정은 곧 그분이 아들임을 증명한다. 아버지께서 계시는 집이 아버지의 집과는 전혀 상관이 없는 시장터가 되어서는 안 된다는 이유에서 아들은 아버지의 집을 찾는다."(베르거 2, 23)

---

94)   요세프 라칭거 2, 33.
95)   베르거 2, 30.

4

복음사가는 예수님께서 가르치고 기도하는 집 엄숙한 성전을 자기의 이익만을 생각하며 '강도들의 소굴'처럼 만들어 버린 이들에게 분노하시며 성전을 정화하신 행위를 이사야의 말씀을 인용하여 정당화한 뒤 예레미야의 말씀으로 보충합니다. "너희는 도둑질하고 살인하고 간음하고 거짓으로 맹세하며, 바알에게 분향하고, 너희 자신도 모르는 다른 신들을 따라간다. 그러면서도 내 이름으로 불리는 이 집 안에 들어와 내 앞에 서서, '우리는 구원받았다.'고 말할 수 있느냐? 이런 역겨운 짓들이나 하는 주제에! 너희에게는 내 이름으로 불리는 이 집이 강도들의 소굴로 보이느냐?"(예레 7,9-11)

강도는 다른 사람을 희생 제물로 삼아 자기의 이익을 챙깁니다. 강도는 두 가지 의미에서 성전 파괴자입니다. 자기 자신을 희생 제물로 바치지 못하여 성전인 자신을 파괴하고, 성전인 백성을 강탈하며 이들을 파괴합니다.

나중에 최고 의회에서 거짓 증언을 하는 자들이 "우리는 저자가, '나는 사람 손으로 지은 이 성전을 허물고, 손으로 짓지 않는 다른 성전을 사흘 안에 세우겠다.'고 말하는 것을 들은 적이 있습니다."(마르 14,58) 하고 말하는데, 실제로 성전을 파괴한 자는 성전을 강도의 소굴로 만든 이들입니다.[96] 강도의 소굴에서는 서로를 하느님의 성전으로 대하지 못합니다. 더군다나 힘없고 가련한 몸들을 그리스도의 몸으로

---

96)　라칭거 2, 37 참조.

대하는 일은 기대할 수 없습니다. 그들은 고통당하는 이들에게 인도적인 얼굴로 다가가지만, 속으로는 그들을 이용할 방책을 꾸밉니다.

새 성전

1

예수님께서 성전을 정화하시면서 하신 말씀은 단순히 성전을 악용하는 사람들에 대한 경고를 넘어 당신 자신이 성전이심을 곧 사람이 성전임을 선언하시는 것입니다. 사람들은 자신의 몸이 하느님의 성전이라는 것을 깨치지 못한 까닭에 일상에서 만나는 온갖 부류의 사람들을 하느님의 성전으로 대하지 못합니다. 그렇기에 성전을 드나들면서도 하느님을 만나지 못합니다. 자기 몸을 하느님의 성전으로 인식하는 자만이 다른 사람을 하느님의 성전으로 만날 수 있고 하느님을 만날 수 있을 것입니다. 하느님은 돌로 된 성전이 아니라 우리 안에 현존하십니다. 예수님께서 사람의 손으로 지은 돌로 된 성전을 허물고 정화하십니다(마르 14,58; 15,29 참조).

2

그분의 십자가의 고통은 새 성전을 위해 반드시 거쳐야 하는 관문입니다. 성전이 희생 제사를 바치는 곳이라면 당신을 희생 제물로 바치신 십자가가 바로 성전이고, 십자가에서 당신을 희생하신 예수님이 성전입니다. "성전의 시대는 지나갔다. 새로운 제의가 사람의 손으로 짓지 않은 성전에서 이루어진다. 성전은 그분의 몸이다. 백성을 모으고 당신 몸과 피의 성사 안에서 하나 되게 하시는 부활하신 분, 그분 자신이 인류의 새로운 성전이 되신다. 따라서 예수의 십자가형은 옛 성전을 허무는 것이다."[97]

예수님이 성전이라는 것은 요한 복음사가한테서 더욱 분명해지는 데[98] 예수님께서 성전을 정화하시면서 "이 성전을 허물어라. 그러면 내가 사흘 안에 다시 세우겠다."(요한 2,19)라고 말씀하십니다. 요한 복음사가는 이 말씀을 예수님께서 당신 몸을 두고 하신 말씀이라고 전합니다(요한 2,21). 예수님의 몸이 새로운 예배가 시작되는 참 성전의 모습이라는 것입니다.

예수님은 십자가에서 당신의 몸을 하느님께 바치며 당신을 성전으로 세우셨습니다. 그분은 십자가로 하느님과 거래하지 않으셨습니다. 그분의 몸은 장터가 아닙니다. 이것이 나중에 유다인들에게 그분을 십자가 죽음으로 내모는 빌미를 제공하게 됩니다.

3

제자들은 예수님께서 죽은 이들 가운데에서 되살아나신 뒤에야 이

---

97) 라칭거, 37-38.
98) 공관복음사가가 성전 정화를 예수님의 생애 말기인 예루살렘 입성 다음에 보도하는 데 반해 요한 복음사가는 성전 정화를 예수님의 공적 활동 초기에 가나 혼인 잔치 때 일으키신 기적 다음에 두고 있습니다. 여기에 예수님의 삶이 요약되어 있기 때문입니다(뒤켄 263-264 참조.).

말씀을 깨닫게 됩니다(요한 2,22 참조). 당신 자신을 십자가의 희생 제물로 바치신 예수님에게서 하느님의 현존과 그분의 사랑을 체험하게 된 것입니다.

성전은 그리스도의 몸이 희생 제물로 바쳐진 곳입니다. 성전의 중심에 희생 제물을 바치는 제대가 있습니다. 예수님께서 돌아가시기 불과 몇 시간 전에 최후의 만찬을 벌이신 식탁이 제대입니다. 그 제대에서 예수님은 빵을 들고 "받아 먹어라. 이는 내 몸이다." 하시며 빵을 떼어 제자들에게 나누어 주셨습니다. 당신의 몸을 쪼개시는 그분은 사제요 제물이며 성전입니다. 성전 중앙의 제대는 주님의 말씀이 들려오는 곳이고 이 말씀이 이루어지는 곳입니다. 제대는 주님의 이 말씀에 귀를 기울이게 합니다.

4

그분의 몸이 성전이듯 그분의 몸과 하나 되는 우리의 몸 또한 성전입니다. 우리가 성전 안 제대 앞에 모이는 것은 우리들의 몸이 우리 자신만을 위하여 있지 않고 다른 이를 위하여 나누고 희생시키기 위해 있다는 것을 깨닫고 서로를 위해 자기 몸을 희생 제물로 바치기 위해서입니다. 제대가 있는 성전은 우리 자신을 희생 제물을 바치기 위해 기도하는 곳입니다. 성전에 모여 제대를 향하여 우리가 기도한다면 자신을 희생 제물로 내놓으신 그분의 말씀을 듣기 위해서이고, 그분처럼 우리가 희생 제물이요 제대요 사제로 살기 위해서입니다. 성전에서 우리는 우리의 몸이 그분처럼 남을 위하여 희생할 수 있는 몸으로 태어났다는 것을 알게 됩니다. 그리고 남을 위하여 십자가를 질 수 있고 그들을 대신해서 죽음을 살 수 있는 몸으로 태어났다는 것을 느끼게 됩니다. 성전으로 살기 위해서 기도하는 성전은 그래서 엄숙합니다.

다. 말라 버린 무화과나무와 믿음

이른 아침에 그들이 길을 가다가, 그 무화과나무가 뿌리째 말라 있는 것을 보았다. 베드로가 문득 생각이 나서 예수님께 말하였다. "스승님, 보십시오. 스승님께서 저주하신 무화과나무가 말라 버렸습니다." 그러자 예수님께서 제자들에게 말씀하셨다. "하느님을 믿어라. 내가 진실로 너희에게 말한다. 누구든지 이 산더러 '들려서 저 바다에 빠져라.' 하면서, 마음속으로 의심하지 않고 자기가 말하는 대로 이루어진다고 믿으면, 그대로 될 것이다. 그러므로 내가 너희에게 말한다. 너희가 기도하며 청하는 것이 무엇이든 그것을 이미 받은 줄로 믿어라. 그러면 너희에게 그대로 이루어질 것이다. 너희가 서서 기도할 때에 누군가에게 반감을 품고 있거든 용서하여라. 그래야 하늘에 계신 너희 아버지께서도 너희의 잘못을 용서해 주신다." 너희가 용서하지 않으면, 하늘에 계신 너희 아버지께서도 너희 허물을 용서하지 않으실 것이다(마르 11,20-26).

1

예루살렘에 입성하신 지 사흘째 되는 날, 이른 아침에 예수님께서 일과를 시작하십니다. 이 대목은 마르코 복음 11장 11-12절에 이어지는 이야기입니다. 이날은 권위에 대한 논쟁(11,27-33), 포도원 소작인의 비유(12,1-12), 사랑의 계명(12,28-34), 종말(13장) 이야기 등 많은 이야기가 기다리고 있습니다.

그동안 예수님께서는 예루살렘에서 당신을 기다리고 있는 일들을 예고하시면서 예루살렘을 향하여 올라오셨습니다. 이제 그곳에 다다랐습니다. 사람들이 그분을 환호하며 맞아들입니다. 하지만 며칠 후면 예고하신 대로 그분은 붙잡히실 것입니다. 예루살렘에 이르신 그분은 성전에 들어가셔서 그곳의 모든 것을 둘러보십니다. 지난 추억을 되새기며 둘러보시는 것이 아니라 앞으로 당신에게 일어날 일을 생각하며 성전을 살펴보십니다. 환호 소리를 뒤로 하고 붙잡혀 고문을 당하시게 될 일을 생각하며 둘러보시는 것입니다. 어떤 마음이었을까요?

착잡한 마음으로 모든 것을 둘러보신 다음, 날이 저물자 열두 제자와 함께 성 밖 베타니아로 나가 주무십니다. 이튿날 그들이 베타니아에서 나올 때에 예수님께서는 시장하셨습니다. 마침 잎이 무성한 무화과나무가 멀리 보여 가까이 가서 보니 잎사귀밖에는 아무것도 보이지 않았습니다. 무화과 철이 아니었기에 열매를 볼 수 없었던 것인데 예수님께서는 "이제부터 영원히 어느 누구도 너에게서 열매를 따 먹는 일이 없을 것이다." 하고 그 나무를 저주하십니다. 무슨 억하심정이십니까?

예수님께서 실제로 자연을 저주하셨다는 설과 초기 그리스도인이 만든 상징적인 이야기라는 설 등 다양한 해석이 있습니다. 후자의 경우가 현대 주석가들의 동조를 더 많이 받고 있습니다. "옛날 예언자들은 이스라엘 백성이 야훼께 불충한 사실을 상징적으로 표현하여 만물 무화과 열매를 맛보려야 구할 도리가 없다느니 또는 추수를 하려야 무화과나무에 열매가 하나도 안 달렸다느니 했다. 따라서 이스라엘은 곧 벌을 받고 말리라는 경고도 덧붙였다(미카 7,1-5; 예레 8,13). 이제 초창기 그리스도인들 역시 이스라엘 백성을 상대하면서 똑같은 체험을 하게 되었다. 이스라엘 백성 가운데 극소수는 예수님을 받아들였으나 절대다수는 배척했다. 따라서 그리스도인들은 이 민족이 징벌을 받게 되리라고 확신하기에 이르렀다. 그리스도인들은 예수님을 등진 이 민족은 망하고 만다는 그 확신을 무화과나무 저주 이적 사화로 엮었으리라."(정양모)

2

성전으로 가는 길에 무화과나무가 뿌리째 말라 죽어 있는 것을 본 베드로가 예수님께 "스승님께서 저주하신 무화과나무가 말라 버렸습니다."라고 알립니다. 그러자 그분께서 느닷없이 믿음 이야기를 하십니다. "하느님을 믿어라. 내가 진실로 너희에게 말한다. 누구든지 이 산더러 '들려서 저 바다에 빠져라.' 하면서, 마음속으로 의심하지 않고 자기가 말하는 대로 이루어진다고 믿으면, 그대로 될 것이다."

무화과나무가 말라 죽으리라는 믿음을 가지고 "말라 죽어라." 하셨기에 말라 죽었다는 이야기입니까?[99] 산더러 "들려서 저 바다에 빠져라."라고 하면서 그리될 것을 의심하지 않고 믿으면 그리된다는 것은 또 무슨 말씀입니까? 죽지 않으리라, 성공하리라, 내 병이 나으리라 생각하면서 의심하지 않고 믿으면 영원히 죽지 않고, 하는 일마다 잘 된다는 것입니까? 우리가 죽고 병들고 가난하고 고생하는 것은 죽지 않고 부자가 되고 고생하지 않으리라는 믿음이 부족하기 때문이란 것입니까? 예수님께서 우리에게 그런 믿음을 심어 주고자 하시는 것입니까? 그런 믿음을 가지고 세상을 살라는 것입니까? 믿음이 무엇입니까?

성경학자들은 산더러 들려서 저 바다에 빠져라, 하면 그리될 것이라고 한 것을 과장법, 또는 과장된 상징어라고 보며 예수님께서 이런 상징어를 즐기셨다고 봅니다. "상징어의 뜻인즉, 믿음은 전능하신 하느님께 의탁하는 것이므로 아무리 하찮은 믿음이라 할지라도 엄청난 위력을 발휘한다는 것이다. 과연 지극히 약한 믿음이 그런 힘을 낼 수 있을까? 경험에 비추어 그렇지 않다. 강한 믿음만이 불가능을 가능케 하는 힘이다. (…) 아무리 하찮은 믿음이라도 엄청난 힘을 낸다는 말씀에는 이스라엘 특유의 또한 예수님다운 과장법이 들어 있기 때문이다."(정양모)

---

99) 마르코 복음에는 말라 버린 무화과나무 이야기가 성전 정화 이야기를 사이에 두고 분리되어 있습니다. 성전을 정화하시기 전에 무화과나무를 저주하시고 다음 날 제자들이 나무가 말라 버린 것을 발견하였습니다. 마태오 복음에는 성전 정화가 있은 다음 날 예수님께서 무화과나무를 저주하시자 즉시 나무가 말라 버렸다고 전합니다(마태 21,19). 제자들이 그것을 보고 놀라서, "어째서 무화과나무가 즉시 말라 버렸습니까?" 하고 묻자 예수님께서 "너희가 믿음을 가지고 의심하지 않으면, 이 무화과나무에 일어난 일을 할 수 있을 뿐만 아니라, 이 산더러 '들려서 저 바다에 빠져라.' 하여도 그대로 이루어질 것이다."(마태 21,20-21) 하고 말씀하십니다.

3

예수님의 이 말씀을 종교의 언어, 즉 사물의 겉이 아니라 그 속을 바라보게 하는 언어로 이해해야 할 것입니다. 인간의 언어는 그 자체로 한계를 가지고 있습니다. 인생의 신비는 인간의 언어로 다 설명할 수 없지만, 언어를 사용하지 않을 수도 없습니다. 하느님께서도 인간의 언어로 말씀하십니다. 인간의 언어에서 하느님의 말씀을 듣도록 하는 것이 신학과 종교의 사명입니다. 신학의 언어는 때로는 상징적이고 때로는 비유로 이야기됩니다.

예수님의 언어는 인간의 언어이지만 사람의 아들에게서 하느님을 보게 하는 신학적 언어입니다. 이 언어를 인간의 언어로만 알아듣고 그 차원에 머물러 풀이하고 이해하려고 하는 데서 진리에 대한 오해가 발생합니다. 베드로는 예수님의 언어를 몰라 예수님을 알아보지 못했습니다. "스승님은 그리스도이십니다." 하고 고백하면서도 사람의 아들을 보지 못하여 하느님을 보지 못했습니다. 베드로만 그랬던 것이 아니라 그를 포함한 유다인들이 그분을 오해했던 이유이기도 합니다. 그들은 예수님의 신학적 언어를 성찰 없이 인간의 언어로만 알아들으려고 하였던 것입니다. 그런 까닭에 자신들이 신적 존재라는 것을 깨달을 수 없었습니다.

그분의 언어는 복음의 언어입니다. 그분께서는 하느님의 나라가 우리 손이 닿는 곳 가까이에 있다고 선포하시면서 귀에 들려오는 모든 소리에서 하느님 나라의 소리를 듣게 하십니다. 인간은 인간이기에 인간의 언어로 말할 수밖에 없는 존재이지만 만물에서 하느님의 말씀을 들을 수 있다는 것을 알려 주신 것입니다. 해와 달과 별들, 비와 이슬과 바람, 밤과 낮, 하늘과 땅, 산과 언덕, 물고기와 새, 온갖 나무와 짐승, 썩은 무화과나무가 내는 소리에서 주님의 업적을 찬송 찬미하는 소리를 들도록 해야 합니다. 신적인 언어로 이야기하는 자만이 이들의 마음이 노래하는 소리를 들을 수 있을 것입니다.

4

제자들은 말라 죽은 무화과나무의 겉모양만을 보지만 거기에는 말라 죽는 것 이상의 엄청난 힘, 만물을 살리기도 하고 죽이기도 하시는 하느님의 힘이 작용하고 있습니다. 이 힘은 인간의 힘(인간의 언어)을 잠재우는 자만이 느낄 수 있습니다. 예수님은 제자들에게 말라 죽은 나무를 보게 하시며 "보라. 나는 말 한마디로 나무를 말라 죽게 하는 그런 존재다."라고 하느님으로서의 당신의 능력을 자랑하시는 것이 아닙니다. 그분은 이렇게 말씀하시는 것 같습니다. "너희는 말라 죽은 이 나무에서 무엇을 보는가? 나무를 살리고 죽이는 하느님의 힘을 느끼는가? 나는 지금 그 힘을 너희에게 느끼게 하려고 그 힘으로 너희를 만나고 있다. 믿는 자만이 그 힘을 느낄 수 있다."

이 이야기를 신학의 언어로 알아들을 때 우리는 무화과나무는 단순히 내게 열매를 주고 안 주고 하는 차원에서 존재하는 것이 아니라는 것을 알게 될 것입니다. 해와 달과 별들, 하늘과 땅, 산과 언덕, 하늘의 새와 온갖 나무와 짐승 그리고 만물을, 그리고 우리에게 일어나는 행과 불행을 겉으로 드러난 현상으로만 바라본다면, 그 안에서 고동치는 하느님을 찬미하는 소리를 듣지 못합니다. 믿는 마음만이 사물의 심장이 내는 소리를 들을 수 있을 것입니다. 제자들은 무화과나무가 뿌리째 말라 죽은 그 현상에만 머물러 무화과나무를 봅니다. 우리는 어떻습니까?

이 이야기에 이어 예수님께서 기도 이야기를 하시는 것도 이런 이유에서입니다. "기도하는 마음으로 무화과나무를 보라. 말라 버린 것 이상을 보게 될 것이다. 하느님의 음성을 듣게 될 것이다.", "너희가 기도하며 청하는 것이 무엇이든 그것을 이미 받은 줄로 믿어라. 그러면 너희에게 그대로 이루어질 것이다." 믿음에 근거하여 사물을 보고 믿음에 근거하여 청하라는 것입니다. 우리는 무엇을 어떻게 청합니까? 썩어 없어질 육체, 덧없는 인생을 위하여 청하면서 그것을 기도로 생각하는 것은 아닙니까? 내가 받을 것(현상)에 연연하여 청할 때 우리는 받을 것이 하나도 없게 될 것입니다. 예수님은 우리가 청하기 전에 이미 다 받았다고 말씀하십니다.

5

"하느님을 믿어라"의 원문은 "하느님의 믿음(피스티스 테우πίστις θεοῦ)을 가져라."입니다. 신약성경을 통틀어 단 한 번 나오는 표현입니다. '하느님의 믿음'을 가진 자에게는 모든 것이 가능하다는 말입니다. 하느님의 믿음을 갖는다는 것은 문법적으로 두 가지로 이해할 수 있습니다. 하나는 우리말로 번역된 것처럼 '하느님에 대한 믿음(하느님을 믿는 것. 하느님이 믿음의 대상)'을 갖는 것이고[100], 다른 하나는 '하느님께서 가지신 믿음', 곧 '하느님의 믿음(하느님께서 믿으시는 것. 하느님이 믿음의 주체)'을 갖는 것입니다.

후자의 경우 하느님께서 믿으시듯이 우리도 믿어야 한다는 말이 됩니다. 이는 또 하느님은 우리가 당신을 믿도록 강요하시기 전에 당신편에서 먼저 인간을 신뢰하고 믿으신다는 말이 됩니다. 인간이 믿을 만한 존재이기 때문이 아니라 인간을 사랑하시기 때문에 믿으시는 것입니다. 이런 믿음이 모든 것을 가능하게 합니다. 믿음에는 불가능이 없습니다. 사랑에 불가능이 없듯이 말입니다. 하느님에 대한 우리의 믿음은 인간에 대한 하느님의 믿음을 깨달을 때 강하게 표현될 것입니다. 하느님은 이 산더러 "들려서 저 바다에 빠져라." 하고 폭군처럼 명령하여 굴복하게 하시는, 그렇게 모든 것을 강압적으로 가능하게 하시는 분이 아닙니다. 사랑만이 이를 가능하게 할 것입니다.

6

기도하는 목적은 '하느님의 믿음'을 얻어 그 바탕에서 살기 위해서입니다. 우리는 자기의 청이 꼭 이루어지리라 믿으면 하느님께서 꼭 이루어 주신다고 믿으며 기도합니다. 청한 것이 이루어지지 않을 땐 기도가 약하기 때문이라고 생각하기도 합니다. 하느님을 자기 믿음의

---

100) 예수 그리스도의 믿음πίστις Ἰησοῦ χριστοῦ은 여러 군데서 나옵니다. 우리말로는 다음과 같이 번역되었습니다. "예수 그리스도에 대한 믿음"(로마 3,22; 갈라 2,16; 갈라 3,22), "예수님을 믿는 이πίστις Ἰησοῦ"(로마 3,26), "그리스도에 대한 믿음πίστις Ἰησοῦ"(필립 3,9), "예수님의 이름에 대한 믿음"πίστις τοῦ ὀνόματος αὐτοῦ(로마 3,16).

강도에 따라 움직이시는 분으로 오해하는 것입니다. 하느님은 우리의 청에 따라 움직이시는 분이 아닙니다. 우리의 뜻이 아니라 하느님의 뜻에 우리를 맡겨야 합니다.

하느님의 뜻이란 그분의 복음에 나타납니다. 그분의 복음은 하느님은 언제 어디서나 우리 안에 우리와 함께 우리를 위하여 계신다는 것입니다. 이 복음은 믿음 없이는 받아들일 수 없습니다. 기도는 이런 믿음을 얻기 위한 것이고, 이런 믿음에서 나온 기도만이 참됩니다. 기도가 모든 이 안에 계시는 하느님의 마음으로 살게 해 달라고 청하는 것이라면, 우리는 청하는 것을 이미 다 받았다는 것도 알게 될 것입니다. 하느님께서 우리 안에 계시기 때문입니다. 우리는 이 마음으로만 청할 수 있습니다. "청하여라, 너희에게 주실 것이다. 찾아라, 너희가 얻을 것이다. 문을 두드려라, 너희에게 열릴 것이다. 누구든지 청하는 이는 받고, 찾는 이는 얻고, 문을 두드리는 이에게는 열릴 것이다."(마태 7,7-8; 루카 11,9-10) 용서도 이런 믿음의 차원에서 이해할 수 있을 것입니다.[101]

라. 율법 학자들과 대립

무슨 권한으로 이런 일을 하는 것이오?

---

101) 믿음과 용서에 대해서 마르 2,1-2 참조.

그들은 다시 예루살렘으로 갔다. 예수님께서 성전 뜰을 거닐고 계실 때, 수석 사제들과 율법 학자들과 원로들이 와서, 예수님께 말하였다. "당신은 무슨 권한으로 이런 일을 하는 것이오? 또 누가 당신에게 이런 일을 할 수 있는 권한을 주었소?" 그러자 예수님께서 그들에게 이르셨다. "너희에게 한 가지 물을 터이니 대답해 보아라. 그러면 내가 무슨 권한으로 이런 일을 하는지 너희에게 말해 주겠다. 요한의 세례가 하늘에서 온 것이냐, 아니면 사람에게서 온 것이냐? 대답해 보아라." 그들은 저희끼리 의논하였다. "'하늘에서 왔다.' 하면, '어찌하여 그를 믿지 않았느냐?' 하고 말할 터이니, '사람에게서 왔다.' 할까?" 그러나 군중이 모두 요한을 참예언자로 여기고 있었기 때문에 군중을 두려워하여, 예수님께 "모르겠소." 하고 대답하였다. 그러자 예수님께서 그들에게 이르셨다. "나도 무슨 권한으로 이런 일을 하는지 너희에게 말하지 않겠다."(마르 11,27-33)

1

권위에 대한 논쟁이 이어집니다. 마르코 복음에서는 예수님께서 성전 뜰을 거닐고 계실 때 수석 사제들과 율법 학자들과 원로들이 와서 예수님의 권한을 두고 시비를 겁니다(11,27-33). 마태오 복음에서는 예수님께서 성전에 가서 가르치고 계실 때(21,23-27) 루카 복음에서는 예수님께서 백성을 가르치시며 복음을 전하고 계실 때(20,1-8) 이들이 예수님께 와서 시비를 겁니다. 복음사가들이 이 시비를 다룬 것은 까다로운 질문으로 당신을 함정에 빠뜨리려는 유다 지도자들을 더 까다로운 질문으로 궁지에 빠지게 하셨다는 예수님의 통쾌한 승리를 전하고자 해서가 아닙니다.[102] 이 이야기는 이보다 훨씬 심오한 메시지를 담고 있습니다.

그들은 예수님의 권한을 문제 삼고자 한 것입니다. 우리말로 '권한'으로 번역된 그리스어는 '엑수시아ἐξουσία'입니다. 엑수시아는 법적인 의미의 권한을 넘어 '땅에서 죄를 용서하는 권한'(마르 2,10), '마귀들을 쫓아내는 권한'(마르 3,15), '더러운 영들에 대한 권한'(마르 6,7), '종들에 대한 권한'(마르 13, 34)에서 볼 수 있듯이 하느님에게서 오는 힘입니다. 가르침과 관련하여서는 같은 단어가 '권위'로 번역되었습니다. "사람들은 그분의 가르침에 몹시 놀랐다. 그분께서 율법 학자들과 달리 권위를 가지고 가르치셨기 때문이다."(마르 1,22.27) 예수님은 하느님의 힘으로 가르치시고 '이런 일'을 하신 것입니다.

폴 틸리히는 이 대목과 관련하여 "도대체 권위란 무엇을 의미하는 것인가, 그것이 인간에게 어떤 의미가 있는가, 그리고 이 시대와 우리 각 개인에게는 어떤 의미가 있는 것인가?"[103]라고 질문을 던지면서 권위는 인간의 말로 정의할 수 없는, 저절로 몸에서 배어 풍겨 나오는 것으로 우리의 삶을 지탱해 주는 힘이라고 강조하며, 무지하고 나약한 상태로 태어난 인간은 전적으로 인생 선배의 권위에 의존하여 생존을 배운다고 말합니다.[104] 자기 홀로 존재할 수 있는 것처럼 자만하

---

102) 마르 12,13-17에서도 그들은 말로 예수님께 올무를 씌우려고 합니다.

103) 틸리히, 131-132.

104) 틸리히는 자기 힘으로 아무것도 판단하고 행할 수 없는 아기에게 부모와 먼저 태어난 형제들과 이웃은 권위 있는 교사이며, 이들을 통해 사회나 국가나 교회에 대한 전통을 익힌다고 말합니다. "권위를 받아들인다는 것은 우리보다 더 많이 소유한 자들이 주는 것을 받아들이는 것이다. (…) 우리들의 일상생활은 우리의 행동을 규정하는 전통과 습관과 그리고 그것들을 받아 우리에게 전승시켜 준 사람들의 권위가 없다면 불가능하게 될 것이다."(132-133) 틸리히의 말을 하나 더 인용합니다. "인간의 종교생활, 다시 말하면 그가 가진 신앙, 그가 사랑하는 의식, 그가 들은 이야기나 전설들 또는 그가 복종하려고 노력하는 계명들과 그가 암송하고 있는 성경 구절들은 다 그가 창조해 낸 것이 아니라 그에게 종교적 권위를 보여 준 사람들로부터 받은 것이다."(133)

며 이 권위에서 벗어나려고 할 때, 하느님과 같이 되려고 할 때, 그는 죽음을 맛보게 될 것입니다.[105]

하느님의 권위에 완전히 순명하며 언행일치의 삶을 사신 예수님에게서 절대 권위를 봅니다. "당신은 무슨 권한으로 이런 일을 하는 것이오? 또 누가 당신에게 이런 일을 할 수 있는 권한을 주었소?" 하고 예수님께 따지듯 묻는 율법 학자와 원로들에게서 우리는 자기의 권위를 내세우고자 다른 이의 권위를 부인하며 분열을 일으키는 마음을 봅니다. 이런 분열은 교회 역사 안에 늘 있어 왔습니다. 틸리히가 예리하게 관찰합니다. "종교 개혁가들은 성서의 해석을 둘러싸고 교권과 싸우며 신학자들은 궁극적 진리의 기준에 관하여 과학자들과 싸운다. 투쟁하는 그룹은 어느 것이나 권위를 부인하지 않는다. 다만 그들은 각각 다른 그룹의 권위를 부인하는 것이다."[106]

2

인간의 권위는 불완전할 수밖에 없고 불완전하기에 불안과 절망에 빠질 수 있고 권위를 악용하는 현상이 생겨납니다. 자기보다 큰 권력에는 비굴하고, 자기보다 약한 권력에는 잔인하게 군림하는 것은 권

---

105) 틸리히, 132-135 참조.
106) 틸리히, 135. 틸리히는 권위의 분열은 권위의 종말을 의미하는 것이라며 말합니다. "종교개혁으로 말미암아 생긴 분열은 교회의 권위의 종말을 가져오지 않았는가? 성서해석의 분열은 성서의 권위에 대한 종말이 아닌가? 신학자들과 과학자들 사이의 분열은 지적 권위의 종말이 아닌가? 아버지와 어머니 사이의 분열이 부모의 권위의 종말이 아닌가? 다신교에 있어서 신들 사이의 분열은 그들의 신적 권위의 분열이 아닌가? 인간 양심의 분열은 그 양심의 권위의 종말을 뜻하는 것이 아니겠는가? 만일 우리가 여러 권위 가운데 어떤 것을 택하지 않으면 안 된다고 하면, (…) 이것은 우리가 의존할 권위가 없다는 것을 의미한다."(135-136)

위에 대한 그릇된 인식입니다. 예수님을 비판하는 사람들은 특별할 것 하나 없는 목수의 아들인 그분의 권위가 어디서 온 것인지 의아해합니다.

예수님께서는 의아하게 생각하는 그들에게 요한이 행하고 말한 바를 상기시키며 되묻습니다. "요한의 세례가 하늘에서 온 것이냐, 아니면 사람에게서 온 것이냐?" 예수님은 저희끼리 의논하게 하시고 답은 주지 않으십니다. 그분의 질문과 침묵에서 사람들은 권위를 느낍니다. 그들은 예수님에게서 인간의 언어로는 형언할 수 없는 하느님의 권위를 느끼며 두려워합니다. 예수님의 침묵이 그들을 더욱 두렵게 만듭니다. 그분의 권위는 법을 따지는 그들이 보여 주는 권위와는 다릅니다. "그것은 자기 속의 모든 권위를 다 던져 버린 자의 권위이다. 그것은 십자가 위에 달린 인간의 권위다."(틸리히 143) 그것은 남을 살리기 위해 자신을 완전히 내어놓는 희생에서 나오는 권위입니다. 권위는 자신을 비운 가난한 마음에서 풍겨 나옵니다.

포도원 소작인의 비유

예수님께서 그들에게 비유를 들어 말씀하기 시작하셨다. "어떤 사람이 포도밭을 일구어 울타리를 둘러치고 포도 확을 파고 탑을 세웠다. 그리고 소작인들에게 내주고 멀리 떠났다. 포도 철이 되자 그는 소작인들에게 종 하나를 보내어, 소작인들에게서 포도밭 소출의 얼마를 받아 오라고 하였다. 그런데 소작인들은 그를 붙잡아 매질하고서는 빈손으로 돌려보냈다. 주인이 그들에게 다시 다른 종을 보냈지만, 그들은 그 종의 머리를 쳐서 상처를 입히고 모욕하였다. 그리고 주인이 또 다른 종을 보냈더니 그 종을 죽여 버렸다. 그 뒤에 또 많은 종을 보냈지만 더러는 매질하고 더러는 죽여 버렸다. 이제 주인에게는 오직 하나, 사랑하는 아들만 남았다. 그는 마지막으로 '내 아들이야 존중해 주겠지.' 하며 그들에게 아들을 보냈다. 그러나 소작인들은 '저자가 상속자다. 자, 저자를 죽여 버리자. 그러면 이 상속 재산이 우리 차지가 될 것이다.' 하고 저희끼리 말하면서, 그를 붙잡아 죽이고는 포도밭 밖으로 던져 버렸다. 그러니 포도밭 주인은 어떻게 하겠느냐? 그는 돌아와 그 소작인들을 없애 버리고 포도밭을 다른 이들에게 줄 것이다. 너희는 이 성경 말씀을 읽어 본 적이 없느냐? '집 짓는 이들이 내버린 돌 그 돌이 모퉁이의 머릿돌이 되었네. 이는 주님께서 이루신 일 우리 눈에 놀랍기만 하네.'" 그들은 예수님께서 자기들을 두고 이 비유를 말씀하신 것을 알아차리고 그분을 붙잡으려고 하였으나 군중이 두려워 그분을 그대로 두고 떠나갔다(마르 12,1-12).

1

잘 알려진 포도밭 소작인의 비유입니다. 여기서 포도밭은 우리가 사는 거대한 세상입니다. 우리는 하느님께서 울타리를 둘러치고 확을 파고 탑을 세우며 일구어 주신 거대한 포도밭에서 포도밭을 관리하는 소작인으로 살고 있습니다. 포도밭을 가꾸는 소작인들과 주인이 보낸 종들과 주인의 아들은 우리가 일상에서 만나는 모든 사람입니다. 내국인이든 외국인이든 난민이든, 내가 좋아하는 사람이든 싫어하는 사람이든, 상처를 준 사람이든, 일을 잘하는 사람이든 능력이 모자라는 사람이든 예외 없이 모든 사람은 하느님께서 창조하신 거대한 세상을 가꾸고 관리하며 살아가는 자들입니다. 하느님은 당신께서 창조하신 거대한 세상을 인간에게 맡기시고 땅을 일구어 아름답게 꾸미며 살게 하셨습니다. 하느님께서 사람을 당신의 모습으로 창조하시고 그들에게 복을 내리며 말씀하셨습니다. "자식을 많이 낳고 번성하여 땅을 가득 채우고 지배하여라. 그리고 바다의 물고기와 하늘의 새와 땅을 기어 다니는 온갖 생물을 다스려라."(창세 1,27-28) 우리에게는 우리에게 맡겨진 세상을 아름답게 관리하며 일구어야 할 의무가 있습니다.

2

포도밭 주인이 "포도밭을 일구어 울타리를 둘러치고 포도 확을 파고 탑을 세운 다음 소작인들에게 내주고 멀리 떠났다."라는 것은 이 세상의 주인이신 분의 현존을 잘 느끼지 못하는 우리의 상황을 잘 설명해 줍니다. 소작인은 포도 농사를 자기에게 맡기고 멀리 떠난 주인의 뜻을 마음에 새겨야 합니다. 그런데 그는 주인의 떠남을 멀리 계심, 주인 없음처럼 생각합니다. 세상을 창조하신 하느님께서는 인간이 당신의 창조사업을 계속할 수 있도록 뒤로 물러나 쉬십니다. 인간은 하느님의 쉬심에서 하느님의 창조하시는 뜻을 읽어야 합니다. 그런데 하느님의 쉬심을 하느님 부재처럼 생각합니다.

자기가 소작인이라는 사실을 잊고 포도밭 주인인 것처럼 행세합니다. 자기가 포도밭을 창조한 것처럼, 포도밭이 자기 소유인 것처럼,

자기 마음대로 좌지우지할 수 있는 것처럼 월권 행사합니다. 포도밭과 그 안의 모든 것이 하느님께서 자기에게 맡기신 하느님의 창조물이고 하느님을 느끼게 해 주는 존재들인데 그것을 보지 못합니다. 하느님께서 포도밭을 일구어 울타리를 둘러치고 확을 파고 망대까지 세우셨다는 사실을 망각하고, 그 모든 것을 자기가 세운 것처럼 처신합니다. 하느님께서 경작하라고 맡겨 주신 땅에서 나는 소출을 자기능력으로 생각하며 욕심을 키웁니다. 세상과 그 안의 모든 생명을 소유의 눈으로 대하면서 마침내 하느님마저 자기가 마음대로 부릴 수있는 존재로 여깁니다. 받은 은총에 소출의 얼마를 하느님께 바칠 생각을 하지 못할 뿐만 아니라 하느님께서 보낸 자들을 자기 것을 빼앗으러 온 사람으로 대하며 붙잡아 매질하여 빈손으로 돌려보내기도하고, 머리를 쳐서 상처를 입히고 모욕하는가 하면, 더러는 죽여 버리는 일까지 자행합니다.

3

주인이 포도밭 소출의 얼마를 받아 오라고 보낸 자도 우리가 일상에서 만나는 모든 사람입니다. 하느님은 우리 모두를 창조하시면서 우리 안에 당신의 마음을 심어 놓으셨습니다. 그들은 모두 자기 존재로서 하느님의 현존을 느끼게 해 주는 존재들입니다. 그런데 소작인은 그들을 그렇게 대하지 못합니다. 스스로 창조주의 자리에까지 오른 그의 눈에 그들 안에 현존하시는 하느님이 보일 리 없습니다. 우리의 마음 깊은 곳에는 소유가 전부가 아니라는 인식과 가진 것을 포기하고 하느님께 도로 바치고 싶은 양심이 똬리 틀고 있지만, 끝내는 소유욕을 이기지 못하고 굴복할 때가 많습니다. 주님은 우리의 마음 깊은 곳에서 끊임없이 당신의 종을 보내시지만 우리는 그때마다 그들을 붙잡아 때리고 빈손으로 돌려보내기도 하고, 온갖 모욕으로 상처를 주고, 죽이기도 합니다. 드디어 하느님은 당신의 사랑하는 아들을 보내십니다. 아들을 보자 '저자가 상속자다.' 하고 그를 붙잡아 죽여 포도밭 밖으로 던져 버립니다.

<h1 style="text-align:center">4</h1>

포도밭 주인과 소작인의 비유는 떠났던 주인이 돌아와서 그 소작인들을 없애 버리고 포도밭을 다른 이들에게 주었다는 것을 말하기 위한 것이 아닙니다. 그렇게 되면 하느님은 덫을 놓아 인간을 시험하고 벌하시는 잔인한 폭군과 같은 존재밖에 안 될 것입니다. 주인이 소작인을 없애 버린 것은 자비의 한계를 보여 주는 것이 아니라 이스라엘이 이 자비마저 거부하였음을 시사합니다.

하느님은 우리에게 모든 것을 다 주셨습니다. 당신의 사랑하는 아들까지 아낌없이 주셨고, 아들은 아버지의 뜻에 따라 자기의 모든 것, 생명까지 버렸습니다. 하느님께서 당신의 모든 것, 당신의 생명까지를 주셨다는 것은 그만큼 세상을 사랑하신다는 뜻입니다. 그런데 세상은 자기의 욕심을 채우느라고 하느님의 자비를 받아들이지 못합니다.

이 비유는 우리에게 묻게 합니다. 언제 우리는 하느님의 자비를 받아들이게 될까요? 언제 우리는 하느님처럼 내 존재를 바치는 자비로운 인간이 될 수 있을까요? 예수님처럼 자기의 모든 것을 내려놓고 생명까지를 버리는 마음을 발할 때, 그때 우리는 마음 깊은 곳에서 잠재해 있는 하느님을 향한 마음에 도달할 수 있을 것입니다. 모든 것을 아낌없이 주시는 하느님의 마음을 깨닫고 감사하며 살 수 있을 것입니다.

5

그리스도는 우리에게 하느님을 알게 해 주시는 분, 하느님께서 보내주신 분이십니다. 그분은 하느님의 아들로서 처음부터 신성에 참여하신 분이지만 당신의 신성을 주장하지 않으시고 낮추어 말구유를 통해 인간세계에 들어오셨고, 십자가에서 죽기까지 순종하셨습니다(필리 2,6이하). 아들이 그럴 수 있었던 것은 아버지에 대한 신뢰와 인간에 대한 사랑 때문입니다. 아들의 이 마음을 알 때 인간은 아들을 보낸 아버지의 마음도 알게 될 것이며 모든 것을 은총으로 받아들이며 평화롭게 살 수 있을 것입니다.

베드로 2서의 저자에 의하면 은총과 평화는 하느님과 그리스도를 앎으로써 얻을 수 있습니다. "하느님과 우리 주 예수님을 앎으로써 은총과 평화가 여러분에게 풍성히 내리기를 빕니다."(2베드 1,2) 하느님과 그리스도를 안다는 것은 하느님께서 보내신 하느님의 종을 아는 것에서 시작합니다(마르 12,1-12).

"그리스도께서는 우리를 영광과 능력을 가지고 부르신 분을 알게 해 주심으로써, 당신이 지니신 하느님의 권능으로 우리에게 생명과 신심에 필요한 모든 것을 내려 주셨습니다. 그분께서는 그 영광과 능력으로 귀중하고 위대한 약속을 우리에게 내려 주시어, 여러분이 그 약속 덕분에, 욕망으로 이 세상에 빚어진 멸망에서 벗어나 하느님의 본성에 참여하게 하셨습니다."(2베드 1.3-4)

그리스도께서는 우리도 하느님의 본성에 참여하게 해 주셨습니다. 말구유에서 십자가의 죽음에 이르기까지 우리 인간들과 함께하시는 삶을 통해서 우리가 당신의 삶에 동참하도록 해 주셨습니다.

6

그런데 소작인들은 "그를 붙잡아 죽이고는 포도밭 밖으로 던져" 버립니다. 예수님은 예루살렘으로 올라오시면서 당신이 비참한 죽임을 당하게 되시리라고 여러 차례 예고하셨습니다. 복음사가는 죽임을 당하실 그리스도를 시편(118 22-23)을 인용하여 "집 짓는 이들이 내버린 돌"에 비유합니다. 이 버려진 돌이 모퉁이의 머릿돌이 됩니다. 온갖 모욕을 받으며 저주 속에 버려진 그분의 인생이 하느님 아들의 삶입니다. 그것이 세상을 구원하고자 하시는 주님께서 이루신 일, 우리 눈에 놀랍기만 한 하느님의 구원 계획입니다.

소작인들이 주인이 보낸 주인의 사랑하는 아들까지 붙잡아 매질하고 죽여서 포도밭 밖으로 던진 것에 대한 아우구스티누스의 해설은 감명을 줍니다. "여러분의 상속은 어떻게 되겠습니까? 어찌하여 여러분은 그분을 죽였습니까? 여러분이 그분을 죽였지만 유산이 여러분의 것이 되지는 않을 것입니다. 주무시는 분이 일어나기 위하여 몸을 돌리지 않으시겠습니까? 여러분이 그분을 죽였다고 기뻐 날뛰었을 때, 그분께서는 주무시고 계셨을 뿐입니다. 시편에서는 이렇게 말합니다. '나는 잠을 잤다. 그들은 잔악했고 나를 죽이려 하였지만 나는 잠을 잤다.'(시편 4,9 참조) '내가 원하지 않았다면 나는 분명 잠을 자지 않았을 것이다.' 그러나 '나는 잠을 잤다.', '나는 내 목숨을 놓을 권한도 있고 그것을 다시 얻을 권한도 있기 때문이다.'"(요한 10,8 참조)[107] 그분은 죽지 않았습니다. 사람은 그분을 죽일 수 없습니다. 누구도 불사불멸의 생명을 멸할 수 없습니다.

7

집은 그리스어로 오이코스οἶκος인데,[108] 거처(마르 1,29; 5,19; 6,10; 10,29 등), 건물(하느님의 집: 마르 2,26, 기도의 집: 마르 11,17, 마태 11,8)을 말합니다. 주인이 소작인에게 가꾸도록 맡긴 포도밭도 하느님께서 마련해 주신 집입니다. 하느님께서 창조하신 세상도 거대한 집으로 이해할 수 있습니다. 하늘과 땅, 밤과 낮, 바다와 강, 온갖 생물체는 이 집을 구성하는 요소입니다. 하느님은 세상을 거대한 집으로 창조하시어 모든 생명이 이 집에서 살게 하셨습니다.

세상 안에 존재하는 모든 것과 모든 이가 이 거대한 집을 떠받들고

---

107) 오든 237.

108) 영어 'eco-logy(생태학)', 'eco-nomy(경제)'의 'eco(에코)'는 '오이코스οἶκος'에서 온 말입니다. 어원적으로 볼 때 생태학ecology은 하느님의 집, 창조를 가꾸는 학문이고, 경제economy는 이 집을 관리하는 것입니다. 우주와 집안은 돈만으로 관리할 수 있는 것이 아닙니다.

있는 모퉁이의 머릿돌과 같은 역할을 합니다. 돌이 못났다고, 밉다고, 싫다고 뽑아 버리는 것은 모퉁이의 머릿돌을 뽑아 버리는 것으로 하느님께서 지으신 거대한 집을 파괴하는 행위와 다를 바 없습니다. 이웃이 자기 마음에 들지 않는다고, 상처를 주었다고 복수하며 모욕을 주는 것도 그를 창조하신 하느님의 마음에 상처를 입히며 세상을 파괴하는 행위입니다. 길가의 풀 한 포기, 들에 핀 꽃 한 송이, 새 한 마리, 애완동물 야생동물뿐 아니라 흘러가는 구름, 더위와 추위까지도 모두 하느님의 거대한 집을 받드는 모퉁이의 머릿돌과 같은 존재입니다. 우리가 함부로 다루어서는 안 되는 것들입니다. 이것들을 아무렇게나 대하는 것은 세상을 내신 창조주 하느님을 아무렇게나 대하는 것입니다. 만나는 모든 사람과 모든 것들을 하느님의 집을 받들고 있는 모퉁이의 머릿돌로 여기며 살아야 합니다. 우리는 하느님께서 창조하신 거대한 집에서 살고 있습니다.

마태오 복음사가는 "이는 주님께서 이루신 일 우리 눈에 놀랍기만 하네."라는 말 다음에 "하느님께서는 너희에게서 하느님의 나라를 빼앗아, 그 소출을 내는 민족에게 주실 것이다. 그리고 그 돌 위에 떨어지는 자는 부서지고, 그 돌에 맞는 자는 누구나 으스러질 것이다."(마태 21,43-44)라는 예수님의 말씀을 한마디 더 첨가합니다. 하느님의 나라가 가까이 왔다는 당신의 복음을 끝까지 받아들이지 못하는 자들의 마지막 모습에 대한 묘사입니다.

불행하게도 이 복음을 받아들이지 못하는 자는 스스로 하느님께 대한 믿음이 돈독하다고 자부하는 이스라엘 백성입니다. 마태오는 이 이야기 바로 다음에 악한 사람 선한 사람 할 것 없이 세상 모든 사람이 혼인 잔치에 초대받았다는 이야기를 들려줍니다(마태 22,1-14). 하느님의 나라는 이스라엘에게만 열려 있는 것이 아니라 모든 이들에게 열려 있습니다.

하느님의 것은 하느님께

그 뒤에 그들은 예수님께 말로 올무를 씌우려고, 바리사이들과 헤로데 당원 몇 사람을 보냈다. 그들이 와서 예수님께 말하였다. "스승님, 저희는 스승님께서 진실하시고 아무도 꺼리지 않으시는 분이라는 것을 압니다. 과연 스승님은 사람을 그 신분에 따라 판단하지 않으시고, 하느님의 길을 참되게 가르치십니다. 그런데 황제에게 세금을 내는 것이 합당합니까, 합당하지 않습니까? 바쳐야 합니까, 바치지 말아야 합니까?" 예수님께서는 그들의 위선을 아시고 그들에게 말씀하셨다. "너희는 어찌하여 나를 시험하느냐? 데나리온 한 닢을 가져다 보여다오." 그들이 그것을 가져오자 예수님께서, "이 초상과 글자가 누구의 것이냐?" 하고 물으셨다. 그들이 "황제의 것입니다." 하고 대답하였다. 이에 예수님께서 그들에게 이르셨다. "황제의 것은 황제에게 돌려주고, 하느님의 것은 하느님께 돌려드려라." 그들은 예수님께 매우 감탄하였다(마르 12,13-17).

1

사회 지도자인 수석 사제들과 율법 학자들 그리고 원로들(마르 11,27)이 예수님께 말로 올무를 씌우려고 바리사이들과 헤로데 당원 몇 사람을 보내어 예수님께 질문하게 합니다. 그들은 학식이 풍부하고 자비롭다고 정평이 난 사람들입니다. "스승님, 저희는 스승님께서 진실하시고 아무도 꺼리지 않으시는 분이라는 것을 압니다. 과연 스승님은 사람을 그 신분에 따라 판단하지 않으시고, 하느님의 길을 참되게 가르치십니다."라며 점잖고 좋은 말로 남을 추켜세울 줄도 압니다. 율법과 계명이 명하는 것도 빼놓지 않고 잘 지킵니다. 십일조도 잘 바치고 안식일도 잘 지킬 것입니다.

그런데 그들은 왜 예수님께 직접 질문을 던지지 않고 사람을 보내어 질문하게 한 것일까요? 자기들 속마음은 감추어 두고 딴 사람을 보내어 질문하게 하는 이유가 무엇일까요? 그들은 질문 뒤에 숨어서 곤란한 일이 생기면 피할 방법을 모색해 놓고 예수님께 올무를 씌울 음모를 찾고 있는 것입니다. 그들은 이미 그분에 대해 알고 있습니다. 사람들이 그분을 진실하게 대하고 있다는 것도 압니다. 그 때문에 그들은 직접 그분께 다가가 질문하지를 못합니다. 아는 것처럼 보이지만 그들은 모르는 것입니다. 그분의 명성을 들었을 뿐 그분이 누구신지 알지 못하는 것입니다.

올무를 씌우려는 그들의 마음은 이내 들키고 맙니다. 마태오는 예수님께서는 그들의 악의를 아셨다(마태 22,18)고 보도하고, 루카는 예수님께서는 그들의 교활한 속셈을 꿰뚫어 보셨다(루카 20,23)고 전합니다.

2

"스승님!" 하고 부르면서 그들이 던진 질문은 "황제에게 세금을 내는 것이 합당합니까, 합당하지 않습니까? 바쳐야 합니까, 바치지 말아야 합니까?"라는 것이었습니다. 이 질문에 그들의 생각이 여지없이 들키고 맙니다. 인간들은 "아빠가 좋아? 엄마가 좋아?"라는 식의 물음에 익숙하지만, 하느님과 황제는 선택사항이 아닙니다. 하느님은 인간이 선택할 수 있는 어떤 물건이 아닙니다. 하느님은 절대자絶對者이십니다. 사람의 아들 예수님이 하느님의 아들이신 것은 하느님이냐 인간이냐 하는 양자택일의 사고를 넘어서야 알 수 있는 신비입니다. 예수님이 사람의 아들이면 하느님의 아들일 수 없고 또 하느님의 아들이면 사람의 아들일 수 없다는 논리[109]로는 그분을 알 수 없고 그분을 모르고는 그리스도로 살 수 없습니다.

교회는 이런 아리우스의 사고를 일찍이 단죄했습니다. 예수님은 하느님의 창조물이기만 한 존재가 아닙니다. 창조주의 말씀이 그분 안에서 인간이 되셨습니다. 모든 인간은 하느님과 외연으로만 관계를 맺는, 오늘 관계 맺었다가 내일 파기할 수 있는 존재가 아닙니다. 모든 인간은 예수님처럼 신성과 인성을 지닌 존재로 하느님을 아버지라 부르는 하느님의 자녀입니다. 하늘과 땅, 선과 악, 성과 속 등 매사 이분법적으로 가르며 사는 한, 인간은 하느님 나라를 체험할 수 없습니다. 이분법적 사고를 벗어나는 것을 방해하는 것이 황제의 논리, 힘의 논리입니다.

예수님은 그들이 당신을 함정에 빠트리기 위해 질문하고 있다는 것을 아십니다. 예수님께서 데나리온 한 닢을 가져오게 하신 뒤 데나리

---

109) 베드로의 고백 마르 8,29 참조.

온에 새겨진 초상과 글자가 누구의 것인지 묻습니다. "황제의 것입니다."라고 대답하는 그들에게 "황제의 것은 황제에게 돌려주고, 하느님의 것은 하느님께 돌려 드려라." 하고 이르십니다. 양시론兩是論으로 함정을 피하고자 하신 것이 아닙니다. 예수님의 답변은 그들이 던진 질문 자체를 부정하시는 것입니다. 예수님은 합당한가, 합당하지 아니한가? 바쳐야 하는가, 바치지 말아야 하는가? 하는 양자택일의 논리에 갇혀서는 이 물음에 대한 답을 구할 수 없을 뿐만 아니라 위선자로 세상을 살 수밖에 없음을 경고하시는 것입니다.

3

예수님은 양자택일의 사고에서 그들을 탈출시키며 우리의 시선을 하느님의 나라로 향하게 하십니다. 예수님의 답변을 들은 그들은 양심에 찔렸을 것입니다. 깨닫지 못한 진리 때문이 아니라 예수님의 답변에 상관없이 화폐를 자기 편리한 대로 사용하고 있었기 때문입니다. "자기네들끼리 사고팔고 꾸어 주고 꾸고 할 때는 아무렇지도 않다가, 하필 세금을 낼 때는 황제의 초상을 사용하는 것이 신앙에 위배된다는 말인가? 이제 예수님이 그들에게 따끔한 맛을 보여 준 셈이다."[110] "예수님의 답변은 국가를 하느님과 완전히 분리시킴으로써 국가에 속한 것과 하느님께 속한 것 사이에 완전한 경계선을 설정하려는 것이 아니다."(뒤켄 215) 하느님 나라의 가르침에 따르면 황제의 것

---

110) 뒤켄, 214-215.

과 하느님의 것을 동등하게 볼 수도 없으려니와 모든 것은 처음부터 하느님의 것이기 때문입니다.[111]

모든 것이 처음부터 하느님의 것이라는 말을 하느님이 황제보다 더 위대한 분이시기 때문이라고 생각한다면 이 또한 잘못입니다. 하느님을 황제보다 더 위대한 권력자로 보는 것은 하느님을 세상의 황제들 가운데 하나로 보는 것이나 마찬가지이고, 하느님을 세상의 황제처럼 폭군으로 만드는 것이나 다름없기 때문입니다. 많은 그리스도인은 이런 사고의 범주에서 하느님을 믿는데 이것이야말로 예수님께서 극복하고자 하신 사고입니다. 이런 식의 사고에 따르면 하느님께서 당신 나라에 들어오는 사람을 선별적으로 막을 수도 있다는 말이 되기에 모순이요 자가당착입니다. 하느님의 나라는 자기 마음에 드는 사람만을 받아들이는 폭군과 같은 심판관이 다스리는 나라가 아닙니다.

하느님은 잘잘못을 따지는 세상의 황제와는 다릅니다. 하느님은 보통 그리스도인들이 생각하듯이 인간의 행위 여하에 따라 상벌하시는 분이 아닙니다. 많은 그리스도인의 하느님에 대한 이미지는 "각자의 공로에 따라 상을 주는 심판자와 입법자이거나, 기도와 은혜로 물물교환을 하는 뛰어난 장사꾼이자 동전 투입구에 필요한 만큼 돈을 넣으면 에스프레소 커피나 코카콜라가 나오는 자동판매기와 같은 이미지다. 다시 말해 희생 제물이나 비탄의 기도를 드리기만 하면 자동적으로 치유, 성공, 화해와 같은 요구 사항을 들어주시는 분이다."[112] 하

---

111) 정치는 정치인에게 종교는 종교인에게 맡겨야 한다는 말은 그 자체로 모순입니다. 종교인이 정치에 관여하지 말아야 한다는 말은, 정치인은 종교 예식에 참여해서는 안 된다는 말과 다르지 않습니다.
112) 위의 책, 224.

지만 하느님은 이런 지배자 하느님이 아닙니다. 하느님은 율법 학자들만의 하느님이 아니라 모든 인간의 하느님이십니다.

부활? 너희는 크게 잘못 생각하고 있다

부활이 없다고 주장하는 사두가이들이 예수님께 와서 물었다. "스승님, 모세는 '어떤 사람의 형제가 자식 없이 아내만 두고 죽으면, 그 사람이 죽은 이의 아내를 맞아들여 형제의 후사를 일으켜 주어야 합니다.'고 저희를 위하여 기록해 놓았습니다. 그런데 일곱 형제가 있었습니다. 맏이가 아내를 맞아들였는데 후사를 남기지 못하고 죽었습니다. 그래서 둘째가 그 여자를 맞아들였지만 후사를 두지 못한 채 죽었고, 셋째도 그러하였습니다. 이렇게 일곱이 모두 후사를 남기지 못하였습니다. 맨 마지막으로 그 부인도 죽었습니다. 그러면 그들이 다시 살아나는 부활 때에 그 여자는 그들 가운데 누구의 아내가 되겠습니까? 일곱이 다 그 여자를 아내로 맞아들였으니 말입니다." 예수님께서 그들에게 이르셨습니다. "너희가 성경도 모르고 하느님의 능력도 모르니까 그렇게 잘못 생각하는 것이 아니냐? 사람들이 죽은 이들 가운데에서 다시 살아날 때에는, 장가드는 일도 시집가는 일도 없이 하늘에 있는 천사들과 같다. 그리고 죽은 이들이 되살아난다는 사실에 관해서는, 모세의 책에 있는 떨기나무 대목에서 하느님께서 모세에게 어떻게 말씀하셨는지 읽어 보지 않았느냐? '나는 아브라함의 하느님, 이사악의 하느님, 야곱의 하느님이다.' 하고 말씀하셨다. 그분께서는 죽은 이들의 하느님이 아니라 산 이들의 하느님이시다. 너희는 크게 잘못 생각하는 것이다."(마르 12,18-27)

1

부활 이야기는 예나 지금이나 많은 오해를 일으키며 혼란을 줍니다. 신앙생활에 혼선을 주어 인생의 방향을 잘못 설정하는 근거가 되기도 합니다. 후사를 남기지 못하고 죽은 일곱 형제와 차례로 결혼한 여자가 되살아나면 누구의 아내가 되겠느냐고 묻는 사두가이에게 예수님께서 그들이 성경도 모르고 하느님의 능력도 모르기에 그런 잘못된 질문을 한다고 대답하십니다. 이들이 던진 질문은 황제에게 세금을 내는 것이 합당한가, 합당하지 않은가 하는 질문과 같은 수준입니다. 무지가 하느님을 잘못 생각하게 하고 무지가 부활을 잘못 생각하게 합니다. 무지가 사람을 시험합니다.

사두가이들의 주장은 한편으로는 맞는 말입니다. 그들은 "부활의 세계는 현세보다 더 많은 복이 내릴 뿐 질적으로 같은 차원에 속한다는 사조"(정양모)를 가지고 있었는데, 이 주장이 보통 사람들이 생각하는, 죽은 사람이 이승의 연장선에서 되살아나는 삶이 있다는 것을 부정하는 것이라면 틀린 것이 아닙니다. 그러나 사람이 부활의 생명을 지니고 살아간다는 것을 부정하는 것이라면 틀렸습니다.

그들의 잘못은 사람이 죽으면 되살아난다는 것을 부정하면서 동시에 모든 사람이 부활의 생명을 지니고 살아간다는 것까지를 부정한 데에 있습니다. 이는 인간이 하느님의 자녀로서 하느님의 숨을 쉬는 하느님의 형상이라는 것을 부정하는 것으로 인간을 죽어 썩어 사라지고 마는 허무한 존재로만 보는 것입니다. 성경도 모르고 하느님의 능력도 모르니까 그런 잘못된 생각을 하는 것입니다. 우리는 베드로가 예수님께 살아 계신 그리스도라고 고백했음에도 사탄이라는 호된 꾸지람을 들은 사실을 알고 있습니다. 베드로는 사람의 아들이 영원한 하느님의 아들이라고 고백하면서 사람의 아들에게서 하느님을 보지 못하여 꾸지람을 들은 것입니다.

우리는 부활에 대한 나의 믿음이 인간의 생각에서 나온 것인지 성경에 근거한 것인지 성찰해야 합니다. '내가' 하느님의 영원한 생명을 가지고 산다는 것, '내가' 살아 있는 동안 부활의 삶을 살 수 있다는 것, 이것은 영원히 살고 싶어 하는 인간의 사고가 빚어낸 것이 아니라, 하느님의 복음에 근거한 것입니다. 우리는 죽은 다음 되살아나 부활의 삶을 사는 것이 아닙니다. 부활은 이런 사고의 산물이 아닙니다. 하느님은 죽은 자가 아니라 산 자의 하느님이십니다.

2

많은 사람이 부활을 오해하는 데에는 부활을 '되살아나는 것'으로 생각하기 때문입니다. 사두가이들과 예수님의 대화에는 부활과 관련하여 '아니스테미ἀνίστημι'와 '에게이로ἐγείρω'라는 두 개의 단어가 나옵니다. '아니스테미'는 우리말 성경에 '부활하다', '다시 살아나다'(8절, 23절, 25절)로, '에게이로'는 '되살아나다'(26절)로 번역되었습니다.[113] 이

---

[113] '아니스테미ἀνίστημι' 명사는 '아나스타시스ἀνάστασις'인데 '일으켜 세우다' (누운 자 또는 죽은 자를) '일으키다', (병에서 회복되어) '일어나다', '살아나다'라는 뜻입니다. 예수님께서 많은 고난을 겪고 죽임을 당하셨다가 사흘 만에 다시 살아나셔야 한다고 예고하셨을 때(마르 8,31; 9,9; 10,34) 그리고 주간 첫날 새벽에 부활하신 뒤(마르 16,9) 마리아 막달레나에게 나타나셨다고 할 때 이 단어가 나옵니다. '에게이로ἐγείρω'는 '일어나다', 잠에서 '깨우다'(마르 4,38), '깨어나다', '일어나다'(마르 4,27)라는 뜻입니다. '에게이로"에 대하여 마르 1,31; 2,1-12; 12,18-27; 16,9 참조.

단어들은 본시 살아 있는 자를 위한, 살아 있으되 죽은 삶을 사는 자를 살리기 위한 단어였는데, 죽음이 부각되면서 부활에 대한 오해를 일으키게 되었습니다.

바오로 사도는 코린토 1서 15장에서 그리스도와 그리스도를 믿는 이들의 부활을 이야기하면서 이 두 단어를 함께 사용합니다. 그는 3-5절에서 "그리스도께서는 성경 말씀대로 우리의 죄 때문에 돌아가시고 묻히셨으며, 성경 말씀대로 사흗날에 되살아나시어, 케파에게, 또 이어서 열두 사도에게 나타나셨습니다."라고 말합니다. 여기서 '되살아나다'로 번역된 그리스어 '에게게르타이ἐγήγερται'는 '에게이로'의 현재완료 수동태입니다. "그분은 일으켜지셨다."라는 뜻입니다.[114]

이 수동태는 신적 수동태[115]라고 하는데, 신적 수동태란 하느님이 사건을 일으키신 행위자이지만 주어로 나타나지 않는 상태를 말합니다. "그분(= 예수님)은 일으켜지셨다."라는 말은 "하느님께서 그분을 일으키셨다."라는 말이 됩니다. 하느님께서 그리스도를 일으키신 것입니다(그리스도가 자력으로 되살아나신 것이 아닙니다). 그리고 현재 완료형은 과거 행위의 영향이 현재까지 미칠 때에 사용되는 시제입니다. '일으켜지셨다.'라는 말에는 그분은 '일으켜지시어 지금 살아 계시다'라는 뜻이 내포되어 있습니다.[116] '일으켜지셨다'는 것은 죽은 몸이 죽기 전 과거의 몸으로 되살아났다는 말이 아니라 썩을 몸이지만 본래 불사

---

114) 200주년 성서는 이 구절을 "일으켜지셨다"로 번역하였습니다.

115) 신적 수동태passivum divinum에 대해 마르 2,1-12 참조. 수난 예고 참조. "사람의 아들이 반드시 많은 고난을 '겪으시고' (…) 배척을 '받아' 죽임을 '당하셨다'가 사흘 만에 다시 '살아나셔야' 한다."

116) 200주년신약성서번역위원회, 『200주년 신약성서 주해』, 분도출판사(2001). 김영남, 『고린토인들에게 보낸 첫째 편지』 주해 참조.

불멸의 생명을 가지고 있다는 것을 말합니다.

바오로 사도는 그리스도께서 일으켜지셨다는 믿음에 근거하여 그리스도인들도 일으켜질 것이라는 희망을 이야기합니다. "그리스도께서 죽은 자들 가운데서 일으켜지셨다고 선포되고 있는데도 여러분 가운데에는 죽은 자들의 부활(아나스타시스)이 없다는 말을 하는 사람들이 더러 있다니 어떻게 그럴 수 있습니까?"(1코린 15,12) 썩을 몸이지만 본래 불사불멸의 생명을 가지고 태어났다는 것을 알지 못하여 죽은 듯 사는 삶을 사는 이를 그리스도를 통해 본래의 죽지 않는 삶을 살게 해 주신 것입니다. 그리스도의 부활이 있기에 "썩을 것으로 씨 뿌려지지만 썩지 않는 것으로 일으켜집니다. 천한 것으로 씨뿌려지지만 영광스러운 것으로 일으켜집니다. 약한 것으로 씨뿌려지지만 강한 것으로 일으켜집니다. 자연적인 몸으로 씨뿌려지지만 영적인 몸으로 일으켜집니다. 자연적인 몸이 있는가 하면 영적인 몸도 있습니다."
(1코린 15,42-44, 200주년 성서)

3

부활은 썩어 없어질 것으로 묻힌 몸이 믿음에 따라 썩지 않는 몸으로, 비천한 것으로 묻힌 몸이 믿음에 따라 영광스러운 몸으로, 약한 것으로 묻힌 몸이 믿음에 따라 강한 몸으로 되살아나는 것이 아닙니다. 썩어 없어진 물질적인 몸이 있으면 썩지 않는 영적인 몸이 있다거나 믿으면 되살아나서 영원히 살고 믿지 않으면 되살아나지 않는다는 것을 말하는 것이 아닙니다. 부활은 이승의 삶이 끝난 다음 그 연

장선에서 되살아나서 펼쳐지는 삶이 아닙니다. 부활을 믿는다는 것은 썩어 없어질 육체를 지닌 인간이 죽은 다음 믿음에 따라 되살아나서, 그 연장선에서 썩지 않는 생명, 새 생명을 받아 영원히 살게 되리라는 것을 믿는 것이 아닙니다. 믿든 안 믿든, 모든 인간이 죽어 썩어 없어질 육체를 가진 몸이지만, 처음부터 불사불멸이신 하느님의 영원한 생명을 가지고 태어났다는 것을 믿는 것입니다. 인간이 부활의 삶을 살 수 있는 것은 인간은 죽지 않는 하느님의 생명을 가지고 태어나 그 생명을 가지고 세상을 살아가고 있기 때문입니다.[117] 그 누구도 하느님의 생명을 죽일 수 없습니다.

생멸하는 인간이 죽지 않는 생명, 불사불멸의 생명을 가지고 산다는 것은 신비입니다. 인생의 신비입니다. 죽은 다음 다시 살아나서 썩지 않는 생명, 영원한 생명을 받아 사는 것이 아니라 죽을 인간, 죽으면 끝내 썩어 사라질 이 인생이 죽지 않는, 썩지 않는 영원한 하느님의 생명을 가지고 산다는 것, 이것이 신비입니다. 썩어 없어질 육체를 지닌 이 인간이 영원한 하느님의 자식이고 하느님의 형상이라는 것이 신비입니다. 죽을 인간이 부활의 삶을 산다는 것이 신비입니다.

4

부활의 믿음은 그리스도를 통해서 얻게 됩니다. "불사불멸이신 그분이 우리를 위해 죽으실 수 있도록, 말씀이 사람이 되시어 우리 가

---

117) 아담은 이 생명을 가지고 지어졌으나 이를 몰라 영생을 살지 못하는 죄, '죽을 죄'(창세 3,4)를 지었다고 할 수 있을 것입니다.

운데 머무르셨습니다. 우리를 위해 죽으실 수 있도록 또 당신의 죽음으로 우리 죽음을 멸하시기 위해, 불사불멸께서 사멸성을 취하셨습니다."[118] 그리스도를 믿어 그분처럼 살면 부활의 경지에 드는 것이고, 그러지 못하면 영원한 생명을 가지고 있으면서도 부활의 삶을 살지 못합니다. 부활은 살아 있는 동안 체험해야 하는 것입니다.

예수님은 요한 복음에서 "나는 부활(아나스타시스)이요 생명이다."(요한 11,25)라고 말씀하시면서 당신의 몸으로 생명의 신비를 보여 주십니다. 이 말씀을 하신 후 그분은 "나를 믿는 사람은 죽더라도 살고, 또 살아서 나를 믿는 모든 사람은 영원히 죽지 않을 것이다."라고 말씀하시면서 "너는 이것을 믿느냐?" 하고 물으십니다(요한 11,25-26).[119] 어떻게 사멸할 인간이 불사불멸의 영원한 하느님의 자녀일 수 있으며, 하느님의 형상일 수 있는가 하고 묻는 것은 인간의 신비를 모르기에 하는 말입니다. 썩어 없어질 육체를 가진 인간이 영원한 하느님의 생명을 가지고 있다는 것, 썩어 없어질 육체를 가진 이 인간이 하느님을 아버지라 부르며 하느님의 자녀로 살아간다는 것, 이것이 신비입니다. 우리는 인생을 신비로 받아들이기는커녕 이 신비를 불완전한 자기의 지식으로 풀이하고 해석하려 들면서 혼란을 자초합니다. 죽지 않는 생명을 가지고 하느님의 형상으로 산다는 것은 인간의 언어에 가리어 무의미한 것이 되어 버립니다.

---

118) 아우구스티누스, Sermo 23A,1-4: CCL 41,321-323.
119) 주님께서 십자가에 죽은 예수님을 살리셨다는 것(에게이레인)은 죽은 예수님을 그 이전으로 되살리셨다는 말이 아닙니다. 부활하신 예수님은 되살아나신 분이 아닙니다. 그분은 죽지 않는 삶을 사셨고 그 삶을 십자가에서 보여 주셨습니다.

5

인간은 이승의 삶이 끝난 다음 비로소 하느님의 자녀로 새로 태어나는 것이 아닙니다. 우리가 지금 하느님을 아버지라 부르는 것은 죽고 나서 하느님의 자녀로 살기 위해서가 아닙니다. 부활을 우리가 죽은 다음으로 미루는 것은 성경도 모르고 하느님의 능력도 모르고 잘못 생각하기 때문입니다. 죽지 않는 생명을 가지고 살면서도 이를 모르기에 부활의 삶을 살지 못하고 죽은 삶을 사는 것입니다. 부활의 삶을 죽은 후 다시 살아나 이승의 삶의 연장선에서 다시 사는 삶을 사는 것으로 생각한다면 이는 부활을 잘못 생각하는 것입니다. 예수님께서 그런 삶은 성경이 말하는 '일어난' 삶이 아니라고 강조하시며 살아 있는 동안 '일어난' 삶을 살기를 바라시지만, 그들은 성경을 모르기에 되살아나리라는 허황한 꿈을 꾸며 그것을 부활로 생각하는 것입니다.

우리 인생의 과제는 사람은 죽기 전에 죽음에서 일어난 삶을 살 수 있다는 것을 깨닫는 것입니다. 썩어 없어질 이 몸이 썩지 않는 하느님의 생명을 가지고 살아간다는 믿음을 얻는 것입니다. 우리는 이 생명이 끝나기 전에 죽음에서 일어난 삶을 살아야 합니다. 죽음을 이기고 일어서는 것, 그게 부활의 삶입니다.

부활의 삶을 살기 위해서, 하느님의 자녀로 살기 위해서 우리는 마지막 아담이신 그리스도처럼 살아야 합니다. 살아 있는 동안 부활의 삶을 살기 위하여 그리스도처럼 살아 있는 동안 다른 사람을 위해 죽는 삶을 살아야 합니다. 바오로는 필리피 신자에게 보낸 편지에서 이렇게 씁니다. "그리스도께서는 만물을 당신께 복종시키실 수도 있는 그 권능으로, 우리의 비천한 몸을 당신의 영광스러운 몸과 같은 모습으로 변화시켜 주실 것입니다."(필리 3,21)

썩을 육체를 가지고 사는 우리 인생의 목표는 부활의 삶을 사는 것입니다. 십자가를 지신 예수님을 따르는 것은 부활의 삶을 살기 위해서입니다. 예수님은 갖가지 질병 앓는 이들을 다시 일으켜 일어난 삶을 살게 해 주셨습니다.

6

부활은 하느님의 일입니다. 하느님께서 일으키시는 것입니다. 하느님의 일을 하느님의 일로 생각하지 않고 인간의 지식이나 생각으로 밝히려고 하는 데서 성경이 본래 말하고자 한 것과 다른 방향으로 이야기하게 됩니다. 예수님께서는 그들이 잘못 생각하는 것은 성경도 모르고 하느님의 능력도 모르기 때문이라고 하십니다. 성경을 알고, 하느님의 복음을 안다고 하지만 그 앎이 자기의 언어와 지식에 근거하여 그 한계를 벗어나지 못한다면 그들은 모르는 것입니다. 사두가이들[120]은 모세오경만 성경으로 인정하며 죽은 이들의 부활을 부인했으며 천사의 존재도 부인했습니다. 부활 사상은 모세오경에는 나오지 않기 때문입니다.

---

120) 사두가이 당은 기원전 152년에 조직되었습니다. "기원전 152년 하스모네 가문의 요나탄이 왕권에다 대제관직까지 겸임하자 '경건한 사람들'이 반기를 들었다. 그 가운데 평신도들이 주축이 되어 바리사이 당을, 일부 제관들이 주축이 되어 에쎄느 당을 조직했다. 그러나 대부분의 제관들과 예루살렘의 유지들은 하스모네 가문에 동조하여 사두가이 당을 조직했다."(정양모, 마르코 주해)

기원전 2세기에 이르러 부활 사상이 이스라엘에 싹트게 됩니다(이사 26,19; 에제 37장; 다니 12,1-3; 2마카 7,9-36; 12,41-46; 14,46). 인간은 자신의 죽음 이후의 세계에 관심을 가지고 그것을 종교의 핵심 주제로 삼았습니다. 유한한 인간이 죽음 이후의 세계에 대해 호기심을 갖는 것은 지극히 당연한 일입니다. 그러나 인생의 신비는 호기심만으로 밝힐 수 있는 '어떤 것'이 아닙니다.

7

예수님에게 죽음과 부활의 물음은 인생의 물음입니다. 예수님께서는 이 물음을 성경의 핵심에서 성찰하게 하십니다. 하지만 사두가이들은 이 물음을 자신들의 일상 안으로 끌어들이지 못합니다. 성경의 바탕에서 죽음과 부활을 성찰하지 못할 뿐 아니라 성경을 오해하기까지 합니다. 그들의 질문은 죽은 이들이 다시 살아나게 되면 그 여자는 일곱 형제 가운데 누구의 아내가 되겠느냐는 것인데 사실 그런 일은 일어날 수 없습니다. 사두가이들이 그런 차원에서 부활이 없다고 생각했다면 그들의 질문은 틀린 것이 아닙니다. 그런 부활은 없습니다. 문제는 그들의 사고가 잘못된 정보에 의한 것이라는 것입니다. 그들은 잘못된 정보를 참인 양 믿으며 부활을 부정하고 있다는 것입니다.

예수님은 그들에게 "잘못 생각하고 있다."라는 말씀을 두 번이나 하십니다. 두 번째에는 "너희는 크게 잘못 생각하는 것이다." 하시며 그들의 무지를 강하게 지적하십니다. 예수님은 그들의 무지를 깨기 위하여 하느님의 신비로 안내하십니다. 예수님은 모세가 호렙산 떨기 한가운데서 들었던 하느님의 말씀, "나는 네 아버지의 하느님, 곧 아브라함의 하느님, 이사악의 하느님, 야곱의 하느님이다."(탈출 3,6)라는 말씀을 인용하시며, 하느님은 "죽은 이들의 하느님이 아니라 산 이들의 하느님."이라고 말씀하십니다. 루카는 예수님의 이 말씀에 "하느님께는 모든 사람이 살아 있는 것이다."(루카 20,38)라는 설명을 덧붙입니다.

하느님을 죽은 이들의 하느님으로 오해하는 데서 죽은 이들이 다시 살아날 때 저 여자가 누구의 아내가 되겠느냐는 식의 질문이 나오는 것입니다. 하느님은 산 이들의 하느님이라는 것은 하느님은 우리가 살아 있는 동안 체험해야 하는 분이심을 말하는 것입니다. 살아 있는 동안 체험하지 못한 하느님을 죽어서 무덤에 묻혔다가 다시 살아난다고 해서 체험할 수 있겠습니까? 예수님은 살아 있는 동안 부활의 삶을 살지 못하는 자는 영원히 부활의 삶을 살지 못한다는 것을 밝히십니다. 부활은 죽었다가 때가 되면 무덤에서 다시 살아나서 생을 이어 가는 경지가 아니라는 것입니다. 죽은 이들이 다시 살아나서 어떻게 살 것인지 하는 것은 부활의 주제가 아닙니다.

죽은 이들이 모여 하느님과 영생을 누리는 천국은 없습니다. 하느님은 "죽은 이들의 하느님이 아니라 산 이들의 하느님"(마르 12,27)이십니다. 살아서 하느님을 체험하지 못하는 자는 영원히 하느님을 체험할 수 없으며, 영원히 천국의 삶을 살 수 없습니다. 당연히 공동묘지에 묻힌 시체가 다시 일어나 장가들고 시집가고 재결합하는 일은 있을 수 없으며, 그들이 되살아나 하느님을 찬양하는 일도 일어날 수 없는 일입니다. 부활의 세계는 이승의 연장이 아니고(마르 12,25) '하느님의 능력'(24절)으로 창조되는 온전히 새로운 세계입니다. 장가들고 시집가는 일에 온통 마음을 빼앗긴 상태로는 부활을 논할 수 없습니다. 부활의 신비를 풀기 위해 온갖 상상과 가설 속에 자신의 삶을 가둘 것이 아니라 현실의 삶을 어떻게 충실히 살 것인지, 현실 안에 활동하시는 하느님의 현존을 체험하도록 마음을 쏟아야 합니다.

사랑의 원리

율법 학자 한 사람이 이렇게 그들이 토론하는 것을 듣고 있다가 예수님께서 대답을 잘하시는 것을 보고 그분께 다가와, "모든 계명 가운데에서 첫째가는 계명은 무엇입니까?" 하고 물었다. 예수님께서 대답하셨다. "첫째는 이것이다. '이스라엘아, 들어라. 주 우리 하느님은 한 분이신 주님이시다. 그러므로 너는 마음을 다하고 목숨을 다하고 정신을 다하고 힘을 다하여 주 너의 하느님을 사랑해야 한다.' 둘째는 이것이다. '네 이웃을 너 자신처럼 사랑해야 한다.' 이보다 더 큰 계명은 없다." 그러자 율법 학자가 예수님께 말하였다. "훌륭하십니다, 스승님. '그분은 한 분뿐이시고 그밖에 다른 이가 없습니다.' 하시니, 과연 옳은 말씀이십니다. 또 '마음을 다하고 생각을 다하고 힘을 다하여 그분을 사랑하는 것'과 '이웃을 자기 자신처럼 사랑하는 것'이 모든 번제물과 희생 제물보다 낫습니다." 예수님께서는 그가 슬기롭게 대답하는 것을 보시고 그에게, "너는 하느님의 나라에서 멀리 있지 않다." 하고 이르셨다. 그 뒤에는 어느 누구도 감히 그분께 묻지 못하였다(마르 12,28-34).

들어라

1

이 이야기는 한 율법 학자가 예수님께서 사람들과 토론하는 것(마르 11,27-12,27)을 듣고 있다가 그분께 다가가서 질문하는 것으로 시작합니다.[121] 우리는 상대방을 궁지에 몰아넣기 위해서 악의적인 질문을 던질 수도 있고, 자기의 지식을 자랑하기 위해서 질문할 수도 있고, 모르는 것을 알고자 진심을 담아 질문할 수도 있습니다. 이 율법 학자는 나중에 예수님한테서 칭찬을 들은 것으로 보아 "대답을 잘하시는" 예수님께 인정받고 싶은 마음에 그분께 다가와 질문하였을지 모릅니다.

우리는 여기서 복음사가가 이 이야기를 예수님과 사두가이들 사이에 있었던 부활 이야기(12,18-27) 다음에 배치한 것에 주목할 필요가 있습니다. 사두가이들은 이분법적인 사고에 갇혀 부활을 오해하고 있을 뿐만 아니라 부활의 삶을 살지 못합니다. 사두가이와 달리 첫째 계명이 무엇인지 묻는 율법 학자는 예수님께 "너는 그 사랑에서 멀리

---

121) 이 이야기의 시작 부분은 공관복음마다 약간씩 다릅니다. 마르코는 율법 학자 한 사람이 예수님께서 사람들과 토론하는 것을 듣고 있다가 그분에게 다가가 질문을 던진 것으로 서술하지만 마태오는 "예수님께서 사두가이들의 말문을 막아 버리셨다는 소식을 듣고 한데 모인 바리사이들 가운데 율법 교사 한 사람이 예수님을 시험하려고 물었다."(마태 22,34-35)라고 서술합니다. 루카는 상황을 또 다르게 설정합니다. 예수님께서 그들의 물음에 대답하신 것이 아니라 예수님께서 당신을 시험하려고 질문을 던진 자에게 되물으시고 그가 "네 마음을 다하고 네 목숨을 다하고 네 힘을 다하고 네 정신을 다하여 주 너의 하느님을 사랑하고' '네 이웃을 너 자신처럼 사랑해야 한다.'" 하고 대답하자, 옳게 대답하였다고 하시며 "그대로 실천하여라. 그러면 살 수 있다." 하고 말씀하십니다(루카 10,25-28). 그리고 이어 착한 사마리아인의 비유(10,29-37)를 들려주십니다. 마태오와 루카의 질문자가 불순한 마음으로 질문을 던진 데 반해 (사실 예수님은 사람들한테서 고약한 질문을 많이 받으셨습니다.) 마르코의 질문자는 예수님한테서 칭찬을 들을 정도로 순수합니다.

있지 않다."라는 칭찬을 듣습니다. 율법 학자의 질문에 예수님께서 사랑으로 답하신 데에는 사랑은 하느님과 인간을 이분법적으로 갈라놓는 사고에 갇혀서는 체험할 수 없다는 것이 암시되어 있습니다. 현실을 떠나려는 마음으로는 부활의 삶을 살 수 없고 부활의 삶을 사는 사람은 현실을 부정하지 않듯이 이웃을 외면하고서는 하느님을 사랑한다고 할 수 없고 하느님을 사랑하는 사람은 이웃을 외면할 수 없습니다.

율법 학자는 하느님 사랑과 이웃 사랑이 별개의 것이 아니며, 하느님에 대한 사랑은 현실에서 만나는 이웃 사랑을 통해 드러난다는 것을, 하느님을 사랑하는 사람은 인간을 사랑하지 않을 수 없고, 인간을 사랑하는 사람은 하느님을 멀리할 수 없다는 것을 어느 정도 감지하고 있습니다.

2

우리는 여기서 율법 학자가 첫째가는 계명에 대하여 질문한 것에 주목하게 됩니다. 그가 첫째가는 계명에 대해 질문을 하였다는 것은 계명의 근본에 대하여 질문한 것입니다. 그의 질문에 예수님께서 사랑이라고 답변하셨다면, 사랑이 계명의 근본이라는 것입니다. 율법 학자는 계명을 묻고 예수님은 사랑을 이야기하십니다.[122] 사랑이 모

---

122) 유다교의 계명은 무려 613개 조항이나 되는데 예수님 시대를 전후해서 이 중 어느 것이 가장 으뜸가는 계명인지 하는 문제로 논쟁하곤 했습니다. 황금률을 첫째가는 계명으로 꼽는 이가 있는가 하면, 하느님 사랑을 으뜸 계명으로 내세우는 이도 있고, 하느님 사랑과 이웃 사랑을 기본 계명으로 보는 이도 있고, 이웃 사랑을 율법의 통일 원리로 간주하는 이들도 있었습니다. 그들이 제각기 주장한 으뜸 계명은 예수님의 가르침과 거의 비슷합니다. 다른 점이 있다면 그들은 으뜸 계명을 다른 계명보다 중요시했을 뿐인데, 예수님은 사랑의 이중 계명을 다른 계명의 기준으로 보았다는 것입니다(정양모).

든 계명의 으뜸이라는 것은 613개의 규정과 십계명 등 모든 법을 잘 지킨다 해도 그 지킴이 하느님의 사랑에 근거하고 있지 않다면 아무것도 아니라는 것을 말해 줍니다(1코린 13).

예수님은 사랑이 모든 계명의 근본이라는 것을 말씀하시고자 이스라엘이 매일 바치는 신명기에 나타난 신앙 고백문(신명 6,4-5)을 인용하여 말씀하십니다. 모세는 "이스라엘아, 들어라."(히브리어 '쉐마') 하며 귀를 기울이게 하면서 "주 우리 하느님은 한 분이신 주님"이시라고 주목시킨 다음 "마음을 다하고 목숨을 다하고 정신을 다하고 힘을 다하여 주 너의 하느님을 사랑해야 한다."라고 말합니다. 이 말에 예수님은 "정신을 다하여"라는 말을 덧붙이십니다. 주님이 사랑이시라는 것은 듣는 마음 없이는 알 수 없고 느낄 수도 없다는 것입니다. 듣는 자가 주님의 사랑을 느낄 수 있고 사랑할 수 있습니다. 앞에서 예수님께서는 "이 백성이 입술로는 나를 공경하지만 그 마음은 내게서 멀리 떠나 있다." 하고 이사야서를 인용하여 말씀하셨습니다(마르 7,6). 사랑은 말이 아니라 마음으로 하는 것입니다. 사랑은 단순하게 좋아하는 나의 감정을 표현하거나 고백하는 정도가 아닙니다.

마음을 다하고 목숨을 다하여 하느님을 사랑해야 한다는 것도 마음을 다하고 목숨을 다하여 하느님을 "들어야 한다"라는 말로 알아들어야 합니다. 듣지 못하는 자는 사랑한다고 할 수 없습니다. 사랑은 마음을 다하고 목숨을 다하고 듣는 가운데 완성됩니다. 율법 학자가 토론을 듣고 있다가 질문을 하였다는 것은 예수님의 말씀에 귀를 기울이고 있었다는 말도 됩니다. 들은 바를 마음에 새기며 예수님께 질문하는 그는 사랑할 자세가 서 있습니다.

3

모세는 이 하느님의 음성을 듣는 데 평생이 걸렸습니다. 자기 백성이 고생하는 이집트를 떠나 미디안으로 달아난 지 40년이 되던 해에 양 떼를 몰고 광야를 지나 하느님의 산으로 가다가 불타는 떨기나무 한가운데서 '한 분 주님'[123]이신 하느님의 음성을 들었습니다(탈출 3,2-15). "나는 이집트에 있는 내 백성이 겪는 고난을 똑똑히 보았고, 작업 감독들 때문에 울부짖는 그들의 소리를 들었다. 정녕 나는 그들의 고통을 알고 있다."(탈출 3,7)

여기서 우리는 하느님께서 사용하신 술어들에 주목하게 됩니다. 한 분 주님은 당신 백성이 고난을 겪는 것을 '보셨고' 그들이 고난을 받으며 울부짖는 소리를 '들으셨고' 그들이 당하는 고통을 '알고 계십니다.' 그들을 '보시고', '들으시는' 하느님은 그들이 누군지 '아십니다.' 우리는 주변에서 절박한 심정으로 고통을 하소연하는 사람에게 "그래. 알아. 네 마음 내가 다 알아." 하면서 위로합니다. '안다'는 말보다 상대를 더 안심시키며 위로하는 말도 없을 것입니다. '안다'는 말은 그와 함께하고 있다는 말입니다. '안다'고 말하는 그에게 나의 고통은 그의 고통이 됩니다. 하느님께서 이스라엘 백성을 '안다'고 하십니다. 그들과 가까이에서, 너무도 가까이에서 그들의 신음하는 소리를 똑똑하게 듣고 계십니다. 모세는 이집트를 떠난 지 40년이 지나고 나이 80이 되어서야 하느님께서 늘 자기 백성과 함께 계셨다는 것을 체험

---

123) "주 우리 하느님은 한 분이신 주님이시다."에서 '주'는 야훼입니다. 공동번역 성서는 이 구절을 "우리의 하느님은 야훼시다. 야훼 한 분뿐이시다."라고 번역했습니다.

하게 됩니다. 자기 동족이 고통으로 부르짖는 소리에서 하느님의 음성을 듣는 데 평생의 세월이 걸린 것입니다.

모세는 처음 하느님의 음성을 들었을 때, 자기는 고통당하는 백성과 함께할 능력이 없다고 변명합니다. 하느님은 그런 모세를 안심시키며 말씀하십니다. "내가 너와 함께 있겠다. 이것이 내가 너를 보냈다는 표징이 될 것이다."(탈출 3,12) 그리고 당신 이름을 밝히시며 당신의 존재를 드러내십니다.

"나는 야훼다.", "나는 있는 나다."(탈출 3,14) 하느님의 이 이름은 실존적입니다. "나는 항상 너희와 함께 너희를 위하여 있다. 너희보다 더 가까이 너희와 함께 있다. 너희가 아프면 나는 더 아프고 너희가 고통을 받으면 나는 더 고통을 당한다. 나는 야훼다. 나는 그런 존재다." 이스라엘이 이집트에서 탈출한 일을 기억한다는 것은 그들에게 늘 귀를 기울이시는 하느님을 기억하는 것입니다. "들어라." 한다면, 이집트에서 고생하는 백성들의 소리에 귀 기울이시는 하느님 마음을 들으라는 것입니다. 하느님은 저 멀리서 백성의 고통을 지켜보기만 하시는 분이 아니라 그들 곁에서 그들의 소리를 들으시며 그들과 함께 아파하시는 분입니다.

하느님은 오늘도 코로나 전염병으로, 자연재해로, 불의의 사고로 수많은 사람이 병들고 다치고 죽고 고통당하는 것을 보시며 그들의 음성으로 우리에게 말씀하십니다. "이집트로 가서 내 백성 이스라엘 자손들을 이끌어 내어라." 하느님의 이름이 야훼라는 데서 우리가 사랑해야 할 분이 누구이고, 우리가 들어야 할 것이 무엇인지 분명해집니다. 우리가 하느님을 사랑한다는 것은 야훼를 사랑하는 것이고, 우리가 들어야 할 것은 야훼의 말씀이요 야훼의 마음입니다. 하느님을 사랑한다는 것은 이스라엘의 고통에 동참하시는 하느님을 사랑하는 것이요 이는 곧 이스라엘을 사랑하는 것입니다. 하느님을 사랑한다는 것은 하느님의 관심사를 사랑하는 것입니다.

4

모세는 하느님께서 이집트에서 고생하고 신음하는 당신 백성의 고초를 보고 듣고 알고 계신다는 것을 체험하면서 자기가 도망쳐 나온 이집트의 파라오와 이스라엘 백성에게로 돌아가(탈출 3,10), 백성을 이끌고 이집트를 탈출합니다. 하지만 이집트를 탈출한 백성들의 기쁨은 항구하지 못했습니다. 들음의 경지에 이르지 못한 그들에게 탈출의 기쁨은 잠시였습니다. 백성들은 사막을 횡단하면서 지치고 배고프고 목마를 때마다 하느님과 모세에게 불평과 원망의 소리를 쏟아 냈습니다. "어쩌자고 우리를 이집트에서 데리고 올라왔소? 우리와 우리 자식들과 가축들을 목말라 죽게 하려고 그랬소?"(탈출 9,3) "당신들은 어쩌자고 우리를 이집트에서 올라오게 하여, 이 광야에서 죽게 하시오? 양식도 없고 물도 없소. 이 보잘것없는 양식은 이제 진저리가 나오."(민수 21,5) 그들은 자신들의 신음을 들으시는 하느님의 마음을 듣지 못했습니다. 하느님께서 당신의 사랑을 몰라주는 백성을 향하여 애가 타서 한탄하십니다. "아, 오늘 너희가 그분의 소리에 귀를 기울인다면! 너희는 마음을 완고하게 하지 마라, 므리바에서 처럼 광야에서, 마싸의 그날처럼. 거기에서 너희 조상들은 내가 한 일을 보고서

도 나를 시험하고 나를 떠보았다."(시편 95,7-9)

우리는 아무리 작아도 나의 고통이 더 크고 절실하게 느껴져 다른 사람의 고통에 귀를 잘 기울이지 못합니다. 실패를 경험할 때면 하느님께서 나를 떠나 버리신 것은 아닌지, 세상에 사랑이 없는 것은 아닌지 절망합니다. 하지만 인생이 괴로울수록 우리는 하느님께서 어떠한 상황에서도 우리 안에 우리와 함께 계시며 우리를 듣고 계신다는 것을 믿어야 합니다. 율법 학자의 질문에 예수님께서 "들어라, 이스라엘아."라는 성경 말씀을 들려주신다면 우리의 귀를 열어 계명의 핵심으로 안내하시기 위해서입니다. 듣는 자만이, 귀를 기울이는 자만이 하느님께서 주님이심을 알게 되고, 그분께서 사랑하시는 세상에 귀를 기울이게 될 것입니다.

5

사랑에 대한 지식이 많다고 남들보다 더 많이 사랑하는 것이 아닙니다. 하느님을 사랑하고 이웃을 사랑하는 일은 율법을 암기하여 마음에 새긴다고 저절로 실천되는 것도 아니고, 하느님께 신앙을 고백한다고 저절로 사랑의 존재가 되는 것도 아닙니다. 하느님을 사랑한다고 입으로 고백하기 전에 그분께서 귀 기울여 들으신 이웃을 듣는 훈련이 필요합니다. 예수님께서 선포하신 기쁜 소식은 인생에 대한 그분의 깊은 묵상에서 나온 것입니다. 그분께서 선포하신 복음을 어찌 묵상 없이 받아들일 수 있겠습니까. 인생은 지식이 아니라 묵상을 통해 풍성해집니다. 하느님에 대한 사랑과 인간에 대한 사랑은 입을 닫고 마음속으로 곰곰이 생각하는 묵상 없이는 이루어질 수 없습니다. 묵상하는 사람만이 사랑할 수 있고 인생을 즐길 수 있습니다.

하느님 사랑과 이웃 사랑

1

하느님을 본 사람은 없습니다. 어떻게 보이지 않는 그분을 사랑할 수 있을까요? 하느님의 음성을 들은 사람도 없습니다. 어떻게 들리지 않는 하느님의 음성을 들을 수 있을까요? 귀를 기울인다고 들리지 않는 하느님의 음성이 들려올까요? 어디에 귀를 기울여야 그분의 음성을 들을 수 있겠습니까? 하늘로 귀를 세울까요?

하느님은 당신의 들리지 않는 음성을 듣게 하시려고 말씀으로 세상을 창조하셨습니다. 그분께서 창조하신 만물에 귀를 기울일 때 우리는 그분 음성을 들을 수 있습니다. 인간이 신음하는 소리에 귀를 기울일 때 우리는 그분의 함께하시는 마음을 느낄 수 있습니다. 당신의 전부를 전달하시는 사랑을 느낄 수 있습니다. 그래서 그분은 말씀하십니다. "둘째는 이것이다. '네 이웃을 너 자신처럼 사랑해야 한다.'" 이웃의 아픔과 슬픔에 귀를 기울이지 않는 사람은 하느님의 음성을 들을 수 없고 하느님을 사랑한다고 할 수 없습니다.

예수님께서 "첫째는 이것이다."라고 하시면서 하느님 사랑을 이야기하시고(신명 6,4-5) "둘째는 이것이다."라고 하시면서 "네 이웃을 너 자신처럼 사랑해야 한다."(레위 19,18)라고 말씀하시는 것은 '첫째는 하느님 사랑, 둘째는 이웃 사랑'이라고 사랑에 등급을 매기는 것이 아닙니다. 내가 제일 좋아하는 과일은 사과이고 두 번째로 좋아하는 것은 바나나라는 식으로 사랑에 우선순위가 있는 것이 아닙니다. 그분은 "둘째는 이것이다."라고 하시면서 이보다 더 큰 계명은 없다고 하십니다.[124] 이웃 사랑은 하느님 사랑 다음에 오는 두 번째 등급의 사랑이 아닙니다. 하느님 사랑을 위하여 포기해도 좋은 사랑이 아닙니다. 하느님 사랑과 이웃 사랑은 별개의 두 사랑이 아니라 '하나'의 사랑입니다.

예수님께서 "주 너의 하느님을 사랑해야 한다." 하시고 나서 "네 이웃을 너 자신처럼 사랑해야 한다."라고 말씀하신 근본에는 하느님 사랑이 모든 사랑의 근본이라는 것이 암시되어 있으며 동시에 하느님 사랑은 이웃 사랑을 통해 실현된다는 것이 암시되어 있습니다. 하느님 사랑 없이 이웃 사랑을 이야기할 수 없고 또 이웃 사랑 없이 하느님 사랑을 이야기할 수 없습니다. 하느님을 사랑한다면 당연히 하느님께서 창조하시고 함께하시는 피조물을 사랑해야 합니다. 하느님을 사랑한다면 그분께서 보고 듣고 알고 계시는 이웃의 고통을 외면하지 말아야 합니다. 하느님께서 함께하신 사람과 함께 해야 합니다.

예수님께서 하느님을 사랑하라고 하시면서 이웃을 사랑하라고 하신다면 하느님께서 우리와 함께 계셔 주시듯이 우리도 그들과 함께 있어 주어야 한다는 것입니다. 이웃의 아픈 소리에 귀를 기울이는 자만이 그 뒤에 숨어 계시는 하느님의 마음을 들을 수 있습니다. 그렇

---

124) 마태오는 "둘째도 이와 같다." 하신 뒤 "온 율법과 예언서의 정신이 이 두 계명에 달려 있다."(22,40)라고 두 계명을 서열 없이 서술합니다.

게 우리는 하느님께서 우리를 사랑하시듯이 이웃에게 이슬이 되어 주고, 그들이 나리꽃처럼 피어나게 하고, 레바논처럼 뿌리를 뻗게 해야 합니다(호세 14,6 참조). 요한1서 저자는 하느님께서 함께하시는 이웃에게는 눈과 귀를 닫고 하느님을 사랑한다고 고백하는 사람은 거짓말쟁이라 부릅니다. "누가 '나는 하느님을 사랑한다.' 하면서 자기 형제를 미워하면, 그는 거짓말쟁이입니다. 눈에 보이는 자기 형제를 사랑하지 않는 사람이 보이지 않는 하느님을 사랑할 수는 없습니다. 우리가 그분에게서 받은 계명은 이것입니다. 하느님을 사랑하는 사람은 자기 형제도 사랑해야 한다는 것입니다."(1요한 4,20-21)

2

여기서 우리는 하느님을 사랑한다는 것이 무슨 말인지, 보이지 않는 하느님을 어떻게 사랑할 수 있는지 그 답을 얻게 됩니다. 보이지 않는 하느님에 대한 사랑은 보이는 이웃 사랑을 통해 실현됩니다. 주 하느님을 사랑한다는 것은 야훼 하느님을 사랑한다는 것이며, 야훼 하느님을 사랑한다는 것은 어떠한 상황에도 우리와 함께 계시며 '우리의 신음을 들으시는 분', '우리에게 귀를 기울이며 당신의 마음을 주시는 분'께서 귀를 기울이며 사랑하시는 '사람'을 사랑한다는 것입니다.

하느님을 사랑하는 사람은 자기 마음에 드는 사람, 자기 눈에 착하고 좋게 보이는 사람만이 아니라 자기 눈에 악하고 불의하게 보이는 사람도 사랑합니다. 하느님을 사랑하는 사람은 원수와 이웃, 죄인과 성인, 악인과 선인, 외국인과 동포의 경계를 넘어 그들을 사랑합니다.

자기에게 상처 주고 고통 주고 저주하는 사람을 축복하고, 의롭지 못하고 평판이 안 좋은 사람을 위해서도 기도합니다.

자기를 좋아하는 사람은 사랑하고 자기에게 상처 주는 사람을 미워하는 마음, 남을 심판하고 형제의 눈 속에 있는 티만 보려고 하는 마음으로는(마태 5,43-45) 하느님을 사랑한다고 할 수 없습니다. 선과 악, 정의와 불의를 따지고 빈부귀천을 차별하고 이웃의 아픔을 외면하면서 홀로 성전에서 제물을 바치는 마음으로는 하느님을 사랑한다고 할 수 없습니다. 그분은 말씀하십니다. "너희가 자기를 사랑하는 이들만 사랑한다면 무슨 상을 받겠느냐? 그것은 세리들도 하지 않느냐? 그리고 너희가 자기 형제들에게만 인사한다면, 너희가 남보다 잘하는 것이 무엇이겠느냐? 그런 것은 다른 민족 사람들도 하지 않느냐? 그러므로 하늘의 너희 아버지께서 완전하신 것처럼 너희도 완전한 사람이 되어야 한다."(마태 5,46-48)

그분은 또 말씀하십니다 "남이 너희에게 해 주기를 바라는 그대로 너희도 남에게 해 주어라. 이것이 율법과 예언서의 정신이다."(마태 7,12) 하느님 사랑과 이웃 사랑 그리고 자기 사랑은 하나의 사랑이며, 그 근본은 한 분 하느님이신 주님께 대한 사랑입니다. 하느님과 하나 되는 사람은 남과 하나 되고, 남과 하나 되는 사람은 자신과 하나 됩니다. 자신과 하나 되지 못하는 사람은 남과 하나 되지 못하고, 남과 하나 되지 못하는 사람은 하느님과 하나 될 수 없습니다. 하느님을 사랑하는 사람은 서로를 존중하고 인정하며 서로 사랑합니다. 하느님께 대한 사랑의 고백은 제한된 성전 안에서만 일어나는 것이 아니라 우리가 일상에서 만나는 사람들을 통해서 일어납니다. 숱한 변두리 인생을 지나쳐서는 함께하시는 하느님을 체험할 수 없습니다. 하느님을 사랑한다면 가난한 사람들, 구유에 누운 아기들, 십자가에 달린 사람들, 무거운 짐을 지고 고생하는 사람들을 향하여 마음을 열어야 합니다.

3

루카는 "누가 저의 이웃입니까?"라는 율법 교사의 질문에 착한 사마리아 사람의 비유를 들려줍니다. "어떤 사람이 예루살렘에서 예리코로 내려가다가 강도들을 만났다. 강도들은 그의 옷을 벗기고 그를 때려 초주검으로 만들어 놓고 가 버렸다. 마침 어떤 사제가 그 길로 내려가다가 그를 보고서는, 길 반대쪽으로 지나가 버렸다. 레위인도 마찬가지로 그곳에 이르러 그를 보고서는, 길 반대쪽으로 지나가 버렸다. 그런데 여행하던 어떤 사마리아인은 그가 있는 곳에 이르러 그를 보고서는, 가엾은 마음이 들었다. 그래서 그에게 다가가 상처에 기름과 포도주를 붓고 싸맨 다음, 자기 노새에 태워 여관으로 데리고 가서 돌보아 주었다. 이튿날 그는 두 데나리온을 꺼내 여관 주인에게 주면서, '저 사람을 돌보아 주십시오. 비용이 더 들면 제가 돌아올 때에 갚아 드리겠습니다.' 하고 말하였다. '너는 이 세 사람 가운데에서 누가 강도를 만난 사람에게 이웃이 되어 주었다고 생각하느냐?' 율법 교사가 '그에게 자비를 베푼 사람입니다.' 하고 대답하자, 예수님께서 그에게 이르셨다. '가서 너도 그렇게 하여라.'"(루카 10,29-37)

마태오 복음에서 최후의 심판에 나오는 굶주리고 목마르고 헐벗고 병들고 감옥에 갇힌 사람들이 우리의 이웃입니다(마태 25,31-46). 이들 모두가 하느님의 사랑을 우리에게 느끼게 해 주는 존재들입니다. 보잘것없는 이웃을 사랑함이 없이 가장 위대하신 하느님을 사랑한다는 것은 불가능합니다. 하느님 사랑은 이웃 사랑을 통해 실현됩니다. 이웃에게 자신을 열어야 하는 것은 단순히 율법적인 요구 때문이 아닙니다. 율법적 요구를 충족하기 위한 관계는 잘 지켜진다 해도 차갑고 비인간적이고 형식적일 수 있습니다. 이웃 사랑은 하느님 사랑에 근거합니다. 사랑은 자신을 남에게 열게 하는 원리입니다.

이웃 사랑과 자기 사랑

1

하느님 사랑과 이웃 사랑에 우선순위를 매길 수 없듯이 자기 사랑과 이웃 사랑 사이 또한 우선순위를 매길 수 없는 하느님 사랑에 근본을 둔 하나의 사랑입니다. "네 이웃을 너 자신처럼 사랑해야 한다." (마르 12,31)라는 말씀을 먼저 자기 자신을 사랑하고 그런 이기적인 사랑으로 이웃을 사랑하라는 말씀으로 해석한다면 사랑을 오해하는 것입니다.

자기 사랑은 내 안에 당신의 전부를 내어 주신 하느님의 현존에 대한 믿음에 근거할 때 진실이 됩니다. 하느님께서 우리를 위하여 당신의 외아들까지 내놓으셨고, 외아들은 아버지께 순종하여 우리를 위하여 당신 목숨을 내놓으셨다는 사실에서 하느님의 인류 사랑을 알게 됩니다(1요한 3,16). 자기 사랑은 하느님의 이 헌신적이고 비우는 사랑 안에서 완성됩니다. 자신을 사랑하는 사람은 이웃을 위하여 자기 목숨을 내어놓습니다. 자신을 사랑하는 사람은 자기가 하느님을 사랑하기 전에 그분께서 먼저 자기를 사랑하셨다는 사실을 압니다. 그는 하느님께서 "우리를 사랑하시어 당신의 아드님을 우리 죄를 위한 속죄 제물로 보내 주신 것"(1요한 4,10)을 압니다. 자기 사랑은 하느님처럼 자신을 비우게 합니다.

자신을 비우지 않고서는 이웃을 사랑한다고 할 수 없고 이웃을 사랑하지 않고서는 하느님을 사랑한다고 할 수 없습니다. 자기를 비워 자기를 초월하여 존재하시는 분에게로 눈을 돌리는 슬기로운 사람이 사랑을 안다고 할 수 있습니다. 나와 하느님의 이야기는 나와 하느님과 이웃 사이에 일어나는 사랑 이야기입니다. 하느님 사랑과 이웃 사랑과 자기 사랑은 서로 뗄 수 없는 '하나의 사랑'입니다. 하느님을 만난 사람은 필연적으로 자신을 비우며 이웃을 사랑하지 않을 수 없습니다. 이웃을 자기 자신처럼 사랑한다는 것은 자신을 비운 마음으로만 이웃을 만날 수 있다는 말입니다.

많은 그리스도인이 하느님을 사랑한다고 하면서 이웃 사랑을 소홀히 하는 죄를 짓습니다. 하느님의 자녀라고 하면서도 이웃을 하느님의 자녀로 대하지 못하며, 이웃의 얼굴에서 하느님의 얼굴을 보지 못합니다. 하느님 사랑에 바탕을 두지 않은 사랑은 눈먼 사랑입니다. 보이지 않는 하느님 사랑은 보이는 이웃에 대한 사랑을 통해서만 드러납니다. 주변에 대한 관심이나 이웃 사랑을 미루고서는 하느님을 사

랑한다고 할 수 없으며, 하느님을 사랑하지 않고서는 자기를 사랑할
수 없습니다. 자기를 초월하여 남(하느님)과의 만남 없이 자기만의 감
옥에 갇혀서는 누구도 사랑할 수 없습니다.

2

하느님의 사랑을 당신의 온몸으로 느끼신 예수님은 당신의 몸으로
하느님의 사랑을 발산하며 사셨습니다. 이웃을 하느님의 사랑 받는
자녀로 대하며 사셨습니다. 자기 자신을 사랑하는 사람은 이웃이 자
기가 자기 몸처럼 사랑해야 할 대상이며, 자기 자신의 정체성을 찾아
주고 비춰 주는 거울임을 압니다. 자기를 사랑하듯이 남을 사랑해야
한다는 예수님의 말씀은 먼저 자기 자신을 사랑하고 그런 다음 남을
사랑하라고 사랑의 순서를 말씀하시는 것이 아닙니다. 다른 사람에
대한 사랑을 자기 사랑이 충족될 때까지 미루라는 말씀이 아닙니다.
남의 발견 없이 자기 자신을 발견할 수 없습니다. 다른 사람에 대한
사랑을 통해 자기 사랑이 무르익습니다.

자기 자신을 사랑하기 위해서는 자기가 다른 사람들로부터 사랑받
는 존재라는 것을 알아야 합니다. 자기의 존재를 남으로부터 발견한
사람만이 자기를 진정으로 사랑한다 할 수 있습니다. 자기를 사랑하
는 사람은 자기 자신이 다른 사람의 자아를 찾게 해 주는 남이라는
것을 압니다. 남이 자기의 의미를 찾아 주는 존재이듯이 자기 또한
남에게는 그렇게 그 사람의 자기를 찾아 주는 남입니다. 자기를 사랑
하는 사람은 남의 인생을 자기 인생처럼 존중하며, 있는 그대로의 그

를 사랑합니다. 그리고 남의 인생을 찾아 주는 자기 인생을 사랑합니다. 자기의 어두운 면까지, 자기의 약점과 단점까지. 다른 사람에 대한 사랑과 자기 자신에 대한 사랑이 하나의 사랑이라는 사실을 깨달을 때 우리는 비로소 우리가 사랑해야 할 이웃을 발견하고 진실로 자기 자신을 사랑할 수 있을 것입니다. 이웃에 대한 사랑과 자기 자신에 대한 사랑은 분리할 수 없는 하나의 사랑입니다.

3

많은 그리스도인이 하느님의 사랑을 자기중심적으로 이해하려는 경향이 있습니다. 하느님은 사랑 자체이시고, 세상을 너무나 사랑하신 나머지 외아들을 보내셨다고 고백하면서 외아들의 오심을 자기 개인의 행복과 구원을 보장하기 위한 것으로 해석합니다. 그분께 믿음과 사랑을 고백하는 것만으로 남보다 더 많은 사랑을 받는다고 생각한다면 착각입니다. 사랑이 이기적이지 않듯이 구원도 이기적이지 않습니다. 사랑은 자기중심적이지 않습니다. 하느님은 우리의 이기적인 사랑을 바라지 않으십니다.

하느님께서 말씀으로 세상을 창조하셨다는 것은 온 우주 만물이 하느님의 음성을 들려준다는 것을 암시합니다. 우리는 예수님의 복음을 자기 구원을 위한 방편으로 삼기보다 우주적으로 읽어야 합니다. 하느님은 내 안에만이 아니라, 이웃 안에, 세계 안에, 우주 안에 현존하십니다. 나만의 구원은 있을 수 없습니다. 하느님에 대한 사랑은 이웃에 대한 사랑, 세상에 대한 사랑, 자연에 대한 사랑, 우주에 대한 사랑을 통해 드러납니다. 예수님은 세례 때 하늘이 갈라지는 체험을 하시면서 온 세상에서 하느님 사랑을 체험하셨습니다. 하느님의 사랑을 체험한 사람에겐 온 세상이 사랑으로 다가오며 온 세상이 바로 사랑입니다. 하느님의 사랑을 느끼지 못할 때 세상은 고통스럽고 밉고 떠나고 싶은 곳이 됩니다. 세상사랑은 하느님의 사랑에 근거합니다.

너는 하느님의 나라에서 멀리 있지 않다

1

하느님 사랑과 이웃 사랑과 자기 사랑이 하나라는 것을 아는 사람은 하느님께서 우리를 위해 당신 자신을 희생하셨듯이 이웃을 위해 자기 자신을 희생할 줄 압니다. 예수님께서는 토론 도중에 끼어든 율법 학자가 "이웃을 자기 자신처럼 사랑하는 것이 모든 번제물[125]과 희생 제물보다 낫습니다." 하고 슬기롭게 대답하는 것을 보시고 "너는 하느님의 나라에서 멀리 있지 않다."라며 그를 칭찬하십니다. 그는 자기를 희생할 준비가 되어 있습니다. 가진 것을 팔지 못해 예수님을 따르지 못하고 슬퍼하며 떠나간 부자 젊은이와는 다릅니다. 하느님의 나라는 이웃에 대한 사랑을 통해서 인식됩니다. 이웃이 하느님의 사

---

125) 번제는 구약 시대의 제사로 양이나 염소, 소, 비둘기 등 흠 없는 수컷 동물을 잡아서 가죽을 벗기고, 피는 제단에 뿌리고 나머지는 태워서 하느님께 바쳤습니다(레위 1,3-17). 가죽은 사제의 몫이 됩니다. 제물을 태우는 것은 인간이 하느님에 속한다는 것을 상징적으로 보여 줍니다. 예루살렘 성전에서는 매일 아침과 저녁 번제를 드렸습니다. 안식일이나 속죄일, 새해, 매월 초하룻날 같은 특정한 날에도 번제를 드렸습니다.

랑을 느끼게 해 주는 존재인데도 느끼지 못한다면 자기 생각에 파묻혀 사물의 겉모양에 집착하고 속을 들여다보지 못하기 때문입니다. 마음을 다하고 목숨을 다하여 자기를 바치는 삶을 살지 못하기 때문입니다.

2

예수님께서 율법 학자를 칭찬하신 것은 우리에게 용기를 줍니다. 사실 우리는 사랑의 원리를 일상에서 늘 체험하며 살고 있지 않습니까? 내가 심각한 병에 걸렸을 때, 내 병을 고쳐 줄 능력은 없어도 진심으로 나와 함께 있어 주며 함께 아파해 주는 사람에게서 의술이 주는 위로보다 더 큰 위로를 받을 때가 있지 않습니까? 주변에 고통받는 사람이 있을 때 직접 그의 고통을 해소해 주지 못한다 해도 따뜻하게 건네는 말 한마디가 그의 불안을 사그라뜨리며 안정을 주는 것을 우리는 체험하지 않습니까? 예수님께서 우리의 이 마음을 인정해 주십니다. 그리고 우리가 하느님의 나라에서 멀리 있지 않다고 용기를 북돋아 주십니다.

다윗의 주님이며 다윗의 자손

예수님께서는 성전에서 가르치시며 말씀하셨다. "어찌하여 율법 학자들은 메시아가 다윗의 자손이라고 말하느냐? 다윗 자신이 성령의 도움으로 말하였다.

'주님께서 내 주님께 말씀하셨다. 내 오른쪽에 앉아라, 내가 너의 원수들을 네

발아래 잡아 놓을 때까지.' 이렇듯 다윗 스스로 메시아를 주님이라고 말하는데,

어떻게 메시아가 다윗의 자손이 되느냐?" 많은 군중이 예수님의 말씀을 기쁘게

들었다(마르 12,35-37).

1

앞에서 우리는 바르티매오가 예수님을 향하여 "다윗의 자손 예수님" 하고 부르는 소리를 들었습니다(마르 10,46-52). 예수님은 다윗의 자손입니다. 그런데 다윗이 자기 자손인 메시아를 주님이라고 부릅니다. 어떻게 이런 일이 가능합니까? 이 질문은 예수님께서 성전에서 가르치시면서 직접 던지신 질문입니다. "율법 학자들은 메시아가 다윗의 자손이라고 말한다. 그런데 다윗은 메시아를 주님이라고 불렀다. 어떻게 다윗이 주님이라고 부른 메시아가 다윗의 자손이 되느냐?"

다윗이 주님이라고 부르는 메시아가 다윗의 자손이라는 것은 모순입니다. 마찬가지로 다윗의 후손인 예수님께서 하느님의 아들 그리스도(= 메시아)라는 것은 인간의 언어와 사고로만 볼 때 모순입니다. 예수님의 이 질문은 예수님께서 예루살렘으로 올라오시면서 제자들에게 "사람의 아들이 누구라고 생각하느냐?"라고 던지신 질문을 떠올리게 합니다. 그때 예수님은 "사람의 아들이 하느님의 아들 메시아다. 너희도 그렇게 생각하느냐?"라고 물으셨고, 베드로는 "스승님은 그리스도이십니다." 하고 바른 답변을 내놓았음에도 '사탄'이라는 꾸지람을 들었습니다(마르 8,27-33 참조). 고백 따로 생각 따로였던 것입니다.

예수님은 그리스도(메시아)로서 하느님의 아들이시며 다윗의 자손입니다. 출신으로 볼 때 다윗의 자손, 마리아의 아들, 즉 인간의 아들이지만, 이 다윗의 자손, 인간의 아들이 하느님의 아들입니다. 바오로는 이렇게 고백합니다. "그분께서는 육으로는 다윗의 후손으로 태어나셨고, 거룩한 영으로는 죽은 이들 가운데에서 부활하시어, 힘을 지니신 하느님의 아드님으로 확인되신 우리 주 예수 그리스도이십니다."(로마 1,3-4)

2

이어지는 대목에서 예수님께서 "율법 학자들을 조심하여라."(마르 12,38) 하고 군중을 조심시키십니다. 이로써 예수님은 율법 학자들이 당신의 질문을 파악하지 못하고 있음을 지적하신 것입니다. 예수님은 율법 학자들의 말이 틀렸다고 말씀하지 않으십니다. 다만 메시아는 다윗의 자손이지만 주님이시라는 것이 무엇을 뜻하는지 올바로 인식시키고자 하십니다.

마르코는 군중이 어떻게 답하였는지 들려주지 않고 그들이 예수님의 말씀을 기쁘게 들었다고만 전합니다. 군중이 기뻐했다면 그들은 베드로가 고백하면서도 체감하지 못한 그분을, 율법 학자들이 연구하면서도 알아뵙지 못한 그분을 온몸으로 느끼고 있다는 것을 암시합니다.

그리스도를 깨닫지 못한 유다인들과 예수님 사이에 빚어지는 논쟁은 요한 복음에 나오는 아브라함 이야기에서도 나타납니다. 예수님께서 "너희 조상 아브라함은 나의 날을 보리라고 즐거워하였다. 그리고 그것을 보고 기뻐하였다." 하고 말씀하시자 유다인들이 "당신은 아직 쉰 살도 되지 않았는데 아브라함을 보았다는 말이오?" 하고 반발하고, 예수님께서 그런 그들에게 "나는 아브라함이 태어나기 전부터 있었다."(요한 8,56-58) 하고 말씀하십니다. 아브라함의 자손인 예수님이 어떻게 아브라함보다 먼저 있을 수 있느냐는 문제로 논쟁이 벌어진 것입니다.

예수님께서 당신은 아브라함이 태어나기 전부터 있었다고 하신 말씀은 신학적 성찰 없이는 받아들일 수 없는 내용입니다.[126] 예수님께서 "어떻게 다윗이 주님이라고 부른 메시아가 다윗의 자손이 되느냐?" 하고 물으신 것은 우리 인생을 신학적으로 성찰하게 합니다. 베드로가 스승님은 그리스도이십니다 하고 고백하면서도 이를 깨치지 못한 것은 아직 신학적 언어로 성찰하지 못하였기 때문입니다. 예수님께서 당신을 사람의 아들로 자처하시며 하느님의 아들이라 하신다면 신학적 경지에서 이야기하시는 것입니다. 예수님은 베드로와 율법학자들을 이 경지로 이끌고자 하십니다. 예수님은 우리를 다윗 이전, 아브라함 이전, 아담 이전, 천지 창조의 순간으로 안내하여 우리 자신을 들여다보도록 유도하십니다.

예수님이 그리스도라고 고백하는 사람은, 그의 고백이 진심이라면,

---

126) 이는 천사가 마리아에게 나타나 인사할 때도 일어납니다. 천사가 마리아에게 구세주 예수를 낳을 것이라고 알리자 마리아는 "저는 주님의 종입니다. 말씀하신 대로 저에게 이루어지기를 바랍니다."(루카 1,38) 하고 받아들입니다. 어떻게 자신을 아들의 종이라고 할 수 있습니까? 우리는 세상을 창조하신 전능하시고 영원하신 하느님이 당신의 피조물인 우리 안에 계신다고, 우리 안에 잉태되었다고 말합니다. 하느님은 인간을 창조하시면서 당신 어머니로 삼으셨습니다. 이 고백은 하느님께서 세상을 창조하시면서 그 안에 당신의 전부를 전달하셨다는 복음에 근거한 것으로 신학적 성찰을 요구합니다.

자기뿐만 아니라 세상 모든 인간을 천지 창조 순간으로 거슬러 올라가 만날 수 있어야 합니다. 그런 존재가 되기 위하여 우리는 그리스도인이 되고자 하는 것입니다. 다윗이 자기 후에 올 메시아를 주님이라 불렀다면 그는 지금 세상을 천지 창조의 순간으로 거슬러 올라가 만나고 있는 것입니다. 그의 깊은 영성을 볼 수 있습니다. 우리가 하느님께서 세상을 창조하셨다고 고백하면서도, 온 세상 모든 사람이 하느님의 숨을 쉬고 있다고 말하면서도, 그들을 천지 창조의 순간에서 만나지 못한다면 우리는 더 성찰해야 합니다. 보이는 것만이 전부가 아닙니다. 생명의 신비, 인생의 신비입니다.

3

메시아(그리스도)는 기름 부음을 받은 자, 즉 기름으로 축성된 자입니다. 다윗은 기름으로 축성되어 이스라엘의 왕이 되었습니다. 여기서 우리가 마음에 새겨들어야 할 것은 사무엘이 다른 사람이 아닌 다윗에게 기름을 부어 축성했다는 사실입니다. 이스라엘이 왕을 원했을 때 사무엘은 키가 크고 잘생긴 사울(1사무 9,2)에게 기름을 부어 축성했습니다. 그러나 사울은 곧 하느님의 눈 밖에 났습니다. 이에 하느님께서 사무엘에게 새로운 왕을 찾도록 하시면서 조건을 제시하셨습니다. "겉모습이나 키 큰 것만 보아서는 안 된다. (…) 사람들은 눈에 들어오는 대로 보지만 주님은 마음을 본다."(1사무 16,7)

이렇게 해서 뽑힌 사람이 이사이의 막내아들인 소년 다윗이었습니다. 하느님은 이스라엘을 다스릴 왕으로 힘 있고 잘생긴 사람이 아니라 힘을 쓸 것 같지도 않은 보잘것없는 사람을 선택하셨습니다. 인류가 고대하는 세상을 구원하실 구세주는 힘없고 연약한 사람의 아들로 오셨습니다. 이는 인류가 보잘것없고 힘없고 연약한 사람을 받아들일 때 비로소 구원을 맛보게 된다는 것을 알리기 위함입니다. 이로써 하느님은 우리에게 엄청난 역설의 메시지를 선포하십니다. 말구유에 누운 보잘것없는 불쌍한 아기를 구세주로 받아들이고, 비참하고 천대받는 가난한 사람들 얼굴에서 하느님의 아들을 보는 사람이 구원을 체험할 수 있다고, 고통당하는 이들을 위하여 자기 목숨을 내놓는 자가 부활의 삶을 살 수 있다고 말입니다. 복음사가는 많은 군중이 예수님의 말씀을 기쁘게 들었다고 전합니다.

부자와 과부의 헌금

예수님께서는 가르치시면서 이렇게 이르셨다. "율법 학자들을 조심하여라. 그들은 긴 겉옷을 입고 나다니며 장터에서 인사받기를 즐기고, 회당에서는 높은 자리를, 잔치 때에는 윗자리를 즐긴다. 그들은 과부들의 가산을 등쳐 먹으면서 남에게 보이려고 기도는 길게 한다. 이러한 자들은 더 엄중히 단죄를 받을 것이다." 예수님께서 헌금함 맞은 쪽에 앉으시어, 사람들이 헌금함에 돈을 넣는 모습을 보고 계셨다. 많은 부자들이 큰돈을 넣었다. 그런데 가난한 과부 한 사람이 와서 렙톤 두 닢을 넣었다. 그것은 콰드란스 한 닢인 셈이다. 예수님께서 제자들을 가까이 불러 이르셨다. "내가 진실로 너희에게 말한다. 저 가난한 과부가 헌금함에 돈을 넣은 다른 모든 사람보다 더 많이 넣었다. 저들은 모두 풍족한 데에

서 얼마씩 넣었지만, 저 과부는 궁핍한 가운데에서 가진 것을, 곧 생활비를 모두

다 넣었기 때문이다."(마르 12,38-44)

1

율법 학자들과 과부(12,38-40), 부자와 가난한 사람(12,41-44)이 대조를 이룹니다. 예수님께서 제자들을 불러 "저 가난한 과부가 헌금함에 돈을 넣은 다른 모든 사람보다 더 많이 넣었다." 하고 말씀하신다면 자기의 선행을 드러내기 좋아하는 부자들을 가난한 과부에 대비시켜 비판하시는 것입니다. 그들의 삶은 궁핍한 가운데에서도 자신이 가진 생활비를 모두 헌금함에 넣는 가난한 과부와 대조를 이룹니다. 율법 학자들은 "긴 겉옷을 입고 나다니며 장터에서 인사받기를 즐기고, 회당에서는 높은 자리를, 잔치 때에는 윗자리를" 즐깁니다. 긴 겉옷을 입고 다닌다는 것은 남에게 보이기 위해서입니다. 헌금도 선행도 남이 봐주지 않으면 하지 않을 것입니다.[127] 그렇게 부자들은 큰돈을 헌금함에 넣습니다.

그런데 가난한 과부는 겨우 렙톤 두 닢을 넣었습니다. 돈이 적어 남이 볼까 주저하는 마음으로 헌금했을 것입니다. 부유한 율법 학자들이 자신의 위선과 불의를 감추고 보라는 듯 풍족한 데에서 얼마씩 헌금함에 넣은 데 반해, 가난한 과부는 부끄러운 마음으로 가진 것

---

127) 구약의 라파엘 천사는 자기의 이름과 사명을 밝히면서 "임금의 비밀은 감추는 것이 좋고, 하느님의 업적은 공경하는 마음으로 드러내는 것이 좋다."(토빗 12,7.11)라고 말하면서 토빗이 드러나지 않게 잔치 음식을 놓아둔 채 일어나 가서 죽은 이를 매장한 일 등을 칭찬합니다. 세상 사람들은 자기의 선행을 남에게 알리려고 합니다.

을 모두 헌금함에 넣었습니다. 이 광경을 멀리서 지켜보시던 예수님께서 말씀하십니다. "저 가난한 과부가 헌금함에 돈을 넣은 다른 모든 사람보다 더 많이 넣었다. 저들은 모두 풍족한 데에서 얼마씩 넣었지만, 저 과부는 궁핍한 가운데에서 가진 것을, 곧 생활비를 모두 다 넣었기 때문이다."

부자가 아무리 큰돈을 봉헌하였다 해도 그 돈은 그들에게 덜어 내도 표시가 나지 않은 돈이지만, 가난한 과부의 렙톤[128] 두 닢은 부자가 볼 때는 아무것도 아닌 그야말로 하찮은 것이지만 자기가 가진 모든 것을 희생 제물로 내놓은 것입니다. 예수님께서 제자들을 가까이 불러 과부를 가리키신다면 과부에게서 당신의 모습을 보셨기 때문일 것입니다.

2

예수님의 말씀에서 우리가 귀 기울여 들을 것은 예수님께서 가난한 과부의 헌금을 부자의 헌금과 비교해서 말씀하셨다는 것입니다. 그가 궁핍한 가운데에서 가진 것을 다 넣었다고 하시면 될 것을 굳이 부자들의 심기를 건드리며 말씀하실 필요가 있었을까요? 부자가 가진 것을 다 넣지 못했다 하더라도 가난한 과부로서는 엄두도 내지 못할 만큼 많은 것을 넣었다면 칭찬해 주어야 하는 것 아닙니까? 그렇

---

128) 렙톤은 그리스의 화폐단위인데 두 닢은 콰드란스 한 닢에 해당하며, 콰드란스는 4분의 1 아스As에 해당하는 로마의 화폐단위입니다. 당시 일당이 16 아스(=1 데나리온) 정도였다니 한 렙톤은 그야말로 부자들에겐 있으나 마나 한 돈입니다.

다면 신이 나서 앞으로 더 많이 헌금할 수도 있지 않겠습니까? 하지만 예수님은 헌금을 많이 받기 위해 부자의 마음을 이용하는 실용주의자가 아니십니다.

예수님은 가난한 과부를 칭찬하시면서 부자에게도 복음을 전하고 계신 것입니다. 헌금할 때 중요한 것은 돈이 아니라 마음이라고, 자선하는 마음이라고, 많고 적고 크고 작은 것이 문제가 아니라 희생하는 마음이라고 말입니다. 예수님은 자기의 큰돈으로 혹시 가난한 이를 깔보며 우월감을 느꼈을지도 모르는 부자의 마음을 성찰하게 하십니다. 가난한 과부는 자기의 전부를 내놓는 마음으로 헌금하였습니다. 부자도 그런 마음으로 헌금해야 합니다. 그런 마음이 없다면 헌금의 양이 아무리 많다고 해도, 설혹 과부 헌금의 수십 수백 아니 수천 배가 된다 해도 의미가 없습니다.

프란치스코 교황은 복음의 기쁨에서 '낙수효과'를 이야기하십니다. 가난한 이들이 자기 상에서 떨어지는 부스러기를 먹는 것을 그들에게 큰 선행을 베푸는 것으로 생각하는 경제 논리를 비판하신 것입니다. 그들은 자기 능력으로 번 돈(지식, 기술, 백신)을 가난한 이에게 나누어 주라는 것은 더 이상 돈을 벌지도, 기술 개발을 하지도 말라는 말로 알아듣습니다. 가난한 이들은 그들이 만든 큰 그릇에서 떨어지는 물에 만족하면 된다는 것입니다. 그러면서 그들이 하는 짓은 그들의 그릇에서 넘치는 낙수를 줄이기 위해 자기의 그릇을 더 크게 만드는 것입니다.

복음의 이 부자는 헌금함에 큰돈을 넣으면서 교회에 큰 기부를 한다고 생각했을지도 모릅니다. 자기의 기부가 없다면 교회의 운영이 힘들다고 생각했을지도 모릅니다. 자기 그릇에서 떨어지는 한 방울의 물로 목을 축이는 이들을 보면서 자기 인생을 즐길지도 모릅니다(루카 16,19-31). 예수님은 그런 그들에게 가난한 과부가 렙톤 두 닢을 헌금함에 넣는 것을 보면서도, 그것이 그가 가진 전부라는 것을 알면서도 느끼는 것이 없는가 하고 물으시는 것입니다. 내는 것만큼 더 받는다는 논리로 그들의 돈을 뜯어내려는 교회를 성찰하게 합니다. 나누는 마음이 없이는 헌금은 의미가 없습니다.

소유욕에서 벗어난 자만이 자기가 가진 전부를 헌금함에 넣을 수 있습니다. 남에게 보이려고 길게 기도하는 저 '열심'으로는 소유욕을 버릴 수 없습니다. 헌금은 "내면적 헌신의 외적인 표시"(K. Maly)입니다. 소유가 중시되는 사회에서 우리는 주고받는 것give-and-take과 받기 위해서 주는 것do ut des에 익숙합니다. 하느님께 헌금하는 것이 나중에 더 많은 것을 돌려받기 위해서라면, 그런 마음으로는 하느님께 완전히 자신을 봉헌할 수 없을 것입니다. 헌금은 사랑의 행위입니다. 사랑 없이 하는 자선이나 헌금은 가난한 이들을 오히려 더 병들게 할 뿐입니다. 마음이 실리지 않은 헌금은 기껏해야 자기 수입의 일부를 지출한 것일 뿐입니다.

3

이 이야기의 핵심은 가난한 과부의 마음입니다. 헌금함 맞은 쪽이라면 상당한 거리가 있을 텐데 그 먼 데서 가난한 과부가 렙톤을 두 닢을 넣는지 세 닢을 넣는지 어떻게 알 수 있겠습니까. 더군다나 과부가 헌금함에 넣은 돈이 유다의 성전에서 허용되지 않는 그리스 돈인지 로마 돈인지 어떻게 구별할 수 있겠습니까. 예수님은 헌금의 양을 넘어 헌금하는 과부의 마음을 보십니다. 그리고 그와 상반된 율법 학자들의 마음, 명예와 인기를 추구하면서 과부들의 가산을 등쳐 먹는 율법 학자들의 거짓 열심과 위선을 엄중히 경고하십니다.

당시 이스라엘에서 과부와 고아 등은 다른 민족들에 비하면 보호를 잘 받는 편이었으나 그것은 법적인 조항으로만 그러할 뿐 실제로는 가진 자와 권력층으로부터 피할 수 없는 억압을 받았습니다. 이사야서는 "고아의 권리를 되찾아 주고 과부를 두둔해 주어라."(이사 1,17) 하면서 그렇지 못한 실상을 고발합니다. "네 지도자들은 반역자들이요 도둑의 친구들. 모두 뇌물을 좋아하고 선물을 쫓아다닌다. 고아의 권리를 되찾아 주지도 않고 과부의 송사는 그들에게 닿지도 못한다."(이사 1,23) 그리하여 지도자들에게 불행을 선언할 정도입니다. "불행하여라, 불의한 법을 세우고 고통을 주는 규정들만 써 내려가는 자들! 이자들은 힘없는 이들의 소송을 기각시키고 내 백성 가운데 가난한 이들의 권리를 박탈하며 과부들을 약탈하고 고아들을 강탈한다."(이사 10,1-2)

예수님은 이들이 과부들의 가산을 등쳐 먹으면서도 남에게 보이려고 기도를 길게 한다고 꼬집습니다(마르 12,40). 소위 '열심'으로 자신의 불의를 덮으려는 그들의 위선을 예수님께서 비판하신 것입니다. 실제로 삶에서 '열심'은 모든 것을 덮어 줄 때가 많습니다. 부와 권위를 누리는 사제들도 '열심히' 기도한다는 소문만 나면 모든 것이 덮입니다. 그러나 그 '열심한' 기도에서 그들은 무엇을 기도하는 것입니까?

저 고아와 과부를 위해서도 기도합니까? 자신을 바쳐야겠다는 기도를 합니까? 열심인 그들에게 기도는 무엇입니까? 예수님께서 가난한 과부의 헌금을 칭찬하시면서 부자인 율법 학자들의 자만을 경고하십니다.

베르거는 "가난한 과부가 다른 곳도 아니고 바로 성전에서 자신이 가진 돈을 모두 헌금함에 넣었다는 것"에 주목하며 "그리스도교 초기에 성전의 의미가 얼마나 중요했는지를 밝혀 준다."라고 주의를 환기시킵니다. 예수님은 "성전을 정화할 때 그곳에서 판치고 있는 장사꾼들을 몰아냈다. 성전은 돈을 모으는 곳이 아니라 주는 곳인데, 그 가난한 과부가 성전에서 바로 그렇게 한 것"[129]이라는 것입니다.

성전은 가난한 사람들이 생활에 필요한 것을 배급받는 곳(사도 6장)인데 가난한 과부는 모든 것을 내놓음으로써 성전을 자신을 내놓는 곳으로 받아들입니다. 이런 과부가 있기에 헌금함이 있는 성전은 구원의 장소입니다. 풍족한 가운데 일부가 아니라 궁핍한 가운데 가진 것을 모두 내놓은 과부의 헌금으로 지어진 성전은 당연히 가난한 자들을 위하여 존재해야 합니다. 성전에서 우리는 구원(치유)을 위해 기도합니다. 구원받고자 하거든 서로 가진 것을 내놓아 서로 나누며 자신의 몸을 성전으로 꾸미도록 해야 합니다.

부자에 대한 예수님의 비판이 온당하다 하더라도 직무를 수행하며 교회를 운영하는 종교인들에게 이 비판은 고민을 안겨 줍니다. 일당 日當에 견주어 보더라도 있으나 마나 하찮은 과부의 헌금만으로 교회

---

129) 베르거 2, 169.

운영이 가능할까요?

분명한 것은 교회는 부자들의 남아도는 재산의 지출로서가 아니라 사랑의 헌금으로 유지된다는 것입니다. 아무리 멋지게 잘 지어진 성당 건물이라도 그 벽돌 하나하나, 색유리 하나하나에서 사랑이 느껴오지 않는다면 거기서 가난한 이들을 위하여 바치는 기도가 무슨 의미이겠습니까. 그분은 우리에게 충고하십니다. 돈으로 성전을 짓지 말고 가난한 과부의 마음으로 지어라. 부자의 마음이 아니라 저 가난한 이의 마음을 느끼게 하는 교회를 지어라. "행복하여라, 마음이 가난한 사람들! 하늘 나라가 그들의 것이다."(마태 5,3)라는 복음이 실현되는 교회를 지어라. "불행하여라, 너희 부유한 사람들! 너희는 이미 위로를 받았다."(루가 6,24)라고 하시는 그분의 말씀이 진실임을 깨닫게 하는 성전을 지어라.

4

그리스도인의 신앙과 삶의 형태는 한 분 하느님께 대한 사랑과 신앙에 근거합니다(마르 12,29-31). 한 분 하느님께 대한 신앙은 배타적이지 않습니다. 오히려 나와 달리 생각하고 달리 행동하는 사람까지 너그러운 마음으로 받아들입니다. 그런데 율법 학자들의 행동은 그렇지 않습니다. 그들은 "한 분 하느님을 믿나이다."라고 고백하면서 긴 옷 짧은 옷, 높은 자리 낮은 자리를 구분하면서 낮은 자리에 앉은 자를 멸시합니다. 그들이 다름을 인정한다면 그것은 자신을 높이기 위해서이고, 자기보다 가난한 자를 배척하기 위해서이고, 다름에 대한 그들의 이야기는 사랑하기 위해서가 아니라 미워하기 위해서입니다.

율법 학자에 대한 경고는 오늘날 우리 교회의 직무자에 대한 경고로 알아들을 수 있습니다. 오늘날 직무자는 소유로부터 위협을 받고 있습니다. 권위주의의 옷을 입고 그 누구도 감히 근접하지 못할 윗자리에 앉아 사목할 때 사제는 영성적으로 위협을 받게 됩니다. 사목자는 교회의 장상이기 전에 봉사자입니다. 높은 자리에서 내려와 남을 섬기고 남을 위하여 헌신할 자세를 갖추어야 합니다. 신자들의 인사 받기를 즐기기보다 먼저 인사하며 다가가야 합니다. 높은 자리, 윗자리로 초대받는 것을 당연하게 여기지 말고 겸손할 수 있어야 합니다. 신자들에게 열심한 신심을 보이려고 일부러 애쓰지 않도록 조심해야 합니다. 자기의 영성을 신자들에게 강요하며 기능적으로 직무를 수행하는 것은 그들의 삶을 위협합니다. 사목자의 삶은 가진 것을 다 봉헌하는 삶이어야 하기 때문입니다. 신자들에게 저 과부처럼 자기가 가진 것을 온 마음을 다해 헌금해야 한다고 강조하면서 자기 자신은 신자들이 헌금한 돈으로 부요하게 산다면 복음의 삶을 욕되게 하는 것이 됩니다.

가난에 대해서 설교하는 사목자는 자기 설교를 듣는 사람들, 특히 소외 계층들, 가난한 사람들, 과부와 고아들을 사목의 대상이 아니라 자기를 참 사제로 살게 하는 스승으로 모셔야 합니다. 자기의 삶으로 교회는 가난하고 소외된 이들의 교회라는 것을 보여야 합니다. 가난한 과부 또한 교회의 주인입니다. 그들이 자신을 교회의 주인으로 잘 받아들이지 못한다고 해도—이것이 현실입니다—사목자는 그들을 교회의 주인으로 받들며 존중해야 합니다. 교회는 가난한 이들이 하느님께 헌금하며 하느님을 만나는 집입니다.

5

복음사가는 이 이야기를 "예수님께서 눈을 들어 헌금함에 예물을 넣는 부자들을 보고 계셨다."라고 시작합니다. 그분의 시선을 따라가면 그분의 마음이 보입니다. 그분은 누가 더 많은 헌금을 하는가 하는 것이 아니라 누가 어떤 마음으로 헌금하고 있는지 그 마음을 보십니다. 많이 가지고 적게 가지고, 높고 낮고, 착하고 악하고, 고백하고 배반하고 하는 겉모습이 아니라 그들의 속마음을 보십니다. 그분은 헌금하는 과부를 보시는 그 눈으로 가난한 이, 배고픈 이, 아픈 이, 눈먼 이, 듣지 못하는 이, 죄인, 세리, 이방인을 보십니다. 당신에게 시비를 걸려고 온 바라사이와 율법 학자와 사회의 지도자들도 똑같은 눈으로 보십니다. 우리는 어떤 눈으로 사람들을 봅니까? 어떤 눈으로 사람을 관찰합니까? 배고픈 이, 고통받는 이, 난민, 외국인이 내 눈에 어떻게 비칩니까? 그분처럼 볼 수 있을 때, 세상이 달리 보일 것입니다. 세상이 변화될 것입니다. 희망을 이야기할 수 있을 것입니다.

마. 종말 이야기 그리스도 이야기

재난의 시작

예수님께서 성전에서 나가실 때에 제자들 가운데 한 사람이 말하였다. "스승님, 보십시오. 얼마나 대단한 돌들이고 얼마나 장엄한 건물들입니까?" 그러자 예수님께서 그에게 이르셨다. "너는 이 웅장한 건물들을 보고 있느냐? 여기 돌 하나도 다른 돌 위에 남아 있지 않고 다 허물어지고 말 것이다."

예수님께서 성전 맞은쪽 올리브 산에 앉아 계실 때, 베드로와 야고보와 요한과 안드레아가 따로 예수님께 물었다. "저희에게 일러 주십시오. 그런 일이 언제 일어나겠습니까? 또 그 모든 일이 이루어지려고 할 때에 어떤 표징이 나타나겠습니까?"

예수님께서 그들에게 말씀하기 시작하셨다. "너희는 누구에게도 속는 일이 없도록 조심하여라. 많은 사람이 내 이름으로 와서, '내가 그리스도다.' 하면서 많은 이를 속일 것이다. 그리고 너희는 여기저기에서 전쟁이 났다는 소식과 전쟁이 일어난다는 소문을 듣더라도 불안해하지 마라. 그러한 일이 반드시 벌어지겠지만, 그것이 아직 끝은 아니다. 민족과 민족이 맞서 일어나고 나라와 나라가 맞서 일어나며, 곳곳에 지진이 발생하고 기근이 들 것이다. 그러나 그것은 진통의 시작일 따름이다. 너희는 스스로 조심하여라. 사람들이 너희를 의회에 넘기고, 회당에서는 너희가 매를 맞을 것이다. 또 너희는 나 때문에 총독들과 임금들 앞에 서서 증언할 것이다. 먼저 복음이 모든 민족들에게 선포되어야 한다. 사람들이 너희를 끌어다가 법정에 넘길 때, 무슨 말을 할까 미리 걱정하지 마라. 그저 그때에 너희에게 일러 주시는 대로 말하여라. 사실 말하는 이는 너희가 아니라 성령이시다. 형제가 형제를 넘겨 죽게 하고 아버지가 자식을 그렇게 하며, 자식들이 부모를 거슬러 일어나 죽게 할 것이다. 그리고 너희는 내 이름 때문에 모든 사람에게 미움을 받을 것이다. 그러나 끝까지 견디어 내는 이는 구원을 받을 것이다."(마르 13,1-13)

1

예수님께서 예루살렘으로 올라오시면서 여러 차례 당신의 최후를 예고하셨습니다. 예루살렘에 도착하시자 성전 파괴를 예고하시고(마르 13,1-4) 재난을 예고하십니다(마르 13,5-23). 이야기를 듣는 사람들은 곧 자신들을 덮쳐 버릴 듯한 무시무시한 분위기에 휩싸입니다.

이런 무시무시한 분위기는 복음서가 저술된 시대의 맥락에서 더 잘 이해할 수 있을 것입니다. 복음서가 저술된 연대는 유다인이 로마 제국에 저항하여 전쟁을 일으켰다가 일시적인 승리를 거두었지만, 몇 해 후 로마에 완전히 패배하여(기원후 70년) 예루살렘 성전이 돌 하나도 다른 돌 위에 남이 있지 않게 된(마르 13,2) 암울한 시기였습니다. 그런 시대에 예수님의 복음이 힘을 주었고, 그분의 복음만이 그들에게 희망과 미래를 열어 주며 길을 제시한다고 믿게 된 것입니다. 암울한 분위기는 그들의 나라를 점령한 제국의 힘 때문이기도 하지만, 그 세력에 빌붙어서 그것도 하느님의 이름으로 자기의 부와 권력과 명예를 추구하는 내부의 세력들 때문이기도 했습니다. 예수님의 복음이 주는 평화는 이들 세력이 공약하는 평화와는 다른 것이었습니다. 그들이 생각하는 평화는 끊임없이 자기 앞으로 부와 권력과 명예를 모으고 쌓는 것이었다면, 예수님은 그런 평화는 죽음을 의미할 뿐이라며 자신을 나누는 가난과 섬김을 강조하신 것입니다. 이 복음을 당신의 몸으로 보여주시고자 예수님은 에루살렘으로 올라가십니다.

마르코 복음 13장은 67년의 유다의 반란과 70년의 에루살렘 성전 파괴를 전후해서 당시 유행한 유다 묵시문학의 사조와 구약의 예언문학[130]과 예수님의 종말론적 가르침[131]과 초기 그리스도교의 훈시[132] 등을 이용하여 엮은 것입니다. 묵시문학은 기원전 2세기부터 기원후 1세기 사이에 이스라엘 민족이 시리아와 로마 등 열강에 시달리던 상황에서 실의에 빠진 백성에게 희망을 불어넣고자 생긴 사관史觀입니다. '이 세상'의 종말을 이야기하며 '오는 세상', 즉 새 하늘, 새 땅, 새 에루살렘, 새 성전, 곧 하느님 나라를 이야기합니다.

2

묵시문학은 예수님께도 영향을 미쳐 그분께서도 묵시문학의 표현

---

130) 종말이 임박하면 "내가 그리스도다."라며(6절) 표징과 이적을 일으키며 속이는 거짓 예언자들이 나타나고(22절), 민족과 민족 나라와 나라가 맞서 싸우는 전쟁이 여기저기서 터지고 지진과 같은 자연재해가 일어나고 기근으로 진통을 겪는 환난이 닥치게 될 것입니다(8절). 형제가 형제를 아버지가 자식을 자식들이 부모를 거슬러 일어나 죽게 하고(12절) 부인들이 임신하지 못하고 어쩌다 임신해도 유산하며 또 어쩌다 출산해도 백발노인 아기가 태어나는 창조 이래 없었던 재난이 일어나게 될 것입니다(17.19절). 성전에 혐오스러운 우상이 세워지는 불행한 일이 일어날 것입니다(14절). 해는 어두워지고 달은 빛을 내지 않으며 별들은 하늘에서 떨어지고 하늘의 세력이 흔들리는 이변이 우주에 생겨날 것입니다(24-25절). 이렇게 종말에 사람의 아들이 큰 권능과 영광을 떨치며 구름을 타고 오시어 자기가 선택한 이들을 땅 끝에서 하늘 끝까지 사방에서 모으게 된다는 것입니다(26-27절). 그렇게 새 하늘 새 땅 새 에루살렘 새 성전 곧 하느님의 나라를 세우신다는 것입니다.

131) "사람들이 너희를 의회에 넘기고, 회당에서는 너희가 매를 맞을 것이다. 또 너희는 나 때문에 총독들과 임금들 앞에 서서 증언할 것이다."(9절), "사람들이 너희를 끌어다가 법정에 넘길 때, 무슨 말을 할까 미리 걱정하지 마라…. 말하는 이는 너희가 아니라 성령이시다."(11절) "끝까지 견디어 내는 이는 구원을 받을 것이다."(13b) "어느덧 가지가 부드러워지고 잎이 돋으면 여름이 가까이 온 줄 알게 된다."(28b) "그 날과 그 시간은 아무도 모른다."(32절)

132) "이 세대가 지나기 전에 이 모든 일이 일어날 것이다."(마르 13,30)

(예컨대 하느님의 나라)을 사용하셨지만, 그것은 묵시문학의 종말론적 가르침을 전하기 위해서가 아니었습니다. 그분은 "종말의 시기(13,32) 또는 장소(루카 17,37)를 따지는 일이나 종말에 구원받을 사람의 수를 계산하는 일(루카 13,23) 따위의 호기심을 일축하고 그 대신 현재성의 중요성을 강조하여 회개와 믿음의 결단을 촉구"(정양모)하셨습니다. 복음사가가 종말을 이야기하는 것은 종말에 오실 그리스도를 이야기하기 위해서입니다. 이는 초기 교회에 형성된 어수선한 분위기 속에서 제자들을 상대로 부활하시고 다시 오실 분, 죄와 죽음을 물리치신 승리자 예수님과 함께하는 삶을 절대적인 최고의 가치로 여기는 공동체의 여러 전승(베르거 2, 493 참조.)을 한데 묶어 전한 "작은 묵시록"(정양모)이라 할 수 있습니다.

예수님은 불안하고 산란한 분위기에서 제자들에게 끝까지 견디어 내는 이는 구원을 받을 것이라며(13,13) 큰 권능과 영광을 떨치며 오실 그리스도를(13,26) 맞을 준비를 하라 하십니다. "내가 그리스도다." 또는 "그리스도께서 여기 계시다! 또는 저기 계시다!" 하며 많은 사람이 그리스도로 자처하며 그리스도인들을 혼란에 빠뜨리는 일이 일어날 터인데, 거짓 그리스도의 언행에 속지 말고(13,6.21-23) 깨어 있으라 (13,37)고 촉구하십니다. 이로써 예수님은 묵시문학의 종말 이야기의 형태를 빌리지만 그리스도에게 집중시킵니다.

"그리스도인이라면 모름지기 묵시문학적 서술 가운데 숨겨져 있는 '복음'에 관심을 기울일 것이다. 복음의 핵심적 내용은 십자가에 처형된 예수를 하느님이 부활시키셨다는 것이다. 이를 수락하는 신앙인이면 예수의 운명에 견주어 자기 자신과 인류의 운명을 이해하게 마련이다. 즉 하느님께서 죽음을 넘어 예수를 돌보셨듯이 숨을 거두는 나를 허무로 돌리지 않고 거두실 것이며 수명을 다한 역사를 절멸하지 않고 추수해 가실 것을 믿게 된다. 언제, 어디서, 얼마나 어떻게 나의 삶과 인류의 역사를 결산하실 것인가를 따지는 것은 부질없는 짓이다. 그것은 미래학의 영역을 넘어서는 하느님의 미래에 속하기 때문이다. 그 미래는 명확한 사유로 밝힐 성질의 것이 아니라 애틋한 마음으로 그리워할 성질의 것이다."(정양모)

3

"그런 일이 언제 일어나겠습니까?" 성전이 다 허물어지리라는 예수님의 말씀(13,1-2)에 제자들이 놀라 던진 질문입니다. 성전이 허물어진다는 말은 인간이 지은 성전이 허물어지는 것이기도 합니다. 세상과 인간을 하느님의 성전으로 보지 못하는 인간의 사고, 기존의 가치관과 세계관이 무너지는 것이기도 합니다. 제자들은 예수님의 말씀을 글자 그대로 받아들여 '언제' 그런 일이 일어날 것인지 묻습니다. 예수님의 말씀을 깨달았다면 그들은 '언제'를 먼 미래로 미루지 않고 '지금 당장'의 과제로 알아들었을 것입니다.

성전을 돌로 지은 건물로만 바라보는 사고를 허물어야 합니다. 우리 자신은 물론 세상과 그 안에 살아가는 모든 사람을 하느님의 성전으로 보지 못하는 고정관념을 깨뜨려야 합니다. 인간이 지은 성전이 —아무리 웅장하고 화려하다 해도— 무너진다는 말은 새 성전을 예고합니다. 새 성전이란 당신의 몸입니다. 그분을 성전으로 받아들일 때 우리는 온 세상을 또한 성전으로 만나게 될 것입니다. 일상에서 만나는 모든 이들을 성전으로 만나 그 앞에서 향을 뿌리고 기도할 수 있을 것입니다. 그들의 마음 안에서 하느님을 찬미하는 노래를 부를 수 있을 것입니다.

예수님의 시간개념으로 그 '언제'는 삼일입니다. "이 성전을 허물어라. 그러면 내가 사흘 안에 다시 세우겠다."(요한 2,21) 여기서 사흘은 72시간이 아니라 자기를 완전히 죽이는 데 걸리는 시간, 자기 죽음을 확인하는 시간, 부활을 알리는 시간입니다. 삼일은 지금 내 인생에서 일어나야 하는 시간입니다. 제자들은 '언제?'하고 질문을 던지지만, 예수님은 '지금!'이라고 대답하십니다. 지금 자기를 완전히 죽인 자만이 자신과 세상을 하느님의 성전으로 만날 수 있을 것입니다.

성전을 허무는 일은 '항상' 내 안에 일어나야 합니다. 내 몸 자체가 항상 남을 위하여 죽는 몸이어야 하고, 항상 남에게 성전이어야 하기 때문입니다. 이 세상이 나에게 하느님의 성전이듯이 세상에서 만나는 모든 사람을 하느님의 성전으로 만나야 합니다. 하느님은 항상 우리를 성전으로 삼으시고 우리 안에 계십니다. 예수님께서 "늘 깨어 있어라." 하고 말씀하신 이유입니다. 그 나라는 항상 우리 가운데 와 있습니다. 지금 여기에.

4

그런데 우리에게 볼 눈이 없습니다. 들을 귀가 없습니다. 현실을 들여다보는 혜안이 없습니다. 그런 우리의 마음속으로 허황한 생각이 비집고 들어옵니다. 천국 아닌 천국, 하느님 아닌 하느님, 그리스도 아닌 그리스도가 우리의 머리를 정복합니다. 거짓 하느님과 거짓 그리스도를 모시는 '성전 아닌 성전', 허물어 버려야 할 성전을 짓습니다. 그 안에서 하느님 아닌 하느님을 하느님으로, 그리스도 아닌 그리스도를 그리스도로 선포하며 세상을 혼란스럽게 만듭니다. 이런 상황을 내다보시며 예수님께서 말씀하십니다. "너희는 누구에게도 속는 일이 없도록 조심하여라. 많은 사람이 내 이름으로 와서, '내가 그리스도다.' 하면서 많은 이를 속일 것이다."

예수님은 많은 사람이 당신 이름을 들먹이며 "내가 그리스도다." 하고 말하여도 속는 일이 없도록 조심하라고 하십니다. 전쟁이 일어났다거나 일어날 것이라 말해도, 지진이 발생하고 기근이 들어도 불안해하지 말라 하십니다. 사람들이 끌고 가 법정에 세우고 당신 때문에 모든 사람에게 미움을 받더라도 걱정하지 말라 하십니다. 그들이 그리스도의 이름으로 다가온다는 것은 그들도 그리스도의 이름을 들어서 아는 자라는 것이 암시되어 있습니다.

'거짓 그리스도[프세우도크리스토스ψευδόχριστος(마르 13,22)]' 또는 '그리스도의 적[안티크리스토스ἀντίχριστος(1요한 2,18)]'은 그리스도에 대해서 아무것도 모르는 사람이 아니라 놀랍게도 그리스도를 잘 안다고 말하는 사람 중에 있습니다. 예수님은 그런 사람에게 속지 말라고 경고하십니다. 루카는 한 마디 더 보태어 그렇게 말하는 이의 "뒤를 따라가지 마라."(루카 21,8) 하고 강하게 말합니다. 그리스도를 모르는 사람이 아니라 그리스도를 안다고 하면서 그리스도 아닌 그리스도를 선포하는 것보다 더 위험하고 사람을 혼란스럽게 하는 일은 세상에 다시 없을 것입니다.

　마르코는 혼란에 빠진 그리스도인에게 용기를 주고, 남을 혼란하게 하는 그리스도인에게 경각심을 불러일으키려 예수 그리스도의 복음을 기록했다고 할 수 있을 것입니다. 속이려 드는 사람을 만나더라도 흔들리지 말라고, 곤경이 닥치더라도 불안해하지 말라고, 그런 일은 새 시작을 알리는 징조이니 잘 견디라고 격려하며 복음을 깨닫게 하려 복음서를 썼을 것입니다. 그러면서 다시 그들을 침묵의 경지로 초대합니다. "먼저 복음이 모든 민족들에게 선포되어야 한다. 사람들이 너희를 끌어다가 법정에 넘길 때, 무슨 말을 할까 미리 걱정하지 마라. 그저 그때에 너희에게 일러 주시는 대로 말하여라. 사실 말하는 이는 너희가 아니라 성령이시다. 그리고 너희는 내 이름 때문에 모든 사람에게 미움을 받을 것이다. 그러나 끝까지 견디어 내는 이는 구원을 받을 것이다."(마르 13,10-11.13)

5

　묵시문학이 말하는 종말의 불안한 분위기는 제자들이 처한 현세의 분위기이기도 합니다. 제자들은 "민족과 민족이 맞서 일어나고 나라와 나라가 맞서 일어나며"(13,8) "사람들이 너희를 의회에 넘기고"(13,9) 이방 총독에게서 박해를 받는 상황에서 살아갑니다. 이런 상황에서 예수님은 "먼저 복음이 모든 민족들에게 선포되어야 한다."(13,10)라고 말씀하십니다. 그러고는 "무슨 말을 할까 미리 걱정하지 마라." 하십니다. 복음이 먼저 모든 민족에게 선포되어야 한다는 말은 복음 선포가 모든 것에 우선한다는 말로도 알아들을 수 있습니다.

　그러나 걱정하지 말라는 말씀은 어떻게 알아들어야 할까요? 우리
는 늘 크고 작은 고민거리와 걱정을 안고 살아갑니다. 조금만 눈을
들고 내다보면 친구 문제, 가정 문제, 사회 문제, 국제 문제, 창조 문
제, 환경 문제 등 어느 하나 수월한 것이 없습니다. 이런 상황에서 어
떻게 미래를 걱정하지 않고 살 수 있겠습니까? 예수님께서 걱정하지
말라고 하신다면 걱정한다고 해결될 일이 아니니 쓸데없이 에너지 낭
비하지 말고 무조건 받아들이며 초연하게 살라고 조언하시는 것은 아
닐 것입니다. 거센 돌풍이 일어 물결이 배 안으로 들이치는데도 태연
하게 주무셨던 당신처럼 침착하라고 조언하시는 것은 아닐 것입니다.

　복음 선포를 우선으로 하는 제자들이기에 "무슨 말을 할까 미리 걱
정"할 필요가 없다는 말로 알아들을 수 있습니다. 그때그때 가까이
계시는 하느님께서 다 일러주시리라는 믿음을 가지는 것이 중요하다
는 것입니다. "말하는 이는 너희가 아니라 성령이시다."(13,11) 말하기
전에 우리 안에서 말씀하시는 하느님 영의 음성에 귀를 기울여야 합
니다. 세상을 혼란하게 하는 소리에 휘둘릴 필요가 없습니다. 귀가
얇은 사람은 거짓 그리스도의 소리에 넘어갑니다. 어떻게 말할까, 어
떻게 설득할까 걱정에 휩싸입니다. 우리는 먼저 하느님 음성에 귀를
기울일 수 있어야 합니다. 인간은 듣는 가운데 완성됩니다.

　모든 백성에게 복음이 선포되어야 한다는 것은 모든 백성에게 복음
이 전해지는 그때 이스라엘도 구원을 얻게 된다는 것을 암시합니다.
그들만의 구원은 없습니다. 그때는 '언젠가'가 아니라 '지금'입니다. 예
수님의 관심은 '지금 여기'에 하느님의 나라가 와 있다는 것을 모든 백

성이 깨닫는 것입니다.

6

"너희는 내 이름 때문에 모든 사람에게 미움을 받을 것이다."라는 예수님의 말씀은 우리를 맥 빠지게 합니다. 어째서 예수님은 당신 이름 때문에 사람들의 미움을 받을 것이라 하시는 걸까요. 우리는 예수님께서 수난 예고를 하시고 나서 "나 때문에 또 복음 때문에 제 목숨을 잃는 사람은 살릴 것이다."(마르 8,35)라는 말씀에 이어 "사람이 온 세상을 얻는다 해도 제 목숨을 잃는다면 무슨 이익이 있겠느냐?"라고 하신 말씀을 들었습니다(마르 8,36).[133] 그런데 왜 미움을 받아야 합니까? 세상이 그분을 받아들이지 못하고 있는 것입니다.

형제가 형제를, 아버지가 자식을, 자식들이 부모를 거슬러 일어나는 세상입니다. "내가 그리스도다."라고 말은 하지 않는다고 해도 그리스도의 이름 뒤에 숨어서 자기를 내세우는 세상입니다. 믿으면 부자 되고 성공한다, 믿으면 아프지 않고 걸린 병도 낫는다, 믿으면 믿는 대로 이루어진다며 달콤한 말로 포장한 예수님을 앞세워 자신을 광고하는 세상입니다. 그렇게 우리는 달콤한 말에 중독되고, 자기 자신도 모르게 부와 권력과 명예의 황금 옷을 몸에 걸치고 살아가는 데 익숙해져 마음이 가난으로부터 점점 멀어집니다. "이는 내 몸이다." 하며 나누어 주신 그분의 쪼개진 몸을 받아 먹으면서 자기 몸을

---

133) 마르 8,34-9,1 참조.

쪼개지 않고 살게 해 달라고 기도하고, 자신을 낮추고 비운 그분의 이름을 부르면서 부자 되게 해 주겠다, 하는 일마다 잘되게 해 주겠다는 말에 넘어갑니다. 예수님처럼 남을 위해 목숨을 내놓는 삶을 살아야 한다고 조언하다간 비난의 화살을 각오해야 할 것입니다.

예수님은 이런 현상을 우려하십니다. 세상 사람들의 마음에 들기 위해 당신의 이름을 악용하지 말라 하십니다. 예수님의 이름으로 사는 사람이라면 '예수님의 이름'이 새겨진 옷을 입고 자기만의 이익을 추구하는 사람으로부터 비난을 받는 것은 당연합니다. 미움받는 것이 싫어 예수님을 멀리할 때, 미움받지 않기 위해 예수님의 이름을 아름다운 포장지로 위장할 때, 세상은 부와 권력과 명예의 노예가 되어 더 깊은 고통의 수렁 속에 빠지게 될 것입니다.

예수님의 답은 분명합니다. "비난하면 비난을 받아라.", "너희는 내 이름 때문에 모든 사람에게 미움을 받을 것이다. 그러나 두려워하지 마라. 끝까지 견디어 내라.", "너희는 머리카락 하나도 잃지 않을 것이다. 너희는 인내로써 생명을 얻어라."

이 말씀은 곧 맞이하시게 될 당신의 미래를 보여 주시는 말씀입니다. 당신은 이제 곧 사람들로부터 미움을 받아 죽임을 당하시게 될 것입니다. 미움을 받지 않기 위해 고난의 잔을 거둘 수는 없는 일입니다. 예수님은 우리를, 인류를 미움받는 당신의 삶으로 안내하십니다. 그분이 우리의 구원자이십니다.

7

우리는 여기서 마르코가 자기 복음을 "예수 그리스도의 복음의 '시작'"이라는 말로 시작했다는 것을 상기할 필요가 있습니다. '시작'은 단순히 '끝'의 반대가 아니라 '원천'이라고 했습니다. '시작'과 '끝'은 한 직선의 반대쪽에 있는 두 점이 아닙니다. 시작은 끝과 시작이 만나는 점이며, 종말도 마찬가지로 시작과 끝이 만나는 점입니다. 종말 이야기는 단순히 현재가 끝나는 시간을 알리는 이야기가 아니라 현재에 의미를 주는 이야기입니다. 그리스도인에게 종말은 그리스도께서 오시는 날이며 그리스도를 만나는 순간이고 그리스도를 깨닫는 날입니다. 그리스도인에게 종말은 인생이 도달해야 할 최종 목적지이며 현재에 태초의 빛을 비추어 주고 영원한 의미를 부여하는 시간입니다. 그것은 하느님 없이는 세상(인생)의 시작도 끝도 이야기할 수 없다는 것을 말합니다. 우리가 종말론적 시간을 현재에 앞당겨 살 수 있다면, 생로병사 희로애락 애증이 펼쳐지는 현재를 은총으로 받아들이며 세상 끝에 대한 두려움에서 벗어나 하느님께 자신을 맡기며 인생을 살 수 있을 것입니다. 선과 악, 성과 속의 눈을 벗어나 두려움 없이 사람을 만날 수 있을 것입니다.

제자들을 파견하시는 예수님 마음

1

종말과 관련한 예수님의 이 말씀(마르 13,9-13)은 마태오 복음에서는 열두 사도를 파견하시며 하신 명령(마태 10,7-15; 마르 6,7-13) 다음에 나열되어 있습니다.[134] 마르코가 거짓 그리스도가 나타나서 세상과 그리스도인의 마음을 혼란스럽게 하는 종말의 상황에서 그리스도인이 갖추어야 할 마음의 자세를 이야기하면서 구전으로 전해 오는 예수님의 이 말씀을 상기하였다면, 마태오는 복음 선포를 위해 사도들을 세상에 파견하기 전에 그들이 기본적으로 갖추어야 할 자세를 이야기하면서 예수님의 이 말씀을 상기했다고 할 수 있습니다. 예수님의 이 말씀은 그리스도를 따르는 이라면 언제 어떠한 상황에서든 마음에 새겨야 할 것입니다.

2

마르코 복음에 의하면 그분께서 하느님의 나라 복음을 선포하시며(마르 1,15) 제일 먼저 하신 일은 제자들을 부르시는 일이었습니다(마르 1,16-20). 그들을 부르신 이유는 복음을 선포하도록 세상에 파견하시기 위해서였습니다. 그분의 이런 의도는 그분께서 그들을 사도라 이

---

134) 마르 6,7-13의 각주 144 참조.

름하시며 당신과 함께 지내게 하신 데서 강하게 드러납니다. 사도(파견된 자)는 자기 말이나 생각이 아니라 자기를 파견하신 분의 말을 전해야 합니다. 그들이 할 일은 그분의 복음적 삶, 그분께서 하신 일, 즉 앓는 이, 죽은 이, 더러운 영이 들린 사람들에게 다가가 손을 붙잡아 일으키는 일을 하는 것입니다(마르 3,13-19). 그분은 이 일을 하려면 "지팡이 외에는 아무것도, 빵도 여행 보따리도 전대에 돈도" 자기에게 지니지 말아야 한다고 엄하게 명령하십니다(마르 6,7). 오로지 남의 사정에 귀를 기울이는 자세로 복음을 선포해야 한다는 것입니다.

그런데 세상이 기쁜 소식을 전하는 그들을 기쁜 마음으로 맞이하지 않으리라는 것을 그분은 당신의 인생을 통해 잘 아십니다. "형제가 형제를 넘겨 죽게 하고 아버지가 자식을 그렇게 하며, 자식들도 부모를 거슬러 일어나 죽게 할 것이다."라는 말은 묵시문학에 나타나는 비관적 관점인데 종말이 되면 사회조직이 무너지고 그중 가장 기본적인 가정이 파괴된다고 본 것입니다. 온갖 미움과 박해가 기다리고 있는 그런 종말론적 세상으로 사도들을 보내야 하는 당신의 마음을 양들을 이리 떼 가운데로 보내는 심정이라고 표현하십니다. "사람들을 조심하여라. 그들이 너희를 의회에 넘기고 회당에서 채찍질할 것이다. 또 너희는 나 때문에 총독들과 임금들 앞에 끌려갈 것이다."(마태 10,17-18)

이 말씀은 예수님께서 예루살렘으로 올라가시면서 세 차례에 걸쳐 제자들에게 말씀하신 내용입니다. 제자들은 그분께서 걸으신 길을 걸어야 합니다. 그런 제자들에게 "어떻게 말할까, 무엇을 말할까 걱정하지 마라."라고 하신다면, 당황하지 말고 침착하게 임하라고 격려하시는 말씀으로도 들리지만 "아무에게도 말하지 마라."(마르 8,27) 하고 당부하시는 말씀을 떠올리게 합니다. 복음을 선포하는 이는 자기 언어로 꾸민 말이 아니라 자기를 보내신 이의 뜻을 전해야 합니다. 하느님의 뜻은 귀를 기울일 때 듣게 될 것입니다. "너희가 무엇을 말해야 할지, 그때에 너희에게 일러 주실 것이다. 사실 말하는 이는 너희가 아니라 너희 안에서 말씀하시는 아버지의 영이시다."(마태 10,19-20)

3

자기의 언어를 침묵시킬 때 주님의 영이 하시는 말씀, 태초에 세상을 창조하시고 세상을 구원하고자 하시는 하느님의 음성이 들려올 것입니다. 사람들에게 붙잡혀 온갖 모욕과 고문을 받으실 때, 십자가에 달리셨을 때, 그분은 영과 하나이셨습니다. 하느님의 영이 하시는 말씀은 세상의 소리에 귀를 기울이는 자만이 들을 수 있습니다. 그분은 제자들을 세상에 보내시며 사람들을 창조의 순간으로, 복음의 원천으로 안내하라고 명령하십니다. 그들은 그들의 음성으로 하느님의 영이 하시는 말씀을 들려주어야 하고 자신의 존재로 복음을 보여 주어야 합니다. 그분께서 그들에게 인내와 희망을 잃지 말라고 용기를 주십니다. "너희가 이스라엘의 고을들을 다 돌기 전에 사람의 아들이 올 것이다."

거짓 그리스도가 나타나 사람을 속이고
사람의 아들은 구름을 타고

"있어서는 안 될 곳에 황폐를 부르는 혐오스러운 것이 서 있는 것을 보거든—읽는 이는 알아들으라—그때에 유다에 있는 이들은 산으로 달아나라. 옥상에 있는 이는 내려가지도 말고 무엇을 꺼내러 집 안으로 들어가지도 마라. 들에 있는 이는 겉옷을 가지러 뒤로 돌아서지 마라. 불행하여라, 그 무렵에 임신한 여자들과 젖먹이가 딸린 여자들! 그 일이 겨울에 일어나지 않도록 기도하여라. 그 무렵에 환난이 닥칠 터인데, 그러한 환난은 하느님께서 이룩하신 창조 이래 지금까지 없었고 앞으로도 없을 것이다. 주님께서 그 날수를 줄여 주지 않으셨으면, 어떠한 사람도 살아남지 못할 것이다. 그러나 주님께서는 몸소 선택하신 이들을 위하여 그 날수를 줄여 주셨다. 그때에 누가 너희에게 '보아라, 그리스도께서 여기 계시다!', 또는 '보아라, 저기 계시다!' 하더라도 믿지 마라. 거짓 그리스도들과 거짓 예언자들이 나타나, 할 수만 있으면 선택된 이들까지 속이려고 표징과 이적들을 일으킬 것이다. 그러니 너희는 조심하여라. 내가 이 모든 일을 너희에게 미리 말해 둔다."

"그 무렵 환난에 뒤이어 해는 어두워지고 달은 빛을 내지 않으며 별들은 하늘에서 떨어지고 하늘의 세력들은 흔들릴 것이다. 그때에 '사람의 아들이' 큰 권능과 영광을 떨치며 '구름을 타고 오는 것을' 사람들이 볼 것이다. 그때에 사람의 아들은 천사들을 보내어, 자기가 선택한 이들을 땅끝에서 하늘 끝까지 사방에서 모을 것이다."(마르 13,14-27)

1

마르코는 팔레스티나와 예루살렘에 일어난 일과 예수님의 비유에 비추어 종말이 임박했다고 보았습니다. 하지만 정확한 때는—그것은 하느님만이 알 수 있기에—확실하지 않다고 보았습니다. 마르코가 이렇게 쓴 이유는 그리스도의 재림을 준비하기 위해서는 건전하지 못한 임박설을 피해야 한다고 보았기 때문입니다. 동시에 교회를 그리스도 중심의 종말론적인 관점을 통해 그릇된 유다팔레스티나의 묵시론에서 벗어나게 하기 위해서였습니다.

"있어서는 안 될 곳에 황폐를 부르는 혐오스러운 것"이란 성전에 세워진 우상을 말합니다. "기원전 167년 시리아의 임금 안티오쿠스 4세는 예루살렘 성전의 번제 제단을 없애고 그 자리에 제우스 신을 섬기는 제단을 세웠다."(정양모) 로마 황제 칼리굴라가 자기의 동상을 예루살렘 입구에 세우려고 하였습니다. 흉물입니다. 장차 예루살렘에 일어날 일이 심상치 않습니다. 이 도시의 최후가 이방인의 도시, 하느님을 모르는 사람들이 세운 바빌론이 맞이한 최후와 다르지 않습니다.

바빌론이 무너진 것은 그 도시가 "마귀들의 거처가 되고, 온갖 더러운 영들의 소굴, 온갖 더러운 새들의 소굴, 더럽고 미움 받는 온갖 짐승들의 소굴"(묵시 18,2)이 되었기 때문입니다. 인간의 힘이 다스리는 도시였기 때문입니다. 반면에 예루살렘은 하느님을 안다고 자처하는 사람들이 하느님을 흠숭하기 위하여 세운 도시, 하느님의 성전이 있는 도시입니다. 그런데 이 도시가 이방인의 도시처럼 망한다는 것입니다.

루카는 이 도시가 적군에게 포위될 것이라고 말합니다(루카 21,20). 적군에게 포위된다는 말은 이 도시가 인간의 힘으로 포위된다는 것을 암시합니다. 겉모양은 하느님을 찬양하는 것 같지만 속은 바빌론과 다를 바가 없습니다. 하느님을 찬미한다고 하지만 하느님을 이용하여 자기의 행복만을 추구합니다. 자기 자신의 힘을 믿는 그들은 하느님을 모르는 사람, 그들이 하느님을 모른다고 멸시하던 저 이교도보다 더 교만하고 위선적입니다.

예수님께서 "유다에 있는 이들은 산으로 달아나고, 예루살렘에 있는 이들은 거기에서 빠져나가라. 시골에 있는 이들은 예루살렘으로 들어가지 마라."(루카 21,21) 하고 경고하신다면 그들이 불러일으키는 재앙이 그들 자신에게만 미치는 것이 아니라 그들과 함께 살아가는 평범한 사람들, 일상을 충실하게 살아가는 선남선녀들, 임신한 여자들과 젖먹이가 딸린 여자들에까지 미친다는 것을 시사합니다. 벳사이다의 눈먼 이의 시력을 회복시켜 주신 뒤 그를 집으로 보내시며 "저 마을로는 들어가지 마라."(마르 8,26) 하고 이르신 말씀이 떠오릅니다.

"해가 어두워지고 달은 빛을 내지 않으며 별들은 하늘에서 떨어지고 하늘의 세력들은 흔들릴 것이다."(마르 13,24-25)라는 표현은 우주론적인 표현이라기보다 신학적 표현입니다. 세상의 종말은 흔히 말하듯이 지구의 멸망, 인류에게 더 이상의 희망이 없는 멸망이 아니라 하느님을 모르는 자, 하느님을 안다고 하면서도 사실은 알지 못하는 자들의 멸망을 암시합니다. '모름'의 멸망, 앎을 외면한 자들의 멸망입니다. 불신앙의 멸망입니다. 멸망은 하느님께서 세상을 끝내고 인간들을 심판하시는 것으로 표현됩니다. "주님께서 모든 민족에게 진노하시고 그들의 모든 군대에게 분노하시어 그들을 전멸시키기로 작정하시고 그들이 살해되도록 버려두실 것이다."(이사 34,2)

2

역설적으로 이 멸망이 인간에게 희망을 안겨 줍니다. 그 희망은 우리가 상상할 수 없는 '큰 권능과 영광을 떨치며 구름을 타고 오시는' 사람의 아들의 등장을 알려 주기 때문입니다. 해가 어두워지고 달이 빛을 내지 않으며 별들이 하늘에서 떨어지고 하늘의 세력들이 흔들린다는 것은 우리가 상상할 수 있는 모든 것의 종말을 의미하며, 또한 우리가 상상할 수 없는 분의 등장을 의미합니다. 사람의 아들이 하늘의 구름을 타고 오시는 것입니다. "내가 이렇게 밤의 환시 속에서 앞을 보고 있는데 사람의 아들 같은 이가 하늘의 구름을 타고 나타나 연로하신 분께 가자 그분 앞으로 인도되었다. 그에게 통치권과 영광과 나라가 주어져 모든 민족들과 나라들, 언어가 다른 모든 사람이 그를 섬기게 되었다. 그의 통치는 영원한 통치로서 사라지지 않고 그의 나라는 멸망하지 않는다."(다니 7,13-14)

구름을 타고 온다는 것은 하느님으로부터 온다는 말입니다. 이에 근거하여 마르코는 그리스도의 오심을 종말론적 사건에서 결정적인 것으로 봅니다. 뒤켄은 이렇게 결론을 내립니다. "'사람의 아들'이라는 칭호는 예수님의 두 가지 소속을 동시에 강조하는 것 같다. 다시 말해 예수님이 한편으로는 권능을 지니고 있지만, 다른 한편으로는 버림받고 고통받고 십자가에 못 박히게 된다. 그러니까 사람의 신분과 동시에 신의 신분을 지니고 있는 셈이다."[135]

---

135) 뒤켄, 273.

세상의 심판자이며 구원자이시며 세상을 완성하시는 하느님의 힘을 지니신 그리스도는 자기를 희생 제물로 내놓으시는 하느님의 어린 양으로 오십니다. 바빌론이 망한 것은 다른 사람의 행복을 위하여 자기를 희생 제물로 내놓기는커녕 오로지 자기 힘을 믿고 자기만의 행복을 추구하며 쾌락에 빠졌기 때문입니다. 예루살렘이 망한다면 바빌론의 멸망을 저주하면서 바빌론을 닮은 죄입니다. 바빌론과 다르다고, 하느님을 안다고 하면서 자기를 희생할 줄 모르고 하느님을 이용하여 자기만의 구원과 행복을 추구하였기 때문입니다. 그들은 이웃과 주변의 아픔과 고통에는 관심이 없습니다. 그들의 무관심은 임신한 여자들과 젖먹이가 딸린 여자까지 불행으로 내몹니다. 반면에 어린양은 다른 이를 위하여, 세상의 구원을 위하여 자기의 몸을 바칩니다. 이 희생에 세상의 새 역사가 시작되는 것입니다. 그렇기에 그분은 인류의 희망입니다. "어린양의 혼인 잔치에 초대받은 이들은 행복하다."

3

그리스도의 오심은 선택된 이들, 곧 그리스도인들에게 구원과 완성을 의미합니다. 그것은 물질적인 세상의 끝을 말합니다. 그때에 선택한 이들을 땅 끝에서 하늘 끝까지 사방에서 모은다는 것은 잃어버린 자가 하나도 없을 것을 암시합니다. 때문에 그리스도의 오심이 그리스도인들에게는 공포가 아니라 신뢰와 확신을 심어 주는 희망이 됩니다. 예루살렘이 파괴되는 여러 사건을 통해서 "사람의 아들이 문 가까이 온 줄 깨달아야"(13,29) 할 것입니다. 종말은 그리스도를 모신 공동체의 완성을 의미합니다.

어느덧 가지가 부드러워지고 잎이 돋으면

"너희는 무화과나무를 보고 그 비유를 깨달아라. 어느덧 가지가 부드러워지고 잎이 돋으면 여름이 가까이 온 줄 알게 된다. 이와 같이 너희도 이러한 일들이 일어나는 것을 보거든, 사람의 아들이 문 가까이 온 줄 알아라. 내가 진실로 너희에게 말한다. 이 세대가 지나기 전에 이 모든 일이 일어날 것이다. 하늘과 땅은 사라질지라도 내 말은 결코 사라지지 않을 것이다."(마르 13,28-31)

1

무화과나무의 가지가 부드러워지고 잎이 돋으면 여름이 가까이 온 줄 알 수 있듯이 세상의 사건을 통해 하느님을 알아보는 시대의 징표를 읽을 수 있어야 합니다. 무화과나무 비유는 앞의 이야기와는 결이 다릅니다. 재난의 시작을 알리시며 "그것이 아직 끝은 아니다."(마르 13,7), "그것은 진통의 시작일 따름이다."(마르 13,8) 또는 "먼저 복음이 모든 민족에게 선포되어야 한다."(마르 13,10)라고 하신 말씀은 종말을 뒤로 미루시는 듯한 느낌을 주지만, 30절에서는 "이 세대가 지나기 전에 이 모든 것이 일어날 것이다."라고 선언하십니다. 29절에서는 "사람의 아들이 문 가까이 온 줄 알아라."라고 말씀하시며 종말이 가까이 왔음을 상기시키고, 깨어 있으라고 호소하십니다. 그러곤 "내 말은

결코 사라지지 않을 것"(31절)이라고 하시며 당신의 말씀이 진실임을 강조하십니다.[136)

2

그리스도의 오심으로 세상은 이미 종말의 때, 완성의 때를 맞이하고 있습니다. 그분은 언젠가 먼 미래에 오시기로 예정되신 분이 아니라 이미 오셨습니다. 그분의 오심으로 말미암아 세상의 완성이 이미 이루어지게 되었습니다. 이런 의미에서 그분의 죽음과 부활의 삶을 사는 그리스도인은 이미 새 시대, 종말의 시대를 살고 있습니다.

종말은 시간이 지나면 모두가 자동으로 맞이하는 사건이 아닙니다. 이미 오신 주님을 모르고 있다면 그에게 주님은 세상이 끝난다 해도 오시지 않은 것입니다. 그는 자기의 생명이 다하기 전에 이 날을 맞이할 수 있어야 합니다(30절). "주님은 오신다. 내일이 아니라 오늘. 내년이 아니라 올해. 우리의 비참함이 다 지나가고 난 뒤가 아니라 그 한가운데로. 다른 곳이 아니라 바로 우리가 서 있는 이곳으로 주님은 오신다."(헨리 나웬)

3

종말이 우주론적 서술이 아니라 신학적 표현이라는 것은 종말은 각 개인에게는 이미 와 있음을 암시하기 때문입니다. 모두의 눈으로 볼 때 한 개인의 죽음은 다만 한 개인의 끝에 불과하지만, 그 개인에

---

136) 베르거 2, 493-494 참조.

게 죽음은 모든 것의 끝입니다. 그날과 그 시간은 아무도 모른다는 것은 그 시간이 100년이나 200년 후일지, 아니면 천 년이나 만 년 후일지, 아니면 딱 꼬집어 언제일지 모른다는 그런 인간적인 시간개념에 따른 것이 아닙니다. 종말의 시간은 이미 현재의 시간 안에 와 있습니다. 그러나 '언제' 이를 깨닫는 날이 올까, 그것은 누구도 모릅니다. 하지만 어떤 이는 이를 생전에 체험할 것입니다. "여기에 서 있는 사람들 가운데에는 죽기 전에 하느님의 나라가 권능을 떨치며 오는 것을 볼 사람들이 더러 있다."(9,1)

그리스도인에게 종말은 세상과 인간 완성의 때입니다. 구원은 인간이 죽고 난 후 어느 정도의 시간이 흐른 후의 먼 미래나 이 세상 밖에서 주어지는 것이 아닙니다. 그분은 이미 오셨고 지금 와 계십니다. "역사의 끝은 '열린' 것이 아니라 예수님이 열두 제자와 함께했던 그때와 같이 될 것이다."[137] 종말은 세상의 끝을 말하는 개념이 아니라 영원으로부터 와서 영원으로 돌아간다는 진리를 말합니다. 모든 현재 안에는 미래의 기쁨이 감춰져 있습니다.

4

예수님께서는 하느님의 나라가 가까이 왔다는 복음을 선포하시면서 이 세상 만물이 우리에게 하느님의 나라를 느끼게 해 준다고 선포하십니다. 나에게 밉게 보이고 상처를 준 사람이나 저주하고픈 사람

---

137) 베르거 2, 495.

도 하느님을 느끼게 해 주는 사람입니다.

하느님은 그들을 창조하시면서 당신의 영을 불어넣으셨고, 보시니 좋았다고 감탄하셨습니다. 창조는 먼 옛날 한 처음 유일회적으로 일어난 사건이 아니라 항상 지금 여기서 일어나고 있습니다. 하느님은 그 옛날 아담과 하와를 창조하신 것처럼 지금도 우리를 지으시고 보시니 좋다고 감탄하십니다. 세상에 하느님 보시기에 좋지 않은 창조물은 없습니다. 우리의 과제는 하느님께서 좋게 지으신 것이 왜 악해졌는가 하며 악한 것을 골라 저주하고 단죄하며 몰아내는 것이 아니라 하느님의 눈으로 하느님의 창조물을 바라보며 감탄하는 것입니다. 우리가 어떠한 상황에 처해 있든 세상 사물을 하느님의 눈으로 바라보며 감탄할 수 있을 때 우리는 인생을 기쁘게 사는 비결을 우리 몸으로 익혔다고 할 수 있을 것입니다. 예수님은 좋은 것을 좋게 보지 못하는 우리의 눈을 열어 보게 하십니다.

예수님은 그 비결을 많은 비유로 가르치셨습니다. 우리 주변에서 흔히 볼 수 있는 무화과나무 잎 하나가 여름이 오고 가을이 옴을, 우주의 신비를 알려 줍니다. 우리는 피고 지는 나무의 잎을 보면서 계절의 변화를 느낍니다. 잎이 돋으면 여름이 가까이 온 줄 알고 잎이 지면 가을이 깊어진 것을 압니다. 인간은 나뭇잎 하나에서도 우주의 신비를 느끼는 존재입니다. 모든 사물은 우리 눈에 보이는 현상만이 아니라 하느님의 생명을 알려 줍니다.

눈에 보일 듯 말 듯, 있어도 그만 없어도 그만인 작은 겨자씨 한 알에 온갖 새들이 깃들일 어마어마한 세계가 감추어 있습니다(마르 4,30-32). 겨자씨를 보면서 우리는 이 세계를 보아야 합니다. 주변에서 흔히 보는 나무 한 그루, 풀 한 포기도, 하늘의 구름도, 바람도 모두 하느님의 창조물이며 그 모든 것이 하느님의 마음을 드러냅니다. 일상에서 만나는 사람들이 그 겉모양이 어떠하든 모두가 우리에게 세상을 창조하신 선하신 하느님의 생명을 느끼게 해 주는 존재들입니다. 우리는 세상에 존재하는 모든 피조물에서 하느님의 현존을 보아야 합니다. 어찌 하느님께서 보시고 좋다고 하신 존재들을 우리가 밉다 곱다 판단하며 대할 수 있겠습니까?

5

무화과나무 가지가 부드러워지고 잎이 돋으면 여름이 가까이 온 줄 알게 되는 것은 너무도 당연한 일입니다. 문제는 무화과나무 가지가 부드러워지는 것을 보면서도, 잎이 돋는 것을 확인하면서도 여름이 가까이 온 줄을 못 느끼고 있다가 여름을 맞이한다는 것입니다. 우리는 상징적인 행위를 싫어하고 암호를 해독할 능력이 없습니다. 그림을 보면서 그림 이면에 담긴 화가의 마음을 읽지 못하는 것과 같습니다. 음악을 들으면서 음악을 만든 사람의 마음을 느끼지 못하는 것과 같습니다. 그림에는 말로 설명할 수 없는 화가의 마음이 표현되어 있습니다. 음악에는 언어를 초월하는 작가의 마음이 담겨 있습니다. 하느님도 그렇게 당신의 뜻과 당신의 사랑을 세상의 모든 창조물을 통해 표현하십니다. 여름이 무화과나무의 부드러워지는 가지나 푸르게 되는 잎을 통해 표현되듯이 그렇게 하느님의 마음도 우리에게 표현되고 있습니다. 온 세상 만물이 그렇게 사람의 아들이 우리에게 가까이 오고 있음을 알려 줍니다. 시대의 징표를 읽는 자는 사람의 아들이 큰 권능과 영광을 떨치며 '구름을 타고 오는 것'을 볼 수 있을 것입니다(마르 13,26).

6

생사의 굴레에 묶여 만물의 겉모습만을 보는 눈으로는 그분이 오시는 것을 보지 못할 것입니다. 햇빛과 비바람 속에서 열매를 맺는 한 그루 무화과나무의 역사가 어찌 무화과나무 한 그루만의 역사이겠습니까. 천지 창조 때부터 세상을 비추어 온 해와 달과 별빛이 없었다면, 바람과 공기와 물의 흐름이 없었다면, 겨울과 봄과 여름과 가을의 순환이 없었다면, 어찌 무화과나무가 땅에 뿌리를 내리고 하늘을 향하여 푸른 잎을 내고 우주를 향하여 열매를 맺을 수 있겠습니까. 그렇게 삼라만상이 이미 우주의 탄생을 알리고 온 세상이 사람의 아들을 기다리고 있습니다. 하느님의 나라를 기다리고 있습니다. 한 사람의 역사에 인류의 역사가, 인류의 역사에 세상의 역사가, 세상의 역사에 우주의 역사가, 우주의 역사에 하느님의 역사가 감추어 있습니다. 모두가 하느님의 마음을 드러내는 징표입니다. 시대의 징표를 읽는 사람에게 세상은 달리 보일 것입니다. 그는 하느님의 마음으로 살게 될 것입니다.

시대의 징표를 읽는 눈은 단순히 비가 올지 안 올지, 날씨가 추울지 더울지 감지해 내는 정도의 능력을 말하는 것이 아닙니다. 시대의 징표를 읽는다는 것은 하느님의 마음을 읽는 것입니다. 시시각각 변화하는 현상 안에서 하느님의 마음을 읽을 때, 좋고 나쁜 모든 것 안에서 시대의 징표를 깨달을 때, 우리는 하느님의 마음으로 사람들을 만날 수 있을 것입니다. 우리는 호감 비호감의 일차적인 감정의 차원에서 사람들을 대할 때가 많습니다. 선입견이나 고정관념은 사람을 하느님께서 창조하신 그 모습대로 보는 것을 방해합니다. 그런 차원에서 만나는 사람은 사랑이 아니면 미움의 대상이 되고 맙니다. 우리가 찾는 행복은 우리가 사랑하고 미워하며 부대끼고 사는 사람들 안에 감추어져 있음을 깨달아야 합니다.

7

예수님께서 "이 세대가 지나기 전에 모든 일이 일어날 것이다." 하고 말씀하십니다. 사람들은 이 말씀을 곧 세상의 종말이 올 것이라는 암시로 알아들었습니다(임박한 종말론). 그런데 예수님께서 돌아가시고 한 세대가 지나고 수십 세대가 지나고 드디어는 이천 년의 세월이 훌쩍 지난 오늘에 이르도록 사람들이 생각한 그런 종말은 오지 않았습니다. 그러면서 예수님의 이 말씀도 신학적으로 알아들을 수 있게 되었습니다. 하느님의 나라가 이미 왔다는 복음의 바탕에서 알아듣게 된 것입니다.

'이 세대가 지나기 전'이란 '우리가 살아 있는 동안'입니다. 하느님의 나라가 가까이 왔다는 것을 우리는 죽기 전에 깨달아야 합니다. 무화과나무에 잎이 돋는 것을 보고 여름이 가까이 온 줄 알게 되는 것은 하느님의 나라 복음은 내가 죽고 난 다음 먼 훗날에 깨닫게 되는 일이 아니라 지금 살아 있는 동안 깨쳐야 할 진리라는 것을 말해 줍니다. 무화과나무의 푸른 잎이 여름을 느끼게 해 주듯 우리의 이 못난 몸으로 하느님의 나라와 하느님의 생명을 느끼도록 해야 합니다. 예수님은 "하늘과 땅은 사라질지라도 내 말은 결코 사라지지 않을 것이다." 하고 말씀하십니다. 생전에 하느님의 생명을 느끼지 못하는 자는 영원히 하느님의 생명을 살 수 없을 것입니다. 변하지 않는 진리입니다.

그날과 그 시간은 아무도 모른다, 그러니 깨어 있으라

"그러나 그날과 그 시간은 아무도 모른다. 하늘의 천사들도 아들도 모르고 아버지만 아신다. 너희는 조심하고 깨어 지켜라. 그때가 언제 올지 너희가 모르기 때문이다. 그것은 먼 길을 떠나는 사람의 경우와 같다. 그는 집을 떠나면서 종들에게 권한을 주어 각자에게 할 일을 맡기고, 문지기에게는 깨어 있으라고 분부한다. 그러니 깨어 있어라. 집주인이 언제 돌아올지, 저녁일지, 한밤중일지, 닭이 울 때일지, 새벽일지 너희가 모르기 때문이다. 주인이 갑자기 돌아와 너희가 잠자는 것을 보는 일이 없게 하여라. 내가 너희에게 하는 이 말은 모든 사람에게 하는 말이다. 깨어 있어라."(마르 13,32-37)

1

그리스도인들에게 종말은 공포와 두려움의 때가 아니라 구원의 때,

완성의 때입니다. 그리스도가 오시는 때이기 때문입니다. 그리스도의 오심은 십자가와 부활의 사건에서 절정에 이릅니다. 우리는 기쁨과 슬픔, 미움과 사랑, 동정과 연대, 개방과 공동체 등을 통하여 살아 있음을 체험하며 그 이면의 죽음도 체험합니다. 모든 존재는 소멸합니다. 모든 인간은 죽습니다. 생명의 유한함이라는 엄연한 사실 앞에서 인간은 사라짐을 체험하며 두려워합니다. 죽음을 물리치기 위해 안간힘 쓰며 영원을 갈망합니다. 이 갈망은 남을 위한 죽음을 통해 영생에 대한 희망의 불씨를 지핍니다. 종말은 죽음과 부활을 체험하는 때입니다. 영원은 한 개인이 소유할 수 있는 시간이 아닙니다. 개인은 영원한 신비 속으로 흡수될 뿐입니다.

큰 환난에 이어 해가 어두워지고, 달이 빛을 내지 않으며, 별들이 하늘에서 떨어지고, 하늘의 세력들이 흔들린다는 것은 세상의 마지막을 이야기하는 것 같지만 영원을 열어 줍니다. 사람의 아들이 큰 권능과 영광을 떨치며 구름을 타고 오는 데서 세상의 끝이 극적으로 묘사되어 있지만, 예수님은 언젠가 일어날 세상의 끝에 관하여 말씀하시는 것이 아닙니다. 그때는 아무도 모른다는 것, 하늘의 천사들도 아들도 모른다는 것은(13,32) 끝이 오기는 오는데 다만 그때를 모를 뿐이라는 말처럼 들리지만, 이 대목 바로 앞에 "이 세대가 지나기 전에 이 모든 일이 일어날 것"(13,31)이라고 하심으로써 우리가 살아 있는 동안 종말의 사건이 일어난다는 것을 암시합니다.

종말의 사건은 우리가 보통 생각하듯이 창조의 종말이 아닙니다. 해가 어두워지고, 달이 빛을 내지 않으며, 별들이 하늘에서 떨어지고, 하늘의 세력들이 흔들리는 일이 우리가 살아 있는 동안 일어난다는 것은 상상하고 싶지 않은 일입니다. 과학적으로 볼 때 태양계가 생긴 것은 50억 년 전 일이고 그만큼의 시간이 또 흐르고 나면 태양은 빛을 잃게 된다고 합니다. 우리가 살아 있는 동안에 태양이 빛을 잃는 일은 볼 수 없다는 말입니다. 예수님은 그런 창조의 종말을 말씀하시는 것이 아닙니다. 이것은 지금 우리가 살아가고 있는 시간에 관한 이야기입니다.

2

우리는 이 시간 안에서 종말을, 하느님의 나라를 체험해야 합니다. 이 세상은 우리에게 하느님의 시간을 알려 주고 있습니다. 무화과나무의 가지가 부드러워지고 잎이 돋으면 여름이 가까이 온 줄 알 수 있듯이 우리의 시간 안에서 하느님의 시간을 감지해야 합니다. 기쁘고 즐거운 시간이든 슬프고 괴로운 시간이든 매 순간이 우리에게 하느님의 영원을 알려 줍니다. 이를 깨닫는 자가 천국의 행복을 누리게 될 것입니다.

깨어 있다는 것은 잠을 자지 않는 것입니다. 깨어 있어야 하는 이유는 '그때'가 언제인지, '주인이 돌아올 시간'이 언제인지 모르기 때문입니다. 주인이 언제 올지 모르니 깨어 있으라는 말은 우리를 대단히 긴장시킵니다. 나는 잠시 눈 한 번 깜빡하고 졸았을 뿐인데 그 순간에 주인이 온다면, 나로 봐서는 그야말로 눈 한번 깜빡거린 찰나일지라도 주인이 보기엔 온종일 잠자고 있는 것처럼 비칠 수 있습니다. 그런 불상사가 우리 몸에 일어나지 않게 해야 한다니 얼마나 삶을 긴장시키는 말입니까. 예수님께서 우리를 긴장시키고 불안에 떨게 하시려고 이런 말씀을 하신 것은 아닙니다. 이 말씀에는 주님은 눈 깜빡할 사이에 체험되는 분이라는 것이 암시되어 있습니다. 눈 깜빡할 사이의 순간을 아무렇지 않게 생각하는 사람, 곧 찰나와 같은 한순간을 소홀히 하며 사는 사람은 영원하신 주님을 체험할 수 없다는 것입니다.

깨어 있으라는 말은 현재에 충실하라는 말의 다른 표현입니다. 그날이 언제 올지 모릅니다. 그러니 깨어 있어야 합니다. 매 순간을 놓치지 않는 현재를 살아야 합니다. 주님은 현재의 주님이십니다. "주님께서 오시는 날을 밝히지 않은 것은 우리가 항상 깨어 있도록 하시고 그 오심이 우리가 살아 있는 동안에도 일어날 수 있다는 것을 생각하게끔 하시기 위해서였다."(에프렘 부제)

늘 깨어 있으라는 말은 또 늘 주님께서 우리와 함께 계시다는 사실을 깨달으라는 말입니다. 늘 주인이 우리와 함께 있다는 의식을 가지고 살아가야 합니다. 그 시간이 저녁이든 한밤중이든 새벽닭이 울 때든 아니면 이른 아침이든 주인은 항상 우리와 함께 있습니다. 이 사실을 아는 사람만이 주님을 만날 수 있습니다. 주인이 언제 올지 모른다는 것은 지식의 수준에서 하는 말이 아니라 주님께서 늘 우리와 함께 계심을 '알아야' 한다는 암시이기도 합니다.

마르코는 "집주인이 언제 돌아올지, 저녁일지, 한밤중일지, 닭이 울 때일지, 새벽일지 너희가 모르기 때문이다."(마르 13,35)라고 표현하지만 다른 복음서는 "도둑이 밤 몇 시에 올지 집주인이 알면"(마태 24,43; 루카 12,39; 2베드 3,10)이라고 표현합니다. 도둑처럼 온다는 말은 하느님은 인간의 시간개념을 초월하여 활동하시는 분임을 암시합니다. 인간은 자기의 시간개념에 따라서가 아니라 하느님의 시간개념으로 하느님을 기다려야 합니다. 모든 것을 하느님께 맡기는 자세를 요구합니다. 여기서 그때는 종말의 시간이기도 합니다. 그 시간은 "아무도 모른다. 하늘의 천사들도 아들도 모르고 아버지만 아신다."(32절)

3

우리의 하루는 시간의 물음으로 가득 차 있습니다. 지금 몇 시니? 몇 시에 시작하니? 몇 시에 끝나니? 몇 시에 밥 먹어? 몇 시에 자? 몇 시에 올래? 몇 시간 걸려? 몇 시에 만날까? 시간 있어? 속도 경기에서는 0.001초까지 계산합니다. 현대인에게 시간을 묻지 않고 산다는 것은 불가능한 일이 되었습니다. 시간을 확인하며 시간을 맞추기 위해 노심초사하고, 지켜지지 않는 시간에 대해 짜증을 내고 때로는 분노까지 하게 되었습니다.

시 분 초를 구분하여 알리는 시계가 없었던 그 옛날, 해와 달, 별과 구름, 하늘과 바람, 나무와 새들에게 시간을 묻던 시절에는 생각도 할 수 없던 조바심이고, 인생 또한 자연의 움직임과 함께 흘러가던 시절에는 볼 수 없던 짜증입니다. 시간이 돈이 된 지금은 옛날과 다르지 않은 시간을 보내면서도 시간에 쫓기며 더는 여유를 즐길 수 없게 되어 버린 것입니다(코헬 3,1-4.8.11).

시간은 하느님께서 인간에게 주신 선물입니다. 인간이 시간을 줄이거나 늘릴 수 없습니다. 우리는 시간의 흐름에 자신을 맡길 뿐입니다. 사실 태어나고 죽는 것은 사람의 의지와는 상관없이 일어나는 일입니다. 누구도 자기 의지로 태어날 시간을 정해서 태어나지 않습니다. 누구도 죽음을 자기 의지로 선택할 수 없습니다. 오로지 하느님의 시간 안에서 이런 일이 자기에게 일어날 뿐입니다. 시간에 자신을 맡겨라. 하느님께서 말씀하십니다. "나는 죽이기도 하고 살리기도 한다. 나는 상하게 하기도 하고 치기도 하고 고쳐 주기도 한다. 내 손에서 빠져나갈 자 하나도 없다."(신명 32,39)

사람들은 자기가 시간의 주인인 듯 인위적으로 시간을 조작하려 듭니다. 스스로 시간과 장소까지 정해서 출산하고 죽으려는 사람들이 있습니다. 자기만의 시간을 믿고 사는 인간의 미래는 어떻게 펼쳐질까요? 영광은 하느님의 시간 안에서만 드러날 것입니다. 예수님께서도 그렇게 하느님의 시간 안에서 하느님의 영광과 당신의 영광을 드러내며 돌아가셨습니다. "하실 수만 있으면 그 시간이 당신을 비켜가게 해 주십사고 기도(마르 14,35)" 하시던 그분께서 이렇게 말씀하십니다. "아버지, 때가 왔습니다. 아들이 아버지를 영광스럽게 하도록 아버지의 아들을 영광스럽게 해 주십시오."(요한 17,1)

제5장

십자가와 부활

14장과 15장은 그분의 수난 사화이고
16장 1-8절은 빈 무덤 사화입니다
예수님께서 예루살렘으로 올라오시면서
당신에게 일어날 일을 예고하신 일이 현실이 됩니다
이제부터 독자는 침묵의 무거운 분위기에 빠져들며
그분에게 일어나는 일들을 따라가게 될 것입니다
온갖 모욕 속에 열린 심문에도
그분은 이상하리만치 말씀이 없으십니다
끝내 입을 열지 않으시는 그분께 대사제가 묻습니다
"당신이 찬양받으실 분의 아들 메시아요?"
그분은 고문으로 일그러진 몸을 보이실 뿐 침묵하십니다
이 내 몸에서 하느님의 아들이 보이지 않느냐?
인류를 구원하고자 하시는 창조주 하느님의 사랑이 보이지 않느냐?
나와 함께 피땀 흘리시는 하느님의 마음이 느껴지지 않느냐?
침묵하는 자만이 보고 느낄 수 있을 것입니다
그분의 침묵에 잠길 수 없었던 빌라도가
"당신이 유다인들의 임금이오?" 묻자
그분께서 "에고 에이미(나는 이다)" 하고 대답하십니다
나, 사람의 아들이 하느님의 아들 그리스도다
자기 소리를 침묵시키는 자만이 '나는 이다'를 들으며
그분께서 열어 놓으신 영원한 생명의 경지에 들 수 있을 것입니다
그분께서 숨지신 십자가 아래 제자들은 보이지 않고
이방인 백인대장이 고백합니다
"참으로 이 사람은 하느님의 아드님이셨다."
주간 첫날 매우 이른 아침 여자들이 찾아간 무덤에
무거운 고요가 흐릅니다
그분께서 일어나셨다는 웬 젊은이의 말을 듣고
겁에 질려 달아나 덜덜 떠는 여자들은 아무에게도 말을 하지 못합니다
마르코는 적막이 흐르는 텅 빈 무덤에서
그분께서 선포하신 하느님의 복음을 쓰기 시작했을 것입니다
"하느님의 아드님 예수 그리스도의 복음의 시작."

18.
붙잡히시기 전

지금까지 우리는 예수님께서 만나신 수많은 사람을 보았습니다. 14-15장에서는 예수님을 만난 사람들을 보게 될 것입니다. 사람의 아들 예수님이 하느님의 아들이라고 고백하는 사람과 고백하지 못하거나 고백을 방해하는 사람들을 만나게 될 것입니다. 고백하는 사람 중에는 사람의 아들이 하느님의 아들이라는 신비를 깨닫지 못한 사람도 있습니다.

14장 1절에서 예수님을 붙잡아 죽일 궁리를 하는 사제들과 율법 학자를 만납니다(14,1-2). 그들은 사람의 아들이 하느님의 아들이심을 부정하는 사람들입니다. 예수님의 머리에 향유를 부은 여자는 예수님을 모르는 사람처럼 보이지만(실제로 사람의 아들이 하느님의 아들이라는 신학을 몰랐을 수 있습니다.), 사람의 아들에게서 하느님의 아들을 보고 온몸으로 고백한 여자입니다(14,3-9). 우리는 예수님을 배반한 유다와 베드로, 대사제, 군중, 하인, 빌라도, 군사들, 키레네 사람, 강도, 백인 대장 등 수많은 사람을 만나게 될 것입니다. 이들 중에는 사람의 아들이 하느님의 아들임을 알고 고백한 사람도 있고 그렇지 못한 사람도 있습니다. 복음사가는 이들 그리스도를 만난 사람과 만나지 못한 사람들을 통해 그분 죽음과 부활의 의미를 밝혀 줍니다.

가. 예수님의 머리에 향유를 부은 여자

파스카와 무교절 이틀 전이었다. 수석 사제들과 율법 학자들은 어떻게 하면 속임수를 써서 예수님을 붙잡아 죽일까 궁리하고 있었다. 그러면서 "백성이 소동을 일으킬지 모르니 축제 기간에는 안 됩니다." 하고 말하였다. 예수님께서 베타니아에 있는 나병 환자 시몬의 집에 계실 때의 일이다. 마침 식탁에 앉아 계시는데, 어떤 여자가 값비싼 순 나르드 향유가 든 옥합을 가지고 와서, 그 옥합을 깨뜨려 그분 머리에 향유를 부었다. 몇 사람이 불쾌해하며 저희끼리 말하였다. "왜 저렇게 향유를 허투루 쓰는가? 저 향유를 삼백 데나리온 이상에 팔아, 그 돈을 가난한 이들에게 나누어 줄 수도 있을 터인데." 그러면서 그 여자를 나무랐다. 예수님께서 이르셨다. "이 여자를 가만 두어라. 왜 괴롭히느냐? 이 여자는 나에게 좋은 일을 하였다. 사실 가난한 이들은 늘 너희 곁에 있으니, 너희가 원하기만 하면 언제든지 그들에게 잘해 줄 수 있다. 그러나 나는 늘 너희 곁에 있지는 않을 것이다. 이 여자는 자기가 할 수 있는 일을 하였다. 내 장례를 위하여 미리 내 몸에 향유를 바른 것이다. 내가 진실로 너희에게 말한다. 온 세상 어디든지 복음이 선포되는 곳마다, 이 여자가 한 일도 전해져서 이 여자를 기억하게 될 것이다."(마르 14,1-9)

1

　예수님께 죽음의 시간이 다가오고 있습니다. 파스카와 무교절 이틀 전에 수석 사제들과 율법 학자들은 백성이 소동을 일으킬지 모른다는 구실을 대며 축제 기간을 피하여 예수님을 붙잡아 죽일 궁리를 합니다. 마태오는 그들이 공모한 장소가 카야파 대사제의 저택이라고 구체적으로 밝힙니다(마태 26,3). 파스카가 금요일이니까 수석 사제들과 율법 학자들이 예수님을 붙잡아 죽이기로 모의한 날은 수요일입니다.

　예수님께서는 처음 당국의 큰 관심을 끌지 못했지만, 예루살렘에 입성하실 때 군중이 호산나를 외치며 보인 메시아적 경배, 성전 정화, 성전 파괴와 재난 예고, 그리고 그전에 그분께서 일으키신 수많은 기적이 그들을 긴장하게 했습니다. 이 모든 것이 그들에게는 모세의 율법에 반하고 이스라엘의 유일신 신앙을 위협하는 도전처럼 보여서 더는 간과할 수 없다고 본 것입니다. 파스카 축제가 가까워지면서 그들은 몰려드는 순례객을 의식하며 어서 결정을 내리고자 합니다. 이리하여 예수님은 정치에 개입하지 않으셨지만, 종교 사회 지도자들은 그분의 가르침을 정치화하고, 당신이 선포하신 메시아 왕국은 세상의 왕국과 같지 않다고 분명히 밝히셨음에도 그분을 정치범으로 몰아 없애고자 합니다.[138]

---

138) 라칭거 2, 215-216 참조.

2

수석 사제들과 율법 학자들이 당신을 죽일 궁리를 하는 즈음 예수님께서는 베타니아에 있는 나병 환자[139] 시몬의 집에 초대를 받았습니다. 식탁에 앉아 계실 때 어떤 여자가 값비싼 순 나르드 향유를 그분 머리에 붓습니다. 이 이야기는 네 복음서가 다 전하고 있는데, 조금씩 다르게 묘사됩니다. 예수님께서 가신 집부터 서로 다릅니다. 마르코와 마태오는 "예수님께서 베타니아에 있는 나병 환자 시몬의 집에 계실 때의 일이다."라고 이야기를 시작하고, 루카는 "바리사이 가운데 어떤 이가 자기와 함께 음식을 먹자고 예수님을 초청하였다."(루카 7,36)라고 서두를 꺼내고, 요한은 예수님께서 파스카 축제 엿새 전에 당신께서 죽은 이들 가운데에서 다시 일으키신 라자로가 살고 있는 베타니아로 가셨는데, 거기에서 예수님을 위한 잔치가 베풀어졌다(요한12,1-2)라고 이야기를 풀어 갑니다. 예수님께 향유를 부은 사람도 마르코와 마태오는 '어떤 여자'라 하고, 루카는 그 고을에 사는 죄인인 여자라 하고, 요한은 라자로의 누이 마리아라 합니다. 향유를 부은 곳도 마르코와 마태오는 예수님의 머리라 하고 요한과 루카는 발이라고 합니다.

마르코는 여자의 이 행실을 보고 '몇 사람'이 불쾌하게 여겼다고 전하는데, 마태오는 제자들이(마태 26,8), 루카는 예수님을 초대한 바리사이가(루카 7,39) 요한은 예수님을 팔아넘길 유다 이스카리옷이(요한

---

139) "당시 유다인들은 나병환자 뿐만 아니라 갖가지 피부병을 나병이라 했다. 시몬은 피부병을 앓다가 예수님께 치유를 받았을 것이다."(정양모)

12,4) 불쾌한 반응을 보였다고 전합니다. 박병규 신부는 마르코가 제자에 대한 언급 없이 '몇 사람'이라고 서술한 것을 이렇게 해석합니다. "예수님의 수난과 죽음의 시작에 제자들은 없다. 그리고 예수님이 죽는 순간에도, 그가 무덤에 묻힐 때도 제자들은 전혀 보이지 않는다. 마르코 복음에서 예수를 따른다는 제자들은 몰이해의 상징으로서 조금은 불명예스러운 등장인물이다. 여자의 도유 사건 이후 곧장 유다의 배신 이야기를 배치하는 마르코 복음은 제자의 부재도 모자라 아예 제자를 매장하려는 듯 과감한 편집을 마다하지 않는다."[140]

예수님 머리에 기름을 붓는 일이 나병 환자 시몬의 집에서 일어난 것에서 복음사가의 의도를 읽을 수 있습니다. "성전이 아닌 나병 환자의 집은 그래서 모든 이의 집이 된다. 가난하든, 병들었든, 죄인이든 모두가 임금으로서의 위엄을 지닐 수 있으며, 그 위엄은 세상이 원하는 방식이 아니라 세상이 거부하는 방식, 곧 십자가를 통해 얻어질 위엄이다. 마르코 복음이 전하는 '기쁜 소식'은 세상 모든 이를 위한 예수님의 죽음인 것이다."

머리에 기름을 붓는 것은 왕이나 사제에게 하는 행위입니다. 여자가 예수님을 왕으로 생각하고 기름을 부었는지는 확실하지 않습니다. 여자의 행위에 대한 사람들의 반응도 예수님이 왕이냐 하는 것과는 상관없이 펼쳐집니다. 그들은 여자가 기름을 낭비하고 있다는 데 초점을 맞추고 있지만, 예수님은 당신의 장례를 위한 행위로 의미 부여하십니다. 그들은 여자의 행위를 낭비라고 비난하면서 인간의 본색

---

140) 박병규, 231. 아래 인용도 이 책에서.

을 드러냅니다. "왜 저렇게 향유를 허투루 쓰는가? 저 향유를 삼백 데나리온[141] 이상에 팔아, 그 돈을 가난한 이들에게 나누어 줄 수도 있을 터인데"(마르 14,4-5) 그러나 그렇게 말하는 그들은 가난한 이들을 위하는 척하지만 정작 가난한 이들에게 관심도 없고 오히려 가난한 이들을 등쳐 먹으려 합니다. 요한은 이 말을 한 사람을 유다 이스카리옷으로 설정하면서 "그가 이렇게 말한 것은, 가난한 이들에게 관심이 있어서가 아니라 도둑이었기 때문"(요한 12,4-6)이라고 토를 답니다. 여자가 값비싼 향유를 예수님의 머리에 낭비하는 행위와 유다가 은전 몇 닢을 위해 예수님을 팔아넘기는 행위가 대조를 이룹니다.

3

예수님은 그런 그들에게 "이 여자를 가만 두어라. 왜 괴롭히느냐? 이 여자는 나에게 좋은 일을 하였다."(마르 14,6-7)라고 말씀하시며 여자를 옹호하십니다. 그 여자가 '좋은 일을 하였다'는 것은 값비싼 향유를 당신께(그렇게 교회에) 갖다 바쳤기에 하시는 말씀이 아닙니다. "가난한 이들은 늘 너희 곁에 있으니, 너희가 원하기만 하면 언제든지 그들에게 잘해 줄 수 있다."라는 말씀도 당신께 바치는 것이 가난한 이에게 주는 것보다 우선적이어야 한다는 뜻에서 하신 말씀이 아닙니다.

여자가 예수님에게 좋은 일을 했다는 것은 그가 예수님이 누군지 알고 있었다는 것을 말합니다. 여자에게 예수님은 하느님의 아들 그

---

141) 한 데나리온은 농촌의 하루 품삯입니다. 여자는 거의 일 년 치 벌이를 예수님의 발에 부은 셈입니다.

리스도이십니다. 여자는 지금 다른 이를 위하여 목숨을 내놓는 그리스도에게 자기의 모든 것을 바치고 있습니다. 그는 지금 예수님께 자기의 모든 것을 바치면서 가난한 이와 가진 자, 산 자와 죽은 자를 마음에 품고 있습니다. 예수님께서 여자를 불쾌하게 여기는 이들에게 하신 말씀은 자기의 것을 내놓지 못하는 사람들에게 하신 말씀이기도 합니다. "너희들은 가난한 이들과 나누는 좋은 일을 해 보았느냐? 이 여자에게서 자기의 것을 나누는 마음을 보도록 하라. 이 여자는 지금 좋은 일을 하고 있다."

이로써 예수님은 그리스도를 몰라 말과 행동이 엇박자인 부자들을 질책하십니다. 말로는 가난한 이를 돕는다고 하지만 실제로는 깔보고 경멸하는 눈초리로 대하는 그들은 여자를 비난할 자격이 없습니다. 예수님은 여자의 행위에서 여자의 마음을 보십니다. 옥합에 든 값비싼 순 나르드 향유를 자기 자신을 위하여 사용하지 않고 예수님을 위하여 쏟아붓는 마음, 이 마음이 예수님의 마음을 만납니다.

폴 틸리히는 여자의 행위를 '거룩한 낭비'라고 부릅니다. 사람들은 여자가 비싼 향유를 허투루 낭비한다고 생각하지만, 여자는 그것을 거룩하게 쓰고 있습니다. 여자가 그분께 값비싼 향유와 함께 자기의 온 존재를 바칠 수 있는 것은 그분한테서 버리지 않아도 될, 버릴 수 없는 고귀한 생명을 속되고 비천한 인간을 위하여 아낌없이 버리는 모습을, 죽음에 이르기까지 버리는 모습을 보았기 때문입니다. 그분이 이제 당하시게 될 수치스러운 십자가 죽음은 그야말로 거룩한 낭비입니다.

십자가의 이 낭비 앞에 여자는 지금 자신의 전부를 바치고 있는 것입니다. 이를 보지 못하고 여자가 낭비한다고 나무라는 이들은 자신들이 종교적이고 도덕적인 공리주의의 위험에 빠져 있다는 사실을 모릅니다. 사랑이 결핍된 곳에 정신이 파괴됩니다. 틸리히는 말합니다. "자기 자신을 낭비할 수 없기 때문에 사람은 병이 나는 것이다. (…) 욕심을 부려서 당신이 가진 시간과 정력을 오직 유용하고 합리적인 일에만 쓰려고 아껴 두지 마라. 낭비와 같이 보이는 일들 속에 나타나는 창조적인 순간을 위하여 항상 당신 자신을 열어놓으라. 베타니아에서 그 여자가 한 것 같은 일을 하고자 하는 당신 자신 속의 충동을 억누르지 마라."(81-82) 예수님은 여자를 불쾌하게 여기며 나무라는 사람들을 향하여 "이 여자를 가만 두어라."라고 하시면서 제자들의 마음에 변화를 일으키게 하십니다. 기름 부음을 받은 자, 그리스도가 되기 위하여 자기 자신을 거룩하게 낭비하지 않으면 안 됩니다.

4

옥합을 깨뜨리는 것은 자신을 깨뜨리는 행위입니다. 여자는 자신의 온몸을 깨뜨려 그분의 머리에 순 나르드 향유를 붓습니다. '순 나르드'에서 '순'은 그리스어로 '피스티코스πιστικός'인데 '피스티스πίστις'에서 온 말입니다. 피스티스는 믿음, 신뢰, 신용, 보증, 솔직이라는 뜻입니다. 품질이 보증된 "다른 것이 전혀 섞이지 않은 순 나르드 향유", "순수한 믿음과 완전한 실천을 가리키기 위한 값비싼 향유"입니다.[142]

그녀는 지금 자기의 전 존재를 깨뜨리는 순수한 믿음을 예수님에게

---

142) 존자 베다, 오든 271.

붓고 있습니다. "깨어진 옥합은 생명으로 부활하시기에 앞서 죽음을 부수어 버리시리라는 것을 암시한다. 향유는 꽉 닫아 두는 것보다 온 세상을 위하여 열어젖히는 것이 더 낫다."[143] "밀알이 땅에 떨어져 죽지 않으면 어떤 열매도 맺지 못하듯(요한 12,24 참조), 옥합이 깨지지 않았더라면 우리는 그 향기를 퍼뜨릴 수 없었을 것이다."[144]

예수님은 당신의 머리에 기름을 부으며 당신의 죽음을 받아들이는 여자의 순수한 행위를 그대로 받아들이십니다. 그리고 당신과 여자를 함께 비난하는 사람들에게 말씀하십니다. "이 여자는 자기가 할 수 있는 일을 하였다. 내 장례를 위하여 미리 내 몸에 향유를 바른 것이다." (마르 14,8) 여자는 예수님의 머리에 향유를 부으면서 예수님의 죽음을 만나고 있습니다. 여자는 지금 예수님의 장례를 준비하고 있습니다. 여자는 그분의 죽음에서 어린 양의 희생을 봅니다. 여자가 옥합을 깨뜨려 그분 머리에 향유를 붓는 순간 죽음의 냄새가 풍기던 나병 환자의 집에 생명의 향기가 가득 퍼집니다. 옥합을 깨뜨리는 여자의 행위와 당신의 몸을 쪼개시는 그분의 행위가 하나로 겹쳐집니다.

나중에 예수님께서 죽고 무덤에 묻히셨을 때도 여자들이 예수님께 발라 드리려고 비싼 향유를 사서 무덤으로 향한 이야기를 듣습니다. 여자들은 예수님의 죽음을 기억하면서 향유를 사서 무덤에 갔습니다. 그런데 여기 시몬의 집에 함께한 사람들은 그 누구도, 유다도 제자들도 여자의 행위에서 예수님의 죽음을 준비하는 마음을 보지 못합니다. 아무도 "내 장례를 위하여 미리 내 몸에 향유를 바른 것이

---

143) 히에로니무스, 오든 270.
144) 히에로니무스, 오든, 272.

다.”라는 예수님의 말씀을 귀담아듣지 않은 것입니다. 예루살렘으로 올라오시면서 여러 차례 당신의 죽음을 예고하셨을 때도 제자들은 귀담아듣지 않았습니다. 최후의 만찬 때도 제자들은 그 식사가 스승과 마지막 식사라는 것을 인식하지 못했습니다. 누구 하나 예수님의 죽음과 하나 되지 못했습니다. 그런 그들의 눈에 향유가 비싸다는 것만 보입니다. 그런 그들의 마음에 그 돈을 가난한 이들에게 나누어 줄 수 있을 텐데 하는 위선이 작용합니다.

5

여자는 예수님의 머리에 향유를 붓는 자신의 행위가 사람들에게 좋게 비치지 않으리라는 것을 알았을 것입니다. 사람들을 불쾌하게 만드는 그 일은 웬만한 용기와 믿음이 없이는 할 수 없는 일입니다. 이를 하도록 내버려 두시는 예수님의 행위 또한 마찬가지입니다. 어떻게 많은 사람이 지켜보는 가운데 여자가 다가와 자기 머리에 기름 붓는 행위를 허락할 수 있겠습니까? 사람들이(유다가) 말하는 것처럼 그 향유를 팔아 가난한 이들에게 나누어 주라고 하시며 사양하는 것이 오히려 더 그분다운 모습이 아니겠습니까? 그런데 예수님은 여자의 행위를 받아들이십니다. 여자의 행위는 순수한 믿음에서 나오는 것입니다. 믿음은 우리를 자유롭게 합니다. 예수님께서 좋지 않은 시선을 보내는 그들에게 말씀하십니다. “가난한 이들은 늘 너희 곁에 있으니, 너희가 원하기만 하면 언제든지 그들에게 잘해 줄 수 있다. 그러나 나는 늘 너희 곁에 있지는 않을 것이다.”

사람들이(유다가) 예수님의 죽음을 피해 가는 사이 여자는 순수한 마음으로 예수님의 죽음을 준비하고 있습니다. 예수님은 "이 여자는 자기가 할 수 있는 일을 하였다."라고 하시면서 이 여자가 한 일은 "온 세상 어디든지 복음이 선포되는 곳마다 (…) 전해져서 이 여자를 기억하게 될 것이다."라고 말씀하십니다. 여기서 '기억'의 그리스어는 '므네모쉬논μνημόσυνον'인데 '무덤'을 가리키는 '므네메이온μνημεῖον(마르 5,2)'과 어근이 같습니다. 가난한 이들과 함께하신 예수님께서 당신의 장례와 죽음을 통해 사람들 속에 살아 있게 될 것입니다. 예수님과 여자는 예수님의 죽음이 조성한 자유의 경지에서 만나고 있습니다. 부활한 자와 부활한 자의 만남입니다.

나. 유다가 예수님을 배신하다

> 열두 제자 가운데 하나인 유다 이스카리옷이 예수님을 수석 사제들에게 팔아 넘기려고 그들을 찾아갔다. 그들은 그의 말을 듣고 기뻐하며 그에게 돈을 주기로 약속하였다. 그래서 유다는 예수님을 넘길 적당한 기회를 노렸다(마르 14,10-11).

1

마르코는 순 나르드 향유를 예수님의 머리에 부은 여자의 이야기에 이어 유다 이스카리옷에 대해 이야기합니다. "유다는 예수님을 넘길 적당한 기회를 노렸다."(14,11) 여자의 이야기와 대조적입니다. 예수님의 제자 유다가 예수님을 넘기기로 작심한 이유는 무엇일까요? 뒤켄은 "예수님을 넘기기 위해 배반자가 필요했는데 하느님께서 이 역할을 유다에게 맡기셨다."라고 생각하는 것은 지나친 신심에 의존한 해석이라고 단정합니다.[145] 예수님의 죽음을 정당화하기 위해 하느님께서 유다를 이용하셨다는 것은 예수님의 복음에 맞지 않습니다.

유다가 스승을 넘겨주고 받은 돈을 마태오는 은돈 서른 닢이라고 구체적으로 명시하는데(마태 26,15) 이 돈은 농사꾼 넉 달 치정도 품삯으로 그리 큰돈이 아닙니다.[146] 유다가 물욕에 눈이 멀어 예수님을 넘기기로 했다고 주장하는 것은 유다를 일방적으로 매도하는 것입니다. 요한이 유다의 말을 받아 "그가 이렇게 말한 것은, 가난한 이들에게 관심이 있어서가 아니라 도둑이었기 때문이다."(요한 12,6)라고 언급한 것도 감정이 들어간 해설입니다.

르낭은 배반의 이유를 "질투심이나 내부 불화의 문제"로 봅니다(279 참조). 다니엘 홉스도 같은 생각을 합니다. "유다가 배반한 진짜 동기는 예수님에 대한 그의 사랑이 베드로와 나머지 열 명처럼 넘치지 않고 욕심 없는 사랑이 아니라, 질투심에 사로잡힌 이들을 최악의 상태로 몰아넣는 외골수적인 열정, 다시 말해 미움에 가까운 사랑, 또는 갑자기 미움으로 바뀔 수 있지만 최악의 상황이 벌어지면 끝없는 고통과 절망 속

---

145) 뒤켄, 277. 아래 괄호 속 숫자 이 책의 페이지.

146) 마태오는 유다가 예수께서 사형선고를 받으신 것을 보고 뉘우치며 그 돈을 수석 사제들과 원로들에게 돌려주고 목매달아 죽었다고 보도합니다(마태 27,3-5). 이와 달리 사도행전은 그 돈으로 밭을 샀다고 전합니다. "그자는 부정한 삯으로 밭을 산 뒤, 거꾸로 떨어져 배가 터지고 내장이 모조리 쏟아졌습니다. 이 일이 예루살렘의 모든 주민에게 알려져, 그 밭이 그들의 지방 말로 '하켈 드마'라고 불리게 되었는데, '피밭'이라는 뜻입니다."(사도 1,18-19)

에 빠지는 그런 사랑 때문이 아닐까?"[147] 하고 유추하는 것입니다.

2

우리는 유다의 배신을 현실적으로 바라볼 필요가 있습니다. 제자들은 예수님을 따라나설 때 분명히 많은 기대를 했습니다. 베드로의 고백에서 보듯이 스승님은 하느님의 힘을 가지신 분이라 그들이 어떤 어려운 현실에 처하더라도 구원해 주실 분으로 굳게 믿었습니다. 그런데 그분은 고통 중에도 함께하시는 하느님의 가까움을 믿고 받아들이는 것이 참 기쁨을 얻는 시작이라며 그들의 사고를 번번이 수정하셨습니다. 다른 사람을 위해 자신을 버려야 한다는 그분의 가르침은 그야말로 받아들이기 어려운 것이었습니다.

예수님은 하느님께서 고통 중에도 우리와 함께 계시는 것은 당신의 무력함이나 무능이 아니라 사랑 때문이라는 것을 일깨워 주고자 하셨습니다. 사실 인간은 이 사랑을 일상에서 늘 체험하면서 살아갑니다. 예컨대 자식들은 부모가 자기들을 가난이나 고통에서 해방시켜 줄 큰 힘이 있어서가 아니라 자기들이 당하는 고통을 당신의 고통으로 여기며 자기보다 더 아파하는 애절한 마음에서 부모의 사랑을 느낍니다. 제자들은 아직 이 사랑을 모릅니다.

부와 힘의 논리에 젖어 있는 그들에게 구세주는 부와 힘을 보장하는 분이어야 했습니다. 자기들 식으로 구세주인 줄 알고 따랐던 그분께

---

147) 뒤켄, 280.

서 예루살렘으로 가자고 하시더니 예루살렘에서 기다리고 있을 고난을 예고하십니다. 사람의 아들이 반드시 많은 고난을 겪으시고 배척을 받아 죽임을 당하셔야 한다고 말입니다. 이런 과정에서 제자들은 스승에 대한 믿음보다 두려움과 의심이 더 커졌을 것입니다. 이분이 정말로 우리의 구세주이신가? 이분을 따라 끝까지 갔다가는 영화는커녕 낭패만 보는 것은 아닌가? 이분과 함께 하느님의 나라를 세우겠다는 꿈이 흔들리고 산산조각이 나는 순간입니다. 제자들이 스승을 배신하고 달아났던 것은 단순히 자기들도 붙잡히면 죽을까 겁이 나서 그런 것만은 아닙니다. 그들은 그분께 자신들의 꿈을 맡길 수 없었던 것입니다.

레옹 뒤프르는 유다의 행위에 대해 독특한 해석을 내놓습니다. 유다가 예수님을 배반한 것은 억지로라도 예수님께서 구약의 삼손과 같은 힘을 발휘하시도록 유도하기 위해서라는 것입니다. "유다도 다른 제자들과 마찬가지로 하느님의 나라가 날벼락 같은 사건과 함께 세워질 것이라고 생각했을 것이다. 예수님은 끝까지 사람들의 이목을 끌만한 일을 만들지 않으려고 하는 반면 유다는 때를 앞당기기 위해 행동으로 옮긴다. 유다는 다음과 같이 생각했을 지도 모른다. '스승을 성전 권위자들에게 넘겨주면 삼손이 블레셋 신전에 들어간 것처럼 그를 반대자들의 요새로 끌어들이는 셈이 되지 않겠는가? 그때 전능하신 야훼 하느님께서 메시아를 해방시키고 사람들이 예수님을 메시아로 받아들이도록 강요하기 위해 한바탕 큰 소동을 일으키실 것이다.'"[148]

어쩌면 유다는 속으로 부르짖었을지도 모릅니다. "스승님, 힘없이

---

148) 뒤켄, 280-281.

돌아가서서는 안 됩니다, 생각을 고쳐먹으십시오. 당신은 저희에게 힘을 보여 주셔야 합니다." 하지만 그가 바라던 일은 일어나지 않았으며 예수님은 끝내 십자가를 지고 골고타로 향하셨습니다.

인간은 배반하면서도 그 속에는 배반을 배반하는 마음이 또 작용합니다. 미워해서는 안 된다는 것을 알면서도 자기도 모르게 미워하는 마음이 생기고, 그리하여 자책하는 경우가 얼마나 많습니까. 이는 미워하는 마음속에 미움만 자리하고 있는 것이 아니라 사랑도 함께 감추어져 있다는 말도 됩니다. 유다는 예수님을 배반하였지만, 그의 내면 깊은 곳에서는 배반을 괴로워하는 마음, 그분께 대한 사랑이 살아 있었을 것입니다. 배반하였지만, 그 사랑 때문에 더욱 괴로워했을 것입니다. 유다는 자기가 생각했던 것과 다른 방향으로 전개된 상황에 실망했고, 당황한 그는 목숨을 끊습니다. 유다와 다를 바 없이 예수님을 배신했던 베드로는 나중에야 그분의 사랑을 깨닫고 눈물로 고백했다고 할 수 있습니다.

3

우리는 모두 유다 이스카리옷과 같은 마음을 지니고 살아갑니다. 하루에도 수백 번씩 주님을 배신하며 유다가 되어 살면서도 이를 배신이라고 생각하지 않고 살아갑니다. 여기에 예수님의 머리에 향유를 부은 여자의 마음이 돋보입니다. 유다에게는 이 여자의 마음이 없었습니다. 사랑은, 하느님의 사랑은 단순히 나에게 고통을 제거해 주는 데서 느껴지는 것이 아닙니다. 그것은 다른 사람을 위해서 가진 것을 파는 행위에서 느껴집니다. 남이 뭐라고 하던 고통받는 사람 곁에 함께 있음을 느끼게 하는 그 행위가 사랑입니다. 유다에게는 주님의 장사를 준비할 향유가 없었습니다.

다. 마지막 만찬

   무교절 첫날 곧 파스카 양을 잡는 날에 제자들이 예수님께, "스승님께서 잡수실 파스카 음식을 어디에 가서 차리면 좋겠습니까?" 하고 물었다. 그러자 예수님께서 제자 두 사람을 보내며 이르셨다. "도성 안으로 가거라. 그러면 물동이를 메고 가는 남자를 만날 터이니 그를 따라가거라. 그리고 그가 들어가는 집의 주인에게, '스승님께서 ′내가 제자들과 함께 파스카 음식을 먹을 내 방이 어디 있느냐?′ 하고 물으십니다.' 하여라. 그러면 그 사람이 이미 자리를 깔아 준비된 큰 이층 방을 보여 줄 것이다. 거기에다 차려라." 제자들이 떠나 도성 안으로 가서 보니, 예수님께서 일러 주신 그대로였다. 그리하여 그들은 파스카 음식을 차렸다.

   저녁때가 되자 예수님께서 제자들과 함께 그곳으로 가셨다. 그들이 식탁에 앉아 음식을 먹고 있을 때에 예수님께서 말씀하셨다. "내가 진실로 너희에게 말한다. 너희 가운데 한 사람, 나와 함께 음식을 먹고 있는 자가 나를 팔아넘길 것이다." 그러자 그들은 근심하며 차례로 "저는 아니겠지요?" 하고 묻기 시작하였다. 예수님께서 그들에게 이르셨다. "그는 열둘 가운데 하나로서 나와 함께 같은 대접에 빵을 적시는 사람이다. 사람의 아들은 자기에 관하여 성경에 기록된 대로 떠나간다. 그러나 불행하여라, 사람의 아들을 팔아넘기는 그 사람! 그 사람은 차라리 태어나지 않았더라면 자신에게 더 좋았을 것이다.”

그들이 음식을 먹고 있을 때에 예수님께서 빵을 들고 찬미를 드리신 다음, 그것을 떼어 제자들에게 주시며 말씀하셨다. “받아라. 이는 내 몸이다.” 또 잔을 들어 감사를 드리신 다음 제자들에게 주시니 모두 그것을 마셨다. 그때에 예수님께서 그들에게 이르셨다. “이는 많은 사람을 위하여 흘리는 내 계약의 피다. 내가 진실로 너희에게 말한다. 내가 하느님 나라에서 새 포도주를 마실 그날까지, 포도나무 열매로 빚은 것을 결코 다시는 마시지 않겠다.” 그들은 찬미가를 부르고 나서 올리브 산으로 갔다.

예수님께서 제자들에게 말씀하셨다. “너희는 모두 떨어져 나갈 것이다. 성경에 ‘내가 목자를 치리니 양들이 흩어지리라.’고 기록되어 있다. 그러나 나는 되살아나서 너희보다 먼저 갈릴래아로 갈 것이다.” 그러자 베드로가 예수님께 말하였다. “모두 떨어져 나갈지라도 저는 그러지 않을 것입니다.” 예수님께서 그에게 말씀하셨다. “내가 진실로 너에게 말한다. 오늘 이 밤, 닭이 두 번 울기 전에 너는 세 번이나 나를 모른다고 할 것이다.” 그러자 베드로가 더욱 힘주어 장담하였다. “스승님과 함께 죽는 한이 있더라도, 저는 결코 스승님을 모른다고 하지 않겠습니다.” 다른 이들도 모두 그렇게 말하였다(마르 14,12-31).

파스카 음식을 차리게 하시다

1

예루살렘에 입성하신 이후 사흘이 지나고 잡히시기 불과 몇 시간

전, 그분은 제자들을 도성 안으로 보내어 파스카 음식을 차리게 하십니다. 파스카 준비일은 누룩 없는 빵을 먹는 무교절 축제 첫날이기도 합니다. 무교절 첫날 곧 파스카 양을 잡는 날(마르 14,12)은 목요일이었습니다. 해가 넘어갈 때부터 다음 날 해 질 무렵까지를 하루로 보는 유다인의 관습을 따라 보면 이날 저녁은 금요일이 막 시작하는 시간입니다. 예수님은 이날 저녁에 마지막 만찬을 하셨습니다. 무교절은 누룩을 넣지 않은 빵을 먹는 이스라엘 농경민들의 순례 축제였는데, 이집트에서의 탈출을 기념하는 날과 같은 봄철에 거행되면서 파스카 축제와 함께 거행되었습니다. 두 축제는 다른 축제였으나 예수님 시대에는 같이 지냈습니다.

해방절, 과월제過越祭, 유월제逾越祭로 번역되는 파스카(히브리어 pesah, 그리스어 πάσχα, 라틴어 Pascha)는 대개 '거르고 지나감'으로 이해하고 있지만, 그 어원은 확실하지 않습니다. 분명한 것은 파스카는 주님께서 이집트를 치실 때 이스라엘 백성의 집을 거르고 지나가신 사건 훨씬 전부터 있었던 유목민족의 축제였다는 것입니다. 이 축제일에 이스라엘은 주님께서 이집트를 치시며 지나가신 일을 기념하였습니다.[149] 거르고 지나가는 것이 파스카가 아니라 파스카 축제 때 주님께서 거르고 지나가시는 일, 즉 하느님께서 그들을 구원해 주신 일이 일어난 것입니다. 이후 이스라엘은 파스카 축제 때마다 이 일을 기억하게 된 것입니다.

---

149) 이스라엘 백성이 이집트를 탈출하기 전날 하느님께서 흠 없는 수컷으로 양이나 염소를 잡아 그 피를 집의 문설주와 상인방에 바르게 하십니다. 그날 밤 하느님께서 이집트 땅을 지나면서 사람에서 짐승에 이르기까지 모든 맏아들과 맏배를 모조리 치실 것인데 그 피가 발린 집은 거르고 지나겠다고 말씀하시면서 이 날을 기념하라고 하십니다(탈출 12,13-14).

2

루카는 예수님께서 먼저 베드로와 요한에게 "가서 우리가 먹을 파스카 음식을 차려라." 하고 명령하시자 그들이 "어디에 차리면 좋겠습니까?" 하고 물었다고 보도하지만(22,8-9), 마르코와 마태오는 이와 달리 제자들이 예수님께 "파스카 음식을 어디에 가서 차리면 좋겠습니까?" 하고 여쭈었다고 보도합니다. 파스카 음식을 이야기할 때도 루카가 예수님의 입에서 "우리가 먹을" 음식을 이야기하여 그들을 당신의 죽음으로 안내하신 것으로 서술하는 데 반해 마르코와 마태오는 제자들의 입으로 "스승께서 잡수실" 음식을 이야기함으로써 그들이 지금 준비하고 있는 음식이 무엇인지 모르고 있다는 것을 고발하고 있습니다. 예수님은 당신의 죽음을 염두에 두고 제자들에게 마지막 식사를 준비하게 하십니다. 제자들은 분부하신 대로 파스카 음식을 차리지만, 그분의 죽음을 생각하지 못합니다.

만찬 분위기

1

미사가 최후의 만찬을 기억하는 성사라고 생각하는 그리스도인들의 눈으로 볼 때 최후의 만찬에 대한 보도가 너무 간결하게 다루어지고 있습니다.[150] 예수님께서 성찬례를 제정하시기 전에(마르 14,22-26) 유다가 당신을 배신할 것을 예고하시어(마르 14,17-21) 분위기를 가라앉게 만드신 것은 우리를 당황하게 합니다.

　제자들과 한 식탁에 앉아 음식을 드시다가 느닷없이 "너희 가운데 한 사람이 나를 팔아넘길 것이다."라고 말씀하시자 제자들은 근심하며 차례로 "저는 아니겠지요?" 하고 묻기 시작합니다. 그런 그들에게 당신을 팔아넘길 자를 지목하며 "불행하여라, 사람의 아들을 팔아넘기는 그 사람! 그 사람은 차라리 태어나지 않았더라면 자신에게 더 좋았을 것이다." 하고 말씀하십니다. 3년 동안 동고동락한 사제師弟 간의 대화라는 것이 믿기지 않습니다. 더구나 이 자리는 예수님께서 마련하신 자리입니다. 그 자리에서 이런 대화가 오간다는 것이 심히 괴롭고 불편합니다. 그런데 제자들은 그분께서 무슨 말씀을 하시는지 모릅니다(요한 13,28). 제자들과 한 식탁에 앉아 계시지만 그분은 혼자입니다. 어떻게 그들의 닫힌 귀를 열어 알아들을 수 있게 할까요? 그들의 닫힌 마음을 꿰뚫지 못한 그 창이 예수님의 심장을 찌릅니다. 예수님은 완전히 홀로 버려져 있습니다. 그 모습이 외롭고 애처롭기

---

150) 최후의 만찬에 대한 보도는 공관복음과 코린토 1서에 전해집니다. ① 몸에 대하여: 이는 내 몸이다(마르 14,22; 마태 26,26), 이는 너희를 위해 내어 주는 내 몸이다(루카 22,19), 이는 너희를 위한 내 몸이다(1코린 11,24). 루카와 바오로는 이 말씀에 "너희는 나를 기억하여 이를 행하여라."라는 말을 첨가합니다. ② 피에 대하여: 이는 많은 사람을 위하여 흘리는 내 계약의 피다(마르 14,24), 이는 죄를 용서해 주려고 많은 사람을 위하여 흘리는 내 계약의 피다(마태 26,27), 이 잔은 너희를 위하여 흘리는 내 피로 맺는 새 계약이다(루카 22,20), 이 잔은 내 피로 맺는 새 계약이다(1코린 11,25). 마르코와 마태오가 계약의 피를 이야기하면서 탈출기 24장 8절을 상기시키는 반면 루카와 바오로는 새로운 계약에 대해 말하며 예레미야서 31장 31절을 상기시킵니다. 요한 복음에는 최후의 만찬에 대한 언급은 없고 대신 공관복음에는 없는 예수님께서 제자들의 발을 씻어 주시는 이야기가 나옵니다. 앞서 빵에 대한 이야기를 충분히 했기 때문일까요(요한 6장)? 거기서 예수님은 군중에게 말씀하십니다. "나는 하늘에서 내려온 살아 있는 빵이다. 누구든지 이 빵을 먹으면 영원히 살 것이다. 내가 줄 빵은 세상에 생명을 주는 나의 살이다."(요한 6,51) "내가 진실로 진실로 너희에게 말한다. 너희가 사람의 아들의 살을 먹지 않고 그의 피를 마시지 않으면, 너희는 생명을 얻지 못한다. 그러나 내 살을 먹고 내 피를 마시는 사람은 영원한 생명을 얻고, 나도 마지막 날에 그를 다시 살릴 것이다. 내 살은 참된 양식이고 내 피는 참된 음료다. 내 살을 먹고 내 피를 마시는 사람은 내 안에 머무르고, 나도 그 사람 안에 머무른다."(요한 6,53-56)

짝이 없습니다. 그들은 그런 그분을 버리고 모두 도망칠 것입니다. 그분은 당신의 답답함을 풀어 달라고 소리를 지르지 않으십니다. 그분은 그들이 당신을 팔아넘기도록 놔두십니다.

유다가 예수님을 팔아넘기기로 마음먹고 수석 사제들을 찾아간 날은 목요일 낮이었습니다. 유다가 그날 이전에는 배신하고 전혀 상관없는 나날을 살았었는데 그날 갑자기 배신하는 마음이 생겼다고 말할 수는 없을 것입니다. 예수님은 유다가 당신을 팔아넘기기로 마음먹고 수석 사제들을 찾아간 일도 아셨을 것입니다. 한솥밥 먹은 세월이 얼마인데 그걸 눈치채지 못하시겠습니까? 여러 차례 당신의 죽음을 예고하시면서 어떻게 붙잡히실지도 예감하셨을 것입니다. 그걸 아시면서도 왜 제자들이 당신을 팔아넘기고 배신하고 도망치도록 그냥 두셨을까요? 제자 중에 누구도, 복음서를 읽는 독자들도 성목요일이 되기 전에는 유다의 배신을 눈치채지 못했습니다. 요한 복음사가는 "제자들은 누구를 두고 하시는 말씀인지 몰라 어리둥절하여 서로 바라보기만 하였다."(요한 13,22)라고 전할 정도입니다.

2

마르코가 "너희 가운데 한 사람, 나와 함께 음식을 먹고 있는 자가 나를 팔아넘길 것이다."(마르 14,18) 하고 말씀하여 제자들이 근심하며 차례로 "저는 아니겠지요?" 하고 묻게 한 데 비하여 마태오는 "나와 함께 대접에 손을 넣어 빵을 적시는 자, 그자가 나를 팔아넘길 것이다."(마태 26,23) 하고 팔아넘길 자가 누군지 알게 하시고, 요한은 "내가 빵을 적셔서 주는 자가 바로 그 사람이다."(요한 13,26) 하고 대답하시며, 빵을 적신 다음 그것을 들어 시몬 이스카리옷의 아들 유다에게 주셨다고 이름까지 노골적으로 보도합니다. 그 빵을 받아 먹는 유다의 심정은 어떠했을까요? 그분의 눈길을 피하여 빵을 받아 먹으면서 무슨 생각을 했을까요?

예수님은 왜 그의 일탈을 말리지 않으시고 "불행하여라, 사람의 아들을 팔아넘기는 그 사람! 그 사람은 차라리 태어나지 않았더라면 자신에게 더 좋았을 것이다."(마르 14,21)라고 저주의 말씀을 하셨을까요? 제자를 사랑하신다면 그의 불행을 선언하시기보다 미리 막아서 그가 불행해지는 일이 없도록 하셔야 하는 것 아닙니까? 이런 말씀을 하시는 예수님의 심정은 어떠하셨을까요? "원수가 나를 모욕했다면 참아 주었을 것을. 나를 미워하는 자가 맞서 왔다면 비켜나 숨었을 것을. 그러나 너였도다. 내 동배 내 동무 내 친구. 정다웁게 서로 같이 사귀던 너, 축제의 모임에서 주님의 집을 함께 거닐던 너였도다."(시편 55,13-15. 성무일도) 하고 비탄하는 시인의 마음이었을까요?

3

이 말씀을 하시고 나서 예수님은 빵을 떼어 제자들에게 주시고 잔을 들어 감사를 드리신 다음 제자들에게 주시어 먹고 마시게 하셨는데, 유다는 스승의 행위가 혼란스러웠을 것입니다. 요한 복음을 보면 이런 혼란스러운 유다의 마음을 아시는지 모르시는지 "네가 하려는 일을 어서 하여라."(요한 13,27) 하고 말씀하십니다. 그리고 그가 나간 뒤에 "이제 사람의 아들이 영광스럽게 되었고, 또 사람의 아들을 통하여 하느님께서도 영광스럽게 되셨다."(요한 13,31) 하고 말씀하십니다. 그러곤 당신의 죽음을 예고하시며 "내가 가는 곳에 너희는 올 수 없다."라고 하십니다. 베드로가 예수님께 "주님, 어디로 가십니까?" 하고 묻자 예수님께서 "내가 가는 곳에 네가 지금은 따라올 수 없다." 하고 대답하십니다(요한 13,36-38). 따라올 수 없다는 말은 잔을 마실 준비가 되어 있지 않다는 것입니다. 고통을 받아들일 준비도 목숨을 내놓을 준비도 되어 있지 않다는 것입니다. 십자가가 눈앞에 나타나면 고통을 못 이겨 도망치고 말리라는 것입니다. 그들은 아직 어떠한 상황에서도 현존하시는 주님을 받아들일 단계에 이르지 못했습니다. 그것이 예수님을 팔아넘기고 배신하는 행위로 나타납니다. 이런 분위기에서 그분은 성찬례를 거행하십니다.

빵과 잔을 들고 찬미와 감사를 드리다

1

불편한(?) 식탁에서 예수님께서 빵을 들고 찬미를 드리신 다음 "받아라. 이는 내 몸이다." 하시며 쪼개어 제자들에게 나누어 주십니다. 식사 공동체에서 빵을 쪼개어 나누어 주는 행위는 전혀 새로울 것이 없는 랍비들이 잘 알고 있는 계약의 식사 방식입니다. 탈무드에 의하면 빵을 쪼개어 식탁에 함께 있는 자들에게 나누어 주는 것은 각자의 자율을 인정하는 것입니다. "먹는다는 것은 자신의 자율을 확인하는 것임과 동시에 먼저 먹여 살려 준 이들, 즉 자율의 수단을 준 이들과 연결되는 것이다. 그러므로 식사는 과거와 현재를 연결해 준다."[151]

예수님께서 빵을 쪼개어 제자들에게 주시며 빵을 당신의 몸이라 하신다면 쪼개질 당신의 몸을 미리 보여 주시는 것입니다. 몸을 쪼개는 일은 실제로 일어나야 합니다. 그분의 몸은 이제 곧 부서질 것이며 그분의 피는 이제 곧 흘리게 될 것입니다. 그분은 지금 당신의 몸과 피는 "하나도 버려지지 않고 모든 사람을 위하여 나누게 될 것"이라고 선언하시는 것입니다.

2

또 잔을 들어 감사를 드리신 다음 제자들에게 주시며 받아 마시게 하십니다. 마르코가 예수님께서 잔을 돌리며 "이는 많은 사람을 위하여 흘리는 내 계약의 피다."라고 말씀하신 것에 마태오는 "죄를 용서해 주려고"(마태 26,28)라는 말을 덧붙입니다.

"이는 많은 사람을 위하여 흘리는 내 계약의 피다."라는 예수님의 말씀은 시나이 계약(탈출 24,7-8)을 상기시킵니다. 이 계약은 두 가지 요소를 지니고 있습니다. "하나는 '계약의 피', 곧 하느님의 표상으로서의 제단과 백성에게 뿌려지는 희생된 짐승들의 피고, 다른 하나는

---

151) 뒤켄, 292.

하느님의 말씀과 그것에 대한 이스라엘의 순종의 약속"입니다. [152]

이스라엘이 하느님과 맺은 순종의 계약은 늘 깨어졌습니다. 이스라엘은 힘들고 어려운 일이 생길 때마다 하느님의 길에서 벗어났고 다른 길을 기웃거렸습니다. 이러한 때에 예레미야가 '새 계약'을 이야기합니다. "보라, 그날이 온다. 주님의 말씀이다. 그때에 나는 이스라엘 집안과 유다 집안과 새 계약을 맺겠다."(예레 31,31) 이 계약은 인간이 깨고 싶으면 깰 수 있는 이전의 계약과는 달리 인간이 깰 수 없도록 그들의 가슴과 마음에 주님께서 새겨 주신 것입니다. 그 계약이란 "나는 그들의 하느님이 되고 그들은 나의 백성이 될 것이다."(예레 31,33)라는 것입니다.

라칭거는 이 깰 수 없는 계약이 "십자가와 죽음에 이르는 아들의 순종"으로 나타났다며 말합니다. "죽음에 이르는 고통은 하느님의 고통이며 그것은 함께 고통을 당함, 곧 자비다. 아들은 고난 받고 피 흘리는 완전한 버림과 순종을 통해 인간의 불순종으로 야기된 죽음을 극복하고 새 생명을 선사하신다…. '그분의 피'는 당신 자신을 완전히 내어줌이며, 그 안에서 인류의 모든 죄악을 겪으시고 모든 불신을 당신의 조건 없는 성실함으로 회복시키신다. 이것이 그분이 최후 만찬에서 세우신 제의다. (…) 그리스도의 몸과 피에 참여하는 것은 그분께서 우리를 위해, '많은 이를 위해' 계시고 성사를 통해 우리를 '많은' 이 안으로 받아들이심을 의미한다."(172)

예수님은 당신 자신을 위하여 살지 않으시고 다른 사람의 행복을

---

152) 라칭거 2, 170. 아래 괄호 속 숫자 이 책의 페이지.

위하여 사셨습니다. 그분의 존재는 그 자체로 "(…을) 위한 존재"입니다(173). 요아킴 에레미아스는 '많은 이'를 전체성으로 해석하면서 '모두'로 이해했습니다. 예수님은 모두를 위해 피를 흘리셨다는 것입니다. 그러나 최근의 연구는 '많은 이'를 성사적 행위로 해석합니다. 즉 "예수의 죽음이 '모든 이를 위해' 유효한 반면, 그의 죽음이 지니는 성사로서의 효력 범위는 제한된다. 성사적 효력은 많은 이에게 미치지만, 그렇다고 모든 이에게 미치는 것은 아니다."(175)

3

마르코 복음 10장 45절에서 예수님께서 "사실 사람의 아들은 섬김을 받으러 온 것이 아니라 섬기러 왔고, 또 많은 이들의 몸값으로 자기 목숨을 바치러 왔다."라고 "생명의 내어줌 자체"에 대해서 말씀하십니다. 구원의 보편적 의미가 담겨 있는 것입니다.

"바오로는 로마인들에게 '충만한 수'의 이방인이 구원을 얻어야 이스라엘 전체가 구원될 것이라고 쓰고 있다(11,25-26 참조). 요한은 예수께서 '백성을 위해(유다인을 위해)' 죽을 것인데, 이는 백성만을 위한 것이 아니라 뿔뿔이 흩어진 하느님의 자녀들을 하나로 모으기 위해서라고 말한다(11,50-52). 예수의 죽음은 유다인과 이방인, 인류 전체에 유효하다. 이사야에서 '많은 이'가 근본적으로 이스라엘 전체를 의미하는 것이라면, 교회는 믿음 안에서 예수께서 이 표현을 새롭게 사용하는 것에 대한 응답으로써, 그분은 실제로 모두를 위해 돌아가신 것이라는 사실이 더욱 분명해진다."(176-177)

어떤 이들은 대속 사상을 예수님께서 인류를 구원하시기 위해 인류의 죄를 대신 짊어지고 죽으셨으니 우리는 그 사실을 믿기만 하면 자동으로 구원되는 것처럼 말합니다. 그분의 '대신 죽음'에 모든 것을 미루고 우리는 죽지 않아도 되는 것처럼 착각하는 것입니다. 대속 사상은 이런 자기중심적인 사고가 잘못되었음을 선언합니다. 예수님께서 온 세상을 위하여 대신 돌아가셨다면(돌아가셨기 때문에) 우리도 그분처럼 온 세상을 위하여 대신 죽을 수 있어야 합니다. 우리도 그분처럼 대속하는 삶을 살아야 합니다. 남을 위하여 자기 몸을 대신 내어놓을 때 그분의 '대신 죽음'도 우리에게 의미가 있습니다. 예수님을 통해서 우리는 '남을 위한 죽음'이 있다는 것을 비로소 알게 되었습니다.

4

예수님께서는 이날 마지막 만찬에서 빵을 들고 "이는 내 몸이다." 하시고, 포도주가 든 잔을 들고 "이는 내 피다."라고 하시며 지금까지 관행적으로 바쳐 오던 양이나 황소나 흠 없는 다른 짐승이 아닌 당신의 몸을 희생 제물로 바치셨습니다.[153] 이로써 당신 자신을 희생양으로 내어놓은 십자가 죽음은 구원을 위하여 결코 거르고 지나갈 수

---

153) 식탁에서 희생양에 대한 이야기는 없고 빵과 포도주에 대한 이야기만 나온다는 이유로 최후의 만찬을 이별 만찬이라고 주장하는 학자들에 대해서, 뒤켄은 희생양에 대한 이야기가 나오지 않는 것은 예수님 자신이 파스카 양이기 때문이라고 보며 예수님께서 빵과 포도주를 들고 자신을 희생양으로 바치셨다고 봅니다(뒤켄 295).

없는 사건이 됩니다.[154] 그분은 구약의 파스카를 당신의 몸으로 완성하셨습니다. 예수님의 부활은 십자가의 죽음을 거르고 지난 후 맞는 사건이 아닙니다. 이런 사고는 십자가를 극복해야 할 무엇으로 여기게 하여 그분의 죽음은 물론 부활을 오해하게 합니다. 십자가를 거르고 지나쳐서는 부활에 이를 수 없습니다. 부활의 삶을 살기 위해서는 반드시 십자가를 져야 합니다. 부활은 자기를 죽이는 십자가에서 일어나는 사건입니다. 부활은 고생(십자가의 죽음) 끝에 맞이하는 낙이 아닙니다. 십자가를 벗어 버린 기쁨은 기쁨이 아닙니다. 예수님께서 십자가를 향한 여정을 지나갈 일로 생각하셨다면 파스카 축제를 지내실 필요도 없으셨을 것입니다.[155]

5

마르코와 마태오는 최후의 만찬을 찬미가로 마무리했다고 전합니다. 당신 자신을 희생 제물로 내놓으신 그분과 그것을 받아 먹은 제자들이 숙연한 분위기에서 부른 찬미가는 어떤 노래였을까요? 누구

---

154) 요한 복음의 예수님은 이를 분명히 하십니다. "나는 하늘에서 내려온 살아 있는 빵이다. 누구든지 이 빵을 먹으면 영원히 살 것이다. 내가 줄 빵은 세상에 생명을 주는 나의 살이다. 너희가 사람의 아들의 살을 먹지 않고 그의 피를 마시지 않으면, 너희는 생명을 얻지 못한다. 그러나 내 살을 먹고 내 피를 마시는 사람은 영원한 생명을 얻고, 나도 마지막 날에 그를 다시 살릴 것이다."(요한 6,51.53-54) 그러자 "저 사람이 어떻게 자기 살을 우리에게 먹으라고 줄 수 있단 말인가? 이 말씀은 듣기가 너무 거북하다. 누가 듣고 있을 수 있겠는가?"(요한 6,52.60) 하며 유다인들 사이에 말다툼이 벌어집니다. 그들은 자기를 희생할 준비가 되어 있지 않았던 것입니다.

155) 부활 주간 성무일도 저녁기도 찬미가는 이렇게 노래합니다. "어린양 만찬상에 초대된 우리 새하얀 구원의 옷 갈아입고서 홍해를 건너간 뒤 소리 맞추어 그리스도 왕 찬미하며 노래 부르세. (…) 우리의 파스카이신 예수 그리스도여, 죄 없이 죽어 가신 어린양이여, 당신의 거룩한 몸 바치셨으니 주님은 누룩 없는 빵이시로다. 참되고 고귀하신 제물이시여 당신이 지옥 권세 부수셨으니 잡혔던 당신 백성 구원되었고 생명의 복된 갚음 돌아왔도다. 주님은 무덤에서 부활하시어 거기서 승리자로 개선하시며 폭군을 포박하사 몰아내시고 새로이 낙원 문을 열어 주셨네."

를 찬미하는 노래였을까요? 무엇을 찬미하는 노래였을까요? 제자들은 그분과 함께 찬미의 노래를 부르며 무슨 생각을 했을까요? 예수님과 같은 마음이 되어 노래를 불렀을까요? 우리는 어떤 마음으로 사순절을 노래합니까?

복음사가는 만찬을 시작할 때 예수님께서 빵을 들고 찬미를 드리고(마르 14,22) 잔을 들고 감사를 드렸다(마르 14,23)고 전합니다. 당신을 팔아먹고 배신하고 도망치게 될 제자들과 한 식탁에 앉아 그들을 위해서 당신의 몸을 쪼개고, 그들을 위해 피를 흘리게 해 주신 하느님께 찬미와 감사를 드리신 것입니다. 고통의 깊은 심연에서 만나게 되는 그분의 하느님은 자비의 하느님이십니다. 예수님께서 기꺼이 당신 몸을 희생 제물로 바치신 것은 자비하신 하느님 아버지에 대한 깊은 믿음 때문입니다. 최후의 만찬 중심에 찬미와 감사가 있습니다. "우리 주 그리스도를 통하여 언제나 어디서나 아버지께 감사함이 참으로 마땅하고 옳은 일이며 저희 도리요 구원의 길이옵니다."(미사 감사송)

이 노래는 또한 구원의 노래입니다. 그분의 피는 많은 이의 구원을 위하여 흘리는 피입니다. 그 피는 이스라엘이 이집트를 탈출하기 전 문설주에 바른 양의 피입니다. 그 피는 하느님께서 이스라엘과 계약을 맺으며 흘리신 피입니다. 그 피로 이스라엘은 구원됩니다. 예수님은 당신이 희생양이 되신 것에 대해 감사와 찬미의 기도를 드리십니다. 예수님은 기꺼이 어린 양이 되시어 그 죽음을 향하여 나아가십니다. 이제 당신의 피로 구원받게 될 인류를 생각하며 감사와 찬미의 노래를 부르십니다. "주님을 찬송하여라, 좋으신 분! 주님의 자애는 영원하시다. 주님은 나의 힘, 나의 굳셈, 나에게 구원이 되어 주셨네. 이날은 주님께서 만드신 날 우리 기뻐하며 즐거워하세. 주님을 찬송하여라, 좋으신 분이시다. 주님의 자애는 영원하시다."(시편 118,1.14.24.29)

찬미가를 부르는 그분 모습은 조금 전 빵을 쪼개어 제자들에게 나누어 주시는 그 모습입니다. 그 모습은 모든 것을 다 내려놓은 모습, 자신을 다 비우신 모습, 죽음에서 해방된 모습입니다. 그 모습은 이미 부활의 삶을 사는 자의 모습입니다. 그분은 최후의 만찬이 있고 나서 사흘 후에 부활하신 것이 아니라 이미 부활하신 몸으로 제자들과 최후의 만찬을 나누셨습니다. 십자가에 죽고 무덤에 묻힌 후 사흘 만에 다시 살아나신 것이 아니라 다시 살아나신 몸으로 십자가에 달려 죽고 무덤에 묻히신 것입니다. 그분이 이제 맞이하실 십자가 죽음은 부활한 자가 아니고서는 맞이할 수 없는 죽음, 죽음을 극복한 죽음, 죽음 아닌 죽음입니다. 최후의 만찬을 하시는 모습이나 찬미가를 부르며 올리브 산에 오르시는 모습, 그리고 거기서 피땀 흘리며 기도하시는 모습이나 십자가에 달려 절규하시는 모습은 바로 부활을 희망하는 우리가 되어야 할 우리의 모습입니다.

세 번이나 나를 모른다고 할 것이다

1

만찬을 마친 예수님 일행은 찬미가를 부르고 나서 올리브 산으로 갑니다(마르 14,26). 거기서 예수님은 제자들에게 "너희는 모두 떨어져 나갈 것이다."(27절) 하고 청천벽력 같은 말씀을 하십니다. 제자들이 떨어져 나갈 것을 예고하신 것이 빵을 쪼개어 나누어 주신 성찬례 직후라는 점에서 그들이 스승을 배신한 이유를 빵을 이해하지 못한 데서 찾게 합니다. 예수님께서 빵을 들고 "받아 먹어라." 하셨다면, 당신이 당하실 수난을 당신의 몸으로 직접 보여 주신 것입니다. 예수님은 제자들과 사람들을 살리기 위하여 당신을 완전히 먹이로 내놓으신 것입니다. 수난을 이해하지 못한 제자들이 예수님의 이 말씀을 이해할 리 없습니다. 예수님께서 성찬례 때 하신 말씀은 자기의 몸을 희생할 준비가 되어 있는 자만이 이해할 수 있습니다. 예수님께서 제자들이 당신을 버리고 도망치리라고 하신 것은 그들이 아직 당신의 말씀을 깨닫지 못했을 뿐만 아니라 남을 위하여 자신을 희생할 준비가 되어 있지 않다는 것을 암시합니다.

배신은 가까운 사람, 믿는 사람이 하는 것입니다. 전혀 모르는 사람은 배신할 수 없습니다. 유다가 예수님을 팔아넘기고 베드로가 배신했다는 것은 그만큼 그들이 예수님 가까이에 함께 있었다는 말도 됩니다. 그들은 예수님의 마음에 드는 자로서 제자로 불림을 받아 기쁘게 그분을 따랐습니다. 그러나 그분께서 보여 주시는 모습은 그들이 기대했던 모습과는 너무 달라 실망도 컸을 것입니다. 그들은 처절한 모습으로 십자가를 지고 죽음을 향하여 가시는 메시아를 받아들일 수 없었습니다.

베드로가 "모두 떨어져 나갈지라도 저는 그러지 않을 것입니다."(29절) 하고 힘주어 장담합니다. 목숨이 다할 때까지 주님 곁에 있겠다는 것입니다. 예수님은 장담하는 그를 향하여 "오늘 이 밤, 닭이 두 번 울기 전에 너는 세 번이나 나를 모른다고 할 것이다."(30절)라고 말씀하십니다. 유다의 배신을 허락하신 예수님께서 배신을 부정하는 베드로를 부정하시는 이런 대화를 어떻게 이해할 수 있을까요? 아직 그리스도의 희생을 받아들이지 못하는 제자에 대한 일종의 경종이 아니었을까요?

예수님은 제자들이 지금 당장은 당신의 길을 깨닫지 못하여 흔들리지만 언젠가는 당신의 복음을 깨달을 날이 올 것을 확신하십니다. 예수님은 우리 인생이 미완성으로 끝나길 바라지 않으십니다. 그분은 모든 사람이 완성의 씨앗을 품고 있다는 것을 아십니다. 그래서 베드로에게 말씀하십니다. "나중에는 따라오게 될 것이다." 지금은 배신하지만, 나중에 그분께서 나누어 주신 빵과 잔의 뜻을 깨닫게 될 것이라고 희망을 주시는 것입니다. 모든 사람이 자기 안에 뿌려진 완성의 씨앗을 싹틔울 가능성을 안고 세상을 살아가는 것입니다. 배신자라 할지라도 말입니다.

배신의 반대는 회개입니다. 생각을 바꾸는 것입니다. 유다가 불행한 것은 끝내 생각을 바꾸지 못했기 때문입니다. 배신한 베드로와 도망친 다른 제자들은 스승께서 돌아가시고 난 뒤 비로소 스승의 길을 깨닫고 회개의 눈물을 흘리게 됩니다.

3

우리는 여기서 베드로의 입에서 나온 '함께'라는 단어를 눈여겨보아야 합니다. "스승님과 함께 죽는 한이 있더라도, 저는 결코 스승님을 모른다고 하지 않겠습니다." 예수님은 끝까지 제자들과 '함께'하고자 하십니다. 최후의 만찬도 "열둘과 함께"(14,17) 하셨습니다. 그런데제자들은 그분과 함께 있으면서도 '그분의 함께하심'을 깨닫지 못하고 '함께하심'에서 달아나는 삶을 살았습니다. 예수님은 이를 "떨어져 나가다." "흩어지다." "나를 모른다고 할 것이다."라는 말씀으로 표현하십니다. 베드로는 "스승님과 함께 죽는 한이 있더라도, 저는 결코 스승님을 모른다고 하지 않겠습니다." 하고 장담했지만, 하녀의 질문에 당황하여 모른다고 배신하고, 유다는 그분과 함께 같은 대접에서 빵을 적시면서 그분을 팔아넘깁니다. 그분과 함께한다는 것은 그분의 죽음까지 함께하는 것입니다. 부활의 삶은 이 함께하는 삶에서 펼쳐지는 경지입니다. 죽어도 스승님과 함께 있겠다고 큰소리친 베드로뿐 아니라 다른 이들도 모두 그렇게 말하는 소리를 들으며 겟세마니로 가신 그분께서 괴로운 심정으로 홀로 기도하십니다.

라. 겟세마니에서 기도

그들은 겟세마니라는 곳으로 갔다. 예수님께서는 제자들에게, "내가 기도하는 동안 너희는 여기에 앉아 있어라." 하고 말씀하신 다음, 베드로와 야고보와 요한을 데리고 가셨다. 그분께서는 공포와 번민에 휩싸이기 시작하셨다. 그래서 그들에게 "내 마음이 너무 괴로워 죽을 지경이다. 너희는 여기에 남아서 깨어 있어라." 하고 말씀하셨다. 그런 다음 앞으로 조금 나아가 땅에 엎드리시어, 하실 수만 있으면 그 시간이 당신을 비켜 가게 해 주십사고 기도하시며, 이렇게 말씀하셨다. "아빠! 아버지! 아버지께서는 무엇이든 하실 수 있으시니, 이 잔을 저에게서 거두어 주십시오. 그러나 제가 원하는 것을 하지 마시고 아버지께서 원하시는 것을 하십시오." 그러고 나서 돌아와 보시니 제자들은 자고 있었다. 그래서 베드로에게 "시몬아, 자고 있느냐? 한 시간도 깨어 있을 수 없더란 말이냐? 너희는 유혹에 빠지지 않도록 깨어 기도하여라. 마음은 간절하나 몸이 따르지 못한다." 하시고, 다시 가셔서 같은 말씀으로 기도하셨다. 그리고 다시 와 보시니 그들은 여전히 눈이 무겁게 내리 감겨 자고 있었다. 그래서 제자들은 그분께 무슨 말씀을 드려야 할지 몰랐다. 예수님께서는 세 번째 오셔서 그들에게 말씀하셨다. "아직도 자고 있느냐? 아직도 쉬고 있느냐? 이제 되었다. 시간이 되어 사람의 아들은 죄인들의 손에 넘어간다. 일어나 가자. 보라, 나를 팔아넘길 자가 가까이 왔다."(마르 14,32-42)

1

해가 지기 전에 시작한 만찬을 마치신 후 예수님은 제자들과 함께 겟세마니라는 곳으로 가십니다. 겟세마니는 '기름 짜는 기계'라는 어원이 말해 주듯이 올리브나무가 무성하고 나지막한 돌담이 사방으로 둘러쳐진 좁은 농지로 베타니아와 벳파게로 가는 길목에 있으며 예

수님께서 자주 들리시던 곳입니다.[156)]

겟세마니에서 예수님은 이승에서의 마지막 밤을 뜬눈으로 보내십니다. 그 마지막 밤에 당신 앞에 펼쳐질 운명을 마주하신 그분의 심정은 어떠하셨을까요? "공포와 번민에 휩싸이기 시작하셨다."라는 표현에서 다가올 고문과 죽음에 대한 두려움과 괴로운 심정이 그대로 드러납니다.

이런 극한의 상황에서 예수님은 기도에 잠기십니다. 당신의 내면 가장 깊숙한 곳에서 하느님을 만나 하느님과 하나 되는 기도를 바치십니다. "내가 기도하는 동안 너희는 여기에 앉아 있어라.", "내 마음이 너무 괴로워 죽을 지경이다. 너희는 여기에 남아서 깨어 있어라."라고 제자들에게 말씀하시는 그분의 모습은 평소 여러 마을을 두루 다니며 복음을 선포하시고, 사람들의 질문에 응답하시고, 병자를 치유하시고, 위선자들과 맞서 논쟁하시고, 슬퍼하는 이를 위로하시고, 죽은 이를 살리시던 모습과는 너무도 달라 우리를 당황하게 합니다.

무심한 제자들이지만 함께 기도하자거나 당신을 위해 기도해 달라고 말씀하시는 대신 "내가 기도하는 동안 너희는 여기에 앉아 있어라." 하시며 그들과 떨어져 조금 더 나아가 땅에 엎드리시어 "내 마음이 너무 괴로워 죽을 지경이다.", "아빠! 아버지! 아버지께서는 무엇이든 하실 수 있으시니, 이 잔을 저에게서 거두어 주십시오." 하고 홀로 기도하시는 모습에서 극에 달한 초조와 절박함을 느낍니다.

제자들이 그분의 공포와 번민을 해결해 드릴 수 없다는 것은 제자

---

156) 뒤켄, 300.

들이 그분과 떨어져 잠을 자고 있다는 사실이 말해 줍니다. 예수님께서 "땅에 엎드리시어, 하실 수만 있으면 그 시간이 당신을 비켜 가게 해 주십사고" 기도하시는 동안 제자들은 그분과 멀리 떨어져 자고 있습니다. 모두 떨어져 나갈지라도 자기만은 절대 그런 일이 없을 거라고 장담하던 베드로도 눈이 내려 감겨 자고 있습니다. 예수님은 무서워 떨며 기도하시는데 제자들은 잠에서 헤어나지 못합니다. 그들은 그분께 아무런 도움도 위로도 되지 않습니다. 그들은 그분과 한 자리에 함께 있지만 그분과 함께 있지 않습니다.

2

예수님의 외로움과 번민과 공포는 하느님밖에 그 누구도 덜어 줄수 없다는 것을 느끼게 합니다. 폭풍을 만난 배에서 일어났던 일과는 정반대의 일이 일어나고 있습니다. 그때 예수님은 고물에서 베개를 베고 잠이 드셨고, 제자들은 잠자는 예수님을 흔들어 깨우며 안절부절못했습니다. 그런데 지금 겟세마니에서는 예수님께서 잠자는 제자들 곁에서 공포에 휩싸여 계십니다. 그때 그분의 태연함은 어디로 간 것입니까? 무엇이 예수님을 그토록 공포와 불안에 떨게 하는 것입니까?[157] 죽음이 두려워서였을까요?

괴로워 죽을 지경인 마음으로 땅에 엎드려 예수님은 무슨 기도를

---

157) 공포로 번역된 그리스어 '에크탐베이스타이ἐκθαμβεῖσθαι'는 '겁을 먹다', '겁에 질리다', '무서워하다' '두려워하다' 등의 뜻이고, '번민하다'로 번역된 '아데모네인ἀδημονεῖν'은 '근심하다', '괴로워하다', '마음이 답답하고 불안하다' 등의 뜻입니다. 200주년 성서는 이 구절을 "그분은 무서워 떨며 번민하시기 시작했다."라고 번역했습니다.

바치셨을까요? "이 잔을 저에게서 거두어 주십시오.", "하실 수만 있으면 그 시간을 비켜 가게 해 주십시오."라는 기도는 고통을 피해 가게 해 달라는 기도였을까요? 인생에서 가장 고통스러운 시간은 어쩌면 숨이 넘어가는 순간보다 시시각각 다가오는 죽음 앞에 서 있는 무기력한 순간일 것입니다.

부어스는 예수님께서 공포와 번민에 휩싸인 이 지경은 육신의 죽음을 두려워하는 것 이상이라며 이렇게 말합니다. "이는 인간이 도저히 상상할 수 없는 하느님의 신비, 죄와 고통 그리고 구원의 신비와 관련된다. 이는 하느님의 비밀 앞에서 몹시 놀람이다. 하느님께서는 예수님 안에서 죽음의 고통이라는 심연으로, 죄와 고통의 심연으로 들어가신다. 이는 세상이 우리에게 끔찍한 고문을 가할 때 하느님께서 우리 가까이 계심을 말해 준다."[158] 예수님은 지금 죽음의 시간을 모면하게 해 달라고, 괴롭지 않게 해 달라고 기도하시는 것이 아닙니다. 오히려 더 번민 속으로 깊이 파고들면서 기도하시고, 기도하시며 번민과 괴로움의 깊은 심연에 도달하시어 하느님과 하나 되십니다. 그 모습은 고통과 괴로움에서 구해 달라고 매달리는 대부분 인류가 바쳐 온 기도와는 다릅니다.

3

"하실 수만 있으면…" 무서워 떨며 번민하시는 예수님 입에서 나온 이 말씀은 병자들이 그분께 와서 병을 고쳐 주십사 간청하던 말을

---

158) 부어스, 169-170.

떠올리게 합니다. 더러운 영이 들린 아들을 데리고 온 아버지가 예수님께 "하실 수 있으면 (고쳐 주십시오)" 하고 도움을 청했을 때 예수님의 답변은 "'하실 수 있으면'이 무슨 말이냐? 믿는 이에게는 불가능한 것이 없다." 하셨습니다(마르 9,14-29). 이 말씀으로 예수님은 하느님을 "당신이 원하시면 병을 고쳐 주실 수 있는 분"으로 믿게 하시는 것이 아니라 하느님의 뜻에 모든 것을, 병과 고통까지를 맡기는 믿음을 심어 주셨습니다. 이제 공포와 번민에 휩싸인 예수님께서 이 말씀을 하신다면 이는 하느님에 대한 무한한 신뢰를 고백하시는 것입니다. 이 고통의 시간을 비켜 가게 하시고 이 잔을 거두게 하실 분이 아니라 그 순간에도 당신과 함께 계시는 하느님께 대한 고백입니다.

"하실 수만 있으면" 하고 기도하시는 예수님의 상태는 순종 그 자체입니다. 히브리서가 이 예수님의 상태를 적절히 표현합니다. "예수님께서는 이 세상에 계실 때, 당신을 죽음에서 구하실 수 있는 분께 큰 소리로 부르짖고 눈물을 흘리며 기도와 탄원을 올리셨고, 하느님께서는 그 경외심 때문에 들어 주셨습니다. 예수님께서는 아드님이시지만 고난을 겪으심으로써 순종을 배우셨습니다."(히브 5,7-8)

죽음이라는 두려운 사건에 직면하여 예수님은 "아버지의 뜻"을 물으며 순종으로 답하십니다. 예수님은 하느님의 뜻에 순종하며 죽음을 받아들이십니다. 그분께서 번민과 괴로움 속에 하느님을 '아빠 아버지'라 부르며 기도하신 것은 단순히 죽음으로 밀어 넣는 고통에 대한 두려움 때문만은 아닙니다. "아빠! 아버지! 아버지께서는 무엇이든 하실 수 있으시니, 이 잔을 저에게서 거두어 주십시오." 하고 기도하신 후 즉시 "그러나 제가 원하는 것을 하지 마시고 아버지께서 원하시는 것을 하십시오." 하고 기도하십니다. 십자가 죽음을 받아들인다는 것은 고통스러운 일입니다. 기도하시면서 그분은 고통과 싸우십니다. 아빠 아버지의 이름을 부르며 아버지의 뜻과 하나가 되십니다.

4

이 기도에서 우리는 예수님 내면에 두 의지가 대립하고 있음을 봅니다. 라칭거는 두 의지를 발생하는 사건의 끔찍한 파괴력에 저항하고 '잔'이 자신에게 지나가도록 애원하고 싶은 인간 예수님의 '자연적인 의지'와 자신을 아버지의 뜻에 온전히 내어놓는 '아드님의 의지'로 보면서 예수님의 다음 말씀으로 이 '두 의지'의 신비를 이해합니다. "아버지, 이때를 벗어나게 해 주십시오.", "아버지, 아버지의 이름을 영광스럽게 하십시오."(요한 12,27-28)"[159]

극도의 불안과 혼란 속에서 아빠 하느님의 이름을 부르며 기도하시는 그분 얼굴에 높은 산에서 보여 주신 하느님의 빛나는 얼굴, 영광스러운 얼굴이 겹쳐집니다. 배척을 받아 많은 고난을 겪고 수치스러운 죽음을 맞이하시게 될 사람의 아들의 고통, 곧 십자가의 치욕적인 고통을 받아들이는 것이 하느님의 이름을 영광스럽게 하는 일입니다.

예수님께서 하느님을 아람어인 '아빠'라고 부르신 것은 하느님의 가까움을 온몸으로 느끼셨기 때문입니다. 그 어떤 유다인도 하느님을 그렇게 부르지 않았습니다. 예수님은 하느님을 아빠라고 부르시며 당신의 눈앞에 닥친 일을 하느님께서 하시는 일로 받아들이십니다. 죽

---

159) 라칭거 2, 199.

음이 임박한 고통의 시간에 하느님을 아버지라 부른 것은 당신이 아버지의 아들임을 확신하신 때문이며, 무엇으로도 끊을 수 없는 아버지에 대한 신뢰 때문입니다.

"그런 상황에서 예수님이 하느님의 아들임을 확신한다면, 그것은 바로 하느님과 예수님 사이에 그 어떤 실망감으로도 끊을 수 없는, 가까이 다가갈 수 없고 건드릴 수 없는 관계, 누구도 강요할 수 없는 친분, 흔들리지 않는 믿음이 존속하기 때문이다. 하느님의 아들이라는 것은 사탄이 바라듯이, 그리고 사람들이 상상하듯이 경이로운 일에 기댈 수 있다거나, 악의 손길에서 안전하다거나, 사람들의 마음을 강제로 사로잡는 것이 아니라, 오로지 아버지의 뜻에서 힘을 얻는 것이다. 그리고 하느님께서 자신을 버리시는 것처럼 모든 상황이 돌아갈 때, 철부지마냥 하느님의 두 손에 자신의 영혼을 맡겨드리는 것이다."[160]

5

예수님께서 죽음에 직면하여 고뇌하시는 동안, 그리고 괴로움 속에 하느님과 완전히 하나가 되시는 동안, 이를 깨닫지 못한 제자들이 한 일이란 잠을 자는 일이었습니다. 그리고 그분을 버리고 달아나는 일이었습니다. 그런 베드로에게 예수님께서 말씀하십니다. "시몬아, 자고 있느냐?" 이 물음은 풍랑을 만난 배의 고물에서 베개를 베고 주무시고 계시는 예수님을 깨우며 제자들이 던진 질문이기도 합니다. "저

희가 죽게 되었는데도 걱정되지 않으십니까?"(마르 4,38) "주님, 어찌하여 주무십니까?"(시편 44,24) 제자들이 배가 뒤집힐 지경이라 무서워 죽겠다고 아우성칠 때 예수님은 이를 아시는지 모르시는지 태연하게 주무셨습니다.

그런데 이번에는 예수님께서 죽을 지경이 되어 피땀을 흘리며 기도하시는데 제자들은 이를 아는지 모르는지 잠만 잡니다. 예수님의 잠은 하느님과 하나 되는 평온한 잠이었지만 제자들의 잠은 하느님에게서 멀어지는 무감각의 잠입니다. 뒤켄은 제자들의 이런 상태를 "그들은 예수님의 사명이 무엇인지 알아듣지 못하고, 그저 기적과 요술을 부리고 능력을 과시하며 권력을 잡기만 바라고 있었던 것이다."[161]라고 표현합니다.

여기서 우리는 예수님께서 베드로를 '시몬'이라 부르신 점을 주목하게 됩니다(14,37). 왜 시몬이라고 부르셨을까요? 시몬은 그가 제자로 불리기 전 어부였을 때의 이름입니다. 예수님은 어부 시몬을 부르시며 베드로라는 이름을 주셨습니다(3,16 참조). 그런데 지금 이 절박한 상황에서 그분은 당신이 그에게 주신 베드로라는 이름이 아니라 당신을 만나기 전 어부였을 때의 이름을 부르십니다. 왜인가요? 잠자는 그에게서 베드로(반석)의 자격을 잃었다고 보신 때문일까요? 잠자는 모습에서 제자로 불리기 전 어부의 모습을 보신 때문일까요? 박병규 신부는 "예수님의 고통과 함께하지 못하는 베드로는 제자 베드로가 아니라 메시아와 무관한 '시몬'"이라고 말합니다.[162] 과연 제자들은 고

---

161) 뒤켄, 303.
162) 박병규, 238.

통당하는 예수님과 함께하지 못하고 그분을 버리고 달아났습니다.

<h1 style="text-align:center">6</h1>

예수님은 잠에 취해 있는 제자들에게 세 번째로 다가가시어 말씀하십니다. "아직도 자고 있느냐? 아직도 쉬고 있느냐? 이제 되었다. 시간이 되어 사람의 아들은 죄인들의 손에 넘어간다. 일어나 가자. 보라, 나를 팔아넘길 자가 가까이 왔다."(마르 14,41) "아직도 자고 있느냐? 아직도 쉬고 있느냐?"로 번역된 이 말은 그리스 원문에서 의문문이 아닌 서술문으로도 이해할 수 있습니다. "아직도 자고 있구나. 아직도 쉬고 있구나."[163) 자고 있는 제자들을 나무라시는 것이 아니라 운명의 시간이 닥쳤음을 알리시는 것입니다. "일어나 가자. 보라, 나를 팔아넘길 자가 가까이 왔다."(14,42)

운명의 시간이 다가왔습니다. 예수님은 눈이 무겁게 내리 감겨 눈꺼풀이 떨어지지 않는 제자들을 깨워 그 길을 재촉하십니다. 예수님의 그 길에 그들은 어디까지 동행하게 될까요? 홀로 깨어 기도하셨듯이 홀로 가시게 될 외로운 길. 그분의 깊은 고뇌와 번민과 고독을 누가 헤아릴 수 있을까요?

제자들이 잠자는 동안 홀로 투쟁의 시간을 보내시는 예수님의 마음을 뒤켄은 세 단계를 분석하며 이해합니다. 제자들을 깨울 때 당신이 겪는 고통(시몬아, 자고 있느냐? 한 시간도 깨어 있을 수 없더란 말이냐?), 고통의 거부(아버지께서는 무엇이든 하실 수 있으시니, 이 잔을 저에게서 거

---

163) 부어스, 168.

두어 주십시오), 그리고 고통의 수락(공동번역: 그러나 제 뜻대로 마시고 아버지의 뜻대로 하소서). 고통을 거부하거나 수락하는 것은 완전히 반대의 행위처럼 보이지만 이 대립적인 행위에서 자신을 완전히 하느님의 뜻에 맡기시는 예수님의 믿음을 봅니다. 당신의 죽음까지를 완전히 하느님께 맡기는 자세를 봅니다. "예수님은 아버지 하느님을 향함으로써 고통을 직시하고 직면했다. 고통을 잊기 위해 아버지를 찾은 것이 아니라 고통 속에서 아버지를 향하여 나아갔다. 그러나 제자들은 그 고통에 눈을 감는다. '무거운 눈'(14,40)의 형상은 제자들의 배신을 암시한다. 예수님의 진짜 고통은 아버지를 향해가는 죽음의 길이 아니라 제자들의 거부와 배신인 것이다."[164]

예수님께서 그들과 함께 한 식탁에 앉아 마지막 만찬을 하실 때도 혼자이셨듯이, 그들과 함께 겟세마니에 계시지만 그분은 혼자이십니다. 그분의 '홀로'이심은 잠자는 제자들의 모습으로 묘사됩니다. 그분은 그들보다 앞으로 조금 더 나아가시기 전에 "깨어 있어라."라고 당부하십니다. 그들이 잠에 빠지리라는 것을 아신 것입니다. 그들은 그분을 홀로 내버려 둘 것입니다. 그들은 그분의 번민 속으로 깊이 내려가지 못합니다. 잠자는 그들의 모습이 그분을 더 외롭게 합니다. 그분은 그렇게 홀로 잡히시고 홀로 심판받으시고 홀로 사형선고를 받으시고 홀로 수난을 당하시다가 홀로 십자가에 오르셔서 홀로 죽임을 당하실 것입니다. 십자가에 달려 큰소리로 "저의 하느님, 저의 하느님, 어찌하여 저를 버리셨습니까?"(마르 15,34)라고 외치신 것은 철저하

---

164) 박병규, 238-239.

게 혼자 버려지신 분의 처절한 절규입니다. 수많은 사람이 이 광경을 지켜보지만 그분은 홀로 버려집니다. 윌리엄스는 혼자 남겨진 그분에게서 마르코 복음서 전체를 관통하는 중대한 의미를 봅니다.

"이때부터 독자들은 모든 관심을 오로지 한 사람에게만 집중하게 됩니다. 예수가 사람들에게서, 권력을 쥔 이들에게서, 친구들에게서 점점 더 떨어져 나감에 따라, 그곳에 일어나는 일들에 담긴 의미의 무게, 그 영적, 신학적 의미에 담긴 무게는 오직 예수만이 감당해야 한다는 것이 점점 더 분명해집니다. 아무도 그에게 어떤 일이 일어날 것이라고 말해 주지 않습니다. 어떻게 하라고 일러줄 사람도 없습니다. 그는 혼자입니다. 겟세마니 동산에서 기도하지만 하늘에서는 아무런 응답이 없습니다. 예수는 홀로, 이 세계 안에서 하느님이 함께하신다는 것, 하느님께서 말씀하신다는 것이 무엇을 의미하는지 오직 자신의 행동과 고통을 통하여 드러내 보여야 합니다."[165]

그분의 '홀로 경지'에 들어서는 사람만이 그분의 십자가의 죽음을 깨달을 수 있을 것입니다. 예수님께서 모든 이를 위하여 홀로 십자가에서 돌아가셨다는 것을 깨닫는 날, 사람들은 무지에서 깨어나 세상의 구원을 위하여 그분처럼 십자가에 달릴 수 있을 것입니다.

제자들은(우리들은) 그분 홀로의 경지에 이르기 위하여 그분의 외로운 침묵을 익혀야 합니다. 예루살렘에 이르기까지 줄곧 분부하신 침묵과 예루살렘에 도착하신 후에 보여 주신 고독한 십자가의 길을 통해 하느님 나라의 복음이 밝혀집니다. 십자가의 죽음 이야기는 그분

---

165) 윌리엄스, 101-102.

의 생애 처음부터 있었던 이야기이고 그분 복음의 핵심입니다. 이 이야기의 중심에 파스카 음식, 빵이 있습니다.

7

"이제 되었다." "시간(호라ὥρα)이 되었다." 갈릴래아에서 처음 복음을 선포하실 때 "때(카이로스καιρός)가 찼다."라고 선포하신 예수님께서 시간이 되었다고 하십니다. 시간이 되었다는 것은 붙잡히실 때가 되었음을 뜻하지만, 이를 넘어 당신의 죽음으로 시간이 완성된다는 것을 암시합니다. 예수님의 죽음과 함께 시간이 완성되었습니다. 예수님의 죽음은 우리를 하느님의 시간으로 안내합니다. 그분의 십자가 죽음에서 사람들은 시공이 새롭게 채워짐(때가 차고 하느님 왕국이 가까이 왔다)을 체험하게 될 것입니다. 같은 하늘과 같은 땅이지만 이제 그분과 함께 새 하늘과 새 땅으로 체험하게 될 것입니다. 같은 시간, 같은 계약, 같은 성전, 같은 인간이지만 그분과 함께 새 시간, 새 계약, 새 성전, 새 인간으로 체험하게 될 것입니다.

그분께서 십자가에 못 박히신 곳이 부활의 장소입니다. 십자가에 부활이 있습니다. 그분의 부활과 함께 인간의 구원은 완성될 것입니다.[166] 그분은 율법이나 예언서들을 폐지하러 오신 것이 아니라 완성

---

166) 라칭거 2, 190-191. 요한은 겟세마니 동산에 신학적 의미를 부여합니다. "'예수님께서 십자가에 못 박히신 곳에 정원이 있었는데, 그 정원에는 아직 아무도 묻힌 적이 없는 새 무덤이 있었다.'(19,41) 요한은 '정원'이라는 말로 낙원과 원죄 이야기를 암시하고 있음이 분명하다. 요한은 그 이야기가 여기서 다시 시작되고 있음을 말한다. '정원'에서 배반이 일어나지만, 그곳은 부활의 장소이기도 하다. 정원에서 예수는 아버지의 뜻을 온전히 받아들이시며, 그것을 당신 자신의 뜻으로 만드시고, 역사를 바꾸시기 때문이다."

하러 오셨습니다(마태 5,17). 그분은 율법을 새롭게 해석해 주시고 잘못된 우리의 사고를 수정하여 주십니다(마르 2,27). 시간이 되었습니다. 예수님께서 말씀하십니다. "일어나 가자. 보라, 나를 팔아넘길 자가 가까이 왔다." 당신을 팔아넘길 제자가 가까이 다가옵니다. "일어나 가자."라는 말씀은 중풍 병자를 치유하실 때 그분께서 하신 말씀입니다.[167] "일어나 가거라." '일어나 집으로 가거라' 하신 예수님께서 '일어나 죽음으로 가자' 하십니다.

마. 예수님의 체포와 제자들의 도망

예수님께서 아직 말씀하고 계실 때에 열두 제자 가운데 하나인 유다가 가까이 왔다. 그와 함께 수석 사제들과 율법 학자들과 원로들이 보낸 무리도 칼과 몽둥이를 들고 왔다. 그분을 팔아넘길 자는, "내가 입 맞추는 이가 바로 그 사람이니 그를 붙잡아 잘 끌고 가시오." 하고 그들에게 미리 신호를 일러두었다. 그가 와서는 곧바로 예수님께 다가가 "스승님!" 하고 나서 입을 맞추었다. 그러자 그들이 예수님께 손을 대어 그분을 붙잡았다. 그때 곁에 서 있던 이들 가운데 한 사람이 칼을 빼어, 대사제의 종을 내리쳐 그의 귀를 잘라 버렸다. 예수님께서 나서시어 그들에게 말씀하셨다. "너희는 강도라도 잡을 듯이 칼과 몽둥이를 들고 나를 잡으러 나왔단 말이냐? 내가 날마다 너희와 함께 성전에 있으면서 가르쳤지

---

167) '일어나다(에게이렌ἐγείρειν)'에 대해서 마르 1,31; 2,1-12; 12,18-27, 16,9 참조.

만 너희는 나를 붙잡지 않았다. 성경 말씀이 이루어지려고 이리된 것이다." 제자

들은 모두 예수님을 버리고 달아났다(마르 14,43-50).

대사제들과 율법 학자들과 원로들이 보낸 무리에 의해서 예수님께

서 체포되십니다. 요한 복음은 예수님을 체포한 자들에 군대와 바리

사이들이 보낸 성전 경비병들을 추가합니다. 군대란 로마군의 한 단

위부대로서 600명의 대대병력으로 구성되어 있습니다. 예수님과 열

명 남짓한 제자들을 잡으려고 대대 병력이 출동했다니 믿기지 않습

니다. 아마 폭동이 일어났다는 밀고를 받고 동원되었을 것입니다. 예

수님 때문에 풀려난 바라빠도 그때 그렇게 붙잡힌 사람일 것입니다.

유다가 예수님 손에 입을 맞추고 무리가 달려들어 그분을 붙잡으려

고 하자 곁에 있던 한 사람이 칼을 빼어 대사제의 종을 내리쳐 그의

귀를 잘라 버립니다.[168] 예수님께서 체포되시자 제자들은 모두 달아

나 버립니다. 그들이 예수님을 버리고 달아난 것은 자신들도 붙잡힐

까 봐 두려워서이기도 했겠지만, 근원적으로 그분이 그리스도라는

사실을 깨닫지 못했기 때문입니다. 그들은 그분이 세상의 막강한 힘

을 지닌 분이려니 기대하며 그분을 따랐던 것입니다. 그런데 스승이

무력하게 붙잡혀 대사제에게 끌려가시니 그분께서 그들에게 달아날

빌미를 제공하신 셈입니다.

---

168) 마태오는 여기에 "칼을 칼집에 도로 꽂아라. 칼을 잡는 자는 모두 칼로 망한다."(마태 26,52)라는 예수님
의 말씀을 덧붙입니다. 요한은 칼을 빼든 자의 이름은 베드로이고 그의 칼에 귀가 잘린 대사제의 종은
말코스라고 이름까지 밝힙니다(요한 18,10) 예수님께서 베드로에게 칼을 칼집에 꽂으라(요한 18,11)고 명
하셨다는 것은 사실 모순입니다. 그분께서 제자들이 칼을 지니고 다니는 것을 허용하지도 않으셨겠지
만, 그분께서 주시는 칼은(마태 10,34)은 세상의 칼과는 다르기 때문입니다, 그분께서 주시는 평화는 세
상이 주는 평화와 같지 않은 것(요한 14,27)처럼 말입니다.

그들은 그리스도가 다른 이를 위하여 자기의 목숨을 내놓는 분이라는 것을 알지 못합니다. 다른 이를 위하여 자기 자신을 희생 제물로 봉헌하는 자만이 그리스도를 만날 수 있다는 것을 모릅니다. 그들이 예수님으로부터 달아났다는 것은 그리스도로 살 준비가 되어 있지 않다는 것을 말합니다. 그들은 예수님이 그리스도라고 고백하면서도 예수님이 그리스도인 것을 받아들이지 못하고, 그렇기에 아직 그리스도로 살아갈 준비가 되어 있지 못합니다. 그물을 버리고(1,18), 아버지와 삯꾼과 배를 버리고(1,20) 예수님을 따랐던 그들이 예수님을 버리고 달아났습니다.

19.
심문

가. 대사제의 심문

그들은 예수님을 대사제에게 끌고 갔다. 그러자 수석 사제들과 원로들과 율법 학자들이 모두 모여 왔다. 베드로는 멀찍이 떨어져서 예수님을 뒤따라 대사제의 저택 안뜰까지 들어가, 시종들과 함께 앉아 불을 쬐고 있었다. 수석 사제들과 온 최고 의회는 예수님을 사형에 처하려고 그분에 대한 증언을 찾았으나 찾아내지 못하였다. 사실 많은 사람이 그분께 불리한 거짓 증언을 하였지만, 그 증언들이 서로 들어맞지 않았던 것이다. 더러는 나서서 이렇게 거짓 증언을 하기도 하였다. "우리는 저자가, '나는 사람 손으로 지은 이 성전을 허물고, 손으로 짓지 않는 다른 성전을 사흘 안에 세우겠다.'고 말하는 것을 들은 적이 있습니다." 그러나 그들의 증언도 서로 들어맞지 않았다. 그러자 대사제가 한가운데로 나서서 예수님께, "당신은 아무 대답도 하지 않소? 이자들이 당신에게 불리한 증언을 하는데 어찌 된 일이오?" 하고 물었다. 그러나 예수님께서는 입을 다무신 채 아무 대답도 하지 않으셨다. 대사제는 다시 "당신이 찬양받으실 분의 아들 메시아요?" 하고 물었다. 예수님께서 대답하셨다. "그렇다. '너희는 사람의 아들이 전능하신 분의 오른쪽에 앉아 있는 것과 하늘의 구름을 타고 오는 것을 볼 것이다.'" 그러자 대사제가 자기 옷을 찢고 이렇게 말하였다. "이제 우리에게 무슨 증인이 더 필요합니까? 여러분도 하느님을 모독하는 말을 듣지 않았습니까? 여러분의 생각은 어떻습니까?" 그들은 모두 예수님께서 사형을 받아야 마땅하다고 단죄하였다.

어떤 자들은 예수님께 침을 뱉고 그분의 얼굴을 가린 다음, 주먹으로 치면서 "알아맞혀 보아라." 하며 놀려 대기 시작하였다. 시종들도 예수님의 뺨을 때렸다 (마르 14,53-65).

1

예수님은 처음에 대사제의 집에서 그다음 빌라도의 관저에서 심문을 받습니다. 대사제의 집에서는 당신을 메시아라고 하신 것이, 빌라도의 관저에서는 유다인들의 왕이라고 하신 것이 고발 내용입니다. 그러나 예수님은 당신을 왕이라고 자처하신 적이 없습니다. 빌라도가 "당신이 유다인들의 임금이오?" 하고 물었을 때 예수님은 "네가 그렇게 말하고 있다." 하고 대답하셨을 뿐입니다(마르 15,2). 예수님은 정치적 심문을 받으신 것입니다.

시간은 한밤중입니다. 한밤중에 사람들은 그분에게 온갖 혐의를 뒤집어씌우고 근거 없는 비방으로 그분을 죽음으로 몰아갑니다. 마르코 복음서에는 요한 복음서에서처럼 "진지하게 토론하는 예수, 자신을 향해 다가오는 온갖 도전들에 때로는 유창한 언변으로 때로는 침묵으로 응하시는 예수의 모습"을 볼 수 없습니다.[169] 그분은 한밤중에 던져져 아무 말씀도 하지 않으십니다. 한밤중에 그분은 온전히 혼자이십니다.

그들이 예수님을 대사제에게 끌고 갔을 때 "수석 사제들과 원로들과 율법 학자들이 모두 모여"(마르 14,53) 온 것을 보면 이미 최고 의회(산헤드린)가 소집되어 있었을 것입니다. 마태오는 대사제 카야파에게 끌고 갔다고 하고(마태 26,57), 요한은 이미 임기가 끝난 카야파의 장인 한나스에게 먼저 데려갔다고(요한 18,13) 말합니다. 소송은 본래 성전 안에서 열리는 것이 관례지만, 그들은 예수님을 대사제의 저택으로 끌고 갔습니다. 예수님은 이미 당신을 죽음에 넘기기로 작심한 사람들 앞에 서신 것입니다. 이제 남은 것은 형식적인 심문입니다. 그들은 그분에게서 합당한 죄목을 찾아내지 못했습니다. 많은 사람이 그분께 불리한 거짓 증언을 하였지만, 그 증언들도 서로 들어맞지 않았던 것입니다.

2

그들이 내세운 첫 번째 고발 내용은 성전 모독죄입니다. 그들은 예수님께서 성전에서 사고팔고 하는 자들을 내쫓으시고 환전상들의 탁자와 비둘기 장수들의 의자를 둘러엎으신 일을 기억하고 있습니다. 그들은 예수님의 이 행위를 성전을 공격한 것으로, 곧 이스라엘의 삶

169) 윌리엄스, 104-105.

의 기반인 토라를 공격하는 것으로 여기며 고발한 것입니다. 그들은 "나는 사람 손으로 지은 이 성전을 허물고, 손으로 짓지 않는 다른 성전을 사흘 안에 세우겠다."라고 하신 말씀을 죄목으로 삼았습니다. 그러니까 "성전 정화 행위가 아니라 정화 행위에 대한 주님의 해석이 심문 대상"[170]이 되었습니다.

마태오는 두 사람이 나서서 예수님께서 그렇게 말씀하셨다고 증언했다고 하고(마태 26,60-61), 마르코는 그들의 증언도 서로 들어맞지 않았다고 전합니다. 예수님께서 성전을 사흘 만에 다시 짓겠다고 하신 것은 당신의 몸을 두고 하신 말씀입니다. 사흘은 고통당하시다가 죽어 땅에 묻히는 시간입니다. 이 시간이 성전, 그리스도의 몸을 느끼게 합니다. 성전은 성삼일이 이루어지는 곳입니다. 성목요일처럼 남을 위하여 자기를 희생 제물로 바치는 곳이며 성토요일처럼 고요합니다. 이 성전에서 생명의 샘물이 솟아 흐릅니다. 이 물은 세상의 모든 생명에 활기를 줍니다. 예수님은 불리한 증언 속에서도 침묵하셨습니다. 형식적인 심문에 무슨 답변이 필요하겠습니까.

3

두 번째 고발 내용은, 계속 침묵하시는 예수님께 대사제가 "당신이 찬양받으실 분의 아들 메시아요?"(마르 14,61) 하고 물은 데서 드러나듯 예수님께서 당신을 메시아로 자처하셨다는 것입니다. "당신이 메

---

170) 라칭거 2, 225.

시아요?"라는 대사제의 질문은 예수님께서 예루살렘으로 올라오시면서 제자들에게 하신 질문을 상기시킵니다. "사람들이 나를 누구라고 하느냐?"(마르 8,27) 그때 베드로는 "스승님은 그리스도(메시아)이십니다." 하고 대답하였고, 예수님은 메시아에 대해 풀이해 주셨습니다. 예수님께서 대사제의 질문에 "그렇다." 하고 대답하십니다. 그렇습니다. 그분은 '하느님의 아들 메시아', '하느님께 기름 부음 받은 자, 그리스도'이십니다.

우리말로 "그렇다"로 번역된 그리스어 원문은 '나는 이다(에고 에이미 ἐγώ εἰμί)'입니다.[171] 긴 침묵을 깨고 그분의 입에서 나온 말씀입니다. '에고 에이미'는 야훼 하느님께서 사막에 홀로 있는 모세에게 이집트에 가서 고통받고 있는 당신의 백성을 구하라고 보내시며 알려 주신 하느님의 이름입니다. 모세가 하느님께 자기 백성이 "그분 이름이 무엇이오?" 하고 물으면 그들에게 "무엇이라고 대답해야 하겠습니까?" 하고 아뢰었을 때 알려 주신 이름입니다(탈출 3,13). "나는 있는 나다." 이신 야훼 하느님은 당신 백성이 겪는 고난을 똑똑히 보시고, 그들이 작업 감독들 때문에 울부짖는 소리를 들으시고, 정녕 그들의 고통을 알고 계신 분이십니다(탈출 3,7).

"나는 이다."이신 예수님께서 긴 침묵 끝에 이 한마디로 당신이 누구신지 선언하십니다. 당신의 하느님 모습이 온 세상에 드러나는 순간입니다. 세상의 모든 소리를 집어삼킨 고요가 흐르는 순간입니다. 그분의 침묵에 잠기는 자만이 그 소리에서 하느님의 음성을 들을 것

---

171) 200주년 기념 성서는 "내가 그다"로 번역하였습니다.

입니다. "그렇다(에고 에이미). 너희는 사람의 아들이 전능하신 분의 오른쪽에 앉아 있는 것과 하늘의 구름을 타고 오는 것을 볼 것이다."(마르 14,62)

'사람의 아들'은 예수님께서 누누이 강조하신 것처럼, 반드시 죽고 말 우리와 똑같은 사람입니다. 예수님은 이제 곧 홀로 외롭게 사형선고를 받고 십자가에서 처형되실 처참한 모습으로 그들 앞에 서 있는 당신이 하느님의 아들이요 메시아이심을 공개적으로 선언하십니다. 동시에 하느님은 인간이 처한 고독, 인간이 겪는 불의, 끔찍하고도 무의미해 보이는 고통, 인간이 겪을 수 있는 가장 밑바닥에서 당신을 드러내신다는 것을 선언하십니다. 인간의 고통을 들으시는 하느님은 사랑과 자비의 야훼시라는 것을 선언하신 것입니다. "하느님께서는 우리가 생각했던 그 자리에 계시지 않습니다. 하느님께서는 저 죽을 수밖에 없는 인간, 누구의 도움도 기대할 수 없는 이 가운데, 고통 속에서 끔찍한 죽음을 맞이할 그 인간 안에 그와 함께 계십니다. 그곳이 하느님께서 계시기로 택하신 곳, 당신 자신을 온 세상에 드러내기로 택하신 곳입니다."[172]

<h2 style="text-align:center">4</h2>

대사제는 겉옷을 찢으며 예수님의 이 말씀을 신성을 모독하는 발언으로 간주하며 다른 사람의 동의를 구합니다. 그들이 "그자는 죽

---

172) 윌리엄스, 110-111.

을죄를 지었습니다." 하며 예수님을 사형받아 마땅한 분으로 몰아갑니다. 그는 옷을 찢을 것이 아니라, 저 바르티매오처럼 몸에 걸친 옷을 벗어 던져야 했을 것입니다(마르 10,49-50). 예수님을 신성모독으로 몰아 단죄하는 대신 부르시는 그분의 소리를 들으며 그분께 달려와 무릎을 꿇고 "다윗의 자손님, 스승님, 하느님의 아드님" 하고 고백했어야 했을 것입니다. 그러나 그들은 예수님께 신성모독의 죄를 씌워 단죄하고 침을 뱉고 조롱하고 뺨을 때립니다. 그러나 "그들은 자신들이 조롱과 구타 속에서 주님의 종의 운명을 예수께 문자 그대로 성취시키고 있다는 사실을 알아채지 못한다. 낮춤과 높임이 신비스럽게 서로 맞물린다."[173]

자기 옷을 찢으며 예수님께서 하느님을 모독하셨다며 사형을 받아 마땅하다고 주장하는 대사제에게 메시아는 누구입니까? 예수님의 그리스도에 대한 풀이를 듣고 펄쩍 뛰며 반박하던 베드로에게 메시아는 누구입니까? 그들을 대하는 예수님에게 메시아는 누구이며, 심문을 지켜보는 군중에게, 그리고 우리에게 메시아는 누구입니까? 사람의 아들이 전능하신 분의 오른쪽에 앉아 계신 것과 하늘의 구름을 타고 오시는 것을 볼 때 그들은 메시아를 이해하게 될 것입니다. 메시아처럼 살 수 있을 것입니다.

---

173) 라칭거 2, 231-232.

나. 베드로의 배신

그들은 예수님을 대사제에게 끌고 갔다. 그러자 수석 사제들과 원로들과 율법 학자들이 모두 모여 왔다. 베드로는 멀찍이 떨어져서 예수님을 뒤따라 대사제의 저택 안뜰까지 들어가, 시종들과 함께 앉아 불을 쬐고 있었다(마르 14,53-54).

베드로가 안뜰 아래쪽에 있는데 대사제의 하녀 하나가 와서, 불을 쬐고 있는 베드로를 보고 그를 찬찬히 살피면서 말하였다. "당신도 저 나자렛 사람 예수님과 함께 있던 사람이지요?" 그러자 베드로는, "나는 당신이 무슨 말을 하는지 알지도 이해하지도 못하겠소." 하고 부인하였다. 그가 바깥뜰로 나가자 닭이 울었다. 그 하녀가 베드로를 보면서 곁에 서 있는 이들에게 다시, "이 사람은 그들과 한패예요." 하고 말하기 시작하였다. 그러나 베드로는 또 부인하였다. 그런데 조금 뒤에 곁에 서 있던 이들이 다시 베드로에게, "당신은 갈릴래아 사람이니 그들과 한패임에 틀림없소." 하고 말하였다. 베드로는 거짓이면 천벌을 받겠다고 맹세하기 시작하며, "나는 당신들이 말하는 그 사람을 알지 못하오." 하였다. 그러자 곧 닭이 두 번째 울었다. 베드로는 예수님께서, "닭이 두 번 울기 전에 너는 세 번이나 나를 모른다고 할 것이다." 하신 말씀이 생각나서 울기 시작하였다(마르 14,66-72).

1

카야파 대사제가 예수님을 심문하면서 "당신이 메시아요?" 하고 묻는 동안 베드로는 관저 앞뜰에서 "당신도 저 나자렛 사람 예수님과 함께 있던 사람이지요?"라는 하녀의 질문을 받습니다. 예수님께서 "그렇다." 하고 대답하시는 동안 베드로는 "무슨 말을 하는지 이해하지 못하겠소." 하고 그분을 부인합니다. 카이사리아 지방을 지날 때 "스승님은 그리스도(메시아)이십니다."라고 고백하던 그 마음이 진심이었다면, 그리스도가 누군지 알고 고백했더라면 이처럼 부인하는 일은 없었을 것입니다. 예수님께 "당신이 메시아요?" 묻는 카야파나, "스승님은 그리스도이십니다."라고 고백했던 베드로나 예수님이 누구인지 모르기는 매한가지입니다. 두 사람이 다 메시아가 어떤 존재인지 알지 못합니다. 그 모름이 배신으로 나타납니다. 그 모름 때문에 예수님께 사탄이라는 꾸지람을 들었고, 그 모름 때문에 예수님의 '나는 이다'를 배신합니다.

요한은 이를 분명하게 서술합니다. 마르코가 베드로의 배신을 "나는 당신이 무슨 말을 하는지 알지도 이해하지도 못하겠소.", "나는 당신들이 말하는 그 사람을 알지 못하오."라고 말했다고 서술하지만, 요한은 "나는 아니오."(요한 18,17) 하고 말했다고 서술합니다. 예수님의 '나는 이다(에고 에이미ἐγώ εἰμί)'와 몰이해한 베드로의 '나는 아니다(욱 에이미οὐκ εἰμί)'가 대조를 이룹니다. 결정적인 순간에 베드로는 '나는 아니다' 하고 예수님의 '나는 이다'를 배반합니다.

하느님께서는 일찍이 당신을 '나는 이다'로 알려 주시면서 "나는 항상 너희와 함께 있다.", "나는 항상 너희 가운데 있다.", "나는 항상 너희를 위하여 있다."라고 강조하셨습니다(탈출 3,7-15 참조). 예수님은 '하느님의 이 함께하심'을 "하느님의 나라가 우리 손이 닿는 곳에 와 있다."라는 복음으로 선포하셨습니다. 세인의 눈으로 볼 때 좌절과 실패를 안겨 주는 이 고달픈 세상이 기쁜 소식을 전한다는 것은 상상을 초월하는 일입니다.

베드로는 주님께 닥쳐온 죽음의 상황을 받아들일 수 없어 그분의 '나는 이다'를 배신했습니다. 예수님의 '나는 이다'를 깨닫지 못한 까닭에 하느님의 '함께하심(하느님의 현존)'을 깨닫지 못하고, 하느님 나라의 복음을 깨닫지 못한 까닭에 자신을 하느님의 다스림에 맡기지 못했던 것입니다. 예수님께서 체포되시고 심문을 받으시는 상황에 이르자 그동안 열렬했던 그분께 대한 믿음이 무너지면서 '그분과 함께 있음'을 부인하게 된 것입니다. '그분과 함께 있음'이 무너지면서 그의 인생도 무너지게 됩니다.

예수님은 극한 상황에서 '하느님의 함께하심'을 믿고 하느님의 다스림에 당신 자신을 맡기셨지만, 베드로를 비롯한 제자들은 그 상황을 견디지 못하고 '하느님과 함께하심'에 당신을 맡기신 예수님으로부터 도망칩니다. 배신은 '함께하심'을 거부하는 것입니다. 이는 하느님 나라에 대한 거부이며 복음을 거부하는 것입니다. 그는 아직 복음을 받아들일 준비가 되어 있지 않은 것입니다.

2

베드로는 배신하였지만 멀리 도망가지 못합니다. 멀찍이 떨어져 그분을 뒤따라갑니다. 대사제의 저택 안뜰까지 들어가서는 경비원들 틈에 끼어 앉아(공동번역) 불을 쬐며 스승께서 거칠게 취조당하시는 현장을 지켜봅니다(14,53-54). 그런데 이 상황이 베드로를 '그분과 함께 있음'

을 부인하게 만드는 상황으로 더 깊이 몰고 갑니다. 지라르는 베드로가 예수님을 따라간 것은 다른 사람들이 모두 따라가기에 무리에 휩쓸려 따라간 것으로 해석합니다. 그의 행위는 타인들에 대한 모방이라는 것입니다. 불을 쬐는 것도 남들을 따라 불을 쬐고 있다고 봅니다.

그런 베드로를 대사제의 하녀 하나가 찬찬히 살피면서 "당신도 저 나자렛 사람 예수님과 함께 있던 사람이지요?" 하고 말하자 베드로는 이를 부인합니다(마르 14,66-68). '예수님과 함께함'을 부인한 것입니다. 지라르가 옳게 분석했듯이, 베드로의 부인은 거짓말 차원을 넘어 베드로의 실존적 모습을 보여 줍니다. 즉 하녀의 질문은 예수님과 함께 있었음을 인정하라는 말이고, 베드로는 이를 거부한 것입니다.

'예수님과 함께함'이 무너지면서 베드로는 '예수님과 함께 있을' 미래의 가능성과 희망마저 저버리게 됩니다. "나는 당신이 무슨 말을 하는지 알지도 이해하지도 못하겠소."(14,68) 하고 시치미를 뗀 것은 "진정 자신이 어디 있는지를 모르는 사람"이 하는 대답입니다.[174] 지라르는 모든 것을 잃은 그 상태를 "기본적인 반사 작용만 할 수 있는 식물적인 삶을 살 수밖에 없는 처지", "날씨가 추우면 불을 향하는 반사작용"만을 하는 처지에 놓인 상태로 표현합니다. 이리하여 베드로는 '예수님과 함께 있음'이 아니라 불을 쬐며 구경하는 '그들과 함께 있는' 것처럼 행동하게 됩니다.

추운 날 모닥불이 지펴지면 사람들은 그 주위로 원을 그리며 모여듭니다. 따로 놀던 무리가 불을 중심으로 새로운 집단이 형성됩니다.

---

174) 지라르, 261. 아래 괄호 속 숫자 이 책의 페이지.

불을 향하고 있는 상대의 얼굴을 알아보고 서로 시선을 교환하며 말을 주고받는 소통의 공간이 만들어집니다. 불 때문에 새로운 '함께 있음'의 가능성이 생겨납니다. 하인은 베드로가 '예수님과 함께 있었음'을 지적하였지만, 베드로는 이를 부인하며 불을 중심으로 모인 '제2의 함께 있음'을 주장합니다(263). 베드로는 이제 불 주위에 있는 사람들과 '함께 있음'을 새로 모방하면서 그들과 '같은 식으로' 말하며 그들의 그룹에 끼어들려고 안간힘을 씁니다. "거짓이면 천벌을 받겠다고 맹세"하는 바보짓까지 하게 됩니다. 그는 "예수님을 배반하고 그들과 함께 예수님에 반대하는 동맹을 맺고, 예수님을 그렇게 함부로 취급함으로써, 적들의 호감을 사려" 합니다(269).

베드로는 "나는 알지 못한다."라는 말로 예수님을 부인합니다. 그는 아직 예수님을 모릅니다. 베드로가 사람들 앞에서 "나는 당신들이 말하는 그 사람을 알지 못하오." 하고 예수님을 "모르는 사람"이라고 잡아뗀 것은 단순한 두려움을 넘어 실제로 '알지 못함'을 고백한 것입니다. 그분을 알지 못한다는 것은 그분의 가르침과 행위와 인격을 모른다는 말이기도 합니다. 베드로는 아직 그분의 복음을 깨닫지 못하고 있습니다. 베드로가 예수님을 부인한 것을 단순하게 우유부단하고 비겁한 성격 탓으로만 돌릴 수 없는 이유입니다.

그렇다고 "스승님은 그리스도이십니다." 하고 고백하는가 하면 금방 모른다고 배신한 그의 이중성을 부각하는 것이 복음사가의 의도는 아닙니다. 오히려 예수님과 그분의 복음을 깨닫는 것이 인간에게 그만큼 어렵다는 것을 말해 줍니다. 2천 년이 지난 지금 우리들의 태도는 어떠합니까? 베드로가 예수님을 부인한 태도와 크게 달라졌습니까? 우리 또한 복음을 깨달았다 싶다가도 금방 그 내용을 잊어먹고 무지하게 행동을 할 때가 얼마나 많습니까. 복음화를 외치면서도 그분의 복음과는 상관없는 숫자 놀이에 빠져드는 경우는 또 얼마나 많습니까. 자기가 세례받은 것을 복음화된 것으로 착각하면서 타인을 복음화하려 온 신경을 쏟지만 정작 복음이 무엇인지 모르기는 베드로와 마찬가지 아닙니까?

베드로가 예수님을 부인한 까닭은 자기를 희생으로 내놓을 수 없었기 때문이기도 합니다. 그분의 복음은 자기 이익을 위하여 남을 희생시키려 드는 구조를 깨뜨릴 때 비로소 깨닫게 됩니다. 그러기 위해서는 남(인류)의 평화를 위하여 자신을 희생시킬 수 있어야 합니다. 그런데 베드로는 자신을 희생하지 않기 위해 스승(남)을 희생시키는 일에 자기도 모르게 가담하고 있습니다. 자신을 희생시키지 않는 가장 좋은 방법은 다른 사람들 속에 섞여 그들과 함께 남을 희생시키는 일에 가담하는 것입니다.

베드로의 부인을 이해하기 위해서는 이전 상황들을 살펴볼 필요가 있습니다. 예수님께서 사람의 아들은 반드시 많은 고난을 받고 원로들과 수석 사제들과 율법 학자들에게 배척을 받아 죽임을 당하셔야 한다고 풀이하시면서 장차 당신 앞에 펼쳐질 일을 예고하셨을 때, 베드로는 예수님을 꼭 붙들고 그래서는 안 된다고 펄쩍 뛰었습니다(마르 8,27-33). 그리고 잡히시기 전날 제자들이 "모두 걸려 넘어질 것"(200주년 성경)이라고 예언하셨을 때도 그는 "모두 걸려 넘어질지라도 저는 그러지 않을 것입니다."(마태 26,33) 하고 장담했습니다.[175] 그에게 주님의 희생이란 상상할 수도 없고, 있어서도 안 되는 일이었던 것입니다.

3

부인하는 것이 베드로의 전체 모습은 아닙니다. 어떤 저항도 없이 맥없이 죽음 앞에 선 스승에 대한 실망으로 자기 실존까지 허물어질 만큼 깊어진 공허감이 스승을 부정하고 고향 갈릴래아까지 부인하는 한계상황으로 몰아갔겠지만, 그러나 주님을 모른다고 말하는 그의 내면에 주님을 향한 마음마저 사라져 버린 것은 아닙니다. 믿었던 스승에 대한 희망이 꺾여 앞이 보이지 않는 한계상황 바로 그곳에 신비의 영역이 펼쳐집니다.

마르티니 추기경은 이 상황을 이렇게 말합니다. "우리의 시련과 우리 영혼의 정화가 절정에 달할 때 우리는 바로 신비의 영역에 와 있는 것이다. 인간이 어떤 기회에서든 이러한 시련과 한계를 체험하지 않는다면, 더 이상 내려갈 수 없는 심연에 처해지지 않는다면, 심각한 유혹의 선단에 서 있는 자신을 발견하지 않는다면, 그리고 버림받은 자신, 완전히 혼자 남아 있다는 느낌을 받는 고독의 정상을 체험하지 않는다면 하느님에 대해 깊이 체험할 수 없다는 것은 자명한 일이다."[176]

---

175) 공동번역: "비록 모든 사람이 주님을 버릴지라도 저는 주님을 버리지 않겠습니다."
176) 마르티니, 64.

인간은 이런 한계상황에서 내면의 투쟁을 하게 됩니다. 베드로는 지금 주님을 부인하면서 자신과 투쟁하고 있습니다. 배신하면서도 멀리 도망가지 못하고 주님의 주위를 맴돌면서 자기를 부르시는 주님의 음성을 내면에서 듣고 있습니다. 그의 내면 깊은 곳에서 들려오는 "너는 나를 누구라고 생각하느냐?"라는 주님의 질문을 그는 피할 수 없습니다. 그의 내면은 주님을 향하고 있습니다.

주님께서 베드로에게 하신 이 질문은 주님에 대한 그의 내면적 체험이기도 할 것입니다. 예루살렘을 향한 길 위에서 그는 "스승님은 그리스도이십니다."라고 당당하게 고백하여 "너는 베드로다."(마태 16,18)라는 칭찬을 듣는가 하면, 그리스도 풀이에 주님을 붙들고 반박하였다가 "너는 나에게 걸림돌이다."(마태 16,23)라는 호된 꾸지람을 듣기도 하였습니다. 반석과 배신! 서로 모순된 이 두 단어를 베드로는 내면에서 소화해야 합니다.

주님께서 베드로에게 반석이라 하신 것은 흔들리는 그의 모습에도 불구하고 그 바탕에는 당신과 세상에 대한 변하지 않는 신뢰가 있음을 보셨기 때문입니다. 베드로는 그분의 죽음에서, 남을 위한 희생과 비움에서 사랑의 원천을 발견하며 점차 깨달음을 얻게 될 것입니다. 힘에 의존하여 그리스도를 찾던 그가 힘을 비운 그리스도를 만나게 될 것입니다. 힘을 비운 곳에 사랑이 있고 평화가 있음을 깨닫게 될 것입니다. 이 사랑, 이 평화가 우리 신앙의 반석이 되어야 합니다.

베드로는 늦게야 주님의 사랑을 느끼며 "예, 사랑합니다" 하고 고백하게 됩니다. 부활하신 예수님께서 베드로에게 "너는 나를 사랑하느냐?" 물으시며 사랑의 고백을 요구하시는 것은 "지난 일을 덮어 줄 테니 앞으로 잘해 보자.'라는 식의 다짐을 받기 위해서가 아닙니다(요한 21,15-19). 마르티니 추기경이 적절히 표현하였듯이 베드로의 내면 깊숙한 곳에 있는 힘을 다시 길어 올리시는 것입니다. 이 힘은 베드로가 그분의 부르심에 모든 것을 버리고 열정적으로 따랐고, 또 열정적으로 고백하였던 원동력입니다. 예수님께서 베드로에게 "나를 사랑하느냐?"라고 반복하여 물으시며 그의 내면 깊은 곳으로 내려가서 당신과 하나 되는 사랑을 체험하게 하시고, 이를 고백하게 하십니다.[177]

"너는 나를 사랑하느냐?"라는 예수님의 질문은 "너는 나와 함께 있느냐? 너는 내가 너와 함께 있음을 받아들이느냐?"라는 질문과 다르지 않습니다. '함께 있음'에서, 무엇보다도 '고통 중에 함께 있음'에서 사랑을 느낍니다. 사랑은 함께 느끼고 함께 아파하는 마음입니다. "너는 나를 사랑하느냐?"라는 질문은 베드로를 당신의 고통으로 초대하시는 말씀이기도 합니다. 베드로는 드디어 그 고통에 동참하면서 '주님의 함께 있음'을 느끼고, 동시에 더욱 진한 그분의 사랑과 자비를 느끼게 될 것입니다. 그리고 베드로 자신도 그런 존재로 새롭게 태어나게 될 것입니다. 베드로는 주님께서 발견하게 해 주신 자기의 내면 깊은 곳에 감추어 있는 그 진실을 드디어 찾게 되고, 거기에 근거하여 주님을 선포하게 됩니다. 나는 이를 '제3의 함께 있음'이라고 부르고 싶습니다.[178]

예수님은 이렇게 천천히 베드로를 당신의 사랑으로 당신의 희생으로 당신의 십자가로 초대하십니다. 그 사이 베드로는 끊임없이 고백

---

177) 마르티니, 69 참조.
178) 이제민, 『제3의 인생』, 바오로딸(2005) 참조.

과 배신을 반복하게 됩니다. 베드로는 주님의 죽음을 통하여 이 사랑에 도달하게 됩니다. 빵을 먹으면서 어렴풋이 느낀 사랑을 십자가의 상처를 지니고 나타나신 그분 몸에서 확실하게 느끼며 그는 눈물로 진심을 고백하게 됩니다. "예, 주님! 제가 주님을 사랑하는 줄을 주님께서 아십니다."(요한 21,15-17) 반복되는 그의 고백과 배신은 우리의 삶을 그대로 표현해 줍니다. 예수님은 당신을 배신한 베드로를 우리의 내면으로 안내하여 당신의 사랑을 느끼게 하십니다. 인간은 하느님을 깨달을 가능성을 지니고 태어났습니다. 인간이 사랑할 수 있다는 것은 큰 축복이며 은혜입니다.

4

마르코가 베드로 사도의 배신을 상세하게 서술한 것은 베드로의 일생에 하느님의 복음을 느끼기까지의 긴 과정이 실존적으로 잘 나타나 있기 때문일 것입니다. 그는 베드로가 부인하는 과정을 점점 강도를 높여 가며 서술합니다. 처음에는 대사제의 하녀가 불을 쬐고 있는 베드로에게 "당신도 저 나자렛 사람 예수와 함께 있던 사람이지요?" 하고 묻고, 베드로는 "나는 당신이 무슨 말을 하는지 알지도 이해하지도 못하겠소." 하고 잡아뗍니다. 그다음에는 하녀가 "이 사람은 그들과 한패예요."(69절) 하며 주변 사람들에게 이를 상기시키자 베드로는 다시 부인합니다. 세 번째는 곁에 서 있던 사람들까지 "그들과 한패임에 틀림없소."(70절) 하고 합세하자 베드로는 "거짓이면 천벌을 받겠다고 맹세"까지 하며 예수님의 존재를 강하게 부인합니다.

베드로는 그분과 함께 지냈으면서도(함께하심의 1단계) 그분이 아닌 다른 것(명예, 부, 권력)과 함께하고자 합니다(함께하심의 2단계). 예수님께서 그런 그의 마음을 뚫고 그가 아직 도달하지 못한 '주님의 함께하심'을 느끼게 해 줍니다(함께하심의 3단계). 그리고 사랑을 고백하게 합니다. 주님은 그의 모름과 상관없이 항상 그와 함께 계십니다.

베드로의 사랑의 고백은 고백과 배신을 반복하는 그의 내면에서 흘러나온 고백입니다. 주님을 배신할 때마다 "아무에게도 말하지 마라."라는 주님의 명령이 그의 내면을 건드리며 그를 성찰하게 하였을 것입니다. 그동안 침묵하지 못해서 "나는 너희와 함께 있다. 너희가 고통 중에 신음하는 소리를 항상 듣고 있다.", "사람의 아들이 반드시 많은 고난을 겪을 것이다."라는 그분의 말씀을 듣지 못했습니다. 그분의 묵묵한 '함께하심'을 견디지 못해서 그분의 사랑에서 도망쳤습니다. 도망친 곳에서 "아무에게도 말하지 마라."라는 주님의 명령을 되새기게 된 그는 그분께 돌아와 울면서 사랑을 고백하게 됩니다. 그리고 사랑의 존재로 새로 태어나게 됩니다.

5

배신하고 나서야 주님 말씀이 생각나서 울기 시작한 베드로의 모습이 그대로 우리의 모습이었으면 합니다. 사랑을 고백하게 되는 그의 인생 여정을 보면서 우리는 어디쯤 와 있는지 묻게 됩니다. 우리는 그분을 얼마나 알고 있습니까? 그분께 신앙을 고백하는 우리는 얼마나 그분을 느낍니까? 우리는 몇 단계쯤에 와 있습니까?

배신자로 살인자로 낙인찍힌 우리 주변의 사람들도 어쩌면 지금 자신과 투쟁하며 눈물을 흘리고 있을지 모릅니다. 그의 눈물이 나중에 주님께 대한 사랑의 고백으로 이어질지 모릅니다. 예수님께서는 부인하고 배신하면서도 당신을 떠나지 않고 따라오는 제자들의 나약한 마음 안에 숨어 계십니다. 그 마음이 보일 때 우리는 그의 마음 안에 숨어 계시는 그분을 만나게 될 것입니다.

예수님은 베드로의 마음 위에 당신의 교회를 세우십니다. 주님은 베드로가 자신의 바위를 찾고 또 그 바위 위에서 자신을 발견하여 당신께서 세우신 교회를 위하여 몸을 바치도록 끝까지 믿어 주셨습니다. 마르코가 예수님께서 베드로가 당신을 모른다고 할 것을 예고하신 장면을 성찬례를 제정하신 다음에 배치한 것은 그의 배신이 성찬에 대한 무지에서 나온 것임을 은근히 암시하는 것이기도 합니다. 그분을 알기까지, 자기 몸을 희생하기까지 '모른다'는 구조는 깨지고 또 깨져야 합니다.

다. 빌라도의 심문

아침이 되자 수석 사제들은 곧바로 원로들과 율법 학자들, 곧 온 최고 의회와 의논한 끝에, 예수님을 결박하여 끌고 가서 빌라도에게 넘겼다. 빌라도가 예수님께 "당신이 유다인들의 임금이오?" 하고 묻자, 그분께서 "네가 그렇게 말하고 있다." 하고 대답하셨다. 그러자 수석 사제들이 여러 가지 이유를 대며 예수님을 고소하였다. 빌라도가 다시 예수님께, "당신은 아무 대답도 하지 않소? 보시오, 저들이 당신을 갖가지로 고소하고 있지 않소?" 하고 물었으나, 예수님께서는 더 이상 아무 대답도 하지 않으셨다.

빌라도는 축제 때마다 사람들이 요구하는 죄수 하나를 풀어 주곤 하였다. 마침 바라빠라고 하는 사람이 반란 때에 살인을 저지른 반란군들과 함께 감옥에 있었다. 군중은 올라가 자기들에게 해 오던 대로 해 달라고 요청하기 시작하였다. 빌라도가 그들에게 "유다인들의 임금을 풀어 주기를 바라는 것이오?" 하고 물었다. 그는 수석 사제들이 예수님을 시기하여 자기에게 넘겼음을 알고 있었던 것이다. 그러나 수석 사제들은 군중을 부추겨 그분이 아니라 바라빠를 풀어 달라고 청하게 하였다. 빌라도가 다시 그들에게, "그러면 여러분이 유다인들의 임금이라고 부르는 이 사람은 어떻게 하기를 바라는 것이오?" 하고 물었다. 그러자 그들은 "십자가에 못 박으시오!" 하고 거듭 소리 질렀다. 빌라도가 그들에게 "도대체 그가 무슨 나쁜 짓을 하였다는 말이오?" 하자, 그들은 더욱 큰 소리로 "십자가에 못 박으시오!" 하고 외쳤다. 그리하여 빌라도는 군중을 만족시키려고, 바라빠를 풀어 주고 예수님을 채찍질하게 한 다음 십자가에 못 박으라고 넘겨주었다.

군사들은 예수님을 뜰 안으로 끌고 갔다. 그곳은 총독 관저였다. 그들은 온 부대를 집합시킨 다음, 그분께 자주색 옷을 입히고 가시관을 엮어 머리에 씌우고서는, "유다인들의 임금님, 만세!" 하며 인사하기 시작하였다. 또 갈대로 그분의 머리를 때리고 침을 뱉고서는, 무릎을 꿇고 엎드려 예수님께 절하였다. 그렇게 예수님을 조롱하고 나서 자주색 옷을 벗기고 그분의 겉옷을 입혔다. 그리고 예수님을 십자가에 못 박으러 끌고 나갔다(마르 15,1-15,20).

1

예수님을 밤새 심문한 수석 사제들은 아침이 되자 예수님을 결박하여 끌고 가서 빌라도에게 넘깁니다. 최고의회는 사형을 선고할 권한이 없기 때문에 고발할 죄목을 확정하여 로마 총독 빌라도에게 넘긴 것입니다. 빌라도는 서기 26년에서 36년까지 유다와 사마리아 지방의 제5대 총독이었습니다. 해방절과 같은 큰 축제 때는 예루살렘의 헤로데 궁에서 보냈습니다.

많은 그리스도인은 빌라도를 예수님을 구해 주고 싶었으나 그분의 죽음을 바라는 유다인들에 맞서 싸울 배짱도 확신도 없어서 어쩔 수 없이 예수님을 십자가에 넘긴 우유부단한 이미지로 떠올리지만, 학자들에 의하면 실제 인물은 딴판입니다. 그는 "비타협적이고 유다인을 배척하였으며 인정머리 없고 고집불통"이었습니다.[179] 유다 왕 아그리파 1세가 로마 황제 칼리굴라(37-41년)에게 보낸 편지에는 "빌라도가 저지른 사기와 폭력, 절도, 고문, 모욕, 재판 없는 집행, '한도 끝도 없는 지긋지긋한 잔인함'을 비난"(315)하는 내용이 들어 있습니다.

로마인들은 피지배 민족의 종교의식을 대체로 존중하는 편이었지만 로마인과 로마 제국에 속하는 대부분 민족은 유다인을 무시했습니다.[180] 역사가 타치투스는 이스라엘 민족을 '역겨운 인종', '신들의 착각'이라고까지 할 정도였습니다. 유다인들이 안식일과 정결례를 강조하면서 로마인들을 이방인으로 여기는 만큼 여러 신을 숭배하는

---

179) 뒤켄, 315. 아래 괄호 속 숫자 이 책의 페이지
180) 뒤켄, 316.

로마인에게는 유다인이 무신론자였습니다. 유다인은 미움과 비난의 대상이었습니다. 유다 왕 아그리파는 이런 비난에 대해 자신을 변호하고자 합니다. 그가 보기에 빌라도는 유다인을 무시하는 자였습니다. 사실 빌라도는 유다인을 좋아하지 않았습니다. 그는 그의 선임자들과는 달리 군기를 든 부대를 예루살렘으로 들여보내어 유다인들의 저항을 받기도 했습니다. 루카 복음은 빌라도가 갈릴래아 사람을 죽였다는 이야기도 보도합니다(루카 13,1-2).

2

예수님은 유다인들에 의해 신성모독이라는 죄목으로 로마 법정으로 끌려가서서 사형선고를 받아 마땅한 죄인으로 서게 됩니다. 파스카 축제를 앞두고 양을 잡아야 하는 등 준비해야 할 일이 많은 때였습니다. 요한 복음에 의하면 유다인들은 예수님을 총독 관저까지 끌고 왔지만, 그들은 관저 안으로 들어가지 않았습니다. 이유는 "몸이 더러워져서 파스카 음식을 먹지 못하게 될 것" 두려워했기 때문입니다. 그래서 빌라도가 그들이 있는 곳으로 나와, "무슨 일로 저 사람을 고소하는 것이오?" 하고 묻습니다(요한 18,28-29).

마르코 복음에 의하면 예수님을 고발한 자는 수석 사제들과 원로들과 율법 학자들, 곧 최고 의회 의원들입니다. 요한 복음에 의하면 '유다인'입니다. 나중에 고발자 무리에 군중이 합세합니다. 예수님을 따르던 이들은 두려워서 달아났고, 사제들은 군중을 부추겨 살인을 저지른 반란군 중의 하나인 바라빠를 풀어 주고 예수님을 사형에 처하도록 선동합니다.

빌라도의 심문은 "당신이 유다인들의 임금이오?" 하고 묻는 것으로 시작합니다. 예수님은 "네가 그렇게 말하고 있다." 하고 대답하십니다. 요한 복음은 빌라도가 "아무튼 당신이 임금이라는 말 아니오?" 하고 자기 입으로 예수님이 임금이라는 말을 꺼냅니다. 이에 예수님께서 "내가 임금이라고 네가 말하고 있다."(요한 18,38) 하고 대답하십니다.

로마 제국은 헤로데의 경우처럼 속국의 왕을 인정해 주었습니다. 로마의 인정을 받지 않은 왕은 있을 수 없었습니다. 예수님은 빌라도가 묻는 왕, 즉 세상(로마)의 왕국이 인정하는 왕이 아니라 당신의 왕국에 따라 왕이라고 하십니다. "내 왕국은 이 세상에 속하지 않는다. 내 왕국이 이 세상에 속한다면, 내 신하들이 싸워 내가 유다인들에게 넘어가지 않게 하였을 것이다. 그러나 내 왕국은 여기에 속하지 않는다."(요한 18,36)[181] 이어서 말씀하십니다. "나는 진리를 증언하려고 태어났으며, 진리를 증언하려고 세상에 왔다. 진리에 속한 사람은 누구나 내 목소리를 듣는다."(요한 18,37)

예수님의 이 말씀에 빌라도는 "진리가 무엇이오?" 하며 주춤합니다. 군사적 힘이 아니라 "진리가 다스리는 왕국." 빌라도도 유다인도 상상하지 못한 왕국입니다. 이런 왕국은 그들에게 비현실적인 나라입니다. 그러나 이 나라를 비현실적인 나라라고 간주하는 인간들이 만든 현실적인 나라는 어떠합니까? "진리가 무엇이오?"라고 묻는 빌라도의

---

181) 우리 말 성경은 왕국(바실레이아)을 '나라'로 번역하였습니다.

질문에 예수님은 아무 대답도 하지 않으십니다. 갈릴래아에서 하느님의 나라가 가까이 왔다고 선포하시면서 사고를 바꾸라고 강조하시던 예수님께서 빌라도 앞에서 이 복음을 침묵으로 선포하십니다.

그분의 침묵 속으로 함께 빨려드는 자만이 그분께서 선포하시는 복음의 진리를 알 수 있을 것입니다. 그분께서 선포하신 하느님의 나라가 진리입니다. "예수께서 처음에는 비유들로, 그리고 마지막에는 이 세상의 재판관 앞에서 완전히 드러나도록 선포하신 왕국/왕권은 바로 진리의 왕국/왕권이다. 이러한 진리의 왕국/왕권을 세우는 것이 바로 인간의 참된 해방이다. 동시에 복음이 부활 이전에는 하느님 나라에 집중되었다가 부활 이후에는 하느님의 아들인 예수 그리스도에게 집중된 것 사이에 모순이 없다는 사실도 드러난다. 그리스도 안에서 하느님이, 곧 진리가 세상 안으로 들어오셨다."[182]

빌라도의 심문에 내내 침묵하시는 그분의 모습은 이사야 예언서의 고난받는 '주님의 종'의 모습입니다. "학대받고 천대받았지만, 그는 자기 입을 열지 않았다. 도살장에 끌려가는 어린 양처럼 털 깎는 사람 앞에 잠자코 서 있는 어미 양처럼 그는 자기 입을 열지 않았다."(이사 53,7) 예수님은 지금 하느님의 종으로서 빌라도 앞에 서 계십니다. 그분의 침묵을 깨려고 심문하는 빌라도의 눈에 그 종이 세상의 왕으로 보일 리가 없습니다. 빌라도는 침묵하시는 예수님을 고문에 넘기면서 스스로 무너지고 있습니다.

---

182) 라칭거 2, 246.

3

빌라도는 그분에게서 아무런 죄목을 찾아내지 못합니다. 그는 자기 앞에 끌려 온 예수님이 로마 제국을 거스르는 반역 운동을 하지 않으셨다는 것을 압니다. 그분께서 선포하신 하느님 나라의 복음이 로마 제국에 위협이 되지 않는다는 것을 잘 압니다. 그분은 죄가 있어서가 아니라 수석 사제들과 원로들과 율법 학자들이 그분을 시기하여 유다의 종교와 관습을 문제 삼으며 고소하고 있다는 것을 압니다. 사형에 처할 이유가 없는 것입니다.

혐의가 없는 그분을 풀어 주고 싶었지만, 군중의 눈치를 보느라 그는 그러지를 못합니다. 자기 의지와는 상관없이 예수님을 그들의 손에 넘기기로 합니다. '로마의 평화(빡스 로마나Pax Romana)'의 한계입니다. 제국의 힘으로는 세상에 평화를 세울 수 없습니다. "진리가 무엇이오?"라는 질문은 이 무력한 힘의 한계를 외치는 것이기도 합니다. 빌라도가 예수님께 이 질문을 던졌지만, 사실은 예수님께서 그에게 이 질문을 던지도록 하신 것입니다.

뒤켄은 질문합니다. "누가 이 사형선고에 대한 책임이 있을까?" 그리고 답변합니다. "물론 제관계급이다. 하지만 그들만이 아니다."[183] 초기 그리스도교 공동체는 자신들을 이단이라고 몰아세우는 유다인들과 여러 면에서 부딪히면서 다른 민족에게 선교해야 했습니다. 그들에게 유다인은 예수님을 죽음에 붙인 씻을 수 없는 죄인이지만 로마

---

183) 뒤켄, 325.

인의 행위에 대해서는 어느 정도 묵과하고 변명해 주는 경향이 있었습니다. 빌라도도 이 덕을 조금 보고 있습니다. 하지만 오늘날 대부분의 전문가들은 빌라도의 책임이 가장 크다고 봅니다.

"예수님한테 사형을 선고하고 형을 집행한 책임은 빌라도에게 있다. 이 소송은 부당했으며 분명히 예수님은 사람들이 당신한테 불리하게 주장하는 죄를 짓지 않았다. 도덕적으로 말해 빌라도에게 객관적으로 죄가 있다. 왜냐하면 그가 유다 당국자들의 압력에 넘어가지 말았어야 했기 때문이다. 설령 예수님을 위험한 인물이라고 보았더라도 말이다. 그러므로 빌라도는 비겁해서이든 무지해서이든 불공정한 결단을 내린 셈이다. 그렇기는 해도 근본적인 죄는 카야파와 그의 패거리인 대사제들에게 돌아간다. 그 이유는 예수님을 빌라도에게 넘겨준 자가 바로 그들이기 때문이다."[184]

빌라도는 파스카 축제가 가까이 다가왔으므로 관습에 따라 죄수 하나를 풀어 주어 시국을 안정시키려고 합니다. 축제 때마다 죄수 하나를 풀어 주곤 하였는데 마침 반란 때 살인을 저지른 바라빠라고 하는 이름난 죄수가 있었습니다. 빌라도는 예수님을 풀어 줄 속셈으로 "유다인들의 임금을 풀어 주기를 바라는 것이오?"(9절) 하고 군중에게 묻습니다. 마태오는 바라빠와 예수님 "두 사람 가운데에서 누구를 풀어 주기를 바라는 것이오?" 하고 물었다고 전합니다. 그런데 일은 그가 생각한 것과는 다른 방향으로 흘러갑니다. 수석 사제들이 군중을 부추겨 반란을 일으켜 살인을 저지른 바라빠를 풀어 달라고

---

184) 레옹 뒤푸르, 뒤켄 326에서 인용.

청합니다. 빌라도는 예수님께서 사형선고를 받으실 만큼 '나쁜 짓'을 하지 않으셨음을 알면서도 "군중을 만족시키려고, 바라빠를 풀어 주고 예수님을 채찍질하게 한 다음 십자가에 못 박으라고 넘겨"(마르 15,15) 줍니다.

4

예수님께서 군중의 손에 넘겨지셨습니다. 군사들은 예수님을 총독 관저 뜰 안으로 끌고 들어가서 자주색 옷을 입히고 가시관을 엮어 머리에 씌운 다음 무릎을 꿇고 "유다인들의 임금님, 만세!" 하고 외치며 경배하는 시늉을 하고, 예수님의 머리를 때리고 침을 뱉으며 조롱합니다.[185]

루카는 빌라도가 사형선고를 내리기 전에 예수님을 헤로데에게, 헤로데는 다시 빌라도에게 보내게 하여 서로 원수로 지내던 그들이 그날에 서로 친구가 되었다(루카 23,6-12)는 이야기를 첨가합니다.

---

185) 라칭거 2, 250-252.

20.
숨을 거두시다

그들은 지나가는 어떤 사람에게 강제로 예수님의 십자가를 지게 하였다. 그는 키레네 사람 시몬으로서 알렉산드로스와 루포스의 아버지였는데, 시골에서 올라오는 길이었다. 그들은 예수님을 골고타라는 곳으로 데리고 갔다. 이는 번역하면 '해골 터'라는 뜻이다. 그들이 몰약을 탄 포도주를 예수님께 건넸지만 그분께서는 받지 않으셨다. 그들은 예수님을 십자가에 못 박았다. 그러고 나서 그분의 겉옷을 나누어 가졌는데 누가 무엇을 차지할지 제비를 뽑아 결정하였다. 그들이 예수님을 십자가에 못 박은 때는 아침 아홉 시였다. 그분의 죄명 패에는 '유다인들의 임금'이라고 쓰여 있었다. 그들은 예수님과 함께 강도 둘을 십자가에 못 박았는데, 하나는 오른쪽에 다른 하나는 왼쪽에 못 박았다. 지나가는 자들이 머리를 흔들며 그분을 이렇게 모독하였다. "저런! 성전을 허물고 사흘 안에 다시 짓겠다더니. 십자가에서 내려와 너 자신이나 구해 보아라." 수석 사제들도 이런 식으로 율법 학자들과 함께 조롱하며 서로 말하였다. "다른 이들은 구원하였으면서 자신은 구원하지 못하는군. 우리가 보고 믿게, 이스라엘의 임금 메시아는 지금 십자가에서 내려와 보시지." 예수님과 함께 십자가에 못 박힌 자들도 그분께 비아냥거렸다.

낮 열두 시가 되자 어둠이 온 땅에 덮여 오후 세 시까지 계속되었다. 오후 세 시에 예수님께서 큰 소리로, "엘로이 엘로이 레마 사박타니?" 하고 부르짖으셨다. 이는 번역하면, '저의 하느님, 저의 하느님, 어찌하여 저를 버리셨습니까?'라는 뜻이다. 곁에 서 있던 자들 가운데 몇이 이 말씀을 듣고, "저것 봐! 엘리야를 부르네." 하고 말하였다. 그러자 어떤 사람이 달려가서 해면을 신 포도주에 적신 다음, 갈대에 꽂아 예수님께 마시라고 갖다 대며, "자, 엘리야가 와서 그를 내려 주나 봅시다." 하고 말하였다. 예수님께서는 큰 소리를 지르시고 숨을 거두셨다. 그때에 성전 휘장이 위에서 아래까지 두 갈래로 찢어졌다. 그리고 예수님을 마주 보고 서 있던 백인대장이 그분께서 그렇게 숨을 거두시는 것을 보고, "참으로 이 사람은 하느님의 아드님이셨다." 하고 말하였다. 여자들도 멀리서 지켜보고 있었는데, 그들 가운데에는 마리아 막달레나, 작은 야고보와 요세의 어머니 마리아, 그리고 살로메가 있었다. 그들은 예수님께서 갈릴래아에 계실 때에 그분을 따르며 시중들던 여자들이었다. 그 밖에도 예수님과 함께 예루살렘에 올라온 다른 여자들도 많이 있었다(마르 15,21-41).

가. 하느님, 어찌하여 저를 버리셨습니까?

1

로마의 총독 빌라도는 예수님에게서 아무 죄목도 찾지 못했고 내키지도 않았지만 "십자가에 못 박으시오!" 하고 거듭해서 소리 지르는 군중의 거센 압박에 못 이겨 예수님을 십자가에 못 박으라고 넘겨주고 맙니다(마르 15,15). 그 후 우리는 그분께서 숨지시기 직전까지 그분 입에서 흘러나오는 아무 말씀도 듣지 못합니다. 침묵 속에 십자가를 지고 가시는 그분의 길에 군중과 군인들이 그분을 놀리고 모욕하는 소리만이 왁자지껄합니다. 멀리서 가슴을 치고 통곡하는 여자들의 흐느끼는 소리는 그 소리에 묻혀 버립니다. 군사들이 예수님을 조롱하며 입혀드렸던 자주색 옷을 벗기고 원래 당신의 겉옷을 입혀 드릴 때도, 군인들이 시골에서 막 올라온 순례자를 강제로 붙들어 당신의 십자가를 지게 할 때도, 해골 터라는 골고타로 십자가에 못 박히러 끌려가시면서도 그분은 시종일관 묵묵하십니다. 골고타에 이르러 군인들이 몰약을 탄 포도주를 건넸지만, 그분은 받지 않으셨습니다.

그들은 예수님을 십자가에 못 박았습니다. 예수님과 함께 강도 둘을 십자가에 못 박았는데, 하나는 오른쪽에 다른 하나는 왼쪽에 못 박았습니다. 군인들이 그분의 겉옷을 제비뽑아 나누어 가집니다. 옷을 벗기는 것은 로마식 관습으로 숨이 넘어가는 자에 대한 마지막 모욕입니다. 그분은 그야말로 벌거벗긴 채 온갖 모욕을 받으며 십자가에 못 박히셨습니다. 때는 아침 아홉 시였습니다. 그분의 죄명을 적은 목판에는 '유대인들의 왕'이라고 쓰여 있었습니다.[186] 지나가던 사람들, 군인들, 대사제들과 율법 학자들의 빈정거리며 야유하는 소리가 십자가 주위를 맴돌지만, 그분 입에서는 어떤 말씀도 흘러나오지 않습니다. 마르코는 독자도 함께 무거운 침묵 속에서 그분을 바라보게 합니

---

186) 요한은 명패에 히브리 말, 라틴 말, 그리스 말로 쓰여 있었다고 전합니다. "유다인들의 왕, 나자렛 예수 (그리스어: Ἰησοῦς ὁ Ναζωραῖος ὁ βασιλεύς τῶν Ἰουδαίων, 라틴어: Jesus Nazarenus, Rex Iudeoum, 약자 INRI)"(요한 19,19-20)

다. 침묵하는 자만이 그분의 죽음이 주는 생명의 메시지를 읽을 수 있다는 것을 확인시키듯이 침묵 속에서 그분의 죽음을 지켜보게 합니다.

2

낮 열두 시가 되자 온 땅이 어둠에 덮이고 세 시까지 계속됩니다. 마르코는 다른 복음서와는 달리 결정적인 이 순간에 십자가에 달리신 예수님의 처음이자 마지막 목소리를 들려줍니다. "엘로이, 엘로이, 레마 사박타니?"(마르 15,34) "저의 하느님, 저의 하느님, 어찌하여 저를 버리셨습니까?"라는 뜻입니다.[187] 이 마지막 말씀은 시편의 기도입니다(시편 22,2). 인생을 기쁘게 사는 비결을 선포하신 분이라면 마땅히 그 마지막 모습도 이 비결을 얻은 자의 모습이어야 하지 않겠습니까? 그런데 그분의 마지막 모습이 "어찌하여 저를 버리셨습니까?"라고 하느님을 원망하는 듯 절박하게 외치는 모습이었다니 적잖이 당혹스럽습니다. 영원한 생명 영원한 행복을 선포하며 가르치시던 그분의 복음을 무의미하게 만드는 소리처럼 들립니다. 어떻게 그 비참한 죽음에서 하느님의 나라를 볼 수 있을까요?

---

[187] 루카는 예수님께서 숨을 거두시기 전에 "아버지, 저들을 용서해 주십시오. 저들은 자기들이 무슨 일을 하는지 모릅니다."(루카 23,34)하고 그들을 위한 기도에 이어 십자가에서 당신을 변호하는 오른편 죄수에게 "너는 오늘 나와 함께 낙원에 있을 것이다."(23,43)라고 말씀하셨다고 첨부합니다. 숨을 거두시기 직전에 그분이 하신 마지막 말씀도 마르코와 마태오의 서술과는 다르게 전합니다. "아버지, '제 영을 아버지 손에 맡깁니다."(23,46) 요한 복음사가는 더 많은 예수님의 말씀을 전합니다. 예수님께서 당신 어머니 곁에 선 사랑하시는 제자를 보시고 어머니에게 "여인이시여, 이 사람이 어머니의 아들입니다."(요한 19,26) 하고 말씀하시고, 사랑하는 제자에게는 "이분이 네 어머니시다."(19,27) 하고 말씀하십니다. 그리고 "목마르다."(19,28)에 이어 "다 이루어졌다."(19,30)라고 말씀하시며 숨을 거두십니다. 네 복음서 중 어느 말씀이 진짜 예수님의 마지막 말씀인가 묻는 것은 의미가 없습니다. 예수님의 죽음에 대한 복음사가들의 체험이 각자 다른 것입니다. 마르코가 이 말씀을 예수님의 마지막 말씀으로 전한 데서 우리는 예수님에 대한 그의 체험을 보게 됩니다.

지나가던 사람들이 "성전을 헐고 사흘 안에 다시 짓는다더니 십자가에서 내려와 네 목숨이나 건져보아라."(마르 15,29-30) 하고 머리를 흔들며 모욕하고, 사회의 지도자인 대사제들과 율법 학자들도 "다른 이들은 구원하였으면서 자신은 구원하지 못하는군. 우리가 보고 믿게, 이스라엘의 임금 메시아는 지금 십자가에서 내려와 보시지."(마르 15,31-32) 하고 비아냥거리는 것은 "영원한 생명을 이야기하더니 자기도 별수 없구나." 하는 조소입니다. 예수님과 함께 십자가에 못 박힌 자도 "당신은 메시아가 아니시오? 당신 자신과 우리를 구원해 보시오."(루카 23,39) 하며 그분을 모독합니다. 이런 모멸 속에서 그분은 시편을 외치며 숨을 거두십니다. 그들의 빈정거림이 옳았다고 증명이라도 하듯 그분의 몸에 아무런 기적도 일어나지 않았습니다. 그분은 큰 소리를 지르시고 숨을 거두셨습니다.

3

신심 있는 사람들은 그분께서 철저하게 버림받은 몸으로 더할 수 없는 고통 중에 숨을 거두셨다는 사실을 받아들이지 못하고, 그분의 고통스러운 죽음을 애써 외면하고 싶을 것입니다. 하느님의 아들이신데 어떻게 십자가에 달릴 수 있으며 고통을 못 이겨 하느님을 저주하듯 울부짖으며 숨을 거두실 수 있겠느냐는 것입니다. 자비의 하느님께서 어떻게 당신의 사랑하는 외아들이 그런 모습으로 죽도록 놔두실 수 있겠느냐는 것입니다. 수치스러운 모습으로 죽어 가는 아들을 구해 내지 못하는 무능한 하느님이라면 어떻게 믿을 수 있겠느냐는 것입니다. 인간적인 비난을 잠재우기 위해서라도 하느님께서 당신의 아들이 수치를 당하지 않도록 지켜 주시고, 죽음을 피할 수 있도록 기적을 일으켜 주셔야 한다고 믿고 싶은 것입니다. 그리하여 "봐라, 우리가 믿는 하느님은 힘 있는 분이시다. 아들을 십자가 죽음에서 구하시는 기적을 일으키시는 위대한 분이시다." 하고 뿌듯하게 큰소리 치고 싶은 것입니다.

하느님은 인간의 기대를 충족시키기 위해 기적을 일으키시는 분이 아닙니다. 하느님께서 사람들의 기대를 충족시키기 위하여 위력을 발휘하셔서 보란 듯이 그분을 십자가에서 구출하셨다면, 그랬다면 그분은 사람의 아들이 아니게 됩니다. 그랬다면 그분의 가르침은 위선이 되고 그분의 십자가 길은 인류를 상대로 한 사기극이 되고 말 것입니다. 그것은 고통과 하나 되고자 하시는 하느님의 뜻마저 거짓으로 만드는 일입니다. 십자가에 매달려 처참하게 숨지신 그분의 모습은 그런 일은 있을 수 없으며 일어나서는 안 되는 일이라는 것을 극명하게 보여 줍니다. 그분은 하느님의 아들이기에 사람의 아들이 당하는 고통을 그대로 당하셨습니다. 어떤 탈출도 어떤 기적도 바라지 않으셨습니다. "왜 나를 버리셨습니까?" 하고 부르짖으시는 그분의 모습은 고통 속을 헤매는 인류와 하나가 되신 모습이며, 인간 한 사람 한 사람을 대변하는 모습입니다.

아무런 기적이 일어나지 않는 삶을 받아들일 때, 믿음 때문에 그 삶에 자신을 맡길 수밖에 없다는 것을 알 때, 그는 하느님과 하나 됩니다. 예수님께서 그 비참한 모습을 보여 주시면서 마치 이렇게 말씀하시는 것 같습니다. "그래. 이게 내가 너희에게 마지막으로 보여 줄 수 있는 모습이야. 실망이냐? 떠나고 싶으냐? 그러나 자세히 보아라. 여기 감추어 있는 나의 마음을!" 고통을 외면하며 도망치는 우리에게 그분께서 침묵 속에 당신의 마음을 전하십니다. "보라. 이 얼굴을! 가시관 쓰고 온갖 조롱 속에 피땀으로 범벅된 이 저주받은 얼굴을! 이 얼굴이 내가 복음을 선포하면서 너희에게 다가갔던, 너희와 함께했던, 너희를 사랑했던 얼굴이라는 것이 보이느냐? 너희에 대한 나의 믿음 나의 사랑을 보느냐? 너희는 시편을 기도하는 나의 목소리에서 무엇을 듣느냐? 아버지를 원망하는 듯한 나의 목소리에서 아버지께 대한 나의 믿음 나의 사랑을 듣느냐?"

4

예수님의 비참한 모습은 이사야서가 말한 주님의 종의 얼굴입니다. "그의 자태가 인간 같지 않게 망가져 많은 이들이 보고 질겁한 모습, 우러러볼 만한 풍채도 위엄도 없는 모습, 남들이 보고 얼굴을 가릴 만큼 멸시만 받은 모습, 누구도 대수롭지 않게 여기는 모습, 벌받은 자, 하느님께 매 맞은 자, 천대받은 자의 모습, 사람들의 악행과 죄악 때문에 으스러진 모습"(이사 52,14-53,5 참조).

그분은 인간의 상상을 초월하는 가장 비참한 모습으로 그 비참한 상황에까지 생명을 전달하시는 하느님께 대한 믿음을 보이며 하느님께 자신을 도로 바치고 계십니다. 하느님의 생명은 우리가 좋아하는 곳만이 아니라 사람들이 하느님께서 저주하신 곳이라고 말하는 가장 비참하고 처절한 고통 가운데에도 감추어져 있음을 당신의 비참한 모습으로 보여 주십니다. 그분의 부르짖음을 곁에서 들은 사람들은 "이 사람이 엘리야를 부르네." 하며 빈정대고, 어떤 사람은 해면을 신 포도주에 적시어 갈대 끝에 꽂아 예수님께 마시라고 갖다 대며 "어디 엘리야가 와서 그를 내려 주나 봅시다." 하고 비아냥거리는데, 어디서 도 그분의 고통에 동참하는 사람의 목소리는 들리지 않습니다. 그분 께서 지상에 남긴 마지막 음성이 하느님을 향한 부르짖음이었다면, 그분께서 지상에서 마지막으로 들으신 소리는 당신을 조롱하고 모욕 하는 인간들의 비아냥거림이었습니다.

볼 눈이 없어 사람의 아들에게서 그리스도를 보지 못하는 사람들 에게 그분의 모습은 어리석은 자의 얼굴이지만 볼 눈이 있는 이들에 게 그분의 모습은 자기의 인생에서 하느님의 현존과 하느님의 생명을 체험한 자의 모습이며 하느님께서 생명으로 일으키신 부활한 자의 모 습입니다. 부활한 자이기에 저렇게 비참한 얼굴로 죽으실 수 있고 처 음부터 하느님의 아들이셨기에 저렇게 비참한 종의 모습으로 순종하 셨습니다. 이는 그리스도처럼 죽은 자가 다시 살아날 수 있고 그리스 도처럼 다시 살아난 자가 그리스도처럼 죽을 수 있다는 것을 말해 줍니다.

그렇게 그분은 이사야가 노래하는 종의 모습으로, "학대받고 천대 받았지만 자기 입을 열지 않고, 도살장에 끌려가는 어린양처럼 털 깎 는 사람 앞에 잠자코 서 있는 어미 양처럼 자기 입을 열지 않고, 폭행 을 저지르지도 않고 거짓을 입에 담지도 않았건만 악인들과 함께 묻 힌(이사 53,7-9) 종의 모습으로 당신의 정체성을 드러내십니다. 그 얼굴 이 하느님께서 세상을 너무도 사랑하시어 보내 주신 하느님의 외아들의 얼굴입니다. 그 얼굴에 나타난 하느님의 무한한 사랑을 그 어떤 인간의 언어로 표현할 수 있겠습니까. "아빠, 아버지!" 하고 부르는 것 말고 그 어떤 언어로 하느님께 대한 사랑을 표할 수 있겠습니까. 예수님은 "저의 하느님 저의 하느님" 하고 아버지 하느님을 부르며 아버지의 사랑에 자신을 맡기십니다. 하느님의 이름을 부르며 자신을 아버지께 맡기는 그분의 모습에서 고통을 없애 달라는 애원이 아니라 하느님의 아들로서의 그분의 참모습을 봅니다.

5

마르코는 예수님의 마지막 말씀으로 이 시편의 말씀을 들려주지만 루카는 예수님께서 "아버지, '제 영을 아버지 손에 맡깁니다.'"(루카 23,46)라고 외치고 숨을 거두셨다고 전합니다. 마르코는 이 음성을 들려주기를 아끼는데, 아무에게도 말을 하지 않는 자, 아무 말도 하지 못하는 자만이 그 음성을 들을 수 있기 때문일 것입니다. 예수님은 고통을 피하려고 하지 않으셨습니다. 그렇게 묵묵히 자신을 하느님께 맡기시는 모습에서 "곤경 중에 주님 부르고, 하느님께 도움 청하였더니, 주님께서 내 목소리 들으셨네. 부르짖는 내 소리 그분 귀에 다다랐네."라는 또 다른 시편이 들려옵니다.[188]

---

188) 다윗의 시인데 그는 곤경을 없애 달라고 청하지 않습니다. 곤경 중에 부르짖으니 그 소리가 주님께 다다랐다고 노래합니다. "저의 힘이신 주님, 당신을 사랑하나이다. / 주님은 저의 반석, 저의 산성, 저의 구원자시옵니다. / 주님은 저의 하느님, 이 몸 숨는 저의 바위, 저의 방패, 제 구원의 뿔, 저의 성채시옵니다. / 찬양하올 주님 불렀을 때, 저는 원수에게서 구원되었나이다. / 죽음의 오랏줄이 나를 두르고, 멸망의 급류가 나를 삼키며, 저승의 오랏줄이 나를 휘감고, 죽음의 올가미가 나를 덮쳤네. / 곤경 중에나 주님 부르고, 하느님께 도움 청하였더니, 당신 성전에서 내 목소리 들으셨네. 부르짖는 내 소리 그분 귀에 다다랐네."(시편 18,2-7 미사 화답송에서 인용)

일찍이 예레미야도 같은 심정으로 자기 자신을 주님께 맡겼습니다. 예레미야는 사람들이 자기를 고발하겠다고 수군대고, 가까운 친구들마저 자기가 쓰러지기만 기다리고, 모두 자기를 속이고 복수하려고 공포 분위기를 조성하고, 그가 할 수 있는 것은 아무것도 없는 상황에서 하느님께 자기를 괴롭히는 그들을 없애 달라고 기도하는 대신 그들에 대한 복수를 주님께 맡겼습니다. 그것은 주님께서 알아서 하실 일입니다(예레 20,10-13).

　다윗이 노래하는 시편 18장은 곤경을 모면하게 해 달라는 기도가 아닙니다. 오히려 곤경의 상황이 사라지게 되면 내게 귀를 기울이시는 주님의 소리도 듣지 못하게 된다는 것을 암시합니다. 그렇다면 내게 귀를 기울이시는 주님의 음성을 듣기 위하여 곤경 중에 살게 해 달라고 기도해야 할까요? 이런 물음은 자기중심적인 사고의 틀을 벗어나지 못한 데서 나온 우문일 뿐입니다. 주님의 현존을 느끼는 것이 삶의 근본이 되어야 한다는 것입니다.

6

　곤경 중에 주님을 부를 수 있을 때 내가 주님을 부르기 전에 주님께서 먼저 나에게 귀를 기울이시며 나를 듣고 계셨다는 것을 알게 되고, 주님께서 늘 나와 함께 계셨다는 것을 깨닫게 될 것입니다. 내가 늘 주님의 관심 속에 있었다는 것을 알게 되는 순간, 나는 생의 의미를 발견하고 어떤 역경에서도 일어날 힘과 용기를 얻고, 일어선 삶을 살 수 있을 것입니다. 내가 미워하고 싫어하는 것들을 모두 치워 버린다고, 그런 것들이 모두 사라져 내 눈에 보이지 않는다고 삶이 행복해지는 것은 아닙니다. 주님의 현존을 느끼지 못하고 사는 인생은 허무합니다. 자기만의 세상에 갇혀 사는 인생은 무의미합니다. 곤경 중에도 인생의 의미를 묻고, 찾고, 발견하며 사는 것이 아무런 어려움이 없이 인생의 의미도 모르고 사는 것보다 더 중요합니다.

고통은 사라져야 할 악이라고 생각하는 사람은, 그렇게 고통을 없애 달라고만 기도하는 사람은, 하느님마저 고통을 없애 주는 로봇 기계처럼 생각할 것입니다. 내가 기도하지 않으면 움직이지 않는, 내가 버튼을 누르지 않으면 작동하지 않는 자동기계처럼 말입니다. 힘든 일을 당할 때 부모가 생각나는 것은 부모에게 힘든 상황을 해결해 줄 능력이 있어서가 아니라 자식이 어떤 처지에 있든 자식보다 더 자식을 생각하는 마음 때문입니다. 자식이 고통받으면 받을수록 자식보다 더 아파하며 자식과 함께하는 그 마음 때문입니다. 부모가 언제나 자식을 품고 살 듯이 하느님께서는 언제 어느 때라도 우리 안에서 우리와 함께하시는 분이십니다. 저 시편의 저자는 곤경을 없애 달라고 기도하는 것이 아니라 환난 중에 주님의 소리를 듣게 해 달라고, 어떠한 상황에서도 주님의 소리를 들으며 살게 해 달라고 기도합니다. 곤경에 처하지 않았다면 지나쳐 버렸을 주님의 보호를 곤경에 처해서야 느끼며 살아 계신 주님을 찬송하고 찬미합니다.

7

예수님께서 돌아가시기 전날 겟세마니에서 공포에 휩싸여 피땀 흘리며 기도하실 때에도 그 상황을 피해 가게 해 달라는 기도 대신 당신 몸에 아버지의 뜻이 이루어지기를 기도하셨습니다. 그 전에, 제자들은 잔을 마실 준비가 되어 있지 않음을 아시면서도 "내가 마시는 잔을 너희도 마시고, 내가 받는 세례를 너희도 받을 것이다."(마르 10,39) 하고 말씀하셨습니다. 당신을 위하여 목숨을 내놓을 준비가 되어 있지 않은 그들에게(요한 13,38) 이런 말씀을 하시는 것은 모든 이가 곤경 중에 주님의 목소리를 들을 귀를 가지고 있기 때문입니다. 끊임없이 청하라고 하신 예수님이지만 우리를 곤경에 처하게 하는 일들을 없애 달라고 기도하라 하지 않으셨습니다. 나를 고통스럽게 하고 상처 주고 박해하는 인간을 눈앞에서 치워 달라고 간청하지 않으셨습니다. 오히려 그들을 위해 기도하라고 가르치십니다. 그들 안에 와 계시는 하느님의 음성을 듣도록 하라고 가르치십니다. 인생을 행복하게 살고 싶다면, 의미 있게 살고 싶다면 우리는 귀를 기울여야 합니다. 하느님께서 귀를 기울여 들으시는 세상이 신음하는 소리에 귀를 기울여야 합니다.

8

예수님께서 숨지시기 전에 마지막으로 외치셨던 시편 기도는 인간이 가장 비참한 처지에서 하느님께 구원을 바라는 절박한 부르짖음입니다. 학자들은 이 시편은 버림받았음을 비관하며 읊은 것이 아니라 이어지는 구절이 말해 주듯이 버려진 상황에서도 하느님께 희망을 두고 부른 노래라고 합니다. 그분께서 십자가에서 부르짖으신 외침은 절망과 원망과 좌절을 넘어선 하느님에 대한 신뢰에서 나오는 기도라는 것입니다. 시편은 절망에 빠진 자의 구원을 바라는 간절한 기도와 그 기도를 들으시고 응답하시는 하느님을 찬양하는 노래로 구성되어 있습니다. 시편 22장에는 절망(가)과 '그러나'로 시작하는 하느님께 대한 신뢰와 찬양(나)이 반복되어 나타납니다.

(가)

저의 하느님, 저의 하느님, 어찌하여 저를 버리셨습니까?

소리쳐 부르건만 구원은 멀리 있습니다.

저의 하느님, 온종일 외치건만 당신께서 응답하지 않으시니

저는 밤에도 잠자코 있을 수 없습니다(시편 22,2-3).

(나)

그러나 당신은 거룩하신 분, 이스라엘의 찬양 위에 좌정하신 분.

저희 선조들은 당신을 신뢰하였습니다.

신뢰하였기에 당신께서 그들을 구하셨습니다.

당신께 부르짖어 구원을 받고

당신을 신뢰하여 부끄러운 일을 당하지 않았습니다(시편 22,4-6).

(가)

저는 인간이 아닌 구더기, 사람들의 우셋거리, 백성의 조롱거리.

저를 보는 자마다 저를 비웃고

입술을 비쭉거리며 머리를 흔들어 댑니다.

"주님께 맡겼으니 그분께서 그자를 구하시겠지.

그분 마음에 드니 그분께서 구해 내시겠지."(시편 22,7-9)

(나)

그러나 당신은 저를 어머니 배 속에서 이끌어 내신 분,

어머니 젖가슴에 저를 평화로이 안겨 주신 분.

저는 모태에서부터 당신께 맡겨졌고

제 어머니 배 속에서부터 당신은 저의 하느님이십니다.

제게서 멀리 계시지 마소서.

환난이 다가오는데 도와줄 이 없습니다(시편 22,10-12).

(가)

수많은 수소들이 저를 에워싸고 바산의 황소들이 저를 둘러싸 약탈하고

포효하는 사자처럼 저를 향하여 입을 벌립니다.

저는 물처럼 엎질러지고

제 뼈는 다 어그러졌으며 제 마음은 밀초같이 되어 속에서 녹아내립니다.

저의 힘은 옹기 조각처럼 마르고 저의 혀는 입속에 들러붙었습니다.

당신께서 저를 죽음의 흙에 앉히셨습니다.

개들이 저를 에워싸고 악당의 무리가 저를 둘러싸 제 손과 발을 묶었습니다.

제 뼈는 낱낱이 셀 수 있게 되었는데 그들은 저를 보며 좋아라 합니다.

제 옷을 저희끼리 나누어 가지고 제 속옷을 놓고서는 제비를 뽑습니다(시편
22,13-19).

(나)

그러나 주님, 당신께서는 멀리 계시지 마소서.

저의 힘이시여, 어서 저를 도우소서.

저의 생명을 칼에서, 저의 목숨을 개들의 발에서 구하소서.

사자의 입에서, 들소들의 뿔에서 저를 살려 내소서.

당신께서는 저에게 대답해 주셨습니다.

저는 당신 이름을 제 형제들에게 전하고

모임 한가운데에서 당신을 찬양하오리다.

그분께서는 가련한 이의 가엾음을 업신여기지도 싫어하지도 않으시고

그에게서 당신 얼굴을 감추지도 않으시며

그가 당신께 도움 청할 때 들어 주신다.

가난한 이들은 배불리 먹고 그분을 찾는 이들은 주님을 찬양하리라.

너희 마음 길이 살리라!

세상 끝이 모두 생각을 돌이켜 주님께 돌아오고

민족들의 모든 가문이 그분 앞에 경배하리니

주님께 왕권이 있고 민족들의 지배자시기 때문이다(시편 22,20-23.25.27-29).

시편 22장에 이어지는 23장에서도 마찬가지의 상황이 설정됩니다. "제가 비록 어둠의 골짜기를 간다 하여도 재앙을 두려워하지 않으리니 당신께서 저와 함께 계시기 때문입니다. 당신의 막대와 지팡이가 저에게 위안을 줍니다."(시편 23,4) 예수님께서 마지막 순간에 시편으로 기도하셨다면 당신의 목자이신 하느님께 온전히 당신을 맡기고 있는 것입니다. 예수님께서 절체절명의 순간에 이 시편을 큰 소리로 외

치셨다면 하느님을 신뢰하며 그분께 당신을 바치고 있는 것입니다. "하느님으로부터 버림받은 것 같은 절망적인 상황에 부딪쳐 그 이유를 물으면서도 여전히 '나의 하느님, 나의 하느님…'이라고 부르짖는다."(부어스 226)

정양모 신부의 해석을 인용합니다. 예수님의 이 마지막 말씀은 "얼마나 처절한 절규인가? 개신교는 참을 수 없고 가톨릭은 납득이 가지 않는다고 일갈한 앙드레 지드는 저 임종을 예수의 절망적 절규로 풀이했다. 사실 이 임종게만 따로 떼어 놓고 보면 앙드레 지드 식으로 이해하기 십상이겠다. 그러나 처절하게 들리는 임종게는 실은 이스라엘 백성이 즐겨 바치는 개인 탄원 시편들 가운데 하나다. 이스라엘 선민이 곤경에 처하면 곧잘 바치는 기도문이다. 예수께서는 하늘과 땅 사이에 외롭게 달려, '없이 계시는 하느님'(다석 유영모 조어) 아빠를 애타게 찾으면서 숨을 거뒀다. 사실 시편 22편의 시인은 하느님을 원망하듯 부르짖지만(22,2), 하느님을 신뢰하고(4-6,10-12) 간청을 꼭 들어주실 줄 믿고 미리 감사를 드린다(22-32). 예수께선 이 탄원 시편을 시작만 하고 마치지는 못하고 숨을 거두셨다고 보겠다."[189]

9

절체절명의 순간에 "온종일 불러봐도 대답 하나 없으시고, 밤새도록 외쳐도 모르는 체하십니까?"(시편 22,1-2 공동번역)라고 시편을 읊는

---

189) 정양모, 『나는 예수를 이렇게 본다』, 햇빛출판사(2012), 282.

예수님의 처절한 마음을 우리는 액면 그대로 받아들여야 할 것입니다. 그분은 하느님의 아들이시니 편안한 마음으로 시편을 큰소리로 외치며 숨지셨을 것이라는 신심에 찬 해석은 그분을 고통을 모르는 무감각한 존재로 만드는 것이나 다름없습니다. 그랬다면 그분은 사람이 되시어 오실 필요가 없었을 것입니다. 죽음의 십자가에 달리실 이유가 없었을 것입니다. 그분 입에서 터져 나온 시편이 하느님께 대한 무한 신뢰를 바탕으로 한 기도라고 하여 그분의 절박한 심정을 감각 없는 신앙고백으로 가리려 해서는 안 될 것입니다. 예수님은 "고통 끝 기쁨 시작"을 알리기 위해 일시적으로 고통을 당하시며 숨지신 것이 아닙니다. "그러나 당신은 거룩하신 분, 저는 당신을 신뢰합니다."(시편 22,4)라고 하느님의 뜻에 당신을 맡기며 숨지신 그분 죽음을 신성이라는 포장지로 싸서 미화하는 것은 그분의 고난과 죽음을 곡해하는 것입니다.

우리는 사람의 아들이 이 시편을 큰 소리로 외치셨다는 것을 잊지 말아야 합니다. 예수님이 하느님의 아들이라는 이유로 사람의 아들로서 당하신 고통을 일시적이고 위장된 것으로 생각해서는 안 됩니다. 설마 예수님께서 신 부재를 체험하셨을까, 설마 하느님의 아들이신 예수님이 아버지 하느님으로부터 버려졌다고 생각하셨을까, 설마 그런 일이 있을 수 있을까, 하며 그분의 신 부재 체험을 인정하지 않으려 하는 것은 그분이 '사람의 아들'이라는 것을 간과하는 것입니다.

하느님의 아들이지만 인간의 아들이기에 인간이 당하는 고통을 그대로 당하신 것입니다. 그분의 인간적 고통은 실제이기에 고통에 못 이겨 울부짖으시고 아버지의 부재를 느끼는 것은 당연한 일입니다.

"왜 저를 버리셨습니까?"라는 부르짖음이 "주님 어디에 계십니까? 당신이 저와 함께 계신 것이 맞습니까?"라는 의미를 담고 있다 하더라도 이상할 것이 없습니다. 신 부재를 체험하는 그 저주스러운 곳에서도 하느님께 당신을 맡기신 그분의 마음을 우리는 보아야 합니다.

케이시는 말합니다. "이 모든 단식 안에는 하느님께 대한 불만과 원망의 느낌이 들어 있다. 왜 이 모든 것은 일어날 수 있었는가? 하느님은 이런 상황을 바꾸기 위하여 왜 아무것도 하지 않는가? 무엇보다도 고통받는 이를 짓누르는 것은 하느님께 버림받았다는 느낌이다. 하느님이 우리를 버린다면 누가 해방시킬 수 있겠는가? 하느님이 우리의 죄를 심판하기 시작한다면 누가 살아남을 것인가? (…) 우리는 수많은 탄식들 안에서 하느님의 부재에 대한 느낌에서 일어나는 고통과 혼란의 소리를 듣는다. (…) 하느님의 부재는 수많은 고통스러운 질문들을 일으킨다. (…) '주님, 언제까지 마냥 저를 잊고 계시렵니까?'(시편 13,2) (…) 시편 22장의 말들은 (…) 도움을 청하는 필사적인 외침이 아니다. (…) 오히려 버림받았다는 압도적이며 절실한 느낌을 표현하고 있다. (…) 예수님은 길게 이어진 육체적 고통 속에서 죽었다. (…) 하느님이 (…) 함께 있다는 것을 전혀 느낄 수 없었고 위로를 받지 못했다."[190]

하느님께 맡긴다는 것은 최악의 상황에서도 온전히 자기 자신을 맡기는 행위를 통해 드러납니다. 예수님은 지금 최악의 인간 상황에서 당신 자신을 아버지 하느님께 맡기십니다. 하느님께서 당신을 구해 주시리라는 일말의 희망마저 꺾인 상태에서 당신께서 처한 최악의 인

---

190) 케이시, 345-346.

간 상황을 받아들이십니다. 모든 것을 다 포기한 이 사람의 아들이 하느님의 아들입니다. 사람의 아들이라는 것을 강조하면서 하느님의 아들을 이야기하는 것은 사람의 아들을 들여다보는 사람만이 하느님의 아들을 만날 수 있기 때문입니다. 우리 주변의 밑바닥 인생을 사는 '사람의 자식'들과 함께 아파하고 함께 슬퍼하는 자만이 하느님의 아들을 만날 수 있기 때문입니다.

예수님은 사람의 아들이 하느님의 아들이라고 증명하려 들지 않으십니다. 침묵 속에서 절규하는 사람의 아들의 모습을 그저 보여 주실 뿐입니다. 그 절규는 자기의 소리를 침묵시키는 자만이 들을 수 있습니다. 이를 어찌 인간의 언어로 설명할 수 있겠습니까. 침묵하는 자만이 영생의 경지에 이를 것입니다. "어찌하여 저를 버리셨습니까?" 하고 절규하시는 그분은 지금 당신 자신을 하느님께 맡기고 계십니다. 루카가 "아버지, '제 영을 아버지 손에 맡깁니다.'"(루카 23,46) 하고, 요한이 "다 이루어졌다."(요한 19,30) 하고 전하는 예수님의 마지막 말씀은 침묵하는 자만이 들을 수 있을 것입니다.

그분께서 돌아가시면서 "엘로이, 엘로이, 레마 사박타니?" 하고 부르짖으신 것은 기적을 거부하시는 외침입니다. 세상 사람이 바라던 기적이 일어나지 않은 것이, 아무런 기적이 일어나지 않은 그 자체가 이미 기적입니다. 모두에게 일어나기를 바라는 기적이라면 그것은 기적이 아닙니다. 그런 기적이 일어나지 않은 것, 그것이 참 기적입니다. 예수님은 지금 "엘로이, 엘로이, 레마 사박타니?" 하고 큰 소리로 외치고 숨을 거두시며 아무 기적도 일어나지 않는 기적을 일으키십니다.

그분의 마지막 부르짖음에서 우리는 "너는 내가 사랑하는 아들"이라고 하시며 인간에게 다가오시는 하느님의 생명을 느낍니다. 십자가에서 죽음을 맞이하신 예수님은 내가 고통을 받을 때 고통을 없애 주시는 분, 아플 때 기도하면 안 아프게 해 주시는 분이 아니었습니다. 오히려 그런 생각을 변화시켜 고통을 사랑하고 아픔을 사랑하고 그 안에서 당신을 만나게 하시는 분이었습니다. 자비의 인간으로 태어나게 하시는 분이었습니다. 그분은 내 존재에 그런 기적을 일으키신 분이었습니다. 슬픔의 골짜기를 걷는 이 몸이 하느님의 자녀임을 인식시켜 주신 분이었습니다.

10

우리는 힘들고 괴로운 일을 참지 못합니다. 무슨 수를 써서라도 벗어나려고 애씁니다. 하느님께 매달리며 고통에서 벗어나게 해 달라고 기도합니다. 고통을 벗어난 곳에 천국이 있고 모든 괴로운 상황을 벗어난 곳에 부활의 삶이 펼쳐지는 것처럼 말입니다. 우리는 그렇게 하느님을 우리의 고통을 없애 주시는 분으로 생각합니다. 예수님께서 "어찌하여 저를 버리셨습니까?" 하고 큰 소리로 부르짖으셨다면 하느님의 부재를 느끼셨기 때문이 아닙니다. 그분의 절규는 죽음의 상황을 벗어난 곳에 천국이 있고 부활의 삶이 펼쳐진다는 인간적 사고를 완전히 부정합니다. 그런 믿음으로는 부활의 삶을 살 수 없습니다.

예수님의 절규는 극한의 상황에 빠져 절망하는 인간의 모습입니다. 그분은 극한의 상황으로 당신 몸을 던지셨습니다. 시편 22장을 부르짖으며 운명하신 그분은 고통 가운데 울부짖는 인간들을 만나십니다. 가난한 이, 고통받는 이, 억울한 이들과 하나 되십니다. 라칭거는 여기서 "그리스도께서 머리이시며 동시에 몸으로 기도하신다."라는 아우구스티누스의 말을 상기시킵니다.[191] 십자가에서 절규하시는 그분의 몸은 한 덩어리 몸입니다. 여러 지체로 되어 있지만 하나의 몸이어서 배가 아프면 배만이 아니라 온몸이 아프고, 눈이 아프면 눈만이 아니라 온몸이 아프듯이 예수님은 그렇게 인류의 고통을 앓으십니다. 온 인류가 그분 몸의 지체입니다. 인류 개개인의 고통이 그분의 고통입니다. 그분의 고통은 하느님의 고통입니다. 메시아의 고통입니다.

십자가에서 그분의 고통은 줄지 않고 "점점 더 커지는데, 예수의 수난이 개인적인 것이 아니라 실제로 우리 모두의 곤궁을 그 안에 지니기 때문이다. 하지만 동시에 그분의 고난은 메시아적 고난이다. 우리와 공동체 안에서 함께하시며 우리를 위해 겪는 고난이요, 사랑으로부터 와서 이미 구원을, 사랑의 승리를 지니는 고난이다."[192]

그분은 절규하며 인류를 만나시고 인류와 함께 하느님을 만나십니다. 그분은 십자가 죽음을 받아들이시며 고통과 죽음이 하느님의 저주가 아님을 보여 주십니다. 저주스러운 십자가에서 하느님을 볼 수 있게 해 주십니다. 하느님은 십자가를 거부하며 뛰어내린 곳, 온갖 병이 낫고 빵이 많아지는 기적이 일어나는 안락한 곳이 아니라 십자가 위에서 체험되는 분이십니다.

십자가에 달려 절규하며 그분은 인류를 위하여 기도하십니다. "아버지, 저의 소리를 통해 세상의 소리를 들어 주십시오." 예수님의 절

---

191) 라칭거 2, 271-272.
192) 라칭거 2, 272.

규를 통해—지금 당장은 아니지만—사람들은 하느님의 사람을 만나게 될 것입니다. 주님, 저도 예수님과 하나 되어 기도하게 하여 주십시오. 인류를 위하여 죽게 하여 주십시오.

나. 성전 휘장이 찢어졌다

1

예수님은 하느님께서 인간을 창조하신 여섯째 날 금요일에[193] 십자가에서 돌아가셨습니다. 하느님께서 인간을 창조하신 날에 예수님께서 돌아가셨습니다. 하느님께서 인간을 창조하신 여섯째 날에 예수님이 돌아가셨다는 것은 새 인간의 탄생을 알리는 것입니다. '숨을 거두다'의 그리스어 동사 원형은 '에크프네오ἐκπνέω'입니다. 에크프네오는 프뉴마πνεῦμα(공기, 바람, 숨, 호흡, 영)를 내쉬는 것입니다. '숨을 내쉬다', '숨을 거두다'라는 뜻입니다. 인간은 숨을 내쉬고 하느님은 숨을 거두십니다. 인간이 내쉬고 하느님께서 거두신 숨은 태초에 하느님께서 인간에게 불어넣어 주신 하느님의 생명입니다. 예수님께서 십자가 위에서 내뿜으신 숨은 세상을 창조하시며 생명을 불어넣으신 하느님의

---

193) 예수님은 로마력에 의하면 예루살렘에서 지내신 지 다섯째 날 저녁(목요일 저녁)에 최후의 만찬을 하시고 다음 날 낮에 돌아가셨지만, 유다력에 의하면 여섯째 날이 시작되는 저녁(금요일이 시작되는 저녁)에 최후의 만찬을 하시고 나서 붙잡혀 밤새 심문을 받으시고 같은 날 아침에 빌라도한테서 사형선고를 받으시고 오전 9시경(삼시 경)에 십자가에 못이 박히시고 오후 3시경에 돌아가신 셈이 됩니다.

숨입니다.

2

복음사가는 예수님께서 숨을 거두실 때 어둠이 온 땅에 덮였다고 전합니다. 낮 열두 시밖에 안 되었는데 캄캄합니다. 온 땅에 어둠이 덮였습니다. 한낮인데도 밤입니다. 일찍이 아모스가 "주 하느님의 말씀이다. 그날에 나는 한낮에 해가 지게하고 대낮에 땅이 캄캄하게 하리라."(아모 8,9)라고 했던 예언을 상기시킵니다. 예수님께서 큰 소리를 지르고 숨을 거두시자 성전 휘장이 위에서 아래까지 두 갈래로 찢어집니다. 여기서 '(휘장이) 찢어지다'의 그리스어는 예수님께서 세례를 받으실 때 체험하신 '(하늘이) 갈라지다'(마르 1,10)와 같은 단어 '스키죠 σχίζω'입니다.

예수님께서 숨을 거두시는 순간에 성전 휘장이 찢어집니다. 성전 휘장이 두 갈래로 찢어진 것은 예수님께서 숨을 거두시자 일어난 일이기에 더는 예수님의 체험이 아닙니다. 그리스도의 죽음이 성전 휘장을 찢어지게 한 것입니다. 성전의 휘장이 찢어졌다는 것은 지성소와 세상 사이에 가로놓인 휘장이 찢어졌다는 것이며, 하느님은 지성소에 숨어 계시지 않고 만백성에게 당신 정체를 드러내신다는 것을 뜻합니다. 예수님의 십자가 죽음이 하늘과 땅, 성전과 세상, 그리스도인과 이방인, 신앙인과 비신앙인으로 갈라놓는 인간의 마음을 찢으셨습니다.

예수님의 죽음과 함께 인간이 지은 성전의 휘장이 찢어지고, 성전 휘장이 찢어지면서 성전 안과 밖, 성과 속, 하늘과 땅을 갈라놓는 인간의 기준이 무화無化되었습니다. 하느님과 인간, 성과 속을 갈라놓는 종교의식이 찢어졌습니다. 찢어진 휘장의 틈새로 하느님의 생명이 온 누리로 퍼져 나갑니다. 그리스도의 죽음을 통하여 모든 장소, 모든 시간, 모든 인간, 모든 피조물이 하느님의 성전에 들게 되었습니다. "성전을 다른 것들과 구별하여 거룩한 곳으로 만들었던 휘장은 그 성별하는 능력을 상실해 버렸다. 성전을 모독한 자라고 해서 추방 당한 이가 휘장을 갈라서, 성전을 모든 사람과 모든 시간에 대하여 개방하셨다."[194]

"성전 휘장 이야기는 신앙의 중심이 성전이 아니라 그리스도임을 의미한다."(뒤켄 336) 그리스도의 죽음이 성전 휘장을 찢어지게 했기 때문입니다. 히브리서는 말합니다. "그러므로 형제 여러분, 우리는 예수님의 피 덕분에 성소에 들어간다는 확신을 가지고 있습니다. 그분께서는 그 휘장을 관통하는 새롭고도 살아 있는 길을 우리에게 열어 주셨습니다. 곧 당신의 몸을 통하여 그리해 주셨습니다. 우리에게는 하느님의 집을 다스리시는 위대한 사제가 계십니다. 그러니 진실한 마음과 확고한 믿음을 가지고 하느님께 나아갑시다. 우리의 마음은 그리스도의 피가 뿌려져 악에 물든 양심을 벗고 깨끗해졌으며, 우리의 몸은 맑은 물로 말끔히 씻겨졌습니다."(히브 10,19-22)

---

194) 틸리히, 270.

3

십자가에서 죽음을 맞으신 예수님을 통하여 온 세상이 하느님의 현존을 체험하게 되었습니다. 그 전에 지성소는 사제만이 들어갈 수 있는 곳이었지만 예수님의 죽음과 함께 성전의 휘장이 찢어지면서 성전 문이 세상을 향하여 열리고 유다인이든 이방인이든, 거룩한 사람이든 속된 사람이든 모든 이에게 부활의 빛이 비치게 되었습니다. 모든 이에게 부활 생명이 퍼져나갑니다. 모든 생명이 새로 살아납니다.

성전의 휘장이 찢어지는 일을 일으킨 십자가에서 인간은 인종과 언어, 종족과 종교를 넘어 모두가 하느님과 완전히 하나가 되도록 기도를 바칠 수 있게 되었습니다. 바오로 사도도 여기에 기인하여 말합니다. "여러분은 이제 더 이상 외국인도 아니고 이방인도 아닙니다. 성도들과 함께 한 시민이며 하느님의 한 가족입니다. 그리스도 안에서 전체가 잘 결합된 이 건물이 주님 안에서 거룩한 성전으로 자라납니다."(에페 2,19.21)

예수님의 죽음으로 찢어진 이 휘장은 폴 틸리히가 말한 것처럼 다시 수선할 수 없습니다. 인간의 어떤 노력도 그 휘장을 찢어지기 이전의 상태로 되돌려놓을 수 없습니다. 이미 "모든 장소가 하느님이 임재하시는 거룩한 곳이 되어 버렸고 그가 성소聖所의 이름으로 십자가에 못 박혀 버렸기 때문이다. 성소의 휘장이 두 개로 찢어졌을 때, 하느님은 종교를 심판하신 것이며, 성전을 거부해 버리신 것이다. 이때 이래, 성전들과 교회들은 모든 장소의 바탕이며 의미인 거룩한 것 위에 (사람들의 생각을) 집중하는 장소로서의 의의 밖에는 가질 수 없게 되었다."[195]

4

마태오는 "성전 휘장이 위에서 아래까지 두 갈래로 찢어졌다."라는
보도에 "땅이 흔들리고 바위들이 갈라졌다. 무덤이 열리고 잠자던 많
은 성도들의 몸이 되살아났다."(마태 27,51-52)라는 말을 덧붙입니다.
폴 틸리히는 마태오의 이 말을 예수님의 죽음이 "일련의 자연적인 사
건들과 결부되어" 있다면서 이렇게 씁니다. "자연은 두려워 떨면서 역
사의 이 결정적인 사건에 참여한 것이다. 태양은 그 얼굴을 가리고 성
전은 애통으로 몸부림치며, 땅은 그 기초에서부터 흔들렸고 무덤들
이 열렸다. 자연이 이렇게 소동함은 어떤 우주적인 일이 일어나고 있
기 때문이다."[196]

틸리히는 이 일을 자연의 정화로 이해합니다. "예수님께서 큰 소리
로 외치신 후에 운명하시고, 바위들이 터지던 순간부터 땅은 더 이
상, 우리가 그 위에 세워 놓은 것들의 기초가 될 수 없었다. 땅은 다
만 그 안에 보다 더 깊은 바탕을 가질 때에만 설 수 있고 땅은 다만
십자가가 근거한 같은 기초 위에 근거할 때에만 그 숨을 부지해 갈
수 있다. 그리하여 땅은 그 이상 확고부동한 생명의 바탕이 되지 못
할 뿐만 아니라 그 이상 더 영속하는 죽음의 동굴도 아닌 것이다. 부

---

195) 틸리히, 270.
196) 틸리히, 267-268.

활은 그리스도이신 예수님의 죽음에 덧붙여진 어떤 것이 아니다."[197]

그분께서 당신 영혼을 "아버지 손에 맡겼을 때 무덤 문들이 열리고 시체들이 살아 일어났다. 이 순간 이래 우주는 더 이상 옛것이 아니고, 자연은 옛것과는 다른 의미를 얻었다. 역사는 변화되었으며 나아가 여러분과 나는 더 이상 옛사람일 수 없고 또 그렇게 되어도 안 된다."[198]

마르코는 예수님께서 숨을 거두시던 마지막 순간을 마태오처럼 "땅이 흔들리고 바위들이 갈라졌다."라고 서술하지 않지만, 그 묘사가 그에게 생소한 것은 아닙니다. 마르코는 앞서 사람의 아들이 오시는 순간을 "해는 어두워지고 달은 빛을 내지 않으며 별들은 하늘에서 떨어지고 하늘의 세력들은 흔들릴 것이다. 그때에 '사람의 아들이' 큰 권능과 영광을 떨치며 '구름을 타고 오는 것을' 사람들이 볼 것이다."(마르 13,24-26)라고 시사했습니다. 예수님께서 지금 그 모습을 보여 주시는 것입니다.

태양이 빛을 잃었다는 것은 예수님이야말로 참 생명이심을 뜻합니다. 다른 사람을 위하여 자기를 쪼개고 사라지게 하는 것은 태양에 비길 수 없는 생명을 줍니다.[199] 예수님의 죽음은 자연의 힘을 능가합니다. 예수님의 희생하는 죽음이 하느님의 생명을 가장 강렬하게 느

---

197) 틸리히, 270-271.

198) 틸리히, 271-272.

199) 십자가 사건으로 인하여 태양이 그 빛을 잃었다는 표현이 암시하는 것에 대해 틸리히는 말합니다. "땅 위에서 생을 누리는 만물에게, 빛을 주며 불타오르는 위대한 신이요, 수천만 년 동안 헤아릴 수 없는 사람들의 찬양과 공포와 숭배의 대상이 되었던 태양은, 한 사람이 우주적인 고뇌 속에서 태양보다 더 위대한 것과의 결합을 유지하려고 할 때에, 그 신적인 세력을 거세당해 버렸다는 것이다. 그 암흑의 시간 이래, 태양이 아니라 우주의 모든 세력으로도 부서 버릴 수 없으며, 고난을 당하고, 싸워 사는 하나의 얼이 지고자至高者의 영상이라는 것과, 따라서 태양은 성 프란치스코와 같이 우리의 신으로서가 아니라 형제로서만 찬양을 받을 수 있을 뿐이라는 것이 명백하게 되었다."(위의 책, 269)

끼게 해 주는 근본입니다.

다. 백인대장의 고백과 지켜보는 여자들

1

복음사가는 예수님의 죽음의 순간에 이방인 백인대장과 여자들을 등장시킵니다. 상당히 의도적입니다. 망가질 대로 망가져서 더는 사람의 몰골이라 할 수도 없는 분의 입에서 터져 나온 "하느님, 하느님, 어찌하여 저를 버리셨습니까?"(시편 22,2)라는 부르짖음은 신뢰 가운데 아버지 하느님께 자신의 최후를 맡기는 자의 처절한 절규입니다. 마르코는 시편을 외우며 숨지신 예수님에게서 당신 자신을 아버지께 맡기는 목소리를 듣는 것은 독자의 몫으로 남깁니다. 그분의 죽음에서 그분의 부활을 체험하는 것은 독자의 몫입니다. 십자가의 죽음을 통해 부활의 삶에 이르는 것도 오로지 독자의 몫입니다. 억지로 그 소리 듣게 할 수 없고 억지로 부활의 삶을 살게 할 수 없습니다. 그분의 일그러진 얼굴을 피하지 않는 자만이 그 얼굴로 시편을 기도하며 숨지신 그분의 마음을 들을 수 있고 그분처럼 부활의 경지에 이르게 될 것입니다.

그분을 가까이 따라다니던 제자들이 다 달아나 버린 십자가 주변에는 그분의 죽음을 조롱하고 비아냥거리는 소리만 가득합니다. 그분의 사형을 집행한 백인대장이 그 웅성거림 속에서 큰 소리를 지르시고 숨을 거두시는 그분 모습을 보고 "참으로 이 사람은 하느님의 아드님이셨다." 하고 고백합니다(마르 15,39). 그의 입에서 나온 '이 사람'은 '사람의 아들'입니다. 그는 "'사람의 아들'이 하느님의 아들이다!" 하고 고백합니다. 제자들은 이 고백을 하고서도(마르 8,29) 그분의 죽음 앞에서 두려워 떨며 달아났는데, 이 이방인이 숨지시는 사람의 아들 모습에서 하느님의 거룩한 아들을 알아보고 제자들이 하지 못한 고백을 대신합니다.

마르코는 복음서 전체를 통하여 예수님을 가까이 따르며 그분과 함께 생활한 제자들은 그분을 알아보지 못하는데, 그들이 예수님을 모른다고 비판한 이방인들, 심지어 같이 못 박힌 강도도 예수님을 알아보았다는 이야기를 들려줍니다. 사람의 아들이 하느님의 아들이라는 고백을 이방인이 하게 하면서 제자들의 부끄러운 모습을 가감 없이 보여 줍니다.

이방인의 이 고백은 마르코가 자기 복음서를 "하느님의 아드님 예수 그리스도의 복음의 시작"(1,1)이라는 말로 시작한 사실을 상기시킵니다. 마르코는 "하느님의 아드님 예수 그리스도의 복음의 시작"이라는 말로 시작한 복음서를 "참으로 이 사람은 하느님의 아드님이셨다." 라는 이방인의 고백을 들려주면서 마무리를 준비합니다.

여기서 우리가 또 기억해야 할 것은 마르코가 복음서를 기록한 것이 예수님께서 돌아가시고 나서 40년 이상의 세월이 흐른 후였다는 사실입니다. 수십 년 세월이 흐르는 동안 "예수 그리스도의 복음"은 유다인 이방인 가리지 않고 수많은 사람에게 널리 선포되었고 또 받아들여졌습니다. 이 이방인 백인대장도 복음을 받아들인 수많은 이방인 가운데 한 사람이라 할 수 있을 것입니다. 예수님(의 복음)을 알기 위해서는 하느님의 아들 그리스도가 누군지 알아야 하는데, 놀랍게도 이를 먼저 깨친 사람이 예수님을 가까이서 따르던 제자들이 아니라 이방인이었습니다.

<h2 style="text-align:center">2</h2>

마르코는 십자가 주변에 모인 사람들의 이야기도 함께 들려줍니다. 복음사가에게 그들은 단순한 구경꾼들이 아닙니다. 설령 구경할 목적으로 모여들었다 해도 십자가 주변에 모여 있는 한, 그들은 예수님께서 달리신 십자가의 의미를 밝혀주는 증인들입니다. 십자가 아래서 그분의 옷을 서로 차지하려고 제비뽑는 이들, 그분을 십자가에 못 박고 창으로 그분 옆구리를 찌른 군인들, 그분을 조롱하고 비아냥거리며 지나가는 자들, 그전에 그분을 십자가에 내어 준 수석 사제들과 율법 학자들, 이들의 소리에 복음사가가 우리에게 전하고자 하는 부활의 메시지가 감추어져 있습니다. 이 메시지를 듣기 위해서 우리는 그들의 조롱과 모욕을 묵묵히 받아들이시는 예수님과 한마음이 되어야 할 것입니다.

지나가던 자들이 예수님을 조롱하고 사제들과 율법 학자들이 비슷한 말로 비아냥거린 것은 모두 빌라도의 뜰에서 있었던 왕국 이야기의 연장선입니다. 이들은 아직 하느님 나라의 왕국, 예수님의 왕국을 이해하지 못합니다. 그들은 아직 힘의 논리에 따라 예수님을 대하고 있습니다. 그들이 보기에 그분께서 십자가에 달리신 것은 힘이 없어서입니다. 힘이 있다면 어찌 십자가에 달릴 수 있겠습니까. 사람들은 '힘없이' 십자가에 달리신 그분의 마음을 받아들이지 못합니다.

마르코는 예수님께서 십자가에서 큰 소리를 지르시고 외롭게 숨을 거두시는 모습을 여자들이 멀리서 지켜보았다고 전합니다. 그분의 제자들은 그 상황이 두려워서 모두 달아나고 말았지만, 그분을 따르던 여자들은 멀리서 가시관을 쓰고 십자가에 못 박히시고 숨지시고 무덤에 모셔지는 과정을 지켜봅니다. "여자들도 멀리서 지켜보고 있었는데, 그들 가운데에는 마리아 막달레나, 작은 야고보와 요세의 어머니 마리아, 그리고 살로메가 있었다. 그들은 예수님께서 갈릴래아에 계실 때에 그분을 따르며 시중들던 여자들이었다. 그 밖에도 예수님과 함께 예루살렘에 올라온 다른 여자들도 많이 있었다."(마르15,40-41)

루카는 "구경하러 몰려들었던 군중도 모두 그 광경을 바라보고 가슴을 치며 돌아갔다."라고 전합니다. "예수님의 모든 친지와 갈릴래아에서부터 그분을 함께 따라온 여자들은 멀찍이 서서 그 모든 일을 지켜보았다."(루카 23,48-49) 그들은 성전 휘장이 위에서 아래까지 두 갈래로 찢어지는 것도 지켜보았을 것입니다. 예수님의 외로운 부르짖음은 무심한 듯 정적 속으로 잦아들고 군인과 지나가는 사람들과 대사제들과 율법 학자들의 비정한 소리만이 긴 여운을 남기며 허공을 맴돕니다.

라. 보라 십자가!

1

복음서의 거의 절반이 그분의 고난에 관한 이야기이고 그 정점에 최후의 만찬과 그분의 십자가 죽음이 있습니다. 십자가 없는 예수님은 상상할 수 없습니다. 십자가에 하느님 나라의 복음을 선포하신 그분의 인생이 집중하여 드러납니다. 십자가형은 페니키아, 페르시아, 이집트, 로마 제국에 존재했던 법정 최고형으로 죽음에 이르는 시간이 길어 인간의 한계를 느끼며 서서히 죽음에 이르게 하는 가혹한 형벌입니다. 한 인간의 말로를 가장 비참하고 치욕스럽게 하는 잔혹한 형벌입니다.

고대 로마에서는 반항하는 노예들이나 국가 반역자 등 중죄인을 십자가에 매달아 죽였는데, 스파르타쿠스를 따르던 노예들을 처형했을 때는 아피아 가도를 따라 6,000개가 넘는 십자가가 줄지어 섰다고 합니다. 예수님께서 달리신 십자가는 그분이 별수 없는 사람의 아들이라는 것을 만천하에 알립니다. 예수님을 믿는 이유가(종교를 가지는 이유가) 인생에 주어진 십자가의 고통에서 벗어나기 위함일진대 그분께서 십자가에 달려 끔찍한 죽음을 맞으셨다는 것은 그분을 따르고자 하는 우리를 적잖이 당황하게 합니다.

2

그분께서 달리신 십자가가 언덕 위에 우뚝 서 있습니다. 감히 바라볼 수 없도록 온 세상이 캄캄하게 눈앞을 가립니다. 땅이 흔들리고 바위가 갈라집니다. 빌라도는 그분을 십자가에 넘기며 "보라. 이 사람을!"(요한 19,5)[200] 하고 외쳤습니다. 라틴어로 '엑체 호모Ecce homo' 그리스어로 '이두 호 안트로포스ἰδού ὁ ἄνθρωπος'입니다. 빌라도가 죄 없는 그분을 고문하게 한 후 가시나무 관을 씌우고 자주색 옷을 입혀 군중 앞에 세우고 외친 유명한 말입니다.

고문당하여 망가질 대로 망가진 예수님을 군중 앞에 세우고 "보라!" 하고 외치는 빌라도는 사람들에게 무엇을 보여 주고 싶었던 것일까요? 사람들이 그분 얼굴에서 무엇을 보기를 바랐던 것일까요? 그분과 함께 길을 가면서도 그분을 알아보지 못한 제자들처럼 "보라, 이 사람을!" 하고 외치는 빌라도도 그분을 알아보지 못합니다. 그의 말을 듣는 군중도 그분의 얼굴에서 하느님의 얼굴, 부활한 자의 얼굴을 보지 못합니다. 그들은 보려고 하지도 않습니다. 아니 그들은 그분 얼굴을 보기를 거부합니다.

그분 얼굴에서 하느님의 얼굴을 보지 못한 군중은 "십자가에 못 박으시오!"(마르 14,13) 하고 외쳤고, 수석 사제들과 원로들은 군중을 구

---

200) 우리말 성경은 '보라'를 '자'로 번역했습니다. "자, 이 사람이오." 'Ecce!'는 영성체 전 사제가 성체를 신자들에게 보이며 외치는 단어입니다. "보라Ecce, 하느님의 어린양Agnus Dei!" 어린양은 죽임을 당한 양입니다. "주님께서 살해되시고 또 주님의 피로 모든 종족과 언어와 백성과 민족 가운데에서 사람들을 속량하시어 하느님께 바치셨기 때문입니다. 살해된 어린양은 권능과 부와 지혜와 힘과 영예와 영광과 찬미를 받기에 합당하십니다. 어좌에 앉아 계신 분과 어린양께 찬미와 영예와 영광과 권세가 영원무궁하기를 빕니다."(묵시 5,9.12.13)

슬려 예수님을 없애 버리자고 충동질하였고, 어떤 죄목도 찾지 못한 빌라도는 오로지 군중을 만족시키기 위해 바라빠를 풀어 주고 그분을 채찍질하게 한 다음 십자가에 못 박으라고 넘겨주었습니다. 그분께서는 죄 없는 몸으로 망가질 대로 망가진 볼품없는 모습으로 십자가 위에서 숨을 거두셨습니다.

3

이사야는 그분의 망가진 얼굴이 주님의 뜻이었다고 말합니다. 그분의 얼굴을 그렇게 만든 것이 하느님의 뜻이라고 말합니다. 예수님께서 예루살렘으로 올라오시면서 당신이 온갖 모욕을 받다가 죽게 되리라고 여러 차례 예고하신 것은 하느님의 뜻을 거역할 수 없으셨기 때문입니다. 사람의 아들이 반드시 이런 얼굴로 죽어야 한다는 것이 아버지의 뜻이고 당신의 뜻이라는 것입니다. 그 망가진 얼굴이 아직 들어 보지 못한 것을 깨닫게 해 주는 얼굴이고, 사람들이 그 얼굴 앞에서 입을 다물어야 하는 하느님의 얼굴이라는 것입니다.

사람들은 그 얼굴에서 하느님의 얼굴을 보지 못했습니다. 우리의 병고를 메고 갔으며 우리의 고통을 짊어진 얼굴이라는 것을 알지 못했습니다. 보지 못하기만 한 것이 아니라 오히려 벌 받은 자, 하느님께 매 맞은 자, 하느님께서 외면하신 천대받은 자로 여겼습니다.

그 망가지고 으스러진 얼굴이 우리의 악행과 우리의 죄악 때문이라는 것을 몰랐던 것입니다. 그 얼굴을 보면서 학대받고 천대받았지만 자기 입을 열지 않고 도살장에 끌려가는 어린양처럼, 털 깎는 사람 앞에 잠자코 서 있는 어미 양처럼 입을 열지 않는 그분의 마음을 알지 못했던 것입니다. 폭행을 저지르지도 않고 거짓을 입에 담지도 않았건만 악인들과 함께 죽고, 부자들과 함께 묻히는 그분의 운명을 알 리 없었던 것입니다. 그 망가진 얼굴이 주님의 뜻이었고 주님께서 그를 병고에 시달리게 하셨다는 사실을 어찌 상상이나 할 수 있었겠습니까.

사람들은 이 비참한 얼굴에서 자기 얼굴을 돌렸지만, 예수님은 당신 얼굴을 그대로 보여 주셨습니다. 십자가에 달리신 그 얼굴이 소리 없이 말씀하십니다. "보라. 내 얼굴을!" "온갖 수모로 이보다 더 처참할 수 없이 망가진 얼굴을!" 예수님은 이 얼굴을 보이시려고 예루살렘으로 올라오셨고, 사람들 손에 넘겨져 고난을 받으셨고, 빌라도에 의해 십자가에 넘겨지셨습니다. 이 얼굴을 보는 자가 하느님의 얼굴을 볼 것입니다. 인간의 힘과 지혜를 믿는 빌라도와 유다인들에게 십자가는 걸림돌이고 어리석음이었지만 그분에게 십자가는 하느님의 힘이고 하느님의 지혜가 나타난 곳입니다(1코린 1,18-25). 그분에게 십자가는 사람의 아들이 하느님의 아들이라는 것이 드러난 곳입니다.

예수님께서 십자가에 달려서 세상에 보여 주고 싶으셨던 얼굴은 하느님의 얼굴입니다. 예수님은 십자가에 달리신 그 몸으로 가장 비참한 이의 얼굴을 들여다보는 자가 하느님의 아들을 만난다고 웅변하십니다. 그분이 사람의 아들이라는 이유로 그분을 받아들이지 않는 것은 사람의 아들이신 그분이 하느님의 아들이라는 것을 부인하는 것입니다. 예수님은 십자가상에서 인간으로서는 더 처참할 수 없이 망가진 모습을 보이시며, 그 처참한 인간을 받아들이는 사람이 그리스도를 만날 수 있다는 것을 인류에게 깨우쳐 주십니다.

4

예수님의 얼굴은 우리 모두의 얼굴을 대변합니다. 예수님께서 십자가에 달려 "보라 내 얼굴을!" 하고 소리 없이 외치신다면 "너희 주변의 가난한 사람들, 실업자, 외국인 노동자, 난민, 고통에 찌든 처참한 얼굴을 보라."라는 것입니다. 그리고 "그들 얼굴에서 하느님의 생명을 보는가?" 하고 묻는 것입니다.

그분은 당신의 얼굴로 우리 모든 사람의 아들이 또한 하느님의 아들이라는 것을 깨우쳐 주고자 하십니다. 베드로가 예수님은 하느님의 아들 그리스도이시라고 고백하면서도 예수님을 몰랐던 것은 처참하게 망가진 사람의 아들을 받아들일 수 없었기 때문이고, 그 모습에서 하느님을 볼 수 없었기 때문입니다. 제자들이 만신창이가 되신 그분을 버리고 도망쳤던 것은 그 얼굴에서 하느님의 아들을 볼 수 없었기 때문입니다. 이는 자기 자신으로부터 도망치는 것이기도 했습니다.

5

예수님께서 당신의 십자가 고난과 죽음을 여러 차례 말씀하신 것은 그 고통은 잠시 지나가는 것이고, 그 고통이 지난 후에 영원한 생명이 보장되기에 당신 자신을 위로하며 하신 말씀이 아닙니다. 십자가에 매달려 아버지의 이름을 부르며 절규하시는 모습에서 우리는

"이 시간만 지나고 나면 아버지께서 나를 영광스럽게 부활시켜 주실 것이다. 그러니 조금만 참고 기다리자." 하며 고통을 위장하는 모습을 볼 수 없습니다. 그런 믿음과 희망을 안고 숨을 거두셨기에 사흘이라는 시간이 흐른 후에 되살아나서서 제자들 앞에 나타나실 수 있었던 것이 아닙니다. 그렇게 되면 그분의 십자가 인생은 소설입니다. 그분의 인생은 진실로(아멘) 십자가에서 끝이 났습니다. 하느님의 나라가 손이 닿는 곳에 와 있다고 선포하시면서 생로병사 희로애락이 펼쳐지는 이 세상에서 하느님의 현존을 믿게 하시려고 혼을 쏟으신 그분은 그렇게 절대 고독 속에서 돌아가셨습니다.

사랑하는 제자가 당신을 은전 30닢에 팔아넘겼고, 배신하지 않겠다고 다짐했던 제자들이 하나같이 당신을 버리고 달아났을 때, 그보다 더 참담하게 자신이 버려졌다는 생각이 들 때가 있었을까요? 그분은 그렇게 가까운 이들에게 배신당하시고 사람들 손에 넘겨져 밤새 심문을 받으시고 폭행당하시고 온갖 조롱 속에 버려진 몸으로 십자가에 달려 운명하셨습니다. 비아냥거리는 인간들의 소리를 들으시며 외롭게 숨을 거두셨습니다. 신도 인간도 모두가 당신을 저버린 상황. 어느 인간이 이보다 더 비참한 상황에 놓일 수 있을까요? 인간으로서는 상상할 수 없을 만큼 처참하고 처절한 모습으로, 여느 사람의 아들로서는 겪지 못할 좌절과 실패를 경험하며 돌아가셨습니다.

케이시는 이 고독한 최후를 이렇게 묘사합니다. "마르코 복음의 수난 사화를 보면 군중 속에는 우정 어린 얼굴이 하나도 없다. 여자들도 멀리 떨어져 서 있다. 예수님은 홀로 죽는다. (…) 끝이 다가오면서, 마르코는 우리에게 더 무시무시한 외로움에 대하여 말해 준다. 이전에 아버지 하느님의 현존을 알려 주었던 경험을 더 이상 할 수 없었던 예수님은 이제 하느님으로부터 버림받았다고 느낀다. 우리는 이 버림받은 느낌이 일으키는 혼란, 공포, 그리고 극한의 고뇌를 쉽게 이해할 수 없다. (…) 예수님은 자신의 소름 끼치는 고통의 격렬함을 있는 그대로 대면하였다. 다시 말하면 예수님은 자신의 생명이 사라지고 있는 것을 목격한 중인이 되었다."[201]

그분은 이 죽음을 아시면서도 예루살렘으로 올라오셨습니다. 이렇게 죽임을 당하시는 것, 무력하게 십자가에 못 박히시는 것, 그것은 그분께서 바라신 일이었습니다. 못 박힌 사람의 아들이 하느님의 아들이시기 때문입니다. 십자가의 죽음은 그분 복음의 완성이었습니다. 이 죽음을 알리기 위해, 이 죽음으로 인류를 안내하기 위해 그분은 복음을 선포하셨습니다. 복음을 향한 그분의 일생은 '힘을 내려놓는 과정'이었고 그것이 전부였습니다. 구원은 힘으로 얻는 것이 아니라 힘을 내려놓을 때 얻게 되는 것입니다. 힘에 의존한 왕이 아니라 힘을 내려놓은 왕, 모든 이와 하나가 된 왕, 백성의 고통과 한마음이 된 왕, 그분의 왕좌는 다름 아닌 십자가입니다. "십자가가 왕좌다."(라칭거 2, 267)

6

요한 복음사가에 의하면 예수님의 마지막 말씀은 "다 이루어졌다."

---

201) 케이시, 342-343.

(테텔레스타이τετέλεσται)(요한 19,30)입니다. 테텔레스타이는 텔레오 τελέω(끝내다, 채우다, 완성하다, 성취하다)의 완료 수동태[202]입니다. 하느 님께서 그분의 인생을 십자가에서 완성하셨습니다. 십자가에서 그분 인생이 완성되었습니다. 그분은 이 목적지를 향하여 길을 걸으셨고, 이제 십자가에 달려 당신의 완성된 삶을, 삶의 완성을 인류에게 보여 주십니다. 십자가에 달리신 처참한 그분 모습은 '다 이루어진 모습'입 니다. 십자가는 그분께서 선포하신 복음이 이루어진 곳입니다. 십자 가가 하느님 나라의 기쁨을 보여 줍니다. 복음의 삶, 부활의 삶은 십 자가 죽음 후에 어느 정도 시간(사흘)이 지나고 나서 주어지는 삶이 아니라 십자가에서 완성되는 삶입니다.

어쩌면 요한은 예수님에 관한 자기 복음서를 여기서 끝맺을 수도 있었을 것입니다. 부활하신 그분을 체험하는 것은 독자들의 몫이기 때문입니다. 그분께서 복음을 선포하시면서 사람들에게 다가가신 일, 그들의 손을 잡아 일으키신 일, 기쁨과 희망을 주신 일, 이 모든 것을 보는 것은 십자가를 바라보는 자의 몫입니다. 그분은 십자가에 달리 신 그 비참한 사람의 아들의 모습으로 자신을 비우고 다 비워 죽기까 지 하신 하느님의 아들의 모습을 보여 주셨습니다. 사람의 아들에서 인간의 신적 품위를 보고 하느님의 일이 완성되는 것을 보는 것은 십 자가를 바라보는 자의 몫입니다. 그분은 그 모습으로 우리 또한 신적 존재로 살 수 있다는 희망과 다른 사람에게서 하느님의 생명을 느끼 며 살 수 있다는 믿음을 주시며 새로운 생명으로 살게 해 주셨습니 다. 십자가에 못 박히신 예수님을 통해서 부활하신 예수님을 만나고

---

202) 신적 수동태passsivum divinum에 대해서 마르 2,1-12 참조.

십자가에서 부활하신 그분을 통해서 우리 인생이 완성에 이르게 됩니다. 신앙의 신비입니다.

7

제자들은 사흘이 지나면서 예수님의 십자가를 깨닫게 됩니다. 고통을 벗어나는 것이 곧 행복이 아니라는 구원의 소식을 깨닫게 됩니다. 그분의 십자가 죽음에서 세상이 주는 평화, 세상이 주는 행복과는 다른 평화 다른 행복을 본 것입니다. 십자가가 그들의 눈과 마음을 열어 준 것입니다. 십자가의 신비입니다. 그 후 그분을 믿는 이들은 몸에 십자가를 긋고 성전마다 십자가를 높이 달고 가정에 십자가를 모시고 십자가 인생을 살게 해 달라고, 종의 인생을 살게 해 달라고 기도합니다.

예수님께서 돌아가신 성금요일에 사제는 십자가를 신자들에게 보이며 "보라, 십자 나무 여기 세상 구원이 달렸네." 하고 외칩니다. 신자들은 "모두 와서 경배하세." 하고 화답합니다. 그리고 현시된 십자가에 신자들의 경배가 이어집니다. 그때 부르는 노래의 일부는 이렇습니다. "주님의 십자가 경배하오며, 주님의 거룩하신 부활을 찬양하오니 십자 나무 통해 온 세상에 기쁨이 왔나이다."[203]

이제 더 이상 고통을 없애 달라고 빌지 않습니다. 대신 고통을 사랑하며 살게 해 달라고 기도합니다. 고통을 없애려는 마음으로는 행복할 수 없기 때문입니다. 예수님께서 십자가를 지고 가라 하신 것은 어디서나 현존하시는 하느님, 그렇기에 고통 속에도 함께하시는 하느님을 믿으라는 것입니다. 고통에 항복하는 것이 아니라 고통 속에 계시는 하느님을 받아들이라는 것입니다. 고통을 없애려고 진을 빼다 보면 사랑할 힘도 잃게 됩니다. 예수님은 고통을 이기려고 하지 않으셨습니다. 예수님은 십자가에 달려 십자가의 고통을 없애 달라고 아버지께 기도하지 않으셨습니다. 고통 중에도 현존하시는 하느님을 무한 신뢰하며 당신의 영을 받아 달라고 기도하셨습니다.

하느님의 현존을 깨달을 때 고통은 아무것도 아닌 것이 됩니다. 예수님은 고통을 없애 달라는 기도를 하지 않으셨기에 고통을 아무것도 아닌 것으로 받아들이실 수 있었습니다. 고통을 아무것도 아닌 것으로 여기셨다는 것은 고통을 무시하면서 고통에 무감각해지셨다는

---

203) 경배하는 동안 비탄의 노래와 찬미가를 부릅니다. "내 백성아, 내가 너희에게 무엇을 하였더냐? / 무엇으로 너희를 괴롭게 하였더냐? 대답하여라. 나는 너희를 이집트의 땅에서 구해 냈건만 너희 구세주께 십자가가 웬 말이냐? / 나는 사십 년 동안 너희를 광야에서 이끌어 만나를 먹이고 가장 좋은 땅으로 인도하였건만 너희 구세주께 십자가가 웬 말이냐? / 내가 너희에게 못한 것이 무엇이냐? 나는 너희를 가장 좋은 포도나무로 골라 심었건만 너희는 어찌하여 쓰디쓴 열매만 맺었느냐? 너희는 어찌하여 목마른 나에게 신 포도주를 마시게 하고 너희 구세주의 옆구리를 창으로 찔렀느냐? / 나는 너희를 위하여 이집트와 그 맏아들을 채찍질하였건만 너희는 어찌하여 나를 팔아넘겨 채찍을 맞게 하였느냐? / 나는 너희를 이집트에서 이끌어 내고 파라오를 홍해에 빠뜨렸건만 너희는 어찌하여 나를 수석 사제들에게 팔아넘겼느냐? / 나는 너희를 위하여 바닷길을 뚫었건만 너희는 어찌하여 창으로 내 옆구리를 뚫었느냐? / 나는 너희 앞에서 구름 기둥으로 이끌었건만 너희는 어찌하여 나를 빌라도 앞으로 끌고 갔느냐? / 나는 광야에서 너희에게 만나를 먹였건만 너희는 어찌하여 뺨을 때리고 채찍질을 하였느냐? / 나는 너희에게 바위에서 솟는 구원의 물을 마시게 하였건만 너희는 어찌하여 나에게 쓸개즙과 신 포도주를 마시게 하였느냐? / 나는 너희를 위하여 가나안의 임금들을 쳤건만 너희는 어찌하여 갈대로 내 머리를 쳤느냐? / 나는 너희를 높여 큰 권세를 주었건만 너희는 어찌하여 나를 십자가 형틀에 매달았느냐?" 찬미가도 이어집니다. "믿음직한 십자 나무 가장 귀한 나무로다. / 어떤 숲도 이런 싹과 잎과 꽃을 못내리라. / 귀한 나무 귀한 못에 귀한 짐이 달렸도다."

말이 아닙니다. 고통이 하느님의 현존을 더 느끼게 하였고, 고통 중에 하느님의 가까우심을 더 강하게 체험하셨다는 말입니다. 그리스도인은 고통을 없애 달라고 기도하는 대신 고통 중에도 하느님께 대한 믿음을 버리지 않게 해 달라고 기도합니다. 그리스도인은 하느님께서 달리신 십자가를 지고 가는 존재입니다. 이사야가 주님께서는 "야곱을 당신께 돌아오게 하시고 이스라엘이 당신께 모여들게 하시려고 나를 모태에서부터 당신 종으로 빚어 만드셨다."(이사 49,5)라고 말한다면 고통 속에 하느님을 체험하였기 때문입니다.

십자가에 달리신 그분은 일찍이 이사야가 노래한 주님의 종의 모습입니다(42,1-7). 하느님께서 붙들어 주시는 이, 그분께서 선택하신 이, 그분의 마음에 드는 이, 그분께서 당신의 영을 부어 주신 이입니다. 예언자는 그 종을 "외치지도 않고 목소리를 높이지도 않으며 그 소리가 거리에서 들리게 하지" 않는 이, "부러진 갈대를 꺾지 않고 꺼져가는 심지를 끄지" 않는 이, 그렇게 "성실하게 공정을 펴는" 이, "지치지 않고 기가 꺾이는 일 없이 마침내 세상에 공정을" 세우는 이, "땅에 사는 백성에게 목숨을, 그 위를 걸어 다니는 사람들에게 숨을" 불어넣어 주는 이라고 노래합니다. 그 종은 민족들의 빛으로 "보지 못하는 눈을 뜨게 하고 갇힌 이들을 감옥에서, 어둠 속에 앉아 있는 이들을 감방에서 풀어" 주는 이입니다.

8

십자가는 예수님께서 운명적으로 최후를 맞이하신 곳일 뿐 아니라 당신이 일생을 통하여 목적지로 삼고 오르신 곳입니다. 십자가에 당신께서 선포하신 복음의 비밀이 감추어져 있습니다. 십자가가 복음을 깨닫게 해 줍니다. 십자가에서 당신의 복음이 빛납니다. 십자가 죽음은 복음의 절정이며 행복을 추구하는 모든 인생이 도달해야 할 목적지입니다. 예수님께서 세상을 십자가로 초대하시고자 의도적으로 십자가에 오르셨습니다.

십자가에 오르지 못하는 한 그분의 복음을 깨달았다고 할 수 없습니다. 마르코는 복음은─복된 소식, 인생을 기쁘게 하는 소식은─황제가 선포하는 승리의 소식이나 인간의 힘이 보장하는 영광이 아니라 그 힘을 못 박은 십자가에서, 십자가에 처형된 그분에게서 오는 것이라고 고백합니다. 이것이 신비입니다. 예수님은 하느님 나라의 신비를 선포하시면서 우리를 십자가로 초대하십니다. 이 신비를 어찌 인간의 언어로 설명할 수 있겠습니까. 십자가에서 숨을 거두신 처참한 몰골의 그분 몸에서 그분의 목소리가 흘러나옵니다. "너희에게는 하느님 나라의 신비가 주어졌다."(마르 4,11)

예수님께서 선포하신 복음을 완전히 이해했다고 생각하는 순간 그분의 십자가가 나타납니다. 그 위에서 처절하게 숨을 거두신 그분의 모습이 다가옵니다. 인간의 모든 언어를 침묵시키고 생각을 마비시키고 할 말을 잃게 만드는 사건이 우리 앞에 펼쳐집니다. 말씀이 사라진 그분의 모습은 끝까지 세상을 신뢰하시는 모습입니다. 복음에 대한 믿음은 말로서 드러나는 것이 아닙니다.

마르코는 예수님의 십자가 죽음을 복음으로 선포하기 위하여 우리를 침묵에 빠지게 하며 그분의 십자가 신비로 안내합니다. 십자가가 신비이며 복음의 정점이라는 것은 자기의 언어를 침묵시킨 자만이 깨달을 수 있습니다. 사람들이 예수님의 복음이 전하는 의미를 깨닫지 못하는 것은 그분의 죽음을 깨닫지 못하기 때문입니다. 그분의 죽음을 깨닫지 못하는 것은 그분께서 선포하신 복음을 알지 못하기 때문이며, 그분 자신이 복음임을 깨닫지 못하기 때문입니다.

복음이신 그분께서 달리신 십자가, 온 세상을 복음으로 안내하는 십자가, 그 십자가 아래서 할 말을 잃은 사람, 자기 언어를 침묵시킨 사람만이 십자가의 죽음이 여는 경지에 이르게 될 것이고, 그 사람만이 그분에게서 흘러나오는 복음의 소리를 듣게 될 것입니다. 그 사람만이 신비에 자신을 맡기게 될 것이고, 그 사람만이 신앙의 인간으로 다시 태어날 것입니다.

사람들은 아직 예수님의 복음이 전하는 종교적인 의미를 잘 깨닫지 못합니다. 예수님께서 세상에 오셔서 마을과 고을을 두루 다니시며 복음을 선포하셨고, 복음을 선포하시다가 사람들의 미움을 받아 십자가에서 처형되셨다는 사실은 알지만, 십자가 죽음을 향하여 사신 삶이 곧 복음이었다는 사실은 지나쳐 버립니다. 그분에 대한 앎은 하나의 지식으로 머리에 담겨 있을 뿐, 그 앎이 전하는 메시지는 깨닫지 못합니다. 십자가에 달리신 예수님께서 "아버지, 저들을 용서해 주십시오. 저들은 자기들이 무슨 일을 하는지 모릅니다."(루카 23,34)라고 말씀하신 것은 당신의 죽음을 지켜보며 조롱하고 비아냥거리며 모독하는 정치지도자나 종교 지도자들만을 향한 말씀이 아닙니다. 당신을 홀로 남겨두고 달아난 제자들을 향한 말씀이기도 합니다. 알

았다면 그들은 도망치지 않았을 것입니다.[204]

9

예수님께서 돌아가신 십자가에서는 아무런 기적이 일어나지 않았습니다. 그분은 맥없이 거기에 달려 돌아가셨습니다. 만일 그분께서 하느님의 아들이기에 십자가에서 뛰어내리셨다면 그 현장에 있던 사람들은 모두 기적이 일어났다고 야단법석이었을 것입니다. 그런 기적은 일어나지 않았습니다. 기적이 일어나지 않은 것, 그것이 기적이었습니다. 대신 이방인의 입에서 "참으로 이분은 하느님의 아드님이셨다."라고 고백하는 기적이 일어났습니다.

예수님은 '남을 살리기 위하여 자신을 내놓는 삶'을 사셨습니다. 남을 위한다는 것은 남의 고통을 자기 고통으로 받아들이는 것입니다. 가엾이 여기며 한마음으로 함께 고통을 당하는 것입니다. 그 마음은 자비심입니다. 인류에 대한 자비심, 인류를 깊이 사랑하여 십자가에 당신 자신을 내놓을 정도의 자비심. 그렇게 숨을 거두시는 예수님을 마주 보고 서 있던 백인대장이 이를 깨닫고 "참으로 이 사람은 하느님의 아드님이셨다."(15,39) 하고 고백한 것입니다. 그것이 기적입니다. 그분의 죽음에서 남을 살리는 기적을 본 것이 기적입니다.

주님, 남을 위하여 십자가에서 죽는 기적이 제게 일어나게 해 주십시오. 남을 살리기 위하여 내 몸을 빵으로 내어놓고 쪼개며 사라지게

---

204) 우리는 어떻습니까? 머리로만 그분의 십자가 죽음을 받아들이는 것은 아닙니까? 십자가를 피해 달아나면서 내가 당하는 고통에서 벗어나는 기적이 내게 일어나기만을 바라는 것은 아닙니까?

하는 기적, 내 몸을 바치는 기적이 제게 일어나게 해 주십시오. 나만 살게 해 달라고 나만을 위해 바치는 기도(부자 되게 해 주십시오, 하는 일마다 잘되게 해 주십시오, 편안하게 살게 해 주십시오)를 포기하는 기적이 제게 일어나게 해 주십시오. 당신의 어머니처럼 비천함을 감사하게 받아들이며 모든 것을 은총의 선물로 받아들이는 기적이 제게 일어나게 해 주십시오. 생도 사도, 가난도 부도, 건강도 병도 모두가 당신이 제게 주신 선물임을 깨닫고 언제 어디서나 당신을 찬미하고 감사하는 기적이 제게 일어나게 해 주십시오.

가톨릭 성가 116번은 바흐의 마태오 수난곡의 한 부분인데 "주 예수 바라보라."로 1절을 시작하는 우리말 가사 4절은 이렇습니다. "이 세상 하직할 때 내 맘에 오시어 / 수난의 은혜로써 위로해 주시며 / 자비하신 성부께 데려가 주소서. / 십자가 품에 안고 평안히 쉬리다." 인간이 십자가를 품에 안고 과연 편히 쉴 수 있을까요? 우리가 천국을 갈망하는 이유는 이 세상에 사는 동안 끔찍하게 어깨를 짓누르는 무거운 십자가를 벗어던지기 위해서가 아닌가요? 우리는 십자가를 내려놓기 위해서 천국을 갈망하는데 이 노랫말은 십자가를 품에 안고 평안히 쉬겠다고 합니다. 십자가를 내려놓으면 평안히 쉴 곳도 사라진다는 노래입니다. 그렇습니다. 이 노래는 부활을 위한 노래입니다. 희생이 사랑과 평화와 쉼의 근본이며 고통이 우리에게 사랑을 느끼게 해 줍니다.

십자가에 못 박히신 예수님께서 우리에게 물으십니다. "너희는 십자가에 못이 박힌 내 모습에서 무엇을 보느냐? 나의 고통, 나의 비참함에서 무엇을 느끼느냐? 너희에 대한 나의 사랑을 보느냐? 십자가에 죽기까지 이른 나의 사랑을 느끼느냐?" 그런데 우리는 예수님의 이름을 부르면서 여전히 내 어깨를 짓누르는 무거운 십자가를 내려놓게 해 달라는 기도만 바치는 것은 아닙니까? 나만의 행복, 나만의 건강, 나만의 힐링과 웰빙을 청하느라 남의 십자가는 보지 못하는 것이 아닙니까? 남의 십자가를 대신 지기는커녕 내 십자가를 떠넘기고 벗어버리기 위한 기도만 하는 것은 아닙니까?

10

예수님은 죽음에 이르신 당신의 몸으로 인류가 앓고 있는 병을 보여 주십니다. 고통 중에 모든 것을 하느님께 맡기며 사신 당신의 모습을 인류에게 보여 주십니다. '십자가의 길' 기도는 그분의 이 일생에 동참하는 기도입니다. 부활을 믿는 그리스도인이 범하는 오류 중 하나는 부활을 십자가를 내려놓은 상태로 여기는 것입니다. 부활은 십자가를 내려놓은 후에 주어지는 삶이 아닙니다. 천국은 십자가를 내려놓고 들어가는 곳이 아닙니다. 부활한 자의 천국에도 십자가가 있습니다. 부활의 삶을 살고 싶습니까? 그렇다면 십자가를 져야 합니다.

십자가를 진 자만이 천국의 문턱을 넘을 수 있습니다. "다른 이들은 구원하였으면서 자신은 구원하지 못하는군."(마르 15,31). 구경꾼들은 그분을 조롱하며 비아냥거리지만, 이 야유에 진실이 그대로 표현되어 있습니다. 그들 말 그대로 그분은 남을 살리기 위해 자기 존재를 없애셨습니다. 사람들은 십자가가 남을 살리는 장소라는 것을 몰랐기에 십자가를 보면서도 구원을 보지 못했습니다. 십자가에서 생명이 탄생한다는 것을 몰랐기에 거기 달리신 예수님을 보면서도 생명을 보지 못했습니다. 부활은 십자가를 짊어지는 것을 통해서 일어납니다. 부활의 삶은 거기 매달려 죽는 일을 통해서 가능해집니다. 십자가로부터 달아났던 제자들이 예수님의 부활을 체험하게 된 것은 예수님의 십자가를 향하여 돌아서는 일을 통해서였습니다. 이 사실에서 우리는 부활에 대한 진리를 깨닫게 됩니다. 부활의 기쁨은 십자가를 향할 때 맛보게 되는 것입니다. 제자들이 주님을 뵙고 기뻐할 수 있었던 것(요한 20,20)도 십자가를 받아들였기 때문입니다.

　살아 있는 동안 부활을 체험하지 못한 사람은 영원히 부활을 체험할 수 없습니다. 제자들의 부활 체험은 죽고 난 다음이 아니라 십자가를 받아들이는 순간 이루어진 것입니다. 죽음의 두려움은 죽음을 받아들이는 일을 통해 이길 수 있습니다. "제 영을 아버지 손에 맡깁니다."라는 말은 죽음에 대하여 승리한 자만이 할 수 있는 말입니다. 아우구스티누스의 말이 증언합니다. "구원자께서는 죽음으로 죽음을 죽이셨다. 우리가 두려워하던 것을 당신 안에서 끝장내셨다. 죽음을 받아들이시어 죽음을 죽이셨다. 사자를 잡아 죽인 위대한 사냥꾼처럼 말이다(1사무 17,34-36 참조). 죽음은 어디 있는가? 그리스도 안에서 죽음을 찾아보라. 죽음은 더이상 존재하지 않는다. 죽음은 존재했으나 이제 죽었다. 오, 생명이여, 죽음의 죽음이여! 선한 마음으로 살아가라. 그러면 우리 안에서도 죽음이 죽을 것이다. 그러나 언제? 우리가 믿어 의심치 않는 대로, 세상 끝 날 죽은 이들이 부활할 때에."[205]

---

205) 오튼, 320.

사제와 군중이 예수님께 하느님을 모독한 죄를 씌워 십자가에 못 박으라고 외친 것은 부활의 삶을 부정하는 것이었습니다. 그분은 이 미 부활의 삶을 사셨기에 여러 차례 당신의 죽음을 예고하시며 십자 가를 향하여 나아가실 수 있었습니다. 십자가에 달리신 그분의 최후 모습은 부활한 자가 아니고서는 보일 수 없는 모습입니다. 부활한 자 가 아니고서야 어떻게 죽음의 시간이 다가와 있다는 것을 알면서 나 병 환자 집에 가서서 어떤 여자가 다가와 당신 머리에 값비싼 향유를 붓도록 놔두시고(14,3-9), 잡히기 불과 몇 시간 전에 제자들과 태연하 게 함께 식사하면서 빵을 나눌 수 있겠습니까? 그것도 그 만찬이 당 신과 함께 하는 최후의 만찬이라는 것을 모르는 제자들과 함께, 그들 이 당신을 팔아먹고 배신하고 달아날 것을 아시면서도 말입니다.

11

하느님의 나라가 가까이 왔다는 복음을 선포하실 때부터 예수님은 부활하신 몸이셨습니다. 부활하신 몸으로 갈릴래아에 가시어 제자들 을 부르시고, 복음을 전하시고, 사람들에게 다가가 손을 잡고 일으켜 세우셨으며, 부활하신 몸으로 사람들이 나를 누구라고 하느냐, 너희 는 나를 누구라고 하느냐 물으셨고, 부활하신 몸으로 예루살렘에 입 성하시고, 부활하신 몸으로 마지막 만찬을 여시어 빵을 쪼개고 잔을 나누어 주셨고, 부활하신 몸으로 겟세마니에서 피땀을 흘리며 기도 하셨습니다. 부활하신 몸으로 십자가에 달리셨고, 그 몸으로 "하느 님, 하느님 어찌하여 저를 버리셨습니까?" 하고 시편을 기도하셨으며,

부활하신 몸으로 죽으시고 무덤에 묻히셨습니다.

부활하신 몸이 아니고서야 어찌 빵을 들고 "내 몸이다. 받아 먹어라." 잔을 들고 "내 피다. 받아 마셔라." 하실 수 있겠습니까? 부활하신 몸이 아니고서야 어찌 유다가 당신을 팔아넘기도록 놔두시고, 베드로에게 "오늘 이 밤, 닭이 두 번 울기 전에 너는 세 번이나 나를 모른다고 할 것이다."(마르 14,30) 하고 태연하게 말씀하실 수 있겠습니까? 부활하신 몸이 아니고서야 어찌 그리 심한 모욕과 고통 속에 십자가에 달리고 죽어 무덤에 묻힐 수 있겠습니까?

부활하신 분이기에 그분은 십자가에 죽으실 수 있었습니다. 제자들은 그분께서 돌아가신 뒤에야 이를 깨닫게 됩니다. 그분께서 명령하신 대로 그분과 함께했던 만찬을 기억하면서 다시 빵을 쪼개고 포도주를 마시면서 "아, 그분이 그때 부활하신 몸으로 우리들과 만찬을 하셨구나, 부활하신 몸으로 당신의 몸을 쪼개어 우리에게 나누어 주셨구나." 하고 깨닫게 된 것입니다. 그때 그들이 부활하신 분의 몸을 먹고 부활하신 분의 피를 받아 마셨다는 것을 느끼게 된 것입니다.

그분의 비참한 얼굴에서 거룩한 희생을 보지 못한다면 우리는 부활을 체험할 수 없습니다. 우리가 처절하게 망가진 그분 얼굴에서 부활한 얼굴을 보지 못하는 이유는 침묵 속에서 그분 얼굴을 바라보지 못하기 때문입니다. 아무에게도 말하지 않는 고요에 빠질 수 있을 때 우리는 그 얼굴에서 하느님의 생명을 느낄 수 있을 것입니다. 그분의 사랑을 느낄 수 있을 것입니다. 마르코는 부활하신 그분을 체험하게 하려고 우리를 그분의 십자가 침묵으로 안내합니다. 고요가 흐르는 무덤으로 안내합니다. 정적 속으로 빠져들게 합니다.

그분의 십자가 죽음을 통하여 우리는 그분의 '죽음'은 단순히 한 인생의 끝을 말하는 것이 아님을 알게 됩니다. 부활에 이르게 하는 죽음은 한 인생의 끝에 오는 것이 아니라 인간이 자기의 의지로 다가갈 수 있는 것입니다. 그분은 이 죽음을 맞이하기 위하여 여러 차례 당신의 죽음을 예고하시면서 예루살렘으로 올라가셨습니다. 불과 몇 시간 전 그분은 제자들과 최후의 만찬을 하시면서 이 죽음을 분명히 하셨습니다. 빵을 들고 찬미를 드리신 다음, 그것을 떼어 제자들에게 주시며 말씀하셨습니다. "받아라. 이는 내 몸이다." 그리고 잔을 들어 감사를 드리신 다음, "이는 많은 사람을 위하여 흘리는 내 계약의 피다."(마르 14,22-25)[206] 하고 말씀하셨습니다. 십자가에서 그분은 다른 이를 위하여 바치신 몸을 직접 보여 주시고 그들을 위하여 흘리신 피를 보게 하셨습니다.

제자들은 그분께서 그토록 애절하게 "내 몸이다. 받아 먹어라." 하시며 나누어 주시는 빵을 먹으면서도, "내 피다. 계약의 피다." 하며 건네시는 잔을 마시면서도 여느 때 먹는 빵과 잔, 파스카 축제이기에 먹는 의례적인 식사로만 생각하며 그분을 알아보지 못했습니다. 제자들이 그분을 버리고 도망쳤다면 고난받은 그분의 얼굴에서 부활하신 분의 영광스러운 얼굴을 보지 못했기 때문입니다.

---

206) 루카는 "이는 너희를 위하여 내어 주는 내 몸이다." "이 잔은 너희를 위하여 흘리는 내 피로 맺는 새 계약이다."(루카 22,19.20) 미사 통상문: "이는 너희를 위하여 내어 줄 내 몸이다.", "너희와 많은 이를 위하여 흘릴 피다."

12

구약의 인간은 자기가 살기 위하여 다른 생명을 희생 제물로 바쳤습니다. 하느님께서 그런 희생을 즐기며 그들에게 복을 내리기나 하시는 것처럼 희생 짐승을 잡아 하느님께 제물로 바쳤습니다. 예수님께서는 다른 이를 살리기 위하여 당신 자신을 희생 제물로 바치십니다. 그분은 "나는 이제 숫양의 번제물과 살진 짐승의 굳기름에는 물렸다. 분향 연기도 나에게는 역겹다."(이사 1,11.13)라고 하시는 하느님의 마음을 아십니다. 하느님은 인간의 고통을 즐기시는 분이 아니라 인간을 위하여 당신의 전부를 내어놓으신 자비하신 분이십니다. 이 자비에 인간이 응답할 수 있는 것은 하느님처럼 다른 이를 위하여 자기 자신을 내어놓는 것입니다.

십자가의 죽음은 하느님의 자비가 드러나는 곳입니다. 예수님은 다른 이를 '위하여', 구체적으로 가난한 이, 고통받는 이, 상처받은 이, 무시당하는 변두리 인생들을 위하여 당신 자신을 바치심으로써 당신 자신을 전달하시는 하느님의 사랑을 그대로 보여 주셨습니다. 그분은 말씀으로만 "이는 내 몸이다. 받아 먹어라." 하지 않으시고 실제로 당신 자신을 내놓으셨습니다. 당신이 최후의 만찬에서 하신 말씀이 그대로 십자가에서 이루어진 것입니다. 우리가 지금 살아 숨 쉬고 있는 것은 그분의 십자가 죽음 덕분입니다.

그분은 우리에게 당신의 이 죽음을 다른 이를 통하여 문득문득 체험하게 하십니다. 내가 지금 살아 있다는 것은 알게 모르게 다른 사람의 희생이 있었기 때문입니다. 부모의 희생과 인내가 없었더라면 오늘의 내가 있을 수 있을까요? 사랑의 기쁨은 희생 없이 주어지는 것이 아닙니다. 고통과 희생을 피하려고 할 때 인간은 심각한 이기심에 빠져 무자비한 세상을 헤매게 될 것입니다. 십자가 죽음은 남을 위한 죽음이 있으며, 이 죽음은 인생에 포기할 수 없다는 것을 말해 줍니다. 십자가의 죽음이 있기에 인간은 새 생명으로 살아가게 됩니다.[207] 무거운 십자가를 피하고 싶을 때도 있습니다. 예수님도 그러하셨을 것입니다. "하실 수만 있으면 이 잔을 피하게 해 주십시오. 그러나 이게 당신의 뜻이라면 마시겠습니다." 십자가에서 하느님의 뜻이 이루어집니다. 십자가에서 삶의 새 지평이 열립니다. 십자가의 희생은 자발적으로 일어나는 것입니다.

마. 묻히시다

이미 저녁때가 되어 있었다. 그날은 준비일 곧 안식일 전날이었으므로, 아리마태아 출신 요셉이 빌라도에게 당당히 들어가, 예수님의 시신을 내 달라고 청하였다. 그는 명망 있는 의회 의원으로서 하느님의 나라를 열심히 기다리던 사람이었다. 빌라도는 예수님께서 벌써 돌아가셨을까 의아하게 생각하여, 백인대장을 불러 예수님께서 돌아가신 지 오래되었느냐고 물었다. 빌라도는 백인대장

---

207) 우리가 그분의 만찬을 기념하는 것은 우리도 그분처럼 "위하여' 사랑"을 하기 위해서입니다. 이 점은 바오로 사도가 에페소 신자들에게 적절히 표현합니다. "그리스도께서 우리를 사랑하시고 또 우리를 위하여 당신 자신을 하느님께 바치는 향기로운 예물과 제물로 내놓으신 것처럼, 여러분도 사랑 안에서 살아가십시오."(에페 5,2)

에게 알아보고 나서 요셉에게 시신을 내주었다. 요셉은 아마포를 사 가지고 와서, 그분의 시신을 내려 아마포로 싼 다음 바위를 깎아 만든 무덤에 모시고, 무덤 입구에 돌을 굴려 막아 놓았다. 마리아 막달레나와 요세의 어머니 마리아는 그분을 어디에 모시는지 지켜보고 있었다(마르 15,42-47).

예수님을 가까이 따르던 제자들은 그분의 임종을 지키지 못하고 모두 달아났고, 그분을 조롱하던 사람과 십자가 처형을 집행한 사람들도 모두 무대에서 사라진 저녁때, 여태까지 한 번도 나선 적이 없던 아리마태아 출신 요셉이라는 사람이 등장합니다. 그는 빌라도에게 당당히 들어가서 예수님의 시신을 내 달라고 청합니다. 안식일이 오기 전에 그분의 시신을 무덤에 모시기 위해서입니다. 마르코는 그를 "명망 있는 의회 의원으로서 하느님의 나라를 열심히 기다리던 사람"(43절)이라 하고, 마태오는 간단하게 "아리마태아 출신의 부유한 사람"(마태 27,57), 루카는 "그는 의회 의원이며 착하고 의로운 이"(루카 23,50), 요한은 "예수님의 제자였지만 유다인들이 두려워 그 사실을 숨기고" 산 사람(요한 19,38)이라고 소개합니다. 빌라도는 백인대장을 불러 예수님의 죽음을 확인한 뒤 그분의 시신을 요셉에게 내주었습니다.

요한 복음에 의하면 언젠가 밤에 예수님을 찾아왔던 니코데모도 몰약과 침향을 섞은 것을 백 리트라쯤 가지고 와서 장례를 돕습니다. 그분을 따르던 제자들을 다 제쳐 놓고 유다의 두 명망 있는 사람이 유다인들의 장례 관습에 따라(요한 19,40) 그분의 시신을 내려 아마포로 싼 다음 바위를 깎아 만든 무덤에 모시고, 무덤 입구에 돌을 굴려 막아 장사를 지냅니다. 마리아 막달레나와 요세의 어머니 마리아는 이를 지커봅니다. "평상시 예수님과 함께 다니던 일행, 즉 농부나 어부, 세리들은 아무 말도 못하고 절망에 빠져 있을 것이다. 늘 충실하고 용감한 몇몇 여자들만이 예수님의 시신이 어떻게 안장되는지 지켜본다."[208]

주간 첫날 매우 이른 아침에 이 여자들은 예수님께서 더 이상 무덤 안에 계시지 않는다는 것을 체험하게 될 것입니다. 예수님의 죽음을 전하는 마르코 복음은 너무 조용하여 그 분위기가 무겁습니다. 이제 마르코는 독자를 그분을 조롱하던 모든 소리를 죽인 무덤으로 안내합니다.

---

208) 뒤켄, 339.

21.
무덤에서

안식일이 지나자, 마리아 막달레나와 야고보의 어머니 마리아와 살로메는 무덤에 가서 예수님께 발라 드리려고 향료를 샀다. 그리고 주간 첫날 매우 이른 아침, 해가 떠오를 무렵에 무덤으로 갔다. 그들은 "누가 그 돌을 무덤 입구에서 굴려내 줄까요?" 하고 서로 말하였다. 그러고는 눈을 들어 바라보니 그 돌이 이미 굴려져 있었다. 그것은 매우 큰 돌이었다. 그들이 무덤에 들어가 보니, 웬 젊은이가 하얗고 긴 겉옷을 입고 오른쪽에 앉아 있었다. 그들은 깜짝 놀랐다. 젊은이가 그들에게 말하였다. "놀라지 마라. 너희가 십자가에 못 박히신 나자렛 사람 예수님을 찾고 있지만 그분께서는 되살아나셨다. 그래서 여기에 계시지 않는다. 보아라, 여기가 그분을 모셨던 곳이다. 그러니 가서 제자들과 베드로에게 이렇게 일러라. '예수님께서는 전에 여러분에게 말씀하신 대로 여러분보다 먼저 갈릴래아로 가실 터이니, 여러분은 그분을 거기에서 뵙게 될 것이다.'" 그들은 무덤에서 나와 달아났다. 덜덜 떨면서 겁에 질렸던 것이다. 그들은 두려워서 아무에게도 말을 하지 않았다(마르 16,1-8).

가. 그들은 아무에게도 말을 하지 않았다

1

예수님의 죽음 다음에 오는 이야기는 으레 '부활하시다'라는 소제목이 붙습니다. 하지만 마르코 복음에는 '부활'이라는 단어도[209] 부활하신 예수님도 등장하지 않습니다. 마르코는 그분의 부활을 믿게 하려고 애쓰거나 그분의 목소리를 일절 들려주지 않습니다. 많은 그리스도인이 성경을 그분의 부활을 증명하는 텍스트로 이용하려고 합니다. 이야기의 본질을 벗어나서 부활을 남의 이야기로 만들고, 부활을 믿는다고 고백하면서 자신은 부활의 삶을 살지 못합니다. 마르코는 처음부터 이런 빌미를 주지 않습니다. 그는 예수님의 부활을 증명하려고 하지 않습니다. 오로지 독자를 그분의 십자가 죽음으로, 그분께서 묻히신 무덤으로 안내합니다.

마르코는 안식일이 지난 주간 첫날 매우 이른 아침, 해가 떠오를 무렵에 그분의 죽음을 슬퍼하는 몇몇 여자가, 곧 마리아 막달레나와 야고보의 어머니 마리아와 살로메가 예수님께 발라 드리려고 향료를 사서 무덤 입구의 돌을 누가 굴려내 줄까 걱정하며 무덤으로 가는 것으로 부활 이야기를 시작합니다. 여인들이 무덤에 도착하니 그 돌이 이미 굴려져 있었고 무덤 안 오른쪽에 하얗고 긴 겉옷을 입은 웬 젊은 이가 예수님께서 살아나셨다고, 거기에 계시지 않는다고 알립니다.

---

209) 마르코 복음에서 '부활하셨다'라는 단어는 '아니스타스타이$\dot{\alpha}\nu\acute{\iota}\sigma\tau\alpha\sigma\theta\alpha\iota$, $\dot{\alpha}\nu\alpha\sigma\tau\alpha\varsigma$'인데 16장 9절에 처음으로 그리고 유일하게 나옵니다. 이 대목은 후대에 삽입된 것입니다.

여자들은 겁에 질려 무덤에서 달아나서 아무에게도 말을 하지 못하고 덜덜 떱니다. 이것으로 마르코 복음서는 끝이 납니다. 고요 속으로 여운을 남기며 조용히 막을 내립니다.[210] 부활하신 그분은 끝내 당신 모습을 드러내지 않으십니다.

무덤에서 달아나 덜덜 떨면서 겁에 질려 아무에게도 말을 하지 못하는 여인들의 모습을 통해 복음사가는 우리에게 그분의 부활을 알리고자 합니다. 무덤에서 멀리 달아나서 겁에 질려 아무에게 말도 하지 못하는 여자의 얼굴이 살아 계신 그분을 알린다는 것은 역설입니다. 여인의 얼굴에 부활의 기쁨의 역설이 감추어져 있습니다. 그 얼굴을 외면하는 자는 그분의 부활을 체험할 수 없습니다. 부활의 삶을 살지 못합니다. 부활의 신비를 체험한 사람은 그저 두려움에 떨 뿐입니다. 살아 계신 그분의 음성은 적막한 분위기 속에 들려옵니다. 침묵의 고요 속에 자신을 빠뜨리는 자만이 그분의 부활을 체험할 것입니다.

2

마르코가 복음서를 "예수 그리스도의 복음의 시작"이라는 말로 시작했을 때 사람들은 그분에게 뭔가 큰일이 일어나리라 기대했습니다. 그런데 여자들이 겁에 질려 무덤에서 나와 달아나는 것 말고는 마지막까지 아무 일도 일어나지 않았습니다. 그들이 예수님께 향유를 발

---

210) 이어지는 마르코 복음 16장 9절 이하는 훗날 삽입한 부분입니다.

라 드리려고 아침 일찍 무덤을 찾을 때만 해도 어떤 기대가 있었을 것입니다. 그런데 그들이 체험한 것은 무덤을 막았던 돌이 이미 굴려져 있었고, 하얗고 긴 겉옷을 입은 웬 젊은이가 그분이 일으켜지셨다고 알린 것과 그 소식을 들은 여자들이 겁에 질려 달아난 것이 전부입니다. 덜덜 떠는 여자들의 모습으로 복음서가 마무리되는 장면이 뜻밖입니다.

그분께서 십자가에 못 박히실 때만 해도 하느님께서 개입하시어 무슨 일을 일으키실 것 같은 긴장감이 감돌았습니다. 죽음의 현장에서 달아난 제자들은 어쩌면 그 순간을 기대하며 멀찍이 숨어서 그분의 마지막을 지켜보았을지 모릅니다. 하지만 기대와는 달리 그분은 "어찌하여 저를 버리셨습니까?"라는 외침만 남기신 채 맥없이 숨을 거두셨습니다. 그리고 무덤에 묻히셨습니다. 그리고 끝입니다. 복음을 전하신 그분, 복음이신 그분의 인생 드라마가 그 어떤 반전도 없이 허무하게 막을 내린 것입니다. 마태오 복음은 "그 여자들은 두려워하면서도 크게 기뻐하며 서둘러 무덤을 떠났다."(28,8)라고 전합니다. 마르코 복음에서는 그런 기쁨조차 찾아볼 수 없습니다.

마르코는 복음서 전체가 살아 계신 예수님, 부활하신 예수님의 이야기라는 것을 모든 소리를 집어삼킨 무덤의 이 분위기를 통해 알게 해 줍니다. 침묵이 흐르는 고요한 무덤의 무거운 분위기로 독자를 안내하며 살아 계신 그분을 각자 체험하게 합니다.

예수님은 당신 생애 처음부터 부활의 삶을 사셨습니다. 마르코는 복음서 전체를 통하여 예수님을 만나 부활의 삶을 살게 된 사람들의 이야기를 들려줍니다. 그분의 말씀과 행적에서 살아 있는 생명, 죽지 않은 생명, 죽을 수 없는 생명을 체험한 이들의 이야기를 들려줍니다. 그들에게 그분은 이미 부활하신 분이십니다. 부활하신 분이 아니고서야 어떻게 사람들을 일으켜 부활의 삶을 살아가게 할 수 있겠습니까. 그분은 처음부터 부활하신 몸으로 세상에 나타나셔서 복음을 선포하시고 십자가에 달리시어 돌아가셨습니다. 구유를 들여다보게 하시려고 구유에 태어나시고, 십자가에 죽게 하시려고 십자가에서 돌아가셨습니다. 그분의 일생은 우리가 부활의 삶을 살게 하기 위한 것이었습니다.

3

마르코는 그분의 음성을 듣게 하려고, 십자가의 절규에 귀 기울이게 하려고, 우리를 침묵이 흐르는 그분의 무덤으로 안내합니다. 무덤의 고요한 분위기는 태초에 하느님께서 말씀으로써 세상을 창조하실 때의 그 분위기입니다. 그분께서 묻히신 무덤에서 세상을 창조하신 하느님의 음성을 듣게 합니다. 복음을 선포하신 주님의 음성을 듣게 합니다. 복음을 선포하며 우리에게 다가오시는 그분의 마음을, 우리를 잡아 일으키시는 그분의 손길을 느끼게 합니다. 다시 일어나 살게 되는 태초의 생명을 느끼게 합니다. 하느님께서 우리를 지으시며 불어넣으신 숨, 그분의 생명, 그분의 안식을 느끼게 합니다.

그분께서 묻히신 무덤의 고요에 몸을 맡긴 자만이 생명의 '시작'을 알리는 소리를 들을 수 있을 것입니다. 죽음에 '시작'이 있고, 그 '시작'에 그분의 끝을 알리는 십자가 죽음이 이미 있었다는 신비를 깨닫게 될 것입니다. 그분의 십자가 죽음에 이른 자만이 '복음의 시작'(마르 1,1)에 이르게 될 것입니다. 시작과 끝이 하나로 만나는 이 영원한 현재의 순간을 신비라는 말 외에 어떤 인간의 말로 적절히 표현할 수 있을까요.

예수님이 그리스도라는 신비를, 하느님께서 사람이 되셨다는 신비를, 하느님께서 베들레헴의 구유에 태어나시고 하느님께서 유다인이 되셨다는(칼 바르트) 신비를, 하느님께서 십자가에 달리셨다는(몰트만) 신비를, 십자가에 처참하게 죽은 사람의 아들이 하느님의 아들이라는 신비를, 사람이 하느님이라는 신비를 어찌 들뜬 인간의 언어로 적절하게 설명할 수 있겠습니까. 무덤의 침묵에 잠기는 자만이 시작의 원음을 들을 수 있을 것입니다. 그 사람만이 십자가에 달려 신음하는 그분의 음성에서 태초에 세상을 창조하시는 하느님의 복음을 들을 수 있을 것입니다. 죽음과 부활의 신비를 살 수 있을 것입니다.

무덤에 묻히신 예수님께서 우리를 살리는 생명으로 초대하십니다. 마르코는 이 초대에 화려한 언어의 옷을 입히는 것을 경계합니다. 그는 고난 속에 처형되신 그분께서 부활하셔서 하느님 아버지 품에 행복하게 안기셨다는 식의 '해피엔딩'을 모릅니다. 다시 살아나 부활의 삶을 살기 위해서는 기쁘게 고난을 받아들여야 한다는 식의 윤리적 이야기도 모릅니다.

예수님께서는 사람들에게 당신의 말씀을 들려주시며 그들의 말을 복음으로 경청하셨습니다. 자신을 침묵 속으로 안내할 때 복음서에 담긴 수많은 말, 그분께서 하신 말씀만이 아니라 그분께서 만나신 사람들과 그분을 만난 사람들의 말들이 살아 있는 말로, 내게 메시지를 전하는 말로 들려올 것입니다.

<h1 style="text-align:center">4</h1>

마르코는 그분의 음성을 듣고 그분의 손길을 느낄 수 있는 이 분위기로 독자를 안내하며 자기의 복음을 조용히 끝맺습니다. 그는 억지로 독자에게 부활의 삶을 살게 할 수 없다는 것을 잘 압니다. 그분께서도 그렇게 하지 않으셨습니다. 그분은 당신 제자들에게 "너희도 떠나고 싶으냐?"라고 물으셨는가 하면 당신을 팔아먹은 유다에게는 "불행하다 태어나지 않았다면 더 좋았을 것을!"이라는 심한 말씀까지 하셨습니다. 태어나지 말았어야 한다는 말은 끝까지 부활의 삶을 살지 못하는 자도 있다는 것을 말해 줍니다. 유다의 죽음은 예수님의 죽음과 예수님의 부활을 부정하는 죽음입니다. 성령을 거스른 죄도 이런 뜻으로 알아들을 수 있습니다. 자기 생각에 머물러 있는 자는 부활을 체험할 수 없습니다. 아무리 부활을 훌륭하게 이야기한다 해도 그 이야기가 자기의 체험에서 나온 것이 아니라면, 그런 앎이 그의 인생에 무슨 소용이 있겠습니까?

마르코는 여자들이 두려움으로 아무 말도 하지 못했다고 서술하면서 부활의 신비는 어떤 인간의 언어로도 설명할 수 없다고 역설하고 있습니다. 독자들이 그 여자들을 바라보게 하며 자신에게 질문을 던지게 합니다. "나는 예수님의 부활을 이야기하면서 이 여자들처럼 두려워 떨어 본 적이 있는가? 그 전에 무덤으로 달려가 본 적이 있는가? 그분의 시신에 발라 드리려고 향료를 산 적이 있는가? 부활을 증명하려고 온갖 언어를 구사하며 몸이 아니라 머리로 부활을 살리려고 한 것은 아닌가?"

주님께서 부활하셨다고 외칠 필요도 없이 두려워서 아무에게도 말을 하지 못하는 그들의 얼굴이 부활의 증거입니다. 그 얼굴 그 모습이 영원한 생명을 선포합니다. 그 얼굴은 영원한 생명을 체험한 자의 얼굴입니다. 그 얼굴은 두 손으로 입을 막고, 허황한 말과 생각과 믿음을 내려놓을 때 부활의 경지에 들게 된다고 우리에게 말없이 웅변합니다. 여자들은 두려워 떠는 모습으로 우리를 부활하신 그분께로 이끕니다. 겁에 질려 아무 말도 하지 못하는 여자들과 하나 될 때 그분의 부활을 나의 부활로 체험하게 될 것입니다.

부활의 신비를 인간의 언어로 설명하려고 애를 쓰면 쓸수록 부활 체험은 우리에게서 멀어질 것입니다. 십자가 죽음이 영원한 생명을 준다는 것을 어찌 인간의 언어로 설명할 수 있겠습니까? 그분께서 죽음을 맞이하신 십자가와 그분께서 묻히신 무덤 앞에서 자기 말을 침묵할 수 있는 자만이 그분을 만날 수 있을 것입니다. 십자가의 죽음에서 침묵하는 자가 그분의 복음을 들을 수 있을 것입니다.

5

두려워 아무에게도 말을 하지 못하는 그들의 귀에 "아무에게도 말하지 말라." 하고 엄중히 이르시는 그분의 목소리가 들려옵니다. 그리고 십자가에 오르신 그분께서 "저의 하느님, 저의 하느님, 어찌하여 저를 버리셨습니까?" 하고 부르짖으시던 목소리가 들려옵니다. 마르코는 독자를 침묵하게 하고는 고독 가운데 숨지신 그분의 마음을 듣게 합니다. 그는 독자에게 말합니다. "부활의 삶을 살고 싶습니까? 자기 언어를 죽이고 고요에 잠기도록 하십시오. 그분의 침묵에 빠져드십시오. 그분께서 달리신 십자가에서 울려 퍼지는 생명의 소리를 들을 수 있을 것입니다. 그 음성을 듣는 자만이 부활의 신비에 들게 될 것입니다."

예수님께서 십자가에서 돌아가신 후 부활의 기쁨을 선포하는 마르코 복음서의 분위기는 마치 무성영화를 보는 듯 흘러갑니다. 어떤 인간의 소리도 들려오지 않고, 다만 무대 뒤에서 차분하게 가라앉은 해설자의 목소리만 들려오는 듯합니다. 만물이 침묵하고 있습니다. 그 침묵이 무덤을 감싸고 흐릅니다. 예수님의 부활을 선포하는 해설자는 독자들을 무덤의 고요 속으로 안내합니다. 그 분위기가 너무도 숙연하여 독자들은 할 말을 잃고 자기 존재의 심연 속으로 잠깁니다. 복음사가가 의도한 바입니다. 그는 독자들을 흥분하게 만들지 않습니다. 침묵 속에 그분이 당하신 고통과 죽음을 들여다보게 합니다. 그분께서 빠져드신 고통과 죽음의 신비에 빠져들게 합니다. 자신을 신비로 안내한 자만이 그분의 죽음에서 하느님의 생명을 체험할 수 있을 것입니다. 부활은 각자가 체험해야 합니다. 해박한 언어로 부활의 신비를 밝히려 든다고 밝혀지는 것도 아니지만 그처럼 어리석은 일도 없을 것입니다. 현란한 언어를 잠재우는 자만이 신비의 경지에 들 수 있습니다. 신비의 세계는 고요합니다.

6

무덤에서 달아나 덜덜 떨면서 겁에 질린 여자들의 얼굴(마르 16,8)에 무덤을 비추는 동녘의 햇살이 반사됩니다(마르 16,2). 무덤에서 새어 나오는 부활의 빛입니다. 높은 산에서 제자들이 체험한 그분의 얼굴에서 빛나던 그 빛입니다(마르 9,2-10). 온갖 모욕을 받고 십자가에 비참하게 못 박혀 돌아가신 예수님, 하늘과 땅으로부터 버림받고 실패한 듯 보이는 예수님의 얼굴에서 발하는 빛이 겁에 질린 여자들의 얼굴을 비춥니다.

겁에 질려 아무 말도 하지 못하고 덜덜 떠는 여자들의 겁먹은 얼굴은 온갖 모욕을 받으시며 십자가에서 돌아가시고 무덤에 묻히신 그분의 몸이 발산하는 빛에 충격받은 얼굴입니다. 부활하신 그분께서 여자들의 얼굴에 빛을 비추십니다. 여자들 얼굴이 그분 얼굴에서 흘러나온 빛에 물들어 빛을 발합니다. 여자들은 그분의 무덤에서 그 생명을 느낀 것입니다. 생명을 느끼는 순간 여자들은 두려움에 싸여 무덤에서 달아납니다. 어찌 맨정신으로 그 자리에 서 있을 수 있겠습니까. 주님께서 이 여자들의 겁먹은 얼굴을 통해 당신의 생명, 영원한 생명, 부활의 삶을 나타내 보이십니다. 여자들의 겁먹은 얼굴은 십자가에서 부활을 체험한 자의 얼굴입니다. 대역전 드라마를 기대했던 사람들은 겁에 질려 덜덜 떨며 말을 잃은 여자들에게서 이 빛을 보지 못합니다. 하느님의 생명을 느끼지 못합니다.

고요한 무덤이 아침 햇살을 받으며 깨어납니다. 평온한 모습으로 주님의 모든 업적을 찬미하는 소리를 들려줍니다. 해와 달과 별들이,

비와 이슬과 바람이, 불과 열이, 추위와 더위가, 밤과 낮이, 빛과 어두움이, 번개와 구름이 하느님을 찬미하는 소리를 조용히 들려줍니다. 땅과 산과 언덕들이, 땅에서 싹트는 것들이, 샘과 바다와 강이, 용들과 물에서 움직이는 것들이, 하늘의 새들과 들짐승 집짐승들이, 사람들이 모두 하느님을 찬미하는 소리를 들려줍니다. 적막이 흐르는 무덤에서 사람의 아들들이, 세상의 모든 임금과 백성들이, 모든 민족과 나라들이 하느님을 찬미하는 소리를 듣습니다(다니 3,57-88; 시편 148).

그분의 무덤에서 흘러나오는 생명의 노래는 부활한 자만이 들을 수 있는 노래입니다. 그 노래가 내 귀에 들릴 때, 두려운 마음으로 그 노래를 따라 부를 수 있을 때, 우리는 부활의 삶을 사는 것입니다. 이른 아침에 향유를 사 들고 그분의 무덤을 찾아가는 여자들의 마음에 그 노랫소리가 울립니다. 여자들이 말 없는 말로 우리에게 말합니다. "부활의 삶을 살고 싶습니까? 십자가에서 돌아가신 그분의 시신에 발라 드릴 향료를 가지고 그분께서 묻히신 무덤으로 향하십시오. 그분의 장례를 위하여 미리 기름을 준비한 자가(요한 12,3) 부활하신 그분을 만나게 될 것입니다. 무덤이 주는 고요한 분위기를 인간의 화려한 말이나 이론이나 사상으로 어지럽게 포장하려 들지 마십시오. 부활은 인간의 말로 선포되는 것이 아닙니다."

7

마르코는 우리를 부끄럽게 만들며 부활의 기쁨은 생사의 신비를 깨닫고, 두려운 마음으로 침묵하면서 인생을 신비에 내맡긴 이의 내면에서 조용히 솟아오르는 희열이며, 인생을 살리는 환희라고 말해 줍니다. 부활의 경지에 도달한 이의 상태입니다. 마르코는 여자들과 함께 독자를 십자가로, 그분께서 묻히신 무덤으로 안내합니다. 거기에 나 개인만이 아니라 인류가 공동으로 살아야 하는 가치와 미래가 숨겨져 있습니다. 십자가의 죽음이 부활의 생명을 알리는 이 신비 앞에서, 무덤에 묻히신 예수님께서 부활의 빛을 발하는 이 신비 앞에서, 인간은 할 말을 잃습니다. 마르코는 책을 마무리하면서 이렇게 말하는 것 같습니다. "여러분은 큰 소리로 신앙을 고백하며 기쁨을 찾고자 하지만 부활의 삶은 그런 들뜬 언어로 도달할 수 있는 경지가 아닙니다." 그는 두려움에 말을 잃은 여자들을 통하여 자기 말을 죽이고 침묵하는 자만이 부활의 신비가 주는 생명의 경지에 들 수 있다고 말합니다.

부활의 경지에 들기 위해 우리는 여자들처럼 두려움에 떨 수 있어야 합니다. 이 두려움에 자신을 맡기고 모든 언어를 침묵시킬 수 있어야 합니다. 어쩌면 우리는 너무 많은 말을 해 왔습니다. 말에 좋은 포장지를 입혀 하느님에 대해서, 구원에 대해서, 영생과 행복에 대해서 이야기해 왔습니다. 부활하신 주님은 포장하는 말을 걷어 내고 고요히 침묵에 잠길 때 만날 수 있습니다. 여자들이 두려워서 아무에게도 말을 하지 않는 모습은 부활의 삶을 살고자 하는 우리의 모습이어야 합니다.

생로병사가 일어나는 인생은 말로 다 설명할 수 없는 신비입니다. 언어를 침묵시키고 인생을 관조할 수 있을 때 생의 기쁨을 발견하게 될 것입니다. 진실하게 살 수 있을 것입니다. 마르코는 조용한 해설자의 음성으로 주님의 죽음에 귀를 기울이게 합니다. 생명의 음성을 듣게 합니다. 무덤으로 달려간 여자들과 함께 부활하신 주님께 자기 마음을 고백합니다. 그분의 무덤에 따스한 부활의 햇살이 쏟아져 내립니다. 마르코는 자기의 복음을 마무리하면서 독자에게 이 햇살을 선사하고자 합니다. 그는 마무리 글을 이렇게 시작합니다. 그들은 "주간 첫날 매우 이른 아침, 해가 떠오를 무렵에 무덤으로 갔다."(마르 16,2) 해가 떠오를 때 그들은 무덤으로 향합니다. 무덤으로 가는 길에 그리고 무덤 위에 고요한 햇살이 내리비칩니다. 만물이 생명의 소리를 조용히 들려줍니다.

나. 그분께서 되살아나셨다?

1

웬 젊은이가 하얗고 긴 겉옷을 입고 오른쪽에 앉아 있다가 여자들에게 "놀라지 마라. (…) 그분께서는 되살아나셨다." 하고 알립니다. 마태오는 천사가(28,5), 루카는 "눈부시게 차려입은 남자 둘"(루카 24,4)이 나타났다고 전합니다. 여기서 '되살아나셨다'라는 우리말 번역은—앞에서도 여러 번 언급했지만—죽음 이전의 상태로 되돌아가 그 연장선에서 다시 살아나셨다는 뉘앙스를 풍겨 부활을 오해하게 할 뿐만 아니라 부활의 삶을 사는 데도 혼선을 줄 수 있습니다.

부활은 인생을 다 산 후 죽었다가 죽음 이전의 상태로 되돌아가 다시 살아나는 것이 아닙니다. 무덤에 묻히신 그분, 그분의 십자가 죽음이 부활의 지평을 열어 보입니다. 십자가에서 죽고 무덤에 묻히신 그분께서 자신을 내어놓으신 하느님과 완전히 하나가 됩니다. 십자가 죽음 이전으로 되돌아간 삶은 상상할 수 없습니다. 부활은 십자가의 죽음이 연 새 삶의 지평입니다. 자신을 버린 삶의 영역에서 펼쳐지는 완전히 새로운 지평입니다. 천사는 예수님께서 과거로 되살아나셨다고 알린 것이 아닙니다. 그런 신화적인 일은 우리 인생에 일어나지 않습니다.

우리말로 '되살아나셨다[211]'로 번역된 '에케르테ἡγέρθη'는 '잠을 깨우다(마르 4,38), 일으키다(마르 1,31; 9,27), 일어나다(마르 2,9; 14,42)를 뜻하는 '에게이로ἐγείρω'의 아오리스트 수동태입니다. 동사가 수동태인 것은 하느님께서 그분을 일으키셨다는 것을 말하고[212], 아오리스트 시제는 일으켜지신 것은 불변의 진리로 현재까지 지속되는 상태를 표현합니다.

그분은 돌아가셨지만, 하느님께서 일으키시어 지금 살아 계십니다. 피땀 흘리고 십자가에 달리고 무덤에 묻히신 그 모습은 지나가 버린 과거의 모습이 아닙니다. 과거가 될 수 없는 그 모습이 일어난 삶, 부

---

211) 공동번역 성서는 이 단어를 '다시 살아나셨다'로, 200주년성서는 '부활하셨다'로 번역하였습니다. 우리말 '되살아나다'는 '에게이레인', '일어난 삶', '죽음을 극복한 삶'을 나타내는 데 한계를 보입니다. 굳이 '되살아나다'라는 표현을 사용하고자 한다면 과거의 한 시점이 아니라 천지 창조의 순간, 생의 원천, 하느님께서 우리에게 생명을 주신 그 시점으로 돌아가는 것입니다. 우리는 그 시점에서 멀리 떨어져 살고 있기 때문입니다. 우리는 인생을 살면서 생명을 내가 소유할 수 있는 것으로 생각하면서 생명이 시작한 원점에서 벗어나 살 때가 많습니다. 성경은 이런 삶을 죄라고 부릅니다. 죄는 죽은 삶을 사는 것입니다. 부활은 이 죽음의 상태를 벗어나 생명이 시작한 그 원점에서 일어나 새로운 삶을 사는 것입니다.

212) 신적 수동태passivum divinum에 대해서 마르 2,1-12; 12,18-27 참조.

활의 삶을 보여 줍니다.[213] 우리는 살았다고 하지만 죽은 삶을 살 수 있습니다. 남을 죽이는 삶, 남이 일어나지 못하도록 위협하는 삶을 살 수도 있습니다. 부활은 살아 있으면서도 죽은 삶을 사는 것을 끝내는 것입니다. 부활이 죽음을 이겼다면 이 죽음을 이긴 것입니다. 자기만을 위한 부활의 삶이란 있을 수 없습니다. 우리가 부활을 믿는다고 선포한다면 우리 죽을 인간이 죽지 않는 하느님의 생명을 가지고 살아가고 있다는 것을 선포하는 것입니다. 예수님만이 아니라 사멸할 육체를 지닌 우리 인간이 죽지 않는 하느님의 생명을 지니고 산다는 것을, 그래서 일어난 삶을 살 수 있다는 것을 선포하는 것입니다.

2

무덤을 찾은 여자들에게 "놀라지 마라."라고 한 젊은이는 "너희가 십자가에 못 박히신 나자렛 사람 예수님을 찾고 있지만"이라고 하면서 한 번 더 그들을 놀라게 합니다. 그분을 찾고 있는 너희가 나자렛 사람 예수님을 십자가에 못 박은 그 사람들이라는 것이 암시되어 있습니다. 젊은이는 우리 모두 그분의 죽음에 동참하고 있다고 말합니다. 베드로는 오순절 설교에서 "여러분이 십자가에 못 박은 이 예수

---

213) '일어나다(에게이렌ἐγείρειν)'에 대해서 마르 1,31; 2,1-12; 12,18-27 참조. 예수님께서 베드로 장모에게 다가가시어 손을 잡아 일으키셨다면(마르 1,31), 중풍 병자에게 "일어나 네 들것을 가지고 걸어가라." 하셨다면(마르 2,9.11), 손이 오그라든 사람에게 "일어나 가운데로 나와라." 하셨다면(마르 3,3), 야이로의 딸에게 '탈리타 쿰' 하고 명령하셨다면(마르 5,41), 더러운 영이 든 아이의 손을 잡아 일으키셨다면(마르 9,27), 그들을 죽은 삶에서 일으켜 세워 '일어난 삶'을 살게 해 주신 것입니다. 살았으나 죽은 삶을 사는 그들에게 부활의 삶을 살도록 해 주신 것입니다. 예수님은 중풍 병자, 더러운 영이 걸린 아이, 야이로의 딸에게 '일어나라' 명령하시며 그들의 손을 잡아 일으키시어 죽음에서 '일어난' 삶을 살게 해 주셨습니다.

님"(사도 2,36)이라고 단정하여 말합니다. 그 누구도 그분의 죽음에 자유로울 수 없습니다. 젊은이의 말에 부활이 주는 두 가지 메시지가 제시되어 있습니다. '여기'와 '갈릴래아'입니다. '여기'는 그들이 찾아온 무덤입니다. 그분은 무덤에 계시지 않습니다. 그러나 무덤이 비어 있는 것을 발견한 그들이 금방 주님의 부활을 믿게 된 것도 아닙니다. 오히려 무덤에서 나와 달아나기 시작했고 덜덜 떨면서 겁에 질렸고 두려워서 아무에게도 말을 하지 않습니다.

3

무덤이 비었다는 것은 영원한 생명이 시체가 묻히는 무덤에 머물러 있을 수 없다는 것을 의미합니다. 영원한 생명이 무덤에서 부패한다는 것은 그 자체로 모순입니다. 부활은 썩어 없어질 육체를 가지고 사는 인간이 썩지 않는 영원한 생명을 가지고 산다는 것을 뜻합니다. 빈 무덤은 부활이신 예수님의 마음을 표현합니다. 모든 것을 비운 텅 빈 마음, 자신을 쪼개고 희생하고 나누며 자신을 다 비운 마음, 그 마음에는 아무것도 차 있을 수 없습니다. 빈 무덤은 예수님께서 세례를 받으실 때 하늘이 갈라지는 체험을 하신 것을 상기시킵니다. 하늘이 땅을 향하여 열리는 것을 체험하신 예수님의 마음은 텅 빈 무덤처럼 비어 있습니다. 여자들은 빈 무덤을 보면서 아직 그분의 빈 마음을 체험하지 못해 무덤에서 나와 달아납니다. 주님의 빈 마음은 자신을 쪼개고 나누고 희생하는 자만이 체험할 수 있습니다. 두려워하는 마음을 가진 자만이 체험할 수 있습니다.

다. 갈릴래아로 가라

1

예수님께서 젊은이를 통해 여자들에게 "가서 제자들과 베드로에게 갈릴래아에서 그분을 뵙게 되리라."라고 이르라 하십니다. 주님께서 먼저 그곳에 가실 것이라고 말입니다. 갈릴래아에 가면 되살아나서서 여기저기 돌아다니시는 예수님을 만나게 되리라는 말이 아닙니다. 갈릴래아는 예수님께서 처음 하느님 나라의 복음을 선포하신 곳입니다 (마르 1,14). 가난한 사람, 소외된 사람, 병자들, 죄인들, 세리들, 당신의 제자들, 유다인들, 바리사이들 등 수많은 사람을 만나 그들에게 복음을 선포하시고 그들을 복음으로 만나시던 곳이며, 그들 또한 예수님을 '복음'으로 만나던 곳입니다. 갈릴래아로 가라는 것은 그분께서 평상시 만나던 사람들을 만나러 가라는 것입니다. 그분께서 걸으신 길을 걷지 않고서는 그분을 만날 수 없기 때문입니다. 그분은 하느님의 나라가 이승에 가까이 왔다는 복음에 충실하십니다.

예수님께서는 하느님 나라의 복음을 당신의 몸으로 보여 주시고자 제자들을 이끌고 예루살렘에 올라오셨습니다. 그리고 예루살렘에서 십자가에서 돌아가시고 묻히심으로써 당신이 누구신지 보여 주시고, 무덤에서 젊은이를 시켜 당신께서 처음 복음을 선포하기 시작하신 갈릴래아로 제자들을 보내십니다. 부활하신 그리스도는 그분의(우리의) 삶의 터에서 만날 수 있다는 것을 알리시는 것입니다.

2

부활하신 예수님께서 제자들이 당신의 부활을 체험할 수 있도록 그리고 그들이 부활의 삶을 살도록 그들보다 먼저 그들의 일상이 펼쳐지던 삶의 터전으로 가서서 그들을 불러내십니다. 처음 그들이 복음을 듣던 그 순간으로 돌아가서 거기서 다시 새롭게 출발하게 하십니다. 그들은 그곳에서 생전의 예수님께서 어떻게 사람들을 만나셨는지, 어떻게 복음을 선포하셨는지 상기하게 될 것입니다. 예수님께서 만나신 사람들을 그분처럼 만나며 부활하신 그분을 체험하게 될 것입니다.

예수님은 또 우리의 마음을 비우게 하시려고, 희생하지 못하는 우리의 마음을 희생하게 하시려고 갈릴래아로 가라 하십니다. 자기 자신을 희생하고 녹이는 마음 없이는 진정한 만남이 이루어질 수 없기 때문입니다. 부활하신 그리스도를 만날 수 없기 때문입니다. 우리 몸에서 부활의 빛이 발하게 할 수 없기 때문입니다. 예수님께서 십자가에서 돌아가신 후 우리 인류에게 남겨진 과제는 그분처럼 자기의 몸에서 부활의 빛을 발하게 하는 것입니다.

3

부활의 삶은 우리의 손이 닿지 않는 먼 미래로 미룰 수 없는 삶이고, 죽기 전 지금 살아야 하는 삶입니다. 부활을 믿는다면, 부활의 삶을 사는 사람이라면, 나만 되살아나서 영생을 누리리라는 상상에서 벗어나야 합니다. 부활의 삶이란 자기중심적인 삶을 죽이고 거기서 일어나 다시 사는 삶입니다. 부활의 삶을 사는 자는 지금 자신을 죽인 삶을 살아야 합니다(로마 6,3-5; 골로 3,3). 그는 더 이상 자기만을 위한 삶을 살지 않고(그런 삶을 죽이고) 남을 위한 삶을 살게 됩니다. 남을 위하여 자기 목숨을 내놓는 삶을 살게 됩니다. 부활 신앙은 일상을 사는 우리 삶의 양상을 바꾸어 놓습니다.

예수님은 처음부터 부활의 삶을 사셨습니다. 부활의 삶을 사셨기에 가난한 사람, 앓는 사람, 힘없는 사람, 죄인, 이방인 가리지 않고 다가가셨고, 그 사람이 당신을 박해하든 저주하든 가리지 않고 손을 내밀며 그들을 위하여 당신의 귀한 목숨까지 내놓으셨습니다. 부활의 삶을 사셨기에 다른 사람을 위하여 십자가를 지셨고, 그 위에서 죽으실 수 있었습니다. 당신의 손과 발에 못을 박는 사람들을 용서해 주십사 기도하셨기에 하느님께서 그분을 되살리신 것이 아니라 부활의 삶을 사셨기에 그런 기도를 바칠 수 있었습니다. 부활의 삶은 십자가 삶의 결과로 주어지는 것이 아니라 처음부터 십자가에 감추어진 신비입니다.

4

우리가 죽음을 두려워한다면 나를 죽이는 죽음에 연연하여 이 죽음을 죽이지 못하는 삶을 살기 때문입니다. 부활의 삶을 살지 못하기 때문입니다. 예수님의 부활은 우리가 처음부터 하느님의 숨을 쉬고 있고, 처음부터 우리에게 부활의 삶이 선사되어 있다는 것을 일깨워 줍니다. 무덤을 찾은 세 여자는 천사의 말을 듣자 지금까지 죽은 삶을 살고 있었음을 깨닫게 됩니다. 이를 깨닫는 순간 큰 두려움에 휩싸입니다. 부활을 체험한 사람은 평범한 자기 존재가 하느님의 생명을 숨 쉬고 있다는 신비에 놀라 말문을 잃을 것입니다. 부활은 시끄럽지 않습니다. 어두운 밤이 부활을 느끼게 합니다. 우리 마음을 이 밤처럼 조용히 할 수 있을 때 우리는 부활한 자가 되어 우리 사회의 가난한 이, 고통받는 이, 상처받은 이, 실업자. 외국인 노동자에게 손을 내밀며 다가가 그들의 손을 잡아 일으킬 수 있을 것입니다. 부활을 믿는 자는 이렇게 사회를 다시 일어나게 합니다. 이런 일이 일어난다면, 이런 기적이 일어난다면, 그것이 곧 부활이 일으키는 기적이요 부활이 주는 생명의 메시지입니다. 돈과 권력과 명예에 대한 욕망으로는 도저히 채울 수 없는, 완전히 다른 희열입니다. 다른 이를 위하여 자기를 희생시키는 자만이, 자신을 비우는 자만이, 자기의 무덤을 비우는 자만이 부활의 삶을 살 수 있습니다.

22.
끝맺는 말

가. 그들은 말을 듣고도 믿지 않았다

예수님께서는 주간 첫날 새벽에 부활하신 뒤, 마리아 막달레나에게 처음으로 나타나셨다. 그 여자는 예수님께서 일곱 마귀를 쫓아 주신 여자였다. 그 여자는 예수님과 함께 지냈던 이들이 슬퍼하며 울고 있는 곳으로 가서, 그들에게 이 소식을 전하였다. 그러나 그들은 예수님께서 살아 계시며 그 여자에게 나타나셨다는 말을 듣고도 믿지 않았다. 그 뒤 그들 가운데 두 사람이 걸어서 시골로 가고 있을 때, 예수님께서 다른 모습으로 그들에게 나타나셨다. 그래서 그들이 돌아가 다른 제자들에게 알렸지만 제자들은 그들의 말도 믿지 않았다(마르 16,9-13).

1

마르코 복음은 원래 16장 8절로써 끝이 납니다. 이어지는 9-20절은 후대에 덧붙인 것입니다. 덧붙인 이유는 겁에 질려 덜덜 떨면서 아무에게도 말을 하지 못하는 여자들에게서 부활을 체험하게 하는 데에 한계를 느꼈기 때문일 것입니다. 부활이 말로써 설명할 수 있는 경지가 아니라고 하지만, 쉽게 침묵의 경지에 들지 못하는 평범한 독자에게 덜덜 떠는 여자들 모습에서 그분의 부활을 체험하라고 요구하는 것은 무리입니다. 그래서 어느 독자가 다른 복음서에 수록된, 당시 교회 안에 잘 알려진 발현 사화를 참조하여 수록하면서 복음서를 끝맺고자 하였습니다.[214] 그렇다고 마르코가 조성한 침묵의 분위기를 벗어나지는 않습니다.

이 부분에도(16,9-14) 침묵이 지배합니다. 독자는 여기서도 아무런 말을 듣지 못합니다. 예수님의 목소리도 예수님의 부활을 처음 체험한 여자의 목소리도 들리지 않습니다. 그 여자들은 예수님과 함께 지냈던 이들이 슬퍼하며 울고 있는 곳으로 가서 부활의 소식을 전하지만, 부활을 전하는 여자들의 목소리도 그 말에 반응하는 제자들의 목소리도 들리지 않습니다. 다만 그들은 여자들의 말을 듣고도 믿지 않았다고 보도하는 해설자의 음성만이 고요 속에서 들려옵니다.

두 사람이 걸어서 시골로 가고 있을 때 예수님께서 다른 모습으로 그들에게 나타나셨을 때도 어떤 대화도 들을 수 없습니다. 그들이 돌아가 다른 제자들에게 알리지만 제자들은 그 두 사람의 말도 믿지 않습니다.[215] 마침내, 열한 제자가 식탁에 앉아 있을 때 예수님께서 나타나셔서 당신을 체험한 이들의 말을 믿지 않는 그들의 불신과 완

---

214) 정양모 신부님의 해제를 인용합니다. "마르코는 16장 8절로써 복음서를 끝맺었다. 9-20절은 시나이 사본과 바티칸 사본에 없을뿐더러 (…) 교부들도 이 대목을 모르거나 배척했다. 그런데 2세기에 어느 독자는 마르코 복음에 발현 사화와 승천 사화가 전연 수록되지 않은 것을 애석하게 여긴 나머지 그것들을 만들어 덧붙였다. 그는 긴 결문을 만들 때 루카 복음, 사도행전, 요한 복음을 참조했다. 마태오 복음에 수록된 발현 사화 전승을 참조했을 가능성도 있다. 나아가서는 자기 나름대로 다른 종류의 구전도 참작한 것 같다."

215) 루카는 유명한 엠마오로 가는 두 제자의 이야기로 엮어 들려줍니다.

고한 마음을 꾸짖으시지만, 그분의 음성은 들리지 않고 무성영화 필름이 돌아가는 듯 모든 것이 무음으로 진행됩니다. 듣는 것은 독자의 몫입니다. 믿는 것도 독자의 몫입니다. 누구도 강제로 부활의 삶을 살게 할 수 없습니다.

2

복음서는 예수님의 부활을 가장 먼저 체험한 여자를 예수님께서 일곱 마귀를 쫓아 주신 여자(16,9)로 소개합니다. 이 여자는 예수님과 함께 지냈던 이들, 즉 그분의 제자들에게 가서 자신의 부활 체험을 이야기합니다. 다른 복음서에 보면 안식일 새벽에 이 여자가 무덤을 찾아갔다가 무덤이 빈 것을 보고 베드로와 제자들에게 달려가서 알립니다. 그 소식을 들은 베드로와 요한이 급히 무덤으로 달려가서 무덤이 빈 것을 보고 예수님께서 다시 살아나신 것을 믿게 됩니다(요한 20,8). 그런데 마르코 복음에 의하면 이 여자가 그들에게 갔을 때 그들은 슬퍼하며 울고 있었는데, 예수님께서 살아 계시며 여자에게 나타나셨다는 말을 듣고도 믿지 않습니다(16,11).

부활을 체험한 자의 증언을 들으면서도 믿지 않은 것입니다. 어쩌면 그들은 다른 복음서에서 말하는 것처럼 무서워서 문을 잠가 놓고 있었을지도 모릅니다. 부활은 말로써 체험되는 것이 아닙니다. 말로써 증명할 수 있는 것이 아닙니다. 주님께서도 당신의 부활을 증명하시려고 여자에게 나타나신 것이 아닙니다. 주님은 오히려 여자를 당신께서 죽어 묻히신 곳으로 안내하셨고, 거기서 여자는 부활하신 주님을 체험합니다. 그런데 제자들은 아직 무덤으로 달려갈 생각을 하지 못한 채 두려워서 문을 모두 잠가 놓고 슬픔에 잠겨 울고 있습니다.

제자들이 두려워서 떠는 것은 여자가 무덤에서 뛰쳐나와 두려워서 떠는 것과는 차원이 다릅니다. 여자는 거룩함을 체험하고 두려움에 떨지만, 제자들은 예수님 죽음에 연루되어 자기들도 붙잡혀 예수님처럼 죽게 될까 봐 두려워서 떨고 있습니다. 여자의 두려움은 죽음에서 해방된 부활한 자의 체험으로 인한 것이지만 제자들의 두려움은 죽음 때문에 부활을 체험하지 못한 데서 오는 것입니다. 여자는 슬피 울면서 부활을 체험하고 제자들은 슬피 울면서 죽음에 잠깁니다.

제자들이 슬퍼하며 울고 있었다는 것은 주님께 대한 실망 때문에 좌절하고 있었다는 말도 될 것입니다. 그분의 죽음으로 그분을 따르며 걸었던 기대가 꺾이고 호기로웠던 희망도 물거품처럼 사라지고 말았던 것입니다. 이런 상황에서 그 누구의 말이 귀에 들어오겠습니까? 예수님께서 살아 계시며 그 여자에게 나타나셨다는 말을 어떻게 믿을 수 있겠습니까? 그들은 듣고도 믿지 못합니다. 부활을 체험하기 위하여 그들은 절망의 심연으로 더 내려가야 합니다. 자신을 십자가의 죽음에 맡길 수 있어야 합니다. 그분께서 묻히신 무덤으로 달려가야 합니다. 그분처럼 죽어 묻힐 수 있어야 합니다(로마 6,4). 그러나 제자들은 무덤으로 갈 생각은 하지도 못하고 문을 닫아걸고 슬픔에 잠겨 있습니다. "왜 나를 버리셨습니까?"라는 시편을 노래하며 숨지신 주님의 단계에 이르기엔 아직 갈 길이 멉니다.

3

마르코 복음 16장 12절의 두 사람은 루카 복음 24장 13절에 나오는 엠마오로 가는 두 제자입니다. 루카에 의하면 그들은 부활하신 예수님을 만나 이야기하며 함께 길을 가지만 그분을 알아보지 못합니다. 그들이 찾아가던 마을에 가까이 이르렀을 때, 더 멀리 가시려는 듯한 그분을 붙들고 집으로 모셔 식탁에 앉았을 때야 그들의 눈이 열려 예수님을 알아봅니다. 그들은 곧바로 일어나 예루살렘으로 돌아가 보니 열한 제자와 동료들이 모여 그들도 자기들이 체험한 부활 이야기를 나누고 있다가 같이 기뻐합니다.

그런데 마르코 복음서는 이야기를 조금 다르게 서술합니다. 두 제자가 걸어서 시골로 가고 있을 때 다른 모습으로 나타나신 예수님을 체험하고 돌아가서 다른 제자들에게 알렸지만, 그들은 두 제자의 말을 듣고도 믿지 않습니다. 그들은 자기 안에 갇혀 낯선 사람에게로 마음을 향하지 못합니다. 자기 안에 갇혀 주님께서 살아생전에 만나셨던 온갖 사람들을 만나지 못하는 사람은 부활을 체험할 수 없습니다. 마르코는 그들의 갇힌 마음을 꾸짖습니다. 열한 제자가 식탁에 앉아 있을 때 나타나신 주님께서 그들의 불신과 완고한 마음을 꾸짖으십니다(마르 16,14). 여기서 식탁은 주님께서 제자들과 마지막 만찬을 하시면서 하신 일을 상기시킵니다. 자기 몸을 쪼개는 자만이 부활의 삶을 살 수 있습니다. 그분의 꾸지람을 들은 제자들은 주님의 부활을 믿게 되었을까요? 마르코는 말을 아낍니다. 그는 믿었다는 이야기 대신 '믿지 않았다'는 말을 세 번씩이나 반복합니다. 그들은 왜 믿지 않은 것일까요? 무엇이 그렇게도 두려웠던 것일까요?

믿지 않은 사람이 예수님을 무작정 따라다니던 무지한 군중이나 이방인이 아니라 예수님을 가장 가까이서 따르며 마지막 식사까지 함께했던 제자들이라는 점은 적잖은 충격입니다. 마르코는 여러 차례 제자들의 몰이해에 대해 이미 보도하였습니다. 호수에서 물 위를 걸으실 때(마르코 6,52), 빵 일곱 개를 사천 명에게 나누어 주실 때(마르코 8,17.21), 여러 차례 수난을 예고하실 때(마르 8,31-32; 9,31-32; 10,32-34) 제자들은 번번이 그분을 이해하지 못했습니다. 그분이 재판에 넘겨져 사형선고를 받으시고 조롱당하실 때 그리고 숨을 거두시고 묻히실 때도 제자들은 그분 곁에 있지 않았습니다. 어느 제자도 그분의 임종을 지키지 못했습니다. 제자들의 몰이해와 불신이 극에 달합니다. 이제 제자들이 불신을 거두고 믿음으로 돌아섰다는 이야기로 마무리할 때가 되지 않았습니까? 그런데 독자들을 진정시킬 어떤 일도 일어나지 않습니다. 복음서는 오히려 제자들의 불신을 보도합니다.

복음서는 왜 이렇게 제자들의 약점을 드러내며 마치려 하는 걸까요? 제자들은 주님의 부활을 믿었습니까, 믿지 않았습니까? 제자들의 완고함과 불신을 숨김없이 보도하는 이유가 무엇일까요? 다른 복음서에서도 제자들에게 부활에 대한 믿음은 불같이 일어났다 사그라들기를 반복합니다. 여기에 답이 있습니다. 부활은 해피엔딩의 주제가 아닙니다. 복음서는 예수님의 제자들이 드디어 모든 불신을 털고 그분과 그분의 부활을 믿게 되었다는 말로 끝나지 않습니다. 불신은 복음을 믿지 않는 것입니다. 하느님의 현존을 믿지 않는 것입니다. 부활의 삶이란 하느님의 현존을 믿는 데서 주어지는 삶입니다.

4

마르코는 마리아 막달레나가 예수님의 부활을 체험하고 이를 제자들에게 전하였다고 하면서 제자들을 "예수님과 함께 지냈던 이들"이라고 표현합니다. 주님과 함께했으면서도 그들은 믿지 않았던 것입니다. 불신과 완고함으로 가득 찬 마음으로는 사물의 마음을 들여다볼 수 없습니다. 자기만의 세계에 도취하여 마음이 완고한 사람들은 남의 말을 듣지 않을 뿐 아니라 들을 준비도 되어 있지 않습니다. 부활의 경지에 들기 위해서는 내면의 소리를 듣는 귀를 열어야 합니다. 현대인의 마음이 점점 완고해지고 있습니다. 물질과 권력과 명예에 대한 집착은 커져만 가고, 강한 자의식으로 좀처럼 남에게 머리 숙이려 하지 않습니다. 부활의 삶에서 멀어집니다. 부활을 선포하는 교회는 부활 축제를 전례로 기억하면서 신자들이 예수님처럼 남을 향하여 마음을 열고 부활의 삶을 살도록 이끌어야 할 것입니다.

예수님은 당신의 인생을 복음을 전하는 일로 시작하셨습니다. 빈부귀천, 선악성속善惡聖俗, 미추호오美醜好惡 차별을 넘어, 유다와 이방인의 벽을 넘어, 모든 이에게 인생을 기쁘게 사는 비결을 선포하셨습니다. 많은 사람이 그분을 찾아 나섰고 또 그분을 따랐습니다. 그분에게서 기쁨과 희망을 보았습니다. 그런데 그분의 마지막은 죽음이었습니다. 그것도 십자가를 짊어진 비참한 죽음이었습니다. 그것은 충격이었습니다. 제자들의 충격은 더 컸습니다. 그분께서 선포하신 복음의 참뜻은 어디에 있습니까? 어떻게 십자가에 달린 저 처참한 죽음에서 하느님 나라의 기쁨을 발견할 수 있겠습니까?

바오로 사도는 말합니다. "우리는 언제나 예수님의 죽음을 몸에 짊어지고 다닙니다. 우리 몸에서 예수님의 생명도 드러나게 하려는 것입니다. 우리는 살아 있으면서도 늘 예수님 때문에 죽음에 넘겨집니다. 우리의 죽을 육신에서 예수님의 생명도 드러나게 하려는 것입니다. 그리하여 우리에게서는 죽음이 약동하고 여러분에게서는 생명이 약동합니다."(2코린 4,10-12)

제자들이 두려움에 떨며 숨어 있었다는 것은 그들이 아직 죽음의 경지에 도달하지 못했음을 말해 줍니다. 하지만 누가 그들이 그분의 경지에 들지 못했음을 비난할 수 있겠습니까? 우리는 오로지 이 죽음을 향해 묵묵히 나아갈 뿐입니다.

<h1 style="text-align:center">5</h1>

십자가에서 돌아가신 예수님께서 나타나셨다는 것이 부활 신앙의 핵심입니다. 부활하신 그분은 주간 첫날 새벽에 마리아 막달레나(마르 16,9), 두 제자(마르 16,12) 그리고 열한 제자에게(마르 16,14) 나타나셨습니다. 그분께서 나타나신 이유는 살아생전 당하신 고통을 다 털고 이제 행복하게 된 모습을 보여 주시기 위해서가 아닙니다. 나타나신 그분의 몸에는 당신께 죽음을 안긴 상처가 그대로 남아 있습니다. 그분은 이 상처를 보이시려, 당신의 몸을 쪼개는 현장(성체)으로 초대하시려 나타나신 것입니다. 이 상처를 받아들이고 이 빵을 나누는 자만이 부활의 삶을 살 수 있기 때문입니다.

제자들은 그분의 나타나심을 식탁에서 체험합니다(마르 16,14). 존자 베다는 두 제자의 체험을 이렇게 씁니다. "그분은 당신을 나그네로 여겨 식사에 초대한 사람들에게 빵을 쪼개어 주시며 당신을 드러내셨다(루카 24,29-30 참조). 우리가 가진 모든 것을 나그네들과 가난한 이들에게 기꺼이 나누어 줄 때, 그분도 우리 가운데 현존하실 것이다(마태 25,31-46 참조). 또 우리가 살아 있는 빵인 당신 몸의 성사에 순결하고 단순한 마음으로 참여할 때, 그분은 빵을 쪼개어 주시면서 우리와 함께 머무르신다(요한 6,51 참조)."[216] 베다의 해설에서 우리는 한 걸음 더 나가야 합니다. 성찬례에 참여할 때만이 아니라 실제로 우리의 몸을 쪼개어 남에게 나누어 줄 때 우리의 몸은 그분처럼 부활의 몸으로 변화할 것입니다.

부활하신 그분의 얼굴은 제자들의(우리들의) 완고한 마음이 빚는 얼굴과는 '다른' 얼굴입니다. 십자가에 처형되신 무력한 저 얼굴이 그들의(우리들의) 상상을 넘어 부활하신 예수님 얼굴입니다. 그 얼굴에서 하느님의 영광스러운 얼굴을 보고 하느님의 자비와 사랑을 느낄 때 그들은(우리는) 부활하신 예수님을 보게 될 것입니다. 자기에게 상처를 준 사람들의 얼굴이 하느님의 얼굴로 보이고, 저 원수 같은 자가 내 형제자매로 보이고, 생로병사에 얽혀 고생하고 일그러진 얼굴이 '달리' 보일 때, 그에게서 하느님의 모습을 보고 사랑을 느낄 때, 우리는 부활하여 있을 것입니다.

---

216) 존자 베다, 오든, 325.

나. 부활의 삶을 죽음 후로 미루지 마라

1

　미사 때 사제는 거양성체 후 신자를 향하여 "신앙의 신비여!" 하고 외칩니다. 그러면 신자들은 "주님께서 오실 때까지 주님의 죽음을 전하며 부활을 선포하나이다." 또는 "주님께서 오실 때까지 이 빵을 먹고 이 잔을 마실 적마다 주님의 죽음을 전하나이다."라거나 "십자가와 부활로 저희를 구원하신 주님, 길이 영광 받으소서." 하고 화답합니다. 주님의 죽음과 부활이 신비스럽다고 외치는 것입니다.

　그리스도인은 사도신경에서 그분은 "본시오 빌라도 통치 아래서 고난을 받으시고 십자가에 못 박혀 돌아가시고 묻히셨으며 저승에 가시어 사흗날에 죽은 이들 가운데서 부활"하셨음을 믿는다고 고백합니다. 그리스도인이 주님의 부활을 믿는 것은 그분처럼 부활의 삶을 살 수 있다고 믿기 때문입니다. 그리스도인이 주님의 부활을 기억하는 것은 주님처럼 부활의 삶을 살기 위해서입니다.

　여기서 '사흗날'이란, 죽고 나서 사흘이라는 물리적인 시간을 말하는 것이 아니라 '완전히' 죽었다는 것을 말합니다. 십자가는 이 죽음을 확인하는 장소입니다. 그분은 십자가에서 다른 이를 위하여 자신을 완전히 죽음에 내놓으셨습니다. 그렇게 죽은 그분을 하느님께서 살리신 것입니다. 죽은 그분의 몸에 부활의 사건이 일어난 것입니다. 부활의 삶을 살기 위해서는 자신을 완전히 죽음에 내놓는 삶을 살아야 합니다. 살아서(죽기 전) 남을 위하여 자기 목숨을 내놓는 자만이 부활의 경지에 이르고, 살아서 부활의 삶을 사는 자는 자신을 내놓는 십자가의 삶을 삽니다(2코린 5,14-15).

그분께서 살아 계시는 동안 "나는 부활이요 생명이다." 하고 말씀하셨다면, 죽기 전에 이미 죽은 삶을 사셨다는 것을 말합니다. 친구 라자로가 아프다는 소식을 듣고 그의 집에 가셨을 때 친구는 이미 죽어 무덤에 묻힌 지 나흘이나 지난 뒤였습니다. 마르타가 주님이 오신다는 말을 듣고 맞으러 나가 "주님께서 여기에 계셨더라면 제 오빠가 죽지 않았을 것입니다." 하고 울먹이자 그분께서 "네 오빠는 다시 살아날 것이다."라고 하시며 "나는 부활이요 생명이다. 나를 믿는 사람은 죽더라도 살고, 또 살아서 나를 믿는 모든 사람은 영원히 죽지 않을 것이다. 너는 이것을 믿느냐?"(요한 11,25-26) 하고 말씀하십니다. 죽지 않고 살아 계신 예수님께서 "나는 부활이다." 하고 말씀하시는 것은 당신은 죽지 않는 생명을 지니고 계시다는 것을 말합니다.

그리스도인의 부활 신앙은 썩어 없어질 유한한 육체를 가진 인간이 죽었다가 언젠가 되살아나 영원한 생명을 새로 얻어 살게 되리라는 것을 믿는 것이 아니라, 인간은 살아 있는 동안(죽기 전에) 영원한 생명을 받아 살고 있다는 것을 믿는 것입니다. 죽어야 할 운명을 지닌 인생이 부활의 삶을 살 수 있다는 것을 믿는 것입니다. 부활의 생명은 우리가 태어날 때 이미 우리 안에 주어진 것이며, 살아서 체험해야 할 우리 인생의 경지입니다. 부활의 삶을 살기 위하여 인간은 죽기 전에 자기를 죽이는 삶을 살아야 하는 것입니다.

2

그리스도교가 부활, 곧 '사후 세계死後 世界'('사후'라는 말을 굳이 해야 한다면)를 이야기한다면 사람의 생명이 끝난 '이후'에 이어지는 세계가 아니라 이 생명이 끝나기 전 내 인생에서 일어나게 해야 하는 경지境地를 이야기하는 것입니다. 사후의 세계를 믿는다는 것은 죽은 다음 홀로 일어나서 영생을 얻어 살게 되리라고 믿는 것이 아닙니다. 오로지 자기만의 건강과 행복을 위하여 산 이기적인 존재가 모여 사는 그들만의 세계를 믿으며, 그 안에 갇혀 사는 것은 그 자체로 영원한 형벌을 의미하는 것일 수도 있습니다. 중세의 어느 독일 신비가는 "죽기 전에 죽으면 죽을 때 죽지 않는다."라고 하였습니다. 예수님께서 "밀알 하나가 땅에 떨어져 죽지 않으면 한 알 그대로 남고, 죽으면 많은 열매를 맺는다."(요한 12,24)라고 하신 말씀과 같은 맥락에서 알아들을 수 있을 것입니다. 그리스도교의 '사후'는 '사흘 후'를 말합니다. 자신을 죽이는 삶은 살아 있는 동안 내게 일어나야 하는 일입니다. 살아서 자신을 죽이는 삶을 살 수 있을 때, 죽음(남을 위하여 자기를 죽이는 삶)을 내 인생 안으로 끌어들여 살 때, 나는 부활의 삶을 살게 되는 것입니다. 인간의 죽음은 신비스럽고 부활의 삶은 더욱 신비스럽습니다.

살아서(죽기 전에) 부활의 삶을 사신 예수님께서 모든 인간이 당신처럼 살아서(죽기 전에) 부활의 삶을 살기를 바라십니다. 그분께서 "사람들에게 붙잡혀 온갖 모욕을 받으며 죽게 될 이 사람의 아들이 하느님의 아들이다."라고 말씀하신다면, 썩어 없어질 육체를 지닌 당신이, 십자가에 못 박혀 죽게 될 당신이, 영원히 죽지 않는 하느님의 생명을 가지고 사는 하느님의 아들이라고 말씀하시는 것입니다.

3

예수님께서 제자들을 부르신 이유도 당신의 죽음과 부활의 삶을 그들에게 보여 주시고, 그들이 직접 보고 익힌 당신의 삶을 세상에 선포하도록 하시기 위해서입니다. 제자들은 아직 그 경지에 이르지 못했습니다. 그분처럼 자신을 죽이는 삶을 살지 못합니다. 여전히 '죽은 삶'을 살고 있는 것입니다. 그분처럼 자신을 내어놓고, 섬기고, 용서하고, 찬미하고, 다가가는 복음의 삶을 살지 못하는 것입니다. 바오로는 우리의 세례를 상기시키며 로마의 신자에게 말합니다.

"그리스도 예수와 하나가 되는 세례를 받은 우리는 누구나 다 그분의 죽음과 하나가 되는 세례를 받았다는 사실을 여러분은 모르십니까? 과연 우리는 그 죽음 안으로 이끄는 세례를 통하여 그분과 함께 묻혔습니다. 그것은, 그리스도께서 아버지의 영광으로 말미암아 죽은 자들 가운데서 일으켜지신 것과 같이 우리 또한 새로운 생명 안에서 거닐 수 있기 위함입니다. 우리가 그분과 같은 죽음으로 그분과 합치되었다면 그 부활과도 그렇게 될 것이기 때문입니다."(로마 6,3-5 200주년 성서)

부활의 삶을 믿는 그리스도인은 다른 사람을 위하여 자신을 죽인 삶을 사는 존재입니다. 그리스도인은 죽기 전에 죽은 삶을 살아 부활의 삶을 사는 사람입니다. 부활을 희망한다는 것은 사멸하고 말 육체를 가지고 사는 인간이지만, 그 몸으로 영원하신 하느님의 생명의 빛을 비추며 살 수 있다는 것을 믿고 그것이 내 인생에 이루어지기를 희망하는 것입니다. 우리 인생의 목표는 죽은 다음 되살아나 부활의 삶을 사는 것이 아니라, 죽기 전에, 살아 있는 몸으로 부활의 삶을 사는 것입니다. 부활을 죽음 이후로 미루지 말아야 합니다.

우리의 문제는 세례로 죽었다고 하지만 여전히 부활의 삶을 살지 못하고 죽음의 그늘진 곳을 헤매는 것입니다. 예수님의 부활을 믿는다고 하면서 부활의 삶을 죽음 이후로 미루는 것입니다. 부활의 삶을 꿈만 꾸다가 영원히 성취하지 못하고 마는 것입니다. 바오로는 이렇게 죽음 속에서 헤매는 우리가 부활의 삶을 살게 하려고 말합니다. "예수 그리스도를 기억하시오. 그분은 다윗의 후손이며 죽은 자들 가운데서 다시 살아나신 분이십니다. '우리가 그분과 함께 죽었으니 그분과 함께 살 것이고 우리가 끝까지 참고 견디면 그분과 함께 다스리게 될 것이다.'"(2티모 2,8.11-12 공동번역)

부활의 삶을 산다는 것은 복음의 삶을 사는 것이며 복음의 삶이란 다른 사람을 위하여 십자가에 못 박히는 삶, 자신을 내어 주고 용서하고 섬기는 삶을 사는 것입니다. 이런 삶을 살지 못하는 자는 죽어 다시 살아난다 해도 부활의 삶을 살 수 없을 것입니다. 이런 삶을 죽음 이후로 미루며 언젠가 죽었다가 되살아나서 복음의 삶을 살겠다는 것은 자기 인생을 속이는 것입니다. 그리스도인이 단식하고 희생 극기하며 복음 삼덕의 삶을 사는 것은 죽은 다음 되살아나 부활의 삶을 살기 위한 것이 아닙니다. 지금 단식하고, 지금 가난하고, 지금 순결하고 순종하는 삶을 사는 것은 그대로 부활의 삶을 사는 자의 모습입니다. 살아서 부활의 삶을 사는 자는 섬기는 삶, 복음의 삶을 삽니다.

4

그분은 부활의 삶을 당신의 죽음 이후로 미루지 아니하셨습니다. 우리가 주님의 부활을 믿는 이유는 살아서 부활의 삶을 살기 위해서이고, 우리가 부활을 믿는다면 이 삶을 죽음 이후로 미루어서는 안될 것입니다. 예수님의 부활을 믿는다고 하면서 우리의 부활을 죽음 이후로 미룬다면 우리는 예수님의 부활을 잘못 믿는 것입니다. 다른 이를 위하여 목숨을 바칠 생각은 하지 않고 "주님, 당신께서 부활하셨음을 저는 믿습니다. 저를 되살리시어 부활의 삶을 살게 해 주소서." 하고 기도한다면 부활을 잘못 믿고 있다는 것입니다. 자기 죽임 없는 부활은 있을 수 없습니다.

부활의 삶을 살기 위해서 우리의 기존 부활 이야기를 거꾸로 알아들을 필요가 있습니다. 예수님께서 회개하라고 하신다면 우리가 거꾸로 사고하기에 다시 거꾸로 알아들으라는 말씀입니다. 이 생명 끝난 다음 되살아나서 부활의 삶을 살게 되리라는 거꾸로 된 믿음을 우리는 다시 거꾸로 돌려 알아들어야 합니다. 되살아나서 하느님을 찬미하고 감사하는 삶을 살게 되리라는 거꾸로 된 환상에서 벗어날 때 우리는 부활의 삶을 살게 될 것입니다. 지금 여기서.

그리스도인은 죽음 이후 저승에서 펼쳐지는 부활의 삶을 믿는 것이 아니라 죽음이 영원한 생명을 전한다는 이 신비를 믿는 사람입니다. 그리스도인은 죽음 후 부활의 삶을 사는 세계로 옮겨간다는 것을 믿는 것이 아니라 죽어야 할 인생이 지금 여기서 부활의 삶을 살 수 있다는 것을 믿습니다. 그렇기에 더욱 인간의 죽음이 신비스럽고 부활이 더욱 신비스러운 것입니다.

다. 육신의 부활을 믿나이다

1

　그리스도인은 사도신경에 따라 육신의 부활을 믿는다고 고백합니다. 죽어 썩어 없어졌던 육체가 다시 소생할 것을 믿는다고 고백하는 것이 아닙니다. 그렇게 되살아나서 부활의 삶을 살게 되리라고 믿는다면 잘못 믿는 것입니다. 지혜서는 말합니다. "하느님께서는 죽음을 만들지 않으셨고 산 이들의 멸망을 기뻐하지 않으신다. 하느님께서는 만물을 존재하라고 창조하셨으니 세상의 피조물이 다 이롭고 그 안에 파멸의 독이 없다. 하느님께서는 인간을 불멸의 존재로 창조하시고 당신 본성의 모습에 따라 인간을 만드셨다. 그러나 악마의 시기로 세상에 죽음이 들어와 죽음에 속한 자들은 그것을 맛보게 된다."(지혜 1,13-14; 2,23-24)

　우리는 이 성경 말씀을 건성으로 들으면 안 됩니다. 지혜서는 하느님께서 인간을 불멸의 존재로 창조하셨다고 말합니다. 불멸의 존재로 창조하셨다는 것은 죽지 않는 존재로 창조하셨다는 말입니다. 하느님은 인간을 죽지 않는 존재로 창조하셨습니다. 사멸死滅하는 존재, 필사 필멸의 존재로 보이는 인생이지만 '죽지 않는 하느님의 생명'을 지닌 존재로 창조되었습니다. 그렇게 하느님의 모습을 따라 창조되었기에 사멸 현상의 껍질을 벗기며 그 속을 들여다보면 파멸의 독이 없다는 것입니다. 살기와 독기를 품고 있는 사람이라도 그 마음속 깊이 들어가면 그를 창조하시고 나서 보시니 좋았다고 하신 하느님의 선한 마음이 자리 잡고 있다는 것입니다. 생멸生滅하는 그래서 필멸必滅하는 존재로 보이지만 불사불멸의 존재로 창조되었다는 것, 이 육신이 하느님의 영원한 생명을 전해 준다는 것, 그것은 생사의 신비입니다. 인생의 신비입니다. 부활은 이 인생의 신비를 우리에게 전하고, 교회는 이 신비를 육신의 부활을 믿는다고 고백하게 합니다.

2

육신의 부활을 믿는다는 것은 죽고 썩고 사라졌던 몸이 이전의 상태로 되살아난다는 것을 믿는 것이 아니라 이 썩을 몸에 하느님께서 당신의 영을, 당신의 숨을 불어넣어 주셨기에 이 몸으로 영원한 생명을 지니고 산다는 것을 믿는 것입니다. 인간은 본질적으로 하느님의 전부, 하느님의 생명이 전달된 존재입니다. 하느님의 존재를, 하느님의 생명을, 하느님 자신을, 하느님의 사랑을 느끼게 해 주지 않는 인간이란 있을 수 없습니다. 사멸할 육체를 지닌 인간이 그 자체로 불사불멸의 영원한 하느님의 숨을 쉬는 신적 존재입니다. 인간은 사멸하는 육신을 지닌 존재이지만 죽지 않는 생명을 가지고 사는 존재입니다.

3

육신의 부활을 믿는다는 것은 인간이 죽기 전 육체를 가지고 사는 동안 부활을 체험하며 살 수 있다는 것을 믿는 것입니다. 그리스도인은 하느님께서 자기 안에 당신의 영을, 당신의 숨을 불어넣으셨다는 것을 믿으며, 육신의 부활을 믿는다고 고백합니다. 유한한 인간이 영원한 하느님의 생명으로 살아간다는 것을 살아서 깨닫지 못한 사람은 죽어 다시 살아난다 해도 영원한 삶을 살 수 없을 것입니다. 바오로 사도의 다음 말도 이런 맥락에서 알아들어야 할 것입니다. "죽은 이들의 부활도 이와 같습니다. 썩어 없어질 것으로 묻히지만 썩지 않는 것으로 되살아납니다. 비천한 것으로 묻히지만 영광스러운 것으로 되살아납니다. 약한 것으로 묻히지만 강한 것으로 되살아납니다. 물질적인 몸으로 묻히지만 영적인 몸으로 되살아납니다. 물질적인 몸이 있으면 영적인 몸도 있습니다."(1코린 15,42-44)

바오로의 이 말에는 '썩어 없어질 것'과 '썩지 않는 것', '비천한 것'과 '영광스러운 것', '약한 것'과 '강한 것', '물질적인 몸'과 '영적인 몸'이 대조를 이루고 있는데, 바오로는 이 말을 부활이 없다고 말하는 이들, 부활의 삶을 살지 못하고 '물질적인(프쉬키콘ψύχικόν: 지상의, 자연적) 몸'으로 사는 이들을 향하여 한 말입니다. 이들이 생명을 주는 영을 받아 영적인 몸으로 살아 부활의 삶을 살기를 바라며 한 말입니다. 이 삶은 생명을 주는 영이 되신 그리스도 안에서 가능한 것입니다. 즉 그분처럼 죽을 때!

이 말을 하기 전에 바오로는 말합니다. "그대가 뿌리는 씨는 죽지 않고서는 살아나지 못합니다."(1코린 15,36) 그는 또 말합니다. "우리는 언제나 예수님의 죽음을 몸에 짊어지고 다닙니다. 우리 몸에서 예수님의 생명도 드러나게 하려는 것입니다. 우리는 살아 있으면서도 늘 예수님 때문에 죽음에 넘겨집니다. 우리의 죽을 육신에서 예수님의 생명도 드러나게 하려는 것입니다. 주 예수님을 일으키신 분께서 우리도 예수님과 함께 일으키시어 여러분과 더불어 당신 앞에 세워 주시리라는 것을 알고 있기 때문입니다."(2코린 4,10-11.14) 바오로의 이 말은 "사람의 아들이 반드시 많은 고난을 겪으시고 원로들과 수석 사제들과 율법 학자들에게 배척을 받아 죽임을 당하셨다가 사흘 만에 다시 살아나셔야 한다."(마르 8,31)라는 예수님의 가르침에 근거합니다.

라. 모든 피조물에게 복음을

마침내, 열한 제자가 식탁에 앉아 있을 때에 예수님께서 나타나셨다. 그리고 그들의 불신과 완고한 마음을 꾸짖으셨다. 되살아난 당신을 본 이들의 말을 그들이 믿지 않았기 때문이다. 예수님께서는 이어서 그들에게 이르셨다. "너희는 온 세상에 가서 모든 피조물에게 복음을 선포하여라. 믿고 세례를 받는 이는 구원을 받고 믿지 않는 자는 단죄를 받을 것이다. 믿는 이들에게는 이러한 표징들이 따를 것이다. 곧 내 이름으로 마귀들을 쫓아내고 새로운 언어들을 말하며, 손으로 뱀을 집어 들고 독을 마셔도 아무런 해도 입지 않으며, 또 병자들에게 손을 얹으면 병이 나을 것이다."(마르 16,14-18)

1

예수님께서 당신의 부활을 체험한 이들의 말을 듣고도 믿지 않는 제자들(마르 16,9-13)에게 나타나시어 그들의 불신을 꾸짖으십니다. 다른 복음서에는 여자의 말을 듣고 베드로와 요한이 달려가 무덤을 들여다보고 믿었고, 엠마오로 가는 제자들의 이야기를 듣고 함께 기뻐했다고 전하지만, 마르코의 복음서를 이어서 쓴 독자는 그들의 '믿지 않음'에 대해 이야기하고, 예수님께서 "그들의 불신과 완고한 마음을 꾸짖으셨다." 하고 전합니다.

복음사가는 그들이 믿지 않았다는 것을 강조하면서 예수님께서 "너희는 온 세상에 가서 모든 피조물에게 복음을 선포하여라."라고 명령하셨다고 전합니다. 예수님의 이 명령은 사실 뜻밖입니다. '마침내 믿게 된' 그들이 아니라, 불신과 완고함으로 가득 찬 그들이, 십자가에서 도망친 그들이 어떻게 복음을 전할 수 있을까요? 예수님의 말씀을 직접 들었고, 그분의 죽음을 실제로 목격했으면서도 그 깊이를 깨닫지 못하여 문을 모두 잠가 놓고 몸을 숨긴 그들이, 그분께서 '일으켜지셨다'(마르 12,18-27 참조)는 말을 전해 듣고도 믿지 못하는 그들이 어떻게 그분의 죽음과 부활을 선포할 수 있을까요? 그들이 먼저 믿을 수 있도록 하고 나서 그 믿게 된 바를 전하라고, 그렇게 복음을 선포하라고 하는 것이 순서 아닙니까? 그분께서 부활하셨음을 증명하여 확신시킨 다음 그 확신하는 바를, 그렇게 그분의 부활을 선포하라고 하는 것이 정상 아닙니까? 나도 믿지 못하는 것을 어떻게 남들에게 믿으라고 선포할 수 있겠습니까? 알지 못하는 그들이 전할 부활은 어떤 것이겠습니까? 복음사가는 이 말에 이어 믿는 이에게는 표징과 기적이 일어날 것이라고 덧붙이는데 불신과 완고한 마음으로 낙인이 찍힌 그들이 어떻게 마귀들을 쫓아내고 새로운 언어들을 말할 수 있겠습니까? 그렇게 움츠러든 마음으로 어떻게 병자들에게 다가갈 수 있겠습니까?

2

여기서 우리는 마르코 복음의 후기를 쓴 독자가 마르코의 의도에 충실히 머물러 있다는 점을 알 수 있습니다. 그는 마르코가 복음서를 '복음의 시작'으로 시작하여 "그들은 아무에게도 말하지 않았다."라는 말로 끝을 맺었다는 것을 잘 알고 있습니다. 주님께서 제자들에게 "아무에게도 말하지 말라."라고 명령하셨고, 그렇게 명령하신 분께서도 "아무 말씀도 하지 않으셨으며", 주님이 살아 계시다는 것을 체험한 여자들은 두려움에 떨며 "아무에게도 말하지 않았다."라는 것을 그는 잘 알고 있습니다. 그렇기에 그는 복음을 전하라고 말씀하시는 부활하신 예수님의 음성은 직접 들려주지 않습니다. 두려워 말을 잃은 그 모습은 부활하신 분, 사람의 아들이 하느님의 아들이심을 체험한 모습입니다. 어찌 두려워하는 마음 없이 영생을 체험할 수 있겠습니까. 말을 잃은 모습, 두려워 떠는 모습을 보여 주는 것이 그대로 복음을 선포하는 자의 모습이어야 합니다.

사람들은 어떻게 아무 말도 하지 않고 복음을 선포할 수 있을까 묻지만, 두려워 떨며 아무 말도 하지 않는 여자들이 말하지 않는 모습으로 부활하신 그분을 세상에 선포하고 있습니다. 제자들이 전할 부활은 남에게서 들은 부활이 아니며, 그들이 세상에 전할 주님은 이론으로 알게 된 부활하신 주님이 아닙니다. 그들이 먼저 부활을 체험하고 그렇게 체험한 부활을 남에게 전해야 합니다. 그렇기에 주님의 부활을 전하기 위해서 주님께서 명령하신 대로 먼저 자기의 언어를 잠재우는 침묵을 익혀야 합니다. 남들이 나의 침묵하는 얼굴에서 그분의 부활을 체험하게 해 주어야 합니다.[217] 그분의 복음을 선포해야 하는 제자들은 예수님께서 명하신 침묵을 몸에 익혀 세상에 나아가야 합니다. 두려운 마음으로 복음을 선포해야 합니다. 사람들에게 생명에 대한 두려움을 느끼게 해 주어야 합니다. 그 두려움이 기쁨의 원천입니다.

3

"너희는 온 세상에 가서 모든 피조물에게 복음을 선포하여라."(마르 16,15)라는 예수님의 명령은 십자가에서 돌아가신 후 그분의 입을 통해 나온 첫 말씀이자 마지막 말씀입니다. 이 말씀은 그분께서 갈릴래아에서 "하느님의 나라가 가까이 왔다. 회개하고 복음을 믿어라."(마르 1,15)라고 '복음'을 선포하신 일을 상기시킵니다. 마르코 복음서는 이 명령을 실천하는 제자들의 행위를 전하면서 '복음의 시작'이라는 말

---

217) 우리가 전하는 것은 부활이지 부활의 말이 아닙니다. 우리는 부활을 어떻게 믿습니까? 어떻게 전합니까? 천국을 어떻게 믿습니까? 풍월로 들은 이 세상 밖 어딘가에 있는 천국, 막연히 알고 있는 죽은 다음의 영생, 내가 한 번도 내 실존으로 성찰해 본 적이 없는 천국과 부활을 믿으라고 하는 것은 아닙니까?

로 시작하여 '아멘'(마르 16,20)으로 마무리합니다. 제자들은 예수님의 이 명령에 따라 "떠나가서 곳곳에 복음을 선포"하고, 예수님은 그들 안에 머무시며 그들과 함께 그들을 통하여 당신의 복음을 동쪽에서 서쪽에 이르기까지 두루 퍼져 나가게 하십니다.

온 세상 모든 피조물에게 복음을 선포하라는 말씀은 하느님께서 이미 모든 피조물에게 당신의 복음을 선포하셨기에 그들에게 이 사실을 깨우쳐 알게 하라는 뜻으로 알아들을 수 있으며, 동시에 그들에 게서 하느님의 복음을 들으라는 말로도 알아들을 수 있습니다. 모든 피조물이 우리에게 하느님의 복음을 전해 주고 있습니다. 모든 피조 물이 우리에게 복음을 들려줍니다. 피조물에 귀를 기울이는 사람이 복음을 듣고 구원을 맛볼 것입니다. 이로써 마르코는 복음이 전하는 강한 메시지를 동시에 던집니다. "그분을 죽음에 이르게 한 십자가로 몸을 향하도록 하십시오. 그 마음, 그 시선으로만 그분의 생명과 그 분의 복음을 느끼게 될 것입니다. 그분의 상처를 외면하는 사람은 구 원에서 멀어질 것입니다."

예수님의 이 마지막 명령은, 복음은 믿는다고 고백하는 이들의 입 을 통해서만이 아니라 두려움과 불신 가운데서도, 믿는다고 고백하 면서도 무엇을 고백하는지 몰라 배신했던 베드로와 그의 동료들을 통해서도, 또는 이들이 무시했던 이방인을 통해서도 온 세상에 퍼져 나가야 한다는 것을 암시합니다. 사실 그분은 복음을 선포하시기 위 해 처음 이민족의 땅 갈릴래아로 가셨고, 부활하신 후 제자들을 그곳 으로 보내시어 당신을 만나게 하셨습니다.

4

예수님께서 제자들에게 복음을 선포하라고 하시면서 '가라'고 하십니다. 복음을 따라 사는 사람은 세상 안으로 들어가야 합니다. 그 안에 사는 가난한 이들, 병자들, 뱀에 물린 이들에게 다가가야 합니다. 그렇게 구유로 십자가로 다가가야 합니다. 우리가 참 그리스도인인가 아닌가 하는 것은 "나는 그리스도인이다." 하고 큰 소리로 고백하는 데에 달려 있지 않고 일상에서 만나는 가난한 이, 고통받는 이, 상처받은 이, 앓는 이들에게 다가가는가, 그렇지 못한가 하는 것에 달려 있습니다. '이미 와 있는 천국'을 체험하기 위해서는 우리들의 손이 닿지 아니하는 곳이 없게 해야 합니다.

천국의 구원을 얻기 위해서는 현재 우리 눈앞에 있는 모든 피조물에게 다가가서 손을 내밀며 그 속을 들여다보아야 합니다. 그들이 사는 구유와 갈릴래아 그리고 십자가가 있는 예루살렘을 향하여 가야 합니다. "가난을 체험하지 않고서는 가난에 대해서 말할 수 없다."[218] "교회는 모든 인간 현실과, 자신에게서 가장 먼 현실과도, 실제로 접촉하기 위하여 변방에 살도록 부름받았다. 목표는 변방의 합병이 아니라 어려운 경계지역에 사는 우리의 능력과 '머나먼', 그리고 아직 복음의 말씀이 도달하지 못한 문화적, 사회적 현실과의 접촉으로 들어가는 능력이다."[219]

---

218) 호르헤 마리오 베르골리오·안토니오 스파다로, 『교황 프란치스코: 나의 문은 항상 열려 있습니다』, 국춘심 옮김, 솔출판사(2014), 183.
219) 위의 책, 202-203.

5

　예수님께서 "너희는 온 세상에 가서 모든 피조물에게 복음을 선포하여라."라는 말씀에 이어 "믿고 세례를 받는 이는 구원을 받고 믿지 않는 자는 단죄를 받을 것이다."(마르 16,15-16)라고 하십니다. 단죄라는 말씀은 과격하게 들려 두려움을 느끼게 합니다. 믿지 않는 자는 단죄 받을 것이라는 말씀은 마치 부처도 있고 공자도 있고 알라도 있지만 그들이 아닌 예수님을 골라 그분의 이름으로 세례를 받고 믿어야 구원을 받고 그렇지 않으면 모두 구원받지 못한다고 최종적으로 단정하시는 말씀처럼 들립니다. 하지만 그것이 아닙니다. 복음을 선포한다는 것은 하느님의 나라가 가까이 와 있다는 것을 선포하는 것이고, 하느님의 나라가 가까이 왔다고 선포한다는 것은 인간은 영원히 죽지 않는 하느님의 생명을 가지고 산다는 것을 선포하는 것인데, 이 생명은 세례를 통하여 얻을 수 있다는 것입니다. 그리스도의 이름으로 세례를 받는다는 것은, 그리스도와 함께 죽어 그리스도와 함께 새 인간으로 태어나는 것을 말합니다(로마 6,3-4). 믿는 사람은 부활의 삶을 살고 믿지 못하는 사람은 부활의 삶을 살지 못합니다.

　세례를 받는 이는 구원을 받는다는 말은 언어와 종족과 종교를 떠나 모든 이를 위하여 목숨을 바치는 사람은 구원받는다는 말입니다. 믿지 않는 자는 단죄를 받는다는 말은 누가 내 편이고 나와 같은 공동체 소속인지 이해관계를 따지며 완고하고 배타적인 마음에 머물러서는 비록 세례를 받았다 하더라도 구원받을 수 없다는 것을 시사합니다. 구원받기 위해서는 모든 이들 안에, 불교 신자든 무속인이든,

종교를 가졌든 안 가졌든, 언어와 종족을 초월하여 모든 이들 안에 하느님(나라)이 현존하신다는 것을 믿어야 합니다.[220) 세례는 편 가르기와 배타적인 마음을 물속에 담가 죽이고 물 위로 새롭게 솟아올라 모든 이 안에서 하느님을 보도록 하는 성사입니다. 믿음으로 세례를 받은 사람은 하느님께서 이방인에게도 성령을 주시어 그들을 인정하셨다는 사실을 압니다(사도 15,8-9). 세례 때 우리 위에 부어지는 물은 우리를 죽이기도 살리기도 하는 물입니다.

　단죄라는 예수님의 말씀은 제자를 포함한 세상 모든 사람을 대상으로 하신 말씀입니다. 모든 사람이 믿는 이가 되어 단죄를 피해야 합니다. 그분의 죽음과 부활을 들어 알게 된 우리에게는—아직 복음을 깨닫지 못했다 해도—복음을 모르는 이들에게 복음을 전할 의무가 있습니다. 모든 사람이 인생을 기쁘게 살도록 하는 것은 모든 인간의 사명이기 때문입니다. 우리가 전해 들은 복음을 우리의 몸과 마음으로 다른 이에게 전달하지 못한다면 우리가 아직 복음화되지 못하였기 때문입니다. 이런 면에서 '단죄'라는 말은 우리 자신을 돌아보게 합니다. 나는 바로 믿고 있는가? 바로 전하고 있는가? 믿음대로 나를 죽이는 삶을 살고 있는가?

　바오로는 코린토 1서에서 말합니다. "내가 복음을 선포한다고 해서 그것이 나에게 자랑거리가 되지는 않습니다. 나로서는 어찌할 수 없는 의무이기 때문입니다. 내가 복음을 선포하지 않는다면 나는 참으

---

220)　우리는 길거리에서 "예수 천국 불신 지옥"이라는 팻말을 든 사람들을 자주 보지만 이는 그리스도인이 할 수 있는 행위가 아닙니다. 그렇게 말하는 이들이 오히려 자기가 한 말에 따라 지옥을 면치 못하게 될 것입니다. 그리스도인은 사람을 이편저편 가르지 않으며 불자든 모슬렘이든 무신론자든 모든 이 안에 하느님의 나라가 와 있음을 믿는 사람입니다.

로 불행할 것입니다."(1코린 9,16) 복음이 인생을 행복하게 사는 비결이기에 복음을 선포하지 않는 것은 곧 불행을 의미한다는 것입니다. 하느님의 현존을 믿고 하느님의 다스림에 자신을 맡기는 자는 행복한 삶을 살 것이고, 그렇지 못한 자는 아무리 부귀영화를 누린다 해도 불행할 것입니다. 복음을 선포한다는 것은 다른 이에게 하느님의 현존을 믿게 하고, 거기에 자신을 맡기도록 전하는 일입니다. 세례를 받는 것은 이런 존재로 태어나기 위해서입니다.

6

세례로 믿음을 얻은 이들에게는 표징들이 따를 것입니다. "예수님 이름으로 마귀들을 쫓아내고 새로운 언어들을 말하며, 손으로 뱀을 집어 들고 독을 마셔도 아무런 해도 입지 않으며, 또 병자들에게 손을 얹으면 병이 나을 것"(마르 16,17-18)입니다. 믿는 이들에게 이러한 표징들이 따른다는 말을 우리는 복음을 선포한다는 것 자체가 기적을 일으키는 행위라는 말로 알아들을 수 있을 것입니다.

마르코는 예수님께서 눈먼 이를 보게 하시고 다리 저는 이를 걷게 하시는 등 수많은 기적을 일으키신 이야기를 들려주면서 모든 사람을 복음으로 안내하시는 예수님의 마음을 전하고자 합니다. 마르코는 온 세상이 예수님의 복음을 받아들여 온 세상을 복음으로 받아들이는 기적이 일어나기를 바라며 복음서를 쓰기 시작했을 것입니다. 온 세상이 복음의 기쁨을 발견하고 기쁨의 노래를 부르는 기적으로 넘쳐나기를 바라며 복음서를 마무리했을 것입니다. 세례로 믿음을 얻고 복음을 선포하는 이들을 보면서 온 세상이 기쁨을 얻기를 바라면서 말입니다.

7

예수님께서 "내 이름으로 마귀를 쫓아내는" 것에 대해 말씀하신다면, 마귀는 예수님을 통해서, 복음이신 그분을 통해서 쫓아낼 수 있다는 것을 암시합니다. 마귀(다이모니온δαιμόνιον)는 "하느님이 창조하신 것들을 파괴하여 질서가 있는 곳에 혼란을, 빛이 있는 곳에 어둠을 가져오는 존재이며, 강한 증오와 자만심으로 하느님께 대항하는"(가톨릭대사전) 존재입니다. 마귀는 또 이간질하는 존재(디아볼로스διάβολος)입니다. 창세기에 나오는 뱀은 하와에게 다가가 듣기 좋은 말로 하느님과 하와를 이간질하였습니다. 이간질하는 말로 서로 사랑하지 못하게 방해하고 서로 불신하게 하였습니다. 모든 것 안에 와 계시는 하느님을 보지 못하게 눈을 가렸습니다. 제자들의 사명은 예수님께서 우리에게 가르쳐 주신 복음과 복음 자체이신 그분을 통해서 세상에 빛을 주는 일입니다. 예수님의 이름으로 세례를 받은 이는 모든 것(사람) 안에서 하느님을 보고 느낄 뿐만 아니라 이간질하지 않습니다.

8

믿는 이들은 새 언어로 이야기합니다. 새 언어를 말한다는 것은 어느 날 갑자기 지금까지 하지 못하던 외국어를 말하게 된다는 것이 아닙니. 새 언어를 이해하기 위해서는 지금까지 우리가 어떤 언어로 이야기하고 있는지 돌아보면 알 수 있습니다. 우리는 남의 소리에 귀를 막고 자기 생각만을 주장할 때가 많습니다. 새 언어로 말하는 사람이란 자기와 생각이 다르고 처한 환경이 달라도 귀 기울여 듣고, 자기와 종교가 다르고 문화와 인종이 달라도 상대를 존중하며 포용하는 사람입니다. 믿음으로 새 언어를 이야기하는 자는 누구에게나 다가가 손을 내밀 수 있습니다. 그에게는 무서운 것도 없고, 장애물도 없기 때문입니다. 그는 모든 것에서 하느님을 볼 수 있는 눈을 가졌기 때문입니다. 뱀도 무섭지 않으며 독도 무섭지 않습니다. 그는 광야에서 예수님께서 그러하셨던 것처럼 그 어떤 유혹하는 말에도 넘어지지 않으며 아무런 해를 입지 않습니다. 제자들에게 이런 복음을 선포하는 것이 과제로 주어졌고 그들은 과연 이 일에 충실했습니다.

9

우리가 그리스도인이 된 것은 하느님의 복음을 믿어 자기를 복음화하고 세상을 복음화하기 위해서입니다. 복음화한 사람은 모든 것(사람) 안에서 하느님을 봅니다. 세상을 복음으로 만납니다. 복음화라는 말을 인구 대비 그리스도인의 숫자를 표시하는 것으로 사용하는 것은 복음에 대한 오해를 일으킬 수 있습니다. 그분께서 원하신 것은 모든 인간이 서로에게서 하느님의 나라를 느끼며 사는 것입니다. 각자 자기 몸으로 온 세상 사람에게 하느님의 나라를 보여 주며 사는 것입니다. 언어와 종족과 나라를 초월하여 하느님의 자녀로 만나는 것은 복음화의 과제입니다.

복음을 선포한다면서 다른 사람의 마음을 만나지 못하고 다른 사람에게 배타적이고 다른 사람의 종교를 배척하는 것은 모순을 범하는 것입니다. 겁에 질려 문을 닫아걸고 있던 제자들은 이제 완고한 마음의 문을 열어젖히고 세상을 향하여 나가게 될 것입니다. 그들은 백성들을 가르치며 주님의 부활을 선포하고 많은 이들을 믿게 합니다. 사람들은 그들의 담대함을 보고 놀랍니다. 평소 무식하고 평범한 사람으로 알아 왔던 베드로와 요한이었기에 사람들의 놀라움은 더욱 큽니다. 이 놀라움은 소위 박식하고 잘난 학자들과 사제들은 자신들의 박식함과 잘남 때문에 예수님의 부활을 체험하지 못하고 부활의 삶을 살 수 없다는 것을 역설적으로 말해 줍니다. 자신들의 학식과 고상함의 울타리에 갇혀 완고함의 벽을 깨뜨리지 못하는 것입니다. 제자들이 여자들의 말을 듣고도 믿을 수 없었던 것처럼 학자들과 사제들도 완고함 때문에 제자들의 말을 들으면서도 믿지를 못합니다. 그런 그들에게 베드로와 요한이 말합니다. "하느님의 말씀을 듣는 것보다 여러분의 말을 듣는 것이 하느님 앞에 옳은 일인지 여러분 스스로 판단하십시오. 우리로서는 보고 들은 것을 말하지 않을 수 없습니다."(사도 4,19-20)

마. 하늘에 오르시다?

주 예수님께서는 제자들에게 말씀하신 다음 승천하시어 하느님 오른쪽에 앉으셨다. 제자들은 떠나가서 곳곳에 복음을 선포하였다. 주님께서는 그들과 함께 일하시면서 표징들이 뒤따르게 하시어, 그들이 전하는 말씀을 확증해 주셨다. 그 여자들은 자기들에게 분부하신 모든 것을 베드로와 그 동료들에게 간추려서 이야기해 주었다. 그 뒤에 예수님께서도 친히 그들을 통하여 동쪽에서 서쪽에 이르기까지, 영원한 구원을 선포하는 거룩한 불멸의 말씀이 두루 퍼져 나가게 하셨다. 아멘(마르 16,19-20).

1

마르코 복음서는 주님의 승천에 관해서 "주님께서 승천하시어 하느님 오른쪽에 앉으셨다."라고 단 한 줄로 간단하게 언급합니다. 마태오 복음과 요한 복음에는 승천 이야기가 없습니다. 루카 복음은 주님의 승천을 이렇게 전합니다. "예수님께서는 그들을 베타니아 근처까지 데리고 나가신 다음, 손을 드시어 그들에게 강복하셨다. 이렇게 강복하시며 그들을 떠나 하늘로 올라가셨다."(루카 24,50-51) 제자들은 하늘로 올라가시는 "예수님께 경배하고 나서 크게 기뻐하며 예루살렘으로 돌아갔다. 그리고 줄곧 성전에서 하느님을 찬미하며 지냈다."(루카 24,52-53) 사도행전에는 예수님께서는 하늘로 오르시는데, "구름[221]

---

221) "구름은 우리에게 예수께서 거룩하게 변모하시던 때를 떠오르게 하는데, 거기서는 빛나는 구름이 예수와 제자들을 덮었다(마르 9,7). (…) 구름은 우리에게 옛 계약에서 거룩한 하느님의 성막을 떠오르게 한다. 옛 계약에서 구름은 광야를 지날 때 구름 기둥 속에서 이스라엘을 앞서가셨던(탈출 13,21-22 참조.) 주님의 현존에 대한 표징이다."(라칭거 2, 349-350)

에 감싸여 그들의 시야에서 사라지셨다."(사도 1,9)라고 전합니다.

마르코 복음서의 마지막을 장식한 이 독자는 마르코가 '하느님의 나라의 복음'에서 시작한 복음서를 "주님께서는 그들과 함께 일하시면서 (…) 거룩한 불멸의 말씀이 두루 퍼져 나가게 하셨다."(16,20)라고 마무리합니다. 예수님께서 하늘에 오르셨다는 말에는 인간의 언어로 표현할 수 없는 인생의 진리가 표현되어 있습니다. 우리는 지상에서 살지만, 우리 삶의 영역은 땅에 한정되어 있지 않습니다. 하느님의 나라가 와 있기 때문입니다. 사람의 아들 예수님께서 구름에 감싸여 그들의 시야에서 사라지신 것은 지구 바깥 어떤 공간으로 이동하여 가신 것이 아니라 그분께서 선포하신 "하느님 나라의 신비 안으로 들어가심"을 말하며 인생은 거기서 완성을 본다는 것을 말합니다.

2

예수님께서 하늘에 오르셨다는 것은 그분께서 선포하신 "하느님의 나라가 가까이 왔다."라는 복음에 근거해서만 올바로 이해할 수 있습니다. 예수님께서 하느님의 나라가 가까이 왔다고 선포하셨다면 하느님의 나라는 저 먼 데 있는 어떤 나라가 아니라 우리 손이 닿는 곳에 와 있다는 것을 말합니다. 그분께서 하늘에 오르셨다면 우리 손이 닿는 곳에 와 있는 하느님의 나라로 오르셨다는 것을 말합니다. 바오로 사도는 "그가 높은 곳으로 올라가면서 사로잡은 자들을 데리고 가셨고 사람들에게 선물을 나누어 주셨다."라는 시편(68,19)을 인용하면서 "올라가셨다는 말은 또한 땅 아래의 세계에까지 내려가셨다는 말이 아니고 무엇이겠습니까? 그리로 내려가셨던 바로 그분이 모든 것을 완성하시려고 하늘 위로 올라가셨습니다."(에페 49-10)라고 말합니다.

그분께서 오르신 하늘은 그분께서 세례받으실 때 땅을 향하여 열린 하늘입니다. 예수님께서 하늘로 오르셨다는 것은 우리가 살아가고 있는 이 땅의 심장으로 들어오셨음을 나타냅니다. 그분이 계시는 우리의 마음 안으로, 사물의 마음 안으로, 저 밉고 고운 사람들의 마음 안으로, 우리가 살아가고 있는 이 땅의 심장으로 오르시어 하느님의 오른편에 앉으신 것입니다. 예수님께서 하늘에 오르셨다면 우리 손이 닿는 땅에 사는 인간들(제자들, 병자들, 소외된 사람들, 당신을 배신하고 핍박한 사람들…)의 마음 안으로 오르신 것입니다. 그분은 인류의 마음 안으로 오르셨습니다. 사도신경이 예수님께서 고난을 받으시고 십자가에 못 박혀 돌아가시고 묻히셨으며 저승에 가셨다고 하는 것도 이런 이유에서입니다. 인간이 있는 곳이면 지옥에까지 그분은 내려가십니다.

예수님께서 승천하신 하늘 나라는 땅과 분리된 저 높은 곳에 있는, 땅을 떠나야만 들어갈 수 있는 별개의 세상이 아닙니다. 하늘로 올라가셨다는 말(승천)은 하늘 나라가 가까이 왔다는 진리(강생)에 대한 다른 표현입니다. 강생과 승천의 신비는 우리 인간은 사실은 '죽지 않는 영원한 생명'을 가지고 태어나 살고 있다는 것을 말해 줍니다. 영원한 생명은 살아생전에 쌓은 공로로 인해 죽은 다음 언젠가 얻게 되는 생명이 아니라 우리가 처음부터 하느님한테서 선사 받은 것입니다. 승천은 우리가 처음부터 하느님의 생명을 가지고 살아가고 있다는 것을 확인시켜 주는 사건입니다. 승천하신 예수님은 우리를 떠나신 것이 아니라 우리의 마음속으로 들어오셨습니다. 아우구스티누스가 말하였듯이 "주님은 천상에서 우리에게 내려오셨을 때 천상을 떠나신 것이 아니었습니다. 이제 다시 천상으로 오르셨을 때 우리를 떠나 버리신 것도 아닙니다."(아우구스티누스) 우리가 서로의 마음 안으로 들어가도록 주님은 강생하시고 승천하셨습니다.

3

하늘에서 내려오신 분(강생)만이 하늘로 오르실 수 있습니다(승천). 누가 하늘에서 내려오시고 누가 하늘로 오르셨습니까? 그리스도입니다. 그리스도만이 하늘에서 내려오시고 그리스도만이 하늘로 오르실 수 있습니다. 그리스도는 자기를 내어놓으신 분이십니다. 자기를 내어놓는 자가 하늘에서 내려오고, 자기를 내어놓는 자만이 하늘로 오를 수 있다는 것을 말합니다. 강생과 승천의 신비를 깨달아 강생과 승천의 삶을 사는 것은 우리의 과제입니다. 하늘에 오르기 위하여 우리는 그리스도처럼 자신을 비우며 사람들의 마음 안으로 내려가야 합니다.

살아생전의 예수님께서 "나를 본 사람은 곧 아버지를 뵌 것이다."(요한 14,9)라고 하시며 지상에서 천상의 아버지를 보여 주셨듯이 하늘에 오르신 그분은 천상에서 지상의 우리와 함께 계십니다. "주께서는 승천하셨어도 우리를 떠나지 않으신 것과 같이, 우리도 비록 그분의 약속이 우리 육체에 아직 이루어지지 못했다 해도 이미 그분과 함께 천상에 있게 되었습니다. 그리스도께서는 이제 천상으로 오르셨지만 당신 지체인 우리가 지상에서 겪고 있는 모든 고통을 당신도 겪고 계십니다. 그리스도께서는 천상에 계시면서도 우리와 함께 계십니다. 우리는 지상에 있으면서도 그분과 함께 있습니다. 그분은 당신의 신성과 권능과 사랑으로 우리와 함께 계십니다. 우리는 비록 그분이 우리와 함께 계시는 것처럼 그 신성으로 그분과 함께 있을 수는 없지만, 그분께 대한 우리의 사랑으로 그분과 함께 있을 수 있습니다."[222] 지상에서 천국의 삶을 산 사람이 하늘에 오르기 때문입니다.[223]

바오로 사도는 콜로새 신자들에게 보낸 편지에서 말합니다. "여러분은 그리스도와 함께 다시 살아났으니, 저 위에 있는 것을 추구하십시오. 거기에는 그리스도께서 하느님의 오른쪽에 앉아 계십니다."(콜로 3,1) '저 위의 것'을 추구한다는 말은 지상의 것을 외면한다는 말이 아닙니다. 저 위의 것을 추구하는 것은 저 위 하느님의 오른쪽에 앉아 계신 그리스도의 삶을 추구하는 것입니다. 그분은 지상에서 당하신 고통의 십자가를 내려놓고 하늘에 오르시어 고통 없는 삶을 즐기시는 분이 아닙니다. 고통을 내려놓은 그리스도란 있을 수 없습니다. 지상에서 다른 이를 위하여 목숨을 내놓으신 그리스도는 천상에서도 여전히 우리를 위하여 목숨을 내놓고 계십니다. 그리스도는 십자가를 지고 하느님 오른쪽에 앉아 계신 것입니다 저 위의 것을 추구하기 위하여 우리는 십자가가 서 있는 지상으로 내려와야 합니다. 가장 누추하고 힘든 곳까지 내려오신 그분(강생)께서 그들과 함께 하늘로 오르신 것입니다.

---

222) 아우구스티누스, Sermo de Ascensione Domini, Mai 98,1-2: PLS 2,494-495
223) 하느님의 눈에 세상 만물이 아름다운 것은 그분에게 이 세상이 천국이기 때문입니다. 그분의 눈에 아름답게 보이는 것이 우리 눈에 아름답게 보이지 않는다면 우리가 천국에 있지 못하기 때문입니다. 하늘에 오르지 못하였기 때문입니다.

4

바오로 사도는 그분께서 하늘에 오르신 것은 우리가 이 지상에서 하느님 나라의 삶을 살게 하시려는 것이라고 말합니다. "어떤 사람들은 사도로, 어떤 사람들은 예언하는 사람으로, 어떤 사람들은 전도자로, 어떤 사람들은 목자와 교사로"(에페 4,11) 봉사 활동을 하게 하시려고, 그리하여 "하느님의 아드님에 대한 믿음과 지식에 있어서 하나가 되어 성숙한 인간으로서 그리스도의 완전성에 도달하게"(에페 4,12-13) 하시려고 예수님께서 하늘에 오르신 것입니다. "인간의 간교한 유혹이나 속임수로써 사람들을 잘못에 빠뜨리는 교설의 풍랑에 흔들리거나 이리저리 밀려다니는 일"이 없이, "사랑 가운데서 진리대로" 살게 하시려고, "머리이신 그리스도와 한 몸"으로 살게 하시려고(에페 4,14-16) 하늘에 오르신 것입니다. 바오로 사도는 조언합니다 "옛 생활을 청산하고, 정욕에 말려들어 썩어져 가는 낡은 인간성을 벗어 버리고, 마음과 생각이 새롭게 되어 하느님의 형상대로 창조된 새사람으로 갈아입어야 합니다. 새사람은 올바르고 거룩한 진리의 생활을 하는 사람입니다."(에페 4,22-23) 주님은 떠나신 것 같지만 우리의 일상에 현존하십니다.

승천은 이 세상에서 하느님의 현존을 더욱 체험하게 하는 사건입니다. 예수님은 이를 누누이 강조하셨습니다. "제자들과 이별하시는 예수는 어떤 먼 행성으로 떠나시는 것이 아니다. 그분은 살아 계신 하느님의 힘과 생명의 친교 안으로, 공간을 넘어 하느님의 다스림 안으로 들어가신다. 그래서 그분은 '떠나가신 것'이 아니라, 하느님 자신의 힘에 의해 언제나 우리와 함께 우리를 위해 현존하신다."[224] 그분은 우리가 일상을 살아가는 삶의 현장에서 하느님의 현존을 체험하게 해 주십니다. 승천을 체험한 사람은 기쁨을 안고 일상으로 돌아갑니다(루카 24,52). 사도행전은 이를 분명하게 표현합니다. "예수님께서 올라가시는 동안 그들이 하늘을 유심히 바라보는데, 갑자기 흰 옷을 입은 두 사람이 그들 곁에 서서, 이렇게 말하였다. '갈릴래아 사람들아, 왜 하늘을 쳐다보며 서 있느냐? 너희를 떠나 승천하신 저 예수님께서는, 너희가 보는 앞에서 하늘로 올라가신 모습 그대로 다시 오실 것이다.'"(사도 1,10-11) 예수님께서 "'나는 갔다가 너희에게 돌아온다.'고 한 내 말을 너희는 들었다."(요한 14,28)라고 하신 말씀도 이런 차원에서 알아들을 수 있습니다.

5

예수님께서 승천하신 후 제자들은 주님께서 명하신 대로 곳곳에 복음을 선포하기 시작합니다. 주님께서 사람들 손에 넘겨지고 고난받으시고 죽음을 맞이하실 때 무서워서 문을 잠그고 숨어 있던 그들이 '일어나' 동쪽에서 서쪽에 이르기까지 돌아다니며 불멸의 기쁜 소식을 전합니다. 마르코의 스승 바오로 사도는 이 사실을 적절한 말로 설교합니다.

"아브라함의 후손 여러분, 그리고 하느님을 경외하는 여러분, 이 구

---

224) 라칭거 2, 351.

원의 말씀이 바로 우리에게 파견되셨습니다. 그런데 예루살렘 주민들과 그들의 지도자들은 그분을 알아보지 못하고 단죄하여 (…) 사형에 처할 아무런 죄목도 찾아내지 못하였지만, 그분을 죽이라고 빌라도에게 요구하였습니다. (…) 하느님께서는 그분을 죽은 이들 가운데에서 다시 일으키셨습니다. 그 뒤에 그분께서는 당신과 함께 갈릴래아에서 예루살렘으로 올라간 이들에게 여러 날 동안 나타나셨습니다. 이 사람들이 이제 백성 앞에서 그분의 증인이 된 것입니다. 그래서 우리는 여러분에게 이 기쁜 소식을 전합니다. 하느님께서는 그분을 죽은 이들 가운데에서 살리시어 다시는 죽음의 나라로 돌아가지 않게 하셨습니다."(사도 13,26-32.34) 바오로 사도가 안티오키아에서 행한 이 설교는 우리가 선포해야 할 복음의 내용이 무엇이어야 하는지 잘 말해 줍니다.

제자들은 그분이 살아 있다는 것을, 그분이 '일으켜지셨다'(에게이레인)[225]는 것을, 그분은 죽음 속에 있지 않다는 것을, 죽음도 그분의 살아 있음을 방해할 수 없다는 것을 세상에 전합니다. 죽음에서 일어나신 그분께서 하신 일들 곧 죽음의 그늘을 헤매는 사람들에게 다가가시어 손을 잡아 일으키시자 그들이 일어나서 살게 된 일, 기쁘게 인생을 섬기며 살게 된 일, 복음으로 살게 된 일 등 그들이 본 일을 선포합니다. 예수님을 믿으면 천당에 가서 영원한 생명을 누리며 살게 되리라는 막연한 희망을 심어 주는 것이 아닙니다.

예수님을 따르는 제자들이란 부활하신 예수님을 체험한 자, 예수님

---

225) 마르 12,18-27 참조.

을 통해 일어나 새 삶을 살게 된 자입니다. 그들은 십자가 사건을 통해 그분께서 그들을 부르셨을 때 이미 부활하신 주님과 함께 살았다는 것을 깨닫게 되었습니다. 그들은 이제 그분처럼 사람들에게 다가가 손을 내밀고 잡아 일으켜 세우는 새로운 삶을 살게 될 것입니다. 부활을 체험한 자는 복음을 삽니다. 복음을 선포합니다. 예수님은 이 일을 하라고 그들을 세상에 보내십니다.

마르코의 또 다른 스승 베드로 사도는 자기의 첫 번째 편지(마르코도 함께 인사한다고 전한 것으로 보아 마르코는 이 편지의 내용도 알고 있을 것입니다)에서 성경을 인용하여 말합니다. "여러분은 썩어 없어지는 씨앗이 아니라 썩어 없어지지 않는 씨앗, 곧 살아 계시며 영원히 머물러 계시는 하느님의 말씀을 통하여 새로 태어났습니다. '모든 인간은 풀과 같고 그 모든 영광은 풀꽃과 같다. 풀은 마르고 꽃은 떨어지지만 주님의 말씀은 영원히 머물러 계시다.' 바로 이 말씀이 여러분에게 전해진 복음입니다."(1베드 1,23-25)

베드로는 편지를 마무리할 즈음에 "사랑하는 여러분, 시련의 불길이 여러분 가운데에 일어나더라도 무슨 이상한 일이나 생긴 것처럼 놀라지 마십시오. 오히려 그리스도의 고난에 동참하는 것이니 기뻐하십시오."(1베드 4,12-13)라고 부활을 체험한 자의 즐거움을 이야기합니다. 부활을 체험한 자는 그리스도 때문에 모욕을 당하는 것을 행복으로 여기며 그리스도인으로서 고난을 겪는 것을 부끄러워하지 않고 오히려 이 때문에 하느님을 찬양하는 삶을 삽니다(1베드 4,14.16). "선을 행하면서 자기 영혼을 성실하신 창조주께" 맡기는 삶을 삽니다(1베드 4,19).

마르코 복음서는 다음 문장으로 대단원의 막을 내립니다. "그 뒤에 예수님께서도 친히 그들을 통하여 동쪽에서 서쪽에 이르기까지, 영원한 구원을 선포하는 거룩한 불멸의 말씀이 두루 퍼져 나가게 하셨다. 아멘."(마르 16,20) 16장 9-20절을 삽입한 후대의 저자는 '시작'이라는 단어로 시작한 마르코 복음서를 '아멘'이라는 단어로 끝을 맺습니다. 이렇게 우리 손에 들려 있는 마르코 복음서는 '시작'(아르케)으로 시작하여 '아멘'으로 종지부를 찍습니다.

제자들은 주님께서 명령하시는 대로 떠나가서 곳곳에 복음을 선포하지만, 사실 그 일은 주님께서 하시는 일입니다. 그들이 복음을 선포하는 것 같지만 주님께서 그들로 하여금 복음을 선포하게 하시는 것입니다. 그러므로 복음을 선포하는 자는 자기가 복음을 선포한다는 자만심을 버려야 합니다. 이 점은 마르코가 침묵을 요구하면서 줄기차게 강조한 바입니다. "너희를 받아들이지 않고 너희 말도 듣지 않으면, 그곳을 떠날 때에 그들에게 보이는 증거로 너희 발밑의 먼지를 털어 버려라."(마르 6,17)라는 예수님의 말씀도 모든 것을 주님께 맡기고 그 결과에 연연하지 말라는 말씀으로 알아들을 수 있습니다.

'아멘'은 요한이 묵시록을 마무리하며 사용한 단어이기도 합니다. 요한은 "아멘. 오십시오, 주 예수님! 주 예수님의 은총이 모든 사람과 함께하기를 빕니다."(묵시 22,20-21)라고 묵시록을 마무리하면서 천사가 자기에게 한 말을 이렇게 전합니다. "불의를 저지르는 자는 계속 불의를 저지르고, 더러운 자는 계속 더러운 채로 있어라. 의로운 이는 계속 의로운 일을 하고 거룩한 이는 계속 거룩한 채로 있어라." "보라, 내가 곧 간다. 나의 상도 가져가서 각 사람에게 자기 행실대로 갚아주겠다. 나는 알파이며 오메가이고 처음이며 마지막이고 시작이며 마침이다."(묵시 22,11-13) 하느님이 시작이요 마침입니다. 하느님께서 시작하신 일, 하느님께서 마무리하시게 하십시오. 벌주고 상 주는 일은 인간이 간섭할 일이 아닙니다. 하느님께서 모든 일을 하시도록 우리는 그저 우리 자신을 맡기며 살 뿐입니다.

비슷한 이야기를 우리는 마르코 복음 곳곳에서 들었습니다. 용서하고 화해하고 사랑하는 일은 하느님의 일입니다. 그 일을 내 의지로 내가 하려 할 때, 우리는 용서하지 못하는 죄를 짓게 되는 것입니다. 용서하고 사랑하시는 분은 하느님이십니다. 하느님께서 사랑이신 것을 모르기에 미워하고, 하느님께서 용서하시는 분임을 모르기에 용서하지 못하고 복수하려 드는 것입니다. 미워하지 않으려고, 용서하려고, 화해하려고 진을 빼기 전에 먼저 하느님을 알도록 해야 합니다. 하느님을 아는 사람의 몸에 용서와 사랑이 일어납니다. "너는 죄를 용서받았다."(마르 2,5)라는 말은 하느님을 아는 자만이, 하느님께 모든 것을 맡긴 자만이 할 수 있는 말입니다. 아무나 용서하지 못합니다. 하느님의 사랑을 느낀 자만이 진심으로 용서하고 사랑할 수 있습니다. 예수님은 우리를 용서하는 일로 초대하십니다. 하느님의 일로 초대하십니다. 용서는 하느님의 일입니다. '아멘'은 이 하느님의 일에 대한 응답입니다.

예수님께서 하느님의 나라가 가까이 왔다고 선포하신 이유입니다. '아멘'은 예수님께서 선포하신 하느님의 복음에 우리 존재를 던지는 것입니다. 먼 미래에 행복하게 살기 위해 '아멘'하고 믿음을 고백하는 것이 아니라, 지금 이 세상에서 천국에서처럼 행복하게 살 수 있다는 것을 믿기에 '아멘' 하고 응답합니다. 마르코 복음은 이렇게 우리를 복음의 시작(아르케)으로 안내하며 복음서를 마무리합니다.

7

그리스도인이란 무릇 천국에서 살듯이 세상을 사는 사람입니다. 지금 내가 가지고 있는 돈과 권력과 명예가 나에게 천국의 삶을 살게 해 준다는 것을 믿는다는 말이 아닙니다. 원수를 사랑하고, 상처를 준 사람을 위해 기도하고, 박해하고 저주하고 학대하는 사람을 축복하라는 예수님의 복음은 우리에게 부담을 주지만, 승천하시는 그분께서 "너희는 온 세상에 가서 모든 피조물에게 복음을 선포하여라." 라고 말씀하셨다면 "너희는 그렇게 할 수 있다, 너희는 만물을 새로 보고, 새로 듣고, 자비를 베풀며 살 수 있다." 하고 격려하며 용기를 주시는 것입니다. 우리는 우리의 존재로 남에게 복음을 느끼게 하고, 남을 복음으로 대하는 마음씨를 가지고 태어났습니다. 우리는 그리스도처럼 남을 살리기 위해 우리의 몸을 쪼개고 희생시키며 사람들의 몸 안으로 녹아들며 사라질 수 있는 능력을 지닌 존재들입니다. 실제로 우리는 가정에서, 사랑하는 사람을 위해서, 그렇게 자신을 희생하면서 살아가고 있지 않습니까? 용기를 내십시오. 일어나십시오. 희망을 버리지 마십시오. 다른 사람을 위하여 자기 자신을 버리고 비우고 포기할 수 있다는 희망을 놓치지 마십시오. 예수님의 복음은

부와 권력과 명예의 노예살이로 말미암아 생긴 부담에서 우리를 해방
시켜 줍니다.

복음을 읽고 나서:
모든 이가 나에게 복음

1

이 책을 내면서 감사해야 할 일이 많이 생겼습니다. 몇 해 동안 흩어진 원고를 인내로 정리해 준 내 동생(해숙 마르티나)과 문장을 다듬어 준 이금주 데레사 자매님과 김정용 신부님 그리고 신학적으로 내용을 검토하며 조언해 주신 이순성 신부님께 감사를 드립니다. 또 이책이 세상에 빛을 볼 수 있도록 출판 기금을 마련해 준 명례성지 복음화학교를 통해 알게 된 정동화 형제님과 여러 벗에게도 감사드립니다. 이들의 도움과 정성이 없었다면 이 책의 출판은 엄두를 내지 못했을 것입니다.

2

복음서를 읽으며 많은 이를 만났습니다. 복음서에 나오는 인물들,

예수님, 마리아, 베드로, 바르티매오, 여인들, 군중, 바리사이, 율법학자, 빌라도, 그리고 지금 내가 내 주변에서 만나는 사람들, 가난한 이, 고통받는 이, 소외된 이, 외국인, 종교인, 법조인, 사회 지도자, 모두가 복음서에 등장하는 인물들입니다. 예수님은 나를 데리고 다니며 당신과 함께 지내게 하시며 당신을 통해 그들을 만나게 해 주셨습니다. 그들이 살아가고 있는 이 세상 안에 그들 가운데 하느님의 나라가 와 있음을 믿게 하며 그들과 세상 모든 피조물을 하느님의 복음을 느끼게 해 주는 메신저로 만나게 해 주셨습니다. 그들을 통해 당신과 하느님을 만나게 해 주셨습니다.

내가 만나는 모든 사람, 내 눈에 보이는 삼라만상이 그 존재 자체로 내 인생을 기쁘게 하는 소식인데, 그들이 병자라는 이유로, 죄인이라는 이유로, 이방인이며 난민이라는 이유로, 가난하고 힘이 없다는 이유로, 싫고 못났다는 이유로 그렇게 온갖 이유를 대며 내 감정에 따라 멀리하며 손을 내밀지 못한다면, 천국의 기쁨과 행복을 스스로 밀어내는 것이라고 깨우쳐 주셨습니다. 그분은 그들을 복음으로 만나는 날, 내 인생이 완성된다고 선포하셨습니다.

모든 이가 나에게 복음입니다. 이 세상과 그 안에서 존재하는 한 사람 한 사람은 나의 관심사나 기호에 따라 또는 우연히 스쳐 만났다가 헤어지는 존재들이 아니라 하느님의 영과 하느님의 생명, 하느님의 창조하시는 마음을 내게 느끼게 해주는, 나를 복음화하는 존재들입니다. 모든 이가 나를 복음화합니다. 내가 세상을 복음화하는 것이 아니라, 세상이 나를 복음화합니다. 가난한 이든 원수든, 일상에서 만나는 그들이 나를 복음화합니다.

나는 세상과 그 안에 사는 사람을 나를 복음화하는 존재로, 복음으로 만나야 합니다. 하느님의 나라가 그들 안에 와 있기 때문입니다. 그들에게서 나의 행복이 출발합니다. 모든 이가 서로에게 복음이라는 것을 알리기 위해 복음을 선포합니다. 내가 세상에 복음을 선포한다면 모든 이가 내게 복음이기 때문입니다. 모든 이를 자기를 복음화하는 존재로 만나는 자, 모든 이를 자기의 복음으로 만나는 자가 참으로 거짓 없이 위선을 부리지 않고 세상을 살아간다고 할 수 있을 것입니다. 어찌 이 복음을 인간의 입으로 전할 수 있겠습니까? 어찌 이 신비를 말로 만날 수 있겠습니까?

3

천국이 우리의 손이 닿는 곳 가까이 있다고 복음을 선포하는 그리스도교는 현실 종교입니다. 사람들에게 그리스도교가 현실을 부정하는 종교로 비친 것은 예수님께서 하느님 나라와 함께 사용하신 '가까이 왔다'라는 술어를 간과한 채 '하느님의 나라'만 생각하기 때문입니다. 예수님은 내 손이 닿는 곳에 천국이 "가까이 있다. 현실의 한복판에 감추어 있다."라고 가르치시는 현실주의자이신데, 사람들은 천국을 이승을 떠난 어떤 곳에 있는, 나를 행복하게 하는 나라, 슬픔도 괴로움도 없는 나라(유토피아)로 생각하며, 예수님 믿으면 그 나라에 들어가 행복하게 살 수 있는 것처럼 환상에 사로잡히는 것입니다. 내 손이 닿지 않는 곳에서 천국을 찾으면서 마치 그리스도교가 우리 손이 닿지 않는 곳에 천국이 있다고 가르치는 것으로 오해하는 것입니다.

복음을 모르기 때문입니다.

　예수님은 현실을 무시하는 이상주의자가 아니십니다. 그분은 "천국을 체험하고 싶은가? 네 손에 닿지 아니한 사람들이 없게 하라. 가난한 사람이든, 상처를 준 사람이든, 원수든, 현실에서 만나는 모든 사람에게 손을 내밀며 다가갈 때 너는 천국의 기쁨을 맛볼 것이다."라고 가르치십니다. 그들이 가난하다고, 약자라고, 무식하다고, 죄인이라고, 이방인이라고 외면한다면, 그것은 천국을 밀어내는 것이라고, 그런 마음으로는 천국을 체험할 수 없다고 가르치십니다. 이들과 이들이 사는 현실을 외면하는 사람은 행복이 무엇인지 모른다고 가르치십니다. 복음을 선포하는 그리스도교는 현실 종교입니다. 복음을 믿는 그리스도인은 자기 주변의 가난하고 고통받는 이들의 기쁨과 희망, 슬픔과 고뇌를 자기의 기쁨과 희망, 슬픔과 고뇌로 받아들입니다(제2차 바티칸 공의회). 그는 현실을 외면하고 자기만의 행복을 추구하지 않습니다.

4

　그러나 이 정도의 복음은 세상의 성현 누구나 다 할 수 있는 이야기입니다. 마르코에게 예수님은 훌륭한 덕담을 하는 여러 성현 중 한 사람이 아닙니다. 마르코는 하느님의 복음을 선포하신 예수님을 복음 자체로 만났습니다. 당신의 몸으로 당신께서 선포하신 복음을 보여 주신 분으로 만난 것입니다. 그것이 가장 극명하게 드러난 곳이 그분의 십자가입니다.

마르코는 예수님을 직접 만나 뵌 적이 없지만, 그분을 직접 보고 듣고 체험한 제자들을 통해 그분 이야기를 듣고 그분 복음을 접하게 되었을 것입니다. 생사고락이 펼쳐지는 현실을 가슴에 품으며 돌아가신 그분이 하느님의 아들이라는 것을, 가장 비참한 모습으로 세상을 떠난 그분이 하느님의 아들이심을 믿는다고 고백하는 이가 행복의 원천에 이르게 된다는 가르침을 깨달았을 것입니다. 복음이지 않고서야 어찌 그런 모습으로 죽을 수 있겠으며, 복음이지 않고서야 어떻게 가난한 이, 앓는 이, 배우지 못한 이, 더러운 이, 소외된 이를 스스럼없이 대할 수 있겠으며, 만민이 보는 앞에 그들의 손을 잡아 일으켜 기쁨의 삶, 부활의 삶을 살게 할 수 있겠습니까.

마르코는 이 이야기들을 그분의 비참한 최후를 감당할 수 없어 달아났던 제자들, 그러나 그 죽음의 십자가로 돌아오지 않을 수 없었던 제자들한테서 들으며 벅찬 감동을 느꼈을 것입니다. 마르코에게 그분은 복음이었고, 기쁨이었고, 부활이었고, 생명이었습니다. 복음이요 기쁨이요 부활이요 생명이신 그분께서 그의 손을 잡아 일으켜 그 또한 복음이요 기쁨이요 부활이요 생명으로 살게 하셨습니다. 그분은 가장 나약한 인간의 모습으로 우리에게 오셔서 가장 비참한 인간의 모습으로 돌아가셨습니다. 우리도 가장 비천한 인간을 하느님의 아들로 만나고, 하느님의 숨을 쉬는 거룩한 존재로 만날 때, 그들이 나에게 복음일 때, 복음의 인간으로 새롭게 태어나고, 인생의 목표에 도달하게 될 것입니다.

5

하느님의 나라가 손이 닿을 만큼 가까이에 와 있다는 것, 사람의 아들이 하느님의 아들 그리스도라는 것, 유한한 인간이 영원하신 하느님의 생명으로 살아가는 하느님의 자녀라는 것, 사람의 아들이 존재 그 자체로 모든 이에게 복음이요 생명이요 부활이라는 것, 이 신비를 어떻게 인간의 언어로 모두 설명하고 표현할 수 있겠습니까? 그렇기에 복음사가는 예수님께서 복음을 선포하시면서 번번이 "아무에게도 말하지 말라."라고 분부하셨다고 전합니다.

예수님은 아무에게도 말하지 말라고 분부만 하신 것이 아니라 당신 스스로 아무 말씀 하시지 않는 모습을 보여 주셨습니다. 아무 죄 없이 부당하게 십자가에 못 박히시는 처참한 순간에도 당신 자신을 위한 변명 한마디 없이 인간들이 비아냥거리는 소리를 들으며 숨지셨습니다. 그분을 따르던 제자들은 두려워서 모두 도망쳐 숨어 버렸고, 몇 명의 여자들만 남아 십자가에 달려 운명하시는 그분의 모습을 지켜보았습니다. 여자들은 고통 중에 숨지신 그분의 모습과 그분을 모신 고요한 무덤에서 그분의 살아 계심을 체험하였습니다. 그 순간 그들은 무덤에서 달아나 아무 말도 하지 못하고 두려워서 덜덜 떨어야 했습니다. 영원한 기쁨에 도달한 자는 오로지 두려워하는 마음으로 자신을 세상에 보여 줄 뿐입니다. 아무 말 하지 못하고 덜덜 떠는 여자들의 모습은 우리의 모습이어야 합니다. 자기의 말을 안으로 잠재우는 자만이 구원의 신비를 느끼고 그 신비 속으로 자신을 내맡기며 신비로운 삶을 살 수 있을 것입니다.

6

예수님의 하느님 체험과 세상 체험은 나눌 수 없는 하나의 체험입니다. 예수님께서 요르단에서 세례를 받으실 때 하늘이 갈라지는 체험을 하시면서 하늘과 땅의 만남을 체험하셨습니다. 하늘이 갈라지는 체험을 통해 그분은 당신 자신이 하느님의 사랑받는 아들이며, 땅에서 만나는 모든 사람이 하느님의 사랑을 느끼게 해 주는 하느님의 아들과 딸, 하느님의 복음이라는 것을 체험하셨습니다. 예수님께서는 이 원초적인 체험을 하느님의 왕국이 가까이에 와 있다는 복음에 담아 선포하셨습니다. 이 선포는 이 세상과 세상 안의 모든 것이 하느님의 영과 하느님의 생명, 하느님의 전부를 계시하고 있다는 것을 선포하는 것입니다. 우리가 사람의 아들 예수님이 하느님의 아들이라 고백하는 것은 세상의 모든 것에서 하느님을 만나고, 모든 사람을 하느님의 아들딸로 만나기 위해서입니다.

예수님께서 선포하신 복음을 믿는 그리스도인은 하느님은 어떠한 상황에서도, 가난과 고통과 십자가의 죽음이 기다리는 상황에서도 당신의 영과 생명과 당신의 전부를 우리 안에 전달하셨음을 믿습니다. 그리고 하느님은 사랑이시라고 믿습니다. 내가 좋아하고 싫어하는 것을 떠나 모든 것 안에 당신의 생명을, 당신의 전부를 전달하신 것은 그분께서 사랑 자체이시기 때문입니다. 세상에 존재하는 모든 것이 나에게 하느님의 사랑을 느끼게 해 줍니다. 세상만사가 하느님이 사랑이심을 느끼게 해 줍니다.

이 믿음 때문에 그리스도인은 하느님이 왜 나에게 이런 고통을 주시는가, 왜 나를 이렇게 미천한 존재로 만드셨는가, 묻지 않습니다. 그는 슬픔과 괴로움을 벗어나게 해 달라고 기도하는 대신 언제 어디서나 함께하시는 하느님을 느끼며 위안을 얻습니다. 그는 모든 것을 하느님께 맡깁니다. 미움도 분노도 복수도 하느님께 맡깁니다. 우리는 구약성경에서 하느님께서 대신 원수를 갚아 달라고 애원하는 기도를 듣습니다. 이는 하느님께서 나를 대신해서 복수해 달라는 이야기가 아닙니다. 내가 최종적으로 할 수 있는 것은 세상에 하나도 없다는 것을 말합니다. 빛을 만드는 이도 어둠을 만드는 이도, 행복을 주는 이도 불행을 주는 이도 다 주님이시며, 주님께서 이 모든 것을 이루신다는 믿음에서 나온 내맡김입니다(이사 45,7). 하느님께 내 존재와 내게 일어나는 모든 일을 내맡길 때 내 몸에서 기쁨의 빛이, 부활의 빛이 발하게 될 것입니다, 예수님의 십자가는 그런 곳입니다. 하느님께 대한 믿음이 없이는 달릴 수 없는 곳입니다. 십자가 죽음이 생명의 빛을 발합니다. 이 신비 앞에 인간은 말을 잃고 두려워 떨 뿐입니다.

십자가는 하느님의 애끊는 사랑이 드러난 곳입니다. 요한 1서는 이 사랑을 하느님께서 "당신의 아드님을 우리 죄를 위한 속죄 제물로 보내 주신"(1요한 4,10) 행위로 서술합니다. 하느님께서 당신의 아들을 속죄의 제물로 보내 주셨다는 것은 "아들아, 네가 인간세계에 내려가서 세상 사람들이 당하는 고통을 대신 당하도록 하여라."라는 뜻에서가 아니라 아들을 통하여 당신의 생명을, 당신의 전부를 세상 모든 이에게 전달하셨다는 뜻으로 알아들어야 할 것입니다. 아들의 고통은 아버지의 고통이기 때문입니다. 하느님은 인류의 아픔을 당신의 아픔으로 여기십니다(탈출 3,7). "하느님께서는 세상을 너무나 사랑하신 나머지 외아들을 내주시어, 그를 믿는 사람은 누구나 멸망하지 않고 영원한 생명을 얻게"(요한 3,16) 하셨습니다. 십자가에 달린 아들의 부르짖음은 아버지 하느님의 이 애끓는 사랑에서 나온 절규입니다. 이 애끓는 사랑 앞에 인간은 경외하는 마음으로 고개를 숙일 뿐입니다.

7

하느님께서 십자가에 드러난 이 사랑의 신비로 우리를 초대하십니다. 하느님께서 당신 아들을 우리 죄를 위한 속죄 제물로 보내 주셨다는 것을 믿는 자는 하느님께서 우리를 또한 이웃의 죄를 위하여 속죄 제물로 보내셨다는 것을 믿습니다. 요한 1서 저자가 "사랑하는 여러분, 하느님께서 우리를 이렇게 사랑하셨으니 우리도 서로 사랑해야 합니다."(4,11) 하고 말한다면 우리도 예수님처럼 이웃을 위하여 우리 자신을 희생 제물로 바쳐야 한다는 요구이기도 합니다. 우리 한 사람 한 사람은 하느님께서 세상의 평화를 위해서 자기 자신을 희생 제물로 바치도록 보내신 존재들이며, 서로가 서로에게서 애끓는 사랑을 느끼게 하는 존재들입니다.

바오로 사도는 "나는 여러분 가운데에 있으면서 예수 그리스도 곧 십자가에 못 박히신 분 외에는 아무것도 생각하지 않기로 결심하였습니다."(1코린 2,2) 하고 말합니다. 예수님께서 십자가에서 돌아가시자 제자들이 문을 잠그고 숨어 있었던 것은 십자가의 고통에서 사랑을 보지 못하였을 뿐만 아니라 자신을 희생 제물로 내놓을 수 없었기 때문입니다. 더 근원적으로 하느님께서 당신을 세상의 죄를 위한 속죄 제물로 내놓으셨다는 것을 깨닫지 못했기 때문입니다. 그들이 다시 십자가 아래로 모여들었다면 십자가 희생이 사랑이라는 것을 깨달았기 때문입니다. 그분처럼 자신을 희생 제물로 내놓을 수 있게 되었기 때문입니다. 복음에 대한 믿음은 자기희생을 통해 드러납니다. 믿음을 통해 우리는 사랑의 존재로 태어납니다. 내가 사랑하지 못한다면 복음과 그분에 대한 믿음이 부족하기 때문입니다.

그리스도교는 세상의 평화를 약속하시는 분이 구유에서 아기로 태어나셨다고, 세상의 평화를 약속하시는 분이 십자가에서 사형수로 돌아가셨다고 고백하는 종교입니다. 행복한 인생을 원하십니까? 버림받아 마구간에 누워 있는 아기에게 가장 아끼는 귀한 황금과 유향과 몰약을 바쳐 보십시오. 세상 무엇과도 바꿀 수 없는 행복을 얻게 될 것입니다. 십자가에 달린 사형수에게 발라 드릴 귀한 향료를 준비해 보십시오. 온 세상을 사랑할 수 있을 것입니다. 사랑이 있는 곳에 평화가 있습니다. 행복은 가난이 끝난다고, 고통이 사라진다고, 하는 일마다 성공한다고, 전쟁이 끝난다고 저절로 주어지는 것이 아닙니다. 행복은 이 고통이 사라진 다음에 오는 것이 아니라 가난 가운데, 고통 가운데, 실패 가운데, 전쟁 가운데, 우리의 일상 가운데 감추어져 있습니다. 행복은 우리의 손이 닿지 않는 저 멀리에 있지 않습니다. 하느님의 나라는 우리의 손이 닿는 곳에 아주 가까이에 와 있습니다.

우리 인생의 과제는 세상을 복음으로 받아들이는 것입니다. 세상이 행복의 비결로 보일 때 우리의 인생은 완성될 것입니다. 복음, 믿음, 회개. 이 셋은 신앙의 기초이며 행복을 추구하는 인간의 근본입니다. 그 근본의 밖 돈과 권력과 명예 등에서 행복을 추구할 때 그 행복은 모래 위에 지은 성과 같습니다.

하느님 나라의 기쁨은 꿈이나 이상理想이 아닙니다. 영원한 생명을 선사하는 천국을 우리가 살아 있는 동안에는 결코 도달할 수 없는 미지의 세계로 밀어내지 마십시오. 예수님께서 복음을 선포하시면서 "회개하고 믿어라" 하고 하신 말씀이 다름 아닌 믿는 사람들을 향한 말씀이었음을 우리는 명심해야 합니다. 예수님을 먼저 만난 사람이 소위 안다는 사람들, 있다는 사람들, 잘나가는 사람들이 아니라 이들로부터 무시를 당한 가난하고 힘없는 변두리 인생들이고, 십자가에서 비참하게 돌아가신 사람의 아들을 하느님의 아들로 가장 먼저 체험한 사람이 이방인이었다는 사실을 마음에 새겨야 할 것입니다. 예수님을 안다는 사람이 먼저 회개해야 합니다. 그분을 아는 자기 모습으로 기쁨을 보여야 합니다.

8

복음서는 그 자체로 복음 해설서이며 복음 선포서입니다. 다양한 상황에서 다양한 언어로 예수님이 그리스도이시라고 선포하며, 가난하고 소외된 이들, 앓는 이와 죄인에게 기쁨을 되찾아 주시어 그들 자신이 하느님의 복음임을 깨우쳐 세상을 복음으로 대하여 인생을 복음으로 꾸미게 해 주신 예수님의 복음 이야기입니다. 그리스도이신 그분은 '복음의 시작'(마르 1,1)입니다. 온갖 모욕 속에 많은 고난을 겪으시고 십자가에 못 박혀 돌아가시고 묻히신 그분의 무덤에서 내 인생의 기쁨, 인류의 기쁨, 복음의 기쁨이 시작합니다. 그분의 하느님이며 우리의 하느님을 만나고, 그분께서 내신 온 피조물을 복음으로 만납니다. 복음서를 읽으면서 병자가 치유된 것만을 보고 병자를 복음으로 대하지 못한다면 예수님을 만나지 못한 것입니다.

마르코는 시종일관 침묵의 분위기를 조성하며 독자들을 복음서에 등장하는 모든 인물과 모든 사건으로, 드디어는 그분의 십자가 죽음으로 안내하며 복음의 시작을 묵상하게 합니다. 거기서 그분의 부활과 승천을 체험하고 기쁨의 원천에 이른 자신을 발견하게 합니다. 인류의 희망을 보게 합니다.

우리는 복음서를 다 읽었습니다. '복음'을 들었습니까? 아니면 '복음서'를 읽었을 뿐입니까?

인생을 기쁘게 살고 싶으면 복음서를 읽으십시오
복음서를 다 읽었는데도 행복하지 않다면
처음부터 다시 읽으십시오
그래도 행복하지 않다면 또다시 처음부터 읽으십시오
복음의 시작(마르 1,1)에 이르기까지
모든 소리에서 하느님의 창조하시는 음성이 들릴 때까지
세상 모든 피조물에서 하느님의 나라가 보일 때까지
두려움에 온몸이 떨릴 때까지
모든 사람이 나에게 복음입니다
복음이 시작한 곳에서 그분의 말씀이 들려옵니다
"너희는 온 세상에 가서
모든 피조물에게 복음을 선포하여라."(마르 16,15)
세상의 복음화를 외치는데도 인생이 기쁘지 않다면
나는 아직 세상에 복음이지 못한 것입니다
나는 복음을 더 알아야 합니다
나는 세상으로 더 다가가야 합니다
모든 이가 나에게 복음으로 보일 때까지
나는 복음을 선포해야 합니다
"내가 복음을 선포하지 않는다면
나는 참으로 불행할 것입니다."(1코린 9,16)

참고 문헌

- 레이몬드 B. 블래크니, 『마이스터 에크하르트』, 이민재 옮김, 다산글방 (1994)
- 로버트 루트번스타인·미셸 루트번스타인, 『생각의 탄생』, 박종성 옮김, 에코의서재(2007)
- 로완 윌리엄스, 『복음을 읽다』, 김병준 옮김, 비아:타임교육(2018)
- 르네 지라르, 『희생양』, 김진식 옮김, 민음사(1998)
- 마이클 케이시, 『예수, 온전한 인간 온전한 하느님』, 수정의 성모 트라피스트 여자 수도원 옮김, 성바오로(2016)
- 박병규, 『신약성경의 이해—공관복음』, 바오로딸(2017)
- 안젤름 그륀, 『사막을 통한 생명의 길』, 김부자 옮김, 성서와함께(2005)
- 요제프 라칭거, 『나자렛 예수 2』, 이진수 옮김, 바오로딸(2010)
- 요하네스 부어스, 『그때 예수께서 물으셨다』, 윤선아 옮김, 분도출판사 (1991)
- 움베르토 에코·카를로 마리아 마르티니, 『무엇을 믿을 것인가』, 이세욱 옮김, 열린책들(1998)
- 유광수, 『믿어야 할 예수—유광수 신부의 마르코 복음 묵상』(총 4권), 말씀학교(2003~2007)
- 이제민, 『말은 시들지 않는다』, 생활성서사(2006)
- 이제민, 『다의 발견—한국 그리스도교의 미래를 위하여』, 우리신학연구소 (2007)

● 자크 뒤켄, 『예수』, 김현주 옮김, 바오로딸(2002)

● 정양모, 『마르코 복음서: 200주년 신약성서 주해 2』, 분도출판사(2001)

● 정양모, 『나는 예수를 이렇게 본다』, 햇빛출판사(2012)

● 카를로 마리아 마르티니, 『베드로의 고백』, 이재숙 옮김, 성바오로(1996)

● 카를로 마리아 마르티니, 『모세의 생애』, 성염 옮김, 바오로딸(1997)

● 클라우스 베르거, 『예수』(총 2권), 전헌호 옮김, 성바오로(2012)

● 토마스 C. 오든 외, 『교부들의 성경 주해 신약성경 3: 마르코 복음서』, 최원오 옮김, 분도출판사(2011)

● 폴 틸리히, 『새로운 존재』, 강원용 옮김, 대한기독교서회(1973)

● 프란치스코, 『복음의 기쁨—현대 세계의 복음 선포에 관한 교황 권고』, 한국천주교중앙협의회(2014)

● 헤르만 헨드릭스, 『예수님 한 분으로부터 네 개의 복음서가』, 참사람되어 단행본(가톨릭뉴스 지금여기)

● 헨리 나웬, 『로마의 어릿광대』, 김광식 옮김, 가톨릭대학출판부(2007)

● 헨리 나웬, 『탕자의 귀향』, 최종훈 옮김, 포이에마(2009)

● 호르헤 마리오 베르골리오·안토니오 스파다로, 『교황 프란치스코: 나의 문은 항상 열려 있습니다』, 국춘심 옮김, 솔출판사(2014)